Segurança e cidadania
Memórias do Pronasci

MARIETA DE MORAES FERREIRA
ÂNGELA BRITTO (ORGS.)

Segurança e cidadania
Memórias do Pronasci

Depoimentos ao Cpdoc/FGV

Copyright © 2010 Marieta de Moraes Ferreira e Ângela Britto

Direitos desta edição reservados à
EDITORA FGV
Rua Jornalista Orlando Dantas, 37
22231-010 — Rio de Janeiro, RJ — Brasil
Tels.: 0800-021-7777 — 21-3799-4427
Fax: 21-3799-4430
E-mail: editora@fgv.br — pedidoseditora@fgv.br
www.fgv.br/editora

Impresso no Brasil/*Printed in Brazil*

Todos os direitos reservados. A reprodução não autorizada desta publicação, no todo ou em parte, constitui violação do copyright (Lei nº 9.610/98).

Os conceitos emitidos neste livro são de inteira responsabilidade dos autores e/ou entrevistados.

1ª edição — 2010

Entrevistas: Marieta de Moraes Ferreira e Ângela Britto

Transcrição: Lia Carneiro da Cunha

Edição de texto: Dora Rocha

Editoração eletrônica: aspecto:design

Revisão: Aleidis de Beltran e Marco Antonio Corrêa

Capa: Adriana Moreno

**Ficha catalográfica elaborada pela
Biblioteca Mario Henrique Simonsen**

Segurança e cidadania : memórias do Pronasci : depoimentos ao Cpdoc/FGV / Marieta de Moraes Ferreira e Ângela Britto (Orgs.). — Rio de Janeiro : Editora FGV, 2010.
516 p. : il.

Inclui bibliografia.
ISBN: 978-85-225-0847-1

1. Programa Nacional de Segurança com Cidadania (Brasil). 2. Segurança pública — Brasil. 3. Cidadania — Brasil. I. Ferreira, Marieta de Moraes. II. Britto, Ângela. III. Fundação Getulio Vargas.

CDD — 363.3

Sumário

7 Prefácio
Carlos Ivan Simonsen Leal

9 Apresentação

11 Parte I: Formulando o Pronasci
13 Tarso Genro — Ministro da Justiça
45 Ronaldo Teixeira da Silva — Secretário-Executivo do Pronasci
73 Antonio Carlos Biscaia — Deputado Federal
95 Luiz Fernando Corrêa — Diretor-Geral da Polícia Federal
123 Ricardo Balestreri — Secretário Nacional de Segurança Pública
147 Luiz Paulo Teles Barreto — Secretário-Executivo do Ministério
da Justiça
167 Zaqueu Teixeira — Delegado de Polícia do Estado do Rio de Janeiro
189 Vicente Trevas — Assessor da Presidência da Caixa Econômica Federal
207 Pedro Abramovay — Secretário Nacional de Justiça
225 Lélia Couto de Almeida — Assessora Especial do Ministério da Justiça
241 Vera Spolidoro — Assessora de Comunicação do Ministério da Justiça

251 Parte II — Convergências e parcerias
253 José Mariano Beltrame — Secretário de Estado de Segurança
do Rio de Janeiro
Jéssica Oliveira de Almeida — Subsecretária de Ensino e Prevenção

271 Edson Ortega Marques — Secretário Municipal de Segurança
Urbana de São Paulo

291 Sérgio Andréa — Subsecretário-Executivo de Assistência Social
e Direitos Humanos do Estado do Rio de Janeiro (11/2007-5/2010)

307 Rodrigo Bethlem Fernandes — Secretário da Ordem Pública
do Município do Rio de Janeiro (1/2009-3/2010)

321 Ricardo Rotemberg — Coordenador do Gabinete de Gestão
Integrada do Município do Rio de Janeiro

339 Parte III — O Pronasci na Polícia Militar

341 Leonardo Zuma — Capitão da Polícia Militar, Coordenador
das UPPs da Zona Sul do Rio de Janeiro

359 Vander Pereira Pinto — Cabo da Polícia Militar

369 Fábio Barbosa Vieira — Cabo da Polícia Militar

385 Wallace de Lima Tavares — Soldado da Polícia Militar

401 Parte IV — O Pronasci nas comunidades

403 MV Bill — Músico e escritor

421 Ana Manço — Mulher da Paz na Vila Cruzeiro, Complexo do
Alemão, Rio de Janeiro

429 Fátima Benedita Gomes da Silva — Mulher da Paz em Nova
Brasília, Complexo do Alemão, Rio de Janeiro

445 Catarina Gonçalves de Oliveira — Mulher da Paz na Rocinha,
Rio de Janeiro

459 Wesley de Oliveira Santos — Jovem do Protejo em Nova Brasília,
Complexo do Alemão, Rio de Janeiro

471 Cristiano Nogueira — Jovem do Protejo na Rocinha, Rio de Janeiro

479 André Lopes Domingues — Jovem do Protejo no Salgueiro,
São Gonçalo

**501 Posfácio — Processo político e implantação de programas
complexos no sistema federalista: o caso do Pronasci**
Marco Aurélio Ruediger

Prefácio

Carlos Ivan Simonsen Leal
Presidente da Fundação Getulio Vargas

Apesar das transformações positivas por que tem passado a sociedade brasileira nos últimos anos, em especial no tocante à estabilidade e ao crescimento econômico, convivemos ainda com grandes desafios. Sem dúvida, logrou-se maior provimento de bens de cidadania a grupos historicamente deficitários, assim como maior credibilidade e melhor inserção do país no plano internacional. Entretanto, desafios críticos persistem na agenda nacional. Entre eles destacamos, em relação ao aprimoramento institucional do Estado, o aperfeiçoamento do processo político e sua relação com temas como o orçamento público, a institucionalização e ampliação dos mecanismos de transparência e controle, e o balizamento de políticas públicas por métricas de eficiência e eficácia de gestão.

Entre os temas gerais que mobilizam aqueles que se preocupam com o país, poderíamos citar o meio ambiente, a imigração, a segurança, a judicialização, a educação, as tecnologias, a inovação produtiva. Nenhum deles, no entanto, opera de forma tão dramática um conjunto de externalidades quanto a segurança em seu viés público. Esse tema vincula-se à própria legitimação do Estado, a seu monopólio sobre o uso legítimo da força, e a toda a miríade de questões sociais e econômicas correlatas que, ao fim, nos desafia a pensar e a oferecer respostas com base no tipo de sociedade que desejamos construir. Seria uma sociedade baseada mais na repressão, ou deveríamos equacionar também os condicionantes que favorecem um processo socialmente disruptivo? Esse dilema evoca em última instância questões como o utilitarismo e o bem-estar — Bentham *vs.* Mill —, bem como a própria noção de republicanismo e de justiça.

Diante desse desafio, e de modo condizente com sua missão institucional, a FGV voltou sua atenção para o tema da segurança pública, tão premente para a sociedade brasileira, e, a convite do Ministério da Justiça, está hoje trabalhando junto ao Pronasci — Programa Nacional de Segurança Pública com Cidadania. Como eixo conceitual adotado pela FGV no desenho do projeto de monitoramento e avaliação do Pronasci, encontra-se uma perspectiva contemporânea de desenvolvimento institucional do setor público. De acordo com esse enfoque, ressalto, observamos não só a busca de eficiência e eficácia, mas também a percepção da política pública como um processo de construção e repactuação de agendas e estratégias, em interação com múltiplos atores, com impactos diversos em contextos sociais e econômicos distintos que devem ser auscultados. Esse modelo de avaliação foi por nós aplicado à proposta do Pronasci e foi trabalhado conjuntamente com a estrutura do Ministério da Justiça.

Para desenvolver seu projeto, a FGV deu início à definição e utilização de mecanismos de avaliação quantitativa e qualitativa, com diversos indicadores de desempenho dos programas envolvidos no Pronasci, incluindo entrevistas, pesquisas de opinião e grupos de foco. Essa ampla abordagem se faz imperiosa, pois, se no passado a sociedade poderia se dar por satisfeita em saber onde os recursos estavam sendo aplicados, hoje, por uma questão de eficácia da própria política, é central a compreensão dos resultados alcançados. Adicionalmente, buscou-se a construção de uma tecnologia de gestão que observa a execução descentralizada no ambiente federativo, aspecto tão crítico para o processo de desenvolvimento atual do país.

Este livro trata de retratar o Pronasci com um instrumento clássico das ciências sociais, que utilizamos de forma inovadora como instrumento de avaliação: a história oral. Ou seja, busca-se refletir sobre a lógica das relações políticas e sociais de uma política pública observada pelo prisma de seus atores, tanto daqueles que as desenvolveram, quanto daqueles que são por ela beneficiados. Finalmente, nos interessou também o processo de decisão, para a constituição de um aprendizado que possa ser útil para o desenvolvimento aprimorado de políticas públicas no Brasil. Essa é a perspectiva da Fundação Getulio Vargas, que trazemos a público neste livro, parte do grande esforço empreendido, honrando desta forma o convite feito pelo Ministério da Justiça do Brasil.

Apresentação

Este livro é o resultado do Projeto Memórias do Pronasci, desenvolvido pelo Centro de Pesquisa e Documentação de História Contemporânea do Brasil da Fundação Getulio Vargas (Cpdoc/FGV) como parte do Projeto de Monitoramento e Avaliação do Pronasci, executado pela FGV Projetos por solicitação do Ministério da Justiça. A ideia deste registro de memória partiu do Dr. Marco Aurélio Ruediger, professor da Escola Brasileira de Administração Pública e de Empresas da FGV e coordenador do monitoramento realizado pela FGV Projetos. Trata-se, portanto, de uma vertente de trabalho integrada a um esforço mais amplo, de compreensão, avaliação e acompanhamento de uma política estratégica de Estado, condizente com a missão da Fundação Getulio Vargas, de contribuir para o desenvolvimento brasileiro. Observamos desde já que os frutos iniciais do Programa Nacional de Segurança Pública com Cidadania, o Pronasci, como também retratado nos depoimentos aqui apresentados, confirmam a importância e o alcance dessa política de articulação federativa, que veio atender a uma necessidade central da sociedade brasileira.

A experiência do Cpdoc no campo da História Oral ao longo dos últimos 35 anos o credencia a desenvolver mais este projeto de memória institucional. Não se trata apenas de registrar impressões com equipamentos de gravação, mas de produzir depoimentos de caráter histórico-documental, que constituirão um caminho fértil para a compreensão dos processos sociais e do papel dos atores neles envolvidos. Tal trabalho envolve pesquisa prévia, definição do corpo de depoentes, preparação de roteiros, para finalmente se chegar ao diálogo entre entrevistador e entrevistado, que lançará nova luz sobre o tema em estudo. Incluir nesse diálogo dados de história de vida, mostrando de onde o entrevistado fala, é uma forma de tornar o depoimento uma fonte histórica plena e aberta ao estudo dos interessados.

O Projeto Memórias do Pronasci, se comparado a outros já realizados pelo Cpdoc, tem uma característica peculiar: o Pronasci é um programa recente, que estava sendo implantado ao mesmo tempo que os depoimentos eram colhidos. Se todo depoimento de História Oral pretende ser uma fonte de consulta para os que vêm depois, aqui, mais que nunca, temos uma memória voltada para o futuro.

Na investigação sobre a concepção, a implantação e o desenvolvimento do Pronasci, foram entrevistados, em diferentes estados da Federação, 27 atores oriundos de distintas tradições políticas, os quais foram distribuídos em três grandes grupos: formuladores, implementadores e público-alvo. As entrevistas, coletadas entre novembro de 2008 e março de 2010, somam aproximadamente 44 horas de gravação. Após a transcrição e a edição dos depoimentos, todos foram submetidos à revisão dos depoentes.

A eles, que se afastaram de seus afazeres para nos conceder sua atenção, apresentamos nossos agradecimentos. Agradecemos também a confiança em nós depositada pelo ministro Tarso Genro e toda a equipe do Ministério da Justiça, pelo presidente da FGV, Prof. Carlos Ivan Simonsen Leal, pelo diretor da FGV Projetos, Prof. Cesar Campos, pelo diretor da Ebape, Prof. Flavio Vasconcelos, e pelo diretor do Cpdoc, Prof. Celso Castro. Expressamos, também, nossos agradecimentos a Dora Rocha, responsável pela edição dos depoimentos, a Marco Dreer e a Vanessa Cavalcante, que nos acompanharam no processo de gravação e documentação das entrevistas.

Marieta de Moraes Ferreira
(coordenadora)
Ângela Britto
(pesquisadora)

PARTE I

FORMULANDO O PRONASCI

Tarso Genro
Ministro da Justiça (16/3/2007 — 10/2/2010)

Entrevistas feitas no Rio de Janeiro em 10/11/2008,
e em Brasília em 6/1/2009

Da esquerda marxista ao PT

Ministro, gostaríamos de iniciar esta conversa pedindo-lhe que nos falasse de suas origens: quando e onde nasceu, família, formação educacional...

Nasci em São Borja em 1947. Meu pai era professor. Mais tarde, quando fomos para Santa Maria, ele se formou em direito. Minha mãe era de casa, mas uma pessoa muito culta, que lia muito, sempre teve uma vida intelectual bastante ativa. Nós éramos seis irmãos — já perdi um; meu irmão mais novo, que militava sempre comigo, já faleceu. Seguimos o rastro da militância política do meu pai, que foi fundador do PTB, amigo do Jango. Como eu era o terceiro filho, e muito ativo em casa, meu pai sempre me levava junto com ele quando saía para as campanhas eleitorais.

No fim de 1953, começo de 1954, meu pai resolveu ir para Santa Maria e levar a família, porque se ameaçava fundar lá uma universidade — que foi efetivamente fundada —, e ele queria que todos nós estudássemos. Lá entrei no movimento secundarista, com 14 anos de idade, e nunca mais deixei de militar. Com 17 para 18 anos entrei no movimento comunista, vinculado ao PC do B. Ato contínuo, fundamos a Ala Vermelha, que era uma dissidência de esquerda do PC do B. Essa experiência não teve êxito político, não somente em função do processo repressivo, mas porque os métodos de luta política que estavam sendo adotados não eram compatíveis com o sentimento da população: nós pregávamos a derrubada revolucionária armada do regime militar.

Isso se passou nos anos 60. Em 1968 fui eleito vereador em Santa Maria, mas renunciei à vereança porque nós, da Ala Vermelha, estávamos dentro do MDB, lutando pela dissolução do MDB. Em 1970 me formei em direito, e de 1971 até agosto, setembro de 1972, estive no Uruguai, porque havia uma ordem de prisão contra mim. Foram quase dois anos de exílio, uma experiência muito boa. Lá me separei da Ala Vermelha, e quando voltei fiquei novamente ligado ao PC do B. Quando José Genoíno saiu da cadeia, acho que em 1978, novamente um grupo de dissidentes do PC do B e quadros de outras regiões do país, outras origens, fundamos o Partido Revolucionário Comunista — PRC. Ou seja, primeiro nós fizemos a esquerda do PC do B, e depois o PRC, que durou até 1989. Teve grande influência sobre o encerramento dessa experiência o choque teórico e filosófico que o marxismo-leninismo levou, naquela oportunidade, com a queda do muro de Berlim.

Entre 1967 e 1989, portanto, militei no movimento comunista na clandestinidade, embora também tivesse uma vida legal. Durante todo esse período nós travamos, dentro da esquerda marxista no Brasil, uma intensa luta filosófica, porque nossa corrente, a partir de 1973, 74, era nitidamente antistalinista, tinha uma aproximação com o marxismo profano, de Georg Lukács, de Ernst Bloch. Meu irmão Adelmo Genro Filho teve um papel destacado nessa luta, publicou vários textos e livros, é autor de *O segredo da pirâmide: para a teoria marxista do jornalismo*. Mas nós, de fato, não nos desligávamos da teoria leninista da organização, porque achávamos que não haveria uma transição democrática no Brasil. Fomos derrotados pela queda do muro de Berlim e fomos derrotados, também, pela transição democrática, quando todo o nosso arcabouço teórico se mostrou impotente para analisar o que viria depois. Foi quando encerramos a experiência do PRC e entramos no PT, sem dupla camiseta.

Uma coisa interessante na trajetória de muitos membros do PT é que o início da militância se deu dentro de movimentos religiosos, católicos ou protestantes. O senhor teve alguma formação religiosa, isso influiu em sua vida de militante?

Não, não tivemos. Meu pai era maçom, praticamente agnóstico. Minha mãe era filha de um judeu alemão, tinha um convívio com a comunidade judaica muito forte — como temos até hoje —, mas frequentava também a igreja protestante, porque a mãe dela era uma protestante alemã. Tínhamos um ambiente caseiro de tolerância religiosa total. Tanto é verdade que eu, por exemplo, às vezes ia com minha mãe à igreja luterana, mas sou batizado na igreja católica, porque os irmãos do

Formulando o Pronasci

meu pai tinham um certo vínculo com a comunidade católica. Portanto, nós nunca tivemos uma questão religiosa em casa. Tivemos sempre uma questão política, porque meu pai era militante político, foi cassado em 1964, no exercício da prefeitura de Santa Maria, porque era extremamente vinculado ao Jango. Aliás, quando fui para o exílio, fiquei na fazenda do Jango, passei lá uma ou duas semanas e conversei com ele em diversas oportunidades. Agora, como ministro da Justiça, vou ter, nos próximos dias, o prazer de assinar a sua anistia. Vejam como a História dá sua volta...

Como o senhor tomou a decisão de ingressar no PT?

A decisão foi tomada a partir de uma rigorosa discussão filosófica, onde se colocavam duas questões teóricas importantes. Primeiro, a questão da impotência do sujeito político, que na visão marxista tradicional era a classe operária, para desconstituir a sociedade capitalista. Nós já sentíamos uma impotência histórica, flagrante, em função das grandes transformações econômicas, culturais e tecnológicas que ocorriam. E havia também a questão da teoria do partido. Ou seja, a visão leninista de partido se mostrava cada vez mais distante da realidade da luta política, não tinha amplitude suficiente para abarcar uma complexidade social que era totalmente nova.

Nós, de fato, já estávamos infiltrados no PT desde 1984. José Genoíno, desde antes, desde 1982. Mas aí, com todas as derrotas do socialismo real, que demonstrou ser na verdade uma estrutura totalitária e burocrática, e com as questões filosóficas que discutimos muito arraigadamente, constatamos que era necessário compreender novamente a questão do Estado, de uma forma diferente: não somente enquanto gerência da classe dominante, mas enquanto uma estrutura de alta complexidade, à qual não se apresentava nenhuma proposta superior àquela que tinha sido construída pela razão iluminista. E passamos então a ver o PT não mais como um partido tático, mas como um sujeito político, democrático, capaz de abrigar uma gama diferente de posições, mas que dava sustentabilidade para a nossa utopia. Foi isso que nós vimos na oportunidade.

Quem eram esses seus companheiros que foram para o PT junto com o senhor?

Meu irmão Adelmo, José Eduardo Utzig, que já faleceu, foi meu secretário na prefeitura, Marcos Rolim, que não sei se continua no PT, mas continua escrevendo e pensando pela esquerda... Figuras conhecidas da esquerda, tenho a impressão que eram essas. Depois vieram centenas de militantes do PRC. O PRC chegou a ter, no Rio Grande do Sul, em torno de 300 militantes organizados na clandestinidade. Foi um partido, para os padrões da clandestinidade, relativamente forte. Num certo período, entre 1979 e 1986, por aí, foi uma das organizações fortes da esquerda no Rio Grande do Sul, com uma estrutura no movimento estudantil que muitas vezes foi hegemônica, e com uma boa penetração no movimento sindical.

A aproximação com o PT, portanto, de início foi uma "infiltração", mas depois implicou o afastamento do PRC e o ingresso integral no partido. Como foi, a partir de então, a participação no PT?

Quando entramos no PT, nós lançamos um movimento chamado Nova Esquerda, que provavelmente agregava, no país, 70% ou 80% dos que eram originários do PRC. A partir dessa Nova Esquerda, houve uma série de mudanças no PT. As pessoas em geral se dirigiam para uma ou para outra tendência dentro do partido. Nós formamos um campo mais heterodoxo, que num primeiro momento era visto como mais da esquerda, mas depois foi visto como mais centrista. O PT se desdobrava num conjunto de movimentos, como a Democracia Radical, que era encabeçada pelo Genoíno, como a Rede, como o PT Amplo e Democrático, uma série de grupos locais. Mas nós formamos um campo político, vamos dizer assim, que se opunha a uma visão do PT como um partido tático, até porque já tínhamos passado por essa experiência. Queríamos encarar o PT como um partido estratégico, que trabalhasse por aquilo que nós chamamos de "radicalização democrática", onde a questão da Constituinte ocupava um lugar importante. Quando a Constituinte se reuniu, o PRC ainda existia, mas perdia cada vez mais potência política para trabalhar enquanto partido clandestino. O próprio Genoíno, que foi o nosso porta-voz na Constituinte, que era o nosso representante público mais conhecido, teve uma função moderadora na bancada do PT. E a partir dessa experiência, esses militantes todos passaram a exercer cargos de direção no PT, foram eleitos para mandatos federais, estaduais, municipais e assim por diante.

Em todo esse período, ao lado da militância política, qual era sua atividade? O senhor trabalhava como advogado?

Sim. Nunca fui um quadro sustentado pelo partido, nem na clandestinidade, nem no PT. Nunca me desliguei da atividade profissional e intelectual. Durante todo esse período em que atuei como militante, formei um dos maiores escritórios de advocacia trabalhista em Porto Alegre, que chegou a ter mais de 20 advogados. Acabei vendendo minha cota nesse escritório no ano 2000. Ao longo desse período também exerci alguns mandatos. Fui vice-prefeito de Porto Alegre e secretário de governo do Olívio Dutra, fui deputado federal, de novo vice-prefeito, depois prefeito, depois prefeito novamente, fui ministro coordenador do Conselho de Desenvolvimento, depois ministro da Educação, ministro das Relações Institucionais e, agora, ministro da Justiça. E, paralelamente a isso, fui atuando como advogado. Somando o meu tempo como advogado trabalhista e o tempo que trabalhei como estudante com meu pai, deve dar em torno de 29, 30 anos de advocacia.

Do PT regional ao PT nacional

Seu ingresso formal no PT ocorreu no ano da primeira eleição direta para presidente da República no país, depois de anos de eleições indiretas. O ano de 1989 foi também o da primeira campanha de Lula para presidente da República. O senhor se engajou nessa campanha?

Sim, mas até 1998 participei das campanhas do Lula apenas regionalmente. Embora o conhecesse desde a minha época como advogado do Sindicato dos Bancários em Porto Alegre — Lula era muito amigo do Olívio Dutra, foi fazer uma visita a ele e a partir daí nós estabelecemos uma relação —, só em 1998 comecei a participar nacionalmente das campanhas dele. Foi nesse momento, como um dos coordenadores da campanha, que me aproximei pessoalmente do presidente.

Antes o senhor não tinha uma ligação mais estreita.

Tinha ligação, conversava com ele — nossa posição dentro do PT era inclusive mais à esquerda do que ele recomendava —, mas não tínhamos um convívio político. Era uma relação intermitente, com alguns momentos de convívio pessoal. Comecei a conviver com o presidente realmente a partir de 1998, a partir dessa coordenação da campanha. Foi quando fui me aproximando mais do Lula como figura política nacional. Inclusive, ele foi exercendo uma certa influência na minha personalidade política, na forma de eu agir politicamente, em função da sua grande capacidade de negociação, da sua ponderação em relação às questões programáticas do PT. Lula sempre teve a intuição, que sempre passava para nós, que nos aproximávamos dele, de que era impossível vencer uma eleição no Brasil sem o centro. Pragmática e orientadamente, ele foi desenvolvendo essa linha de raciocínio e formando em torno dele um grupo político — uns mais próximos, outros um pouco mais distantes, até por questões geográficas —, que redundou na eleição dele em 2002.

Nesse intervalo entre sua entrada no PT e a campanha de 1998, como o senhor mesmo lembrou, o senhor ocupou cargos importantes: foi vice-prefeito de Porto Alegre de 1989 a 1993, com uma interrupção entre o final de 1989 e 1990 para ocupar uma cadeira na Câmara dos Deputados, e foi prefeito de Porto Alegre de 1993 a 1997. Nesse último ano, o senhor chegou a ser mencionado como possível candidato do PT a presidente da República. Lula tinha sido derrotado em 1989 e em 1994, estava um tanto desgastado... A menção ao seu nome foi meramente uma especulação, ou havia uma consistência maior em relação à sua indicação?

Acho que naquela oportunidade havia, efetivamente, uma dúvida sobre se Lula deveria parar de concorrer ou não. E ele então levantou alguns nomes, entre eles o meu. Houve uma reunião em Brasília no curso dessa discussão, em 1997, para a qual ele convidou a mim, ao José Genoíno, ao Eduardo Suplicy, ao Aloízio Mercadante, e mais um ou dois que eventualmente poderiam ser candidatos, e na ocasião ele nos questionou a respeito da nossa disposição de concorrer. Eu disse que eventualmente o meu nome poderia ser cogitado, desde que o dele não o fosse. Mas que eu achava que ele não deveria interromper as candidaturas dele — e eu dizia isso publicamente também —, porque estávamos em um processo de acumulação, e não poderíamos perder. Ele, naquele momento, estava bastante refratário a concorrer. Quando o meu nome apareceu na imprensa, fui assediado permanentemente. Eu dizia: "Meu nome pode ser levado em consideração, mas o meu candidato a presidente da República é o Lula". Isso determinou uma continuidade da aproximação minha com ele. Sei que, depois, ele andou dizendo a diversas pessoas que eu tive uma atitude muito respeitosa e muito sóbria em relação a ele naquele momento em que ele, efetivamente, não estava com vontade de ser candidato, não aproveitando aquele espaço para me promover. Foi bom para a esquerda, bom para o PT, que ele tivesse resolvido ser candidato em 1998. Foi uma campanha difícil, mas ali é que ele fez o grande acúmulo para ganhar a eleição em 2002.

Formulando o Pronasci

Foi nesse momento, então, a partir de 1998, que o senhor passou a ter uma atuação no cenário nacional do PT, de articulação com as outras regionais.

De fato, eu já tinha antes. A partir do meu primeiro mandato na prefeitura de Porto Alegre, de 1993 a 1997, eu já tinha uma articulação nacional, integrava a direção nacional do partido — embora minha atuação, obviamente, até porque eu morava lá, fosse muito concentrada no estado do Rio Grande do Sul. Em 1998, o que houve foi uma valorização política da minha presença no partido, em função do fato de eu ser um dos coordenadores da campanha do Lula, mas também da forte atuação que eu tinha tido na Frente Nacional de Prefeitos, da qual fui coordenador entre 1993 e 1996. A partir de 1998, passei a ser uma figura política, vamos dizer assim, nacional do PT. Travando, inclusive, todas as polêmicas mais de caráter nacional e menos de caráter regional, como se caracterizava a minha atuação até então.

A derrota de Lula na eleição presidencial em 1998, pela terceira vez, significou um momento difícil para o PT, que teve de repensar suas estratégias. Como o senhor vê os debates travados no PT entre 1998 e 2002, quando Lula foi mais uma vez candidato a presidente, mas veio com uma postura nova, que permitiu finalmente sua eleição? Nesses debates, saiu vitoriosa a posição expressa na Carta ao povo brasileiro, que explicou bem o que o PT pretendia e como Lula iria se comportar se eleito presidente da República. Como o senhor viu isso?

Para falar do período 1998-2002, é preciso voltar ao que ocorreu no período 1988-1998. Entre 1988 e 1998 houve uma crise aguda na esquerda mundial, e o PT refletiu essa crise. O PT era composto, naquela oportunidade, de milhares de pessoas egressas da teologia da libertação, da social-democracia, do movimento sindical tipicamente economicista, do movimento comunista e dos movimentos de extrema esquerda armada que ocorreram durante o regime militar. Portanto, era um caldeirão de debates, que às vezes eram altamente qualificados, e às vezes eram também muito rebaixados, porque uma parte da esquerda ainda lidava de maneira muito flagrante com a categoria stalinista da traição: quem não vai no rumo do bem e da verdade originário da classe operária trai. Essa visão da traição, tipicamente stalinista, ainda permaneceu nos debates entre 1988 e 1998. Mas, com todos os efeitos da queda do muro de Berlim, da queda da experiência socialista real, houve uma mudança nas categorias através das quais esse debate se processava. Ao invés de se debater a questão do socialismo e da possibilidade da sua instauração, começou no PT um debate a respeito da questão democrática. Aliás, uma questão que alguns teóricos do velho Partidão já tinham colocado antes: a democracia tem ou não valor universal? O Estado tal qual está aí, originário do Iluminismo, é o Estado que detém a melhor possibilidade da humanidade moderna? Ou não?

O debate sobre a questão democrática que ocorreu nesse período foi gradativamente isolando, reduzindo a importância, no PT, daquelas visões mais marxistas ortodoxas, de quebra do Estado. Quebra o Estado, mas, e daí? A experiência que estava na raiz dessa concepção estava falida. Então, entre 1998 e 2002, a questão democrática se tornou a questão essencial do PT. E Lula sintetiza de maneira plena essa questão democrática, porque é originário, não do movimento comunista, nem da extrema esquerda, mas do movimento sindical. Com enorme autoridade junto à classe trabalhadora, e uma capacidade de diálogo que só ele poderia traduzir naquele momento, ele empalma a liderança, eu diria, de maneira absoluta, dentro do PT. Porque ele atrai não somente os personagens originários do movimento sindical e a intelectualidade democrática, mas também aqueles comunistas reformados, aqueles que abdicaram das lições do marxismo ortodoxo e começaram a compreender a sociedade a partir de outras categorias. Essa hegemonia é que dá ao Lula a possibilidade de conduzir uma transição no PT, uma transição no conjunto da esquerda, para uma grande aliança com o centro, e ganhar as eleições. Para mim, o valor da *Carta ao povo brasileiro* não é o valor economicista ou econômico que ela tem. A grande mensagem que está ali é a mensagem de um presidente que quer compor uma frente de classes para dar governabilidade ao país. Tanto isso é verdade que o Lula, com todas as contradições que o nosso governo teve, foge da visão do caminho único e propõe um modelo alternativo de desenvolvimento onde o Estado recupera, não digo plenamente, mas recupera muito das suas funções públicas originárias da social-democracia.

Depois da primeira gestão, de 1993 a 1997, o senhor voltou a ocupar a prefeitura de Porto Alegre, de 2001 a 2002. O que o senhor destacaria na sua atuação como prefeito?

Há três coisas que prezo muito nessa minha atividade. Primeiro, o orçamento participativo, que colaborei de maneira intensa para formar em Porto Alegre. O orçamento participativo significou a construção de uma esfera pública, não estatal, de controle e de decisão, através da democracia direta, algo que, ao invés de

Formulando o Pronasci

dissolver a representação política, ajudou-a e legitimou-a — ao contrário do que diziam os adversários da experiência, para os quais ela era "uma concorrência com a democracia representativa". Segundo, acho que tive um papel importante na inserção de Porto Alegre como sujeito político global no que diz respeito à discussão e implementação de políticas locais de gestão pública adequadas à época da globalização. Tivemos uma intensa relação com o conjunto das experiências mundiais. E conseguimos fazer de Porto Alegre — não estou falando só do meu governo, mas dos nossos governos do PT — uma referência de luta por uma globalização humanizada e cooperativa, em contraponto àquela visão do caminho único. A terceira questão é o grande debate que atravessou os governos da administração popular, que foi consubstanciado na seguinte formulação: os trabalhadores, quando chegam ao governo com o PT, governam para os trabalhadores, ou o governo dos trabalhadores governa para toda a cidade, com uma hierarquia? Essa discussão ocorreu muito dentro do PT, e eu a capitaneei defendendo a segunda hipótese, de que o governo do PT tinha prioridades, mas era um governo para toda a cidade e se reportava a todas as classes. Esse debate, nós ganhamos em Porto Alegre. E isso se consagrou como modo de gestão.

E serviu inclusive de exemplo para outras prefeituras do PT, não foi?

Foi. Teve uma influência muito grande. Atuei intensamente, durante esse período, na Frente Nacional de Prefeitos, e estabelecemos relações de colaboração com prefeituras de todos os partidos. Perdemos a prefeitura em 2004, depois de 16 anos governando, porque o nosso projeto já estava muito burocratizado. Formou-se uma espécie de casta de lideranças dentro da prefeitura, com um conjunto de cargos de confiança que foram burocratizando as relações com a sociedade, e o nosso governo perdeu a imaginação. E essa perda de imaginação nos desvinculou, principalmente, dos setores médios da sociedade. Tanto é verdade que, quando o José Fogaça ganhou a eleição, ele não ganhou contra nós: dizia que tínhamos feito 16 anos de bom governo e que ele ia manter tudo, mas que a rotatividade era boa para a democracia. Essa linha foi que o levou à vitória. Foi uma linha correta, do ponto de vista eleitoral. E acho que a perda que tivemos, depois de 16 anos, não foi negativa, porque nos pegou — como pegou toda a esquerda, nacional, mundial e as esquerdas locais — num momento em que se exige uma profunda renovação teórica e política para continuar exercendo algum tipo de influência estratégica na formação da sociedade democrática nova.

No primeiro governo Lula

No início do primeiro governo Lula, o senhor ocupou cargos de grande relevo: em 2003 esteve à frente da Secretaria do Conselho Especial de Desenvolvimento Econômico e Social, o Cedes, e em 2004-2005 foi ministro da Educação. Qual era o principal desafio do Cedes em 2003?

Considero o Cedes um dos maiores desafios políticos e institucionais que enfrentei na minha vida, porque acho que só o presidente Lula, principalmente nos primeiros anos do seu governo, compreendia a importância que ele poderia ter. Ele era visto, por setores do governo e do partido, como uma proposta para abrir um espaço para o Tarso, que precisava entrar no governo... Mas quando o presidente me pediu que fizesse um termo de referência, lhe apresentasse a ideia de um conselho de diálogo social, compreendi que era a oportunidade de abrir uma experiência que institucionalmente já existia em dezenas de países, mas que aqui teria uma função diferente no âmbito da transição para a aplicação plena da Constituição de 1988. Apresentei a ele o termo de referência, ele mandou transformar em medida provisória, que depois foi transformada em lei, e o que se constituiu ali foi um elemento organizativo forte, de uma esfera pública não estatal de controle e de indução do Estado e de diálogo social. Quero lembrar que, quando o Conselho foi instituído, muitos jornalistas, chamados formadores de opinião, da centro-direita ou da direita, diziam que aquilo ali era um *soviet*, que ia concorrer com o Congresso Nacional, era uma engenharia subversiva, perigosa para o Estado brasileiro. Eram tão alienados que não sabiam que essa experiência já existia em vários países do mundo: Itália, França, Espanha, Alemanha. Não se deram nem ao trabalho de procurar na Internet. Nós fizemos todo um processo informativo para eles, e aquilo refluiu um pouco. Chamamos também as principais lideranças do Congresso, para explicar do que se tratava.

Na verdade, o Cedes funcionou como um elemento de diálogo social, de produção e de sustentação de ideias que o governo estava mobilizando, como a reforma da previdência e outras. Discutimos ali os grandes temas educacionais, a política econômica do governo, criando um ponto de tensão externa ao governo, através do qual o presidente dialogava, inclusive para dar sustentação à sua política econômica. A questão dos juros foi uma questão permanente. Aquilo se tornou, portanto, um repositório de influências transparentes sobre os rumos do governo, ao invés das influências tradicionais, que se davam e continuam se dando, como ocorre em toda democracia, por escaninhos nunca muito bem conhecidos. O Cedes fez transparecer um processo de concertação, que conseguiu um avanço extraordinário, na minha opinião. Se você for ler o que é o PAC e o que são outras políticas que o governo tem, verá que 80% delas estão contempladas nos enunciados do Cedes, que foram produzidos inclusive com a Fundação Getulio Vargas. A legitimação do Cedes perante a sociedade foi mais difícil do que a sua instituição e o seu funcionamento real.

Depois da sua saída, o Cedes desapareceu um pouco, não é?

Ele perdeu um pouco o seu protagonismo político, porque foi naturalizado. Mas se formos examinar concretamente, veremos que o Conselho continua funcionando, com grupos temáticos, dando contribuições ao governo e fazendo esse diálogo que mencionei. Naquele momento em que o Conselho começou a funcionar, a grande questão política eram os caminhos da economia, a política de juros e a manutenção ou não da chamada rigidez fiscal. Então ele teve certa importância, até porque também era muito combatido, como sendo um ponto de oposição ao ministro Palocci — o que ele nunca foi. Ele foi, na verdade, um ponto de polarização política, onde a sociedade externava ao governo a sua opinião sobre a política econômica. Hoje o Conselho está estruturado, funcionando, mas não tem mais aquela função polarizadora que tinha antes, naquele momento de transição dos processos econômicos anteriores para o novo modelo de desenvolvimento.

O que o senhor destacaria em sua passagem pelo Ministério da Educação?

No Ministério da Educação, trabalhei fundamentalmente em quatro pontos: a reprotagonização do ensino técnico federal e do ensino federal superior, com a retomada, a ampliação e o refinanciamento das universidades públicas; o ProUni; o Fundeb, Fundo Nacional de Desenvolvimento da Educação; e a instituição da Comissão Nacional de Avaliação. São esses os pontos que destaco como mais importantes do meu trabalho no MEC, e que continuam sendo importantes até hoje. Digo isso sem nenhum tipo de vaidade, porque construí esses pontos junto com Fernando Haddad; fizemos tudo juntos, portanto não há avocação de autoria. Fernando não só deu continuidade a esse trabalho como o aperfeiçoou e o qualificou.

Houve uma discussão muito grande no momento da aprovação do Fundeb. O senhor poderia falar um pouco sobre isso? Qual é a importância do Fundeb, o que ele traz de novo?

O Fundeb, na minha opinião, é o principal elemento da revolução democrática no Norte e Nordeste do país. Porque em 10 anos ele vai dobrar o ingresso no ensino médio dos alunos que saem do ensino fundamental: de 30% para 60%, 65%. Então, ele vai renovar a elite política e social no Nordeste. Ele organiza o financiamento do ensino básico e faz uma grande drenagem de recursos para essas regiões onde existe uma espécie de blindagem social para novos patamares educacionais e profissionais. O Fundeb é, na verdade, um elemento de integração socioeconômica do país, porque ele pode reequilibrar, no que se refere ao plano educacional, as diferenças regionais entre o Sul—Sudeste e o Norte—Nordeste. Por isso, nós demos extrema importância a ele. Se não me equivoco, um dos últimos atos meus enquanto ministro da Educação foi remeter a emenda constitucional para o Congresso Nacional. O Fundeb foi uma luta muito difícil, porque os ministros da área econômica naquela oportunidade eram contra a nova vinculação de receitas para a educação. O presidente, como sempre, na hora H bancou, e na minha opinião bancou corretamente. Mas a luta com a área econômica foi até o último dia. Foi muito difícil. Mais difícil ainda foi a remessa da emenda constitucional, porque na tramitação também havia um trabalho para não aprovar. Mas, ao fim e ao cabo, o Congresso Nacional mostrou que estava à altura de responder ao país.

Concretamente, o Fundeb quadruplicou os recursos federais para o ensino básico. Multiplicou por quatro os recursos que a União remete para suplementar os estados que têm maiores dificuldades para financiar o ensino básico. Depois da aprovação, é claro, veio a regulamentação do Fundeb. Aí eu não estava mais no Ministério. Mas há uma série de indicadores, que vão ser revelados ao longo da aplicação desses recursos, para acompanhar a influência que eles vão ter na qualidade educacional dessas regiões.

A partir de 2005, o governo Lula e o PT enfrentaram grandes dificuldades, em decorrência da crise do mensalão. O senhor teve um papel importante no esforço para debelar a crise, tanto ao assumir a presidência do PT em 2005, quanto ao responder pela Secretaria de Relações Institucionais da Presidência da República em 2006. Falou-se na época na possibilidade de impeachment *do presidente, acreditou-se que*

Formulando o Pronasci

25

um segundo mandato seria inviável e, no entanto, houve uma virada, e Lula foi reeleito. Como o senhor vê essa virada?

Acho que a saída da crise e a reeleição são situações diferentes. A saída da crise do chamado mensalão se deveu, fundamentalmente, a uma íntima ligação, subjetiva, do presidente com aquelas camadas mais pobres da população e com vastos setores da classe trabalhadora, que estabeleceram com ele uma identidade e que não acreditaram em todo aquele cerco informativo a que o seu governo foi submetido. O que a imprensa passava, naquela oportunidade, era que a corrupção tinha começado no Brasil com o PT e com Lula. Acho que esse vínculo do presidente, que falava sempre dirigido para essas pessoas, dissuadiu a aventura de um *impeachment*. A saída se deveu, principalmente, à figura do presidente. Um outro elemento que também não pode ser relegado é que o fato de Lula ter desenvolvido uma política econômica responsável, que deu estabilidade ao país, que permitiu que as forças produtivas funcionassem normalmente. Isso contou muito, porque a elite brasileira não saberia dizer o que viria depois dele, se fosse processado o *impeachment*. Em terceiro lugar, acho que deve ser considerado que as Forças Armadas brasileiras não estavam vocacionadas para qualquer tentação golpista ou visão rupturista naquela oportunidade. Essas três questões é que obstaculizaram o movimento de desmoralização ou de liquidação política do governo.

A partir da superação da crise política, os efeitos de uma guinada que foi dada na economia para o revigoramento do mercado interno, os efeitos da queda da inflação no bolso do assalariado, as políticas distributivas de Estado, como o Bolsa Família, as políticas educacionais, como o ProUni e outras, geraram nesses setores da população, que jamais eram ouvidos e que não tinham acesso à imprensa, uma consciência de que as coisas estavam melhorando, de que Lula era um presidente sério, e de que era preciso apostar nele. Nesse momento, eu era ministro das Relações Institucionais, falava pelo governo e enfrentei o debate político, sempre conduzido pelo presidente, orientado por ele, que ia me balizando nas minhas manifestações. Depois da eleição, coordenei, em nome do presidente, a formação da coalizão, que é o que dá sustentação política ao governo no Congresso e nos deu maioria até hoje. Todos esses movimentos que fiz sempre foram muito orientados pela direção política que o presidente dava, às vezes de maneira direta, às vezes de maneira implícita. Porque a forma com que o presidente faz a direção política não é somente interna. Ele, internamente, conversa, emite opinião, mas muitas vezes orienta politicamente o governo com os pronunciamentos públicos que faz. Então, eu não só recebia orientação dele, mas também procurava compreender a movimentação que ele fazia, politicamente, no cenário nacional. E isso me dava suporte para os movimentos que eu realizava como coordenador político do governo.

Qual foi o grande desafio desse momento de coordenação política do governo?

Foi a formação da coalizão. Nós formamos a coalizão em cima de alguns pontos. Se não me engano eram sete. Não havia uma tradição desse tipo no Brasil. No caso concreto foi um pouco mais fácil, porque a maioria das forças que estavam para se integrar nessa estrutura da coalizão já tinha apoiado Lula no segundo turno. Mas a grande dificuldade era não permitir que o processo político brasileiro passasse exclusivamente por São Paulo e por Minas Gerais, como costumeiramente ocorre no país, pela força política que esses dois estados têm. E aí o grande esforço foi para incorporar o Rio de Janeiro, através do governador Sérgio Cabral e de uma outra parte do PMDB, como sujeito político ativo dessa coalizão, para que não ocorresse, na formação do governo e no projeto futuro, exclusivamente um diálogo São Paulo—Minas. E isso se conseguiu. Hoje, a cena política no Brasil não se desenha mais somente com São Paulo e Minas, inclui também o Rio de Janeiro. Isso é um avanço democrático importante no país.

No Ministério da Justiça: o conceito do Pronasci

Em março de 2007, dois meses após o início do segundo governo Lula, o senhor substituiu Marcio Thomaz Bastos no Ministério da Justiça e articulou a formulação do Programa Nacional de Segurança Pública com Cidadania, o Pronasci, objeto do nosso interesse aqui. Antes de entrarmos nesse assunto, como foi feita sua indicação para o Ministério da Justiça?

O Ministério da Justiça, o presidente Lula nunca pensou e, na minha opinião, nunca vai pensar em colocá-lo como elemento de barganha política. É um dos ministérios que decorrem de uma visão específica do presidente, porque é o Ministério de Estado, talvez o mais completo de todos, pelas funções que tem, de lidar com a Polícia Federal, a Polícia Rodoviária Federal, a Secretaria de Direito Econômico, a Secretaria de Assuntos Legislativos etc.

Eu estava em Porto Alegre quando o presidente me chamou a Brasília. Pensei que ele fosse me convidar para ser ministro da Defesa, pois era esse o boato que corria. Tanto é que passei a estudar as questões de defesa, estava até relativamente preparado. Mas, quando cheguei lá, o presidente me disse: "Olha, eu ia te convidar para ser ministro da Defesa, mas preciso de ti no Ministério da Justiça". Fiquei perplexo. Para ser ministro da Justiça, eu também não precisava de muito tempo para me preparar. E assim assumi o cargo. Foi uma deferência direta do presidente. Ele depositou uma enorme confiança em mim, que acho que não estou desfazendo.

Como foi para o senhor, em tão pouco tempo, ingressar nessa área difícil, polêmica, uma área que, como o senhor mesmo está dizendo, não era objeto de barganha política? Quais foram os primeiros desafios e as primeiras iniciativas suas à frente do Ministério da Justiça?

São tantos os desafios que temo não ter uma hierarquia correta. Primeiro, foi preciso definir a intervenção do Ministério da Justiça numa questão nacional de extrema importância, que é a questão da segurança pública. Embora já se tivesse começado um trabalho positivo nesse sentido na época do ministro Marcio Thomaz Bastos, o governo não tinha uma proposta de renovação do paradigma da segurança pública no país. Então, minha primeira tarefa foi trabalhar com uma equipe, formulando uma concepção do que seria esse programa. Foi essa, imediatamente, a minha ação.

O segundo desafio foi reorganizar a relação do Ministério da Justiça com a Polícia Federal. A Polícia Federal estava hipervalorizada pela mídia, enquanto fazia ações contra pessoas do PT e do governo, e aquilo gerou um sentimento de espetaculosidade, do qual a mídia não só não reclamava, como estimulava. Mais tarde, quando a Polícia Federal começou a prender pessoas, começou a haver uma reclamação contra a espetaculosidade. Correta, inclusive. Só que tardia. Podia ter começado antes. Mas nós passamos então a trabalhar com o diretor da Polícia Federal, o delegado Paulo Lacerda, e depois com Luiz Fernando Corrêa. Com Luiz Fernando houve um trabalho de reorganização da Polícia Federal com a sociedade, vedando a espetaculosidade — que foi violado recentemente nessa operação Satiagraha. Então esse foi outro desafio.

Um terceiro desafio está se desdobrando agora: é a organização de uma proposta de reforma política. O presidente adotou como posição do governo promover a reforma política. Isso já está no nosso *site*, do Ministério da Justiça. É uma proposta que está sendo discutida com os partidos, com a intelectualidade. Vai ser remetida até o fim do ano para o Congresso.

Outro desafio que também está em andamento é o de reorganizar a Força Nacional de Segurança Pública. Outro, o de acentuar a luta contra os cartéis, a partir da Secretaria de Direito Econômico. Todas essas questões trazem problemas políticos. É um desafio prosseguir, de maneira discreta, mas prosseguir e aprofundar a luta contra a corrupção no Estado brasileiro, que está sendo feita através de dezenas de ações da Polícia Federal. Agora mesmo, na semana passada, houve uma ação muito grande na Receita Federal, com — se não me equivoco — 40 pessoas presas. Era um esquema de corrupção que deve ter drenado dos cofres públicos em torno de R$ 600 milhões. Toda essa movimentação, entre outras questões, não tem o apelo midiático que tem a questão do Protógenes Guimarães, que tem a prisão do Daniel Dantas. Isso é natural. Faz parte da sociedade do espetáculo. Mas nós também temos que saber administrar politicamente essas questões, para que as ações da Polícia Federal tenham, inclusive, mais foco, mais profundidade, mais discrição e mais resultado no Poder Judiciário. Porque essa espetaculosidade que ocorreu também cria personagens dentro da Polícia, que passam a concorrer entre si. Como ocorreu nesse caso da Satiagraha, e agora está sendo corrigido.

Então, são desafios muito grandes. Agora, o desafio mais estratégico e menos contingente é o Pronasci, pelas características, pela ambição que ele tem de mudar o paradigma de segurança pública no país, e pela enorme articulação federativa que ele produz entre União, estados e municípios, com uma distribuição de responsabilidades inédita até agora. O presidente destacou vultosos recursos para isso, comparativamente ao que havia antes. O Pronasci ainda está em fase de implantação, mas já tem resultados altamente positivos, como, por exemplo, mais de 150 mil policiais estudando, matriculados na Rede Nacional de Altos Estudos de Segurança Pública, Renaesp. Esse é apenas um exemplo elementar.

Como nasceu a ideia do Pronasci? Como o senhor articulou isso?

O Pronasci começou com um exame que fiz da política de segurança pública que vinha sendo adotada no país até então. A política de segurança pública originária do Ministério da Justiça tinha tido dois avanços importantes na época do Marcio Thomaz Bastos. Primeiro, o início da instalação do Susp, o Sistema Único de Segurança Pública. E segundo, um regime de colaboração da Polícia Federal com as polícias estaduais em vários casos extremamente importantes para o país.

Mas não havia uma visão sistêmica. E essa visão sistêmica significava não só uma articulação institucional entre União, estados e municípios, mas também uma articulação financeira. Ou seja, mais recursos, e um novo conceito.

A partir desse exame, que nós fizemos assim que cheguei ao Ministério da Justiça, montei uma equipe que me respondesse às seguintes questões: como ter uma nova polícia, uma polícia que estabeleça uma relação de proximidade com a comunidade? Como integrar os municípios como sujeitos ativos de políticas preventivas? Como renovar a cultura da segurança pública no país? Dei para essa equipe alguns exemplos conhecidos internacionalmente. O que tinha ocorrido na Colômbia, a experiência de Nova Iorque, a experiência de Chicago, alguns programas preventivos que alguns municípios do país — como Diadema, por exemplo — já desenvolviam. Dessa discussão resultou o entendimento de que a questão da segurança pública é uma questão policial, mas, se for tratada exclusivamente como questão policial, não será uma boa política de segurança pública. Para isso é necessário renovar o conceito de relacionamento entre polícia e comunidade, mudar a cultura do aparato policial, e dotar as prefeituras de meios para produzir políticas preventivas. A partir desse conceito foi que nasceram os projetos. Nenhum projeto que está ali é novo. Todos eles foram garimpados no Brasil ou no mundo e foram elencados de maneira harmônica. A partir daí, nasceu a concepção do Pronasci. Que eu, imediatamente, trouxe à Fundação Getulio Vargas, para que nos acompanhasse. A ambição do Pronasci é que, em cinco ou dez anos, quem sabe, se possa ter, nas regiões mais importantes, uma queda de homicídios.

Em que exatamente o Pronasci inovou, em relação ao que ocorria na gestão anterior, do ministro Marcio Thomaz Bastos?

O ministro Marcio Thomaz Bastos, como acabei de dizer, começou a organizar aquilo que veio a se configurar como o Sistema Único de Segurança Pública, o Susp. Paralelamente a esse sistema, que na verdade eram articulações formais e informais da União federal com os estados, começou a se configurar a organização do Pan-Americano no Rio de Janeiro, e a sustentação que se deveria dar ao evento. Na oportunidade, o secretário Nacional de Segurança Pública era o Dr. Luiz Fernando Corrêa, que, na minha gestão, veio substituir o Dr. Paulo Lacerda e hoje é diretor da Polícia Federal.

Contrastado com essas duas iniciativas, e já também com base em conversações com os professores Marco Aurélio Rudiger e Rogério Sobreira, da Fundação Getulio Vargas, que tinham trabalhado comigo no Ministério da Educação na questão da troca da dívida por educação, comecei a pensar, junto com a minha equipe, num projeto que, primeiro, tivesse uma cobertura legal, uma norma programática geral extraída da lei; segundo, mudasse a função constitucional dos municípios na questão da segurança pública; e, terceiro, além de relacionar a sociedade civil com as forças policiais, criasse uma doutrina, no Estado brasileiro, de que a questão da segurança pública não é uma questão meramente de natureza policial. Desses três elementos — que nós construímos a partir do diálogo, da discussão que eu proporcionei com o meu secretariado, com os meus assessores — nasceu o conceito do Pronasci, que começou por medida provisória, e depois passou a ser lei federal, sancionada pelo presidente da República em julho de 2008.

Paralelamente a isso, nós tínhamos que mudar o sistema de financiamento da segurança pública no país, naquela parte originária da União federal. Então nós conseguimos, junto ao presidente da República, uma garantia de drenagem de recursos inédita na história da relação da União com a segurança pública, que está configurada nos programas e nos projetos do Pronasci e que envolve R$ 1,3 bilhão, aproximadamente, por ano, durante quatro anos, tudo aprovado pelo Congresso nacional na LDO. Essa concepção, depois, foi transformada em 94 projetos e ações — ações institucionais, propostas de projeto de lei e projetos de implementação pelos estados e pelos municípios. A partir disso se configurou a necessidade de uma estrutura de controle, que foi negociada com a Fundação Getulio Vargas, para que nós tivéssemos, num projeto original, mecanismos que permitissem que o Pronasci fosse acompanhado praticamente ao vivo e a cores. Isso está em processo de instalação. O Pronasci avançou muito em 2008. Nós conseguimos executar em torno de 95% dos recursos que foram destinados a ele. E agora, durante o ano de 2009, é que ele começa a operar, realmente, nos territórios. Isso, a partir da seleção que fizemos de 11 territórios, que são as 11 regiões metropolitanas mais importantes, onde o processo de implementação do Pronasci vai ser integral. Essa é a rápida história.

Quais são as 11 regiões metropolitanas mais importantes?

Grande Porto Alegre, Grande Curitiba, Grande São Paulo, Rio de Janeiro, Belo Horizonte, Espírito Santo, Salvador, Recife, Maceió, Brasília e Belém. Essas

Formulando o Pronasci

31

são as regiões metropolitanas iniciais, e já há capilaridade para mais nove. Mas primeiro nós queremos a implantação plena nesses 11 territórios.

Quando o senhor começou a trabalhar com a ideia do Pronasci, qual foi a equipe que se dedicou a isso? Quem eram essas pessoas e por que o senhor as escolheu?

Eram os meus secretários, o meu chefe de gabinete, os quadros da Fundação Getulio Vargas que estavam articulados conosco desde o começo da concepção, pessoas que se escoraram em cerca de 100 reuniões, colóquios e seminários que foram realizados durante o primeiro semestre de 2008. Essa foi a equipe que concebeu o Pronasci e que, ao mesmo tempo, dirige a sua implementação.

Mas houve mudanças na equipe, não? Algumas pessoas que ocupavam posições-chave no grupo de formulação, como Luiz Fernando Corrêa, Antonio Carlos Biscaia, Zaqueu Teixeira, se afastaram.

Sim. Houve mudança de algumas pessoas. A mudança que houve, na verdade, foi do processo de geração para o processo de implementação, quando nós instituímos, ao lado da Secretaria Executiva do Ministério da Justiça, um grupo de gestão. O Dr. Antonio Biscaia saiu da Secretaria Nacional de Segurança Pública porque teve que assumir o seu mandato, e entrou o Dr. Ricardo Balestreri. Luiz Fernando Corrêa foi para a Polícia Federal, saindo, portanto, dos quadros do Ministério que estavam gerindo esse processo, e a Polícia Federal se integrou no Pronasci através de projetos específicos, assim como a Polícia Rodoviária Federal. Houve uma mudança parcial do grupo originário. Não houve uma ruptura de um grupo para outro. No primeiro momento de concepção do Pronasci, uma parte mais especificamente ligada à natureza das ações policiais foi orientada pelo delegado Zaqueu Teixeira. Depois o programa precisou ter outros aportes, políticas específicas de segurança pública que seriam gerenciadas pelos municípios, que não eram políticas "tipicamente" policiais. Foram políticas engendradas num segundo momento, a partir da aprovação da lei.

Durante muitos anos, a esquerda teve — e talvez até hoje tenha — a visão de que todas as questões de segurança pública poderiam ser resolvidas com distribuição de renda, com benefícios para as populações carentes, com projetos sociais. Mas a partir de um determinado momento, dentro do PT, começou-se a ter a visão de que não era suficiente ter apenas projetos e programas sociais, era preciso também fazer alguma coisa concreta do ponto de vista das ações da polícia. Como foi que essa ideia evoluiu para o senhor?

Para mim, evoluiu do ponto de vista teórico, em primeiro lugar, a partir da década de 1990, quando comecei a ter uma visão menos dogmática das posições de esquerda, do próprio marxismo, que é a escola teórica dentro da qual me formei politicamente. Como se operou essa mudança doutrinária? A partir da constatação de que a forma como a sociedade capitalista estava se reorganizando, e se anarquizando, e se fragmentando, principalmente depois da revogação das políticas social-democratas e do Estado de bem-estar na Europa, estava tendo reflexos nos países dependentes, que passaram a adotar também toda aquela visão desregulamentadora e neoliberal. Isso gerou um abalo na estrutura de classe da sociedade, e as classes passaram a se fragmentar, inclusive na sua relação com o quotidiano. E essa fragmentação das classes sociais na sua relação com o quotidiano fez fundir, no mesmo espaço geográfico, no mesmo âmbito político, o quotidiano e a História. Ou seja, as pessoas passaram a enfrentar no seu quotidiano não mais os grandes confrontos entre Estado e sociedade, os conflitos sindicais entre empresários e trabalhadores, burguesia e proletariado, como culturas identitárias bem definidas. A fragmentação da estrutura social gerou uma disputa entre classes, claro, mas acentuou as disputas *intraclasses*. No mesmo espaço de uma favela, você tem estruturas de poder que são conflitantes entre si, legais ou ilegais, paralelas ou não paralelas, o que em última análise faz com que a pessoa viva todos os dramas do seu quotidiano e todos os dramas, vamos dizer assim, da natureza da sociedade capitalista naquele espaço.

Em consequência, comecei a dizer que a insegurança passou a ser uma categoria central da política, na crise da modernidade. Ou seja, o que chamam de pós-modernidade — uma grande fragmentação, destruição de utopias, sublimação histérica do presente, ausência de perspectivas totalizantes — é, em última instância, uma desagregação social, que transforma a insegurança numa questão central da política. Passei então a defender que quem não responder a essas questões não vai responder a nada politicamente. Tanto é verdade que eu, como prefeito de Porto Alegre, comecei a trabalhar experiências relacionadas com a combinação das políticas de segurança pública com políticas preventivas. Meu assessor foi Luiz Eduardo Soares, que depois trabalhou com Marcio Thomaz Bastos na Secretaria Nacional de Segurança Pública.

Portanto, o Pronasci, para mim, do ponto de vista conceitual, tem essa origem. Além dessa origem doutrinária, ele tem a sua origem, vamos dizer assim, político-administrativa, no Ministério da Justiça. Foi aí que eu passei a colocar essas minhas convicções num plano de projeto institucional, que foi o que gerou a dinâmica Pronasci.

Quer dizer que sua experiência como prefeito em Porto Alegre aguçou sua convicção de que a questão da segurança se havia tornado importante.

Exatamente. Tinha passado a ser uma política-chave e, portanto, uma questão fundamental para a cidadania. Porque essa fragmentação, essas zonas de anomia e essa insegurança generalizada também tornam os oprimidos duplamente oprimidos. Oprimidos pela exclusão social, pela ausência de um Estado benfeitor — que é um nome sujo para os neoliberais —, e oprimidos também pelos seus pares na disputa pela sobrevivência dentro dessa anomia, confrontados com esses poderes paralelos.

Essa discussão também se espalhou dentro do PT? Sabemos que mesmo antes do primeiro governo Lula o Instituto Cidadania fez um plano de segurança pública.

Sim. Essa discussão já existia lá. Ela teve uma grande contribuição do Dr. Antonio Carlos Biscaia, por exemplo. Na oportunidade, ele foi uma das pessoas que trabalharam nessa concepção, como também Benedito Domingos Mariano, de São Paulo, e outras pessoas afinadas com essas questões da segurança pública. A implementação do Pronasci tem sem dúvida um nexo programático com aquilo que foi produzido no Instituto Cidadania. Agora, a iniciativa foi constituída a partir de uma equipe determinada aqui no Ministério da Justiça. E foi uma ação à qual o partido, em regra, sempre foi muito indiferente. Veio a tomar consciência, evidentemente, depois, já com o processo em andamento. A lei do Pronasci teve um apoio muito forte da bancada, na hora da votação.

Como surgiu, no grupo de formulação do Pronasci, a ideia de fazer uma junção entre ações voltadas para a polícia — modernização, educação, habitação — e ações sociais, como o programa Mulheres da Paz, de apoio a jovens na iminência de ingressar no crime?

Eu diria que ela surgiu a partir desse conjunto de seminários e colóquios que mencionei, onde nós fomos constatando a existência fragmentária, no país e no exterior, de projetos que já estavam em andamento. À medida que fomos fazendo esses debates com a academia, com gestores públicos, com prefeitos, com secretários locais, fomos elencando um determinado conjunto de projetos que estavam dentro desse espírito da concepção do Pronasci. Se você for olhar os projetos que estão elencados no Pronasci, verá que nenhum deles surgiu da ideia luminosa de alguém. Eles são adaptações ou cópias de experiências já existentes, que foram integradas num mesmo espaço físico, que nós denominamos Território de Paz. O Território de Paz é o território onde todos os projetos cabíveis naquele espaço estão funcionando de maneira harmônica, de acordo com as peculiaridades regionais.

Foi através desses debates, dessas reuniões, que foi se configurando, em última análise, a concepção mais geral. Houve dois projetos que saíram daqui de dentro mesmo: o Bolsa-Formação, por analogia ao Bolsa Família, para os policiais, e o Plano Habitacional, a partir de uma visão nossa, de que tinha que haver um respaldo para o policial que vai ser jogado nesse tipo de programa. Esses dois projetos são realmente de gestação caseira, e os demais são apanhados, cópias ou adaptações de experiências já realizadas em outras partes do mundo, inclusive na Colômbia.

Nós apresentamos para o presidente Lula, na MP originária, a ideia geral do Pronasci. Que era isso, um conjunto de projetos, que envolvia as prefeituras, como sujeitos da segurança pública, com políticas preventivas, envolvia os estados com políticas preventivas e políticas policiais típicas, e envolvia a União, como indutora e financiadora. Foi essa a concepção que apresentamos ao presidente, e que ele aprovou naquela medida provisória inicial.

A implementação do Pronasci

Quando a lei do Pronasci foi aprovada, foi também instituído um grupo de gestão do programa. Quem faz parte desse grupo? Qual o seu lugar na estrutura do Ministério da Justiça?

O grupo de gestão é composto de vários secretários e é coordenado pelo chefe de gabinete do ministro, Ronaldo Teixeira. Forma uma estrutura paralela à

Secretaria Executiva do Ministério, que permanece com as suas funções e também o integra. Ao longo do tempo houve um aperfeiçoamento do relacionamento. Às vezes havia impasses, porque era uma estrutura atípica dentro do Ministério, subordinada diretamente a mim. Tanto é que na verdade eu não tenho chefe de gabinete! Meu chefe de gabinete é a Vera Spolidoro, minha coordenadora de imprensa. Mas o grupo vai se consolidando e vai também aparando e limando os atritos com a Secretaria Executiva, que é a estrutura formal, que tem que ter a responsabilidade sobre aquilo que o Pronasci faz. Hoje nós chegamos a um ponto positivo em relação a isso. Já existem relações de coordenação e de integração suficientemente harmônicas. Isso, inclusive, foi comprovado agora, nesse *meeting* que nós fizemos, nesse esforço para poder executar os valores, que eram valores extraordinariamente estranhos ao Ministério da Justiça. Em meio ano, no segundo semestre de 2008 — a lei é de julho — nós tivemos o dobro de valores para executar, sem nenhum aumento de pessoal. Tivemos uma carga de serviço extraordinária, para poder botar o Pronasci em pé. E ele está em pé. Os efeitos agora vão ser sentidos, durante o ano de 2009, principalmente nos 11 territórios de que falei.

A distribuição desses recursos se faz a partir dos projetos que os municípios e os estados apresentam?

Sim. Mas são projetos induzidos por nós. Nós instituímos um pressuposto de enquadramento. O projeto que é apresentado por uma prefeitura, se ele quiser ter o privilégio de ter recursos assegurados pelo Pronasci, ele tem que ser adequado à concepção do Pronasci e ao elenco de projetos que nós apresentamos na lei, às formatações internas dos convênios. O que é que muda, por exemplo, em relação ao sistema anterior? Uma prefeitura vem aqui e pede carro e armamento para a sua Guarda Municipal. Nós dizemos: "Nós damos, mas os carros têm que ser típicos para uso em policiamento comunitário, e o armamento tem que ser não letal, adequado a esse tipo de policiamento. Se você apresentar um projeto com essas características e instituir um policiamento comunitário na sua região, você vai ter o dinheiro. Se não, não vai". Há uma inversão da demanda. A demanda é feita da União sobre o estado e sobre o município. A política até então era, simplesmente, responder às demandas espontâneas que vinham dos estados e dos municípios, conforme se tivesse recurso ou não. Chegava aqui a Polícia Militar de Pernambuco e dizia: "Olha, eu preciso de 50 metralhadoras". "Vamos ver se dá. Dá! Está aqui o dinheiro". Aprovado no Conselho Nacional de Segurança Pública. Agora não. O que nós damos, prioritariamente, são recursos para investimentos nos projetos cuja natureza está afinada com o Pronasci.

Normalmente, as Secretarias de Segurança dos estados, as polícias, têm muito pouca capacidade de gestão. Isso também é um tipo de exigência do Pronasci? Ou é muito complicado mexer nisso?

Não, não é complicado. E é obrigatório, inclusive. A cidade, ou a região metropolitana, ou o estado que quiser entrar para o Pronasci tem que formar uma estrutura receptiva para o Pronasci, com responsabilidades definidas. Um exemplo concreto: o estado do Rio de Janeiro teve que aprovar uma lei para que os policiais pudessem descontar em folha de pagamento a sua prestação da casa própria, para aquele programa específico do Pronasci; é uma estrutura legal de recepção. É preciso formar um Gabinete Integrado de Segurança Pública da região ou do município, dependendo da extensão. Há precondições institucionais, que são paulatinamente cumpridas pelos estados e pelos municípios. Se eles não cumprem, fica inviável a sua integração no Pronasci. Houve alguns que não cumpriram porque não tinham *expertise* para isso. Inclusive, nós ajudamos alguns municípios, e alguns estados até, a fazer projetos. "Olha, isso aqui é um projeto de Pernambuco. Estuda ele, adapta à tua região e apresenta, porque isso aqui tem a marca Pronasci". Hoje, já é possível constatar que os próprios estados e municípios estão se antecipando, estão organizando as estruturas receptivas, estão engendrando os decretos ou as leis municipais para se adaptar ao Pronasci e estão formando os Gabinetes Integrados de Segurança Pública, que são um pressuposto importante para o funcionamento do aspecto policial do Pronasci.

O Pronasci tem um lado mais voltado para a questão da polícia, e tem um outro lado mais social, mais voltado para o desenvolvimento da cidadania. Uma coisa é trabalhar com uma estrutura formal de poder, como a polícia, na sua esfera estadual ou municipal. Mas há projetos como o Mulheres da Paz que devem ser mais difíceis de implementar. Como é que isso funciona? Como essas pessoas são captadas, como essa rede é criada? E qual a extensão que já se conseguiu atingir?

Quanto à extensão, não tenho os dados aqui e agora. Mas cada prefeitura tem o seu órgão de "assistência social" ou de "seguridade social" ou de "ações sociais", que pode ser adaptado para receber esses projetos. Nós instituímos, no local, estruturas de apoio, consultorias, que vão dar sustentação a esse trabalho, a partir ou de organizações não governamentais ou de agências internacionais, que vão receber recursos da União para cumprir um determinado contrato de sustentação na implementação de projetos, e vão, inclusive, ter a capacidade de contratar pessoas para dar esse apoio. Há, vamos dizer assim, uma indução de cima para baixo, que a União faz, a partir de recursos, de projetos de elaboração técnica, e há uma sustentação no território, que vem de baixo para cima, onde estão as pessoas organizadas institucionalmente pelo Pronasci, para dar ajuda à aplicação dos programas do território.

O programa Mulheres da Paz, por exemplo, na sua avaliação está sendo eficaz? Está sendo possível captar essas mulheres?

Está. Por enquanto, já há um número significativo de mulheres que estão sendo treinadas. Elas passam por um treinamento, não são simplesmente jogadas no trabalho. Elas têm de aparecer nas suas comunidades, não como uma extensão da polícia. Se uma Mulher da Paz pega um jovem se drogando ou vendendo um papelote de cocaína, não vai entregá-lo para a polícia. Vai trazer esse jovem para um programa cultural dirigido pelo Ministério da Cultura, ou um programa educacional do Ministério da Educação, para os quais nós também passamos recursos e induzimos projetos. Os programas preventivos que são executados pelos diversos ministérios têm como centro indutor e gestor o Ministério da Justiça. O Pronasci é um programa também horizontal dentro do governo. Por exemplo, se você fosse ao lançamento do território no Alemão, no Rio, você veria uma enorme maquete, que até o presidente queria mostrar para todo mundo, estava muito benfeita, de uma praça da juventude. O que é essa praça da juventude? Um ponto material de agregação da juventude, que está sendo construído pelo Ministério dos Esportes, que vai ser um lugar que vai ter iluminação toda a noite, para o jovem se reunir lá e jogar. E vai haver dispositivos, também, para o Ministério Cultura ocupá-la. Existe uma infraestrutura material, uma infraestrutura humana, que dá sustentação. Agora, quem tem que aplicar efetivamente o projeto é o município, ou o estado, dependendo da natureza do projeto.

As políticas policiais são mais fáceis de serem aplicadas porque já existe uma vazão institucional adequada para isso. As outras são políticas novas. Dependem do grau de convencimento da autoridade local para aplicar aquele projeto. Como nós vamos ter um controle rigoroso, através desse sistema de controle que estamos instituindo com a FGV, vamos poder dar apoio sistemático àqueles projetos que estiverem trancados, para ajudar o gestor de boa-fé a dar continuidade às ações.

E quanto às bolsas que são distribuídas para os jovens em área de risco? Como isso é distribuído?

São recursos que são repassados para o município, que faz os pagamentos através da Caixa Econômica Federal, que tem uma relação direta conosco, conveniada para dar assistência ao programa. O próprio Bolsa-Formação, também é feito pela Caixa. É um projeto muito ousado, porque ele constitui uma articulação institucional, primeiro, horizontal, na União, e vertical nos entes federais, que estabelece uma relação de corresponsabilidade e acaba com o corporativismo e a manipulação política dos projetos.

Agora, qual é a nossa expectativa? Nós achamos que vai haver problemas no curso da implementação. Mas a forma com que as propostas têm sido recebidas e o interesse dos municípios são impressionantes. Nós reunimos os gestores dos municípios aqui. Já fizemos três ou quatro reuniões de treinamento. E vamos fazer nos territórios também. É extraordinário o grau de acolhimento que esse tipo de ação está tendo, na base dos entes federados. Em relação, por exemplo, ao Bolsa-Formação, é incrível a diferenciação que começa a existir entre o policial que está fazendo um curso, está recebendo aquele adicional, e aquele outro policial estilo antigo. Ele se sente mais valorizado. Uma vez, por exemplo, estava eu lá no Rio Grande do Sul, caminhando na rua, veio um soldado da Brigada Militar e disse: "Ministro, obrigado pela bolsa brigadiana que o senhor nos deu aí. Estou conseguindo estudar agora. Porque eu recebia R$ 1 mil, estou recebendo agora 40% a mais, e estou podendo estudar nos fins de semana. Antes eu ia cuidar do supermercado para ganhar mais cem 'pila'". Muda a vida das pessoas.

O Pronasci tem que gerar uma mudança na cultura do aparato público de segurança para poder ser eficaz. Isso só se faz com educação. Hoje, nós temos em torno de 170 mil alunos passando pela Renaesp e, desses 170 mil, em torno de 80 mil estão recebendo Bolsa-Formação. São aqueles que não ganham R$ 1.400,00 por mês. Para quem ganha R$ 8, ou R$ 10, ou R$ 15 mil, R$ 400,00 não significam muito, mas, para quem ganha R$ 1.000,00, são 40% de aumento na sua renda mensal. E há polícias por aí que ganham R$ 700,00.

Formulando o Pronasci

O policial recebe essa bolsa durante todo o curso?

Ele faz o curso. Se durar um ano, ele recebe durante os 12 meses. Se durar menos, ele recebe proporcionalmente. Os estados é que fornecem os cursos. Fazem a comprovação, organizam as listas. Nós fazemos a glosa, e a lista é paga através da Caixa Econômica Federal. O aluno pode usar o dinheiro da bolsa para o que quiser. É um incentivo para ele estudar. É um acréscimo salarial, na verdade. Como é que nós chegamos à Bolsa-Formação? A ideia originária do Pronasci, lá no início, que nós chegamos a colocar na primeira MP, mas depois tiramos, era de um piso salarial único para todos. "Nenhum policial pode ganhar menos de R$ 1.700,00" — vamos dizer. Aí os governadores disseram: "Não podemos pagar". Pensamos: como é que nós vamos fazer isso? Porque, sem o incentivo material, eles não vão para o curso, e sem o curso não tem mudança de cultura. Conversamos com o Planejamento, negociamos, e o Planejamento nos deu a ideia. "Façam o piso, mas façam de uma maneira, vamos dizer assim, brasileira". Se se estabelece um nexo de causalidade com o estudo, então é bolsa, efetivamente. Não integra a remuneração, mas o policial pode ficar sempre se reciclando, se atualizando. Nós temos trinta e tantos tipos de cursos, que são preparados por 83 instituições universitárias conveniadas com o Ministério da Justiça em cima de uma agenda determinada. São cursos *on line*. Alguns são presenciais, quando a universidade é próxima do local de implementação do Pronasci. Mas a maioria são cursos a distância.

Na sua avaliação, hoje, quais foram, e quais são, as maiores dificuldades enfrentadas pelo Pronasci?

A maior dificuldade do Pronasci foi convencer as diversas instâncias do governo. Não o presidente, que até por uma questão de confiança em mim, em função das outras experiências que tivemos, ProUni etc., logo aceitou e chancelou o projeto. Mas nas diversas instâncias de governo, Planejamento, assessoria em torno da Presidência, a maior dificuldade que tivemos foi convencê-las da eficácia e da importância que teria um projeto como esse. Foi muito difícil no começo. Se não fosse o presidente bancar, a ideia morreria na praia. A partir do momento em que o presidente mostrou claramente que aquele seria um projeto do governo, se desobstruíram essas relações todas.

As negociações no Congresso, por exemplo, foram uma experiência magnífica, uma das maiores experiências que tive na minha vida pública. Esse processo me demonstrou que existe um espaço de racionalidade na dialética de negociação política, um espaço de concertação, em que sempre acreditei muito, e que é ainda muito inexplorado na sociedade brasileira. Quando o projeto chegou lá, a primeira reação da oposição e de uma parte do pessoal mais conservador foi chamar o Pronasci de projeto do "Bolsa Delinquente", "Bolsa Bandido". E rejeitar a conexão das políticas sociais com políticas de natureza policial típica. Nós passamos então a engendrar um conjunto de diálogos, trazendo os deputados aqui, apresentando, fazendo reunião com as bancadas, com as lideranças, indo às comissões e mostrando a verdadeira natureza do projeto. O que ele significava. E fomos quebrando, de um em um, as resistências. Quando mandamos o projeto de lei, continuamos o processo negocial, e ele foi aprovado por unanimidade, tanto na Câmara como no Senado. Incorporamos, inclusive, algumas propostas vindas da própria oposição. Foi uma experiência muito positiva. Tenho uma sorte de ter uma relação de negociação, de concertação, com o Parlamento muito boa. Em relação, também, ao ProUni, no começo houve uma rejeição muito grande. Tivemos uma sequência de cinco ou seis projetos difíceis. O do registro e legalização das armas, por exemplo, conseguimos negociar. Temos tido uma experiência muito boa de relação com o Parlamento.

Há uma certa crença na cultura política brasileira de que a negociação só ocorre quando você dá alguma coisa imediata...

É. Mas, às vezes, as pessoas esquecem que o *dar* determinadas políticas também tem uma capacidade de convencimento muito grande para aqueles que atuam politicamente nas regiões. Por exemplo, quando você diz — "Olha, a tua prefeitura vai passar a ter uma função na segurança pública e vai implementar projetos, isso é uma coisa que valoriza você politicamente na região" —, o parlamentar se torna um interlocutor para aquela questão. Não é só verba orçamentária que gera "vantagem" política. Se você qualifica as propostas e mostra que elas têm uma vantagem política efetiva para o parlamentar daquela região, que aquilo ali tem um benefício social superior, ele quebra as barreiras ideológicas e começa a negociar num outro patamar.

O Pronasci quebra com o sistema político tradicional porque você troca o apoio do parlamentar por políticas efetivas, que são lançadas no território, e com as quais, se quiser se valorizar, ele tem que estar integrado. Não é simplesmente a liberação de recurso que ele consegue para uma empreiteira fazer uma obra, que depois é apresentada como obra dele. A nossa experiência é muito positiva em relação a esse tipo de negociação. Quando você consegue mostrar para o parlamentar de qualquer formação política, desde que ele seja um parlamentar de boa-fé, que aquela política que você está apresentando pode valorizá-lo na sua região se ele a acolher, ele acolhe. Estou falando do político comum. Há alguns, uma boa parte, que acolhem porque têm convicção de que têm que acolher. Mas estou falando daqueles que, em última análise, vivem da produção de fatos para reforçar o seu mandato.

Passada essa fase de negociação, de convencimento, hoje, o número de sócios do Pronasci — no sentido de pessoas que fazem projetos e recorrem ao programa — cresceu. Qual é a grande dificuldade, o desafio que o senhor vê agora, em termos de médio e longo prazos?

Gestão do território. Isso é delicado, porque se trata de um projeto novo, que exige também conexão horizontal nas próprias prefeituras. Por exemplo, se uma prefeitura vai fazer uma praça, você precisa que essa praça seja priorizada como Praça para a Juventude pela Secretaria de Obras, porque aquele vai ser um espaço importante do território para a agregação da juventude, para trazê-la para os programas culturais, sociais, esportivos. Gestão do território é, portanto, a questão-chave que nós vamos ter que enfrentar neste momento. Nosso pessoal está consciente disso. E nós temos condições. Inclusive, agora, estamos integrando mais 100 pessoas selecionadas em concurso público para trabalhar no Pronasci. Essas pessoas vão dar uma força, porque o nosso pessoal está esgotado não só internamente, como também lá, no próprio território. Isso vai liberar, inclusive, os nossos quadros mais experientes para ir mais para o território quando for necessário.

Como vão as relações do Pronasci com o Rio de Janeiro, hoje?

Agora, com a entrada do novo prefeito, Eduardo Paes, vão muito bem. Ronaldo Teixeira esteve lá agora, e o Paes reuniu todo o secretariado para ouvi-lo expor as orientações para a implementação do Pronasci pela prefeitura. Já instalamos o primeiro território lá, no Complexo do Alemão. Começamos ali por baixo, pela Vila Brasília, e depois vamos subindo. Estamos planejando inclusive um seminário internacional no Rio de Janeiro, para intercâmbio de experiências. Esse seminário vai fazer um acompanhamento do que ocorreu no Complexo do Alemão desde a instalação do território até então.

O Complexo do Alemão está funcionando um pouco como um piloto?

É. Eu diria o seguinte. Recife, por exemplo, vai ter 13 territórios. Foi instalado um. O Rio de Janeiro, provavelmente, vai ter que ter uns 50. Foi instalado um, e estamos começando outro agora no Dona Marta, a pedido do prefeito. Mas nós damos um valor excepcional ao Rio de Janeiro e ao Alemão, em função das características da região e do tipo de simbologia política que deve ter aquilo para o resto do país. Então, nós estamos mais preocupados, no Rio de Janeiro, em consolidar bem o Alemão do que apressar a ampliação para os demais territórios. No momento, no Alemão, as Mulheres da Paz estão sendo treinadas; os policiais que estão lá são policiais que ganham Bolsa-Formação, foram treinados para o policiamento comunitário. Então está indo razoavelmente.

As autoridades locais do Rio de Janeiro, o governador, o secretário de Segurança, o secretário de Governo, o chefe da Casa Civil, que é quem coordena o Pronasci, evoluíram extraordinariamente na questão. O secretário de Segurança, que, no começo, tinha uma postura indiferente em relação ao Pronasci, depois dos debates que fomos fazendo, das implementações, dos recursos que fomos passando, chegou num determinado momento e me disse: "Estou convencido de que ou é o Pronasci, ou não tem saída para o Rio de Janeiro. Porque essa incursão do entra e sai, entra e sai, isso aí só desgasta". José Beltrame está bem antenado. Inclusive, essa técnica do policiamento comunitário, eles já começaram a aplicar no Dona Marta.

E as milícias, ministro? Também são outro desafio enorme.

As milícias são o resultado da ausência do Estado e das políticas tradicionais de segurança pública. Há um espaço onde o Estado não oferece segurança, e alguém cria um polo de poder. Esse polo de poder, necessariamente criminoso, tem um apelo para uma certa parte da população porque gera uma ordem nova, paralela, mas nova. Qual é o substitutivo das milícias? É o policiamento de proximidade. Não há outro. Se você não enxerga uma milícia do estado, uma milícia do bem, que é um policial comunitário treinado, fardado, conhecido da população, com local definido de reconhecimento, não adianta. A polícia entra, a milícia se retira, mas depois volta.

Hoje, um dos nossos maiores desafios são as políticas preventivas. As políticas tipicamente policiais, na minha opinião, não terão dificuldades de ser implementadas, porque não só elas têm uma base institucional já fixada e disciplinada, como há uma vontade política, constituída nos aparatos de segurança no país, de renovação. Isso já existe. E isso se deve muito a toda a discussão que foi feita, nos últimos 10 anos, sobre a segurança pública no país. Lamentavelmente, também se deve ao reconhecimento dessa crise brutal que a segurança pública está enfrentando no país, hoje, e particularmente no Rio de Janeiro, que é um exemplo dramático. O Rio tem uma particularidade que as outras cidades não têm, que são não só as desigualdades sociais evidentes, mas o fato de elas estarem confrontadas num mesmo espaço.

Ronaldo Teixeira da Silva
Secretário-executivo do Pronasci

Entrevistas feitas no Rio de Janeiro em 28/8/2008,
e em Brasília em 23/1/2009

O professor brizolista

Vamos começar por suas origens: onde o senhor nasceu, como foi sua formação escolar, como foi seu ingresso na vida política?

Nasci em São Leopoldo, Rio Grande do Sul, naquilo que chamávamos vila Campina. Vila, na verdade, é expressão comparativa a favela no Rio de Janeiro. Essa vila era muito próxima do rio dos Sinos, e a enchente pegava pesado. Muitas vezes as casas não restavam de pé, e tínhamos que nos deslocar, com o apoio da prefeitura municipal, para o ginásio da cidade ou outro lugar. A mãe se orgulhava de contar que eu tinha saído no colo, ao lado da televisão, na grande enchente de 1965, quando tinha próximo de um aninho. Vivi os primeiros anos na rua dos Motoristas, o que também é um dado curioso da minha história pessoal. Até hoje existe essa rua — hoje, o lugar já não é mais uma vila, é considerado bairro. Nela, moravam meu pai e dois irmãos. Como todos eram motoristas de táxi, a rua ganhou esse prestígio popular, até que um dia a Câmara de Vereadores firmou que aquele era o nome oficial. Isso, de alguma forma, orgulha a minha vida, porque é uma referência, é uma raiz muito claramente identificada na cidade.

Da vila Campina nós saímos para o bairro Fião. Aí já era mais centralizado, a casa era um pouco melhor. Como sou o terceiro de quatro filhos, só peguei o final da vida na absoluta pobreza. Meus irmãos, um pouco mais velhos, pegaram essa fase com intensidade. Meu pai continuou como motorista de táxi, mas já com um ou dois carros na praça; melhorou um pouco de vida. No início, quando foi ser motorista, depois de ter sido caminhoneiro, o carro não era dele. Ele evoluiu um pouco.

Onde o senhor estudou?

Eu estudava no Círculo Operário Leopoldense. É uma organização que existe até hoje na cidade, similar às organizações não governamentais. Era ensino gratuito, análogo ao colégio do estado. É claro que os pais contribuíam, mas era aquela coisa de comunidade, todo mundo dava o quanto podia para a escolinha se manter. O nome da escolinha era santa Terezinha. Hoje eu fico mais contente do que naquela oportunidade, porque, para mim, que depois fui ler os textos da esquerda, fui me identificar com o proletariado, ter saído do Círculo Operário Leopoldense me faz também ter uma referência positiva na cidade por esse vínculo inicial. Estudei 10 anos nessa escola, porque fiquei dois anos na creche e depois fui até a oitava série. Dali, eu saí para o ensino médio na Escola Estadual Pedro Schneider, que lá nós chamamos de Pedrinho. Era uma escola estadual bastante reconhecida, uma das mais centrais, tinha um bom trabalho, um grande número de alunos.

Nesse processo de mudança de escola, houve aquelas variáveis de caráter psicológico. Meus dois irmãos não eram muito estudiosos. Estavam estudando, mas não gostavam muito. E os meus pais, que eram semianalfabetos, se orgulhavam de quem estudasse. Eu então terminei tentando chamar a atenção do pai estudando. Acho que isso me ajudou muito, porque eu sempre fui o melhor da sala.

E quanto à escolha da faculdade?

Eu, na quinta série, tive uma professora de português que era uma jovem muito querida, muito bonita, Maristela. Era muito dedicada, provavelmente estava começando a carreira. Sei que eu me encantei tanto por ela que comecei a me identificar com a língua portuguesa. E aí eu coloquei na cabeça — lembro disso como um marco na minha vida estudantil — que ia ser professor de português. Aí tem uma passagem interessante. O pai preparava os filhos para serem doutores. Tendo graduação, naquela época, era doutor. Mas mais ainda, para ele, ser doutor era ser médico ou advogado. Meu irmão mais velho chegou a prestar vestibular para medicina, mas não foi aprovado. O segundo prestou para engenharia, mas também não se formou. O pai decidiu então que eu seria médico veterinário. Os outros dois não tinham conseguido nem ser médico, nem ser engenheiro, e ele jogava todas as fichas em mim. Eu disse: "Vamos lá, vou satisfazer o pai". Só que eu trazia comigo desde a quinta série a condição de professor. Quando chegou a hora da inscrição para o vestibular, criei coragem e disse: "Eu vou fazer veterinária, mas vou fazer letras também". Ele: "Letras?! Vai ser professorinha?" Havia muito preconceito. Mas, por incrível que pareça, ele compreendeu e me deixou fazer a matrícula tanto em veterinária quanto em letras. Só que aí ocorreu que o pai faleceu. Já fui para o vestibular sem ele. Fiquei contente de ter podido dizer o que eu queria fazer, mas abandonei, evidentemente, o projeto da veterinária e segui o mundo das letras.

Até aí o senhor já tinha algum interesse pela política?

Não. Até aí eu não tinha despertado, porque essa origem muito popular não traz uma cultura mais elaborada junto. Minha mãe era descendente de guarani; minha avó era índia mesmo, a mãe já saiu um pouquinho misturada. Meu pai era de origem portuguesa. Mas a questão é que nenhum dos dois, como eu disse, tinha leitura. Eles eram brizolistas, mas naquela referência do grande homem, do grande governador, do grande líder. Brizola conseguiu alcançar todas as camadas sociais com uma potência extraordinária no Rio Grande do Sul. Se a família tinha uma veia política, era a da simpatia pela história do Brizola, pelo seu percurso, pela sua trajetória, que estava em andamento. Cresci ouvindo falar em Brizola. A única referência política que era citada pelo pai era ele. Só que o pai tinha muito aquela coisa do temor de se posicionar.

Afinal, era a época da ditadura militar...

É. Isso me faz lembrar, orgulhosamente, que nasci no dia 14 de julho, que é uma data revolucionária, de 1964, que foi um ano efervescente. Mas aí, o que aconteceu? Perco o pai e vou para a universidade. De todo o conjunto familiar, de primos e tal, sou aquele que foi parar na faculdade. Grande parte dos meus primos, até hoje, são extremamente pobres. Não saíram da vila, não saíram da favela; a família, no seu conjunto, não cresceu do ponto de vista econômico. O pai teve melhor sorte, já muitos dos tios não. Eu, hoje, quando volto lá para fazer campanha — já fui candidato a diversos cargos —, parte da minha militância são os meus primos, que recuperam a relação e se engajam na luta. É uma origem pobre. Estou dizendo isso porque faz parte de um acúmulo que vai me jogar na política. Porque daí eu fui contrastando o que eu lia e o que eu aprendia com aquilo que eu vivi no quotidiano.

Fui então fazer a Faculdade de Letras na PUC, em Porto Alegre. A federal seria veterinária. Só que entrei com um desconhecimento tão grande... Olha o nível cultural que nós tínhamos: não entendíamos a diferença entre a universidade federal e a privada. A família se reunia para pagar a faculdade para mim. O pai tinha falecido, mas todo mundo dizia: "Não. O Nado vai estudar". Meus irmãos me formaram, financeiramente; seguiram trabalhando para me financiar. Não me deixavam trabalhar, inclusive. Nos quatro anos de faculdade, eu só estudei. E aí comecei a conhecer o seguinte: na política estudantil do setor privado, o grande enfrentamento é com o aumento das mensalidades. O que não me entusiasmava muito, porque eu achava que o debate era um pouco despolitizado. Nas universidades federais, onde eu já começava a me relacionar, eu via que os embates eram outros, eram de ordem política mesmo.

Nessa época, então, o senhor não se envolveu em nenhum movimento estudantil?

Eu não me envolvi formalmente. No ensino médio, cheguei a ser secretário do grêmio estudantil, mas a pressão da ditadura esvaziou muito as atividades. Grêmio estudantil era para fazer festa, e não para fazer política. Isso me distanciou. Eu me entusiasmei muito no processo eleitoral, no debate, nas grandes propostas, ganhamos a eleição e fui ser secretário. Só que aí eu não achei que aquilo fosse o que eu pensava e fui deixando de lado a militância no grêmio. Entrei na faculdade um pouco com esse preconceito, achando que os DCEs, os centros acadêmicos, eram mais para fazer festa do que para fazer alguma coisa diferente — que eu também não sabia o que era, porque não tinha formação política. Até terminar o curso em 1985, foram quatro anos de ambiguidades muito pesadas, também psicologicamente, porque eu vinha de uma origem pobre e fui para a PUC, o que era uma contradição total. Eu fui forjado na contradição. Uma faculdade burguesa, e eu, extremamente pobre. Mais culturalmente pobre do que pobre, naquele momento.

Formulando o Pronasci

Em 1980 já começou a discussão sobre a criação do PT, em 1982 houve eleição para governador... O senhor não se mobilizou?

Não. Eu desperto aí. A primeira eleição na qual eu tenho uma participação é a de 1985, para prefeito. Claro que em 1982 tivemos de novo o Brizola fazendo aquele levante contra a grande imprensa no Rio, com o caso Proconsult; no Rio Grande do Sul, Pedro Simon, atual senador, perdeu por 22 mil votos uma eleição que tem que ter sido literalmente roubada, porque foram encontradas cédulas em sarjeta... Agora, o grande momento em que me engajo, depois de passar por essa série de ambiguidades na faculdade, estudando muito, porque eu tinha um sentimento de inferioridade grande, e a única forma de eu me afirmar era conhecendo, o grande momento foi em 1985. Nesse ano eu prestei prova para o mestrado em teoria da literatura, também na PUC; comecei o curso em 1986, mas depois de um ano troquei para linguística. E também passei a fazer parte da banca examinadora do vestibular da Universidade Federal do Rio Grande do Sul. Aí eu começo a ter contato com um outro nível de formação ideológica, que era o estudante da UFRGS, o professor da UFRGS. Aí eu já estou muito mais desperto para o mundo político, já estou acompanhando muito mais.

Em 1986 eu também fui lecionar no Colégio Nossa Senhora de Lourdes, e aconteceu o seguinte: achei que eu não podia ser um professor tradicional. Eu me encontrei no mestrado com a linguística do texto e a partir daí iniciei o meu primeiro movimento político. Iniciei, literalmente, uma caminhada para derrubar a visão gramática normativa. Comecei a ter adeptos, a ir para a imprensa e a formular uma nova estratégia de sala de aula para ensinar a língua portuguesa, muito inspirada no Celso Pedro Luft, que era o grande mentor desse movimento no país. Eu trazia comigo a vontade de revolucionar. Achava que faria isso dentro da língua portuguesa exclusivamente, graças à mudança que a linguística do texto proporcionava.

Simultaneamente a tudo isso, veio a eleição de 1986, que renovou o espírito político. Brizola era a referência, nós queríamos saber a quem apoiar, e ele tinha que indicar.

Então, sua primeira simpatia na política foi Leonel Brizola?

Leonel Brizola. Simpatia, identidade, paixão política, tudo isso foi ele que despertou. Até que veio 1989, com a eleição que mudou o país.

Do PDT ao PT, com Tarso Genro

A disputa de 1989 foi Lula versus Collor.

Lula *versus* Collor, com Brizola em cena com um papel fundamental. Não eram eleições gerais, era só para presidente, e mobilizou muito mais que todas as eleições que presenciei até hoje. Sabem o que eu fiz? Eu não tinha dúvida sobre o Brizola como liderança, mas tinha dúvida sobre o PDT, que eu não identificava como um partido organizado. Então eu disse: vou ler para decidir a minha vida política. E a bibliografia que fui conhecer, muito farta, era sobre o Brizola, de novo. Li 11 livros diferentes sobre trabalhismo, Alberto Pasqualini, Brizola, e não encontrei à época nada sobre Lula. Na minha formação, como a minha família era patriarcal, o pai era a referência, a figura era mais importante que o partido. Lula estava chegando, e Brizola era uma figura muito mais poderosa, muito mais forjada. Lula estava saindo do movimento sindical, fundando o PT e surgindo de forma surpreendente, porque ninguém esperava que ele passasse para o segundo turno naquela oportunidade. A grande guerra era Brizola *versus* o que estava estabelecido. Eu, no primeiro turno, votei no Brizola, e no segundo, obviamente, fiz campanha para o Lula. Mas aquela eleição me fez decidir o seguinte: que eu ia me filiar a um partido. E me filiei ao PDT, em virtude de todo o movimento do Brizola em 1989. Ele se mitificou mais uma vez quando transferiu 65% dos votos gaúchos para o Lula no segundo turno, e no Rio também, quase 70%. Ingressei no PDT já visando ser candidato a vereador na minha cidade, na eleição de 1992.

Me elegi então o mais jovem vereador de São Leopoldo, pelo PDT, numa campanha com total engajamento dos estudantes, de caráter e perfil totalmente estudantil. E aí não parei mais. Consegui fazer um movimento dentro da Câmara de Vereadores em que derrubei a verba de gabinete. Os vereadores ganhavam, em dinheiro de hoje, quase R$ 5mil, e tinham uma verba de gabinete de mais 50% em cima do salário. Achava aquilo antiético, fiz um movimento muito forte, que ganhou a cidade, e derrubei a verba de gabinete. Com isso, apesar de muito novo, me projetei e me credenciei para ser candidato a prefeito, ainda no PDT. No diretório, no entanto, o convencimento era pela candidatura de Olímpio Albrecht, brizolista histórico. O grupo interno do qual ele participava era o do Carlos Araújo, da Dilma, a nossa chefe da Casa Civil hoje. Fiquei então como candidato a vice, e perdemos a eleição. E aí tem uma passagem curiosa. Quando nós sentimos que íamos perder para a direita, que era o PMDB local, eu fiz a proposta de unir as candidaturas do PT e do PDT. Eu me orgulho disso, porque o PDT e o PT iriam se unir só em 1998, quando o Brizola foi vice do Lula, e eu, em 1992, já enxergava que aquilo viabilizaria a vitória tanto do PDT quanto do PT. Mas não deu certo, ninguém quis retirar a candidatura, e fomos derrotados.

Nesse período eleitoral, quando fiz esse movimento de aproximação, despertei a atenção para o PT. E isso chegou ao Tarso Genro, que estava deixando o mandato de prefeito de Porto Alegre. Um grupo do PT ligado ao Tarso, que sempre teve essa visão mais aberta, se aproximou e me convidou para conversar. O professor Ângelo Dalcim, da Unisinos, foi quem me levou ao Tarso. Eu já estava lendo o que ele escrevia, já estava buscando algo diferente, que eu não tinha no PDT como partido, como organização. O PDT tinha a figura do Brizola, mas não tinha o resto. O que caracterizava o partido era o populismo mesmo. E eu comecei a rejeitar isso. Nessa conversa, eu disse ao Tarso duas coisas: "Olha, meu sonho é ser um dia do teu tamanho". Ele respondeu: "A nossa diferença deve ser de uns 20 anos. Não é de tamanho, é de tempo..." Expliquei então que eu podia até ingressar no PT, porque achava que era um partido organizado, mas tinha que dizer uma coisa: "Eu sou brizolista". Aí ele disse assim: "Todos somos brizolistas!" Era impossível ser gaúcho, nesse período todo, sem ser brizolista. Quem tinha um pouquinho de lucidez e sensibilidade para as causas sociais se alinhava a essa visão.

Quando foi que o senhor se filiou ao PT?

Em 1997, depois que encerrei o mandato de vereador. Não aceitei sair do PDT antes de encerrar o mandato. Foi até o Tarso quem abonou a minha ficha no PT. Ele é o padrinho, vamos dizer assim. Começo então a militar, e em um ano me elejo vice-presidente do PT na minha cidade. E organizo o PT e o campo do Tarso, não só em São Leopoldo, como em Campo Bom, Sapiranga, Estância Velha, Novo Hamburgo, Sapucaia, todo o vale dos Sinos. Com isso eu saio de dentro do diretório municipal, passo a ser um dos coordenadores regionais. E depois vou para o diretório estadual. Pelo fato de organizar o nosso grupo político naquela região, ganho um prestígio muito positivo. E aí vêm as prévias de 1998, para escolher o candidato do PT a governador. Olívio era candidato, e Tarso também se apresentou. Fui um dos coordenadores estaduais da candidatura do Tarso, mas perdemos por 180 votos. Tarso não foi candidato a governador, e também não aceitou ser candidato a senador, porque não é vocacionado para o Legislativo.

Assim como Tarso perdeu as prévias e não foi candidato, o presidente Lula perdeu de novo, pela terceira vez, com Brizola de vice. Ou seja, foi a derrota da esquerda. E a necessidade apontava para o seguinte: ou nos renovamos, ou nunca vamos ganhar nada, nem Lula nem Brizola. Criou-se um sentimento assim. Tarso, apesar de ter perdido as prévias, já era o nome mais nacional do PT do Sul, porque, como intelectual, dialogava com o grande centro São Paulo-Rio, era reconhecido como aquele que formulava a nova visão de socialismo pós-Gramsci, que contestava a visão da exclusividade do sujeito coletivo *versus* sujeito como indivíduo. E ele então decidiu ser candidato a presidente do PT nacional. Mas o partido reagiu muito pesadamente ao fato de ele ter rejeitado a indicação para se candidatar a senador e retirou o apoio para ele ser candidato a presidente nacional.

Nesse processo, nós fundamos a Rede, Movimento de Renovação Democrática, com a seguinte concepção: não sermos uma tendência, rompermos com a tradição do partido de ter correntes, e sermos um movimento capaz de dialogar com todas elas. A partir da Rede, o Tarso se apresentou mais uma vez nas prévias para prefeito de Porto Alegre, disputando com Raul Pont, que já poderia concorrer à reeleição. Tarso ganhou as eleições internas, sem o apoio de Olívio Dutra, que era governador, e contra Raul. Assim, no ano 2000, ele foi candidato a prefeito de Porto Alegre. E eu fui candidato a vereador em São Leopoldo, agora pelo PT. Tarso ganhou a eleição e eu fui o vereador mais votado de todo o vale dos Sinos. Nesse processo eleitoral, fiz campanha para o Tarso em Porto Alegre, e ele foi a São Leopoldo me lançar candidato. Nós nos aproximamos muito, cada vez mais. Acontece que se aproximavam as eleições de 2002. Tarso, como prefeito, se apresentou mais uma vez às prévias para governador. Ou seja, disputou a indicação com Olívio. A essa altura, eu me preparava para ser candidato a deputado. Tarso ganhou a indicação, mas perdeu a eleição. Eu também não me elegi. Sofremos uma derrota séria.

Mas nesse momento, em 2002, Lula se elegeu presidente da República.

Pois é. O presidente Lula ganhou a eleição e começou a formar o governo. E aí entrou a sua lucidez extraordinária e a sua sensibilidade política. Eu estava no escritório do Tarso em Porto Alegre, conversando, decidimos descer para tomar um café na galeria, quando toca o telefone. Era o presidente Lula, dizendo para o Tarso: "Embarca aí. Vem para cá conversar comigo". Na reunião, em Brasília, ele disse: "Eu tenho dois cargos. Tu pode ficar com os dois, mas o outro só pode

Formulando o Pronasci

ficar com um" — o outro era o Olívio Dutra. "Um é o Ministério das Cidades e o outro é o Conselho de Desenvolvimento" — que o Lula tinha assimilado de Porto Alegre. Aí o Tarso entendeu que ele, na verdade, o estava convidando para o Conselho, e não para Cidades. Por quê? Porque Olívio tinha sido governador e era um nome mais para ministério do que o próprio Tarso, que tinha sido derrotado. Disse o Tarso: "Aceito, presidente. Vamos construir o Conselho". E o Tarso foi trabalhar na Presidência, numa secretaria especial que tinha a responsabilidade de organizar o Conselho. Secretaria de Desenvolvimento Econômico e Social. Na verdade não era ministro, era um secretário especial, mas era chamado de ministro.

E o senhor, o que fez depois da eleição de 2002?

Eu voltei para a Câmara como vereador e, além disso, dava muita aula, era professor de cursinho pré-vestibular. Foi então que aconteceu o famoso caso das fitas. Os vereadores foram filmados fazendo a partilha da propina que ganhavam, e eu fui o relator da comissão processante. Com o meu relatório, cassei os 12 vereadores e os 12 foram presos. Aí eu fiquei que não podia mais sair na rua na minha cidade, tinha polícia como segurança. E veio a coincidência do seguinte: Tarso, no primeiro ano do governo Lula, através do Conselho de Desenvolvimento Econômico e Social, fez um enfrentamento pesado com a política econômica do governo, com a visão do ministro Palocci. De tal sorte que foi "demitido para cima", como ele diz. Se ficasse no Conselho, ia lutar pela mudança da política econômica. Como o presidente ainda não tinha sinalizado que era a hora de transitar, convidou-o para ser ministro da Educação, insatisfeito que estava com Cristovam Buarque. E aí o Tarso compôs uma equipe que era orgulhosamente imbatível: Fernando Haddad como secretário-executivo, Jairo Jorge como secretário-adjunto, Henrique Paim no FNDE e eu como chefe de gabinete. Esse time fez tudo que hoje a gente escuta do MEC. Dali saiu o ProUni, depois veio o Fundeb, depois veio a expansão da Universidade Federal, 14 novas universidades, 105 interiorizações das universidades. Agora vamos chegar a 250 escolas técnicas. É uma loucura o que conseguiu o MEC naquele um ano e meio. Hoje, o próprio mandato do Fernando Haddad é uma continuidade e uma consolidação daquilo que foi revolucionário. Para mim, a história vai registrar esse momento como o terceiro grande momento da educação brasileira.

O ministro Tarso Genro deixou o MEC em 2005 para assumir a presidência do PT, e em 2006 passou a responder pela Secretaria de Relações Institucionais da Presidência da República. O senhor continuou no MEC nesse período?

Sim. Quando ele saiu, ficou toda a equipe. E cada um subiu um posto. Fernando virou ministro, Jairo virou secretário-executivo, e eu virei secretário-adjunto. Ficamos no MEC, tocando ali as grandes obras que ele iniciou, e com competência. Aprendemos muito com ele. Aí o que aconteceu? O dia 31 de março de 2006 era o prazo da desincompatibilização para quem quisesse se candidatar. Eu iria sair para ser candidato a deputado estadual, como saí, Jairo iria sair também, como saiu, e Fernando ficou. Estava havendo uma nova reforma ministerial, em virtude daqueles que estavam saindo para ser candidatos, entre os quais estava Jacques Wagner, secretário especial de Relações Institucionais, que ia disputar o governo da Bahia. No dia 30 de março o presidente chamou o Tarso e o convidou para a Secretaria Especial de Relações Institucionais, ou seja, para ser o coordenador político do governo. Mais uma vez, presenciei o convite no gabinete do presidente Lula. Tarso foi um dos grandes responsáveis pela reeleição do presidente Lula em outubro.

E o senhor concorreu a deputado estadual?

Sim, mas não me elegi. Tarso então me chamou para a Secretaria de Relações Institucionais como assessor especial e me deu a incumbência de preparar, junto com o Dr. Vicente Trevas, a reunião dos governadores com o presidente, no dia 6 de março, já de 2007. Ou seja, a reforma ministerial do segundo governo demorou. Tarso conduziu a reforma junto com o presidente, e foi praticamente o último ministro a ser escolhido. Era o que estava do lado do presidente compondo o conselho político, o conselho da coalizão, e o presidente o convidou para ser ministro da Justiça. Este é outro capítulo, o mais significativo da minha trajetória.

Formatando o Pronasci

Como foram os primeiros momentos do ministro Tarso Genro no Ministério da Justiça, e como foi a organização do Pronasci?

No primeiro momento, a deliberação do ministro foi: "Não iremos mudar muito". Ele tem por referência essa visão. Para ver como a questão ideológica for-

Formulando o Pronasci

ma a gente: "Se nós defendemos o conceito gramsciano de hegemonia, temos que ser capazes de hegemonizar. Ou seja, não temos que trocar todo mundo. Temos que deixar a equipe que estiver e aos poucos impor o ritmo da gestão, a visão política. Aqueles que se filiarem às nossas teses podem dar sequência, não tem problema". Este é um princípio. Somou-se a isso o fato de o Ministério da Justiça ter sido um ministério, no primeiro mandato do presidente Lula, que ganhou credibilidade. Porque o ministro Marcio Thomaz Bastos é uma figura reconhecida nacionalmente, é um nome importante, e foi um grande ministro. Ao mesmo tempo, comparativamente, o primeiro mandato do presidente Lula teve um ministro da Justiça, enquanto Fernando Henrique, em oito anos, teve nove.

Com essa visão, o que o ministro fez? Chegaram com ele ao Ministério da Justiça, rigorosamente, quatro pessoas: eu, como chefe de gabinete; Maria Eunice, a Nice, que tinha sido chefe de gabinete dele nas Relações Institucionais e hoje coordena a agenda, uma grande companheira; Vera Spolidoro, que era assessora de imprensa nas Relações Institucionais e agora é chefe da Assessoria de Comunicação Social; e Alberto Kopittke, jovem militante do nosso partido, que assumiu a chefia da Assessoria Parlamentar. Rigorosamente, chegamos os quatro. Ele não mudou sequer um secretário quando chegou. E só então começou a olhar para a equipe. Luiz Fernando Corrêa era secretário nacional de Segurança Pública, e assim continuou; Luiz Paulo Teles Barreto era o secretário-executivo do Ministério, ele achou melhor não mexer na máquina tão rapidamente, e ficou Luiz Paulo; Mariana Tavares, da Secretaria de Direito Econômico, e Pedro Abramovay, da Secretaria de Assuntos Legislativos, estavam como interinos, e ele deu titularidade. O Dr. Hélio Derenne já era o diretor da Polícia Rodoviária Federal e permaneceu. Mudou a Consultoria Jurídica, porque o consultor que havia foi embora, e ele convidou o Rogério Favreto — que depois passou a ser secretário da Reforma do Judiciário. Depois, na Conjur, ficou o Rafael Favetti. Como o secretário nacional de Justiça pediu para sair, ele convidou o Dr. Biscaia para assumir a Secretaria Nacional de Justiça. Só depois, quando o Luiz Fernando foi para a direção geral da Polícia Federal, é que o Dr. Biscaia foi para a Secretaria Nacional de Segurança Pública. Ficou também o Dr. Maurício Kuehne, que era diretor do Departamento Penitenciário Nacional. Essa foi a equipe que ficou com o ministro Tarso na Justiça.

Logo quando as coisas começaram a se acomodar, depois de duas semanas, o ministro convidou o Zaqueu Teixeira para assumir uma assessoria especial. Zaqueu não estava na equipe, tinha sido chefe de Polícia do governo Benedita no Rio de Janeiro, e ganhou uma boa projeção quando prendeu o Elias Maluco. Era uma boa referência como policial, era do partido, e foi convidado para ser o coordenador do grupo que iria formular um programa de segurança pública.

Ou seja, o Pronasci.

É. O grupo tinha o Zaqueu como coordenador, e foram convidados a participar o Dr. Biscaia, pela experiência, por ter sido um dos redatores do programa de governo do presidente na área de segurança, o Luiz Fernando, que tinha tido êxito considerável em toda a preparação dos Jogos Pan-Americanos, que se dariam em breve no Rio de Janeiro, o Pedro Abramovay, que era dos Assuntos Legislativos e teria que redigir parte dos textos, o Dr. Maurício Kuehne, para incluir o Depen, e o Luiz Paulo, secretário-executivo. E aí o ministro disse assim: "Coloca o Nado também, porque assim ele vai me informando do que vocês estão decidindo". Digo isso para evidenciar que entrei no grupo numa situação absolutamente diversa da que tenho hoje. Entrei na condição mais de ouvinte, para escutar e verificar tudo o que se passava e poder informar o ministro.

O que ocorreu? Esse corpo dirigente, especialmente o Zaqueu, fez uma solicitação ao ministro: "Nós temos que ter um grupo de trabalho mais operativo, porque, como regra geral, os secretários darão as grandes diretrizes, mas será preciso formatar o programa". Isso foi acolhido pelo ministro. Nesse momento, há um dado curioso. Quando nós começamos a observar que tínhamos um grande policial federal, Luiz Fernando Corrêa, um grande promotor, o Dr. Biscaia, ambos advogados, um grande chefe de polícia, o delegado Zaqueu, também advogado, um secretário-executivo, Luiz Paulo, advogado, Pedro Abramovay, advogado, e o Dr. Maurício Kuehne, também advogado — e o próprio ministro, advogado trabalhista —, dissemos: "Quem sabe, no grupo de trabalho, a gente começa a abrir, a buscar uma heterogeneidade, para não fechar a questão só em torno de policiais ou de juristas?"

O ministro tinha feito a encomenda: "Quero um programa de segurança com cidadania". Até houve discussão, à época, sobre se usaríamos a expressão "segurança cidadã", que é usada pela ONU, mas o ministro disse que não era isso o que ele queria. "Quero um programa de segurança *com cidadania*, articulando ações sociais com ações de segurança". E aí ele redigiu uma primeira nota, com alguns dados orientadores. Foi a partir disso que o grupo de trabalho começou a se reunir — ou seja, o grupo formado pelo Zaqueu, que também fazia parte do

Formulando o Pronasci

corpo dirigente. Vamos chamar os dois grupos de "dirigentes" e "grupo de trabalho", só para diferenciar. Os secretários, com todas as suas atribuições, começaram a faltar às reuniões, e o Zaqueu, que era o coordenador, o responsável maior por fazer a coisa andar, tinha que trabalhar. Então ele pegou esse grupo de trabalho e começou a trabalhar.

Quem fazia parte desse grupo de trabalho?

O ministro indicou o Francisco Rodrigues, que é mestre em educação, eu indiquei o Celso Paz, que é professor de história, Zaqueu indicou Glória, uma técnica que nos auxiliava na área de informática, digitação... Quem mais fazia parte? O Reinaldo Gomes, que também é advogado, a Lélia de Almeida, que era doutora em literatura, e hoje nós chamamos carinhosamente de "Mãe da Paz". Do Depen, veio o Ivo Motta, que era diretor de políticas, depois veio o Dr. Wilson Damásio, o próprio Dr. Maurício Kuehne se engajou. Da Senasp, como o Luiz Fernando não se engajava muito, tinha preocupação com o Pan, o Ricardo Balestreri, que era diretor dele — e que hoje é o secretário nacional de Segurança Pública —, veio para o grupo e trouxe a Cristina Villanova e a Juliana Barroso, duas diretoras hoje. Além do Robson Robin, grande profissional. O Dr. Biscaia foi um que participou bastante, não delegou muito não, participou mais. Isso é para mostrar que o quotidiano se deu, na verdade, com outras pessoas.

Mas isso é compreensível. Pessoas que ocupam cargos superiores e que têm demandas muito variadas têm que ter uma base de assessoria que toca o trabalho.

Pois é. Só que os que faziam parte do grupo de trabalho não eram assessores dos dirigentes. Essa é que é a questão. Na verdade, foram dois grupos. Um que verdadeiramente se debruçou para fazer o que o ministro pediu, e outro que, de alguma forma, homologava as decisões. Como o grupo de trabalho, não os dirigentes, estava reunido das oito à meia-noite, todos os dias, para formatar a ideia do Pronasci, ele passou a ser na verdade o grupo formulador do Pronasci, e não aquele que formalmente fora designado na portaria. Digo isso porque este depoimento é para fazer jus à história.

O grupo de trabalho teve uma interação fantástica com o ministro no quotidiano. Quando ele tinha uma ideia de projeto — como o das Mães da Paz, por exemplo — chamava alguém, eu, o Zaqueu, um ou outro, e dizia: "Quero uma coisa assim". Voltávamos para o grupo e ficávamos tentando traduzir a ideia do ministro e transformar em um projeto. Houve uma interação muito rica do ministro com todo esse grupo, que foi se constituindo como o grupo de fato do Pronasci.

Então, os dois grupos existiram ao mesmo tempo. Um era formalizado, institucionalizado, e o outro era o das pessoas que efetivamente podiam trabalhar.

É. Só que o primeiro foi se esvaziando naturalmente. Mesmo porque, outras mudanças se processaram nesse período. Houve a saída do Luiz Fernando para a Polícia Federal, o Dr. Biscaia aí saiu da Secretaria Nacional de Justiça e foi para a Senasp, antes de ir para o Congresso de volta... Já havia algumas mudanças se processando. E o grupo de trabalho se manteve. Esse grupo, por fim, conseguiu formular 94 projetos, e conseguiu formatar o Pronasci. Mas nesse meio tempo, coisas importantes ocorreram.

Como nós começamos em março, no mês de abril o ministro foi ao presidente e disse: "Tenho um programa de segurança pública e quero lhe apresentar". Não existia, na verdade ainda o programa. Mas o ministro tensionou positivamente o grupo: "Agora nós temos prazo". Na verdade nós não tínhamos pensado ainda, exatamente, como seria o Pronasci, quando fomos para a audiência com o presidente, para a qual o ministro levou apenas o grupo dirigente, não levou ninguém que estava pensando o quotidiano. Quando saímos dessa audiência, voltei com o ministro no carro, e ele disse assim: "No máximo, hoje, nós passamos de segunda época". Ou seja, fomos mal, o projeto estava ruim, o programa estava confuso e ninguém sabia nada para dizer nada, diante das inúmeras perguntas que o presidente tinha feito. Quando chegamos no gabinete, ele continuou: "Tem que mudar tudo. Desse jeito a coisa não vai andar". E ele já tinha também a avaliação de quem, realmente, estava trabalhando ou não. E aí eu disse a ele: "Deixa eu assumir a coordenação". Ele disse: "Eu vou te nomear secretário-executivo". Por que isso ocorreu, na verdade? Não foi só pelo revés daquela audiência, mas porque ele também tinha notado, naquele processo, que eu compreendia o que ele dizia melhor do que o conjunto.

Afinal, o senhor tinha uma relação de trabalho de muitos anos com ele.

É isso. Eu entendo o que ele diz. Pelo olhar, eu sei quando ele está brabo, está chateado, está satisfeito. É normal, decorre de uma convivência que nós temos há muito tempo. Ele fez então uma nova portaria, na qual acrescentou o outro grupo. Deu institucionalidade para quem não tinha e manteve a outra parte.

Esse novo grupo já era o Comitê Gestor do Pronasci?

Era o desenho inicial do Comitê Gestor. E aí nós ganhamos um prazo. O que o ministro conseguiu fechar nessa audiência com o presidente foi o seguinte: "Presidente, o senhor entendeu o conceito, não é?" Se tivesse perguntado "entendeu o programa", a resposta teria sido que aquilo não era programa. "Então, agora, eu vou lhe apresentar o programa". Com isso, nós ganhamos um novo prazo. E aí apresentamos o programa ao presidente, que chamou uma reunião ministerial — na verdade, quase ministerial, porque ele excluiu alguns ministérios. O Ministério da Agricultura não tem interface com o Pronasci e evidentemente não estava. Mas estavam os 14 ministérios parceiros, mais Casa Civil, Planejamento e Fazenda. Fomos apresentar o Pronasci, e acho que apresentamos com êxito. O ministro fez a introdução, eu fiz a apresentação do programa, e depois o presidente abriu a reunião ministerial.

Qual foi o grande nó dessa primeira reunião? "Esse programa que vocês estão propondo sobrepõe projetos, ações e inclusive atribuições, portanto, é confuso". Foi a crítica de diversos ministros. Por quê? Porque não entendiam o que depois ficou esclarecido. Por exemplo, que não seria o Pronasci que iria dizer o que o programa Saúde da Família, do Ministério da Saúde, teria que fazer. "Mas então, o que o Pronasci vai fazer?" "Vai capacitar os agentes comunitários de saúde, junto ao Ministério da Saúde, para que eles tenham também a atribuição de identificar, além da questão da saúde, problemas familiares, problemas de drogas, e indicar que aquele jovem identificado lá no morro ou na favela seja trazido para uma ação do Pronasci". Quem faria isso seria o Ministério da Saúde, e os recursos do Pronasci seriam apenas destacados para estimular essa relação. Como ocorre, por exemplo, com o esporte. O Ministério dos Esportes tem o programa Praça da Juventude, com um conjunto de equipamentos, para fazer com que haja uma ressocialização e uma integração cidadã do jovem na comunidade. O que nós fizemos? Destacamos recursos para que esse projeto fosse vinculado ao Pronasci. Em que medida? Atendendo os jovens no itinerário do crime. Mas nós vamos ter ingerência sobre a ação do Ministério dos Esportes? Não. Nós vamos induzir o Ministério dos Esportes a colocar Praças da Juventude nas áreas mais conflagradas, mais complexas, mais duras.

Um último exemplo, para ficar bem claro como superamos essa crítica. O Ministério da Educação tem mil alunos no programa Educação de Jovens e Adultos, numa escola próxima do Complexo do Alemão. Mas, no trabalho que o Pronasci vem desenvolvendo, são identificados no Alemão 110 jovens que ou estão na droga, ou cometeram algum pequeno delito e estão com problemas na delegacia, passaram pelo Conselho Tutelar. Essa escola não os aceita, porque são pequenos delinquentes, só irão lá para incomodar e quebrar janela da escola. Esses 110 são trazidos para o Protejo, que é o projeto do Pronasci para jovens em território de exclusão social. O objetivo é um resgate da cidadania, com aulas de direitos e deveres, num processo de reintegração através da cultura, da educação. Não é fazer voltar para a escola regular. Depois que esses jovens passarem pelo Protejo, ficarem lá meio ou um ano, se necessário, nós chegaremos para o Ministério da Educação e diremos: "Lá no Complexo do Alemão, onde vocês têm mil alunos, nós queremos vagas para mais 110". Se o MEC disser que não tem recurso, o Pronasci paga essas 110 novas vagas. Agora, a partir dali é EJA, Educação de Jovens e Adultos, como o MEC faz com todo mundo. Ou seja, não há sobreposição.

Isso foi ficando claro, e vencemos as resistências internas do governo. O presidente consolidou a sua visão e determinou que esgotássemos todas essas relações, para poder lançar o programa. E então o Pronasci surgiu na sua inteireza, para o país, no dia 20 de agosto de 2007, quando, de novo, orgulhosamente, eu o apresentei, ao lado do ministro e do presidente.

O Pronasci: do conceito à gestão, o paradigma "e"

Para deixar bem claro o conceito que os 94 projetos do Pronasci simbolizam, eu destacaria a importância do "e": ações de segurança *e* ações sociais. No lugar do "ou", um "e". Por que isso é importante? Porque a visão hegemônica no país sobre a área de segurança, ainda hoje, é a seguinte: violência e criminalidade se resolvem com mais repressão, mais armas, mais munição, mais viatura, mas policial prendendo os bandidos. Se botar o bandido na cadeia, se prender o jovem delinquente, se matar — alguns chegam a esse limite — está resolvido. Essa é a visão hegemônica, tristemente. Quem se opôs a essa visão hegemônica? A intelectualidade, a academia, os estudiosos, que costumam dizer o seguinte: "Violência e criminalidade se resolvem com mais emprego, mais educação, mais saúde". O que tem a nossa concordância, mas com uma ressalva: isso só é válido num estágio

Formulando o Pronasci

ideal do desenvolvimento de uma sociedade. O que o ministro Tarso e nós todos pensamos? Vamos parar com esse "ou" e vamos colocar um "e". Ou seja, nós faremos um programa com ações sociais de caráter preventivo, mas não abriremos mão da necessária repressão, que é prerrogativa do Estado, se assim se impuser na circunstância. O Pronasci inovou nesse conceito. Ele não fica na visão hegemônica tradicional, mas também não cai, não diria numa certa ingenuidade, mas num certo idealismo, que a curto ou médio prazo não é possível instituir.

Um outro ponto que é fundamental, e do qual se desdobram os projetos, é a relação federativa. Que é uma inovação muito consistente. Por quê? Porque os governos dos 26 estados e do Distrito Federal, segundo a Constituição brasileira, é que têm a responsabilidade formal pela segurança. Tanto é que as corporações policiais são vinculadas diretamente ao governo do estado. Mas o que se verificou? A União, o governo federal, ainda que não tenha responsabilidade constitucional direta, ao longo do tempo passou a ser cobrado — estou falando de vários governos, não só do nosso. A população começou a cobrar de todos, e não mais aceitar que o governador A dissesse que o presidente B não mandava dinheiro para a segurança, e que a culpa, portanto, era do governo federal daquele momento. Ou que o presidente dissesse que o governador não fazia nada. A população começou a rejeitar isso. E isso ficou muito claro, sobretudo, nas eleições municipais nos últimos dez anos. Por quê? Porque o prefeito, o município, começou a ser cobrado. Não gratuitamente, nos últimos dez anos, se tem na história do Brasil quase que uma proliferação de secretarias municipais de Segurança Pública, ainda que o município não seja referido na Constituição como responsável pela segurança. A população cobra de quem está perto, cobra do vereador, cobra do prefeito, começou a cobrar das suas autoridades.

O Pronasci enxergou isso, diagnosticou e propôs uma nova relação federativa. Ou seja, aqui está o Pronasci, 94 projetos, e nós temos recursos como nunca tivemos. O presidente Lula destinou ao Pronasci R$ 6,7 bilhões nos quatro anos, totalizando R$ 1,4 bi/ano. Até aqui, nós tínhamos o Fundo Nacional de Segurança Pública com perto de R$ 300 milhões/ano e o Fundo Penitenciário Nacional com outros R$ 300 milhões/ano: R$ 600 milhões/ano para a segurança pública do país. Hoje, nós temos os mesmos dois fundos mais o Pronasci, e temos R$ 2 bilhões/ano. Esse orçamento, aprovado pelo presidente para o seu programa, autorizou a União a induzir: "Olha, nós temos R$ 2 bilhões, temos um programa altamente complexo, mas qualificado e consistente, com 94 projetos e ações, e queremos vê-los na vida, a partir dessa relação que queremos instituir com os senhores governadores e prefeitos". Os governadores compreenderam e os municípios também. A nova relação federativa faz com que os municípios sejam novos sujeitos da segurança pública, e os governadores mantenham a sua responsabilidade constitucional, mas agora com a parceria do município e da União.

Dessa nova relação federativa se explicita uma premissa fundamental para o sucesso do Pronasci: ele é uma ação de Estado, e não uma ação de governo, ou de governos. Por que isso é fundamental? Porque, se é uma ação de Estado, não importa que a prefeitura seja do PSDB e o governo do estado do PMDB. Vamos conveniar, e vamos, numa ação de Estado, responder ao que hoje aparece em todas as pesquisas, senão em primeiro, em segundo lugar, como reivindicação da população brasileira: segurança. Podem observar todas as pesquisas. Em momento algum a segurança deixa de estar entre as duas ou três prioridades do país. Foram a população, a maturidade da sociedade brasileira e a maturidade dos seus líderes que, em última análise, conceberam o Pronasci. Ele chegou no momento em que se estava maduro para oferecê-lo. Talvez, dez anos atrás, pelas disputas políticas que por vezes se sobrepunham a ações do Estado, ele não fosse possível. Hoje é. Tanto é que o Pronasci existe. O conceito é inovador, e a relação federativa proposta é igualmente inovadora. É o paradigma "e", o paradigma da mudança.

Desses dois eixos conceituais, ações sociais *e* ações de segurança, prevenção *e* repressão, e da nova relação federativa, deduzimos os 94 projetos. Em que momento a relação federativa se materializa? No Gabinete de Gestão Integrada municipal, onde têm assento o governo do estado, o governo municipal, a Polícia Federal e a Polícia Rodoviária — representando a União —, as secretarias de município e de estado, de Cultura, de Educação. Isso quer dizer que o conceito do Pronasci se materializa no quotidiano do local a partir de algumas condicionalidades. Primeiro, para o governo conveniar, seja o estadual ou o municipal, ele tem de assumir o compromisso de instalar o Gabinete de Gestão Integrada. A outra condicionalidade é a criação do Conselho Comunitário de Segurança Pública com Cidadania, onde a sociedade civil tem assento. Com isso se opera uma tensão necessária entre o Conselho e o Gabinete, para então a ação se traduzir em política pública consensuada. Um dado importante é que a Fundação Getulio Vargas, que desenvolve o Simap, Sistema de Monitoramento e Avaliação do Pronasci, tem, no seu sistema, espaço para que o próprio Conselho Comunitário e o próprio Gabinete de Gestão Integrada se pronunciem no que diz respeito às ações, se elas estão sendo desenvolvidas ou não, portanto monitorando e avaliando, lá a ponta, com a incidência direta da sociedade.

Formulando o Pronasci

63

Como esse Conselho Comunitário é composto?

Pela sociedade civil organizada e por lideranças comunitárias. Por exemplo, presidente de associação de moradores tem assento no Conselho. O Conselho é do município, mas ele terá representação de todas as áreas Pronasci. Por que áreas Pronasci? Porque nós não podemos ter a pretensão, ainda, de fazer com que se universalize a política. Por isso é que, inicialmente, foram indicados 11 territórios. Hoje, chegamos a 15. Os 11 primeiros territórios são os mais violentos: Região Metropolitana de Porto Alegre, Curitiba, São Paulo, Rio de Janeiro, Belo Horizonte, Vitória, entorno do Distrito Federal, Salvador, Maceió, Recife e Belém. Todos têm uma taxa acima de 25 homicídios por 100 mil habitantes. Depois foram incluídos também Grande Fortaleza, em função da prostituição infantil, Acre, Maranhão e Mato Grosso.

Mas dentro desses territórios, não há condições de trabalhar com o conjunto. Por exemplo, no Rio de Janeiro, vocês fizeram algumas escolhas.

Tudo bem. Além da cidade do Rio, temos Nova Iguaçu, São Gonçalo, Duque de Caxias... Ou seja, 10, 12 municípios. Porto Alegre, a mesma coisa: Canoas, Sapucaia, outros 10, 12 municípios. Região Metropolitana. Hoje, o Pronasci alcança diretamente 94 municípios, que são os maiores do país. Esses 94 municípios estão conveniados, e 74 deles já instalaram os Gabinetes de Gestão Integrada. Aí vem a gestão.

O conceito do Pronasci é fundamental, a relação federativa também, mas há ainda o conceito de gestão do Pronasci, que é absolutamente inovador. Por quê? Primeiro, porque há uma relação de horizontalidade entre os 14 ministérios parceiros que estão interligados ao Pronasci e ao Ministério da Justiça. Não há hierarquia entre ministérios, mas uma absoluta solidariedade para implementar um Programa de Segurança com Cidadania. Esse princípio da horizontalidade também se evidencia dentro do Ministério da Justiça. Por quê? Porque o Pronasci é um programa que está no gabinete do ministro, sob a coordenação direta do ministro. Então todas as secretarias, todos os departamentos, que antes eram separados, agora estão integrados na mesma política. A Polícia Rodoviária Federal tem o projeto Controle de Rodovias dentro do Pronasci; a Polícia Federal tem o projeto Controle de Fronteiras; a Secretaria de Reforma do Judiciário tem os Núcleos de Justiça Comunitária... Até então essas secretarias eram isoladas, cumprindo cada uma a sua função. Hoje, a horizontalidade se mostra tanto entre os parceiros como internamente no Ministério, a partir dessa coordenação vinculada diretamente ao gabinete do ministro.

A gestão é inovadora nesse plano, mas é inovadora também quando desce, porque interage com a nova relação federativa. É, na verdade, toda uma gestão compartilhada, que mobiliza os atores políticos, os governantes. Como é que isso chega no quotidiano dos governos do estado e do município? Nós partimos de um pressuposto. Naturalmente o estado, por ser o responsável pelas corporações, Corpo de Bombeiros, Polícia Civil, Polícia Militar, Peritos, está vocacionado para as ações de segurança estrito senso, portanto, para a repressão, se necessário. E naturalmente o município, que não tem a corporação, está vocacionado para a prevenção. Então, o que fez o Pronasci? Ele instituiu um programa central, que é o Território de Paz. No Território de Paz, nós vamos ver convergirem ações de segurança e ações sociais simultaneamente. As ações de segurança, nós chamamos de ações estruturais. As ações sociais estão dentro do que chamamos de programas locais. O Território de Paz articula tudo.

Territórios de Paz: convergência de ações e projetos

Este é um conceito originário de leituras do Milton Santos. O maior geógrafo do Brasil analisa a existência de um novo meio, o meio técnico-científico informacional, a contrastar com o meio natural. O exemplo ajuda: para vir à FGV, no Rio de Janeiro, conceder este depoimento, saí do meu apartamento, entrei em um carro com ar-condicionado, trafeguei pelo asfalto até chegar ao aeroporto e embarcar no avião. Aqui no Rio, mais carro, mais asfalto, mais técnica. Por último, o elevador que me fez chegar ao andar onde me encontro. O que se opõe a isso é o meio natural: a estrada de chão batido, as ruas sem esgoto, a encosta do morro com moradias de risco, a poeira, a área ocupada desordenadamente. A partir desses conceitos do Milton Santos, derivam outros. No meio técnico, temos a zona luminosa; no meio natural, a zona opaca. Viveriam, na zona luminosa, os fortes, e na opaca, os fracos. O tempo rápido seria o tempo dos fortes que vivem no meio técnico, na zona luminosa; o tempo lento, o tempo dos fracos no meio natural, na zona opaca.

O Território de Paz resulta dessa análise conceitual aplicada às áreas identificadas pelo Pronasci como áreas de risco. O Território de Paz é, antes de tudo, uma área de conflito no meio natural, na zona opaca. Ali estão os fracos no seu tempo lento. O que o Pronasci faz, ao instituir o Território de Paz, é aproximar os dois meios, jogar luz sobre a zona opaca, possibilitar que o fraco ganhe força.

Vou dar exemplos concretos. Ação estrutural, de vocação do Estado: a valorização do profissional de segurança. O policial recebe uma bolsa de R$ 400,00 para estudar uma nova visão de polícia, com direito, ainda, de acessar um plano de habitação; portanto ele tem melhor capacitação e moradia digna, casa própria. Esse policial que estuda tende a ser alocado nas áreas conflagradas indicadas. Nessas áreas, nós vamos ter um posto comunitário, onde 32 desses policiais bolsistas, que têm nova moradia, que foram capacitados, vão atuar. No Complexo do Alemão, por exemplo, além desses quatro projetos — Bolsa-Formação, Programa Habitacional, Capacitação, Posto Comunitário — há um quinto, o Mulheres da Paz, programa local. São lideranças mulheres que são capacitadas, recebendo uma bolsa de R$ 190,00, para identificar jovens em conflito com a lei e famílias em risco. Identificando esses jovens, elas os levam para o Protejo. Os jovens trazidos para o Protejo terão o resgate da cidadania através de um curso de direitos e deveres, de atendimento psicossocial, e receberão uma bolsa de R$ 100,00 para estimulá-los a sair, eventualmente, do tráfico ou daquela relação de trabalho lamentável instituída pela milícia ou pelo traficante. O Território de Paz, portanto, é um conjunto de, pelo menos, 13 projetos. Além dos citados, Núcleo de Justiça Comunitária, Praça da Juventude, Esporte e Lazer na Cidade, Economia Solidária, Pontos de Cultura. Em última análise, é a chegada do Estado onde ele ainda não chegou.

Depois que as mulheres se inscrevem no projeto Mulheres da Paz, por exemplo, como elas são selecionadas?

Elas são selecionadas a partir do número de vagas que nós temos. Quem seleciona é o governo do estado ou do município, quem conveniar o Mulheres da Paz. Tanto um quanto outro podem conveniar. Há estados, por exemplo, como o Rio de Janeiro, em que o governador Sérgio Cabral quis ser e está sendo parceiro; o prefeito anterior não quis ser parceiro, e não foi possível fazer grande coisa na prefeitura. Há aí as variáveis políticas, as discussões de ponto de vista. Hoje, nós temos uma parceria muito boa com o prefeito Eduardo Paes, estamos trabalhando muito com ele.

O jovem que vai para o Protejo, por exemplo, não se inscreve no programa. É a Mulher da Paz que o indica.

A Mulher da Paz, os policiais comunitários que estão sendo formados e levados àquele posto, o Conselho Tutelar, que é mobilizado pelo Pronasci através do Gabinete de Ação Integrada para identificar esses jovens e trazê-los. Porque esse jovem, deliberadamente, não vem.

Para arredondar essa questão do Território de Paz, nós já lançamos quatro territórios: Complexo do Alemão, no Rio; ZAP 5, Zona de Atendimento Prioritário 5, no Acre; Itapoã, cidade-satélite de Brasília; e bairro de Santo Amaro em Recife. Como acabei de dizer, convergem para esses territórios ações sociais e ações de segurança, projetos locais e ações estruturais. Essas áreas conflagradas exigem uma ação qualificada de segurança? Exigem. Então os policiais, beneficiados pelo Bolsa-Formação e pelo Projeto Habitacional, reunidos no Posto Comunitário, têm que ter viatura, sim, têm que ter armas, de preferência não letais — é a visão do Pronasci, porque gera menos violência—, não vamos deixar de comprar viatura, não vamos deixar de dar armas, mas esse conjunto de ações que valoriza o policial, que dá a ele condições de trabalho, tem que estar interagindo com a própria comunidade. Por isso é que existe o Mulheres da Paz, o Protejo, o Reservista Cidadão — aí são os jovens que saem do serviço militar e são convidados a atuar de modo similar à mulher da paz, identificando famílias e jovens em risco. Por isso é que eu digo que há uma convergência de projetos que chegam simultaneamente à área para mudar aquela ambiência. Por isso é que eu tenho resumido tudo isso com a seguinte expressão: é a política do constrangimento. Todo esse aparato de Estado chegando onde nunca chegou há de constranger a ação do crime.

Mas como lidar com áreas que são dominadas pelos traficantes, pelas milícias?

Nós tivemos um debate muito forte no Rio de Janeiro, que durou um ano, um ano e pouco. Por quê? Quando o governo Cabral se instalou e foi escolhido secretário de Segurança o Mariano Beltrame, que é um policial federal altamente qualificado, a política desenvolvida era: aqui tem governo, aqui tem autoridade, aqui tem polícia. E se desenvolveu, majoritariamente, o que a gente chama popularmente de "sobe morro". Ou seja, grandes operações policiais que incidiam na área conflagrada tentavam prender dois ou três ou dez líderes do tráfico ou das milícias, terminavam alvejando inocentes, e, quando a polícia saía, depois de

10, 15 dias, outros líderes ocupavam. A partir desse debate, muito intenso e altamente qualificado, o governador Sérgio Cabral e o secretário Beltrame fizeram, visivelmente, uma inflexão para o Pronasci, compreenderam a proposta. E, hoje, o próprio governo do estado diz: "Nós vamos entrar com as ações do Pronasci, com a polícia comunitária; a polícia é só mais um dos projetos, para aos poucos irmos conquistando a área conflagrada". Por isso eu chamo de política do constrangimento.

Outro exemplo. Há menos de 30 dias, a Polícia Federal encontrou 20 áreas de pouso clandestino na divisa do departamento de Santa Cruz, na Bolívia, com o Brasil; encontrou também 10 ou 12 estradas clandestinas. Conseguiu-se isso como? Vídeomonitorando o Complexo do Alemão. Descobriu-se que aquela região era a porta de entrada para a droga que é negociada no Complexo do Alemão. Nós podemos, hoje, listar 10 ou 12 ações do Pronasci no Complexo do Alemão. Essas ações ainda são amparadas por todo um outro conjunto de ações, que também estão em curso, com esta da Polícia Federal desconstituindo o tráfico de drogas. Antes, nós tínhamos as grandes operações da Polícia Federal, e nada no Complexo do Alemão. Agora, nós temos uma ação policial do Estado que incide na comunidade diretamente, uma ação que chega de forma diferente naquela região, e ainda não deixamos de ter as grandes ações para tentar desconstituir essa rede que o tráfico instituiu. Realmente, não é fácil. Mas o Pronasci é todo esse conjunto, que está sendo coordenado a partir de uma simultaneidade de ações. O ministro deve lançar muito em breve um projeto de videomonitoramento na fronteira de todo o país com as aeronaves não tripuláveis. Ou seja, nós vamos enxergar por onde passa o tráfico, vamos videomonitorar todas as ações de fronteira. É algo impressionante. A Polícia Federal é que vai fazer isso, com recursos do Pronasci.

O que eu quero dizer com isso? Não somos ingênuos de achar que o Mulheres da Paz, o Protejo, o Reservista Cidadão vão resolver tudo. Eles são fundamentais, mas precisamos também ter o rigor técnico necessário para poder enfrentar o crime organizado. É um conjunto de ações que vai nos conduzir ao melhor momento. Com aeronaves não tripuláveis, nós teremos o videomonitoramento das áreas centrais das cidades Pronasci. Pela primeira vez no Brasil, um Território de Paz, instalado em Itapoã, cidade-satélite de Brasília, terá videomonitoramento; ou seja, pela primeira vez o videomonitoramento vai se dar numa área conflagrada, e não numa área central da cidade. É todo um conjunto de ações, que, se implementadas com sucesso, a médio e longo prazo, sem dúvida nenhuma, vão transformar a realidade insegura e violenta do país. Quando me dizem, nas palestras, nas conferências, que o Bolsa-Formação é um sucesso, o Plano Habitacional é um sucesso, o Mulheres da Paz é um sucesso, eu digo: "Isso não é o Pronasci. O Pronasci terá êxito quando o Bolsa-Formação estiver junto com o Mulheres da Paz, passando pelo Gabinete de Gestão, interagindo na Praça da Juventude. Quando nós conseguirmos articular todo esse conjunto de ações, aí o Pronasci terá êxito".

Dos quatro Territórios de Paz já lançados, qual está respondendo melhor até o momento?

A FGV acompanha não só a implementação dos projetos, mas também os seus impactos. Na primeira pesquisa, temos a informação do acolhimento da visão de polícia comunitária por mais de 76% da população de Santo Amaro. Não é diferente no Santa Marta, no Rio, e na Nova Brasília, no Complexo do Alemão. A chegada do Território de Paz nesses casos tem índices superiores a 50% de aceitação. E temos, por outro lado, ainda, uma visão crítica em Itapoã, no Distrito Federal, e na ZAP 5, Santa Inês, no Acre. Cabe destacar mais uma vez Recife, Santo Amaro, onde reduzimos dez homicídios/mês para dois homicídios/ mês. Lá a paz chegou para ficar.

As comunidades estão cansadas, saturadas, sofridas. Até porque, quando elas saem do tráfico, caem nas mãos das milícias.

É exatamente isso que a gente observa. Nós estamos discutindo com as corporações policiais sim, mas também com a Cufa — Central Única de Favelas, também com as iniciativas do Afro Reggae, ou de instituições que têm uma certa experiência já nessa relação com as comunidades e com o tema da violência. Nós do Morro, Observatório de Favelas — temos conversado com essas organizações não governamentais, com todos que têm essa iniciativa e que, de alguma forma, representam a própria comunidade. Esse é o desafio do Pronasci. Ele escuta o governo do estado, a prefeitura, dialoga com a sociedade civil organizada e induz política pública. Fala com as corporações, mas também induz, a partir do Bolsa-Formação, da Renaesp. Tenho dito sempre por onde passo: se existe um aspecto revolucionário do Pronasci, ele se chama Renaesp. Estamos articulados com 66 instituições de ensino superior, promovendo a geração de uma inteligência capaz de combater o crime e a violência. É uma política pública de complexidade grande, e de uma consistência extraordinária. Se nós conseguirmos avançar o Pronasci a médio e longo

Formulando o Pronasci

prazo, eu não tenho dúvida de que vamos ter uma transformação significativa da vida dessas comunidades conflagradas. Agora, temos de fazer avançar. O desafio está em executar bem o orçamento, investir adequadamente, acolher os projetos na vida, fiscalizá-los, monitorá-los, acompanhá-los e, aos poucos, ganhar escala no território brasileiro.

Conquistas e desafios

Quem integra, hoje, o Comitê Gestor do Pronasci?

Hoje nós temos o Comitê Gestor presidido pelo ministro e formado por todos os secretários do Ministério. O comitê tem um caráter deliberativo acerca dos projetos que são apresentados: autorizo, não autorizo. Vinculada ao Comitê Gestor está, em tese, a Secretaria-Executiva do Pronasci — digo em tese porque ela não existe. Ela é a chefia de gabinete do ministro, e o secretário-executivo é o chefe de gabinete. É essa coordenação que eu chamei de inovadora: estar no gabinete.

O secretário-executivo coordena o grupo de gestão do Pronasci, que é composto por: secretário da Reforma do Judiciário, Rogério Favretto; secretário nacional de Justiça, Tuma Jr.; secretário-executivo do Ministério da Justiça, Luiz Paulo; secretária de Direito Econômico, Mariana Tavares; Departamento Penitenciário Nacional, Dr. Airton Michels; secretário de Assuntos Legislativos, Pedro Abramovay; Polícia Rodoviária Federal, Dr. Hélio Derenne; Polícia Federal, Dr. Luiz Fernando Corrêa; secretário nacional de Segurança Pública, Ricardo Balestreri.

Agora, o grupo de gestão mesmo, da Secretaria-Executiva, é composto por Juarez Pinheiro, que é o coordenador de Relações Federativas, substitui o Dr. Vicente Trevas; Francisco Rodrigues, Coordenador de Projetos; Reinaldo, Coordenador da Juventude; Paulo Fuques, coordenador de Planejamento; Lélia Almeida, coordenadora do projeto Mulheres da Paz; Celso Paz, coordenador de Relações Institucionais, com os outros ministérios; Jorge Quadros, coordenador de Modernização das Instituições Policias; e Fernanda Caribé, coordenadora de Relações Internacionais.

Hoje, o Pronasci está sendo levado para o Haiti, para Moçambique, para Timor-Leste e Guiné-Bissau. Já existe um grupo de trabalho conjunto, do Ministério das Relações Exteriores, do Ministério da Justiça e desses quatro países, que está estudando quais projetos são mais interessantes. O Pronasci foi acolhido como referência no Conselho de Genebra Contra a Violência Armada, que é um conselho de 100 países vinculados à ONU. E esse conselho vai agora submeter o Pronasci à ONU, como uma referência de programa de segurança pública com cidadania. Temos, hoje, um acolhimento de parcerias internacionais importantes: a Unesco avaliza o Pronasci e hoje tem um termo de cooperação conosco; a Organização dos Estados Ibero-Americanos, a OEI, também. Temos uma interação internacional importante. Já tivemos dois seminários internacionais, um em Madri, outro no Rio de Janeiro, e agora teremos um terceiro, novamente em Madri, só que sobre um tema específico: educação nas prisões. Estamos também desenvolvendo a primeira Conferência Nacional de Segurança Pública da história, que deverá se realizar em Brasília.

Há mais alguma coisa que o senhor gostaria de dizer sobre o Pronasci?

Sempre há. Às vezes a gente esquece, deita no travesseiro e lembra: "Por que eu não falei em tal projeto?" Há momentos curiosos. Há um projeto, por exemplo, que foi identificado numa conversa do ministro com o MV Bill. A consolidação da tese do Mulheres da Paz se deu quando o Bill e o Celso Ataíde disseram que a mãe é uma referência que o tráfico não enfrenta. Se a mãe buscar o guri lá na esquina e tirar do tráfico, o traficante não reage. Ele respeita a figura da mãe. Então há momentos assim, que são muito significativos. A ministra Dilma, quando me encontra, chama-me de "Minha Mãe da Paz". E pede para eu me orgulhar do gênero. O projeto Reservista Cidadão, por exemplo. Estávamos em Esteio, cidade do Rio Grande do Sul, conversando com a prefeita de então, e ela disse: "Ah, eu estou fazendo um projeto aqui, em que eu pego os excedentes, aqueles que não são acolhidos pelo serviço militar, mas que queriam fazer parte, e trago para cá, numa ação cidadã". A partir dali surgiu o Reservista Cidadão.

O ministro disse muitas vezes que nós não requeremos nem protagonismo nem ineditismo no Pronasci. Nós fomos a Chicago, fui acompanhando da Fundação Getulio Vargas, e trouxemos de lá o videomonitoramento, a central de inteligência. O Pronasci articula essas ações exitosas e adapta a uma realidade nossa. O Território de Paz em si, por exemplo, não existe claramente no mundo; agora, os vários projetos existem, e nós os estamos trazendo para uma convergência na mesma área. Há muita experiência acumulada. E cada projeto tem uma lembrança. A gente brinca que a Lélia é a Mãe da Paz, mas ela foi a campo, conversou com as Mães de Acari, no Rio, conheceu inúmeros movimentos de mães de filhos desaparecidos. Há todo um conjunto de relações que nós estabelecemos. O Pronasci foi constituído por esse grupo formulador, mas é muito importante dizer o quanto nós nos reunimos para escutar uma ideia de projeto, ou para trazer para a realidade do programa um projeto já registrado. Fizemos vários colóquios com organização não governamentais, tardes inteiras de debates sobre a violência; colóquios com universidades, com intelectuais que tratam do tema, com secretários de Segurança. Fizemos 12, 13 colóquios assim, com atores diferentes, que também nos tensionavam positivamente, traziam informações e ideias que eram desdobradas no quotidiano da formulação. Ou seja, escutamos a sociedade, interagimos com ela, fomos avaliando e fomos avançando, para podermos formatar esses 94 projetos. Todas essas experiências, como eu disse, foram feitas em algum lugar desse mundo, seja em Chicago, seja em Esteio, Rio Grande do Sul.

O Problema do conflito entre a Polícia Civil e a Polícia Militar incide, de alguma forma, sobre o Pronasci? O Pronasci, de alguma forma, lida com isso?

Incide, claro. O nosso esforço para valorizar o policial se deve também a isso. Se o policial não estiver disposto a mudar, nada mudará. Nós temos que ter um policial que tenha a visão da polícia de proximidade. Que é a visão de Chicago *versus* Nova York. Como nós dizemos, o nosso Pronasci não tem nada a ver com tolerância zero, nem quer ter. Ele tem a visão da polícia comunitária cidadã, de Chicago. Todos os conflitos originários das disputas das polícias entre si compõem, obviamente, o cenário. Nós temos de saber lidar com isso. A nossa política também tem de ser uma política de convencimento; nós temos de convencer que existe um caminho diferente do atual. E muitos policiais estão compreendendo. Com isso, eu não estou querendo dizer que temos a hegemonia, não. Porque não temos, estamos processando. As nossas ações estruturais estão voltadas para policiais civis, policiais militares, bombeiros, peritos e guardas municipais. Todos podem se engajar no Bolsa-Formação ou no Plano Habitacional. Assim como é foco do programa o jovem, é foco do programa o operador de segurança pública.

Não há possibilidade de mudança sem um novo policial, uma nova visão de polícia. Uma polícia que se enraíze na comunidade, que seja representação do Estado no lugar, em que o policial possa inclusive ser chamado pelo nome, a uma certa altura do relacionamento comunitário, e consiga ser, para além do policial que nós conhecemos, que está ali só para reprimir ou corrigir, um policial cidadão mesmo, que possa orientar a população: "Olha, a defesa do consumidor fica ali, o fórum fica lá, quem sabe tu recorres a uma assistência jurídica..." Quando a gente é criança e vai atravessar a rua, chegando na escola, na mão da mãe ou na mão do pai, invariavelmente tem um policial; a criança torce o pescocinho para cumprimentar aquele policial. Eu não tenho dúvida de que, no imaginário da criança, ele é um herói. E para nós todos, de alguma forma, o policial é o herói, é aquele que pode te salvar no momento limite. Nós temos que resgatar essa importância da figura do policial. Deve ser uma figura de destaque na sociedade. Tem que ser um representante do Estado.

O período da ditadura militar, em que a polícia era muito identificada com a repressão política, influiu na visão que se tem hoje do policial.

Nós colhemos isso hoje. Claro que essa visão hegemônica tem origem exatamente aí, na ditadura militar. Mas hoje, felizmente, nós estamos vivendo a era Obama no seu começo. O primeiro ato do presidente Obama foi anunciar o fechamento de Guantánamo e, junto a Guantánamo, eventuais polícias secretas americanas no mundo. Eventuais, porque nem o próprio poder central americano tinha ou tem clareza de quantas entidades ligadas ao governo americano há por aí operando, a partir de uma visão que não considera os direitos humanos. Isso é uma ilegalidade. E a iniciativa de acabar com isso é muito positiva, muito rica; demonstra que nós estamos exatamente no momento de reverter esse paradigma. É um desafio. O paradigma é o nosso horizonte, a política da segurança com cidadania. Constrangimento ao crime e convencimento à comunidade. Não podemos desperdiçar esta oportunidade que o governo Lula nos proporciona: estamos vivendo a transição para um novo paradigma de segurança, esquecido pela Constituição de 1988.

Antonio Carlos Biscaia

Deputado Federal
Secretário Nacional de Justiça (3/2007 — 9/2007)
Secretário Nacional de Segurança Pública (9/2007 — 3/2008)

Entrevista feita no Rio de Janeiro em 18/12/2008

No Ministério Público

Deputado, antes de conversarmos sobre sua carreira política, gostaríamos que nos falasse sobre suas origens, sobre o início de sua carreira na área de direito.

Nasci em Curitiba em 1942, mas quando tinha 16 anos de idade vim para o Rio. Foi uma decisão de família, até transitória, ligada a trabalho, mas acabei ficando. Embora a família tivesse retornado, fiquei, porque logo em seguida, com 17 anos, ingressei na Faculdade de Direito da PUC. Foi aí que comecei minha trajetória na área de direito, o caminho pelo qual optei. Trabalhei também no Banco do Brasil como funcionário, até que em 1970 fiz concurso para o Ministério Público, que sempre foi o meu objetivo. Tive êxito e disse: "Quero ser um bom promotor de Justiça, cumprir essa missão e essa responsabilidade, que considero importantes". Na época o Ministério Público ainda não tinha as atribuições e a responsabilidade que hoje tem, trazidas pela Carta de 1988. E o fato é que as circunstâncias da vida me levaram a ocupar a chefia da instituição no estado do Rio de Janeiro. A primeira vez foi em 1984, quando eu estava no Ministério Público havia apenas 13 anos. Essa primeira experiência, de 1984 até 1986, foi muito difícil. Não vamos entrar em detalhes, mas os embates que enfrentei foram os mais diversos, em todas as áreas. Enfrentei uma reação negativa do próprio Poder Judiciário, junto ao qual o Ministério Público atua, pelo fato de ser alguém com 40 anos, que ainda não estava no topo da carreira.

Depois disso o senhor voltou a ocupar, pela segunda vez, a mesma posição.

Sim. Talvez eu seja o único na história do Ministério Público em todo o país que tenha tido duas experiências de chefia. Na primeira vez, em 1984-86, o procurador-geral de Justiça, chefe do Ministério Público, na realidade tinha o *status* de secretário de Estado. Quer dizer, o governador poderia nomeá-lo ou demiti-lo a qualquer momento. O procurador-geral não tinha as garantias que tem hoje, dentro do processo eletivo. Hoje ele tem um mandato e não poder ser destituído, a não ser num processo de *impeachment* complexo, que passa pela Assembleia Legislativa.

Como foi feita a sua indicação das duas vezes em que foi procurador-geral?

As razões da minha escolha em 1984 foram até um pouco inusitadas. O governador Leonel Brizola se comprometeu que a escolha seria democrática. Eu era presidente da Associação do Ministério Público, a entidade de classe, que promoveu a eleição da lista tríplice para o cargo de procurador-geral de Justiça. Não era uma eleição que tivesse amparo em lei, mas era um movimento para mostrar que a classe queria participar da escolha de sua chefia. Feita a eleição, Brizola nomeou aquele que tinha sido o mais votado por nós. Só que logo depois, por questões que não vêm ao caso, esse procurador-geral deixou o cargo. Ficou um ano e não quis mais. E aí nós fomos novamente ao governador e pleiteamos um novo processo, para a escolha de outro procurador-geral. Ele disse que não, que não dava mais. A instituição ficou um período sem a chefia, até que um dia ele disse: "Bom, eu não fiz a eleição, mas quero convidar alguém que, de alguma forma, tenha sido legitimado em um processo eleitoral. Vou indicar o presidente da Associação". Eu tinha sido eleito com uma votação muito expressiva, e foi essa a razão pela qual fui escolhido.

Talvez um dia eu escreva sobre isso: ter sido procurador-geral como, na realidade, secretário de Estado, e ter sido procurador-geral quando retornei de 1991 a 1995, aí com *status* de chefe de uma instituição que não é um poder, mas hoje já tem um contorno constitucional equivalente. A única vinculação efetiva que o procurador-geral tem, hoje, com o Poder Executivo é no momento da nomeação. Na eleição em 1991 fui o mais votado, com cerca de 80% dos votos da categoria. Foi nesse segundo mandato que algumas ações realizadas me levaram a ter uma projeção, embora não intencional. Houve até, na época,

Formulando o Pronasci

muitas críticas, de que eu buscava os holofotes, mas essa nunca foi a minha maneira de agir. Ao contrário, a marca da minha personalidade, por incrível que pareça, sempre foi a timidez. As ações desenvolvidas é que levaram a uma projeção. Comecei a agir porque entendi que a instituição tinha um perfil que exigia medidas, não para confrontar o governo estadual, mas para apurar tudo que necessitasse ser apurado.

Quais foram as principais medidas tomadas nesse período 1991-1995?

Por exemplo, conseguimos desbaratar uma fraude na Previdência, nos anos de 1991 e 1992, que levou à condenação de um grande número de pessoas, inclusive juízes. O julgamento no tribunal transcorreu durante uma semana, e entre os argumentos que apresentei, disse: "Enquanto pequenos delitos são cometidos a todo momento nas esquinas, nas ruas, nas casas, uma única fraude contra a Previdência, num período de dois anos, lesou os cofres num valor equivalente a US$ 200 milhões". Foi um fato que teve grande repercussão. Da mesma maneira, a questão na área da saúde, o afastamento de diversos delegados de polícia acusados de enriquecimento ilícito, as ações contra o jogo do bicho... A juíza Denise Frossard recebeu os louros, muito justos, por ter condenado os bicheiros, mas sempre reconheceu, até na sentença, que tudo se iniciou com as investigações que foram feitas em 1985, da primeira vez que fui procurador-geral, e se intensificaram em 1991, quando retornei. O processo resultou na condenação dos maiores banqueiros do jogo do bicho, até então tidos como pessoas de uma suposta ou aparente respeitabilidade. Os casamentos das filhas de alguns deles tinha a frequência de desembargadores, políticos, e assim por diante. Seus camarotes no desfile das escolas de samba, também. Aquilo me incomodava. Ou você é uma pessoa que age dentro da legalidade, ou você é um delinquente. Eu não me conformava com aquilo.

A ação de maior repercussão já foi quase no final do mandato, no ano de 1994, quando botamos a mão na chamada lista do jogo do bicho. Realizamos uma operação diferente dos moldes comuns. Quando se quer realizar uma busca, o que é que se faz? O Ministério Público vai ao juiz, pede um mandado e entrega para a polícia cumprir. Eu disse: "Não, nós vamos fazer de forma diferente. Se há uma denúncia do local onde são realizadas as operações, a chamada fortaleza, eu mesmo vou lá". Como sempre, é alguém de dentro que faz a denúncia. Sempre é o contador, que deu um desfalque, foi ameaçado de morte, e aí busca proteção e revela os locais. A partir daí, fizemos uma operação de forma diferenciada, em que o próprio Ministério Público foi lá, com apoio de alguém da Polícia Militar, que eu solicitei, e estouramos a fortaleza. Esse fato foi o de maior repercussão porque envolveu políticos.

Quando foi isso exatamente?

Tenho a data marcada, foi no dia 30 de março de 1994. O fato repercutiu em todo o país, porque os documentos apreendidos traziam comprovações de envolvimento em corrupção de policiais e de políticos, não só do Rio de Janeiro, mas de outros estados. Aí veio uma comissão da Câmara dos Deputados, aquela história toda... O mês de abril de 1994, eu tenho marcado que foi uma época em que eu não conseguia sair de casa, porque aquele era o fato notório do momento. E aquilo só parou porque houve um fato trágico que desviou as atenções, que foi o acidente que vitimou Ayrton Senna, no dia 1º de maio de 1994. O caso foi capa da *Veja*, essa coisa toda. Embora tenha havido acusações de estrelismo, de busca de holofote, não houve nada disso. Cumpri o meu dever. E com muito sacrifício, porque houve ameaça, risco de atentado... É a estratégia que é usada por esse tipo de atividade do crime organizado, que se repete em inúmeros casos quando há pessoas que decidem enfrentar, seja o jogo do bicho, sejam fraudes fiscais ou tributárias. Quando há grupos envolvidos em práticas criminosas, que estão mais ou menos imunes, e repentinamente surge alguém que ousa enfrentá-los, eles têm um roteiro: primeiro, tentam corromper ou cooptar; depois, querem intimidar e amedrontar; finalmente, procuram desmoralizar. Isso às vezes é utilizado não nessa ordem, mas sempre acontece. Foi muito evidente isso para mim, porque havia esse grupo do bicho, aliado a 59 delegados que estavam afastados e que se reuniam e ficavam pensando: "O que é que nós vamos fazer?" Terminado esse período, até por uma questão de proteção, aceitei um convite e fiquei um ano nos Estados Unidos.

O que o senhor fez lá?

Trabalho e estudo. Fui a convite, inicialmente, e depois permaneci por conta própria. Fiquei em Washington, tomando conhecimento da estrutura criminal do Judiciário norte-americano. Na volta retornei ao Ministério Público. Não era mais o procurador-geral, mas fui atuar no tribunal, na minha função própria.

Entrada no PT e primeiro mandato na Câmara

Como foi sua entrada na política? Por que a opção pelo PT e a decisão de se envolver na vida político-partidária?

Primeiro, é lógico que, se você tem algum tipo de tendência para a política, isso já se revela de alguma maneira. E isso eu já tinha. Na própria faculdade, comecei a ter participação nas entidades estudantis, ainda que não muito intensa, pois já trabalhava. Depois, sempre participei da Associação do Ministério Público, no conselho e na diretoria, até chegar a presidente. Durante a Constituinte, coordenava uma equipe do Rio de Janeiro que ia a Brasília acompanhar os trabalhos, para que o Ministério Público tivesse um perfil constitucional, como acabou alcançando. Foi um trabalho intenso. Nós do Rio de Janeiro cumprimos a nossa parte, e os de outros estados também. Houve essa unidade e, realmente, o trabalho foi um sucesso. Pode-se dizer, sem medo de errar, que, se você fizer uma avaliação, verá que não há no mundo outro Ministério Público com tamanhas atribuições como no Brasil. O sistema italiano, que conheci numa viagem, o sistema norte-americano, todos são completamente diferentes. O Ministério Público é sempre restrito à atuação criminal. O que há aqui — defesa do patrimônio público, meio ambiente, consumidor, direitos difusos — não existe em outros países.

Essa atividade dentro do Ministério Público e a participação no acompanhamento dos trabalhos da Constituinte, digamos assim, tornaram mais evidente uma queda pela política. Mas ainda há um detalhe. O natural é que quem já foi procurador-geral acabe indo para o tribunal como desembargador, na vaga que é do Ministério Público. Essa nunca foi a minha opção. Nunca tive vocação para a atividade de desembargador no tribunal. Houve uma oportunidade, mas recusei e retornei à atividade como procurador de Justiça. E pensei: "Qual é o caminho agora? Acho que agora o caminho é prosseguir a luta no campo político. Acho que essa é uma coisa quase que natural". Mas sempre buscando o quê? O princípio pelo qual lutei no Ministério Público, que é o princípio da ética. E foi a bandeira da ética que me levou a optar pelo PT. Pesou também a questão ideológica, claro, porque sempre adotei, sem nenhum radicalismo, uma posição política à esquerda. Isso sempre foi a marca, a vida toda. Quando houve o golpe de 1964, eu estava no último ano da faculdade e sempre mantive a posição contrária à ditadura, mesmo sem me envolver em movimentos mais ativos. Ao contrário de irmãos meus, que se envolveram em atividades políticas mais intensas contra a ditadura, não participei porque já estava no final do curso e trabalhando no Banco do Brasil. No período pós-64, continuei bancário e me iniciei na advocacia, mantendo minha postura política à esquerda.

Sua aproximação com o PT se deu só depois de sua segunda experiência como procurador-geral, ou desde antes o senhor já tinha simpatia pelo partido?

Sempre tive simpatia pelo PT por ser um partido de esquerda, embora às vezes me perguntasse se as posições radicais seriam o caminho. Até que decidi: "O caminho é o PT, que é um partido de esquerda, e fundamentalmente é o partido que levanta a bandeira da ética". Essa foi a motivação. Agora, como é que surgiu a minha aproximação? Um dia cheguei em casa... Em que ano foi isso? Em 1996, logo após ter voltado dos Estados Unidos. Cheguei em casa e me disseram: "O Lula ligou para você". Perguntei: "Quem?" "Lula. Luiz Inácio Lula da Silva". Eu: "Para mim? E como é que eu vou retornar? Nem sei qual é o telefone dele. Mas ele deve ligar de novo". E ele ligou novamente.

Foi então que Lula o convidou para ingressar no PT?

Ainda não. Ele é um político extraordinário... Ele me convidou para ir a um evento em São Paulo. Na época já havia o Instituto Cidadania, com aquelas atividades que ele desenvolvia para aprimorar o seu projeto, e ele estava realizando um evento de caráter internacional contra a corrupção. Era um debate sobre "Os desvios de conduta e a corrupção na administração pública", para o qual ele trouxe pessoas de fora, da França e outros países. E eu fui convidado a participar e mencionado por ele como alguém que simbolizava muito a luta contra a corrupção. Foi aí que tive o primeiro contato pessoal com Lula. Mandaram a passagem aérea, e fui a São Paulo. Conversamos já um pouco sobre a questão de eu vir para o PT. Depois disso, quando houve um congresso nacional do PT no Hotel Glória, no Rio de Janeiro, fui lá para assistir ao encerramento e novamente cruzei com ele. Ele me reconheceu e disse: "Não vem para o PT?" Respondi: "Está bem. Vou pensar nisso. Como é que eu faço para vir para o PT?". Ele: "Vão te procurar". Fui procurado e entrei. Quando foi isso? Se a eleição era em 1998, eu teria que me filiar pelo menos um ano antes. Creio que foi em 1997. Fui conversar com pessoas indicadas por ele, Chico Alencar e Jorge Bittar. Conversei com ambos, perguntei mais detalhes e me filiei naquela oportunidade.

O senhor então se filiou ao PT e se candidatou às eleições de 1998. Como foi a experiência de ser candidato? Afinal, era uma coisa muito diferente da sua trajetória.

Claro. Completamente diferente. E aí, volto a dizer, agi de acordo com a minha maneira de ser. Até hoje, depois de estar já no terceiro mandato, não sou aquele que dá cotovelada para aparecer. Pensei: como organizar uma campanha para deputado federal, sem recursos? Reuni os amigos, fizemos um jantar para conseguir alguns recursos e organizamos a campanha. Fiz uma campanha modestíssima. Não sei o valor exato, mas gastei algo em torno de R$ 50 mil. Só isso. Quando as pessoas dizem que "ninguém chega na Câmara Federal com menos de R$ 2 ou 3 milhões", eu digo que é mentira, porque nessa campanha eu gastei R$ 50 mil; depois, em 2002, fui eleito e gastei cerca de R$ 180 mil; em 2006, também gastei em torno disso. É claro que o nome, a trajetória de vida favorecem. A única coisa que você tem que fazer é garantir que as pessoas saibam que você é candidato.

Como foi essa primeira eleição, em 1998?

Foi outro fato interessante, porque o resultado saiu no dia seguinte ou dois dias depois, e se anunciou que tinham sido eleitos cinco deputados federais pelo PT. Eu seria o quinto. Mas logo depois se constatou que houve um erro de cálculo, e que o PT teria quatro deputados. Fui eleito e cassado em seguida... Fiquei como primeiro suplente, mas o deputado Bittar foi para o governo Garotinho, e assumi no lugar dele. Fiquei um ano e pouco como deputado, até meados de 2000. E aí o Lula, mais uma vez com a sua visão estratégica e política, me convidou para ir a São Paulo, onde ele estava iniciando, no Instituto Cidadania, a discussão de um programa de segurança pública. Sempre tive preocupação com o tema, pela minha atuação no Ministério Público. O PT, por ser um partido de esquerda, no início tinha a visão de que "segurança pública é coisa da direita, nós temos que pensar em outras questões, temos que pensar no resgate da dívida social, temos que alterar os índices de desigualdade, temos que enfrentar o desemprego, temos que enfrentar as péssimas condições das camadas mais desfavorecidas"... Queriam enfrentar a ausência de cidadania de forma mais ampla e achavam que, à medida que a sociedade fosse mais justa, a cidadania fosse mais plena, a violência se reduziria. Que um partido de esquerda não tinha que cuidar do tema de segurança pública, porque a direita cuida disso. Já eu dizia: "Não, não é assim". E comecei a sustentar isso na Câmara, era a minha posição.

Como o senhor vê esse seu primeiro mandato?

Esse mandato foi a melhor experiência que já tive como político. Eram 60 deputados federais do PT na oposição, em convívio fraterno, amigo. Aquele PT que eu sempre imaginei que fosse o partido da conduta ética, da luta. Tenho uma lembrança positiva, extraordinária desse primeiro mandato que exerci parcialmente, entre esses 60 deputados. E já comecei a me tornar uma referência em termos de segurança pública, dizendo que o partido de esquerda tem que cuidar do resgate da dívida social, mas, paralelamente, tem que cuidar também da segurança pública. A sociedade vai ser destruída pela violência, pela criminalidade? O crime organizado, que tem uma estrutura empresarial, avança. Se você for esperar o resgate da dívida social, vai ser tarde demais. E já havia alguém que levantava essa voz também em São Paulo, como deputado estadual do PT: Eloi Pietá. Era alguém que não tinha nem formação em direito, era um líder comunitário, mas ele tinha que enfrentar o debate da segurança pública com o coronel Erasmo Dias, que aí sim, era "bate e arrebenta". E ele começou a trazer uma nova visão para o PT. Tem até livros escritos sobre o tema.

Coordenador do programa de segurança pública do Instituto Cidadania

Quando deixou a Câmara, então, o senhor foi a São Paulo para discutir, no Instituto Cidadania, um programa de segurança pública proposto por Lula.

Sim. Já pensando na eleição de 2002, Lula queria ter um programa de segurança pública que pudesse usar durante a campanha e que servisse de base para o seu governo, se fosse eleito. Então, em 2000, ele fez uma reunião no Instituto Cidadania, para a qual convocou professores, membros do Instituto, cerca de cem pessoas, e lançou a ideia da preparação de um programa de segurança pública. Fiquei sabendo que o programa anterior que havia sido feito, lá mesmo, tinha sido o Fome Zero. Ou seja, o primeiro programa que ele elaborou foi aquele que hoje é a marca do seu governo, que começou como Fome Zero, acabou avançando para Bolsa Família, e está reduzindo os índices de desigualdade e miséria. E o segundo foi o programa de segurança. Lula disse: "Agora, entre outros projetos do Instituto Cidadania, como o Fome Zero, eu quero o de segurança pública". Fui designado por ele coordenador do projeto. Na realidade os coordenadores eram quatro, e fui designado coordenador-geral. Os outros três eram Luiz Eduardo Soares, Roberto Aguiar, da Universidade de Brasília, e Benedito Mariano, de São Paulo, que tinha sido ouvidor-geral. Eu morava no Rio, mas ia semanalmente a São Paulo para coordenar o projeto. Aquilo que hoje se consolida no Pronasci teve as primeiras linhas naquele programa de segurança pública para o Brasil. Começamos no final de 2000 e trabalhamos durante todo o ano de 2001.

Como foi essa experiência de coordenador-geral do projeto de segurança pública? Como transcorreram os trabalhos?

Nós tínhamos reuniões de trabalho em São Paulo, mas realizamos também grandes seminários pelo país afora, sobre temas envolvidos na segurança pública. Lembro que o primeiro seminário, em São Paulo, foi sobre "Segurança pública e os municípios". Essa é também uma visão que veio para o Pronasci: qual é o papel do município, que não tem poder de polícia, mas, numa visão da segurança como política pública, tem que estar articulado? Tarso Genro, como ministro, enfatizou isso: o município é um agente de segurança pública. Depois, realizamos um seminário em Recife sobre "Segurança pública e as instituições policiais". Outro grande evento foi realizado no Hotel Glória, no Rio, sobre "Segurança pública e o crime organizado". Realizamos outro ainda em Minas Gerais, sobre "Segurança Pública e a juventude", dentro da visão de que você tem que resgatar o jovem. Não me lembro dos detalhes, tenho isso nos meus arquivos, mas me lembro pelo menos desses quatro grandes seminários, em São Paulo, Recife, Rio e Belo Horizonte. Houve também reuniões de trabalho com juízes, promotores, delegados, peritos, advogados e especialistas no tema. Depois de todo esse trabalho, de ouvir opiniões, de receber subsídios, nós nos reunimos para a elaboração do programa, que foi submetido a uma equipe para a redação final, e depois foi entregue ao Lula. E o próprio Lula, como pré-candidato, deu publicidade ao programa, em sessão no auditório Nereu Ramos da Câmara dos Deputados, em fevereiro de 2002. O deputado Aécio Neves, então presidente da Câmara, e os demais políticos presentes elogiaram esse primeiro programa. Era um programa de campanha, que se tornou público e serviu de sustentação para uma política de segurança pública no primeiro governo Lula.

Lula foi eleito presidente em outubro de 2002, e seu primeiro governo, iniciado em 1º de janeiro de 2003, teve como ministro da Justiça Marcio Thomaz Bastos. O senhor está dizendo, portanto, que o ministro Thomaz Bastos adotou o programa.

Sim. Na gestão do ministro Thomaz Bastos o programa foi implementado. Quando o ministro assumiu, achou que, para a iniciar a execução desse primeiro programa, teria que pôr alguém que tivesse participado da coordenação. Acho que, no primeiro momento, o ministro pensou no Benedito Mariano, mas se decidiu por Luiz Eduardo Soares, que então assumiu Secretaria Nacional de Segurança Pública. Como tinha participado da formulação, era a pessoa indicada para sua execução.

Na Câmara, nesse segundo mandato, o senhor continuou envolvido com a questão da segurança pública?

Sim, participei das Comissões de Constituição e Justiça e de Segurança Pública, sempre exercendo o mandato na linha de justiça e segurança. Presidi também a CPI dos Sanguessugas.

Quais eram as linhas-mestras desse primeiro programa de segurança pública que o senhor havia coordenado?

Nós nos afastamos, por exemplo, daquela discussão, que até hoje é polêmica, sobre a unificação das polícias Civil e Militar, e sobre o papel da União, dos estados e dos municípios. Dissemos que não adiantava, naquele momento, discutir isso e falar em *unificação*. E adotamos como linha-mestra do nosso programa a *integração*. Buscar as raízes do crime para atacar as origens é uma questão. Mas em termos de segurança pública, para enfrentar a criminalidade que está hoje aí, nós temos que buscar a *integração entre as instituições policiais,* que até hoje não é real — a disputa é fratricida, principalmente nos estados. Não há dúvida de que a União deve assumir a sua parcela de responsabilidade. Considero que o governo do presidente Lula cumpriu como nunca nesse país seu papel na segurança pública da União, com a Polícia Federal. Isso é inquestionável. E isso estava no nosso programa. A Polícia Federal contava então com cerca de oito mil homens; hoje, ela tem praticamente o dobro. A qualificação e a capacitação da Polícia Federal estão aí, para todo mundo reconhecer. Já nos estados, que têm a maior atribuição em

Formulando o Pronasci

termos de segurança pública, as polícias, divididas em Militar e Civil, continuam em conflito. Costumo dizer que não são duas polícias, são duas meias-polícias. Que não admitem um entendimento, visando à cidadania, à tranquilidade, à paz social e à segurança.

Por tudo isso, o que nós buscávamos como linha-mestra desse primeiro programa era a integração em três pontos essenciais. Primeiro, a integração na formação. A implantação progressiva de uma única Academia de Polícia, em que chegassem aqueles direcionados para a investigação, assim como os voltados para a prevenção e a repressão.

Investigação x prevenção não é a base da distinção entre a Polícia Civil e a Polícia Militar?

Sim, isso existe ainda hoje. O que diz a Constituição? A Polícia Militar é encarregada da repressão e prevenção, e a Polícia Civil, da investigação dos crimes depois de cometidos. É um pouco absurda essa divisão: uma tem que estar na linha da prevenção e da repressão, e a outra tem que esperar o crime ser cometido para investigar. Por isso é que eu digo que são duas meias-polícias. E o que se objetivava com a nossa proposta? Que as duas polícias progressivamente fossem integradas, que já se iniciasse a integração em uma única academia, para que se pudesse, no futuro, chegar à unificação. Depois de integrar a formação, se integraria a investigação, a inteligência. Hoje, só quem pode investigar é a Polícia Civil, a Militar está proibida. Mas como se sabe, isso não acontece, porque a Polícia Militar tem o serviço reservado PM2, que também investiga. E cada uma fica dizendo: "Não, essa investigação é minha". Em terceiro lugar, seria preciso integrar também a correição, a fiscalização, quer dizer, deveria haver uma corregedoria externa, para que os desvios de conduta pudessem ser controlados de forma integrada. Já há alguns estados que adotam a corregedoria unificada, um corregedor fora das duas polícias, para controlar aquilo que há de equivocado. A ideia, então, era integrar progressivamente a formação, a investigação e a fiscalização, como primeiro passo para chegar a uma unificação.

Por outro lado, foi criado o Sistema Único de Segurança Pública, o Susp, tomando como modelo o SUS, o Sistema Único da Saúde. Pensamos: respeitadas as competências da União e dos estados, vamos buscar integrá-las também. Ou seja, primeiro, se integraria na horizontalidade, e depois na verticalidade: União, estados e municípios. De que maneira isso se fez no primeiro governo Lula? Avançou-se, através dos Centros Integrados de Segurança Pública, que foram criados através de convênios. A Senasp, Secretaria Nacional de Segurança Pública, buscou estabelecer convênios com os estados, e isso passou a ser executado. Foi o primeiro passo. Não tenho aqui números precisos, mas praticamente todas as unidades federativas, 26 estados e Distrito Federal, conveniaram com a Senasp, para que deixasse de ser uma secretaria unicamente para repassar recursos federais. O repasse deveria exigir compromissos e metas.

Ainda considero que esse primeiro programa foi excelente. Ninguém pode deixar de reconhecer isso. Não teria condições aqui de apresentar uma visão crítica e detalhada de sua execução de 2003 a 2007, mas posso afirmar que um dos seus pontos, que era capacitar e valorizar a Polícia Federal, foi plenamente alcançado já no primeiro governo Lula. Hoje, nós temos uma Polícia Federal respeitada e atuante naquilo que é da competência federal: crimes de colarinho branco, grandes fraudes, contrabando, tráfico internacional de drogas. E há uma qualificação. A Academia federal, que também foi valorizada, hoje é um exemplo em Brasília. Você vê jovens de todo o país, concursados, ingressando lá. E o que é mais interessante, isso passou a significar uma vocação para essas pessoas. Se vocês forem verificar, encontrarão lá pessoas com formações as mais díspares possíveis, não apenas na área de direito. Tem de tudo. Fui a uma formatura lá, e entre os 100 que se formavam havia 15 dentistas. Por quê? Porque formaram-se em odontologia por uma razão qualquer, as oportunidades não foram grandes, estudaram, foram aprovados no concurso público, cursaram a Academia e qualificaram-se para exercer uma função reconhecida e valorizada.

O outro ponto, que era procurar a integração União-estados, também avançou muito com os Gabinetes de Gestão Integrada. Passou a ser condição, para que a Senasp transferisse recursos federais, que o estado tivesse um Gabinete de Gestão Integrada. Se hoje, na prática, eles não funcionam, é outra questão, que temos que avaliar — acho até que não funcionam, pois não basta ter uma existência física, não basta que periodicamente sejam realizadas reuniões, é preciso traçar programas, metas, objetivos.

Avalio que essas foram as realizações mais relevantes. É preciso deixar muito claro o seguinte, para que não se façam avaliações equivocadas: em termos de segurança pública, a responsabilidade da União está definida e a Polícia Federal tem um papel a cumprir. A maior responsabilidade, entretanto, cabe aos estados, e o município tem um papel que, a meu ver, é relevante na prevenção, com a adoção de políticas públicas e ações das Guardas Municipais. Isso nós já colocamos nesse

Formulando o Pronasci

primeiro programa. Mas isso não pode e não deve significar que a União diga: "Vou cuidar da minha Polícia Federal, vou enfrentar o contrabando, e o estado que cuide do resto". Sempre considerei que cabe à União a responsabilidade pelas diretrizes de uma política de segurança pública para todo o país. E foi isso que se buscou colocar. A União não pode cuidar da segurança pública do estado, não pode interferir, porque a Federação impede, porque há questões que envolvem autonomia federativa. Mas, de qualquer maneira, ela pode traçar as diretrizes de uma política de segurança pública.

Houve uma polêmica no primeiro governo Lula, com a saída de Luiz Eduardo Soares da Senasp em outubro de 2003. Poderia nos falar um pouco desse debate?

Tomei conhecimento de que ocorreram problemas, que não cabe mencionar, porque existem versões as mais diversas. Mas o fato é que alguns meses depois de ter assumido a Senasp, Luiz Eduardo Soares saiu. E aí o ministro Marcio Thomaz Bastos foi buscar alguém na Polícia Federal. Trouxe Luiz Fernando Corrêa, que estava no Rio de Janeiro comandando a Operação Suporte, um grupo de elite da Polícia Federal que estava atuando aqui. Ele saiu da Polícia Federal para ser o secretário nacional de Segurança Pública e exerceu cargo de então até 2007, quando eu assumi. Fiquei pouco tempo: assumi em setembro de 2007, e em março de 2008 decidi retornar à Câmara dos Deputados. Foi uma experiência extraordinária.

Secretário Nacional de Justiça e Secretário Nacional de Segurança Pública

Em setembro de 2007 já estávamos no segundo governo Lula, e o ministro da Justiça, desde março, era Tarso Genro. Por que, nesse momento, o senhor aceitou ser secretário de Segurança Pública?

Aceitei, primeiro, porque considero Tarso Genro um político de excelência, por tudo o que ele representa, principalmente no PT. Lamentavelmente, nos últimos tempos, alguns integrantes do PT têm se envolvido em práticas políticas condenáveis e desvios de conduta. Vim para o PT pela bandeira ética, e esses desvios de conduta me contrariaram muito, muito, muito... E Tarso simboliza o contraponto a isso tudo. Logo que assumiu o Ministério da Justiça, ele me convidou para a Secretaria Nacional de Justiça. Depois de alguns meses, assumi a Senasp.

É preciso lembrar que o Ministério da Justiça é de uma importância ímpar. No governo Lula, ele ganhou um destaque ainda maior, exatamente porque também assumiu o papel de enfrentar questões relacionadas com a segurança pública de uma forma mais efetiva. O ministro Marcio Thomaz Bastos, ao lado de outras múltiplas atividades, procurou se manifestar e agir com preocupação pela segurança pública. É lógico que a representação política do ministro da Justiça, o relacionamento com o Poder Judiciário e com o Poder Legislativo, é essencial. É o ministro quem tem que discutir, ao lado da Casa Civil, o encaminhamento de propostas para o Legislativo, e ao mesmo tempo manter a relação com o Judiciário. Na estrutura do Ministério, há uma série de secretarias, todas no mesmo nível, mas as diretrizes e a condução de toda a política do Ministério constituem atribuição do ministro.

O Pronasci foi lançado pelo ministro Tarso Genro em 20 de agosto de 2007. Podemos dizer que a gênese do Pronasci estaria no programa elaborado em 2000/2001 no Instituto Cidadania? Ou estaria mais adiante?

Se vocês querem os primórdios, o início efetivo foi lá, no momento em que a visão política do nosso presidente Lula convocou aquele grupo de pessoas, levando a que, do ano de 2001 até o início de 2002, se elaborasse um programa de segurança pública para o Brasil — que não tinha o nome Pronasci, embora incluísse em suas linhas a questão da cidadania. Quando Luiz Eduardo Soares assumiu a Senasp no início do primeiro governo, foi para executar aquele primeiro programa. Tanto é que integraram sua equipe pessoas que participaram da formulação, como Jacqueline Muniz, por exemplo, uma competente cientista política. Quando houve aquele corte meses depois, com a saída do Luiz Eduardo, mudou um pouco a feição, a meu ver. Quando eu entrei na Senasp, em setembro de 2007, deu para perceber que a Polícia Federal é que ocupava as posições principais lá dentro. Fiz questão de registrar e de enaltecer aqui a importância do papel da Polícia Federal, de dizer que ele é essencial. Assinalei também os avanços significativos alcançados no governo do presidente Lula. Entretanto, considero que a Senasp, como uma Secretaria Nacional, que tem que traçar diretrizes, tem que repassar recursos, tem que buscar de alguma maneira as linhas de uma política de segurança pública para os estados; não pode ser um apêndice da Polícia Federal.

Formulando o Pronasci

Quando o ministro Tarso Genro assumiu, a visão dele foi mais ampla. Ele encontrou a Senasp com Luiz Fernando Corrêa, com outra estrutura, com muitos integrantes da Polícia Federal e disse: "A Senasp tem o seu papel a cumprir. Mas considero a segurança pública, hoje, tão importante e vital para o país que vou idealizar um programa, vou fazer as primeiras reuniões" — isso em março de 2007, quando eu ocupava a Secretaria Nacional de Justiça. Assim, foi criado um grupo de trabalho para a formulação desse programa, de que participei. O Pronasci não foi um programa formulado pela Senasp, e sim pelo ministro Tarso Genro e o grupo de trabalho por ele designado. Não me lembro bem qual foi o nome que ele deu, mas foi um grupo formulador, que tinha como coordenador uma pessoa da estrita confiança dele, o professor Nado [Ronaldo Teixeira da Silva], seu chefe de gabinete, e como membros, o secretário-executivo do Ministério, o secretário nacional de Justiça, o secretário de Assuntos Legislativos e o secretário nacional de Segurança Pública, além de assessores.

Quando esse grupo se formou, já havia, portanto, toda a contribuição daquele primeiro momento. O que foi feito nesse segundo momento?

Em primeiro lugar, houve a constatação, mais do que a deliberação, de que era indispensável que o governo federal elaborasse um programa para a segurança pública. Essa foi a primeira questão. E que isso fosse feito de acordo com uma nova visão de segurança pública, que é a do ministro, que é a minha, que já estava retratada no primeiro programa do governo Lula.

Que é a visão da articulação da segurança com a cidadania.

Exatamente. As principais ideias foram lançadas pelo próprio ministro Tarso Genro nas primeiras reuniões. É impressionante a sua capacidade de formulação. Acho que ele é um dos mais importantes intelectuais de esquerda que temos para formular propostas. O grupo se reunia, ele sempre participava na fase inicial, e aí começou uma discussão sobre o batismo do programa. Foram debates intensos, porque se começava a discutir, e entrava aquela questão que já vinha do PT. Nós temos que cuidar da segurança pública! E temos também que ter uma visão social, porque, se tivermos uma visão exclusivamente repressiva, o resultado nunca será aquele que se espera. Aqueles que tinham uma visão mais social, como queriam batizar o programa? "Programa de Segurança Pública Cidadã. Pronto. Nem precisa discutir". Minha visão, como a do Tarso Genro, não era essa. É lógico que a posição do ministro pesou muito e, praticamente, prevaleceu.

Qual foi a observação que fiz? Ao dizer "segurança pública cidadã", você está adjetivando a segurança pública. A crítica viria na hora: "Isso é coisa do PT! O PT não quer segurança pública! Quer chegar lá, cuidar da comunidade carente, mas deixar os problemas de segurança sem solução". Ou: "A bandidagem cresce, e você fica só com políticas sociais". Alguns insistiam: "É Segurança Pública Cidadã!" Nós: "O programa é de segurança pública sem adjetivo, mas ele é diferente, ele quer dar segurança *com* cidadania". Isso pode parecer uma questão semântica simples, mas tem um significado. Prevaleceu a posição do ministro Tarso Genro, que afirmou: "É Programa de Segurança Pública com Cidadania. Tem que ser". Ele sempre enfatiza isso.

Qual foi exatamente o período em que esse grupo de trabalho se reuniu para formular o Pronasci?

Começou em março de 2007. Realizamos reuniões com outros ministérios, e aí o papel político do ministro Tarso Genro foi essencial. Ele fazia almoços de trabalho no Ministério da Justiça, convidando Fernando Haddad, ministro da Educação, Patrus Ananias, do Desenvolvimento Social e Combate à Fome, o secretário da Juventude... A formulação tinha que ter a adesão dos outros. Da formulação final até o seu anúncio pelo presidente Lula, como acontece em qualquer governo, restrições existiram. Afirmavam: "Como um governo que busca a cidadania, um governo de esquerda, um governo que quer o resgate da dívida social, vai destinar R$ 6 bilhões para segurança pública? É um exagero! Nós queremos compreender exatamente como é isso".

Realmente, há uma linha muito forte na esquerda, e mesmo no PT, segundo a qual segurança não é uma demanda das comunidades carentes. E é exatamente o contrário, as pessoas que moram nessas comunidades são as que mais precisam de segurança pública...

Exatamente. Esse pouco caso de alguns setores do PT com a segurança é evidente até na Câmara dos Deputados. Quando fui para a Câmara em 2003, sugeri a criação do Núcleo de Segurança Pública com alguns deputados que tinham alguma vinculação com o tema. Não havia um Núcleo de Segurança Pública da bancada do PT. Fui eu que incentivei a sua criação. E passei a coordenar esse núcleo. Quando retornei à Câmara, agora, em março de 2008, apresentei uma sugestão que foi acolhida. No ano de 2007, que passei fora da Câmara, o Núcleo de Segurança Pública ficou praticamente desativado. Mas havia um núcleo atuante, que era o Núcleo de Direitos Humanos. Eu disse: "Por que dois núcleos? Vamos fazer o Núcleo de Segurança Pública e Direitos Humanos!" Aqueles parlamentares que se dedicam ao tema na mesma hora acharam ótimo, e aí houve essa unificação. Hoje sou o coordenador desse núcleo da bancada do PT.

Quer dizer que as principais resistências ao Pronasci antes do lançamento vieram de dentro do próprio PT?

Nem tanto de dentro do PT, até porque não há essas ingerências. O que você percebia eram resistências de setores do próprio governo. Na formulação, várias reuniões foram realizadas, com especialistas, com comunidades. A formulação foi a mais ampliada possível. Foram chamados secretários estaduais de Segurança, com a visão das instituições policiais, professores universitários estudiosos do tema de segurança pública, organizações não governamentais, e assim por diante. Tudo isso foi levado em conta na formulação, até se chegar ao trabalho final. Mas, no momento final, há uma área de governo que tem que ver, não é? Que é a área que tem os recursos, que quer saber bem o que é aquilo, se aquilo vai ter resultado. E aí, também, sempre entra um componente de disputa política interna, que há nos governos e há nos partidos: "Qual é o objetivo desse programa? Será que é uma questão de o ministro querer projeção? Ou é um programa eficaz, efetivamente?" Você tem que demonstrar que é um programa que tem uma linha de ação e pretende alcançar objetivos. Você tem que transpor essas barreiras. Antes da divulgação, em agosto, fomos apresentar o programa ao presidente Lula, para que ele desse o aval final. Até aquele momento, barreiras tiveram que ser transpostas.

Nesse processo de busca de adesões, os estados e os municípios já estavam sendo envolvidos? O senhor disse que foram chamados os secretários de Segurança...

Vieram todos os secretários de Segurança. Eles recebiam anteriormente aquilo que já estava sendo construído e eram chamados a opinar, discutir, apresentar críticas. Era feita a eles uma exposição do momento em que nos encontrávamos, e eles opinavam, alguns manifestavam até descrédito. Aquilo que era contribuição construtiva e positiva, é evidente que era incorporado. Os textos e as formulações foram progressivamente sofrendo alterações. O grupo formulador estava ali para definir as ações estruturais. Depois fomos avançando nos programas locais. Existem contribuições que têm como meta aquilo que é o objetivo, o interesse maior: vamos aprimorar as instituições, vamos buscar uma segurança pública como garantia da cidadania. Hoje, a segurança pública é uma questão de cidadania, quase de sobrevivência. Mas sempre há os que levam as questões para o lado da corporação: "Ah, não tem jeito. As polícias ganham mal, não dá". Ou: "Polícia Militar é uma herança que vem da ditadura...".

Os programas do Pronasci

O Pronasci desenvolve vários projetos, como o Territórios de Paz, Mulheres da Paz e outros. Poderia nos falar um pouco sobre isso? Mulheres da Paz, por exemplo.

Mulheres da Paz começou como Mães da Paz, e depois houve essa alteração. A questão é a seguinte. Da mesma maneira que considero o primeiro programa de segurança pública, do Instituto Cidadania, um programa consistente, correto e bem elaborado, considero o Pronasci um extraordinário programa. Entretanto, eu sempre disse que a minha grande preocupação não era a concepção, era a *execução*. Quer dizer, o Pronasci está muito bem elaborado, foi muito bem idealizado, criado, tem recursos como nunca houve na história desse país, mas a execução é mais complicada. Por isso está aí a Fundação Getulio Vargas, para não só monitorar, como contribuir para uma eventual correção de rumo. Porque você tem como defender ou criticar qualquer um desses projetos.

Essa questão, por exemplo, das Mulheres da Paz. Como foi que surgiu? É flagrante e evidente que, principalmente nas comunidades mais carentes, há uma disputa para conquistar a juventude. São áreas carentes, em que a cidadania não existe; são jovens que não têm oportunidades de vida; muitas vezes são mães com diversos filhos, que não sabem nem exatamente quem são os pais. Quer dizer, há uma desagregação ali, no sentido daquilo que é essencial para o ambiente familiar. Do outro lado, está o jovem voltado para o crime, para o narcotráfico, aquele garoto "com tudo", conquistando com facilidade as meninas. Ao mesmo tempo, com a sua televisão dentro de casa, naquele barraco humilde, o menino fica na ociosidade praticamente o dia todo, assistindo a escândalos: corrupção no Congresso e escândalos de toda espécie. Essa é outra questão que considero grave. Os casos de corrupção constituem um fator decisivo para desviar esses jovens: "Se essa turma da elite faz, por que é que eu não vou fazer aqui? Estou em dificuldade, por que é que eu não vou ganhar R$ 100,00 por semana para ser olheiro?" Quem conhece um pouco essa realidade sabe que, nessa disputa, o papel da mulher, especificamente da mãe, é essencial, porque na maioria dos casos não há o referencial do pai. São inúmeros os exemplos concretos, de pessoas de comunidades que dizem isso. Em certos casos, a mãe é a única pessoa que tem condição de entrar na boca de fumo, tirar o filho de lá e levar para casa. "Você não vem mais aqui, que eu não admito!" E o traficante até respeita. Por se ter consciência disso é que se elaborou um programa, para que essas mulheres exerçam um papel na prevenção, no sentido da formação, da conscientização do jovem.

O Pronasci tem iniciativas e medidas que se dão na esfera do poder público. Isso acontece, por exemplo, quando o programa define que os policiais vão fazer tal curso ou que vão ser disponibilizados recursos para melhorar a polícia. Qual é a estratégia usada para capturar essas mulheres, fazer com que elas voluntariamente exerçam esse papel?

A execução disso não é uma coisa simples. Primeiro, o que hoje está se buscando é uma pacificação no território. Um programa como o Mulheres da Paz não pode ser feito em áreas de conflito, em que o tiroteio é diário, em áreas em que o Estado não entra. Esse já será um passo mais adiante. A outra questão que tem que ser muito bem cuidada é que essas pessoas vão ter que ser orientadas, vão ter que, pelo menos, assistir a uma palestra sobre o papel a desempenhar. A grande crítica que se faz é à questão da remuneração. Se você dá uma bolsa, ainda que seja de R$ 100,00, vêm os apelidos. Deputados de oposição dizem a toda hora que é "bolsa bandido", "bolsa traficante"... Quer dizer, aquilo que é Bolsa-Formação para o jovem, que é o ProUni, eles já distorcem os nomes, porque acham que o problema não tem solução. Também há pessoas que apresentam só os aspectos positivos. Considero esse tipo de programa positivo, mas assinalo que existem evidentes dificuldades para a sua implementação e execução. E é por isso que acho que essas ações têm que ser executadas paralelamente a outras que são efetivamente de segurança pública. Não se pode ficar nesse maniqueísmo, de ou uma coisa ou outra. Não há condição. Algumas questões têm que ser tratadas como questões efetivamente de segurança pública, com uma visão que o Pronasci simboliza muito bem.

Ao deixar a Senasp em março de 2008 para assumir o mandato na Câmara, o senhor certamente se afastou um pouco da execução do Pronasci. Como o senhor vê o programa hoje?

Participei da elaboração inicial de tudo aquilo a partir de março de 2007, como secretário nacional de Justiça, e depois, de setembro de 2007 a março de 2008 — seis meses —, como secretário nacional de Segurança Pública. Nessa fase inicial, meu engajamento foi mais efetivo e real. Quando assumi na Câmara, é evidente que me afastei um pouco. Não tenho como informar como está hoje o quadro das ações do Pronasci. Apenas participo de eventos, quando sou convidado. Uma coisa que nós defendemos muito, e que é outra ação importante, essencial, do Ministério da Justiça, do ministro Tarso e do presidente Lula, é a Conferência Nacional de Segurança Pública, que deverá ser realizada em agosto de 2009. Será a primeira conferência de âmbito nacional a debater tema tão relevante. Ela vai reunir participantes, num processo seletivo amplo da sociedade, das instituições policiais, e vai trazer não só contribuições, como discussões, que certamente permitirão corrigir eventuais falhas.

As pessoas que tiveram participação no grupo formulador do Pronasci praticamente todas se afastaram da execução. Houve uma certa divisão entre formulação e execução. Por quê?

Na realidade, houve essa divisão, sim. Por diversas razões. Algumas substituições foram decorrentes da falta de adaptação. Quer dizer, as pessoas convocadas não tinham exatamente o perfil esperado. Houve também substituições naturais na própria equipe. Alguns saíram, por questões as mais diversas. Depois, por exemplo, já trazendo a questão para o estado do Rio de Janeiro: o Rio de Janeiro — dito pelo ministro — era prioridade absoluta, por tudo. Foi então criado aqui um grupo executivo, que seria paritário, com três indicações do Ministério da Justiça e três do governo do estado. Inclusive, tive a preocupação de que esse grupo executivo tivesse uma sede física no Rio de Janeiro. Ao que consta, esse grupo deixou de ser paritário e passou a ser conduzido, praticamente, pelo governo estadual, o que não é bom. Isso que ocorreu no estado do Rio do Janeiro e é possível que ocorra também em outros estados. Então, a execução — insisto — é complexa. A gente sabe que qualquer tipo de execução, em qualquer programa, tem complexidade, tem dificuldade, mas nesse, particularmente, a questão é delicada. Entendo que esse tema hoje mobiliza muito. Basta que você pergunte para as pessoas de uma maneira geral. Não sei o que diria uma pesquisa hoje, precisamente, mas na lista dos grandes problemas apontados pela população a segurança já esteve em quinto lugar — depois de emprego, saúde, educação, transporte —, e depois foi subindo. Em diversas pesquisas ela ocupa o primeiro lugar na preocupação do cidadão e da cidadã. Como pode ser uma questão que não deva ter prioridade absoluta? É claro que deve ter.

Luiz Fernando Corrêa
Diretor-Geral da Polícia Federal
Secretário Nacional de Segurança Pública (9/2003 — 9/2007)

Entrevista feita em Brasília em 11/3/2009

Agente da Polícia Federal

Onde o senhor nasceu, como era sua família, onde fez seus estudos?

Sou natural de Santa Maria, no Rio Grande do Sul. Sou filho de um ferroviário e de uma costureira. Estudei numa escola pública, Colégio Estadual Manuel Ribas, muito conceituado em Santa Maria, na época áurea do ensino público brasileiro. Meu primeiro vestibular foi para educação física, na Universidade Federal de Santa Maria. Eu era atleta, já na época de escola era jogador de vôlei. Mas nesse período fiz o NPOR e acabei ficando dois anos no Exército brasileiro, como oficial R2, servindo em Bagé. Enquanto estava no Exército, continuei a educação física na FunBa, Fundação Universidade de Bagé, e ali houve um decréscimo de qualidade: saí de uma universidade federal superequipada para um curso de educação física mais acanhado. Aquilo abalou um pouco a minha motivação. Acontece que em 1978, entre a formação no NPOR e a incorporação temporária no Exército, eu tinha sido aprovado no concurso para agente da Polícia Federal. E aí venceu o prazo do meu concurso. Recebi uma intimação dizendo que ou eu assumia ou desistia. Em 1980, então, vim para Brasília, fazer o curso de agente da Polícia Federal.

Por que o senhor fez esse concurso para agente da Polícia Federal? Isso sempre esteve em sua mente?

Foi uma questão de oportunidade, de busca de uma estabilidade. Inicialmente foi isso. Mas depois foi uma relação de paixão mesmo. Quando entrei para a

Academia, me encontrei com a atividade. Tanto é que dei uma guinada. Deixei de lado toda aquela formação em educação física e fui estudar direito. Fiz a Faculdade de Direito em Porto Alegre, já como agente da Polícia Federal. Mas quando me formei em direito, em 1986, a Polícia Federal ficou dez anos sem abrir concurso para delegado. Eu já tinha condições de fazer o concurso e não podia. Mas a convicção e a identificação com a profissão era tanta que me preparei. Fiz a Escola Superior do Ministério Público do Rio Grande do Sul, fiz uma série de cursos de especialização na área de direito, sempre com o objetivo de ser delegado. Eu já tinha o objetivo de fazer carreira, mesmo num momento em que a Polícia Federal, em termos financeiros, não era tão atrativa. Era uma questão de vocação, de me encontrar profissionalmente. Afinal, em 1993, consegui fazer o concurso e me tornei delegado.

Tanto como agente quanto como delegado da Polícia Federal, atuei na área de repressão às drogas. Foi a área onde mais atuei na minha carreira. Fui agente de repressão a entorpecentes e também delegado chefe da área, sempre no Rio Grande do Sul, na Unidade Especializada. E aí fiz cursos de toda ordem, nos Estados Unidos, na Espanha. Fui buscando qualificação no currículo de profissional de polícia. Até que, em final de 2000, início de 2001, vim para Brasília e assumi o segundo posto da Superintendência do Distrito Federal.

Era um cargo político?

Não tanto político, um cargo técnico. Mas, com certeza, um cargo de confiança dentro da estrutura da Polícia Federal. O que aconteceu foi que, por essa paixão toda — afirmo isso sem falsa modéstia —, fui um bom agente e um bom delegado, e tinha uma credibilidade funcional razoável, como chefe da Entorpecentes. E aqui em Brasília houve um incidente que ficou muito conhecido, com aquela cantora mexicana Glória Trevi. Aquilo desmontou a Superintendência, em termos de suspeição. Também naquele período o Fernandinho Beira-Mar estava recolhido na mesma custódia da Superintendência, estava lá um dos primeiros líderes do PCC... Foi um período muito conturbado, e a Superintendência perdeu o controle da situação. Houve incidentes de várias ordens na custódia, e em razão do currículo, da capacidade técnica, fui chamado para apagar o incêndio. Superamos a crise, e em seguida participei daquela intervenção dissimulada que houve no Espírito Santo. Era uma questão contra o crime organizado em geral, que tinha chegado aos poderes, estava na Assembleia estadual — até o presidente acabou sendo preso. Fui a Vitória, montei a área de inteligência daquela missão especial, e lá permaneci por quatro meses. Aí voltei para as minhas atribuições em Brasília, e fizemos um trabalho na área de grilagem de terras, que resultou num fato inédito: pela primeira vez um parlamentar do Distrito Federal foi preso.

Secretário Nacional de Segurança Pública

Em setembro de 2003, no primeiro governo Lula, o senhor foi nomeado secretário Nacional de Segurança Pública, sucedendo a Luiz Eduardo Soares. Como foi essa nomeação?

No início do governo Lula, em 2003, o governo federal começou um diálogo com os estados. O Rio de Janeiro era um estado emblemático para enfrentar a questão da violência, e a Superintendência local estava com condições operacionais reduzidas, principalmente na área de inteligência. O ministro da Justiça Marcio Thomaz Bastos e o diretor-geral da Polícia Federal definiram então uma missão, e, pelo meu histórico e pela experiência na área de inteligência, fui designado para instalar uma estrutura de inteligência na Superintendência do Rio. Era um programa que nós chamamos de Missão Suporte, que foi sendo montado, amadurecido, e hoje é uma das grandes estruturas de resposta que o estado do Rio de Janeiro tem.

Quando eu estava no Rio, no final de 2003, concluindo esse trabalho de instalação, o ministro Marcio me convidou — nem me convidou, praticamente me intimou — a assumir a Secretaria Nacional de Segurança Pública. Por qualquer razão tinha havido um incidente com Luiz Eduardo Soares, e isso inviabilizou a permanência dele. Foi uma experiência totalmente nova, porque eu vinha de uma história eminentemente operacional, e o ministro me chamou para uma missão de articulação política. Foi um choque.

O senhor já tinha tido algum interesse pela política, era ligado a algum partido?

Não. Nunca tive qualquer atuação partidária. E até tenho por lema que o servidor público, e particularmente o policial, só se manifesta politicamente, partidariamente, num único momento: na hora de votar; porque, se ele der qualquer sinal de preferência ou alinhamento ideológico, estará prejudicado na prestação do serviço na área de segurança, particularmente no caso da Polícia Federal.

Bom, mas aí chego à Secretaria Nacional, para uma outra proposta. Sempre me vejo, me identifico, me reconheço como um técnico. Mas no correr dessa trajetória, que narrei resumidamente, havia uma necessária demanda de articulação, de relações internas na Polícia, de relações com a administração, com outras entidades, enfim, com a sociedade. Na questão de prevenção a drogas, por exemplo, fiz muitas palestras, a delegacia era demandada, montamos uma estrutura. Havia muita relação com as comunidades onde a Polícia Federal atuava. Hoje eu faço essa análise e reconheço que, mesmo naquele período do auge da operacionalidade, tive uma capacidade de relacionamento, porque senão não teria prosperado.

Fiquei três anos na Secretaria Nacional, chegando no início do governo, num momento de desconfiança em relação às propostas do governo federal, até porque o governo federal nunca se mostrava disposto a enfrentar a questão da segurança pública. O primeiro grande sinal nesse sentido foi até na gestão do ex-presidente Fernando Henrique, quando aconteceu aquele famoso incidente com o ônibus 174 no Rio. Foi ali que se criou o Fundo Nacional de Segurança Pública. Criou-se um conselho gestor do Fundo, e a Secretaria Nacional de Segurança Pública administrava isso. Era o instrumento que se tinha. No início da gestão do presidente Lula, o governo federal criou o Sistema Único de Segurança, Susp. Ali, já se tinha um programa.

A ideia de um programa nacional de segurança pública, portanto, já vinha de antes da sua gestão na Senasp.

Sim. Eu cheguei para implementar o programa nacional. Quando o governo Lula assumiu, já tinha como programa de governo o Susp, que foi concebido pelo Instituto Cidadania, em São Paulo. O instituto era do PT, mas o programa foi acolhido por todos os partidos. Inclusive o presidente Fernando Henrique, no ocaso do seu governo, o validou. Todos os partidos validaram. Ele é reconhecido por todos como o caminho a ser seguido.

Como foi que eu me deparei com aquela missão nova, sendo um servidor eminentemente técnico e operacional? Fui ler, fui tomar pé, fui entender. E aí o meu histórico de técnico sem marca partidária foi um capital positivo, que me permitiu dialogar com a PM e com a Civil. Eu tinha, ao longo dos anos, acumulado uma credibilidade técnica, uma respeitabilidade como profissional de segurança, que deixava todos à vontade para falar. E acho que o grande serviço que nós prestamos foi romper a falta de diálogo com os estados. O meu caráter técnico fazia com que governadores e secretários sentassem comigo, sem a desconfiança da questão partidária. E isso foi um capital. À medida que as ações foram evoluindo, na busca efetiva da implementação do Susp, defendendo sempre a integração das três esferas de governo e tendo o discurso alinhado com programas e ações práticas nesse sentido, sem qualquer direcionamento partidário, foi-se criando uma zona de conforto, em que nós fomos avançando.

Política pública é isso. Começou lá atrás, com uma medida que, se a gente olhar hoje, acha pífia, mas foi o ponto de largada. Houve a criação do Fundo Nacional de Segurança Pública, o período do Susp, com o discurso da integração, e o meu caráter técnico, de não entrar nas provocações políticas partidárias. Com isso fui superando, e fomos fazendo enfrentamentos. Houve também algumas inovações, que começamos a fazer, principalmente com execução direta de coisas que forçavam a integração, como rede de laboratórios de DNA, rede de ensino a distância, que começou com 22 instituições...

A integração a que o senhor se refere era entre a União, os estados e os municípios?

Sim. E uma das questões básicas que se tinha que superar era que, à medida que o governo federal se dispôs a dialogar com os estados — e começava a dar sinais de que os municípios teriam espaço —, os estados ainda tinham a expectativa de que o governo federal fosse um mero balcão de repasse de recursos. Tínhamos, portanto, que fazer uma construção para romper também com essa imagem, de que éramos meros repassadores. E para romper isso, com esse grau de desconfiança, o que foi que fizemos? Fizemos algumas ações de execução direta, para comprometer os estados, naquilo que fosse de maior impacto sistêmico. Na área de ensino, por exemplo, foi feita essa rede de ensino a distância com 22 universidades, públicas e privadas, de diferentes estados, visando a, via capacitação, mobilizar os servidores dos estados para a integração, para o trabalho articulado das três esferas, e para a introdução de alguns princípios novos: respeito aos direitos humanos, uso progressivo da força etc.

A ideia, no primeiro momento, era buscar a *articulação* entre as polícias estaduais, porque se fôssemos trabalhar, como dizia o plano, com a *unificação*, já seria um fator de rejeição pelos estados. Dada a questão cultural, falar em unificar a Polícia Civil e a PM é condenar qualquer política pública a não sair, a não ter ponto de largada. Então, nossa meta era criar, através da neutralidade do meio acadêmico, um ambiente onde estariam policiais civis e militares e mais a sociedade em geral, para que as questões corporativas se diluíssem e caíssem até no ridículo. A ideia era levar isso como estratégia de longo prazo. O que fizemos foi seguir à risca a implantação do Susp e ver onde ele avançou e onde não avançou. Depois, o Pronasci veio e potencializou tudo. Isso é política pública. É uma evolução da sociedade. Hoje, ninguém tem que fazer esforço para manter o diálogo entre União, estado e município. Naquela época era um esforço político enorme, por causa das resistências e das disputas partidárias. Outra coisa que fizemos, por exemplo, foi a Força Nacional de Segurança Pública.

A Força Nacional de Segurança Pública

Como surgiu a ideia de criar a Força Nacional de Segurança Pública?

Como contei, em 2003 fui para o Rio de Janeiro para montar aquela estrutura de fortalecimento da inteligência da Superintendência da Polícia Federal, para que o governo federal tivesse lá um órgão operacional que produzisse uma inteligência qualificada. A Polícia Federal cuidava das suas atribuições, e a segurança pública em geral era problema do estado. Mas o governo federal tinha que entrar nisso também, com os instrumentos que ele tem, que são a Polícia Federal, a Polícia Rodoviária etc. Então, a Polícia Federal tinha que se preparar. Nós fomos lá e montamos uma inteligência, para continuar apoiando a Polícia Federal, mas também para ter olhos para os movimentos daquelas quadrilhas e grupos de traficantes de diferentes comunidades, para ter algo mais científico, e não aquela coisa intuitiva, que saía da cabeça desse ou daquele policial.

Por outro lado, à medida que tivéssemos conhecimento daqueles movimentos, tivéssemos notícia de um crime ou da iminência de uma ação criminosa, nós também precisaríamos ter capacidade de resposta. Na época eram muito comuns os "bondes", organizados para tomar uma ou outra comunidade, para fazer assaltos na Linha Vermelha ou na Linha Amarela. Se eu detecto, pela inteligência, o movimento de um "bonde", o que é que eu faço? A Polícia Federal não tinha efetivo para a resposta, e eu precisaria da força estadual. Então nós começamos

Formulando o Pronasci

a pensar em ter, na Superintendência da Polícia Federal, um grupo de resposta rápida composto de policiais federais e da força estadual civil e militar, e resolvemos também trazer um reforço de outras polícias militares. Naquele momento, o diálogo com o estado estava muito truncado. Havia o discurso da integração, mas, no trabalho prático, havia resistências. A governadora na época era Rosinha, Garotinho era o secretário de Segurança, e ele poderia alegar: "Não, mas eu não vou ceder efetivos". Vimos que precisávamos complementar a capacidade de resposta rápida que tínhamos, com 80 policiais de prontidão, 80 treinando e 80 descansando, porque a tendência era ter um acúmulo de informações, e trouxemos reforços. Essa foi a solução para aquele momento.

Quando cheguei a Brasília como secretário nacional, os incidentes no Rio e em vários estados levaram a pedidos de apoio do governo federal, o que significava apoio das Forças Armadas. Pensei: como é que eu reajo? Tenho que ter uma alternativa. E aí, copiando aquele modelo incipiente que tínhamos criado no Rio, agregando o conceito das Forças de Paz da ONU, começamos a trabalhar. Decidimos criar uma força que teria, em primeiro lugar, um objetivo na área de formação. Só chamaríamos capitães, que é o grupo operacional, nivelaríamos o conhecimento, e manteríamos o grupo como instrumento de difusão de melhores práticas, mobilizável por demanda. Como na ONU: a ONU decide que o Haiti está precisando de socorro, junta militares de diferentes países e dá o comando para um. O que nós imaginamos? Vamos pegar esses capitães, que num projeto de médio e longo prazo serão os comandantes, e vamos formá-los com todos os fundamentos do Susp — respeito aos direitos humanos, emprego progressivo da força, aproximação por comunidade, mais rigor técnico nos procedimentos —, para atingir dois objetivos: difundir e padronizar o procedimento policial no Brasil, e poder mobilizar. Do ponto de vista deles, qual era a motivação? A motivação era que na época eles ganhavam muito menos que hoje e, ao serem mobilizados para prestar serviço para o governo federal, ganhariam a diária de um agente federal.

Então, o que é que nós fazíamos? Nós tínhamos um sistema de disciplina rigoroso. Avisamos: aquele que incorrer em qualquer falta no seu estado, no dia a dia, jamais será mobilizado. Nos Jogos Pan-Americanos, em julho de 2007, chegamos a mobilizar mais de 4.500 homens e não tivemos um incidente disciplinar. Era o mesmo PM, do Amazonas, da Paraíba etc. Mudava de farda, mudou o comportamento. O cidadão percebia outra polícia, não eram mais os PMs criticados no Brasil inteiro. O que fizemos foi um fator de alinhamento, de nivelamento por cima. Pegávamos as melhores polícias, as ilhas de excelência, tanto na área operacional como procedimental e comportamental, e dali tirávamos os instrutores, para com isso irmos incutindo, num processo de política de longo prazo, um novo conceito. Hoje nós já temos um comandante no Amazonas e alguns subcomandantes. O projeto era esse. São pessoas comprometidas. Hoje, quando se fala em integração, policiamento comunitário, direitos humanos, emprego progressivo da força, isso é doutrina.

A Força Nacional de Segurança Pública acabou sendo uma alternativa às Forças Armadas, cujo emprego para fins de segurança pública é complicado.

É complicado e inadequado. Quando do Pan-Americano, houve uma grande disputa junto ao presidente da República sobre quem coordenaria, se seria o modelo militar ou o modelo do Ministério da Justiça, e tivemos uma grande vitória. Qual foi o argumento para ganhar o Ministério da Justiça? Eu disse: "Temos uma política de segurança, já avançamos" — em 2007 estávamos muito avançados na política de integração, com várias ações — "e se o senhor optar pelas Forças Armadas, estará negando a sua própria política". Você investiu três anos num processo, e quando é desafiado não o utiliza? Seria um desafio, e com todo mundo muito desconfiado. A comparação que se tinha era com a Eco 92, que todo mundo diz que foi um paraíso de segurança o Rio de Janeiro. Mas eram eventos distintos. A Eco era um evento confinado, concentrado, e o Pan-Americano estava distribuído pela cidade, envolvia a necessária integração da sociedade. Qual é o espírito dos jogos? A integração dos povos. Se eu internamente segrego, boto canhões apontados para o morro, crio pontos de controle, armo barreiras, eu não estou compatível com a proposta de jogos.

Então, o que foi feito ali? Foi feito um projeto para a inclusão, e não para a contenção das comunidades, e um policiamento ostensivo mas não agressivo. A cidade tinha que fluir. Porque o modelo militar é: tranca tudo. Chega um presidente em Copacabana, ninguém entra em Copacabana, acabou. Aí é fácil fazer segurança. Agora, garantir a segurança e a fluidez da cidade é um pouco diferente. E é esse o papel da polícia. Era isso que nós defendíamos. E acho que foi bom. Todo mundo curtiu muito bem, os jogos aconteceram, os índices de criminalidade caíram, a participação das comunidades foi muito intensa. Todo mundo olha a segurança do Pan sob o aspecto policial. Para mim, foi a parte de menor importância. O importante foi que tudo que se pregava no Susp, de prevenção via município, nós fizemos de forma concentrada no Rio de Janeiro. Buscamos consultorias, buscamos o modelo colombiano e adaptamos para cá. Fizemos acho que 13 programas sociais.

Formulando o Pronasci

Como funcionavam esses programas comunitários?

Esses programas funcionaram, primeiro, a partir do prestigiamento das lideranças. Passei por um dos momentos mais difíceis de toda a minha vida, um dia, no Ministério da Justiça. A equipe técnica começou a fazer os contatos no Rio — articulação com lideranças, com a Universidade Federal, acho que com a própria FGV, com ONGs — para haver uma aproximação, até que houve um Dia D. Todas as lideranças das comunidades vieram para um encontro em Brasília — o que já foi um fato inédito —, foram colocadas no auditório do Ministério da Justiça e, como secretário nacional, eu teria que falar para elas. Foi o maior teste por que eu passei. Eu sucedia a um sociólogo. Eu, um policial. E o preconceito está instalado na sociedade, em todos os sentidos. As comunidades sempre tiveram motivos de sobra e tinham uma resistência à polícia. Então, esse primeiro encontro foi muito difícil para mim, quando saí de casa; mas, chegando lá, fizemos a explanação, abrimos para a conversa, começaram as perguntas e provocações, e o gelo foi se quebrando. O que marcou foi a frase de uma líder — não estou me lembrando do nome dela — que muito efusivamente, mas com aquela desconfiança para com atos de governo em relação às comunidades, disse: "É. Está tudo muito bonito, mas estamos só iniciando um namoro". Essa frase dela pautou todo o nosso programa, porque depois o namoro virou noivado, casamento, até que eu disse: "Olha, eu estou louco para me livrar de vocês. Eu quero o divórcio!" Aí já estava no fim, já tínhamos atingido um nível de relacionamento gratificante.

Um dos dias em que eu mais me emocionei, no Pan, foi na chegada ao Maracanã. Confesso que chorei, no carro, quando vi os guias cívicos trabalhando, a Força Nacional e toda aquela meninada. Nós fizemos um evento com sete mil pessoas de diferentes comunidades no porto, sem qualquer policiamento, só coordenado e articulado pelas lideranças e os guias cívicos. Quem eram os guias cívicos? Meninos, para quem nós pagamos uma bolsa, demos noções básicas de inglês, espanhol, apresentamos o Rio de Janeiro. Eles tinham uma escala para trabalhar que me causou um problema de logística: eles não queriam folgar. Então eu tinha que ter mais lanche, mais transporte. Bagunçou o meu projeto.

Isso tudo foi articulado pela Senasp? Qual o papel da Polícia Federal?

Pela Senasp. A Polícia Federal tinha um papel também, mas na área de contenção. E isso tudo que narrei foi na área de prevenção. O Pan-Americano marcou minha atuação na Secretaria, porque ali nós exercitamos plenamente todos esses conceitos que hoje o Pronasci põe em prática com fôlego maior e com alcance maior: mobilização, valorização das lideranças e programas... Quebrou-se uma lenda, de que o tráfico tinha um poder de sedução maior que o Estado. Não tem. Oferecemos aos meninos uma bolsa de R$ 150,00; diziam que, com o tráfico, eles superariam isso fácil, mas eles quiseram, sim, a bolsa e a nossa oportunidade. E nesse programa nós treinamos 12 mil guias cívicos. Ao todo, foram quase 30 mil pessoas, entre pais, mães, lideranças, em diferentes papéis na comunidade. Foram 12 ou 13 diferentes programas. No Banco do Brasil, que era a nossa sede, havia um andar só dos programas sociais. Os convites que eu tinha para comer churrasco na laje... Delegado de polícia, secretário nacional de Segurança!

Nós usamos o Pan-Americano como laboratório. E quebramos uma tese histórica de que morro tinha que ser contido, com canhão apontado. Eu disputava com os militares e dizia: "Olha, vocês têm a Eco 92, mas hoje é outro contexto. Hoje, colocar um canhão apontado vai fazer essa comunidade descer, subir em cima desse tanque e se pendurar no cano do canhão, porque ela sabe que vocês não vão atirar. E aí vai ser uma desmoralização para as Forças Armadas. Não é por aí!" Enquanto o projeto deles era de contenção, o nosso era de inclusão. Todas as comunidades do circuito do Pan tinham papéis no evento. No plano de segurança, eu apostava no lado positivo do carioca. Eles diziam: "Não, mas isso é muito subjetivo". Eu apostava na disposição, na tradição do carioca de receber bem e de se envolver nos grandes eventos que acontecem no Rio de Janeiro. No momento em que ele é chamado, se sente como dono do evento... E nós não chegamos de forma intervencionista. Chegamos potencializando a Polícia Militar. A Força Nacional não chegou para substituir, mas para complementar a polícia.

E a Polícia Civil, como ela se articulou com a Força Nacional?

Ela se articulou bem nesse processo. Nós definimos os papéis e conseguimos botar numa ambiência maior todos os órgãos com seus representantes. Tínhamos aqueles centros de comando e controle recomendáveis. O Exército também dizia: "Tem que ter comando". Eu disse: "Não. Tem que ter coordenação". E tínhamos um conceito de coordenação em todos os órgãos, respeitadas as atribuições. Se houvesse um incidente de um atentado contra uma autoridade ou uma delegação, ninguém tinha dúvida de que a atribuição era da Polícia Federal. Bombeiro, Guarda Municipal, todo mundo trabalharia em função da coordenação. Se houvesse um derramamento de óleo na baía de Guanabara durante o Pan, ninguém tinha dúvi-

Formulando o Pronasci

da de que era um incidente ambiental, e então os homens da Federal atuariam. É possível isso. Ficou provado que é. Tanto que funcionou.

Quanto tempo demorou o planejamento?

O planejamento foi muito longo. Acho que durou uns dois anos, mesmo sem a definição de quem seria a responsabilidade. Como nós acreditávamos que era uma oportunidade, nos preparamos. Mas o governo demorou a tomar a decisão, os recursos chegaram um pouco em cima, e tivemos que fazer um esforço. É um projeto que eu recomendo que se comece agora, em 2009, para 2014, com a Copa do Mundo. É a melhor maneira. Fizemos aquilo em dois anos, e com essa amplitude que descrevi. Não era só segurança policial. Eram todos aqueles programas sociais. Imaginem pagar bolsa para pessoas que sequer tinham identidade... É muito bonito planejar, mas a Caixa Econômica só paga se a pessoa tiver CPF. Um jovem daqueles não tinha nada, não tinha identidade. Às vezes a bolsa atrasava uma semana, 15 dias, e tocava um pânico, corria-se o risco de descrédito do programa. Aí tínhamos que correr, identificar... Era um processo de inclusão mais amplo.

Eu tinha policiais e guardas municipais do Brasil inteiro trabalhando no Rio. Quem subia morro era cearense, era de Brasília... A coordenadora dos programas, major Claudete, era de Santa Catarina. Minha meta era desmistificar, aproximar a polícia da comunidade. E fomos buscar aquelas pessoas que, nos seus estados de origem, já vinham fazendo esforços no sentido da implementação de um policiamento comunitário, de prevenção. Fomos identificando esses potenciais e trouxemos para o Rio, para que isso se introduzisse efetivamente na atividade policial. É lógico que fomos apoiados por assistentes sociais e profissionais multidisciplinares. Todos tiveram espaço para trabalhar. Mas a ideia era comprometer o policial, muito mais do que a questão repressão.

O senhor mencionou há pouco que se inspirou no modelo colombiano.

Sim. Tivemos um consultor colombiano. Foi um dos que trabalharam fortemente com o prefeito de Bogotá na implantação do modelo lá. Ele, inclusive, se impressionava quando sobrevoava o Rio, por causa da diferença, das dimensões, da magnitude, da topografia. Dizia: "Meu Deus! Isso não vai dar certo!" Ele se desesperou... Mas saiu daqui encantado com a capacidade de superação. Fizemos um modelo nosso. Quando hoje se fala em Mães da Paz, no Pronasci, eu lembro que nós já trabalhávamos com as mães, também. O ponto focal era a mãe.

O senhor também mencionou a participação dos bombeiros.

Sim. Trouxemos os bombeiros, porque percebemos que eles tinham alta credibilidade e baixa participação, por causa das disputas corporativas locais. A Polícia Federal, hoje, tem altos índices de aceitação, mas os bombeiros sempre tiveram um alto índice de credibilidade e respeitabilidade. Nós os trouxemos para o Sistema Único, envolvendo essa capacidade e essa mística nos projetos de prevenção. É muito mais fácil eu envolver uma comunidade com os bombeiros do que com a Polícia Militar. Enquanto gestor de uma política pública, não posso desprezar esse potencial. Sempre procurei envolver os bombeiros, inclusive no programa da Força Nacional, porque havendo um incidente num caso de enfrentamento, eles atenderiam não só a polícia, mas a população.

Nós tivemos um outro programa, que foi o da Brigada de Socorristas. Os jovens das comunidades carentes eram treinados e certificados. Muitos saíram dali empregados em *shoppings*, em condomínios. Eram disputadíssimos. Não me lembro quantos nós formamos, se três ou quatro mil. E foram os bombeiros que formaram esses jovens. Usamos o Corpo de Bombeiros para romper as resistências e interagir melhor. E usamos a eventual disputa das corporações como uma oportunidade, não como uma ameaça. Na medida em que introduzi uma instituição simpática, e não tratei melhor essa ou aquela, todos tentaram, de alguma forma, contribuir.

Foi um esforço muito grande. Esse esforço de cidadania era um dos panos de fundo, e para ele usava-se o que se podia. A ideia era resgatar a imagem da polícia. Por que isso? Todas as instituições de segurança saíram do regime militar estigmatizadas. Sofri isso na carne. Ser policial e estar no banco de uma universidade na década de 1980 — meu Deus do céu! — foi um ato heroico. O que foi que aconteceu? O meio acadêmico e os políticos torceram o nariz para a polícia e para a segurança pública. O tema da segurança pública era associado com polícia, que por sua vez era associada com repressão, que levava à repressão política...

Resgatando a imagem da polícia

Realmente, depois do processo de redemocratização, a esquerda e os intelectuais desenvolveram um preconceito muito grande em relação ao problema da segurança.

Certo. Então vejam: o país se redemocratiza, as lideranças intelectuais não querem saber do tema, nesse meio tempo a violência urbana começa a se instalar,

Formulando o Pronasci

o crime vai se organizando — já vinha, só que não aparecia, por causa do regime —, e o quadro de insegurança vai se acirrando. E ninguém quer saber do tema da segurança, porque não é politicamente correto defender uma política de polícia. O que acontece? Chega-se a um ponto histórico em que a violência começa a bater na classe média. E aí a segurança entra na agenda do cidadão, que cobra do Estado. O Estado olha para dentro e vê que está destruído. Por que está destruído? Quando se fica 10, 15 anos sem encarar academicamente um tema, não se tem base científica de conhecimento para produzir política pública. Vamos fazer um paralelo com o petróleo. Na década de 1970, naquele processo de desenvolvimento, algumas áreas técnicas acumularam conhecimento e não sofreram ruptura na mudança de regime. Aquilo virou um capital brasileiro, e hoje nós somos referência. Na segurança, nós não tivemos pensadores, ficamos 20 anos parados, patinando, sem produzir conhecimento. Daí a nossa preocupação em nos reaproximarmos do meio acadêmico. Quando nós fizemos a Rede de Especialização em Segurança Pública, a Renaesp, a ideia era exatamente fazer a aproximação do meio acadêmico com a polícia, porque não podemos desprezar o acúmulo empírico da polícia, e queremos agregar esse acúmulo às demandas e ao debate acadêmico, para gerar um conhecimento genuinamente brasileiro.

Tivemos o período dos experimentos, dos xerifes. Sempre se esperava um secretário de Segurança que fosse a solução enquanto pessoa. Depois passamos para os pacotes: Nova York, a própria Colômbia mais recentemente... Só que, quando a Colômbia entrou, já entrou num momento de debate mais qualificado. Depois, quando a presença dos aparatos policiais se tornou demanda, entrou na agenda do povo, veio a partidarização, que é uma das grandes mazelas das polícias estaduais. Também esse momento foi passando. O que estamos fazendo agora — e aí se avançou, esse foi o grande mérito — é o diálogo federativo sobre o tema, que não existia e foi estabelecido. É flagrante a mudança na segunda leva de governadores. Herdei um grupo de governadores, que tinha entrado no início de 2003. Na segunda leva, que entrou no início de 2007, independentemente de governo, todos bateram na minha sala para conceber a secretaria deles. Tanto é que há 17 delegados federais. Eles queriam reproduzir aquele modelo de neutralidade, de rigor técnico, de imagem. E ficaram todos, independentemente de partido, dialogando fortemente. Já ninguém mais tinha o jogo de empurra. E hoje existe uma cobrança de qualificar cada vez mais essa relação. O município também veio muito forte. Agora, com o Pronasci, mais forte ainda.

Sou um otimista nato. Vejo nisso uma evolução. Só que o tempo de uma política pública não é o tempo da urgência do cidadão. Ele sofreu por 20 anos porque o meio acadêmico não produziu conhecimento. Sem conhecimento não há política pública. E sem política pública, não adianta. Hoje, nós temos uma convergência conceitual. Na última eleição para presidente, não havia diferença conceitual entre as propostas. Isso já é um sinal de que estamos chegando num ponto de maturidade. Agora, a implementação, a construção, isso depende de mobilização social. Por isso eu acho que o Pronasci é fundamental. Porque ele tem capilaridade e tem muito mais recursos do que nós tínhamos na época. Na época nós tínhamos contingenciamento. Sinalizávamos, assinávamos o convênio, aí vinha o contingenciamento. No final do ano, saía um dinheiro. Quer dizer, aquilo que se articulava não conseguia empregar. Mas hoje as coisas mudaram, em função desse amadurecimento. O ministro Tarso Genro foi muito habilidoso na concepção, no convencimento do presidente e na garantia dos recursos para financiamento. E hoje nós temos mobilização nas três esferas. Aquilo que eram 22 instituições na Renaesp, na Rede de Altos Estudos em Segurança Pública, acho que já são mais de 70. Isso é um salto. Isso vai gerar conhecimento. Vamos ter um acúmulo de monografias e de teses, estudos, que vão nos dar uma base para gerar um conhecimento científico a fim de sustentar uma política pública com a cara do Brasil. Não dá para copiar.

Esse tipo de preocupação que o senhor demonstra, de associar cidadania a uma base conceitual de pesquisa para poder desenvolver políticas públicas de segurança, isso é uma coisa geracional?

Vejo sim, uma transição de gerações nesse processo. Na Polícia Federal, isso está muito bem marcado na direção e nos superintendentes que nós temos hoje. Existe muita identidade de visão de mundo. A Polícia Federal veio do sincretismo da Polícia Militar e da Polícia Política. Depois se encastelou na especialização; depois, se encastelou um pouquinho mais na vaidade da ilha da excelência; e hoje, nós estamos num processo de dizer: olha, nós estamos num sistema federativo, somos o instrumento do governo federal, temos um potencial, e temos que liderar. Então, se o governador tal vai ser preso segunda-feira por uma operação da Polícia Federal, sente com ele sexta-feira e assine o convênio na área de segurança. Nós temos que separar o institucional e aqueles medos, aquela coisa de achar que "chegaram os federais", como nos filmes de Hollywood. Não quero isso. Isso não é o nosso modelo. Nós temos um papel no sistema federativo, onde a União tem o condão das diretrizes. Temos que nos entender como cabeça de um sistema, mas não no sentido de chefiar o sistema, e sim de liderar, de fortalecer. Hoje, o superintendente tem uma orientação para interagir com as forças estaduais, fazer essa aproximação. Ele não tem que fugir da responsabilidade, se esconder. Costumo dizer que é muito mais fácil ser delegado federal que delegado de estado, porque as nossas atribuições são tão seletivas que, se eu tiver em mira um traficante e hoje perder um carregamento dele, como ele vive disso, daqui a 15 dias eu pego ele com outro. Só que o cidadão não soube disso. Enquanto isso, na porta da escola tem um pequeno traficante que incomoda o cidadão. Se eu prender três toneladas embarcando no porto de Santos, isso vai me dar um ibope danado como policial federal, mas não causa impacto nenhum na rotina das pessoas, na praça. Então eu tenho que ter essa consciência, de que eu tenho que combater esse crime, mas tenho que ajudar o colega que tem a cobrança de balcão.

A Polícia Federal, hoje, não só é muito melhor formada, como é muito melhor remunerada.

Exatamente. E hoje nós estamos alargando isso no campo da cooperação, complementando a capacidade das forças estaduais — estamos entrando nesses crimes violentos que estão acontecendo nos estados, nesses grupos que atuam em mais de um estado —, porque a falta de diálogo federativo é um grande abrigo para o crime. Se o estado de Minas não fala com São Paulo, e ambos não falam com o governo federal, o PCC circula, nessa falta de comunicação, com a maior tranquilidade.

Voltando à sua pergunta, nada disso é mérito individual, é muito mais uma questão geracional. Há todo um contexto. Basta ver os diretores, hoje, da Polícia Federal. A Fundação Getulio Vargas tem uma parcela de "culpa" nisso. Quando nós fizemos o Curso Superior de Polícia, a Fundação apoiou a Academia, e todos nós tivemos formação em gestão. Então, hoje, a Polícia Federal está num processo de gestão moderna. A Fundação Getulio Vargas está aqui dentro para nos ajudar a ter indicadores de desempenho, para que eu tenha, dentro dessa boa polícia, com boa imagem e bem remunerada, um desempenho cada vez melhor. Eu ainda percebo que tenho uma parcela de 30% com baixa motivação, e tenho que ter respostas para isso. Estamos introduzindo indicadores de desempenho para avaliar e para fortalecer a meritocracia. E também indicadores para medir o impacto social da Polícia Federal. Porque senão, qual é a razão de ser? Eu tenho que demonstrar, no fim do ano, gestão no trato do orçamento e resultados em termos operacionais; tenho que demonstrar em que medida melhorou ou não a vida do cidadão.

Dou um exemplo: houve aquela operação do leite, no início da minha gestão como diretor da Polícia Federal, no final de 2007. Foi feita uma operação no interior de Minas, onde havia uma fraude violenta no leite. Foi muito bonito em termos de Polícia Federal. Prendemos a quadrilha, agentes públicos. Aquilo tinha impacto em merenda escolar, programa de alimentação, creches, era um crime contra a economia popular, contra a saúde. Essa atuação da Polícia Federal fez com que o governo mudasse toda a matriz de controle da cadeia produtiva. Isso tem que ser divulgado, para o cidadão saber: "A minha Polícia Federal, que me custa tanto por ano em impostos, provocou esse resultado". Como outros, que eu tenho que medir. Isso é possível porque nós estamos com uma visão de gestão. Acho que, hoje, o grande problema da segurança pública em geral está em agregarmos gestão às forças estaduais, com uma visão de consciência de serviço público, do papel que a polícia tem, de não ser uma carreira para promoção pessoal, um trampolim para carreira política. As polícias estaduais têm que entender que elas não têm que concorrer com a Federal em grandes apreensões, e sim atender àquela demanda direta do cidadão. Na Polícia Federal, eu não lido direto com o cidadão, a não ser quando ele vem tirar passaporte. Eu não atendo denúncias. Não chega no balcão uma família chorando porque alguém entrou lá e roubou. Não tenho essa relação, que acho muito nobre, da polícia local, que atende aquela emergência no dia a dia.

Não me interessa posar de melhor polícia do país. Costumo dizer que não quero ser a melhor polícia no caos. Quero ser a melhor polícia entre várias boas polícias estaduais. É essa a visão. É nessa medida que eu quero, de alguma forma, estimular as forças estaduais a virem. Não vou negar todo o meu trabalho de secretário nacional, de integração, porque hoje estou na Polícia Federal. Dentro desse programa, o que é que me cabe, hoje, como policial federal? É botar a instituição para cumprir as suas atribuições e buscar o alinhamento com a política pública. Hoje, todas as superintendências têm um representante do Pronasci. Têm assento nos Gabinetes de Gestão Integrada, que também foram outro momento da minha gestão na Senasp. Foi lá que nós conseguimos criar, com os estados, os Gabinetes. Foi uma luta. Hoje é uma coisa tão natural que está sendo replicada. Mas para convencer o governo de São Paulo, na época com uma disputa política muito forte com o governo federal, que ele tinha que ter um gabinete compartilhado com membros do governo federal, foi duro. Compartilhar PM e Civil, chamar o município, o bombeiro, o Ministério Público, isso era considerado um absurdo. Hoje esse compartilhamento é normal.

A Polícia Federal e o Pronasci

Como foi sua passagem da Senasp para a diretoria da Polícia Federal?

Antes de ser secretário nacional, recusei ser superintendente em alguns estados importantes, inclusive o Rio de Janeiro, porque eu não tinha *status* funcional. Nós somos baseados na hierarquia, e eu ainda não era delegado especial, no ponto de assumir uma superintendência. Fiz o curso já como secretário nacional, para ascender à classe especial. O próprio ministro Marcio Thomaz Bastos disse: "É um absurdo! Tu lá, frequentar aula, botar uniforme!" Eu disse: "Não, eu vou fazer o curso. Tenho a minha carreira. Estou aqui de passagem". Fui lá e fiz, como qualquer outro colega, e aí ingressei para o rol dos delegados especiais da Polícia Federal. Quando o ministro Tarso Genro assumiu, ele sinalizou, junto com o presidente, que me queria aqui. E aí eu me senti muito à vontade, porque estava me sentindo maduro e preparado. Eu tinha uma vivência de gestão na Senasp, e me senti muito tranquilo de voltar para a Polícia Federal. Até porque as variáveis da gestão da Polícia Federal sempre foram o meu dia a dia, a minha vida.

É complexo ocupar o cargo que ocupo? A Polícia Federal tem um peso? Tem. Tem dificuldades? Tem. Mas não tem problema. Tenho lastro para enfrentar, porque sou da carreira. Foi essa a transição. Lógico que fiquei meio dividido, mas era o desafio novo, era voltar para a casa, sabendo que aqui também eu tinha um papel a cumprir. O que é que me cabe fazer hoje? Apoiar as ações do Pronasci, da Senasp, ver o que me cabe enquanto Polícia Federal, compartilhar os meios, a estrutura...

Qual é a participação da Polícia Federal no Pronasci?

A Polícia Federal não aparece muito, porque, para a opinião pública, quando se fala em Pronasci, aflora a questão da cidadania, da inclusão, da prevenção, da mobilização social em torno da segurança. Mas o Pronasci é um programa bem amplo, que abrange também a repressão qualificada, e aí nós temos um papel importante, de sermos um espelho. Temos ações bem específicas na área de laboratórios, na área de perícia — somos referência nisso e formamos os estaduais —, temos um papel importante na questão de fronteira, que é atribuição nossa... Como é que nós estamos encarando a fronteira dentro do conceito Pronasci? A fronteira, tradicionalmente, é um ponto de divisão do Brasil com os países vizinhos, e ali se situam alguns dos territórios violentos. Foz do Iguaçu, por exemplo, é complicado. Por que esses centros são fomentadores da violência? Por causa da droga, da arma que transita ali. E também, há muitas mortes na fronteira. Então nós temos um papel dentro do conselho do Pronasci.

A fronteira, historicamente, sempre foi um ponto de contenção. O conceito dos regimes de força em relação à fronteira é conter, impedir. Hoje, nós estamos inseridos numa política de integração regional. Então, hoje, os limites territoriais, as fronteiras, delimitam as soberanias, mas essas soberanias querem atuar de forma integrada. O que é que me cabe? Garantir a fluidez de pessoas e de riqueza na região e, ao mesmo tempo, conter o crime. Porque senão é fácil. Se eu crio dificuldade para o ingresso no Brasil, isso vai facilitar o meu trabalho, mas em compensação é incompatível com os tempos de hoje, pois tenho que dar fluidez ao trânsito de pessoas e de riqueza na região, para que haja um desenvolvimento harmônico. Se nós temos um problema de droga, por exemplo, eu também não posso trabalhar do meu limite para dentro. Tenho que fazer articulações entre as soberanias para contribuir com o país produtor, ver como ele enfrenta o problema, respeitada a soberania dele. Nada de intervenção. Se o Brasil está melhor economicamente, isso não faz dele um império, principalmente nesse aspecto. Na questão da cocaína, por exemplo, é muito fácil dizer que quem produz é Colômbia, Peru e Bolívia. Mas ninguém, a partir da folha de coca, chega ao cloridrato sem os insumos químicos, cuja maior fonte é brasileira. Então nós temos um programa de controle de insumos químicos. Eu tenho que contribuir com o outro país nas erradicações. Vão erradicar a folha de coca na Bolívia? Não. Ela é cultura. Aquilo que é excedente, que está fora da licitude determinada pela Bolívia, pela questão cultural, é que nós temos que ajudar a combater. Temos que respeitar essa cultura boliviana, porque senão vamos fazer do país um país bandido. Não podemos contribuir para isso. O Brasil coopera. Essa é uma missão muito difícil nossa.

Agora, como eu garanto esse trabalho de fronteira no conceito Pronasci? Eu tenho que me integrar com as forças estaduais que atuam na fronteira. Porque nem tudo que se passa lá é crime federal. E eu não tenho federais para cobrir toda a fronteira. Onde é que aparece o Pronasci? Eu tenho que ter articulação e integração com as forças estaduais e até com as guardas municipais, para contribuir nas ações

Formulando o Pronasci

do Pronasci, e tenho que cumprir a minha atribuição constitucional de contenção de drogas e armas através da inteligência. Porque senão, daqui a pouco vão defender a militarização da fronteira, vão querer botar um homem a cada metro, de mão dada, e a droga vai passar. O crime organizado dissimula. Se se fizer essa barreira, a droga passa do mesmo jeito. Então nós temos que colocar a nossa inteligência para detectar a fluidez. Vou dar um exemplo bem vivo do que está acontecendo hoje. Ontem, vocês viram pela televisão a desarticulação, no aeroporto de Cumbica, de um forte esquema. Qual é a estratégia que a polícia está usando? Nós vamos, ao longo do ano, fazendo apreensões de remessas de drogas, acumulando uma materialidade pré-constituída. Depois nós retornamos a esses casos, com foco na organização criminosa: quem transportou, quem financiou. E aí, com aquela materialidade pré-constituída, fazemos prova da organização criminosa. No caso de Cumbica, a coisa começava em Ponta Porã e Corumbá. Aí está o meu papel fronteira. "Ah! Mas era uma droga que estava indo para o exterior". Mas ela gera riqueza e corrupção nos agentes públicos — policiais civis, PM, Receita Federal, Infraero — que prendemos lá, e isso tem impacto na criminalidade local da Grande São Paulo. Esse é um bom exemplo que eu dou da Polícia Federal atuando no Pronasci.

Nós também estamos sendo a cabeça de um sistema de inteligência para a integração dos bancos de dados, que é o Sintepol. O que acontece? Nós temos vários bancos de dados que são de interesse das polícias estaduais, e temos interesse nos bancos estaduais. Então estamos criando uma ferramenta que vai permitir a troca de informação, por meio seguro, entre as forças estaduais e a Polícia Federal. Hoje, elas se falam através das pessoas. Nós queremos falar por dentro de sistemas seguros e auditáveis. Se alguém fizer mau uso, temos como detectar. Essa é uma das tarefas, também, que nos cabe. Outro efeito Pronasci. Estamos atuando fortemente com a Justiça, para fortalecer a cadeia de justiça criminal. Um dos eixos desse nosso programa é a virtualização do inquérito. É permitir que o juiz, o promotor e o delegado se falem virtualmente, dando celeridade e transparência a essa atuação, e replicar isso para os estados. Isso é um fator Pronasci. Dentro da repressão qualificada, nós temos que reduzir a impunidade, e isso não se consegue só com a reforma processual. Eu preciso ter eficácia.

A impressão que se tem é que hoje a população quer a repressão.

Quer a repressão. Hoje, graças a Deus, repressão não é mais palavrão. Há dez anos, era. Tinha gente que estava até tentando mascarar esse tema. Hoje, o Estado tem que ter a coragem de dizer que ele é detentor do poder de empregar a força, tem o monopólio da força estatal. E isso se dá através da repressão. Isso é fundamental. Agora, ao lado disso, é preciso diminuir a letalidade. Eu posso ser uma força de repressão, mas tenho que ter uma capacidade operacional com menor letalidade. Como é que nós estamos atuando nisso? Estamos querendo assumir o controle, a autorização e a normatização do uso de instrumentos não letais pela população civil. Por exemplo, o uso de um *spray* de pimenta, para alguém se defender. Se nós estamos pregando desarmamento, se pertencemos a uma população com a cultura da arma, e eu tiro a arma e ofereço algo não letal, eu estou agindo, efetivamente, para o desarmamento. Estou empurrando a cultura da arma para fora da agenda do cidadão. Queremos que a Polícia Federal seja o órgão certificador do grau de letalidade, que haja uma certificação, para só assim o produto poder ser comercializado, e queremos introduzir isso na segurança privada, fazer com que as guardas municipais se armem preferencialmente com armas e equipamentos não letais. Porque hoje todo mundo sonha em se armar. Eu enfrentei na Senasp projetos de Guardas Municipais que queriam ser verdadeiros grupos táticos. Enquanto a Guarda Municipal é a última reserva que nós temos para fazer um processo de polícia de proximidade com o cidadão. Não é necessariamente uma guarda armada.

Dentro dessa linha, a Polícia Federal tem um outro fator que está dentro do Pronasci, que é a Escola Superior de Polícia. Só para vocês terem uma ideia do nosso efetivo hoje, nós temos nos nossos quadros mais de 350 mestres, doutores e pós-doutores em diferentes áreas do conhecimento. O que foi que eu percebi? Que esse potencial está disperso por aí, cumprindo expedientes de rotina, nas categorias para as quais fizeram concurso. E o que é que nós estamos querendo? Botar esse potencial na nossa Academia, para que ela venha a ser um dos pontos de geração e propagação de conhecimento. E fazer pesquisa aplicada. Nós temos várias pesquisas, mas elegemos três principais. Uma é sobre o DNA dos diamantes, um estudo que está sendo feito por um perito, que identifica de que garimpo brasileiro saiu um diamante, mesmo que ele seja apreendido na Europa. Ou seja, evasão de divisas. Para nós isso é importante. Outra é sobre o perfil químico da droga. Através de um estudo químico, nós dizemos em que região ela foi produzida. E a terceira é na área de DNA. Primeiro, nós introduzimos uma rede de laboratórios de DNA na Senasp. A Polícia Federal tinha um acúmulo em laboratórios de DNA para fins criminais, ou seja, faziam-se estudos de vestígio, para através do vestígio chegar numa pessoa, num autor, ou identificar uma vítima, um cadáver. O que nós

Formulando o Pronasci

fizemos na Senasp? Difundimos e capacitamos peritos estaduais e criamos uma rede de laboratórios de DNA. Hoje, existe uma rede, tanto de superintendências da Polícia Federal como de perícias estaduais, com o mesmo padrão de qualidade. E a pesquisa atual visa a aprimorar o emprego do DNA na investigação criminal e distribuir esse conhecimento, acelerar esse processo.

E em relação ao sistema prisional, à modernização das prisões? Em que pé isso está hoje? Essa já era uma preocupação antiga.

É. Ela também estava no programa de segurança pública do presidente Lula. O enfrentamento da reforma prisional. O déficit aí é muito grande. Se segurança pública, que é um conceito mais difuso, não recebeu cuidados, o que dizer do sistema carcerário, que é uma coisa que todo mundo sempre escondeu... Na época do ministro Marcio Thomaz Bastos, se trabalhava muito esses números: se o Brasil construísse, por mês, um presídio de 500 vagas, levaria não sei quantos anos só para cobrir as necessidades. Moral da história: só construir cadeia não basta. Nós precisamos fazer uma reforma mais ampla e fazer um caminho de volta. Às vezes, causa muita estranheza a polícia falando isso.

Fazer um caminho de volta significa soltar uma parte dos presos?

Exatamente. Eu gosto muito de pena alternativa. Acho que é o grande caminho, que o ministro Marcio Thomaz Bastos já defendia. Porque a impunidade não está ligada ao menor rigor da pena, e sim à falta de certeza da aplicação da pena. Uma pena de prestação de serviço, se ela tiver um caráter pedagógico, funciona muito bem. Mas eu disse ao ministro Marcio que, se o Brasil optasse fortemente pela pena alternativa, nós também teríamos um problema. Assim como hoje faltam vagas para o encarceramento, e a gente empilha as pessoas, eu não teria fiscais do cumprimento das penas. Por que é que hoje, quando se fala em pena alternativa, vem à cabeça a cesta básica? Por falta de capacidade de implementar e controlar. Então, o sujeito dá uma surra na mulher e já faz o cálculo: você vai me custar tantas cestas básicas. Quer dizer, não se tem o caráter pedagógico da pena. Eu defendo muito o direito penal. Ele é criticado pelas suas mazelas, e nós não estamos alcançando um dos seus objetivos. O primeiro é aquela expiação mesmo, é a compensação, o castigo; depois, vem o caráter pedagógico da pena. Esse nós não estamos alcançando. E aí, como não temos capacidade de acompanhar, esse processo não anda muito. Eu defendia que as Guardas Municipais fizessem o acompanhamento. Elas estavam querendo participar do sistema para ser polícia, prender gente. Não. Como, quando se condena alguém a uma pena alternativa, isso significa a prestação de um serviço público, e via de regra esse serviço público é municipal — limpeza de rua, trânsito na frente de escola, pronto-socorro —, a Guarda Municipal deveria acompanhar. E nós iríamos garantir. Porque é um serviço público de efeito imediato para a comunidade, que inclusive foi agredida com aquele desvio de conduta.

Eu defendo a pena alternativa. Ela é muito discutida, é um dos vieses com que se trabalha, mas ainda não avançou muito. Tanto é que hoje o CNJ está com resoluções mandando soltar. Isso tem causado algum desconforto. Mas são pessoas que estão com prisões processuais não definitivas e estão lá, presas. Lógico que para nós a soltura causa um transtorno. Porque, por mais injusto que seja a pessoa estar lá dentro, quando ela volta para a rua, vai aumentar o serviço da polícia, porque o sistema não a recuperou. Se nós olharmos sob a ótica jurídica, se considerarmos a questão constitucional, realmente é preciso ter o devido processo legal: encarcerou, tem que ter uma sentença. Se o sujeito está encarcerado e não tem sentença, o processo não anda, o Estado foi incompetente. É um dos gargalos que nós temos. As últimas notícias, pelo menos aqui, no Distrito Federal, de pequenos assaltos e questões, sempre envolvem alguém que está saindo do presídio, ou está numa daquelas liberações temporárias. Ele sai e comete crimes. Isso prova que o sistema não está recuperando. O problema é muito maior que polícia e encarceramento. Tem que haver um processo forte de inclusão. Primeiro, de prevenção, e segundo, de recuperação. E aí o Pronasci vai bem, quando, nesse caos, ele separa os perfis. Se eu tiver um presídio, como está previsto, para o adolescente e o pós-adolescente, a possibilidade de recuperação é melhor. Esse é um dos avanços. Assim como as penitenciárias femininas. Aí o Pronasci vai bem.

O que o senhor acha que há de novo no Pronasci, que vai fazer diferença?

O que há de novo no Pronasci é que a Polícia Federal, além das atribuições que ela historicamente tem, está emprestando todo o seu prestígio de credibilidade quando senta junto com a Guarda Municipal, com a Polícia Civil, a Polícia Militar, a prefeitura, e discute questões locais. Porque antes, ela estava ali presente, mas com os olhos voltados para as coisas macro, que vêm da sua atribuição constitucional. Hoje ela tem essa atribuição, mas se insere na coisa local. Dou um exemplo.

Lá no Rio Grande do Sul, na fronteira, há um delito típico, que é o abigeato, o roubo de gado de um lado para trazer para o outro. Isso tem gerado mortes, violência, todo tipo de delito naquelas cidades fronteiriças. Em tese, não fosse a questão eventual de caracterizar um contrabando, nossa posição é confortável. No entanto, a Polícia Federal, em conjunto com a prefeitura, está no centro de comando e controle, num programa específico para o enfrentamento de uma coisa bem típica das autoridades locais. É um delito local, residual, mas ela está ali e vai organizar. Vai emprestar, como eu disse, parte do seu capital, da sua capacidade acumulada de especialização, com o quadro qualificado que nós temos na área de conhecimento, na área de perícia e principalmente de inteligência. Quando falei da integração de bancos de dados, é muito mais que isso. Nós estamos padronizando os procedimentos de inteligência. Queremos treinar e adequar as polícias estaduais para um atendimento dentro da legalidade. É preciso criar métodos. Nosso modelo de corregedoria é muito elogiado porque nós não temos qualquer desconforto em punir colegas nossos em desvio de conduta. É uma marca da instituição, e é um exemplo a ser seguido pelas forças estaduais.

Nós temos o potencial de sermos o braço operacional do governo federal no Pronasci, que é um programa federal. Imaginem, por exemplo, em Foz do Iguaçu, com as peculiaridades locais, de violência na juventude, de consumo de droga, de crack, o papel que a Polícia Federal tem, articulada com a Guarda Municipal. As duas têm uma relação de troca de inteligência. Tanto a Polícia Federal busca auxílio na Guarda como auxilia a Guarda. Normalmente, nós vemos a Polícia Federal em grandes casos, nos grandes centros. Mas quando ela vai para certas comunidades mais remotas, de fronteira, ela é uma das poucas instituições com credibilidade, que o cidadão vê e respeita. Ela resolve coisas fora da sua atribuição. Vou dar um exemplo. Nós inauguramos, na divisa com o Peru, num ponto remotíssimo da fronteira, um posto de controle. Por quê? O madeireiro peruano estava invadindo e devastando a floresta no lado de cá. Isso envolve a questão indígena, porque morre índio, morre peruano, morre brasileiro. Dissemos que era atribuição nossa o controle da entrada, porque é um ponto sensível de droga. Além de ter o controle, montamos uma sala com computadores e criamos um centro de inclusão digital para a comunidade local. Isso significa que lá é a Polícia Federal que está fazendo o Pronasci, porque não existe PM, não existe Polícia Civil. Um dos poucos sinais de Estado brasileiro são o Exército e a Polícia Federal. Nosso pessoal está lá fazendo esse trabalho, e isso é Pronasci. Em alguma medida isso vem se reproduzindo, conforme a característica da cidade. Em Foz do Iguaçu não vamos fazer a mesma coisa, porque existe uma prefeitura. Então nós vamos co-operar, contribuir com projetos comunitários sociais na área de prevenção, com programas, palestras.

A questão ambiental também está no Pronasci. Desde que assumimos partimos para o enfrentamento da questão e, com muito orgulho, dizemos: "Olha, nós temos uma boa parcela na curva de declínio do desmatamento que foi medida nos últimos tempos". Por quê? Fizemos uma operação de fôlego, articulada com as forças estaduais e com a Força Nacional, porque sozinhos não tínhamos capacidade. Fomos para a floresta com toda a presença de Estado. Se nós vamos lá controlar o trânsito de insumos para o desmatamento, se estamos presentes numa área em que não existe Estado, a nossa presença reduz os homicídios. Terra do meio é terra de ninguém. Ninguém sabe dizer quantos morrem por dia. Por quê? Porque não existe IML. Lá se mata e se joga no mato. Naquele calor tropical, em dois dias não se sabe mais de quem é o corpo. A vida não vale nada. Só pelo fato de estar lá, já estamos contribuindo.

Além disso, temos um programa, que foi premiado pela revista *Época*, de sustentabilidade na gestão. Calculamos as nossas emissões, quanto gastamos em combustível, papel, luz elétrica, criamos um inventário próprio, que foi elogiado, e replantamos árvores na medida das nossas emissões. Como foi que nós replantamos? Em parceria com os estados e com as escolas. Quer dizer, criamos na meninada a mística de estar perto da Polícia Federal. Vinculamos aquele bosque aos meninos, que vão crescer pensando em impactar na próxima geração. Isso é inclusão. Se nós temos um potencial de encantamento dos meninos, vamos lá no dia do plantio, chamamos a comunidade, a escola, a universidade, os órgãos estaduais ambientais, e montamos ali uma exposição dos nossos equipamentos, armamentos, carros, isso impacta pedagogicamente as crianças. Elas se vinculam àquela árvore e passam a cuidar daquele bosque.

Quer dizer, vocês vão além das suas atribuições.

Exatamente. E por isso fomos premiados. A *Época* queria premiar 30 empresas, mas se viu compelida a premiar 29 empresas e uma instituição pública... O cálculo das emissões é nosso, fruto da capacidade dos peritos que temos. Dois peritos e dois agentes criaram um método próprio, nosso, de inventário de emissões. Em tese, por que eu teria que preocupar com isso? Na questão ambiental, além de reprimir o crime, eu aplico isso. Aqui na minha sala, só ligo a luz do ambiente. Isso é cultura de sustentabilidade.

Nos governos anteriores, o Ministério da Justiça acabava tendo uma grande rotatividade. No governo Fernando Henrique, por exemplo, houve várias trocas de ministros da Justiça. No governo Lula, até agora tivemos dois ministros. Isso tem um impacto positivo para a Polícia Federal, do ponto de vista da estabilidade?

A Polícia Federal está um pouco imune a essas alternâncias. Enquanto instituição, não há problema. Mas é lógico que isso causa um certo desconforto. Toda vez que muda o ministro, em tese, pode mudar o diretor-geral, e isso gera uma instabilidade institucional. Mas a Polícia Federal, quando troca um dirigente máximo, não necessariamente troca todo o *staff*. Então nós temos uma ideia de continuidade da instituição. Isso é uma das coisas que nos orgulha. A instituição tem uma identidade que faz diferença. Basta comparar: existem excelentes polícias nos estados e ilhas de excelência dentro das polícias, mas é flagrante que existe uma diferença. Nós somos recrutados — o PM, o bombeiro, o civil, o federal — na mesma massa de pessoas disponíveis, na sociedade brasileira. O que faz a diferença? Acho que é essa passagem de valores de geração a geração, cada um no seu tempo contribuindo e criando uma identidade institucional. Nós temos valores que nós cultuamos, símbolos, essas coisas. A Polícia Federal tem cara. E quem vem para cá se enquadra. Temos ex-policiais civis — não posso ter preconceito — que vêm e se enquadram. Se não se enquadram, ligeirinho são detectados. Há uma depuração constante. Acho que esse fator de identidade institucional é que blinda. As pessoas não acreditam, mas hoje nós temos total autonomia — afirmo por esse atual governo, porque estou mais na cúpula agora; como secretário nacional, eu acompanhava as coisas da Polícia Federal. Na verdade, a Polícia Federal nunca sofreu qualquer ingerência. Fui delegado e toquei casos sensíveis, e nunca recebi um telefonema de um diretor, de um ministro. Se se fizer uma pesquisa entre os delegados que tocaram casos complexos, com certeza eles vão dizer que não sofreram qualquer ingerência.

Como o senhor vê, no futuro, numa mudança de gestão presidencial, a continuidade do Pronasci?

Dentro da minha linha de otimismo, acho que, à medida que o Pronasci mobiliza mais pessoas, ele vai se tornando irreversível. O que se poderá fazer é o que fez o ministro Tarso Genro em relação ao que vinha sendo feito: agregou, deu fôlego e inclusive deu alguns ajustes conceituais — e isso dentro de um mesmo governo. Já disse aqui que nas campanhas eleitorais ninguém diferia muito nos seus projetos para segurança. Portanto, acho que ninguém está autorizado a mudar os conceitos radicalmente. E se tentar, essa massa que hoje se apropriou deles tenderá a resistir. O que se espera na sucessão dos governos é que nós tenhamos políticas públicas, e que cada governo agregue a sua qualidade pessoal, e do seu quadro e do seu tempo, às políticas em curso. Não inove. A mesma coisa na sucessão de gerações dentro das instituições. É o que nós estamos tentando introduzir aqui: política institucional, para que a Polícia Federal não dependa de bons diretores. A Polícia Federal tem que ter uma política, e seus servidores têm que dar andamento a ela; e cada um que agregue a sua qualidade e a do seu tempo.

Acho que o Pronasci está ganhando contorno de política pública. Ele começa a se tornar política pública porque a população se apropria, e aí fica difícil alguém chegar e desautorizar. Talvez haja alguma correção, isso é legítimo, mas acho difícil haver uma guinada. Não sei se porque a gente torce para que não aconteça, trabalha com essa ideia. O próprio pessoal das comunidades do morro lá do Rio, quando nós nos despedimos, no fim do Pan, a tônica das falas era: "Pelo amor de Deus, não nos abandonem". Porque é uma marca: o governo vem a um evento, termina o evento, vai embora. Aquilo era quase um apelo pessoal.

Isso é dramático. No Rio, por exemplo, a polícia ocupou o morro Santa Marta. Mas é preciso que outros apoios cheguem e permaneçam, porque senão...

Não há dúvida. Só a polícia não resolve. A polícia vai, faz aquela contenção, mas a partir dali tem que chegar o Estado. Aí se troca a polícia de tomada pela polícia de relacionamento, pela polícia comunitária e agregada ao serviço. Aí o Estado se insere e se relaciona. Se só entrar a polícia de contenção, vão se criar gerações no morro olhando a polícia como bicho-papão. E aí é confronto certo. Tanto do lado da polícia, quanto dos outros, que se preparam para enfrentar a polícia. A polícia acaba tão desgastada quanto a população. E aí surgem as milícias. Porque dali a pouco o policial faz bico no supermercado, na boate, coisa e tal... Ele percebe que vai lá, faz força, enfrenta o tráfico, para ganhar 600 "pilas", e diz: "Bom. Sem o compromisso de estar atuando na lei, eu mato o traficante, quebro ele de pau, limpo a área, tomo conta, e passo a cobrar pelo serviço". São essas lógicas. Se quando a polícia chegar, o Estado também chegar com todo o seu aparato, muda o perfil da polícia, como está acontecendo no morro Santa Marta. Como nós conseguimos no Pan-Americano, quando ninguém acreditava que polícia ia subir o morro. E foi um sobe e desce de polícia... É claro que, quando começamos a dialogar, nós perguntamos se aquela liderança era comprometida com o tráfico, senão eu comprometia o meu projeto. É lógico que nós tomamos cuidados. Mas eu tinha que entender a lógica do morro. Eu vou chegar lá e vou impor uma lógica nova do dia para a noite, na marra? Não! Eu tenho que entrar e ali e ir operando.

Ricardo Balestreri
Secretário Nacional de Segurança Pública

Entrevista feita em Brasília em 14/1/2009

De militante a professor de direitos humanos

Quando e onde o senhor nasceu, qual foi sua formação, como foi o começo da vida profissional?

Nasci em 18 de agosto de 1958, em Porto Alegre. Minha família é proveniente de Santana do Livramento, na fronteira do Rio Grande do Sul. Vivi praticamente toda a minha vida em Porto Alegre, até vir para Brasília no ano de 2004. Minha graduação foi em história, e em termos de trajetória profissional atuei durante muitos anos como professor. Comecei no Colégio Champagnat, que é uma espécie de escola experimental da PUC do Rio Grande do Sul, trabalhando com conteúdos de história ou de cultura religiosa, uma vez que sou oriundo das chamadas pastorais progressistas, da militância católica de esquerda do período da repressão. Depois disso, acabei me especializando mais na área pedagógica, na área da psicopedagogia clínica e da terapia de família. Fui coordenador pedagógico e educacional de uma escola jesuíta, chamada Colégio Anchieta, e de uma escola laica, o Colégio Farroupilha. Eram escolas grandes, tradicionais no estado, com média de 200, 300 professores. Mas nada disso é típico da função que exerço hoje. Por que a mudança?

Em 1988, quando eu era diretor da seção brasileira da Anistia Internacional, após um encontro da Anistia em Amsterdã, fui convidado para conhecer a experiência da polícia holandesa na área de direitos humanos. Com muita franqueza, reagi mal a esse convite, porque o nosso país tinha superado havia apenas quatro anos uma ditadura na qual eu tinha sido um dos perseguidos. Relutei um pouco, mas acabei aceitando. Fui à Academia de Polícia holandesa, fiz algumas outras visitas, e descobri uma polícia que havia mais de 20 anos era considerada não apenas uma respeitadora, mas uma promotora dos direitos humanos. Quando voltei ao Brasil, continuei minha militância na Anistia, que também era, à época, um movimento em defesa da justiça e dos direitos humanos, uma entidade muito ativa no Rio Grande do Sul, particularmente nas campanhas em defesa daqueles brasileiros que sofreram perseguição no exterior, como Flávia Schiller, Flávio Tavares, e assim por diante. Nessa militância de direitos humanos, comecei a dar depoimentos muito entusiasmados com o que eu tinha visto na polícia holandesa. E esses depoimentos foram gerando uma reação de policiais que me ouviam, de me perguntar por que eu me mostrava tão entusiasta da experiência da polícia holandesa mas não ajudava a polícia brasileira a avançar para uma cultura democrática e cidadã. Esse questionamento dos policiais que me ouviam me fez repensar minha postura.

Eu era, então, um típico militante de direitos humanos, ligado a uma cultura muito aguerrida e, eu diria, em alguns momentos sectária, porque nós havíamos herdado uma visão bipolar. Na época da ditadura, ou você estava a favor da polícia e contra os direitos humanos, ou a favor dos direitos humanos e contra a polícia. Não tinha alternativa. Obviamente, eu tinha herdado essa cultura. Vinha do movimento estudantil, vinha dos embates de rua com a polícia — apanhei da polícia muitas vezes —, e aquela era, portanto, uma questão difícil para mim: ao mesmo tempo que, esquizofrenicamente, eu reconhecia o valor da polícia holandesa no seu trabalho por direitos humanos, me sentia incomodado e de alguma maneira considerava inadequado trazer aquela cultura para o Brasil. Mas esses questionamentos foram me fazendo rever a questão.

Comecei então, no final de 1988, um trabalho com a Polícia Civil do Rio Grande do Sul, através da Acadepol, Academia de Polícia Civil. Foi quando, inclusive, ajudei a elaborar uma legislação, que foi a primeira lei brasileira a introduzir formalmente a questão dos direitos humanos no âmbito policial. Assessorando o deputado Mario Madureira, que na época era o presidente da Comissão de Direitos Humanos da Assembleia Legislativa do Rio Grande do Sul, elaborei o texto de uma lei que introduzia a obrigatoriedade do ensino de direitos humanos nas polícias do estado. Essa mesma lei foi replicada depois, por uma iniciativa nossa, na Bahia. Foram os dois primeiros estados que introduziram formalmente o tema dos direitos humanos

Formulando o Pronasci

na formação policial. Depois disso, nós não precisamos mais de leis, porque se criou uma cultura política onde isso começou a ocorrer por parcerias, por entendimentos políticos com as corporações policiais, a tal ponto que, hoje, praticamente todas as academias de polícia do Brasil têm uma disciplina ou fazem seminários de direitos humanos. Mas no final de 1988, era absolutamente raro, chegava a ser um pouco surreal, falar em ensino de direitos humanos para a polícia. Era uma polícia que até quatro anos antes tinha sustentado uma ditadura, e que era sustentada por ela. Esse foi um trabalho importante, que me introduziu no campo policial. Desde então, me tornei professor de direitos humanos da Academia de Polícia no Rio Grande do Sul e, até pela falta de quadros, à época, para fazer esse trabalho, fui me especializando, meu grupo e eu fomos encontrando uma linguagem.

Que grupo era esse a que o senhor pertencia?

Eu vinha do grupo da Anistia Internacional, e também de um agregado de pessoas advindas de outras ONGs de direitos humanos, que se dispunham a uma ter nova visão democrática sobre a polícia. Nesse sentido, fomos até um pouco excluídos do padrão normal da militância, causamos muita estranheza no campo de direitos humanos, que, com aquela visão bipolar, achava que o que tínhamos que fazer era ficar distantes da polícia, numa postura crítica em relação a ela. Foi um grupo de pessoas, então inovador, que entrou nisso e foi elaborando um *know-how*, um conteúdo e uma metodologia própria para trabalhar com a polícia. Como vínhamos da área pedagógica, tratamos de pensar uma metodologia participativa e construtivista. Fizemos uma ponte com a visão de Piaget — que, evidentemente, escreveu para crianças, mas pode ser plenamente adaptado à formação moral e intelectual de adultos — e propusemos um método absolutamente inovador, que era trabalhar direitos humanos ouvindo os policiais, permitindo a eles a sua catarse, reconhecendo aquilo que Paulo Freire — que não deixa de ser também um piagetiano — chamava de saberes prévios e locais; ou seja, abrigando no nosso ouvir os conhecimentos empíricos, mas valiosos, da polícia brasileira, e também as dores, as tragédias, as demandas dos policiais. Esse método de ouvir a polícia, de construir a partir da realidade trazida por ela, funcionou muitíssimo bem, e começamos um grande processo de conquista dos policiais para o campo dos direitos humanos.

Hoje, se você for a qualquer parte do país, vai encontrar, em praticamente todos os estados, pelo menos um núcleo de policiais — na maioria das vezes policiais militares, mas também policiais civis — identificados com a cultura e com os militantes de direitos humanos. Em alguns estados brasileiros, quando se fazem conferências sobre direitos humanos, hoje, o público majoritário é composto por policiais. Isso não significa que a polícia inteira do Brasil tenha aderido a direitos humanos, mas significa que nós temos, em praticamente todos os estados, bolsões qualitativos, que pensam a questão dos direitos humanos na polícia. E o início de tudo isso ocorreu naquele já longínquo 1988, quando nós introduzimos o tema para o ensino policial — mas não do ponto de vista formalista, porque, se tivéssemos tentado introduzir com uma visão meramente academicista, não teria funcionado; os policiais decorariam o conteúdo, e isso não teria nenhuma influência na sua vida pessoal e profissional, na sua rotina. O grande diferencial do nosso grupo era que nós encontramos uma maneira de falar não só à mente dos policiais, mas também ao coração; conseguimos ter o envolvimento de ordem afetiva e emocional deles. De que maneira? Ouvindo-os, entendendo as suas demandas, e, mesmo quando discordávamos, traçando esse caminho de discordância de uma forma construtiva, deixando sempre muito claro que a discordância era no sentido de colaborar com a construção de uma polícia mais amada, mais benquista, de maior credibilidade junto à população.

Essa linguagem, definitivamente, conquistou os policiais. Nós começamos na Polícia Civil, mas abrimos o leque para as Polícias Militares, porque, por serem muito articuladas, muito ordenadas e por terem sempre algum segmento mais intelectualizado, mais aprofundado em estudos de ordem também humanística, elas certamente iriam entender os nossos propósitos. Nas Polícias Civis nós também temos bolsões de muita qualidade, mas de maneira geral a formação intelectual está afeta exclusivamente ao campo do direito, e há uma compreensão um pouco mais formal dos direitos humanos, como um conjunto de normas, declarações, determinações etc. E o que nós queríamos era ir além disso, era fazer com que os policiais percebessem que aquele era um conteúdo para mudar a vida deles como profissionais, mas também como pais, como mães, como maridos, como esposas, como colegas de trabalho. Enfim, um conteúdo que mexia com a vida toda.

A adesão dos polícias a esses cursos de direitos humanos foi grande?

A adesão foi surpreendentemente grande. Sempre com um fenômeno clássico, que se repetia nos milhares de cursos pelo país inteiro: um primeiro momento de rechaço e, depois de algumas horas, às vezes depois de um dia, uma grande adesão. O momento de rechaço se fundamentava sempre num preconceito da polícia em relação à comunidade de direitos humanos, achando que estávamos ali na

Formulando o Pronasci

perspectiva de proteger os criminosos e atacar os policiais. Para dar um exemplo, num desses cursos, no próprio estado do Rio de Janeiro, uma das primeiras coisas que eu disse foi que os policiais se sentissem absolutamente à vontade para dizer o que quer que pensassem, mesmo que fosse contra a questão dos direitos humanos. Quando terminei de dizer isso, um policial levantou a mão: "Então quero aproveitar para dizer que só estou aqui obrigado pelo meu chefe. Eu sou muito ocupado e não tenho tempo a perder com essas bobagens." Era um curso de três dias, intensivo, em regime de imersão, mexendo com dinâmicas de grupo. Ao final do terceiro dia, na hora da avaliação, muito emocionado, esse policial pediu a palavra e disse que percebia que aquele curso tinha modificado a vida dele, literalmente; e que se desculpava pelo que havia dito no primeiro dia. Fato esse que ele atribuía a estar havia 20 anos nas ruas como policial e nunca mais ter sido chamado para fazer nenhum curso nem ter tido nenhum tipo de formação. Obviamente, esse e milhares de outros depoimentos semelhantes nos fizeram ver que o policial tem o que eu chamo de uma formação de *start*: ele entra na Academia, aperta-se o botão, ele passa ali alguns meses, vai para as ruas e... vire-se. Isso, por 10, 15, 20 anos. Como era o caso desse homem, que, muito emocionadamente, disse isso. Outro depoimento, que se seguiu ao dele, foi o de um policial que disse que já estava à beira da aposentadoria e que só ali tinha descoberto por que ele era policial. São depoimentos muito fortes, mas que nós ouvimos aos milhares na nossa trajetória.

Eu, pessoalmente, devo ter trabalhado com mais de 80 mil policiais nesses 20 anos, entre 1988 e 2008 — insiro a Senasp nessa conta, porque nunca deixei de, quando tenho tempo, fazer palestras, participar de cursos, de formações, para não me afastar da base policial. Tenho dito que a vida me deu a chance de conhecer todas as polícias e corpos de bombeiros das 27 unidades federadas. E conhecer não só no nível top, no nível dos comandos, das chefias, mas no nível do soldado que está na rua, do agente de polícia, do plantonista de delegacia, com quem trabalhei muito tempo. Então, não por mérito pessoal, mas por uma oportunidade que a vida me deu, eu seguramente devo ser, no Brasil, uma das pessoas que mais ouviram os policiais e que mais conhecem os problemas das polícias, porque estive o tempo inteiro acolhendo aquilo que os policiais me trazem. E que é muito dramático. A vida da polícia e dos bombeiros brasileiros é uma vida muito dramática. Eles cometem muitos erros, mas os seus próprios direitos humanos também não são respeitados; normalmente, eles são abandonados pelo Estado, do ponto de vista da formação, do ponto de vista salarial, do investimento em atendimento psicológico, por exemplo. Agora, felizmente, o Pronasci está fazendo um grande resgate de tudo isso, a partir do governo da União.

Mas mesmo antes do Pronasci, o senhor se encarregou da formação em direitos humanos dos policiais.

Sim. Ainda que eu fosse, na origem, professor de história, depois me destinei ao trabalho pedagógico e procurei incorporar isso ao meu trabalho com os policiais. E essa incorporação deu certo. Por esse estranho caminho que fiz, eu trouxe métodos que eram desconhecidos para a polícia. Nunca tinha havido uma preocupação com as metodologias de ensino nas academias. Às vezes até havia uma grande preocupação com os conteúdos, com as grades curriculares, às vezes as grades curriculares tinham conteúdos maravilhosos, mas eles eram impostos de maneira vertical e autoritária, e não surtiam nenhum efeito em termos de uma mudança de cultura da polícia. Tenho outro episódio que pode ilustrar isso. Numa visita a uma academia, o diretor, muito bem intencionado, me mostrou a grade curricular e o número de horas/aula de direitos humanos. Dei-lhe parabéns, porque realmente o número era expressivo, e ele me perguntou se eu gostaria de assistir à aula. Eu disse que sim, entramos discretamente e nos sentamos ao fundo. A aula estava sendo dada por um oficial que escrevia, num quadro verde que ia de ponta a ponta da parede frontal, toda uma declaração de direitos humanos. A aula era, simplesmente, o oficial lendo artigo por artigo daquela declaração, fazendo os seus comentários, e os alunos anotando desesperadamente, para não perderem nada. Quase ao fim da aula, um soldado levantou a mão e tentou fazer uma pergunta. O oficial o fulminou com o olhar e, rispidamente, disse o seguinte: "Já avisei que não me interrompam no meu raciocínio! Perguntas, apenas ao final da aula!" O soldado, timidamente, nos olhou e disse: "Há quase seis meses ele diz isso..." O resumo da história é que nunca, na aula de direitos humanos, ninguém tinha tido liberdade de fazer uma pergunta. À saída, o diretor me perguntou o que eu tinha achado, e eu disse: "Se é para ser assim, é melhor não ter, porque essa aula é contraproducente, eles vão sair mais contrários ainda a direitos humanos".

Nós trouxemos esses conteúdos que são óbvios para quem trabalha com pedagogia, mas que para a polícia não eram. Por exemplo, a questão do discurso oculto. Como é que você pode fazer um discurso, ter uma retórica, mas através da sua prática pedagógica ensinar valores e conteúdos que contradizem o seu discurso e a sua retórica bonita? A máxima de trabalho que o nosso grupo sempre utilizou, que é do Ralph Emerson, diz que o que nós somos fala tão alto que não se escuta o que nós dizemos. Trabalhamos muito isso com os policiais. Trabalhamos muito as práticas deles, fizemos análises de casos, mesmo dos mais escabrosos, sem ajuizamento moral, porque é isso que afasta a maior parte das organizações de direitos humanos dos policiais; não é uma indisposição definitiva do policial, é o fato de o policial se sentir julgado o tempo inteiro. Se você mudar esse discurso oculto, esse que você faz nas entrelinhas, você consegue se aproximar da maior parte dos policiais e consegue, inclusive, fazê-los rever suas posições profissionais e de vida. É uma coisa sutil, não é tão fácil de fazer, é preciso ter alguma experiência didático-pedagógica e de magistério para policiais, mas acho que isso vem se alastrando, cada vez mais grupos vão assumindo uma tecnologia similar e conseguem provocar uma mudança de cultura dos policiais. Obviamente há policiais que não mudam, particularmente aqueles que se portam mal, não por ignorância, mas por aquilo que nós chamamos de caráter psicopático. Aí, não há processo didático-pedagógico que resolva. Mas esses grupos são absolutamente minoritários. Se considerarmos que a maioria dos policiais que se porta mal o faz por ignorância, porque não teve oportunidade real de repensar a sua vida e as suas práticas, e se soubermos usar o discurso correto e a forma de aproximação correta, se soubermos fazer *contato* com os policiais, inclusive no campo existencial, conseguiremos — e estamos conseguindo — maravilhas.

O que ocorre hoje? Hoje, essa metodologia que acontecia de uma maneira muito espontânea e à margem do sistema, essas experiências e esses saberes pedagógicos foram trazidos à Secretaria Nacional de Segurança Pública, e são eles que orientam toda a nossa prática pedagógica no Brasil, com todos os policiais com os quais trabalhamos, seja através da rede de instituições de ensino superior que nós temos, seja através do ensino a distância. Quem analisar pedagogicamente todo o nosso material e as nossas práticas vai perceber o tempo inteiro essa preocupação, que eu diria construtivista, de partir da realidade deles e, com eles, construir alternativas melhores. É por isso que, sem nenhum ufanismo, é uma verdadeira revolução cultural o que estamos fazendo hoje na Senasp, no campo da segurança pública. O que nós tínhamos antes em qualidade, hoje temos também em amplitude.

De diretor de Ensino da Senasp a secretário nacional de Segurança Pública

Como foi o processo da sua indicação para a Senasp? Em que momento o ministro Tarso Genro cruzou o seu caminho?

No período em que Luiz Eduardo Soares esteve na Senasp, eu havia prestado consultoria ao grupo de arquitetura do Susp, o Sistema Único de Segurança Pública. Fui uma das pessoas que elaboraram a parte relativa ao ensino policial no Susp. Na saída do Luiz Eduardo e entrada do Luiz Fernando Corrêa, pedi uma reunião com o novo secretário para reclamar do fato de o governo federal, contrariamente ao que esperávamos de um governo do PT, ter desmobilizado totalmente o trabalho de formação em direitos humanos de policiais. Nós vínhamos, como disse, de uma forte experiência histórica de mais de uma década de trabalho de educação em direitos humanos de policiais, para o que, num dado momento, contamos com a Secretaria Especial de Direitos Humanos. Essa secretaria permitiu, por exemplo, que nós fizéssemos um trabalho, junto com a Divisão de Direitos Humanos da Polícia Federal, em 25 unidades da Federação — o que acredito que também teve grande importância na mudança da cultura da Polícia Federal; evidentemente, outros fatores interferiram nessa mudança, mas tenho certeza de que nossa presença em 25 unidades federadas, trabalhando direitos humanos com a Polícia Federal, também teve uma influência importante. A partir desse trabalho, nós demos uma grande amplitude à formação em direitos humanos para a polícia brasileira. Inclusive, formaram-se núcleos de policiais de direitos humanos em estados, às vezes, surpreendentes. Em Alagoas, por exemplo, se formou um dos núcleos mais ativos de direitos humanos na polícia. Eles fizeram um trabalho de cumprimento de ordens judiciais para desocupação de terras sem utilização de nenhuma violência. Hoje, já são mais de cinco mil desocupações, sem uso de violência, utilizando só a inteligência. Isso é produto de um trabalho de formação em direitos humanos que nós fizemos junto com Dr. Pedro Montenegro, no passado. Bom.

Como estava contando, pedi uma reunião com o secretário Luiz Fernando, para reclamar do fato de a Secretaria Especial de Direitos Humanos ter abandonado completamente esse trabalho de formação, e de a Senasp, que vinha se transformando no grande órgão de comando moral das polícias, não ter assumido nada a esse respeito. Sentei com Dr. Luiz Fernando, me queixei bastante, disse que num governo do PT, particularmente, isso me parecia inadmissível, e o Dr. Luiz Fernando, ao final da conversa, me disse: "Você não está lembrado, mas fui seu aluno num curso de direitos humanos. Gostei muito. E acho que você tem razão. Esse trabalho não está ocorrendo. Então, eu queria lhe fazer um desafio: venha para cá, fazer esse trabalho". Eu: "Como assim?" Ele: "Quero convidá-lo para ser meu diretor da área de ensino e pesquisa" — ou seja, diretor do Departamento de Pesquisa, Análise da Informação e Desenvolvimento de Pessoal em Segurança Pública da Senasp. Entrei em crise com isso, porque eu tinha então um trabalho como consultor e ganhava bastante bem, era dono da minha própria vida, dos meus horários e tal. Foi uma crise moral. Pensei durante quatro ou cinco dias, e cheguei à conclusão de que, se eu dissesse não, estaria perdendo a oportunidade de ajudar o conjunto do meu país a se modificar. Eu não poderia viver com essa culpa. Não que eu seja um anjo, ou uma pessoa muito bondosa, mas sou fruto de uma geração idealista e me considero uma pessoa idealista. Isso faz parte do meu perfil. Não me senti em condições de dizer não, aceitei e vim para Brasília.

Mesmo antes de existir formalmente o Pronasci, comecei um forte trabalho já na linha Pronasci. Criamos no nosso departamento a Renaesp, Rede Nacional de Especialização em Segurança Pública. Quando o Pronasci chegou, nós já tínhamos um substrato muito grande de experiências que vínhamos fazendo e que foram imediatamente incorporadas ao programa, que, por sua vez, deu a elas amplitude e mais sofisticação do que elas tinham antes.

Com a saída do secretário Luiz Fernando, e sua ida para a Polícia Federal, assumiu o secretário Biscaia, que me convidou para assumir como subsecretário. Além do convite, ele me deu muita responsabilidade, me entregou a reforma da Força Nacional de Segurança, que naquele momento enfrentava uma situação muito difícil de perda de efetivo, de falta de ordenamento interno. O secretário Biscaia me confiou tarefas que na verdade seriam típicas de um secretário. Apostou muito em mim para fazer um trabalho de subsecretário, partilhando com ele algumas tarefas importantes. Isso acabou me preparando como gestor para o que viria a seguir, que foi a saída do secretário Biscaia, para fazer o excelente trabalho que vem fazendo hoje na Câmara. É um dos melhores parlamentares, no campo da segurança pública, que nós temos.

Na saída do Biscaia, assumi interinamente a Senasp. Eu não conhecia profundamente o ministro Tarso Genro. Meu conhecimento era absolutamente formal, de dois ou três episódios em que eu o havia encontrado no passado. E o ministro então me disse: "Olha, Balestreri, tu assumes aí por uns dois meses, interinamente, enquanto eu busco alguém com um perfil mais político profissional". Que não é o meu caso, tenho um perfil muito político, mas não sou um político profissional. Nesses dois meses, assumi a pleno, porque já como subsecretário o Dr. Biscaia vinha me atribuindo muita responsabilidade. Assumi com a perspectiva de dois meses, mas sem me demover do entusiasmo pelo que eu tinha que fazer por serem só dois meses. Produzi muito. Num dado momento, o ministro, também de forma surpreendente, disse numa reunião de todo o secretariado que na verdade estava me testando. Tinha dúvidas se eu seria um bom gestor, porque eu era identificado por alguns segmentos como um intelectual da segurança, e ele não sabia se eu não seria alguém apartado do mundo real e imerso no mundo dos livros e das teorias, apenas. Disse que havia me avaliado naqueles dois meses, havia chegado à conclusão de que eu era um bom gestor, e então me convidava para permanecer.

Foi aí que assumi a pleno a Secretaria. E nada mais fiz do que dar andamento àquilo que eu já vinha fazendo como diretor de ensino, que continuei fazendo no período do secretário Biscaia e que faço hoje como secretário. A única diferença, hoje, é a amplitude. Mas esse trabalho já era realizado antes de eu ser secretário, e era um trabalho de um perfil muito significativo para a polícia. Tanto que nós, antes mesmo do Pronasci, já tínhamos 22 instituições de ensino superior formando especialistas em segurança pública, quase sem nenhum recurso e com pouquíssimo pessoal. É claro que com a chegada do Pronasci esse leque se abriu.

A gênese do Pronasci

Então vamos voltar um pouco atrás e falar mais detalhadamente da gênese do Pronasci, que foi lançado em agosto de 2007, ainda na gestão de Luiz Fernando Corrêa na Senasp.

Na verdade, bem no início, o Pronasci não chamou a Senasp. Essa é a verdade. Ainda que houvesse um ordenamento do ministro nesse sentido, acho que, pelas coisas práticas da vida, bem no início, bem no embrião, o Pronasci começou a ser construído por uma equipe que não tinha envolvimento direto com segurança pública. O que, evidentemente, iria acabar se apresentando como um problema. Não se consegue produzir um programa de segurança pública dessa envergadura sem trazer os especialistas, os atores da segurança pública. Mas isso ocorreu por pouco tempo, acredito, por dois ou três meses. Obviamente, as necessidades de incorporar os saberes acumulados da área de segurança pública acabaram se evidenciando. Esse período inicial correspondeu a uma fase em que a Senasp estava profundamente envolvida com os Jogos Pan-Americanos, que foram muito bem-sucedidos, mas que, na minha avaliação, foram um erro estratégico, porque acabaram consumindo as principais energias da Senasp. O sucesso do Pan-Americano teve um preço muito alto do ponto de vista da desestruturação da Senasp como ente indutor de políticas públicas. Porque praticamente todos os quadros foram para o Rio de Janeiro cuidar do Pan-Americano. É claro que seria impossível sermos irresponsáveis com o Pan-Americano. Respeito a decisão tomada à época. Eu era diretor da área de ensino da Senasp, fui minoritário em relação à decisão, mas respeito. No entanto, acho que ela desestruturou, de fato, a Senasp. Praticamente, do alto *staff* da Senasp, quem permaneceu em Brasília cuidando do Pronasci fui eu. Fiquei praticamente como único representante da Senasp na estruturação do Pronasci. Afinal, o grupo do Pronasci descobriu que precisava chamar a Senasp.

Quando foi isso?

Isso foi alguns meses antes da entrada do Dr. Biscaia, lá pela metade, eu acho, de 2007. Quer dizer, no momento em que o Pronasci chamou a Senasp, a verdade é que a Senasp não conseguia responder a contento porque estava cuidando do Pan-Americano. Não se poderia deixar o Pan-Americano fracassar na área da segurança. Então, como não estava lá a Senasp no seu conjunto, fui designado pelo secretário Luiz Fernando para responder pela Senasp, junto com Dr. Robson Rubim, que fez um bom trabalho também, mas estava muito dividido com outras ações. Praticamente, fui a única pessoa do alto escalão da Senasp que acabei me envolvendo integralmente com a arquitetura do Pronasci. Um pequeno grupo de pessoas redesenhamos todo o Pronasci, superando aquela defecção inicial, no primeiríssimo grupo, que era a falta de especialistas em segurança pública. Evidentemente, sendo eu o único representante permanentemente da Senasp presente, isso preparou terreno no sentido do crescimento da minha credibilidade pessoal junto ao ministro e à sua equipe. Ainda que eu não tenha feito isso para valorizar a minha credibilidade pessoal, esse movimento ocorreu naturalmente, por ser eu alguém do campo da segurança pública presente em todas as reuniões, montando todas as alternativas.

O Pronasci foi evoluindo, e se resolveu por um formato que acabou, corretamente, privilegiando mais as unidades executoras. Aquilo que iríamos fazer de forma exclusiva na coordenação do Pronasci, acabamos distribuindo horizontalmente, como responsabilidade, para as secretarias já tradicionalmente instituídas pelo Ministério da Justiça. Tanto que hoje, seguramente, mais de 60% da execução do Pronasci passam pela Senasp. O que é perfeitamente compreensível, uma vez que o Pronasci é um programa de segurança com cidadania, e a Senasp tem a seu encargo o direcionamento de programas relacionados à segurança. Nós temos hoje, na Senasp, uma atuação muito fraterna com o secretário-executivo do Pronasci, professor Ronaldo Teixeira, somos, digamos assim, o principal braço executivo que ele tem. Quando eu disse que executamos R$ 1,42 bilhão, estou somando quase R$ 700 mil do Pronasci e mais os recursos do Fundo Nacional de Segurança Pública, que continuamos executando. Temos hoje duas ordens de financiamento para os nossos programas, o Fundo Nacional de Segurança, já anteriormente instituído, e grande parte dos recursos do Pronasci. A maior parte dos recursos do Pronasci passa pela nossa Secretaria.

E no tocante à adesão dos estados e municípios ao programa, o senhor participou de algum processo com esse objetivo?

Fiz muitas viagens para contato com governadores e secretários de segurança, comandantes das PMs, chefes de Polícia. Participei desse processo, que foi comandado magnificamente pelo Dr. Vicente Trevas. Viajei em alguns momentos com ele, em alguns momentos sozinho, compondo toda a rede nos entes federados que hoje apoia o Pronasci. Evidentemente, muitas vezes foi necessário conversar com os governadores, particularmente com o colégio nacional de secretários de Segurança Pública, com o colégio de comandantes PMs, que detém o maior efetivo policial brasileiro, em torno de 580 mil homens. Foi um trabalho longo e penoso, mas também muito virtuoso e muito agradável, porque encontramos, hoje, na segurança pública brasileira dos entes federados, um grupo também muito mais bem preparado do que os que nós tivemos no passado. De alguma maneira, a tessitura da história toda se somou para criar uma trama bem firme, bem densa, para que o Pronasci pudesse acontecer.

A adesão foi maior da parte dos governos da situação que dos da oposição? Houve diferença nesse sentido?

Nós, no governo federal, não tratamos diferencialmente nenhum estado desse ponto de vista partidário, de ser situação ou oposição. Às vezes, chegamos a nos esquecer a que partido pertence o governo. Para dar um exemplo concreto, hoje, uma das melhores parcerias que nós temos no Pronasci é com o governo de Alagoas, que é do PSDB, mas tem uma postura absolutamente parceira, solidária, humilde também. Essa é a prova de que, da nossa parte, não há qualquer forma de discriminação. Um dos governos que nós mais ajudamos é o de Alagoas, que tem à frente um governador muito expressivo num partido que se opõe ao

Formulando o Pronasci

governo federal, que é o governador Teotônio Vilella, uma das figuras de maior expressividade nacional do PSDB. A postura dos outros estados governados por partidos oposicionistas, particularmente de um deles, São Paulo, me parece clara. Acho que São Paulo, ainda que participe do Pronasci, nunca se envolveu com a paixão que os demais estados se envolveram. São Paulo se manteve sempre muito frio e muito equidistante de tudo. São Paulo é um estado, hoje, que não tem nenhum homem participando da Força Nacional de Segurança. E é um estado que reivindica muito, mas que falha muito na reciprocidade; nos dá muito pouco em troca daquilo que nós damos a eles. Nós temos com São Paulo, hoje, uma relação extremamente cordial e educada. Houve uma evolução muito grande do governo Alkimin para o governo Serra. O governo Serra nos trata com muita educação, com muito respeito, com muita cordialidade, com muita *finesse* eu diria, e no entanto é um governo que não assume uma parceria entusiástica, se mantém gélido em relação ao Pronasci e a outros programas da Secretaria Nacional de Segurança Pública. O maior efetivo policial brasileiro não dá nem um homem para trabalhar na Força Nacional.

Nós, inclusive, tivemos o cuidado de chamar São Paulo para participar do grupo que reformulou a Força Nacional. Antigamente, São Paulo tinha uma reclamação, de que a Força tinha sido estruturada sem que nós ouvíssemos ou consultássemos nenhum comandante, e de que os comandantes estavam muito insatisfeitos. Nós então, por ordem do Dr. Biscaia, que me entregou essa atribuição, reformulamos totalmente a Força Nacional, criamos uma nova legislação para a Força Nacional, acolhemos todas as sugestões do estado de São Paulo, que tinha o privilégio de ser o único comando que participou do grupo de reformulação da Força, um grupo formal, criado por portaria. Não deixamos nenhuma sugestão de São Paulo de fora. Recriamos a Força Nacional com aquela cara que os comandantes queriam e que São Paulo queria. Contudo, São Paulo continua sem nenhuma participação na Força Nacional, em que pese a excelente relação com o comandante da PM de São Paulo, que é uma pessoa que nós prezamos muito. Exatamente por causa dessa excelente relação com o comandante, da excelente relação com o secretário de Segurança, com o secretário de Justiça, eu, pessoalmente, interpreto — não falo em nome do governo — que há uma diretriz política para que São Paulo se mantenha distante do governo federal. Se os atores que participam da gestão em São Paulo são tão qualificados e têm uma relação tão afetuosa e tão respeitosa conosco, por que é mesmo que São Paulo não tem reciprocidade em relação ao governo da União? Eu, pessoalmente, interpreto que é uma diretriz política. É, possivelmente, uma necessidade, mal interpretada por São Paulo, de se manter distante da União, por motivos de interesses políticos.

O problema não é a postura, reafirmo, que a União tem em relação a São Paulo; mas é a postura que classicamente São Paulo tem tido em relação à União, e que já foi muito pior. No passado, antes do governador Serra, eu pessoalmente, como diretor, fui maltratado por autoridades de São Paulo. Tive cursos de direitos humanos que foram proibidos na última hora, sob o argumento — em off — de que eram tentativas do governo federal de penetrar e fazer a cabeça dos policiais de São Paulo e das bases da segurança pública em São Paulo. O que é totalmente estranho à nossa cultura, porque nós temos anos na nossa trajetória, comprovando que esse não é o nosso *modus operandi*. Houve, é preciso dizer por justiça, um grande salto de qualidade no governo Serra, em termos de respeito, de consideração, de *finesse*, de educação no trato, mas foi mantida a postura glacial que o governo de São Paulo tem em relação às propostas de parceria da União. E é por isso que em São Paulo, nós, hoje, em termos de parceria, penetramos mais nos municípios do que propriamente no governo estadual; que continua sempre reivindicando os nossos recursos, o nosso apoio etc., mas que, em contrapartida, praticamente não atende a nenhuma demanda da União.

Princípios do Pronasci

Antes mesmo de ser posto em prática, desde que o Pronasci foi concebido, o senhor teve um grande envolvimento com o programa. Aí também sua militância em direitos humanos deve ter influenciado.

Influenciou no sentido de trazer uma permanente preocupação de que o Pronasci fizesse o casamento e a convergência entre o legítimo uso da força e a promoção dos direitos humanos. No meu entendimento não há nenhuma contraposição entre o uso democrático e legítimo da força, que o Estado está autorizado a fazer pela população, e a promoção dos direitos humanos. Quando é que esse casamento não dá certo? Quando se separam esses entes, essas operações? É quando o Estado acha que o uso da força o autoriza a romper a barreira moral última do respeito aos direitos e garantias individuais. Quer dizer, se o Estado for um Estado não romântico, que use a força legítima, que seja firme, que seja rigoroso na área da segurança pública, ele nem por isso será violador de direitos humanos, porque

Formulando o Pronasci

ele vai fazer o quê? Vai usar essa força com as melhores técnicas policiais, com progressividade, ou seja, vai usar a força suficiente e bastante para cada tipo de episódio, no seu grau devido; vai utilizar mais a prevenção e a inteligência do que propriamente a repressão; vai usar armas não letais; vai usar armas letais adequadas que não vão ferir os inocentes ou que vão ferir menos inocentes. Quer dizer, um Estado democrático de direito é o Estado de direitos humanos. Uma polícia democrática de direito é a polícia promotora dos direitos humanos. O que eu procurei levar ao Pronasci, nesse campo que era o meu, particularmente, da segurança pública e mesmo da repressão qualificada, foi a visão de que, com as nossas forças policiais, nós atuamos em patamares diferentes da violência e do crime.

Um patamar, por exemplo, é o do crime organizado com suas organizações delinquenciais, que são diferentes do crime organizado. O crime organizado é de elite. O crime organizado não mora em favela, mora nos melhores bairros e nas melhores mansões. Não é uma atividade paralela, como vulgarmente se diz, é uma atividade transversal. É por isso que ele é tão perigoso. Está presente nas mais elegantes e glamorosas instituições públicas e privadas. Mas o crime organizado tem os seus empregados. São as organizações delinquenciais, que estão nas favelas, nos presídios etc. Obviamente, nesse patamar, não adianta você atuar com arma não letal, ou com polícia comunitária. A organização não se converte à polícia comunitária, nem se atemoriza com tiros de pistolas menos letais de contenção ou com bombas de gás ou de efeito. Nesse patamar, você tem que atuar com a confrontação.

Muitas vezes a mídia coloca esse dilema — você é a favor ou contra a política de confrontação no Rio de Janeiro? Eu digo: olha, quando se trata de crime organizado e de organização delinquencial, ninguém que conhece a segurança pública vai poder ser contra a confrontação. A confrontação com o crime organizado tem que ocorrer, porque ele não se converte a outras políticas. Com o crime organizado não adianta política preventiva. Ele é uma indústria, seguramente a mais poderosa e mais lucrativa do planeta. Por isso é que ele existe e tem a potência que tem. Então, esse é um falso dilema, porque é preciso haver confrontação. Quando se coloca o verdadeiro dilema? É quando você se pergunta, não se você é favorável ou contra a confrontação, mas que tipo de confrontação deve ocorrer. Você pode ter um tipo de confrontação desinteligente e um tipo de confrontação inteligente. Se a confrontação é aquela que a contemporaneidade brasileira viveu nos últimos 40 anos, que é a entrada nas favelas pedalando portas, dando tiros e matando inocentes, e depois se retirando e entregando de novo a comunidade nas mãos do crime, essa confrontação é patética. Esse tipo de confrontação não adianta. Você precisa de uma confrontação antecedida pela inteligência, sucedida pela presença permanente da polícia, pela substituição do modelo do confronto por um modelo de polícia de proximidade. Tudo aquilo que todos os especialistas de segurança do mundo inteiro sabem, mas que o Brasil nunca fez, por quê? Porque sempre esteve muito premido pelo senso comum. O senso comum exige o quê? O senso comum exige espetáculo, exige sangue, exige força bruta. E as gestões demagógicas, ao longo de 40 anos, nesse país, deram ao circo o que o circo pedia. Só que isso não resolveu absolutamente nada. Qual foi o resultado, no Rio de Janeiro, de 40 anos de força bruta e desinteligente? O desastre em que se transformou a segurança pública do Rio de Janeiro. Qual será o resultado, agora, da atual gestão de segurança pública no Rio de Janeiro, quando pacifica o Batam e pacifica o Dona Marta através de polícia de proximidade? Qual será o resultado agora, quando a gestão do secretário Mariano Beltrame, com o apoio da Força Nacional da Senasp, pacificar outras áreas crônicas de criminalidade no Rio? Qual será o resultado quando se pacificar uma franja, pelo menos, do Complexo do Alemão, através dos Territórios de Paz?

Quer dizer, então você começa a perceber que o dilema — confronto ou não confronto — é falso. Em dado momento, você tem que ter o confronto, agora, o confronto tem que ser inteligente, não pode matar os filhos dos pobres, não pode matar os trabalhadores que estão em volta, não pode ser um confronto invasivo — entrada e saída. Tem que haver toda uma estratégia. O pensamento de segurança pública no Brasil sempre padeceu, na contemporaneidade, de um excesso de questões tático-operacionais e de uma carência de estratégia. Então nós temos que reaprender que o tático-operacional está afeto a estratégico. Simplesmente pensamento tático-operacional, o que nós sempre tivemos, não nos levou a lugar nenhum. Nós, agora, precisamos de pensamento estratégico. Precisamos saber o que nós queremos, como vamos atuar com inteligência para conseguir o que queremos.

Nas áreas conflituosas, como vocês cooptam as lideranças para auxiliar nos programas, como o Mulheres da Paz, por exemplo?

Os caminhos não são ainda tão claros, mas eles vão se clarificando no andar do trabalho. A velha máxima, o caminhante é que não há caminho, se faz caminho caminhando. E nós estamos caminhando. É claro que sabemos suficientemente o que queremos, mas também, do ponto de vista da clarificação detalhada, nós vamos clarificando ao caminhar, junto com as comunidades, com as polícias, com os bombeiros, com os guardas municipais, e assim por diante. Com os gestores públicos. O que é que nós temos, por exemplo, para pacificar territórios? Nós sabemos que em alguns territórios é preciso uma primeira entrada de maior força da polícia. Maior força nunca significa vitimação de inocentes. Se você usar as armas adequadas, as técnicas adequadas e as informações antecedentes adequadas, você pode fazer uma entrada de força cirúrgica, que não vai ferir os pobres trabalhadores já tão feridos e abandonados, que são, praticamente, a totalidade das pessoas que moram nos lugares pobres. Convenhamos que os bandidos são uma minoria ínfima. Então, nós não podemos criminalizar a pobreza. Os pobres são cidadãos heroicamente honestos, de forma geral.

Essa associação do crime com a pobreza já foi desmontada.

Sim, mas na prática da gestão da segurança pública ainda se associa muito pobreza a crime. Você vê que toda a ação bruta está voltada para as favelas, e ação mais educada, mais fina, mais bem articulada está voltada para o chamado asfalto. Então nós temos que lembrar disso, que quem mora em favela é gente honesta e trabalhadora, e maltratada. Como é que nós vamos lá, com a nossa polícia, maltratar ainda mais as pessoas que já são maltratadas pelo sistema de saúde, pelo sistema de educação, pelo sistema de previdência? Nós vamos entrar com a nossa polícia sobremaltratando essas pessoas? Não é possível. Se o preço de conter um bandido é matar um inocente, esse preço não vale a pena ser pago. O bandido, nós vamos conter hoje, amanhã ou depois de amanhã, se tivermos boas técnicas; agora, a vida de um inocente nós não devolvemos. Então, como eu dizia, se você tiver uma precursão de inteligência informativa, se você tiver as técnicas de ingresso adequadas, se você souber, cirurgicamente, onde é que você tem que usar a força, as exceções a essa regra de respeito serão muito raras. O que nós tivemos no Brasil é que, como regra, para combater os bandidos, nós matamos inocentes, batemos em inocentes, destruímos a casa dos inocentes. Ora, isso não pode continuar sendo regra no Brasil. Essas entradas invasivas de polícias altamente truculentas, que fazem uma destruição, um tiroteio, um espetáculo e se retiram, entregando as pessoas, de novo, na mão dos bandidos, isso é absolutamente absurdo.

Hoje nós temos uma evolução, não só no Pronasci, mas nos parceiros. O governo do Rio de Janeiro, por exemplo, tem sido um parceiro excelente, muito próximo; ele vem fazendo uma aprendizagem nesse sentido, de não repetir mais do mesmo, com a percepção de que isso levaria o Rio de Janeiro aos mesmos resultados trágicos que ele obteve até hoje. O Rio de Janeiro vem percebendo, de maneira cada vez mais clara, que nós não estamos num filme de Hollywood e que as nossas polícias não são Rambos e Schwazeneggers. Que nós temos que construir é uma polícia baseada na racionalidade, no cérebro e nos neurônios, e não no fígado e na bílis. Com o fígado e a bílis, a gente agrada o senso comum, mas não resolve o problema de segurança pública. O problema de segurança a gente resolve com o cérebro. Então, se nós olharmos para o Rio de Janeiro, vamos ver que as coisas não estão perfeitas; mas, cada vez mais, o Rio de Janeiro se convence de que a polícia de proximidade resolve muito mais.

Em alguns lugares, como eu dizia, você vai precisar entrar de uma maneira mais forte, mas também inteligente e cirúrgica, e depois você vai deixar ali uma polícia de proximidade, que vai conquistando a população. Em outros lugares você nem precisa entrar com força. Em lugares dominados ou semidominados pela criminalidade, na maior parte dos estados brasileiros, se você colocar obras sociais de governo — as obras do PAC, por exemplo, com as obras do próprio Pronasci —, e casar essas obras sociais com políticas de prevenção policial e de repressão qualificada, você vai pacificar, sem precisar fazer invasões altamente lesivas. Basta eu dizer o seguinte: no próprio Complexo do Alemão, até aqui nós temos tido alguma tranquilidade no processo de ingresso, que naturalmente é mais lento do que em outros lugares. Pode haver confronto em algum momento? Pode haver. Mas também temos que lembrar que o Brasil não é o Complexo do Alemão. O Complexo do Alemão é exceção. Uma exceção que é amplificada pela mídia e acaba se tornando, no imaginário popular brasileiro, a regra. Mas, obviamente, lá em Sergipe, em Natal, em Porto Alegre, em Curitiba, a realidade não é a realidade do Complexo do Alemão. Nós temos ali um território de exclusão do poder público. Nós temos territórios onde o poder público, se tiver políticas consequentes, pode entrar e reconquistar a comunidade, porque a comunidade não está feliz na mão dos bandidos. A comunidade gostaria de estar na mão do Estado. Se o Estado se faz totalmente ausente, e o único poder, sustentado pelas armas, é o dos criminosos, o que é que a comunidade faz? Ela se submete. Porque concorda? Não. Para sobreviver, porque ela não tem proteção nenhuma. A comunidade pobre não tem segurança privada. A única segurança que ela poderia ter é a do Estado. Se o Estado não dá essa segurança, o que é que ela faz? Se submete aos que têm o poder das armas. Então nós temos que, realmente, ter políticas de ingresso — e aí eu friso — *e de permanência* da polícia na comunidade.

Formulando o Pronasci

141

Isso poderia independer do governo que está no poder? O senhor acredita numa continuidade?

Eu acredito que nós avançamos muito. E se nós aproveitarmos esse período final do governo para avançarmos ainda mais, vamos consolidar políticas de Estado tão arraigadas na cultura da população, mas também tão arraigadas na cultura das instituições policiais, que qualquer governo que venha, seja do mesmo partido, seja de um partido de oposição, terá, no mínimo, muita dificuldade para mudar. Em política, em tese, tudo é possível ao longo do tempo. E nós poderíamos ter políticas muito cruéis e não responsáveis, e não estatais, partidárias, de destruição daquilo que foi construído até agora. Mas imagine que dificuldade nós teríamos para desconstruir uma rede de mais de 80 cursos de pós-graduação em segurança pública, gratuitos, para os policiais, bombeiros e guardas municipais. Que argumento algum futuro governo poderia utilizar para desmontar uma rede dessas — inédita no planeta, sem nenhum ufanismo. Não há, em nenhum lugar do planeta, uma rede de mais de 80 cursos de pós-graduação em segurança pública com transversalidade em direitos humanos. Todos esses cinco mil e tantos alunos estão estudando, além das técnicas de segurança pública, no mínimo, a questão gênero, não só como direitos da mulher, mas como o *ethos* guerreiro masculino, que é o que gera a grande violência, hoje, no planeta; todos esses cinco mil e tantos alunos estão estudando combate à homofobia, que é um problema muito grave no Brasil. Esse é um estudo de Primeiro Mundo. É algo surreal, num país como o Brasil, que você coloque cinco mil e poucos pós-graduandos em segurança pública em sala de aula para estudar combate à homofobia, quando nós sabemos que as instituições de segurança pública são profundamente homofóbicas, de maneira geral. Todos esses alunos têm que estudar a questão da igualdade racial; e todos têm que estudar a questão dos direitos etários: crianças e adolescentes e os tão esquecidos idosos. Para quê? Para formar uma nova geração de líderes policiais brasileiros. A repetição desse número por alguns anos, de cinco mil policiais por ano, se especializando em segurança pública com a visão humanística, a par da visão técnica, inevitavelmente vai criar uma massa crítica de líderes policiais, bombeiros e de guardas municipais no Brasil, que terá um grande impacto sobre a cultura brasileira; não só sobre a cultura da segurança, mas sobre o conjunto da cultura brasileira, uma vez que os operadores de segurança pública são altamente impactantes no dia a dia da população.

Nada é impossível, mas que governo, do mesmo partido ou de um partido diferente, terá a coragem de desmontar uma rede de quase 70 universidades e instituições de ensino superior dando cursos de especialização com base em direitos humanos em segurança pública? Que governo terá a coragem de desmontar um programa de ensino a distância que hoje tem 150 mil alunos em sala de aula? Que governo terá a coragem de retirar a Bolsa-Formação que o governo federal dá hoje a quase 100 mil policiais, que ganham menos de R$ 1.700,00 por mês, e têm do governo federal mais R$ 400,00 por mês incorporados ao seu salário? Que governo terá a coragem de desmontar um programa habitacional onde, por exemplo, o aluno que ganha os R$ 400,00 a mais por mês pode tirar duzentos e poucos reais e ainda pagar a prestação de um apartamento digno para si e para a sua família? Impossível não é. Mas eu acho que haveria uma tensão imensa. A resistência seria imensa. E seria preciso um governo muito insensível, muito irresponsável, muito descomprometido com as causas populares. Seria preciso um governo muito à direita, no sentido clássico de direita, seria preciso uma direita muito truculenta, para demolir um programa como o Pronasci. Pode-se até fazer ajustes. Vai-se fazer ajustes, adaptações. Agora, o miolo central, a base do Pronasci, é muito difícil que algum governo se arrisque a ser tão impopular e tão profundamente insensível a ponto de tentar transformar em escombros aquilo que era um grande edifício, que nós vínhamos erigindo, para mudar a segurança pública brasileira. Não vejo essa perspectiva numa eventual sucessão petista, e também não vejo essa possibilidade numa eventual sucessão peessedebista. Porque o PSDB é um partido que se opõe ao governo federal, mas é uma oposição civilizada, democrática, não é um partido com a visão de extrema-direita, é um partido também com a visão civilizatória. Quer dizer, as duas possibilidades mais fortes que se põem, nenhuma delas me parece, sinceramente, ameaçar um programa que tem esse perfil de um programa de Estado, e não de um programa meramente partidário. Eu, particularmente, acho que nós temos que estar abertos para conversar com todos os partidos, com todos os candidatos. Essa é também a visão do ministro Tarso Genro. Temos que ser homens de Estado. E temos que estar dispostos, em nome do bem na nação brasileira, a conversar com todos os partidos, com todos os candidatos, com todos os possíveis sucessores, para que eles tenham um compromisso de estadistas com o programa, que é um programa de Estado.

Pensando agora na burocracia interna. Vocês sentem alguma resistência ao desenvolvimento do Pronasci? Existem gargalos?

Acho que nós temos um problema sistêmico, que é o seguinte. O Pronasci é um programa imenso, que aportou de uma maneira algo repentina no Ministério

Formulando o Pronasci

da Justiça, que é pequeníssimo em termos de infraestrutura. Nós vivemos esse drama na própria Senasp: se tivemos o TCU dizendo que a Senasp não tinha condições de executar R$ 200 milhões porque não tinha pessoal suficiente, imagine o que é para nós, hoje, executar R$ 1,042 bilhão com menos pessoal do que tínhamos no tempo da auditoria do TCU. Isso significa, na prática, de 12 a 16 horas de trabalho por dia. Que é a jornada de trabalho de todo o alto escalão da Senasp e de algumas pessoas intermediárias, como, por exemplo, as da área financeira. Hoje nós temos dinheiro, temos grandes demandas, grandes desafios e grandes projetos, consequentes e sistêmicos, mas temos pés de barro do ponto de vista estrutural. Para que isso se resolva, precisamos convencer o Ministério do Planejamento e a Casa Civil. E isso demanda um grande esforço argumentativo, até porque esses órgãos tratam de cuidar para que o governo não gaste muito, não inche. Tem sentido. Por outro lado, também tem sentido explicarmos a esses dois órgãos que o Ministério da Justiça, tal como está constituído, para poder executar um programa da envergadura do Pronasci, só o faz com o sacrifício da vida privada dos seus membros. Nós, hoje, somos uma equipe que não tem mais vida privada, não tem fim de semana, leva diariamente trabalho para fazer em casa, pela madrugada adentro. Se tomarmos, por exemplo, a Coordenação Geral de Logística do Ministério da Justiça, ela faz um grande esforço, imensos sacrifícios, mas não tem envergadura estrutural para cuidar de um programa como o Pronasci. Obviamente, os processos atrasam, as licitações atrasam, os ritmos são obliterados pela herança do passado, a de um pequeno ministério que, de uma hora para outra, se transformou num grande ministério executor. Esse é um gargalo.

Um outro gargalo, que nós percebemos em 2008, é que nós precisamos aumentar a responsabilidade política dos entes executores, ou seja, das secretarias e departamentos, sem prejuízo da autoridade política da Secretaria Executiva do Pronasci e do Conselho Gestor do Pronasci. Precisamos desburocratizar o nosso processo interno. Precisamos fazer que as unidades executoras, como é caso, por exemplo, da Senasp, tenham maior fluidez e liberdade para executar de uma forma mais completa os seus programas. Que sempre serão ajuizados politicamente pelo Conselho Gestor do Pronasci e pelo seu secretário executivo, os quais, em última instância, poderão concordar ou vetar. Mas não podemos fazer uma grande circularidade. Se continuarmos na tradição ibérica de burocracia, se continuarmos tendo muitas estruturas paralelas de execução e gestão, nós vamos continuar colaborando com a morosidade dos processos. Precisamos criar no Ministério da Justiça uma burocracia weberiana no melhor sentido, de algo que serve para acelerar processo, e não para obstaculizar processo. É claro que a cultura brasileira não é a de uma burocracia weberiana, é a de uma burocracia lusitana. Então nós precisamos superar essa velha cultura e enxugar os fluxos dentro do próprio Ministério da Justiça.

Se nós temos, por exemplo, na Senasp, uma secretaria com um grande *know-how*, uma grande experiência histórica, um grande acúmulo de execução e um grande sucesso histórico de execução, nós precisamos dar a essa secretaria uma liberdade plena para executar, sem tirar, contudo, a liberdade política plena do Comitê Gestor do Pronasci, de dar a última palavra, se concorda ou não. Agora, se nós mantivermos em paralelo mais estruturas de gestão do que aquelas que são necessárias, as coisas não vão andar. Obviamente, tudo é feito com a melhor das intenções, de controle inclusive, mas o excesso transforma tudo num processo mais moroso. Nós precisamos enxugar o fluxo de máquina. Isso é perigoso de dizer, porque todo mundo logo interpreta que estamos querendo cassar o emprego de quem quer que seja. Não é isso. Tem lugar e trabalho para todo mundo. Estou me referindo especificamente a um enxugamento de fluxo. O fluxo precisa ser mais célere e mais objetivo, precisa apostar e confiar mais nas estruturas de ponta, que são aquelas que detêm o *know-how* de planejamento, de orçamento, de execução. Se nós temos, por exemplo, na Senasp, uma equipe altamente especializada em orçamento, por que vamos designar o orçamento para uma equipe muito menos especializada? Vamos designar para a equipe que conhece orçamento, e vamos evitar que, no ano posterior, tenhamos que fazer projeto de lei para alterar o orçamento feito no ano anterior. Vamos fazer uma vez só. Isso economiza meses, às vezes, de trabalho. Se nós temos na Senasp uma área financeira que é especialista em orçamento, vamos chamar essa área financeira e pedir que ela ajude na constituição do conjunto do orçamento do Pronasci. Porque, na verdade, ninguém está competindo com nada, ninguém está querendo tomar o espaço de ninguém. Nossa atuação é fraterna e exclusivamente voltada para a construção de um Pronasci cada vez melhor, para o benefício da população brasileira.

Para alcançarmos os resultados que almejamos, nós temos que repensar a herança cultural do Ministério da Justiça. O Ministério da Justiça tem uma herança cultural altamente burocrática. Foi o primeiro dos ministérios, é o mais glamoroso, junto com o Itamaraty — sem nenhum demérito para os outros —, de um glamour histórico, barroco, rococó. Mas nós não podemos ter uma burocracia também barroca, nem é esse o estilo do ministro Tarso Genro, que é um homem extremamente rápido, extremamente objetivo, que não gosta de barroquices. Pre-

Formulando o Pronasci

cisamos superar essas barroquices no campo da administração e no campo da burocracia.

O senhor gostaria de fazer uma última colocação?

Você começou me fazendo perguntas do ponto de vista pessoal, da minha história. Eu terminaria dizendo o que estou fazendo aqui. Em primeiro lugar, não tenho nenhuma ambição, nem perspectiva. Minha ambição, ao final desse período, é voltar a escrever os meus livros, dar as minhas conferências e tentar montar, na área da terapêutica, algum tipo de atendimento gratuito a policiais, até para continuar mantendo o compromisso de mudar a polícia brasileira. Não tenho nenhuma ambição além dessa, de fazer o que estou fazendo agora, aqui. E o sentido, para mim, de estar aqui é perceber que nós estamos num país que tem tudo para dar um grande salto de qualidade, se transformar em Primeiro Mundo. Nós nos acostumamos a acreditar que o Brasil é um país pobre. Ao contrário. É um dos países mais ricos do planeta. É, contudo, um dos países mais injustos do planeta. Creio profundamente que a transformação do país passa pela intervenção social de multiplicadores de cultura. E há muitos anos considero os policiais, os bombeiros e os guardas municipais multiplicadores de cultura. São profissões altamente impactantes. Digo isso porque, no campo psicológico, esses profissionais atuam em momentos de grande crise, de grande dor, e esses são momentos em que as pessoas estão predispostas ao impacto emocional e intelectual, ou seja, à aprendizagem. Esses profissionais atuam junto à sociedade de uma tal maneira que uma boa atuação ou uma má atuação jamais serão esquecidas.

Como é que eu olho para um policial? Eu olho para um policial não como um mero ordenador da segurança pública, mas como um agente de transformações sociais. Como eu continuo, e quero continuar a vida toda, a ser o produto de uma geração idealista, que acredita que o Brasil tem jeito — e que esse jeito talvez seja mais simples e mais fácil do que nós pensamos, basta que acertemos conteudística e metodologicamente —, fiz há muitos anos uma opção estratégica por influência e impacto através das polícias, dos bombeiros, dos guardas municipais, dos agentes penitenciários. Tenho certeza de que toda vez que nós trabalhamos um policial, e mudamos a sua consciência e as suas práticas, estamos salvando vidas, estamos encaminhando melhor os cidadãos, estamos permitindo mais liberdade de organização e expressão para as comunidades. Sempre que falo para os policiais, por exemplo, digo o seguinte: por trás de cada um de vocês eu vejo uma multidão. Cada policial é uma multidão de pessoas. Se nós soubermos trabalhar bem com os nossos mais de 600 mil operadores e operadoras de segurança pública, e conseguirmos que uma parte deles, 10% ou 20% tenham junto à população um forte impacto pedagógico, nós vamos estar contribuindo decisivamente, não para mudar a segurança pública do Brasil, mas para mudar o Brasil. É nessa perspectiva que nós estamos aqui, atuando e tentando resgatar um termo que foi muito enxovalhado ao longo da história, que é o termo *patriotismo*. Patriotismo não é o serviço a símbolos, nem a hinos, nem a ritos. Todos eles muito respeitáveis, mas patriotismo é serviço à *pátria*. E a pátria são as pessoas. Estou usando quase um conceito de direita, hoje, que é o de patriotismo, e estou tentando vertê-lo para uma visão de esquerda. O patriotismo é o serviço à pátria, e a pátria é a nação. Não é o governo, não são os partidos, não são os três poderes. A pátria é o povo. É nação brasileira. E é à nação brasileira que nós temos que prestar serviço. Só para ela ter uma melhor segurança pública? Não. Para ela ter desenvolvimento, ter bem-estar, viver o seu processo civilizatório. Para mim, cada bombeiro, cada guarda municipal, cada policial militar, cada policial civil é um agente do processo civilizatório brasileiro. Esse é o sentido.

Luiz Paulo Teles Barreto
Secretário-executivo do Ministério da Justiça
(7/1/2003 — 10/2/2010)
Ministro da Justiça (a partir de 10/2/2010)

Entrevista feita em Brasília em 6/2/2009

No Departamento de Estrangeiros do Ministério da Justiça

Onde o senhor nasceu, onde estudou, que carreira pretendia seguir?

Nasci no Rio de Janeiro em 19 de janeiro de 1964, filho de pai e mãe cearenses. Meu pai era funcionário público, a vida toda trabalhou no Superior Tribunal Militar, mas era também professor universitário. Viemos para Brasília no ano de 1973, quando houve a transferência do Tribunal. Em Brasília, tive uma vida normal de classe média, ou seja, estudei no Colégio Objetivo e em seguida entrei para a Faculdade de Economia, no Centro de Ensino Unificado de Brasília, Ceub. No ano de 1983, houve um concurso público para o Ministério da Justiça, um concurso de nível médio ainda. Eu estava na faculdade e resolvi fazer esse concurso, para tentar ter um emprego. Fui aprovado e entrei para o Ministério da Justiça, jovem ainda, com 19 anos. Entrei como agente administrativo e fui trabalhar diretamente na área de imigração: cuidava dos estrangeiros no Brasil, da regularização migratória etc. E fui seguindo carreira nessa área. Assumi, primeiro, a chefia de uma seção que cuidava da naturalização dos estrangeiros; depois, mudei para uma outra que cuidava dos vistos de professores, alunos, trabalhadores estrangeiros que vinham para o Brasil, pediam renovação de visto e ficavam por aqui. Até que, no final de 1994, assumi a direção do Departamento de Estrangeiros. Na época, era ministro Alexandre Dupeyrat Martins. Houve em seguida a nomeação do ministro Nelson Jobim, logo após a posse do presidente Fernando Henrique Cardoso, e fui mantido no cargo.

Já trabalhando no Ministério, enquanto estava me formando em economia, eu já estava no primeiro semestre do curso de direito. Como eu trabalhava com direito internacional, me interessei bastante pelo assunto e fui estudar. Aí houve essa possibilidade de assumir o Departamento de Estrangeiros, assumi e lá fiquei até 2002. O departamento era dentro da Secretaria Nacional de Justiça, e fiquei também como secretário nacional de Justiça substituto. Mas sempre trabalhando com a área de direito internacional.

Ao longo da sua trajetória como estudante o senhor teve alguma militância política, se vinculou a algum partido?

Não. Nunca me filiei a partido, nunca tive atividade política. Minha atividade era eminentemente técnica. Eu trabalhava numa área muito especializada, que era a área de direito internacional, essa questão das relações internacionais, das negociações todas...

Quais foram os grandes problemas que o senhor enfrentou como diretor desse Departamento de Estrangeiros?

Nessa época, nós tínhamos dois desafios. O primeiro era manter o Brasil dentro de uma tradição de receber bem os estrangeiros, jamais permitir que leis xenófobas fossem aprovadas, jamais permitir que resquícios da ditadura se impusessem sobre a questão migratória. A lei brasileira é uma lei feita em 1980, ainda no regime de exceção, muito voltada para a questão da segurança nacional. Nosso papel no departamento foi, então, propor uma atualização legislativa. Em 1991 foi apresentada uma proposta de atualização que, depois de ficar 10 anos tramitando no Congresso e receber 50 emendas, foi retirada em 2001. Não prosperou. Então, nosso principal objetivo foi, ainda que tivéssemos uma lei de 1980, dando muita conotação de segurança nacional ao tema migratório, permitir que o Brasil mantivesse as suas tradições, mantivesse o tema migratório vinculado aos direitos humanos, ao direito administrativo, e não do direito penal. Foi tratar os estrangeiros de maneira justa, editando com frequência anistias migratórias, como editamos em 1988 e 98. Estamos propondo agora também, em 2009, uma nova anistia migratória; estamos trabalhando com a questão da humanização das leis de imigração, permitindo, por exemplo, requisitos como a reunião familiar, o cuidado maior com os menores estrangeiros no Brasil; estamos tendo uma atuação mais condescendente com os estrangeiros das fronteiras, nossos vizinhos sul-americanos que vinham para o Brasil, estamos evitando situações de exploração de mão de obra, como aconteceu em São Paulo com bolivianos, muito explorados por coreanos e por outros brasileiros na confecção de roupas. Estamos sempre trabalhando muito em conjunto com entidades da sociedade civil, como as pastorais, como o Instituto de Imigração, para tentar conhecer melhor o problema dos estrangeiros no Brasil e dar um tratamento mais adequado.

O que a gente também percebeu com o passar do tempo foi que, se o Brasil sempre recebeu estrangeiros, sempre foi um país de imigração, a partir da década de 1990 a situação passou a se inverter. Até a década de 1980, o Brasil se caracterizou muito por receber imigrantes, da Ásia, da América Latina, da África. Nos anos 90, com a "descoberta" dos Estados Unidos, e da Europa, e com o projeto de exercer trabalhos temporários, conseguir amealhar algum recurso para voltar e comprar uma casa, montar um comércio e se desenvolver como profissional, os brasileiros passaram a sair do Brasil. E aí a gente brinca, dizendo que nós tivemos uma "alteração da balança migratória". Hoje nós temos 4 milhões de brasileiros lá fora, para 870 mil estrangeiros no Brasil. Uma situação bastante diferente.

Era grande o número de imigrantes no Brasil nas décadas de 1980 e 1990?

Na década de 80 houve muita imigração ilegal de coreanos, de chineses, e também de paraguaios, uruguaios, bolivianos. No início dos anos 90, houve a guerra em Angola, e tivemos a vinda de levas de refugiados. A partir daí, além de tratar bem o imigrante, de tentar manter uma tradição de receber bem, o Brasil também se desenvolveu muito no que diz respeito a seguro de refúgio, proteção internacional a vítima de perseguição, seja perseguição política, seja étnica, racial, em razão de violações de direitos humanos, de guerras.

Nós tínhamos ali a seguinte situação: o Brasil tinha uma tradição de receber bem os estrangeiros. O imigrante pode ser de origem mulçumana, pode ser da África, da Ásia, e ninguém, no Brasil, discrimina por causa disso. O Brasil está acostumado com essa miscigenação, sempre integrou muito bem. Isso era um patrimônio que nós tínhamos. Por que não vincular esse patrimônio à proteção jurídica internacional? Nós éramos signatários de uma convenção da ONU editada em 1951, após a Segunda Guerra Mundial, e por essa facilidade de receber e integrar qualquer tipo de estrangeiro poderíamos fazer parte de um projeto maior. Estávamos longe dos focos de conflito da África, do Kosovo, de alguns pontos da Ásia, dos resquícios de conflitos da América Central, da Nicarágua, ocorridos num momento anterior. Então resolvemos editar uma lei nova sobre refúgio e inserir o Brasil na proteção internacional aos refugiados. O Brasil fez isso com muita força, passou a discutir com as Nações Unidas a fim de adicionar a uma política migratória generosa esse aspecto ativo de proteção aos direitos humanos.

Essa lei é de quando?

É a Lei nº 9.474, editada a 22 de julho de 1997, que é considerada pela ONU uma das melhores leis de refugiados do mundo. Redigimos aqui, no Ministério da Justiça, e a lei foi aprovada pelo Congresso. É uma lei que outorga proteção internacional a vítimas de perseguição em vários países, como Angola, Libéria, Serra Leoa, Sudão, República Democrática do Congo, Irã, países da América Central, Cuba... Essa política brasileira, hoje, atinge 5 mil pessoas de 72 diferentes nacionalidades, que estão no Brasil sob a proteção do refúgio e do direito internacional, e do Estado brasileiro. Isso tudo aliado a uma política de imigração que continuou generosa. Isso foi muito revertido em proteção às comunidades brasileiras no exterior. No momento em que nós passamos a ser um país exportador de migrantes, um país de emigração, nós também usamos essa trajetória brasileira para dizer: "Olha, o Brasil sempre protegeu os estrangeiros, sempre os tratou bem. Nós temos o dever e a obrigação moral de defender os nossos brasileiros fora, e exigir que outros países lhes deem um tratamento similar". O que nem sempre acontece...

Ultimamente tem havido muitos problemas com brasileiros no exterior...

Sim. Por quê? Durante muito tempo tivemos aquela dicotomia entre socialismo e capitalismo, e as leis migratórias eram muito contaminadas por isso, ou seja, no Ocidente havia cautelas para evitar comunistas e esquerdistas, e no Leste tomava-se cuidado para não deixar o capitalismo invadir. A guerra fria acabava existindo também nas leis migratórias. Quando chegou o fim da década de 1980, quando acabou a guerra fria, houve a queda do muro de Berlim, o que aconteceu? Passou-se a colocar nas leis migratórias elementos econômicos. Ou seja, as leis novas têm que proteger o trabalhador. "Não podemos deixar entrar imigrantes porque eles vão competir com a mão de obra local." Passou-se a ter uma vertente totalmente

Formulando o Pronasci

151

protecionista nas leis migratórias, para impedir o deslocamento de imigrantes da América do Sul, da África, da América Central em busca de empregos na América do Norte e na Europa. O Brasil não entrou nessa corrente e manteve uma lei migratória muito voltada para a questão humanitária. Até que isso, de novo, se modificou com os atentados de 11 de setembro em 2001. Aqueles atentados implicaram um retrocesso enorme no mundo. Primeiro, porque o direito internacional caminhava para uma universalização de conceitos, até universalização da justiça, com o Tribunal Penal Internacional, a Corte de Haia. Era o fim do Estado nacional forte, numa comunidade internacional forte. O maior prejuízo que os atentados de 11 de setembro causaram à sociedade foi uma reversão desse quadro; foi uma recuperação do Estado nacional forte contra uma comunidade internacional fraca. Tivemos o enfraquecimento da ONU, o enfraquecimento dos mecanismos multilaterais, e o fortalecimento do Estado nacional. E aí as leis migratórias passaram de novo a abarcar, nos seus conteúdos, o elemento da segurança nacional, como era na década de 1970. Só que, ao invés do comunismo, o problema agora era o terrorismo. Todos os estrangeiros passaram a ser tipificados como terroristas, como se terroristas fossem.

O Brasil, mais uma vez, teve o papel de não deixar que isso contaminasse as nossas leis migratórias, internas. Esse papel de manter as nossas leis de política imigratória no cenário de respeito aos direitos humanos e de proteção internacional foi o meu primeiro desafio no Departamento de Estrangeiros. E um segundo desafio foi estabelecer um sistema jurídico de cooperação internacional. Por isso tive oportunidade, naquela época, de viajar praticamente o mundo todo, por muitos países, negociando acordos de extradição, de cooperação judiciária em matéria penal e em matéria civil, acordos que permitem a transferência de presos — que permitem, por exemplo, que um preso estrangeiro condenado aqui cumpra pena em seu país de origem, junto da sua família —, acordos de bloqueio de capitais roubados, no exterior. Começamos a criar um arcabouço de instrumentos jurídicos internacionais, negociando em âmbito bilateral e em âmbito multilateral também. Esse foi um segundo desafio: universalizar, deixar que o sistema de justiça brasileiro tivesse mecanismos universais ou internacionais que permitissem o combate ao crime também no âmbito da globalização da criminalidade. Ou seja, teríamos que trabalhar contra o crime internacional organizado e elaborar um sistema complexo de acordos. Isso foi feito com muito esforço, mas foi feito.

Essa foi a principal estrutura de trabalho no Departamento de Estrangeiros: manter uma política imigratória humana, aberta, entrar no cenário de proteção internacional, e, de outro lado, estruturar um sistema jurídico internacional e inserir o Poder Judiciário brasileiro, o Ministério Público brasileiro e a polícia brasileira nesse novo contexto de crime transnacional, que deveria ser combatido também no âmbito internacional.

O senhor disse há pouco que ficou como diretor do Departamento de Estrangeiros até 2002. E depois?

Em 2002 eu estava nesse cargo, quando, o presidente Lula já eleito, fui chamado pelo ministro Marcio Thomaz Bastos para uma conversa. Ele ia assumir o Ministério da Justiça, não me conhecia pessoalmente, mas tínhamos amigos em comum, e uma dessas pessoas disse a ele: "Olha, quem está no Ministério há muito tempo é Luiz Paulo; ele podia conversar com você sobre o Ministério". Tive uma sequência de quatro conversas com ele. Falamos sobre vários temas do Ministério que minha experiência me permitia falar e, no final, ele me convidou para assumir a Secretaria Executiva. Assumi no dia 7 de janeiro de 2003, e aqui permaneço até hoje.

Na Secretaria Executiva do Ministério da Justiça

Durante um tempo, o senhor se ocupou de uma área específica do Ministério da Justiça, ligada à imigração, direito internacional. E desde 2003 o senhor está na Secretaria Executiva, que, de uma certa forma, abarca todos os programas do Ministério, todas as áreas, inclusive a de segurança pública, que mereceu a atenção tanto do ministro Marcio Thomaz Bastos como, agora, do ministro Tarso Genro.

A Secretaria abarca tudo. Até brincam, aqui na Esplanada, que o secretário executivo é aquele sujeito que trata de todos os assuntos e não entende profundamente de nenhum deles... Existem três desafios para a Secretaria Executiva. Um é a administração, a gestão. É a Secretaria que faz a gestão do orçamento, dos recursos humanos, da informática, do planejamento interno, da modernização administrativa. Ela cuida de tudo, desde os concursados até a cadeira, a mesa, a sala, a conta de luz, de telefone. Ao mesmo tempo, ela tem um monte de funções técnicas. O secretário despacha com os secretários setoriais: ora eu despacho com a Funai, ora com a Secretaria de Segurança Pública, ora com a área de consumidor, ora com a área de

Formulando o Pronasci

estrangeiros. O secretário executivo cuida dos assuntos técnicos também. E a terceira vertente, que é uma vertente política, é que, por ser o segundo quadro do Ministério, o secretário representa o ministro, muitas vezes o substitui nas suas ausências, e faz também uma representação política nos contatos do mundo externo com o Ministério. Eu tenho que me dividir nessas três funções. E a grande vantagem de eu ter entrado aqui com 19 anos de idade é conhecer o Ministério profundamente. Em 1987 eu fiz um segundo concurso, para carreira de nível superior. Aí eu já estava formado, abriu-se uma vaga, consegui tirar o primeiro lugar e conquistar essa vaga no Ministério. Sou do quadro como economista, mas na verdade ora sou economista, ora sou advogado. Quando estou cuidando da administração, do orçamento, das finanças, é muito o conhecimento de economia; quando estou cuidando de assuntos que envolvem justiça criminal etc., é sempre direito. Acaba que essa dupla formação me ajuda muito. Além do fato de conhecer o Ministério.

Os ministérios, normalmente, fazem um rodízio muito grande nos cargos de confiança, como o seu. E, no entanto, o senhor atravessou a gestão de dois ministros.

É verdade. Eu trabalhei com todo o governo anterior também, do Fernando Henrique. Era diretor do Departamento de Estrangeiros e secretário nacional de Justiça substituto. Estava sempre ali, num cargo também estratégico. Havia um problema no Ministério do governo Fernando Henrique que nos angustiava muito, ao pessoal do quadro. Não vou fazer nenhuma crítica pessoal ao presidente Fernando Henrique, acho que ele teve muitos méritos de gestão, muitas coisas bastante boas, mas com o Ministério da Justiça ele falhou. Digo isso como funcionário da casa. E já disse isso a pessoas ligadas a ele. O que é que ele fez? Ele teve *nove* ministros da Justiça. Por maiores gênios que tenham sido, nenhum deles teve tempo para aplicar nada. Entrava um ministro e dizia: "Eu defendo um direito penal mínimo". Resultado: redução nas prisões. Daqui a pouco, entrava outro: "Eu defendo um direito penal forte". Prisões de segurança máxima. Aí entrava outro: "Eu defendo prisões agrícolas ou prisões-escolas". Nossa equipe técnica do Depen, Departamento Penitenciário, não sabia o que fazer. Um dia, chamei o diretor do Depen e perguntei: "Qual a política do Depen?" Ele: "Não sei. Depende do ministro que vai entrar. Cada hora é uma diferente". Não se tinha uma cultura de penitenciária no Brasil. A mesma coisa com segurança pública. Ora a segurança pública devia ser preventiva, ora repressiva. Quer dizer, não se tinha nenhuma política. Houve ministros fantásticos, grandes juristas, mas que não tiveram tempo de implantar uma política. Era um ministério loteado com o PMDB. Não se pode fazer isso com o Ministério da Justiça. Ele cuida de temas muito estruturantes para o Estado. Em quase todos os países, é um ministério de Estado, é um ministério com carreira sólida. Você pode mudar a gestão e a orientação, mas mantém projetos e programas de longo prazo. O que não se tinha aqui. Então essa era uma grande dificuldade. E isso eu disse ao ministro Márcio antes mesmo de ele tomar posse: "Nós vamos ter que ter alguma estabilidade com esse ministério para construir algumas políticas, coisa que não estamos tendo".

Qual era o principal problema que o Ministério enfrentava naquela época? Havia um embate com os estados muito cruel. Havia uma crise de segurança pública, e havia um jogo de empurra que era vergonhoso. Fizemos isso muito com o casal Garotinho durante muito tempo. Havia uma crise de segurança no Rio de Janeiro. Viravam os governadores e diziam: "A culpa é do governo federal". Aí o governo federal dizia: "Como, a culpa é minha? A questão de segurança pública é estadual. Eu não posso me meter nisso!" E a população sofria, enquanto as autoridades brigavam. Brigavam num cenário de jogo político, enquanto as pessoas estavam morrendo nas ruas do Rio. Eu, por ser carioca, sempre sofria muito com isso. E foi isso a primeira coisa que o ministro Marcio Thomaz Bastos resolveu atacar: "Chega! Nós não vamos mais empurrar a responsabilidade. Vamos dividir responsabilidades". Nunca mais vocês viram nenhum ministro dizer, nem o ministro Marcio, nem o ministro Tarso, que o problema não é um problema federal. Pelo contrário. Nós criamos o Susp, criamos o Sistema Penitenciário Federal... A gente via aquelas cenas dos presos, principalmente lá no Rio de Janeiro, de *short*, fumando, falando no celular, organizando o crime dentro do presídio, mandando executar gente de dentro do presídio. Havia até gravações com celular, a pessoa sendo executada, e o preso ouvindo aquilo...

Então, em 2003, nós fizemos o planejamento estratégico do Ministério. Esse planejamento apontou algumas necessidades. A primeira, de se estruturar um sistema penitenciário federal. Para quê? Para, justamente, fazermos presídios de segurança máxima muito rígidos, onde pudéssemos ajudar o estado a tirar aqueles principais criminosos das suas cadeias estaduais. No Rio de Janeiro, por exemplo, o Beira-Mar estava preso e continuava operando o crime, Elias Maluco continuava operando o crime. Nós íamos tirar essas pessoas dos presídios dos estados e jogar no sistema penitenciário federal. Então desenhamos cinco presídios, um em cada região do Brasil, com mais ou menos 250 vagas cada um. Eu visitei isso, acompanhei a construção. Cada presídio tem 200 câmeras de vídeo ligadas aqui dentro, por

Formulando o Pronasci

monitores, e a gente observa o que acontece lá dentro. O preso entra nu no presídio. Ele recebe roupa, recebe um *kit* de higiene, recebe três refeições por dia, e não entra *nada* de fora, mas *nada* de fora. A família não leva bolo, não leva comida, não leva *nada*. Nem o agente pode entrar no presídio com celular; há 17 portas da cela até o lado exterior, um controle rigorosíssimo dos agentes. Há até uma etapa de colocar microfone de lapela para que a gente possa ouvir o que eles estão dizendo lá dentro. Hoje, por exemplo, se um agente pega um telefone para falar, eu estou com 200 câmeras aqui, olhando. É uma segurança extremamente rígida. Algumas celas são individuais. Você tem mesa chumbada, cadeira chumbada, o chuveiro é um buraco de onde cai a água. Em alguns casos o solário é dentro da cela, para ele não sair nem para tomar banho de sol. Então ele fica absolutamente isolado. Ao mesmo tempo, três refeições por dia, uniformes limpos, direito a visitas, sala de visita íntima, biblioteca, coisas que permitem, também, humanizar o presídio, senão seria insuportável viver ali dentro. É um presídio que dá segurança e respeita os direitos humanos. Nós temos cinco desses presídios. Quatro já inaugurados e um ainda em projeção para construção. Com isso, nós puxamos dos estados os criminosos mais complicados. O que aconteceu? Despencou o número de rebeliões nos estados. Vocês não ouviram mais falar em rebelião no sistema penitenciário.

Esse sistema foi desenvolvido. Um outro sistema foi o de não só se ter um fundo para repassar dinheiro para os estados, mas se ter um indutor de uma política de segurança pública, que foi o sistema do Susp. Foi criado, no Ministério, um departamento específico, o DRCI, Departamento de Recuperação de Ativos e Cooperação Jurídica Internacional, para ajudar no combate à lavagem de dinheiro, no combate aos crimes financeiros. O Ministério tentou estruturar várias áreas, como o sistema penitenciário, a área de segurança pública, a área de combate à lavagem de dinheiro, vários projetos que o levavam a ter uma parceria mais efetiva com os estados. Não mais o empurra-empurra. Esse sistema prisional federal era para ajudar os estados a se livrarem daqueles presos mais perigosos, o combate à lavagem de dinheiro era para ajudar os estados a desarticularem grupos como o PCC, Comando Vermelho. Você desarticulava a máquina financeira do crime organizado. Você pega o Susp: era um sistema em que você trazia aos estados mecanismos indutores de novas políticas de segurança pública. Todos esses projetos feitos pelo ministro Marcio Thomaz Bastos foram voltados para ajudar os estados no combate da segurança pública. Ao contrário do que era antes, onde havia um jogo de empurra-empurra.

Esse foi um trabalho muito importante, que foi construído pelo Ministério. Quando o ministro Tarso Genro chegou e viu isso sendo feito, manteve todos esses projetos. Ele percebeu uma coisa, de maneira rara, e trouxe ao Ministério um elemento novo, que era fundamental. Uma vez, eu lembro que um policial me disse, num seminário de capacitação: "Doutor, não adianta. Parece que existe uma nave espacial jogando bandido no Brasil. A gente prende, prende, prende, e tem mais, mais, mais. São extraterrestres!" Qual foi a inovação que o ministro Tarso Genro trouxe para o Ministério da Justiça? Foi dizer que nós estávamos atacando muito as consequências do crime, e estávamos deixando de lado as causas. Essas causas eram só causas sociais? Não. É ilusão achar que crime é ligado a pobreza. Existe uma ligação perversa por outra razão, mas não quer dizer que pobreza gere crime. Esse é um preconceito muito comum. Você tem crime no Brasil não pela pobreza só, mas pela anomia, pela falta de presença e participação do Estado em alguns tipos de políticas que existiam.

Nós pegávamos muito o filme *Cidade de Deus* como exemplo disso. Você tem ali dois garotos que nascem numa favela, que vivem juntos e que têm os bandidos como exemplo, como heróis. Um deles enxerga uma vida fora. Ele quer ser fotógrafo de jornal. Ele consegue, depois, um estágio no *Jornal do Brasil* e sai por uma linha do bem. O outro vai se ligando à bandidagem até virar o traficante, o bandido local. O que é que a gente precisava fazer? — e essa foi a ideia que o ministro Tarso sempre teve. Pega esse garoto que está com o percurso social deteriorado e que vai virar aquele bandido, tira ele desse percurso e encaixa em outro. Então, vamos chegar para esse garoto e dizer assim: "Vem cá. Do que é que você gosta?" "Ah, eu gosto de capoeira". Então vamos trabalhar com esportes. "Mas eu gosto de tocar cavaquinho". Então, vamos trabalhar com música, artes. "Ah, mas eu queria estudar". Vamos trabalhar com capacitação e estudo. "Ah, eu queria trabalhar em coisa especializada". Vamos trabalhar com especialização. Se um programa federal conseguir tirar 100 mil garotos dessa situação, são 100 mil bandidos a menos nas ruas. É o desmonte daquela nave espacial que está jogando bandidos no Brasil. Ou seja, nós temos que atingir o nascedouro do crime. Como vamos fazer isso? Com um megaprojeto nacional de investimento em prevenção à violência, à criminalidade.

Pronasci, Polícia e Poder Judiciário

E esse megaprojeto é o Pronasci. Que articula ações de segurança e programas sociais.

Isso mesmo. Ou seja, ele tem toda uma vertente de valorização policial. Você tem, por exemplo, o Bolsa-Formação. Porque você tinha estados em que policiais não sentavam na sala de aula havia 15 anos. Alguns diziam, o que é pior: "Doutor, eu tenho 20 anos de polícia e nunca sentei numa sala de aula". Então ele não sabia, por exemplo, nada de preservação de local de crime. Acontecia um crime, e a Polícia Militar saía pisando no sangue, mudando o cenário do crime; quando chegava a perícia, dizia: "Mas isso aqui está destruído, eu não consigo mais identificar nada". A pegada digital era do guarda, não era do criminoso. Olha que coisa primária! Mas o sujeito dizia: "Eu nunca aprendi!"

Nossa ideia, então, foi bolar módulos de capacitação iguais. Fazer no Acre o mesmo módulo do Rio Grande do Sul, de São Paulo ou do Rio, fazer no Piauí o mesmo módulo da Bahia e do Amazonas. Começamos a tentar estabelecer todo um sistema de uniformização de capacitação. Mas como puxar o policial para a sala de aula? Dando uma bolsa. Então foi criado o programa Bolsa-Formação, onde você paga ao policial R$ 400,00 para que ele possa estudar. Pode parecer pouco, mas há policiais que ganham R$ 800,00 de salário. Para ele, R$ 400,00 é uma coisa muito boa. E para estudar, com material de ponta, que a gente traz dos Estados Unidos, da Europa, de vários partes do mundo e que é incorporado em módulos de ensino à distância. Ao mesmo tempo — "ah, eles estão morando em área de risco" — financiamento de habitação pela Caixa Econômica. Com isso, você valoriza o policial. Para quê? Para que ele comece a sair da linha só da repressão e passe a ser conquistado por uma linha preventiva de segurança pública.

Do outro lado, qual era o desafio? Pescar o jovem, resgatar o jovem. Como fazer isso? Tem que entrar na favela. Então, vamos planejar um projeto em que alguém possa buscar esse jovem. Quem, em geral, pode buscar? São as mães. São as mulheres que estão dentro da favela e que sabem qual é o garoto que já está começando a praticar delitos, pequenos furtos, a ser aviãozinho do tráfico. Então, vamos naquela mãe, ou naquela mulher. E aí criamos o projeto Mulheres da Paz. São mulheres que vão lá, identificam aqueles garotos, não para entregá-los à polícia, mas para permitir que eles, a partir dali, sejam resgatados pelo Pronasci e envolvidos num projeto social ou de capacitação, desmontando assim essa cadeia de crimes. Esse garoto, em geral, está com o pai preso, está com o pai morto ou desaparecido. Então o Estado entra junto com as mães e começa um processo de recuperação social. Dá um percurso formativo àquele jovem.

Ao mesmo tempo que se faz esse tipo de ação, mantém-se o sistema prisional federal, mantém-se sistema de repasse aos estados, de reaparelhamento da polícia, de modernização do combate. Essa política, nessas duas vertentes, permite, pela primeira vez, que o Brasil consiga atacar as causas e as consequências dos problemas de segurança pública. Que o Brasil se prepare para atacar as competências, para ter investigação criminal, perícia, polícia preventiva, desarticulando ao mesmo tempo as formações de criminalidade. Isso, colocado num projeto muito complexo, que é o Pronasci, permite um alento no que diz respeito à segurança pública. É uma forte possibilidade de melhoria dessa condição no Brasil.

O que foi, também, um elemento de boa surpresa, foi o presidente Lula ter percebido isso como uma estratégia interessante e ter feito um investimento nessa área. Quando o Pronasci foi estruturado, se nós somássemos os valores do Pronasci com os do Fundo de Segurança Pública, teríamos um US$ 1 bilhão de investimento por ano. Nunca se imaginou, no Brasil, nada parecido. No início de 2003, nós fomos atrás do Ministério da Fazenda para conseguir R$ 1 milhão para investir em segurança pública, e de repente conseguimos US$ 1 bilhão. Quando eu disse isso num seminário de ministros da Justiça da OEA, em Washington, em outro no México, também sobre segurança pública, as pessoas pediam para repetir a cifra. Como? Só Estados Unidos investem isso. Nem o Canadá. Aí explicávamos o Pronasci. Nós não só deixamos de dizer que segurança era problema do estado, enquanto o estado dizia que a culpa era federal, como estruturamos todo um sistema, que vai desde a prevenção até a repressão, e pela primeira vez fizemos um investimento tão forte nos estados e municípios.

Durante muito tempo, polícia e ação social foram vistas como dicotômicas. Pensando no Rio de Janeiro, no governo Brizola, por exemplo, a regra era: polícia não sobe o morro, porque ela vai agredir os moradores, e é preciso respeitar os direitos humanos. Acho que foi um período em que o tráfico de drogas penetrou nas favelas de uma maneira muito intensa. Imagino que toda essa fase deva ter aberto um espaço para essa nova experiência.

Abriu. Com um problema maior. Muita gente acusava essa política de ser uma política de pacto velado: eu não subo o morro, você não desce para a Zona Sul. A partir do momento em que se estabeleceu isso, os bandidos não precisavam mais descer, só precisavam ter uma corrente de ligação com o narcotráfico. E como a polícia não subia, esses criminosos, sem combate e com os grandes lucros do narcotráfico, foram se equipando, se empoderando. Eles só mantinham um canal de ligação. Como é que você faz um canal de ligação? Com a corrupção de meia dúzia de policiais, bastava passar a droga e subir o dinheiro. E eles não desciam para a Zona Sul, realmente. Os assaltos caíram, passava-se uma sensação de segurança pública, mas o que houve foi um empoderamento do crime organizado, de uma maneira que, depois, você não conseguia reverter. A nossa sorte foi isso não ter caído numa área territorial maior, onde se poderia criar uma milícia armada, a exemplo da Colômbia. O espaço territorial era muito fechado ali, para isso. Mas o Estado adotou uma política que não dá. Não pode ser assim. Essa anomia é que causou tanto problema. O Estado tinha que entrar e ocupar e se fazer presente. Que é o que nós estamos tentando fazer agora no Complexo do Alemão. É um trabalho ainda inicial. O Rio de Janeiro é o desafio maior do Pronasci e do Ministério. A cooperação com o governo estadual e o municipal nunca foi tão boa como agora. E sem a necessidade de ficarmos buscando a paternidade política dos programas. Estamos tentando resolver o problema usando a técnica. É um desafio monstruoso, de longo prazo, mas existe um caminho.

Há projetos do Pronasci que estão voltados para a polícia, uma instituição que está formalizada. Você dá armamentos, faz cursos para os policiais, e tem mecanismos de controle. Mas quando você faz projetos sociais, você vai trabalhar no mundo da informalidade, com as mães, os jovens etc. Isso é bem mais complexo, não?

É verdade, é mais complexo. Isso exige um trabalho, primeiro, permanente. Você não pode fazer nada entrando e saindo. Se você sai, aquilo volta ao normal. Segundo, isso tem que ser uma coisa que vá crescendo, em progressão aritmética ou geométrica, não importa, mas que seja crescente. Permanente e crescente. Você tem que envolver os jovens e a polícia, quer dizer, não dá para você trabalhar com polícia corrupta. A corrupção policial destrói qualquer estratégia de segurança pública. Se você monta uma boa estratégia, e a corrupção vaza água, nunca vai adiantar. Com a polícia do Rio, por exemplo, nós vamos precisar de um trabalho de longo prazo, de valorização, de formação, mas também de rigor e punição. Até conseguirmos com ela mais ou menos o que conseguimos com a Polícia Federal. Na Polícia Federal, o índice de corrupção é muito baixo, porque é uma polícia muito bem remunerada; por ser bem remunerada, o concurso público seleciona muito bem; por remunerar e selecionar bem, o sujeito tem medo de perder o emprego. Mas, ao mesmo tempo, há também um investimento na estrutura, de corregedoria, de acompanhamento, bastante bom.

Houve uma melhoria na Polícia Federal nos últimos anos, já desde o governo Fernando Henrique.

Já. Agora, de 2003 para cá, o que nós fizemos com a Polícia Federal? A estratégia do ministro Marcio Thomaz Bastos no início do governo foi, primeiro, duplicar o salário do policial federal; segundo, ampliar a estrutura organizacional em 40% em termos de delegacias novas, e em 70% em termos de efetivo. Aí ela reagiu bem. Técnicas de Primeiro Mundo. É uma polícia muito confiável. A PM do Rio de Janeiro e de São Paulo tem que ir no mesmo caminho. Não adianta, nós não vamos poder fingir que vamos pagar um salário de R$ 800,00 para um policial militar numa cidade conflagrada, quase em guerra civil, em alguns momentos. Nós vamos ter que pagar direito, e a Polícia Militar vai ter que se reestruturar. Acho que vai chegar o momento em que esse investimento vai ter que ser feito. A Polícia Militar do Rio vai ter que ter um concurso rigoroso para entrar, salário extremamente bom, e a partir daí, mecanismos de corregedoria, controle, capacitação, realocação de pessoal, para dar um salto maior.

A corrupção policial é um dos grandes problemas do Rio de Janeiro, que impulsiona o crime organizado em grande proporção. E até provoca. Eu vi um caso, a gravação de um policial que subia a favela toda semana para recolher dinheiro. Para ter aquela ronda, ele pagava R$ 2.000,00 por mês, logo, devia arrecadar R$ 4.000,00. Ele subia na favela e cobrava esse dinheiro do grupo de traficantes. Chegou uma determinada época do mês, o traficante não tinha dinheiro, e a escuta telefônica mostra o policial dizendo o seguinte: "Se vira. Eu vou passar aí na terça-feira e quero o dinheiro na minha mão. O problema é seu". Imediatamente, o bandido liga para o outro diz: "Manda os aviãozinhos descerem e fazerem — não me lembro mais — R$ 4.000,00, R$ 5.000,00 nas ruas". Então vários garotos desciam para a rua para fazer assaltos e conseguir o dinheiro para pagar o policial, em cima, na terça-feira. O assalto na rua era provocado pela corrupção policial! O narcotráfico nem estava promovendo o assalto. Mas deu ordem: manda a garotada descer para assaltar, porque eu preciso de R$ 4.000,00, e o movimento de droga não está permitindo esse ingresso nesse período de tempo. Ou seja, as coisas se retroalimentam, e precisam ser desarmadas.

Em outros pontos do país, a polícia precisa ser modernizada. Às vezes eu vejo a polícia de alguns estados do Nordeste, e a impressão é péssima. Aquele policial mal vestido, mal formado, desinteressado, quase tão bandido quanto os outros, com uma estrutura, também, muito deformada. Acho que a política pública vai ter que mudar nisso. Os governadores vão ter que descobrir que polícia é investimento. Nós temos que ter polícias realmente de ponta. O policial tem que ser um cargo respeitado. Aí você vai dizer: "Ah, mas primeiro você tem que respeitar o professor, o médico". Acho que você tem que respeitar todos, mas a nossa parte é fazer com que as polícias tenham outro perfil de ingresso, de carreira, de remuneração e de relação social. Elas têm que se relacionar com a sociedade de uma maneira mais direta. A sociedade precisa conhecer o nome do policial. Aí ele não tem coragem de se corromper, porque ele é conhecido, faz parte daquela comunidade. E acho que esse salto o Brasil começa a dar.

Essa polícia seria a polícia comunitária?

A polícia comunitária é uma polícia que tem que ser cidadã, e no futuro todas terão que ser assim. Mas neste momento o embrião de uma polícia mais cidadã é realmente a polícia comunitária. Aquela polícia que vai à comunidade, conhece as pessoas pelo nome, resolve, media a solução de conflitos rapidamente.

O ministro Marcio Thomaz Bastos ainda trouxe para o Ministério uma terceira vertente, que é a do Poder Judiciário. Justiça lenta é sinônimo de injustiça. Isso é uma coisa que precisa ser estudada no Brasil de maneira mais profunda, para que haja uma mudança real. Por exemplo, você tem o seu carro. Alguém bate no seu carro e diz: "Olha, eu sou culpado, mas não tenho dinheiro, não tenho seguro. Se vira". Aí você vai procurar um advogado, para entrar com uma ação contra a pessoa. O advogado diz: "Está bom. Eu cobro R$ 5.000,00". Você: "Ah, mas o conserto vai sair R$ 4.000,00". "Então eu cobro R$ 3.000,00". "Está bom então. Quanto tempo na Justiça?" "Talvez uns cinco anos". Você não vai pagar três para ficar cinco anos brigando por um conserto que custa quatro. Então, tchau, você vai lá e paga o conserto. Mas você teve o seu direito violado. Na hora em que você bater, você vai respeitar o direito do outro, vai dizer que vai pagar? Não. Então, essa é uma coisa perversa no Brasil.

Todo crime, toda violação civil é um desequilíbrio nas relações sociais. Para isso existe o direito. Para reequilibrar essa relação social. Se houve uma relação social violada por um crime, ou por você ter sido lesado em alguma coisa, o Poder

Judiciário é obrigado a reparar, a recompor esse desequilíbrio social. Se demora muito tempo, ele não faz esse reequilíbrio. O que é que acontece? Você começa a desacreditar no sistema da Justiça. Ao não acreditar, você não vai mais se socorrer da Justiça para fazer valer seu direito. Você vai fazer o quê? Violar também. Então você entra numa perversidade de multiplicação de violações. O vizinho roubou minha casa? Vou roubar a dele também. De manhã, vejo meu carro com a roda ou com o som roubado. Chamo um garoto e mando ele roubar um som para mim. Isso vai se multiplicando. Essa violação pequena de direitos acaba gerando as grandes violações. Uma hora isso passa por homicídio. A situação de se não ter sistemas ágeis e eficientes de solução de pequenos conflitos é incubadora de grandes conflitos. E o Brasil tem que agir nisso. Por isso o ministro Marcio criou uma secretaria específica para reformar o Poder Judiciário, para tentarmos buscar um outro padrão de justiça: a justiça sem papel, a justiça de mediação, a justiça oral, coisas que mudam o processo judiciário formal. Nosso processo judiciário é de um formalismo de 200 anos atrás. Temos que ter uma coisa mais rápida, porque aí você acredita na justiça, passa a respeitar, sabendo que pode ser punido.

Essa terceira vertente, além dos mecanismos de prevenção e dos mecanismos de recomposição das relações sociais, que é a vertente de um Poder Judiciário efetivo e rápido, é ainda um desafio para o país. Um outro desafio que eu diria que o Ministério da Justiça tem, hoje, é se transformar num ministério de proteção de direitos. Acho que a sociedade brasileira ainda tem muito poucos defensores dos seus direitos, principalmente quando se trata de direitos coletivos, de direitos difusos. Se, por exemplo, um prefeito não está cuidando de um hospital, ou a comunidade está sendo lesada na merenda escolar, ou uma empresa vive desrespeitando direitos, tem que existir uma atuação do Ministério da Justiça no sentido de ir até lá e defender o cidadão, defender o direito coletivo, como guardião desse direito. Acho que o próximo passo de refinamento de uma política do Ministério vai ser entrarmos numa linha de defesa efetiva dos direitos da cidadania, para que as pessoas digam: "Violação de direitos? Ministério da Justiça". Se é questão de contaminação do lençol de água de uma cidade, se é questão de desrespeito a direitos de indivíduos num órgão como o INSS, se é questão de saúde pública deficiente, de escolas e educação pública sem prestação de serviço, é hora de ter um órgão em que você reclame disso. Acho que o Ministério da Justiça poderia ter, no futuro, um papel na sociedade muito intenso, nessa área de desrespeito a direitos. Seria o próximo caminho para a recomposição.

A gestão do Pronasci, a FGV, a formação dos jovens

Voltando ao Pronasci. Como o senhor vê o desafio de controlar o repasse de recursos do programa e de acompanhar o que está sendo feito nos estados e nos municípios?

Acho que esse é um dos desafios fundamentais. A implementação do Pronasci é complexa, e a administração pública tem um problema. Há uma inversão no sistema de administração pública que é perversa e ineficiente. Qual é essa inversão? Megainvestimento nos mecanismos de controle e baixíssimo investimento nos mecanismos de execução. Ou seja, enquanto nós temos o TCU, que tem dos melhores salários da Esplanada dos Ministérios, enquanto nós temos uma Controladoria-Geral da União, com excelentes salários e muitos fiscais, na área de compras, de gestão e administração dos ministérios, há meia dúzia de gatos pingados ganhando R$ 2.000,00 por mês. Ou seja, os pregoeiros, os sujeitos que fazem a gestão de contratos, são personagens muito pequenos, suscetíveis a erros e à corrupção em alguns casos. Enquanto isso, o TCU e a CGU estão vinculados para punir erro. Não é nem punir corrupção, muitas vezes é punir erro. Portanto, esse sistema está invertido. Nós deveríamos ter uma área de gestão administrativa, de compras dos ministérios, de gestão de contratos, de excelência. Essa área é que deveria receber salários muito altos, deveria ter uma estrutura bem montada e grande. Quando eu entrei no Ministério, havia uma moça que tinha *cem* contratos sob a gestão dela. Eu disse: "Você está é *sem* gestão sobre contratos". Tira o c e bota o s, porque é uma loucura. Como é que alguém pode gerenciar cem contratos? Isso não existe. Ao mesmo tempo, havia o TCU, com uma megaestrutura, punindo: "O servidor, no processo tal, deixou de observar que devia ter sido feita uma pesquisa a mais do que a normal". Por mais que a gente insista, o Estado brasileiro não conseguiu recompor isso.

Quando veio o Pronasci, eu disse: "Meu Deus do céu. Nós vamos potencializar o nosso problema. Nós vamos ter um dinheiro muito grande, o dobro do orçamento do Ministério, para uma estrutura micro, com os mesmos problemas, que nós vamos potencializar". A solução que encontramos foi buscar um novo modelo de gestão, em que a Fundação Getulio Vargas veio nos ajudar. O Simap é um novo modelo de gestão. Ele veio para tentar trazer ao Pronasci uma excelência em gestão, uma coisa diferenciada do que se tem na Esplanada como um todo. Nós não podemos ter um projeto que só transfere recursos. Vai ser um fracasso. Tem que ser um projeto que transfere recursos, que acompanha as políticas, que cobra as políticas e afere resultados. Senão a gente não vai conseguir funcionar. O que foi que nós fizemos? Primeiro, a estruturação do sistema, essa parceria com a FGV. Que eu acho que é de fundamental importância. Por quê? Porque esse é um novo mecanismo de gestão, que acho que deveria ser até um *case* de estudos na administração pública. Nós temos muito interesse em que esse caso signifique amanhã uma publicação, um exemplo, que vá para os bancos da Enap como um modelo novo de administração pública. Ao mesmo tempo, fizemos um concurso temporário para contratar 100 candidatos, que já estão em treinamento, e que vão entrar para ajudar na gestão do Pronasci como um todo.

Acho que esse mecanismo que a FGV desenhou, o Simap, é muito mais do que um sistema, muito mais do que um simples mapa de gestão, é um mecanismo inovador que permite o gerenciamento do fluxo financeiro. O nosso maior pesadelo é que qualquer verba do Pronasci caia em corrupção na ponta. Mesmo que não haja corrupção, basta um gasto inadequado para que haja problemas. O controle do gasto não tem que ser só no repasse do dinheiro e do gasto do dinheiro. O gasto tem que ser um bom gasto. Ou seja, tem que reverter em algum impacto na política de segurança pública local. Porque, se não reverter, vamos ter que alterar, mudar o gasto, mudar parceiro, mudar o plano. Mas isso tem que ser feito de maneira muito permanente. Acho que esse é o grande salto que a gente pode dar. Evitarmos ficar apenas prestando informações às áreas de controle, TCU e CGU, sem eficiência no gasto que está sendo feito.

Há mais alguma coisa que o senhor gostaria de dizer?

Acho que existe uma coisa, no Brasil, que ainda está intocada na questão da segurança pública. Pode ser até uma percepção errada, mas acho que esse é o grande desafio da segurança pública, que pode se incorporar agora ao Pronasci. Eu tenho filhos adolescentes. A gente percebe que houve um momento em que a sociedade se modernizou, e os pais tiveram que, ambos, trabalhar. Nós fomos trabalhar, pai e mãe, e deixamos a educação dos nossos filhos centrada na escola. A educação familiar se desfez. Núcleos familiares também se desfazem com muita frequência. São coisas normais dos tempos modernos. Agora, tempos modernos têm que ser acompanhados de políticas modernas. Quando os pais jogaram as crianças para a formação nas escolas, o que as escolas ofereceram? A formação de competidores. Eu vejo meus filhos, no segundo grau, sabendo fazer cálculo diferencial, logaritmo, tabela periódica, mas não sabendo nada de direitos humanos, de cidadania. Eles não têm ideia. Eu costumo, de vez em quando, conversar com eles sobre isso. Por exemplo, se você recebe um troco errado para mais na padaria. O que isso causa? Dei o exemplo da funcionária que é descontada, chega em casa, o marido sabe que ela perdeu o salário, agride, acaba aquilo até em morte, por causa de um troco errado. Muitas vezes, o que a gente percebe são jovens muito voltados para um mercado cada vez mais competitivo, mas sem nenhuma formação cidadã.

A sociedade vive uma doença social, que passa por isso. Essa formação deturpada gera adolescentes que não têm nenhum freio, nem ético, nem cívico, nem religioso, nada. Você tem toda uma geração montada no ter. Ter, ter, ter. Quem tem faz sucesso. Quem não tem é um fracassado, mesmo que tenha optado pelos estudos, pela intelectualidade, pelo despojamento, por vários métodos de vida que deveriam ser os mais valorizados. São os menos valorizados. Se o ter vale tudo, tudo vale para ter. Então, o que é que nós vemos? Assassinato por causa de um tênis Nike, furto para poder pagar restaurante... É o ter desmedido. Quando isso contamina toda a sociedade, você tem potencial criminoso em 100% da população. Se chega um momento em que você abstrai todos os aspectos morais que podem frear a conduta, o que acontece? É o pequeno delito, é aquela coisa — "já que eu estou usando cocaína, deixa eu vender também, que eu estou querendo comprar uns óculos, um relógio, um tênis de marca". A pirataria justifica muito isso. "Por que você compra tanto pirataria?" "Porque eu quero ter coisas com marcas, porque isso é bacana, isso é bonito". Então você tem toda uma sociedade voltada para consumo, consumo, consumo. Uma relação de consumo brutal, que não satisfaz ninguém, em que você vai sempre substituindo uma coisa por outra coisa. O importante é consumir, independentemente da desgraça que aquilo está causando ao meio ambiente ou às relações de trabalho. Gente! Se isso está assim quando você tem condição de botar o seu filho numa escola particular, quando, teoricamente, o indivíduo tem tudo dentro de casa, imagina quando ele não tem nada dentro de casa, quando o professor está ali desmotivado!

Essa é uma preocupação. Eu me pergunto até que ponto atuar nessa geração de crime não vai implicar a reformulação do sistema de educação no Brasil, não pode criar uma vinculação desse sistema com a formação de cidadão. Vamos formar cidadania. Vamos formar indivíduos que tenham outros valores de vida que não só o dinheiro. Acho que isso está vinculado à segurança pública, está vinculado à criminalidade. E uma hora a gente vai ter que ter uma política pública transversal à segurança e à formação. Talvez criar o Ministério da Justiça e

Educação, juntar os dois. Mas nós precisamos rever a educação. Muitas vezes eu fico me perguntando por que se precisa saber tanto cálculo ou tanto detalhe de algum tipo de coisa, quando não se tem a formação ética e cidadã. Acho que esse é um ponto que a segurança pública vai precisar avaliar. Quando a gente vai fazer pesquisa com jovem, é aquela coisa: "Por que você roubou dele?" "Porque eu tenho que ter, eu tenho que ter". E aí se mata, por nada, não é. Por um tênis. A vida fica banalizada.

Zaqueu Teixeira
Delegado de Polícia do Estado do Rio de Janeiro

Entrevista feita no Rio de Janeiro em 10/2/2009

Da infância difícil à chefia de Polícia

Onde o senhor nasceu, onde estudou, por que a opção de se tornar delegado?

Sou nascido e criado na Baixada Fluminense, em Queimados. Tive uma infância, uma vida muito sofrida. Fui criado pela minha avó. Meu pai tinha uma família desestruturada. Comecei a trabalhar muito cedo, com 13 anos. Fui camelô, vendi jornal no trem, vendi bala, picolé, vendi sorvete na praia... Terminei meu primeiro grau com quase 18 anos. Uma dificuldade muito grande para estudar. Consegui bolsa para fazer um curso pré-técnico e aí fiz concursos, para a Escola Técnica Visconde de Mauá, a Escola Técnica Federal Celso Suckow da Fonseca — atual Cefet — e as escolas técnicas militares. Passei para a Escola de Especialistas de Aeronáutica, estudei dois anos em Guaratinguetá e me formei terceiro-sargento da Aeronáutica. Lá você tinha alimentação, remuneração e uniforme dados pela Aeronáutica. Terminado o curso, voltei para o Rio e fiz o supletivo, para pegar o diploma do segundo grau. Do supletivo, fiz o pré-vestibular e passei para o curso de direito. Minha rotina, então, era sair de Queimados, ir para o quartel na Ilha do Governador, da Ilha do Governador vir para a faculdade no Centro e depois voltar para Queimados. Foi difícil, mas consegui concluir o curso.

Terminada a faculdade, o primeiro concurso público que fiz foi para delegado de polícia. Passei, e em 1993 tomei posse como delegado. Tive uma ascensão muito rápida dentro da Polícia Civil. Trabalhei na Divisão Anti-Sequestros, na época em que o Rio de Janeiro passou por aquela crise de sequestros. Foram 107 casos num ano. Eu chegava a trabalhar com três casos de vítimas em cativeiro ao mesmo tempo. O chefe de Polícia, na época, era o Hélio Luz. Chefiei diversas delegacias, Botafogo, Ilha do Governador, fui delegado regional na Baixada, trabalhei em quase todas as delegacias especializadas. Muito cedo fui promovido a delegado de primeira classe. Tem um livro que escrevi, chamado *Na moral, a inteligência vence o crime*, que conta essa minha trajetória, os casos em que atuei diretamente.

Depois disso, em 2002, no governo da Benedita, fui convidado para ser chefe da Polícia Civil. Foi um período curto, em que nós conseguimos mostrar que era possível fazer uma atuação diferenciada, utilizando a inteligência ao invés de uma metodologia de confronto, em que as polícias são invasivas, entram, o policial mata, o policial morre, as pessoas inocentes acabam morrendo também. Conseguimos sair um pouco dessa linha. Consegui implementar uma política de segurança calcada na inteligência, não como discurso, mas como forma de atuação das instituições policiais. A Polícia Civil veio muito para as ruas. E nós conseguimos fazer diversas iniciativas que marcaram. Foi uma gestão curta, de nove meses, mas que ficou bem marcada no Rio de Janeiro. O fato mais grave que nós enfrentamos e conseguimos resolver foi a morte do Tim Lopes.

Esse caso ficou famoso. Assim como o fato de o senhor ter conseguido prender o criminoso, Elias Maluco, sem dar tiro.

Pois é. Todo mundo cobriu esse caso. Foi um caso em que a pressão da opinião pública foi muito grande. Toda vez que eu falava com a governadora, ela perguntava: "Já prendeu o Elias Maluco?" Nós recebemos a notícia do desaparecimento do Tim Lopes e iniciamos o nosso trabalho de investigação. Identificamos o local do crime, achamos o corpo, identificamos os autores, pedimos a prisão de todos eles e fomos prendendo um por um. E o último foi justamente o Elias Maluco, que se escondeu dentro do Complexo do Alemão e não saía dali de jeito nenhum. Nós fazíamos o monitoramento dele, ouvíamos os passos dele, mas ele não saía de lá de dentro.

Nessa época, foi noticiado que o Disque-Denúncia também ajudou. Vocês se articulavam com o Disque-Denúncia?

Eu sempre tive um trabalho muito junto do Disque-Denúncia. Quando trabalhei na Anti-Sequestro, o Disque-Denúncia estava começando e ganhou fôlego, porque dois casos foram desvendados com informações que foram passadas para lá. A partir daí, em todas as unidades em que trabalhei, sempre estive próximo do Zeca Borges e do Disque-Denúncia, porque eu tinha a concepção seguinte: eles poderiam me dar dez denúncias; se nove fossem infundadas, mas uma desse certo, já tinham cumprido o objetivo. Fizemos apreensão de toneladas de produtos roubados, conseguimos resolver vários casos em parceria com o Disque-Denúncia. Sempre foi um parceiro que utilizamos.

No caso do Tim Lopes, nós fizemos o monitoramento do Elias Maluco. Sabíamos que ele estava dentro do Complexo do Alemão e fizemos uma operação que expressasse a maneira como sempre trabalhamos: uma operação que tivesse a legalidade do lado, que o Poder Judiciário estivesse acompanhando, em que a gente pudesse entrar naquela região e bater de casa em casa, com autorização judicial permitindo a entrada nas residências, ganhando a confiança daquela população. A gente sabe que, numa região dessas, é 1% subjugando 99%. E eu confiava que, com uma operação bem organizada, bem planejada e apoiada pela comunidade, nós conseguiríamos prender o Elias Maluco. Isso aconteceu no terceiro dia. Nós fizemos a ocupação do Complexo do Alemão, no primeiro e no segundo dia fomos batendo de casa em casa, num trabalho organizado, e no terceiro conseguimos fazer a prisão dele. O endereço foi passado para o Disque-Denúncia, mas a pessoa que passou ficou ansiosa e falou para os policiais: "Olha, ele está ali, naquela casa" — e aí ele foi preso, sem a polícia precisar fazer qualquer ação que representasse perigo para os que estavam em volta. Isso é tudo o que gente prega: a possibilidade de você ter direitos humanos, ter o cumprimento das leis e fazer com que as instituições passem a ser respeitadas, pela sua forma de agir.

Aquela foi uma época em que nós conseguimos acender a chama da boa polícia, da polícia que era valorizada, era elogiada nas ruas. Quando a gente pega as imagens da época, os recortes dos jornais e até mesmo da TV, é gratificante. Sob o ponto de vista do trabalho policial, existem coisas que você faz que não têm preço. Tirar uma vítima de cativeiro não tem preço. Deve ser a mesma emoção do médico que está fazendo um parto. Trabalhei num caso em que a pessoa ficou no cativeiro 90 dias, e quando saiu na rua, dizia: "Pôxa, a paisagem está tão diferente aqui na Barra!" Para você ver o que é o sequestro, o trauma que ele causa. Teve um jovem que nós tiramos de dentro da Floresta da Tijuca, que ficou 15 dias amarrado pela perna numa árvore com uma corrente, numa choupanazinha que fizeram na mata. Já estava há dois dias sem alimentação. Esse trabalho gratifica. Muita gente diz: "Não quero nem passar perto da delegacia!" Mas a gente sabe que quando a polícia atua, quando ela está ali, do seu lado, é muito bom.

Existe realmente uma dificuldade de interação entre a Polícia Civil e a Polícia Militar? O senhor vivenciou isso?

Isso acontece muito na cúpula das instituições, em que há uma disputa de poder. Quando você desce, a relação melhora. Entre os policiais, não há esse enfrentamento. Então eu vejo que, num processo de médio e longo prazo, você só vai conseguir acabar com o ciclo partido, de que uma investiga e a outra faz ostensividade, pela base. O problema está nas cúpulas, que não querem perder as suas prerrogativas. São os oficiais, que têm patente, que querem permanecer com os galões e com aquela vinculação militarizada, e são os delegados, que também não querem perder para o outro lado. Isso dificulta a junção. Mas na base, não. Na base, você vê que há possibilidade de avançar.

O Susp e os Gabinetes de Gestão Integrada

O senhor foi da Aeronáutica, depois entrou para a Polícia Civil. E o seu interesse pela política? Quando começou?

Começou depois que fui chefe da Polícia Civil. Sempre votei no PT, pelo que o partido representava, por aquela coisa de você querer mudanças, mas até 2002 nunca militei. Na Aeronáutica, na época em que fui militar, de 1980 a 93, você não podia ser filiado a partido político. E eu sempre fui muito centrado, dentro das normas e das regras. Quando saí da Aeronáutica e fui para a Polícia Civil exercer um cargo de autoridade policial, sendo técnico, também nunca me envolvi politicamente. A pessoa que eu conhecia ligada à política era o Hélio Luz, que foi meu chefe de Polícia. Conhecia também o Carlos Minc, que era o deputado estadual do PT e fez um trabalho comigo. Quando eu era da Delegacia de Roubos e Furtos de Veículos, tinha uma atuação muito forte no que diz respeito aos ferros-velhos ilegais. Nós então juntávamos a questão do meio ambiente com a da reciclagem e tínhamos uma atuação firme para impedir o aumento do roubo de veículos.

Apesar desses contatos, o senhor só se interessou pela política mesmo depois que foi chefe de Polícia.

Sim. Cheguei muito cedo ao topo da instituição. Fui chefe de Polícia em 2002, tendo entrado em 1993, e tendo ainda muito tempo pela frente para me dedicar à

Polícia Civil. Então, você acaba buscando novos caminhos: o que fazer depois de chefiar a instituição, em que você conseguiu marcar a sua gestão, conseguiu fazer um bom trabalho e deixar referências? Antes de ser chefe da Polícia Civil, eu só conhecia o Hélio Luz e o Carlos Minc, não conhecia ninguém dentro do PT. Meu primeiro contato com a Benedita foi quando ela me convidou para ser chefe de Polícia. E aí eu acabei me relacionando com as pessoas que eram do governo.

Terminei minha gestão na Polícia Civil exatamente quando Lula se elegeu presidente. Na época houve uma pressão política muito grande, porque era tempo de eleição, o PT governava o Rio de Janeiro, e o desgaste foi muito grande. Mas por mais que a cidade estivesse pegando fogo em alguns lugares, nós passávamos uma tranquilidade para a população, e conseguimos fazer uma boa gestão. Que acabou marcando. Acabou que o ponto forte do PT foi a segurança pública, coisa que ninguém imaginava que fosse. Depois da eleição do Lula, então, eu me filiei ao PT pelas mãos da Benedita. A partir daí, Lula assumiu o governo, Luiz Eduardo Soares foi para a Secretaria Nacional de Segurança Pública, e fui trabalhar com ele, num cargo de diretor, para implantar os Gabinetes de Gestão Integrada pelo Brasil. Foi quando o Susp foi formatado, o Sistema Único de Segurança Pública.

O Susp surgiu com Luiz Eduardo Soares na Senasp.

Com o Luiz Eduardo. Ele levou o Susp, que fez com que os investimentos do Fundo Nacional de Segurança Pública fossem direcionados. Fernando Henrique tinha criado o Fundo, que era como se fosse um caixa de banco. Você apresentava um projeto, retirava o cheque e realizava aquele projeto pontual. Você queria comprar viatura: ia lá, apresentava o projeto e comprava viatura; queria reequipar a sua instituição, queria fazer um curso: ia lá e sacava, sem que houvesse nenhum compromisso e nenhuma direção com respeito à utilização dos recursos. Com o Susp, foram criados os eixos de atuação e de investimento. Para retirar recursos do Fundo, você passou a ter que ter projetos — para gestão do conhecimento, para gestão de pessoas, para aperfeiçoar as perícias técnicas, para a Corregedoria e para a Ouvidoria. Passou a ser exigida uma lógica de atuação sistêmica, em que você apresentasse um projeto que tivesse início, meio e fim, e que pudesse representar um avanço das instituições. As instituições passaram a ter que fazer planejamento estratégico, ter plano de segurança, ter metas. Essas exigências para poder utilizar os recursos públicos tinham o intuito de fazer com que as instituições se movimentassem de forma mais coesa, qualificada, técnica. Com isso, alguns eixos eram colocados, para que você pudesse fazer transformações nas instituições de segurança pública. Foi então que a questão da ouvidoria foi colocada, assim como outros eixos temáticos que existem no Susp. Ele foi a base sistêmica, que foi montada para que se tivesse uma atuação da segurança pública de forma organizada. Antes, só se acompanhavam os investimentos, que eram feitos de forma pontual, sem estarem amarrados com o todo.

Para que fosse montada essa base sistêmica certamente foram importantes os Gabinetes de Gestão Integrada, que o senhor foi chamado a implantar. Como funcionavam eles?

O Gabinete de Gestão Integrada era um dos instrumentos que faziam com que as instituições pudessem se integrar. Era um fórum de deliberação em que se sentavam a Polícia Civil, a Polícia Militar, a Polícia Federal, o Ministério Público, o Poder Judiciário. Todos os atores que de alguma forma participavam da segurança pública se sentavam juntos para identificar os problemas que tinham que enfrentar e, a partir dali, buscar as soluções, cada um se comprometendo com aquilo que lhe cabia na sua especificidade. Vamos tomar o exemplo da operação que fizemos no Complexo do Alemão. Precisa de um mandado de busca? Tem aqui o Ministério Público, o delegado já requer ao Ministério Público, que já vai ao juiz, que já autoriza. É uma forma de buscar identificar um problema, e de mobilizar todos aqueles que é preciso mobilizar para que as soluções possam ser buscadas, cada um dentro da sua cota de responsabilidade. Isso faz com que as pessoas se comprometam com aquilo que vão fazer. Então, é um instrumento de gestão importante.

Os Gabinetes de Gestão Integrada foram implantados em todos os estados?

Em todos os estados. Para que os estados pudessem receber recursos do Fundo Nacional de Segurança Pública, eles precisavam montar um Gabinete de Gestão Integrada. Essa era uma das contrapartidas. E eu viajei pelo Brasil todo, fazendo com que os gabinetes pudessem ser montados, pudesse haver essa articulação, as instituições pudessem se sentar e discutir, para que os problemas da segurança pública fossem colocados e as soluções fossem buscadas de forma conjunta. Essa foi a minha primeira passagem pela Senasp, como diretor do Departamento de Execução e Avaliação do Plano Nacional de Segurança Pública. Fiquei lá até a

Formulando o Pronasci

saída do Luiz Eduardo. Na verdade, saí um pouquinho depois dele. Ele saiu em setembro de 2003 e eu fiquei até o final do ano.

O que o senhor fez ao sair da Senasp?

Saí da Senasp para ser candidato pela primeira vez, em 2004, a prefeito de Queimados. Aí é interessante, porque como eu não militava, e passei a militar dentro do PT, era aquela coisa de um peixe fora d'água entrando numa lagoa: sem rumo, sem saber muito bem o que fazer, naquele sonho — "Quero ser prefeito da minha cidade. Ajudar a governar a cidade onde fui nascido e criado."

Como foi essa disputa para a prefeitura de Queimados em 2004?

Foi um aprendizado difícil, porque foi uma disputa em que eu vivi internamente o PT, passei a conhecer como ele funcionava. Não adiantava você ser uma figura pública, que tinha expressão na sociedade; isso não era o suficiente para ser candidato. Todo mundo dizia: "Você tem que ser candidato a vereador pela cidade do Rio de Janeiro. Você tem uma imagem, fez um bom trabalho". Mas eu cismava que não queria ser vereador. Queria ser prefeito da minha cidade. Aí, para ser candidato, tive que disputar uma prévia. O partido, em Queimados, tinha um vereador e em torno de 400 filiados. Eu não conhecia os filiados, mas me articulei com as pessoas que eu conhecia, fui entrando, disputei a prévia com o vereador e, nessa disputa interna, tive a infelicidade de ganhar... Eu queria ganhar, claro. Mas, se não ganhasse, o caminho seria outro. Como ganhei, não teve jeito, fui ser candidato.

E o senhor atribui a vitória nas prévias à articulação com as pessoas que o senhor conhecia na cidade?

Sim. Na verdade, quando fui para Queimados, montei um núcleo do partido junto com dois meninos da Juventude do PT — um hoje é vereador, consegui elegê-lo. Foram eles que me ajudaram a iniciar esse trabalho de visita aos filiados, para convencimento. Eu era conhecido na cidade. Mas o interessante é que eu era muito mais conhecido no Rio do que em Queimados. Depois vim a identificar por quê. Porque no Rio você tem o RJ-TV, e a minha imagem era muito mais forte. Eu entrava no restaurante, no táxi, na rua, e as pessoas me conheciam, falavam comigo. Em Queimados, não. Só aqueles que me conheciam da minha infância é que diziam: "Ah, o Zaqueu é de Queimados!" Foi um aprendizado muito grande. Depois de deixar de viver na comunidade, de exercer um cargo público, voltar numa relação de militância, de buscar se legitimar, e disputar uma prévia com um vereador eleito pela cidade foi um processo completamente diferente de tudo o que eu estava vivendo na minha vida. Venci a prévia por 175 a 102, o vereador saiu do PT levando os militantes dele, fui para a eleição só com aquelas pessoas que acreditavam em mim, e tive 18% dos votos. Mas não me elegi.

Depois disso, em 2006, passei a trabalhar na reeleição do Lula e fui também candidato a deputado federal. Fiquei como segundo suplente do PT. Na eleição para prefeito eu tive 11 mil e poucos votos, e na de deputado fiz quase 23 mil. Lula se reelegeu, Tarso Genro foi para o Ministério da Justiça e me chamou para ser assessor especial dele.

O senhor já conhecia o ministro Tarso Genro?

Eu o conheci do PT Nacional, pois participava das reuniões do Diretório Nacional para conhecer o PT. Não tinha uma aproximação grande, mas pessoas do partido me apresentaram, e fomos fazendo uma relação. O deputado federal Jorge Bittar me levou a ele, Benedita falou de mim, depois levei meu livro, para ele me conhecer um pouquinho mais. Minha vontade sempre foi estar na Senasp, ajudar o partido enquanto quadro, porque os quadros de segurança pública no PT são poucos. Já que era o meu partido que estava no governo, sempre pleiteei politicamente ir para a Senasp. Mas Tarso Genro me chamou e disse: "Olha, eu não vou mexer na Senasp. Mas tenho uma tarefa para você. Se você quiser, a gente começa a trabalhar juntos". Foi quando nós começamos a trabalhar para fazer um programa de segurança pública.

O PT e os partidos de esquerda de uma maneira geral sempre tiveram um preconceito grande em relação à polícia, que ficou muito identificada com a repressão da ditadura militar. Como o senhor se sentiu quando começou a militar no PT?

Já rompi muito com isso, de tanto estar nas reuniões, nos debates, nas discussões, mas era como se eu fosse um corpo estranho naquele movimento social. Eu era visto com desconfiança: "O que esse delegado quer aqui? Quer prender? Quer baixar o cacete em alguém? Como é que ele vai se comportar quando, numa discussão acalorada, a gente meter o dedo na cara dele?" Sempre surgiu muito isso.

Eu percebia que as pessoas me viam como se eu fosse um corpo estranho, tentando me introduzir em algo que não era o meu meio. Hoje não há mais isso, mas no início não foi tão fácil, não foi tão simples. Mas foi um aprendizado. Acho que a experiência política fez com que eu crescesse muito enquanto pessoa, enquanto ser humano. Minha mulher diz: "Você deixou de ser aquele delegado durão e firme. Essa convivência política te deixou muito mole, disperso e desatento". Uma coisa é você ser uma autoridade policial e estar sempre ali, sendo demandado a arbitrar, a dizer o que está certo, o que está errado; outra coisa é ir para uma relação em que você tem que conquistar a pessoa, tem que convencê-la de que você é uma opção melhor do que a outra. É um processo diferente. Eu sou muito tímido, muito quieto, mas, enquanto candidato, acabo ultrapassando uma barreira, porque o candidato tem que tomar iniciativa, tem que falar, tem que se dirigir às pessoas. Acabo me massacrando muito enquanto ser humano, para ser candidato. Mas as coisas que eu acho que vou ter que fazer, eu faço.

A concepção do Pronasci

Esse programa em que o ministro Tarso Genro o convidou para trabalhar foi chamado de Programa Nacional de Segurança Pública com Cidadania, o Pronasci. Como foi essa experiência?

O ministro dizia o seguinte: "O presidente está iniciando essa nova fase com recursos para investir no país. E tenho certeza que, se nós apresentarmos um bom projeto de segurança pública, ele vai patrocinar". O ministro me convidou para ser o secretário-executivo, e vieram trabalhar comigo Francisco Rodrigues, Glória — Maria da Glória Neta, e Reinaldo Chaves Gomes. Francisco era brigadiano, tinha passado pela Polícia Militar do Sul, que eles chamam de Brigada Militar — por isso eles são brigadianos, não são policiais militares; se você disser que são policiais militares, arruma briga com eles. É professor, com formação em educação física, com mestrado, uma pessoa muito ativa, e fizemos um debate muito intenso. Glória havia trabalhado no Palácio do Planalto e tinha uma experiência muito grande em planejamento estratégico, em metodologias. E Reinaldo trazia a experiência que teve na Juventude do PT. E então nós começamos a montar o Pronasci, com aquele grupo de trabalho.

Era início de 2007. Com três meses de governo, já começamos a trabalhar. Discutimos com o ministro, levando aquilo que nós pensávamos sobre segurança pública, quais eram os focos em que deveríamos atuar, e ele produziu um documento que balizava aquilo que nós deveríamos, a partir dali, tomar como norte para montar o programa. Para mim, era uma coisa nova fazer um programa, e por isso foi importante a experiência das pessoas que estavam comigo. Levei também a minha experiência, fizemos diversas reuniões e, a partir do texto que o ministro nos deu, preparamos um esboço, em 40 dias, aproximadamente. Até ficar tudo bem estruturado foram vários debates, com a sociedade civil, com os profissionais de segurança, com várias pessoas. Debatíamos também internamente, e muitas reuniões era o próprio ministro quem conduzia, porque nós lhe apresentávamos o trabalho, ele dava as sugestões, e voltávamos para retrabalhar. Em determinado momento o professor Nado, como chefe de gabinete do ministro, também passou a auxiliar o grupo, e assim fomos avançando. O pessoal da Senasp pouco participava, só vinha a algumas reuniões. Eles estavam envolvidos no Pan-Americano, no Rio, e deram uma contribuição pequena. Mas também participavam. Quem costurou tudo mesmo foi esse grupinho que mencionei. Nós apresentávamos aquilo que era trabalhado, as pessoas davam as suas sugestões, voltávamos e íamos incorporando.

Afinal, conseguimos mostrar um esboço que tinha início, meio e uma porta de saída. Indicamos a atuação que era preciso ter nas instituições policiais, e foi daí que surgiram as ações estruturais do programa, para que se pudessem fazer os investimentos. Para começar, as instituições precisavam de equipamentos: viaturas, coletes, equipamentos para melhorar a perícia. Conseguimos, assim, planejar a infraestrutura da segurança pública. Conseguimos em seguida atingir o ator da segurança pública, que é o policial, e montar programas para que ele pudesse, de alguma forma, ser valorizado. Primeiro, o ministro e o presidente queriam criar um piso salarial nacional. Houve resistência dos governadores, que acharam que seria como se o governo criasse uma conta para eles pagarem. Mesmo sendo uma proposta em que o governo federal entraria com 100% do valor do piso, e só depois de 10 anos o governo do estado assumiria aquele valor parceladamente, os governadores foram contra. Aí surgiu a ideia da Bolsa-Formação. Com isso, nós já tínhamos um eixo na valorização profissional. Cuidamos também de buscar uma atenção à saúde do policial. Esse programa foi prejudicado, porque há uma regra no Sistema Único de Saúde, que é a regra da universalização, e o Ministério da Saúde fazer investimento numa única carreira seria contrariar a política do SUS. Mesmo assim, colocamos investimentos do Pronasci para que pudessem ser

Formulando o Pronasci

apresentados projetos para a melhoria da saúde do policial, sob o patrocínio do Ministério da Justiça.

A ideia, então, era cuidar da saúde, cuidar do salário, cuidar do treinamento, para poder melhorar as instituições a médio e longo prazo, com a qualificação profissional. Fizemos uma previsão de investimentos não só nos cursos a distância, mas também na Rede Nacional de Altos Estudos em Segurança Pública, a Renaesp, que estava se iniciando. Potencializamos a Rede, para que a médio e longo prazo conseguíssemos produzir, pelo Ministério da Justiça, tanto mestres quanto doutores em segurança pública, patrocinados pelo governo; para que pudéssemos pegar os profissionais de segurança e formá-los; para que pudéssemos, aí sim, começar a ter massa crítica; para que, internamente, os profissionais de segurança pudessem estar abalizados a fazer uma discussão que hoje só os pesquisadores fazem, só aqueles que se dedicam ao estudo conseguem produzir.

Prevíamos tudo isso na concepção do programa: ações estruturais, valorização e qualificação do profissional de segurança pública. E íamos até o preso, e até a sociedade. Se você atua na segurança pública, você gera o preso. O que é que você vai fazer com ele? Tem que buscar uma forma de ele ser reinserido na sociedade. Hoje, no sistema penitenciário, há em torno de 415 mil presos; desses 415 mil, 70% são reincidentes. Então, era preciso buscar uma forma de ter uma atuação nos presídios, para diminuir a reincidência.

O Pronasci tem programas para os presos?

Tem. Você tem o Presídio-Escola, que o Ministério da Justiça patrocina, um presídio para quem tem de 18 a 24 anos e para quem entra pela primeira vez no sistema prisional. A ideia é, de alguma forma, buscar uma saída diferenciada, medir mais adiante, para diminuir a reincidência. Foram criados também os módulos de saúde e os módulos educacionais, para levar para as atuais prisões uma possibilidade de melhorar a questão educacional do preso. O Ministério já patrocinou alguns presídios. Mas o tempo de construção de um novo presídio é de em torno de um ano e meio, dois anos. Acredito que só no próximo ano comecem a se inaugurar novos presídios. Mas ano passado foram investidos recursos no Presídio-Escola.

O senhor disse que esse esboço do Pronasci ficou pronto em 40 dias?

Sim. E quando nós apresentamos ao presidente o modelo de como o Pronasci poderia funcionar, identificamos bem o núcleo familiar desagregado, que precisa de cuidado. Aí você vai para a área da assistência social, e verifica que muitas vezes esse público não é capturado, não é buscado, não é cuidado. Foi daí que surgiram os programas Mulheres da Paz, Proteção dos Jovens, Reservista Cidadão. Como foi que conseguimos finalizar o programa? Com a ideia do Território de Paz, uma mobilização ou policial ou comunitária, visando a pacificar uma região. Pacificada a região, você entra com os projetos para a integração do jovem e da família. Que jovem é esse, que família é essa? A família é desestruturada, e o jovem está batendo na porta da delegacia, do Conselho Tutelar, todo mundo sabe que ele está prestes a entrar no crime. Ninguém está tendo uma preocupação e um foco em resgatar esse jovem. Não há programas, poucas são as experiências de resgate.

Quando fiz uma visita à Colômbia, pelo Ministério, estive em Bogotá e Medelín, e conheci a experiência deles. Lá o programa deu certo, mas antes eles vieram beber nas águas do Rio de Janeiro. Por que é que o Favela Bairro, aqui, não impactou a violência e a criminalidade? Eles vieram estudar isso aqui. É que no Favela Bairro você só teve transformação urbanística, não teve preocupação com segurança pública. Fez-se a transformação urbana, mas o crime continuou instalado, fortemente armado e impactando negativamente aquela região. Em Medelín, eles fizeram uma atuação casada. Ao mesmo tempo que levaram a urbanização, abriram as vias, entraram fortemente com a ação policial e com uma grande ação social, dando possibilidade àqueles que estavam no crime de virem para uma rendição e de serem resgatados. Quando você estuda o processo da Colômbia, vê que existiam as "autodefesas unidas colombianas — AUC", grupos paramilitares que cuidavam de determinado trecho do território. O Exército entrou com muita força, entrou pesado, no sentido de recuperar o território sob o ponto de vista da estratégia policial — lá a polícia é única, não há divisão entre civil e militar, e é o Exército quem cuida das instituições —, e abriu um processo de negociação com as "autodefesas": seus participantes entregariam as armas e entrariam para um programa social. Já estavam no programa havia quatro anos, sendo monitorados sob o ponto de vista social. A Igreja também apoiava. Então, você via que havia uma atuação casada.

Eu estava falando da apresentação dessa primeira formatação que nós fizemos ao presidente, depois que o ministro aprovou. Fui o responsável por apresentar ao presidente como é que eu visualizaria e aplicaria o Pronasci, e dei o exemplo do Complexo do Alemão. Era uma comunidade que eu conhecia; eu sabia como entrar, como permanecer, como fazer a atuação naquele território, e então dei o exemplo, mostrando como eu faria: utilizaria a Força Nacional para esterilizar o território sob o ponto de vista dos policiais que já atuavam lá; colocaria pessoas de fora, que pudessem, naquela região toda, restabelecer o território. Isso, por parte do Estado. A partir daí, imediatamente, entraria com os programas sociais do Pronasci. Para quê? Para buscar a integração do jovem e da família. Quando você entra com a força policial, você abre uma ferida, e tem que vir com o curativo. A forma de passar o curativo é vir com uma grande mobilização social. A partir daí, se colocaria para funcionar o programa Mulheres da Paz, que na época nós chamamos de Mães da Paz, o programa de Proteção ao Jovem, para que ele pudesse ser resgatado e saísse da fila da violência e da criminalidade. A partir daí, se teria uma atuação dentro do próprio espaço urbano — foi de onde surgiu o projeto Espaço Urbano Seguro, uma experiência que também foi utilizada na Colômbia, e que foi utilizada no Pan-Americano. Você pega uma área degradada, uma praça, uma quadra, qualifica a comunidade para que ela mesma possa fazer um projeto para aquele espaço, e financia a obra, para que a comunidade possa tornar aquele espaço seguro.

O programa, portanto, previa a mobilização policial, para a retomada do território, e a mobilização social, para que você pudesse vir com o remédio, com os projetos destinados a dar sustentação, a médio e longo prazo, à comunidade. Na continuidade, para que você pudesse chegar a uma terceira etapa, de Segurança e Convivência, você teria que garantir a permanência do espaço enquanto Território de Paz, com a constante integração do jovem e da família. Qual era o objetivo aí? Era conseguir, identificado o jovem que estava na violência, estava na criminalidade, trazê-lo para o programa e fazer a passagem dele para a sociedade. No tráfico de entorpecentes, o primeiro degrau é o garoto que solta fogos para avisar que a polícia está chegando; o segundo é quando ele começa a vender a maconha, a cocaína; no terceiro ele já quer pegar armas para fazer a segurança da "boca"; no quarto, ele quer mandar em quatro, cinco; no quinto, ele quer mandar em cinco, seis "bocas". Essa é a escada. A ideia é pegar aquele que começa a pisar no primeiro ou no segundo degrau e trazer ele de volta, para diminuir a oferta de mão de obra que o tráfico tem. É ter uma atuação muito forte das instituições, para que se possa efetivamente diminuir a presença armada ostensiva do tráfico de entorpecentes, e vir com o programa social para resgatar o jovem que está entrando no crime.

Já vi diversas ocupações policiais que ficaram por um período prolongado e que não se sustentaram porque não tinham os programas sociais ao lado. Aí, quando a polícia sai, acaba tudo. Porque o Estado só entra na forma policial. No tempo do Hélio Luz, a Polícia Civil entrou no Acari, o Acari ficou em paz durante quase um ano, mas não houve uma sustentação do Estado. Uma das coisas que nós detectamos, e que era aliada do Pronasci, foram os programas do PAC. Onde houvesse obra do PAC, que iria realizar mudança na estrutura urbana, seria uma área fértil para o Pronasci se instalar.

Foi o senhor que deu a ideia de fazer um piloto no Complexo do Alemão?

Eu dei, porque acho que é possível. Mas o governo do estado aceitou, recebeu os recursos e depois refugou. Eles recuaram, não foram para dentro do Alemão. É possível ir! Tem recurso, tem gente, tem como fazer. A Polícia Militar fez todo o planejamento, só que não levou adiante.

É curioso, porque o que se diz é que o projeto do Alemão é o piloto, é o mais avançado. Mas o senhor diz que não está funcionando...

Na minha concepção, não está. Hoje eu não estou mais no programa, falo daquilo que eu percebo. Eu hoje não consigo entrar no Alemão e sair. Há reclamações de que as obras estão encontrando dificuldades de ser feitas porque o tráfico está instalado lá. Se o tráfico está instalado, você não levou para o Alemão o Território de Paz. Você levou o Mulheres da Paz, levou o Proteção ao Jovem, o Protejo, levou ações que podem ser implantadas ali, mas não retomou o território. Se você não retoma o território, não adianta, porque você não está produzindo Território de Paz. Agora fizeram a entrada no Dona Marta. É como se dissessem o seguinte: "Olha, eu vou mostrar que o meu exemplo é melhor que o seu. O meu exemplo é o Dona Marta". Esquecem que pactuaram o Complexo do Alemão, pactuaram Manguinhos. Isso foi pactuado, não foi imposto. Nós só colocamos que onde existe obra do PAC vai-se fazer transformação urbana; por que não fazer também a transformação no sentido de colocar lá um programa e resgatar esses locais? O Alemão foi deixado de lado. E o Alemão é muito simbólico para o PT, desde o caso do Tim Lopes. O maior desafio é o Alemão. Se você resolve o Alemão, resolve qualquer lugar, porque lá é considerado um local que o crime organizado controla e controla com mão de ferro — veja o que aconteceu com o Tim Lopes, que foi morto, esquartejado, queimado no micro-ondas e enterrado.

E a Rocinha?

A complexidade da Rocinha é outra, porque ali você está encostado na Zona Sul. Então, qualquer estresse na Rocinha vem para o asfalto, vem para a Niemeyer, vem para a Zona Sul. A configuração de atuação é diferente do Complexo do Alemão. O Complexo do Alemão, hoje, é como se fosse o quartel-general do tráfico de entorpecentes. É uma terra inexpugnável, onde eles mandam e ninguém consegue chegar. Quando se coloca o Caveirão, quando se coloca o helicóptero blindado, é porque a polícia não consegue mais chegar perto. Os traficantes estão com *snipers*, estão com ponto 30, armas de guerra, e você não consegue se aproximar. Então, esse é o lugar mais complexo. Se você tira o tráfico do seu quartel-general, resolvendo o Alemão, você resolve qualquer outro lugar. Nós tínhamos programado recursos para 1.200 homens da Força Nacional ficarem mobilizados durante um ano. Se bancassem mesmo colocar o Pronasci no Alemão, você mobilizava a Força Nacional, esterilizava o território, a partir daí as polícias militares locais entravam com o policiamento comunitário, e você teria os programas Mulheres da Paz, Protejo, Reservista Cidadão atuando, sem a presença do tráfico. Com isso você recupera.

Esse foi o desafio que eu mostrei ao presidente. Ele se convenceu de que era possível seguir adiante, porque o programa estava bem conceituado. Disse: "No conceito, está bem. Vocês precisam desenvolver mais os valores, ver quanto é que nós vamos gastar com isso". Depois dessa apresentação, o professor Nado entrou mais forte no grupo. Passou a fazer costuras com o Planejamento, a Fazenda, e passou a fazer a coordenação do programa. Surgiu então a primeira versão para exposição pública, e o professor Nado fez nova apresentação para o presidente e todos os ministros. O presidente aprovou, e a partir dali o programa foi publicizado. A Secretaria de Assuntos Legislativos, com Pedro Abramovay, trabalhou muito, também, para fazer a legislação do programa e dos projetos. Mariana deu sua contribuição em alguns projetos de defesa do consumidor, fazendo a relação da área dela com o Ministério. O Departamento Penitenciário trouxe as suas contribuições para que pudesse ser feito o Presídio-Escola. Depois dos recursos assegurados, a Senasp contribuiu na avaliação dos projetos recebidos pelos municípios e na aprovação e liberação dos recursos. Tivemos esses atores, que participaram da concepção e depois passaram a gerir as ações.

Abrindo o programa, você tem lá 94 ações. A Secretaria Nacional de Justiça, por exemplo, encarregou-se do laboratório, para que você possa agir contra lavagem de dinheiro — é uma ação que faz com que você possa aperfeiçoar a infraestrutura da segurança pública nos grandes crimes, só que patrocinada pela Secretaria Nacional de Justiça. Na terceira fase do programa, que é a de Segurança e Convivência, veio a contribuição de outros ministérios. Porque se eu pego o jovem do Protejo, e quero reinseri-lo na sociedade, para fazer isso eu vou utilizar os programas sociais, culturais e educacionais, e vou trabalhar com os ministérios parceiros. Para que eu tenho o Esporte e Lazer na Cidade em parceria com o Ministério do Esporte? Para que, na área delimitada como Território de Paz, o jovem do Protejo exerça atividades esportivas monitoradas. Eu tenho o Ponto de Cultura para que o jovem possa ser acompanhado nas atividades culturais. Porque senão fica só o pagamento da bolsa, sem ocupar o tempo ocioso daquele jovem. A finalidade é ocupar o tempo dele com atividades culturais, esportivas, buscando reinseri-lo na escola e fazer a passagem para o Programa de Segurança e Convivência, que significa ter aquele local pacificado, a realidade urbana transformada, com a redução da violência naquele espaço.

Parece que muitas pessoas que participaram da concepção do Pronasci não permaneceram na fase de implantação. Isso procede?

O que eu digo é o seguinte. Você teve um grupo que trabalhou dia e noite para o Pronasci, e teve um grupo que participou dando as suas sugestões, com as quais o programa foi sendo aperfeiçoado. Coloco entre essas pessoas Ricardo Balestreri, Robson Robin, Luiz Fernando Corrêa, Antonio Carlos Biscaia, a Dra. Mariana, o secretário da Reforma Judiciária, Rogério Favreto, e o secretário-executivo, Luiz Paulo. Cada secretaria foi levando sugestões para que se pudesse aperfeiçoar o núcleo do programa; então, todos participaram. O grupo que trabalhou dia e noite, a força-tarefa, digamos assim, deu uma primeira roupagem, que foi aperfeiçoada com todas essas contribuições. O professor Nado participou o tempo todo como chefe de gabinete, ou seja, trazendo a posição do ministro: "Olha, o ministro pensa mais por aqui, por ali". A gente ia ajustando, de acordo com o que ele trazia. Depois, ele ficou à frente, na hora de fazer o aperfeiçoamento. Aí veio a DM9, para melhorar a apresentação, que estava uma coisa muito artesanal, feita por um grupo pequeno; veio uma apresentação mais elaborada.

O senhor mencionou os Gabinetes de Gestão Integrada na época do Luiz Eduardo Soares na Senasp. Esses gabinetes foram incorporados ao Pronasci?

Claro, nós incorporamos o Gabinete de Gestão Integrada ao programa. A forma de você fazer a gestão do programa é envolver o prefeito, que faz a prevenção, envolver o estado, que com os seus policiais tem responsabilidade direta pela segurança pública estrito senso, e envolver a União, que vai financiar. O Gabinete de Gestão Integrada virou um instrumento de gestão e passou a ser obrigatório na pactuação do programa. Na lógica e na metodologia que nós empregamos, para que o prefeito possa escolher em que território do Pronasci ele vai atuar, é preciso haver essa pactuação. Não adianta o prefeito dizer que quer atuar em Manguinhos, se a Polícia Militar diz que não tem condições de atuar lá. Tem que haver negociação. E essa negociação foi feita, para o Alemão, para a Rocinha e para Manguinhos. São os três locais em que o PAC entrou com muitos recursos. Agora, na minha concepção, nesses três lugares, hoje, só estão acontecendo alguns programas sociais. O Pronasci é um programa social? Em parte, sim. Mas não é só isso, é um programa de *segurança pública* e como tal tem que ter articulação dos programas sociais com os programas de segurança pública *stricto sensu*.

Se você pensar nos jovens que se enquadram no ProJovem, o número é muito alto, mas apenas um número muito reduzido é de jovens do Protejo, do Pronasci. Se eu coloco no Pronasci o jovem que está desempregado, está procurando emprego, mas não está no crime, eu estou desvirtuando o programa. Se eu pego um jovem que não está batendo na delegacia, não está batendo no Conselho Tutelar, não é aquele de quem a Mulher da Paz diz "aquele garoto ali dá problema para todo mundo, vive numa família desestruturada", se eu não consigo capturar o jovem certo, eu vou ter apenas um programa social como tantos outros. O exemplo de um "primo" do Protejo é o Pró-Jovem Urbano, em que o jovem tem que ter uma escolaridade para fazer um curso de qualificação profissional. A porta de saída do Protejo, que é do Pronasci, é o ProJovem Urbano. Porque você pega o garoto que está fora de tudo, está batendo no crime, e traz ele para o programa, coloca-o em programas sociais, culturais, esportivos; como ele já não se interessa mais pela escola, você faz uma qualificação, um treinamento para ele ganhar em cidadania; o seu objetivo, enquanto gestor do Protejo, é colocá-lo na escola, para que ele possa fazer a passagem dele para o ProJovem Urbano. Se não for aplicado nessa concepção, o Pronasci não vai dar certo, porque ele não é só um programa social. É um programa de segurança pública *e também* um programa social. É preciso ter a compreensão dessa dimensão. Senão o Pronasci vai ser mais um programa social, que não vai impactar, a médio e longo prazo, na redução da violência e da criminalidade.

O Pronasci é um programa extremamente interessante, extremamente rico, mas a gestão deve ser muito complexa, não é?

É. Se o Gabinete de Gestão Integrada não estiver funcionando plenamente, você vai dispersar as ações, não vai concentrar. Eu acho que, aqui no Rio de Janeiro, tem que haver uma correção de rota do programa. Alguns programas estão sendo executados, mas, se não houver as ações casadas, não adianta. Na minha concepção, o estado assumiu um compromisso e não está cumprindo. Foram disponibilizados R$ 55 milhões, num crédito extraordinário, para o Complexo do Alemão. E esses recursos não estão sendo empregados lá. Isso é responsabilidade dos gestores dos recursos. E é problema do Ministério da Justiça, também, porque o financiador tem que fiscalizar a aplicação dos recursos. No município de Duque de Caxias, em que vim ser agora secretário de Segurança, o Pronasci estava disperso. Já juntei os projetos, para buscar coordenação. Se você não tiver uma coordenação na concepção daquilo que foi pactuado com o Ministério, as coisas não vão andar. Os municípios assinaram um protocolo de intenções dizendo que iam funcionar dessa forma. Se o Pronasci não funcionar em cima do que foi combinado, vai ser mais um programa social; vai ser mais um recurso federal que vem e que acaba se dispersando. Por isso o monitoramento das ações e o acompanhamento por parte do Ministério da Justiça são importantíssimos. Por isso o Ministério tem representantes em todos os Gabinetes de Gestão Integrada. É obrigação do Ministério monitorar. Está havendo reuniões do Gabinete? Se não está, tem que acender a luz vermelha, para que o Ministério possa se fazer presente no Gabinete de Gestão Integrada e buscar ver como o programa está sendo gerido.

Problemas a enfrentar

Até quando o senhor ficou no Ministério da Justiça, e por que resolveu sair?

Fiquei até final de março de 2008. Saí porque tive um desentendimento com o professor Nado. Na verdade, meu desentendimento foi sobre a concepção da

Formulando o Pronasci

execução do programa. Eu achava que nós tínhamos que acompanhar de perto o programa no Rio de Janeiro. Se deixássemos solto, ia naufragar. Por isso eu achava que devia haver um grupo no Rio de Janeiro, que pudesse estar junto da Segurança Pública, junto da Casa Civil, empurrando o programa, senão as instituições iam receber o dinheiro, dar a ele outra destinação, e adeus Pronasci. O dinheiro já foi gasto, acabou. Daqui a pouco muda o secretário, muda todo mundo, e o programa não vai adiante. Foi esse o debate que tive: já que o do Rio de Janeiro seria o projeto simbolicamente mais importante, porque, resolvendo aqui, você resolvia para o restante do país, eu achava que, sob o ponto de vista da gestão, não se deveria largar o programa, como se estava largando, nas mãos do governo do estado, sem uma participação intensa e direta do Ministério da Justiça. Esse debate eu perdi. O ministro optou pela posição do Nado, que foi a de entregar a gestão para o governo do estado, enquanto nós participaríamos apenas como coadjuvantes. Aí eu disse: "Não. Esse caminho não vai dar certo. Estou fora". Voltei então para a minha cidade, para ser candidato a prefeito. E, mais uma vez, não ganhei a eleição.

Como o senhor vê as perspectivas do Pronasci? À medida que o Pronasci for sendo implantado e for ganhando mais densidade, o senhor acha que o Ministério da Justiça terá condições de fazer o acompanhamento, a intervenção que o senhor defendia?

Não era intervenção. Era uma participação com o estado. Já que você tem um representante do Ministério da Justiça nos Gabinetes de Gestão Integrada, dos estados e dos municípios, o importante é fazer com que o programa se mantenha gerenciado e tocado dentro do espírito do Gabinete de Gestão Integrada.

Mas o representante do Ministério não atua nesse sentido?

A presença do representante do Ministério da Justiça está pactuada tanto no Gabinete de Gestão Integrada Estadual quanto nos demais Gabinetes. O Ministério contratou 11 consultores para acompanhar o programa nos primeiros 11 territórios. No Rio de Janeiro, foi feito um Grupo de Gestão para acompanhar tudo. A discordância é que eu achava que se tinha que acompanhar de verdade, e não apenas olhar pela janela. Não é intervir. É cobrar. É dizer: "Secretário, quando é que nós vamos entrar no Alemão? Quando é que nós vamos colocar as forças lá? Nós não pactuamos isso?"

Hoje não se faz isso?

Não sei. Não estou mais lá. Só falo até março de 2008. Até março eu sentava com todo mundo, e nós pactuamos. Tudo foi combinado. Ora, se tudo foi combinado, depois nós iríamos acompanhar a execução, em cima daquilo que havia sido combinado.

Se eu estivesse no Gabinete estadual, e eles dissessem que querem o Dona Marta, não querem o Alemão, eu diria: "Não tem problema, vamos fazer o Dona Marta, deixa o Alemão para depois. Querem a Cidade de Deus, não querem mais a Rocinha? Não tem problema. Vamos tirar os programas da Rocinha, vamos botar na Cidade de Deus". Não sou eu que quero o programa aqui ou ali. Quando o Alemão, Manguinhos e Rocinha foram escolhidos, foi porque lá havia obras do PAC. E eles aceitaram. Era só dizer: "Não, não queremos a Rocinha porque não vamos entrar lá, não queremos o Alemão porque não vamos colocar polícia lá, não temos condições. Vamos para outro lugar". Era só combinar. Mas isso não foi feito. Estão entrando no Dona Marta e na Cidade de Deus, e, onde foi pactuado, estão largando de mão. Isso é que não vale.

A seu ver, por que ocorreu essa mudança de prioridade?

Houve mudança no Comando da Polícia Militar, e o Dona Marta é muito menor. Então, começar no lugar mais fácil de controlar, de implantar uma polícia comunitária, com densidade de policiais, e ir avançando de acordo com o sucesso é uma estratégia que eles passaram a adotar, mas esqueceram de combinar, e assim fica parecendo que é para ficar a marca do governo do estado, e não a marca do Pronasci, do governo federal.

Nós hoje temos uma realidade que vai ser muito pior, que é a questão das milícias. Vai ser *muito* pior. Porque quem tem que fazer a função de Estado está querendo controlar um território para si, porque é lucrativo. Acaba sendo muito pior o enfrentamento. São os falsos agentes da lei. Quando você chega lá, está lá o policial, mas na verdade ele está controlando um território, está matando, está cobrando para deixar rodar as vans, cobrando para o gás, cobrando para o sinal pirata do chamado *gatonet*, cobrando proteção. Está se substituindo ao Estado. E com um ingrediente que o tráfico de entorpecentes não conseguiu ter, que é o ingrediente político.

Qual é a solução para renovar essa polícia? A Bolsa-Formação?

Para aqueles que querem uma vida diferente, a bolsa é um instrumento. Agora, para resolver o problema histórico dos maus salários pagos aos policiais temos que ter um piso salarial nacional digno. Para resolver problema e renovar as polícias, tem que haver uma corregedoria eficiente. Aqui, no Rio de Janeiro, que tem esse caldo de envolvimento de maus policiais no crime, temos que ter uma corregedoria muito atuante, muito forte, para identificar e prender. Por que o sequestro no Rio de Janeiro diminuiu? Porque passou a não ser lucrativo ser sequestrador aqui. Aqueles que entraram para a atividade passaram a ser identificados e presos. Hoje, o sequestro está controlado. E entrou o tráfico de entorpecentes. O bom negócio é ser traficante. O Celsinho da Vila Vintém, quando foi preso, disse: "Eu sou comerciante, doutor. Não sou esse mal que pintam todo de mim, não. Só quero vender minha droguinha, ganhar meu dinheirinho". Por que é que a milícia está crescendo? Porque é rentável. O sujeito diz: "Pô, no Bope, eu vou lá, troco tiro, mato, estou arriscado a morrer, e não ganho nada. Na milícia, esse território aqui é meu. Quem vier aqui eu mato. E ainda ganho uma grana preta. Ganho 50 vezes mais aqui do que trocando tiro lá no Bope". Você tem que compreender essa realidade para poder agir.

As milícias cresceram muito no governo Garotinho. A coisa começou no Rio das Pedras, expandiu para a Zona Oeste e ganhou uma dimensão enorme. E isso tem que ser enfrentado, porque, quando você perde, para recuperar, é mais difícil. É preciso ter mão pesada para prender, expulsar. Aí você joga na marginalidade. Acaba com aquela coisa de "não, eu sou agente da lei". Você identifica, prende e mostra quem ele realmente é. Isso é uma forma de resolver. Você tem que compreender o que está acontecendo para buscar o remédio certo. Tem que prender muito.

Prender muito não é visto por alguns como uma má solução?

Então abre as portas dos presídios! É aquele dilema. Eu vou investir na escola ou vou investir no presídio? Os dados me dizem que eu tenho 415 mil presos e que eles estão reincidindo. Eu tenho que fazer um presídio que possa recuperar de alguma forma, mas não posso deixar de ter o presídio. A história é muito bonita quando você está sentado no ar condicionado; mas quando você toma uma arma na cara, e o sujeito lhe tira tudo, você vai para casa e demora a se recuperar. Não dá para achar que o mundo vai às mil maravilhas. Do grupo que trabalhou o Pronasci, eu era o policial. Era quem tinha experiência. Quando começavam a divagar, eu dizia: "Mas vem cá. Então como é que você faz?" A gente conseguia, de alguma forma equilibrar. É preciso lembrar que a realidade é nua e crua. Na minha experiência, eu sei o que é que é resgatar uma pessoa do cativeiro, o que é tomar tiro, escutar a bala zumbir no ouvido e bater na parede. Você vive essa violência muito próxima na delegacia. Eu digo que fiquei mole com a política, porque perdi aquela coisa muito centrada só nas instituições, na segurança. E muitas vezes eu me perdi um pouco, porque a realidade hoje é outra. A realidade hoje é ponto 30, é o crime usando *snipers*. Como é que você vai enfrentar isso? Não adianta eu achar que com flores eu consigo enfrentar. Agora, eu não posso enfrentar e depois recolher. Toda vez que eu faço esse movimento eu produzo violência, produzo morte. A política do confronto sempre vai ser violência gerando violência. Não é uma política de pacificação, de você entrar, permanecer, pacificar, reconquistar, retomar, levar o Estado.

Torço para que dê certo no Dona Marta, na Cidade de Deus. E aí se irá avançando para as outras áreas, colocando ali os programas sociais, para dar sustentação ao trabalho que a polícia está fazendo. Trabalhei muito para que a gente pudesse ter uma política de segurança, uma política voltada para a cidadania, para o resgate social. É preciso ir fechando todas as torneiras que fazem com que exista esse caldo de violência, de criminalidade. Acredito no Pronasci. Torço para dar certo. Quero que dê certo, porque é um programa que ajudei a fazer, em que acredito.

Vicente Trevas
Assessor da Presidência da Caixa Econômica Federal

Entrevista feita em Brasília em 14/1/2009

Estudos e exílio

Onde o senhor nasceu, onde estudou?

Nasci na cidade de João Pessoa, na Paraíba, numa família de classe média. Meu pai era engenheiro químico e trabalhava para o governo; depois, participou da formação da Escola de Engenharia e da própria Universidade da Paraíba, naquele processo da criação de universidades federais nos estados. Fiz minha formação escolar primária e secundária em João Pessoa. Cursei o ginasial em colégio marista e o colegial no Liceu Paraibano, uma escola pública de excelência. Nesse período participei de vários movimentos associativos: escoteiro, Ação Católica e movimento estudantil secundarista. Com colegas da Ação Católica, ou seja, da Juventude Estudantil Católica, a JEC, fundamos uma associação de representação estudantil para a cidade de João Pessoa. Fui seu primeiro presidente. O acontecimento político mais significativo que vivi na época foi a renúncia de Jânio Quadros e a mobilização pela legalidade liderada pelo então governador do Rio Grande do Sul, Leonel Brizola. Fizemos passeatas, lançamos manifestos e tive minha primeira experiência de repressão política. Setores militares tentaram reprimir as manifestações. Era agosto de 1961. Nesse ano concluí o curso secundário e tive como patrono da turma o então prefeito do Recife, Miguel Arraes. Fui então fazer minha formação universitária no Rio de Janeiro. Cheguei ao Rio em 1962 e prestei vestibular para a Escola de Sociologia e Política da PUC. Ao ir para o Rio, eu também tinha outra tarefa, que era integrar a direção nacional — chamávamos a equipe nacional — da JEC, que constituía uma agregação cultural e política muito importante para a conjuntura daquela época. Você tinha então, basicamente, como agregações nacionais, o movimento comunista e os movimentos de juventude da Ação Católica. A partir desse movimento da Ação Católica, se constituiu depois uma organização política chamada Ação Popular, AP. Também estive na origem da sua formação.

Vivi, portanto, no Rio de Janeiro, os anos de 1962, 63 e 64, que foram anos muito criativos e politicamente decisivos. Cheguei a vivenciar a famosa "greve de um terço", conduzida pela União Nacional dos Estudantes, até por um ex-presidente do DCE da PUC, Aldo Arantes. Essa greve tinha como objetivo a democratização da universidade. A reivindicação do movimento estudantil era que um terço dos colegiados dos dirigentes das universidades — das congregações, como se dizia — fosse constituído por estudantes. Foi uma greve longa, que não foi vitoriosa, mas que adensou uma grande agenda. Era a época das reformas de base do governo Jango, daquela efervescência que depois nos conduziu à ruptura institucional de 64, e a UNE também tinha uma agenda, não só do movimento estudantil, mas uma agenda cultural mais ampla, que incluía todo o movimento de cultura popular, um jornal semanal muito forte, muito criativo, chamado O *Metropolitano*, e toda uma geração ligada às artes plásticas, cinema, literatura e música. Só para dar um exemplo, era meu colega de PUC, fazendo direito, Edu Lobo. Estava lá Cacá Diegues, do Cinema Novo... Era um momento de muita efervescência. E havia também um sentido muito político, muito coletivo, de projeto nacional, da condição de sermos estudantes e futuros profissionais. Naquele tempo, o tema da reforma universitária se associava ao das reformas do país, à busca do desenvolvimento, à luta contra as desigualdades sociais, ao sentido progressista, à Revolução Cubana, enfim, a todo esse contexto. Sou muito produto desse meio.

E com o golpe de 64, o que aconteceu?

Pois é. Eu estava no terceiro ano da universidade. E também era, à época, presidente do Centro Acadêmico Roquete Pinto, da Sociologia e Política, que era uma pequena escola de 120 alunos dentro da PUC, uma imensa universidade, com grandes instituições como as escolas de Engenharia, Direito, Filosofia. Éramos uma pequena escola, mas uma escola muito barulhenta, no sentido de vocalizar toda a agenda mais progressista no contexto de uma universidade conservadora. Eu me lembro que em 1963, já como presidente do Centro Acadêmico, levamos o então governador Miguel Arraes para fazer uma palestra na PUC. Houve toda uma articulação da direita, e mesmo de alguns segmentos da direção da PUC, tentando impedir o evento, impedindo o uso do auditório... Era interessante, porque eu fazia parte do que seria a geração de esquerda; havia uma direita muito forte na PUC, mas também havia um movimento centrista, que se expressava através do MSU, Movimento Solidarista Universitário. Cruzei na PUC com algumas pessoas que foram importantes: Mário Brochman Machado, Paulo Sérgio Pinheiro... Os mais famosos dos meus colegas eram Otávio Velho, Moacir Palmeira, que depois foram constituir o curso de antropologia do Museu Nacional. Miriam Limoeiro... Era minha colega de classe Maria Vitória Benevides, que depois foi para São Paulo, tornando-se uma brilhante cientista política. Anos depois nos reencontramos na fundação do Cedec. Havia um padre muito interessante: além do padre Ávila, que era um grande teólogo, um grande ideólogo, havia também o padre Osanam, que trazia a contribuição da sociologia americana em contraponto à sociologia mais de vocação europeia, que era a matriz do padre Ávila. Enfim, foi um período muito rico.

Quando veio o golpe, como eu era da direção do movimento estudantil, fui processado e fui o único a ser excluído da PUC. Vários motivos foram apresentados para justificar tal decisão. Um deles referia-se a "agitação" que fazíamos junto à comunidade do Parque Proletário da Gávea, um conjunto habitacional popular com casas de madeira, construído no período do Estado Novo e vizinho da PUC. Com Pedro Malan, meu companheiro de AP a época, fomos solicitados pela D. Joana, moradora do parque e encarregada da limpeza da escola, frente a uma ameaça de despejo da comunidade no contexto da política habitacional do governo Lacerda, conduzida pela Sandra Cavalcanti. Fomos à comunidade, ajudamos na mobilização, fizemos várias assembleias, inclusive na sede do Centro Acadêmico. Tudo isso provocou muita reação da direita. Esse fato, que contribuiu para a minha exclusão da PUC, revela as contradições da época: uma universidade católica expulsa um dirigente nacional da JEC, movimento avalizado e tutelado pela hierarquia católica. Vivenciei também a secular *expertise* política dos jesuítas. O Padre Ávila me chamou comunicando que eu não poderia continuar na universidade. Não fui expulso. Fui impedido de continuar a estudar na PUC. Recebi os documentos certificando os anos cursados. Era uma "transferência". Com o tempo percebi a sofisticação política do procedimento.

Fui então para São Paulo em 1965, para concluir o curso. Ao chegar lá, em fevereiro ou março, era uma quinta-feira de cinzas, depois do carnaval, já tinha uma agenda política a cumprir: participar de uma reunião nacional da AP para planejar a reorganização da UNE. É preciso lembrar que a AP era a força política hegemônica no movimento universitário e na UNE. O presidente da UNE em 1964, eleito em 1963, era o José Serra, que sucedia a presidentes da UNE originários da AP, como Aldo Arantes e Vinicius Caldeira Brandt. Depois de três dias de reuniões fomos surpreendidos por uma invasão policial. Fomos presos e permanecemos oito dias no Dops paulista, hoje um museu da memória política. Fomos interrogados e ameaçados, mas vivíamos o período inicial da ditadura militar. O governador de São Paulo era Adhemar de Barros. Meus companheiros de prisão foram Sérgio Motta, Luis Carlos Mendonça de Barros, Egydio, Arrutti, Marly... Quando veio o AI-5, fui obrigado a sair do país e passei sete anos e meio na França. O exílio foi um momento muito importante, porque toda uma geração de brasileiros se compreendeu melhor, entendeu melhor o mundo.

O senhor estudou na França, fez alguma pós-graduação?

Fiz, em duas linhas, uma de ciência política e outra de planejamento urbano. Em ciência política, concluí o mestrado na Sorbonne com Duverger, mas cursei também uma universidade que foi filha de Maio, a famosa Vincennes, Paris 8, onde estudei com um grande nome na época, Nicos Poulantzas. Na segunda linha — isso é importante, porque depois teve sequência — fui estudar e depois trabalhar no instituto de um personagem muito importante para a política urbana no Brasil, que era o padre Lebret. Padre Lebret foi importante, porque representou a inflexão da política da Igreja em relação ao socialismo e às mudanças. E ele formou uma geração de urbanistas de São Paulo, do Recife etc. Fiz o curso de formação nesse instituto, e depois fui aquilo que eles chamavam lá de diretor de estudos, durante quatro anos. Esse instituto também foi muito importante, porque era um espaço de acolhimento de uma geração no exílio. Por exemplo, Aloísio Nunes Ferreira, que foi ministro da Justiça, foi vice-governador, atualmente é secretário do Serra, também era desse instituto.

Do PT à Subchefia de Assuntos Federativos

E como foi sua volta ao Brasil?

Voltei na primeira abertura informal, ou seja, depois dos confrontos entre o governo Geisel e a extrema-direita. A partir da morte do Herzog e do Manoel

Fiel Filho, houve um confronto que eliminou o segmento do qual um dos grandes líderes era o general D'Ávila, comandante do II Exército, em São Paulo. A partir daí já houve um processo de abertura, e o governo decidiu sinalizar que quem não tinha condenação poderia voltar. Os que estavam condenados tiveram de aguardar a Lei da Anistia. Fiz parte da primeira volta, cujos nomes mais importantes foram Almino Afonso e Plínio de Arruda Sampaio.

Nessa volta, fui para São Paulo e em agosto de 1976 me liguei a uma primeira experiência de modernização do Estado, que foi o processo de formação da Fundação do Desenvolvimento Administrativo, a Fundap. Eu tinha meus amigos de Paris, que eram diretores da Fundap, e fui para lá. Fui o primeiro técnico. Na sequência, fui também trabalhar na prefeitura de São Paulo, no órgão de planejamento.

Nesse momento da sua volta, o senhor buscou um engajamento político? Pensou em entrar para o MDB, por exemplo?

Não. Nós namorávamos a ideia de formação de um partido socialista. Quem liderava essa ideia eram Fernando Henrique Cardoso, Almino Afonso, Plínio de Arruda Sampaio. Inclusive, quando Fernando Henrique Cardoso se candidatou ao Senado na sublegenda, em 1978, trabalhei na campanha dele. Foi aí que conheci o próprio Lula, que apoiava essa candidatura. Depois, quando Fernando Henrique se constituiu como suplente, houve uma reunião, em 1979, e houve uma primeira divergência, quando ele afirmou que o caminho era continuar no MDB. Passaram então a liderar a tentativa de formar um partido socialista Almino Afonso e Plínio Sampaio. Depois, houve uma grande reunião em São Bernardo, no Pampas Hotel, uma reunião muito complicada, em que tentaram esvaziar esse movimento, porque havia uma tese de que não se precisaria de um novo partido. Entrou-se então num grande impasse. Foi quando veio a proposta do PT. No início dessa proposta, eu estava ainda no trabalho mais de base, muito ligado ao Plínio Sampaio, e só entrei no PT em 1981. O PT foi fundado em 1980, que foi quando foi lançado o manifesto, mas 1981 foi o momento de levantar as assinaturas. Entrei então no PT, mas continuando como técnico na área de planejamento urbano. Fui assessor da presidência de uma empresa estatal de habitação e desenvolvimento urbano de São Paulo, a CDHU — quer dizer, sempre aliei à ação política e à política urbana. Outro elemento importante foi que, nas eleições de 1982, fui candidato a vereador. A partir daí, comecei a fazer parte de um núcleo que pensava muito a questão do poder local, numa estratégia de transformação através da construção política.

Como foi essa campanha para vereador do PT em 1982?

Minha candidatura a vereador foi importante, porque era uma tentativa de explicitar uma política urbana, uma política das cidades, paralelamente a uma estratégia de construir um partido de massa, uma cultura democrática. Foi interessante porque, às vezes, eu ia para debates com outros companheiros do PT candidatos a vereadores, eles só falavam de socialismo, solidariedade, e eu era o único que discutia a cidade. Então eu era um bicho meio estranho. Mas isso foi constituindo um núcleo do PT, que depois se expressou em vários movimentos, interessado em pensar o papel das cidades. E aí eu me encontrei muito com Celso Daniel, que era um parceiro importante. Construímos um núcleo de política urbana, e o Celso começou a se preparar para ser prefeito de Santo André. Nesse período nós estávamos muito juntos, pensando as políticas todas. Também cruzei muito com Tarso Genro.

Nesse início tivemos experiências bastante fragmentadas em termos de prefeituras. A primeira onda de governos municipais do PT com densidade veio em 1988, quando se elegeram Luiza Erundina em São Paulo, Olívio Dutra em Porto Alegre, Vitor Buaiz em Vitória, Celso Daniel em Santo André, e José Machado em Piracicaba. Aí foi que começou o conceito do modo petista de governar. Estive muito nesse movimento. Fui candidato pela segunda vez a vereador, mas também não me elegi, porque tudo ficou mais difícil. Mas fui convidado para assumir o que hoje nós chamamos de subprefeitura da região central de São Paulo.

No governo Erundina?

Da Erundina. Durante quatro anos, fui o administrado regional da Sé, que é a regional central. Diferentemente do Rio, a regional de São Paulo é muito poderosa, porque tem uma agenda muito pesada. Toda a limpeza urbana é administrada por ela, todo o sistema de fiscalização das posturas municipais. Nós éramos delegados da prefeita até para representar a prefeitura nos embates com a Justiça. Foi uma experiência, para mim, muito importante. Eu vinha mais da tradição do planejamento, do pensamento, e passei a ter de administrar uma área que tinha os 10 bairros mais tradicionais da cidade, que ia da cidade mais deteriorada, que é a

Sé, até a avenida Paulista, com uma população moradora de 450 mil habitantes, e usuária, de 2,5 milhões. Aí foi o meu teste de sobrevivência, porque eu tive de aprender a tomar decisões.

O governo Erundina também foi difícil, não?

Foi difícil. Primeiro, nós ainda éramos jejunos de uma força governante. Por outro lado, essa primeira geração de governos do PT tinha como mote do dito modo petista de governar a inversão de prioridades. Isso significava deslocar os investimentos e a atenção para a periferia. Vivi muito esse drama, porque a ideia de que o Centro é dos brancos, da burguesia, é uma ideia ingênua, que não corresponde à percepção das funções urbanas, ao papel das áreas centrais. Então foi muito complicado. Além disso, houve uma resistência muito grande à vitória de um partido como o PT, à presença de uma mulher nordestina no coração do império — São Paulo tem uma postura imperial em relação à Federação.

Mas esse período foi importante, porque aprofundei muito a vivência do poder local, e na sequência passei dois anos como secretário de Planejamento e Assuntos Metropolitanos de outra cidade do PT, São Vicente, na Baixada Santista. Depois de São Vicente, vim ajudar a constituir o programa de governo do candidato José Dirceu ao governo do estado, em 1994. Depois também ajudei a relação da campanha do Lula em 1994 com os nossos prefeitos. E a partir de 1995 fui deslocado para a direção nacional do PT e fui ser secretário nacional adjunto dos assuntos institucionais — a secretária era a ex-prefeita Telma de Souza. Depois fiquei cinco anos como secretário pleno de assuntos institucionais, com a tarefa de acompanhar os governos do PT e de tentar teorizar ou sistematizar a experiência de governo. Fui o organizador de uma publicação sobre as experiências de governo do PT chamada *Governo e cidadania*. Com isso, além da dinâmica de governos locais, fui também assumindo o tema da dinâmica federativa.

Eu me lembro que nós fizemos o primeiro debate sobre federalismo. O PT tinha uma condição limitadora, resultante do fato de que não enfrentou a discussão das instituições políticas. Então, nós não tínhamos uma reflexão sobre o Estado brasileiro, que é um Estado federal. Assumi muito isso, e fizemos o primeiro debate do PT, que foi uma atividade da Snai, Secretaria Nacional de Assuntos Institucionais, com a Fundação Perseu Abramo e a Fundação Frederico Herbert, do Partido Social Alemão. Sugeri então que, além da Secretaria de Assuntos Institucionais, fizéssemos uma secretaria de assuntos da federação, que era outro tema importante. Estávamos começando a ganhar um ou outro governo de estado, e a relação federativa era de uma complexidade que nós não íamos entender.

Quando Lula foi eleito, em 2002, fui convidado para justamente tratar dos Assuntos Federativos da Presidência. Antes, no governo FHC, essa era uma unidade da Secretaria Geral. Mas quando começou o governo Lula, houve um redesenho, essa unidade saiu da Secretaria Geral, foi para a Casa Civil e ganhou o nome de Subchefia. Fui então nomeado, já no primeiro dia do governo, subchefe de Assuntos Federativos. No segundo ano, criou-se a Secretaria de Coordenação Política, para a qual foi Aldo Rebelo, e a Subchefia de Assuntos Federativos foi para lá. O nome da secretaria mudou de novo, para Secretaria de Relações Institucionais, mas a subchefia continuou dentro dela. Então eu fiquei, durante quatro anos e meio, de 2003 a 2007, na Presidência da República, como subchefe de Assuntos Federativos, e trabalhei com cinco ministros: José Dirceu, Aldo Rebelo, Jacques Wagner, Tarso Genro e Mares Guia.

Essa experiência foi importante, porque já no terceiro mês de governo nós tivemos um grande desafio. Acontece que, a partir de 1998, o movimento municipalista, que já na redemocratização tinha sido muito importante, começou a ter um evento nacional anual, chamado Marcha dos Prefeitos. E a primeira dessas marchas foi muito constrangedora. Era uma marcha liderada por uma das associações de prefeitos, chamada Confederação Nacional de Municípios, CNM. Houve uma ida até as portas do Palácio do Planalto e houve uma repressão policial aos prefeitos, com cavalaria e tudo. Houve até um momento em que um policial rasgou a calça do Suplicy. Isso criou um constrangimento muito grande, que obrigou, depois, a Presidência a constituir essa unidade de Assuntos Federativos, que não existia.

Quando o presidente Lula foi eleito, ele herdou uma dinâmica complicada com os municípios e com os governos estaduais por causa da guerra fiscal. Então nós fizemos, na Marcha dos Prefeitos de março de 2003, uma inversão dessa relação. Primeiro, o presidente Lula e todo o Ministério comparecem — uma coisa inédita, que causou um impacto muito grande. E no final do evento, eu propus ao ministro José Dirceu a assinatura de um protocolo de cooperação federativa da Presidência da República com a CNM, constituindo um fórum de negociação permanente chamado Comitê de Articulação Federativa. O presidente Lula endossou a ideia, e até hoje existe o CAF, que está muito empoderado. A partir do CAF, nós começamos a ter com os municípios não só uma relação de varejo, de emenda parlamentar, de financiamento, mas uma agenda mais estruturante. Por exemplo,

Formulando o Pronasci

a partir desse fórum, nós alteramos a lei do ISS, a lei do Fundo Nacional de Educação, concedemos o aumento de um ponto percentual do Fundo de Participação dos Municípios... Construímos um novo desenho, um arranjo federativo chamado Consórcios Públicos, à luz de uma reforma da Constituição.

Isso foi muito importante, porque quando Tarso Genro deixou a Secretaria de Relações Institucionais e foi para o Ministério da Justiça, em março de 2007, me pediu para acompanhá-lo, porque tinha a ideia de elaborar o que veio a ser o Pronasci. E uma das grandes questões do Pronasci era o papel do município na agenda da segurança pública.

A concepção do Pronasci

Como foi concebido o Pronasci?

O Pronasci está muito vinculado à capacidade intelectual e de gestão do ministro Tarso Genro. Ele alia uma coisa muito difícil, que é ser um grande intelectual no sentido estrito e um grande gestor. É um pensador, tem categorias, conceitua o que faz. E foi assim que ele se tornou um grande teórico do modo petista de governar. Com a ideia do orçamento participativo, ele foi um dos que, no PT, começaram a agendar o tema da dimensão da ação estatal, pública ou não estatal. Nós estávamos muito desequipados para isso. E ele também é um gestor muito exitoso. Os padrões de manutenção urbana de Porto Alegre eram de excelência, as políticas urbanas eram ousadas. Porto Alegre ficou muito ligada ao orçamento participativo, mas foi também muito ousada em outros aspectos. Por exemplo, o padrão de transporte urbano em Porto Alegre e Curitiba é de excelência.

Só para sinalizar, Tarso Genro, Celso Daniel, eu, Telma de Souza, vários outros, assistimos em julho de 1996 à II Conferência das Nações Unidas sobre Assentamentos Humanos, o Habitat 2, em Istambul. Foi muito importante para todos nós, porque foi o momento de uma síntese de várias experiências que o mundo inteiro produzia sobre o papel das cidades, sobre democracia e cidade, sobre cidade e exclusão social, cidade e desenvolvimento econômico. Ficou evidente, por exemplo, que a segurança pública expressa o padrão de sociabilidade, o padrão das condições materiais da cidade. Tarso Genro estava muito a par de todas essas discussões: Barcelona, Itália... Nós estávamos alimentados por tudo isso. E a genialidade dele está na capacidade de, a partir disso tudo, produzir uma síntese.

Quando ele me chamou para uma primeira conversa, eu ainda estava na Secretaria de Relações Institucionais. Estavam presentes o ministro Temporão, o ministro Patrus, o ministro Dulci, alguns prefeitos, Felipe, de Diadema, Zaqueu, do Rio, e eu. Dei a minha contribuição no sentido de chamar a atenção para se pensar a segurança como território, valorizando a territorialidade. Porque, no fundo, todo o nosso processo policial — na linguagem gramsciana — é muito guerra de movimento. Radiopatrulhamento. E, hoje, a violência não são mais eventos de violência, são territórios de violência. Então, a territorialidade como mediação para entender o fenômeno e para agir sobre ele é uma questão importante. Minha intervenção foi muito forte, naquela primeira reunião, sobre esse ponto. Depois eu me afastei um pouco, porque tinha de preparar a Marcha dos Prefeitos, e estava negociando a aprovação de um ponto percentual. Quando terminei essa tarefa, Tarso me pediu muito para ajudar a implantar o Pronasci.

O programa já estava, de certa maneira, desenhado?

Já. Porque ele fez vários colóquios com universidades, com policiais... Eu cheguei no final da formulação, quando já havia uma primeira versão. Sei que dessa primeira formulação participaram o professor Nado, o Zaqueu, mas houve também a contribuição de alguns estudiosos, por exemplo, Luiz Eduardo Soares, o nosso pensador lá de Pernambuco, hoje assessor do governador, houve o diálogo com a universidade, com o pessoal da Renaesp, com vários policiais que também estavam refletindo, houve o diálogo com áreas do próprio governo, com o pessoal das políticas de prevenção, que a gente chama hoje de agenda social. Quando eu cheguei, eles já tinham apresentado uma primeira versão do programa ao presidente. Os grandes enunciados já estavam constituídos. Por exemplo: o Pronasci alia estruturalmente prevenção e repressão. Depois, vinham as ações estruturantes, as ações locais. Esse desenho já estava feito.

Quando, exatamente, o senhor chegou ao Pronasci?

Em julho de 2007. Nesse momento, já havia uma versão formatada do programa. E eu vim para tratar dos assuntos federativos. Havia as relações federativas gerais, mas havia também outras questões. Por exemplo, a crise da segurança pública em Alagoas. Em 2006 tinha havido a eleição do presidente Lula para o segundo mandato e a eleição dos governadores; em janeiro de 2007, todos as-

Formulando o Pronasci

sumiram, entre eles o governador Teotônio Vilella Filho, de Alagoas. Qual era a crise? Primeiro, o antigo governador, Lessa, quando saiu, deu um conjunto de aumentos totalmente inviáveis. Teotônio foi obrigado a dizer que não ia pagar, e isso gerou uma greve do setor público, inclusive das forças policiais. Isso ocorria num momento de alta temporada, e havia também a especificidade de Alagoas. Alagoas tem uma elite política muito habilidosa, mas que não foi capaz de tornar o estado contemporâneo. O estado tem carências muito grandes. Falta a noção de república. Enfim. Os primeiros dias do novo governo já foram de uma crise muito profunda, porque incluía greve de policiais. Então Teotônio procurou o presidente Lula, e o presidente, na sua visão muito estratégica como chefe de Estado, o bancou. Na verdade, o presidente estava falando com um governador de oposição, ex-presidente nacional do maior partido de oposição. E a sua postura foi de apoio incondicional.

O presidente convocou então o ministro Tarso, na época, das Relações Institucionais, e o ministro me convocou, como subchefe de Assuntos Federativos. Fomos lá, para ver como ajudar nessa questão. Já havia ali um tema importante. A necessidade de uma nova política de segurança pública estava evidente. O segundo mandato do presidente Lula não poderia tergiversar. Só para lembrar, uma das falas fortes do discurso de Lula do dia 1º de janeiro de 2007 foi uma referência aos eventos de dezembro no Rio de Janeiro.

Foi quando traficantes atacaram policiais e civis em toda a cidade, queimaram ônibus etc., em represália ao avanço das milícias. Foi uma coisa traumática.

E então, na verdade, quando Tarso foi para o Ministério da Justiça, ele já foi com esse pano de fundo. Havia a questão do Rio de Janeiro, que se agravava, havia a crise de Alagoas, havia os índices alarmantes de violência em Pernambuco. Isso fez com que o tema da segurança pública ganhasse uma nova centralidade no segundo mandato do presidente Lula, pela temperatura que estava adquirindo. Havia essa dimensão.

Quando eu vim para o Ministério da Justiça, portanto, o programa de segurança pública já estava formatado, mas havia duas questões que estavam mal resolvidas na formulação. Uma era: qual é o caráter do Pronasci? É um programa federal ou um programa federativo? Chamei a atenção para isso: o Pronasci, como ponto de partida, era um programa federal, ou seja, era uma decisão do governo federal. Agora, para se efetivar, ele não podia ser tratado como um programa federal, tinha de ser um programa federativo. Isso é complicado, mas eu tinha uma vantagem, porque conhecia um pouco o assunto. No fundo, um dos meus papéis era tentar ampliar uma cultura federativa na burocracia federal. A burocracia federal tem uma cultura de Estado unitário. Ela acha que só nós temos a racionalidade, e os outros são operadores da nossa racionalidade. Ora, se um Estado federal é um estado que se estrutura a partir de esferas autônomas de governo, ele pressupõe que essas esferas sejam portadoras de racionalidades próprias. Agora, quando eu falo em um programa federativo, eu tenho de combinar essas racionalidades. Eu tive, e não vai aí nenhum mérito, a função de chamar a atenção para isso. Porque, na verdade, eu sentia uma ingenuidade dos meus colegas, que achavam que, em um país continental, complexo como o nosso, se ia implantar o Pronasci tendo uma centralidade de implantação federal, não compartilhada. Foi um embate muito forte. E é claro que foi exitoso, porque eles admitiram que o Pronasci tinha esses dois aspectos, de programa federal e federativo.

Uma outra questão que foi muito importante é que o Pronasci, como outros programas inovadores — o Bolsa Família, por exemplo —, sofria de uma insuficiência, eu diria conceitual, que era a seguinte: a máquina central brasileira, quando pensa qualquer programa, não inclui na equação do programa a variável gestão. A gestão é sempre tratada *a posteriori*: eu defino os meus propósitos, os meus recursos, as minhas metas, e depois vou pensar como geri-los. E a gente sabe, e a vida ensina, que às vezes você desconstitui os seus propósitos pela gestão. Eu sentia, aí também, que muita gente tinha uma visão muito ingênua da gestão do Pronasci. E houve um embate complicado. Havia uma ingenuidade de achar que, contratando equipes multidisciplinares, se ia implantar o Pronasci.

A implantação do Pronasci

Como foi o processo de conquista da adesão dos estados ao Pronasci?

Primeiro, o ministro Tarso, pela trajetória dele no governo, foi um ministro das "relações para fora". Ou seja, como secretário do Conselho de Desenvolvimento Econômico e Social, ele teve uma relação com a sociedade civil muito poderosa; como ministro da Educação, teve toda uma relação federativa: Fundeb, ProUni; como ministro das Relações Institucionais, nem se fala. Ele tinha também uma relação com os atores, quer dizer, os governadores, os prefeitos. Além de ter sido

Formulando o Pronasci

prefeito no passado, ele foi um líder, foi presidente da Frente Nacional de Prefeitos. Então, nós tínhamos uma grande capacidade de relações federativas já instalada, primeiro nele, como quadro político, e no próprio governo do presidente Lula.

É importante sinalizar que no primeiro mandato do presidente Lula já se tinha dado o primeiro passo de um entendimento federativo quando se constituiu o Susp. Qual é a diferença do Susp para o Pronasci, como momento? O Susp foi um primeiro entendimento entre as instituições policiais. O Gabinete de Ação Integrada do Susp era um fórum das agências policiais. No fundo, significava sairmos da indigência, ou seja, do costume de não compartilharmos a inteligência policial e certas ações que por natureza são compartilhadas. Como é que eu vou combater o crime organizado, que envolve competência estadual, federal, que exige a presença das forças armadas para o tráfico de fronteira, sem compartilhar? O Susp foi um momento de diálogo entre as instituições federais. O Pronasci já é a promessa de uma política pública de segurança pública com uma série de conteúdos. Porque no fundo ele está propondo um novo paradigma para a segurança pública do país. Então, ele já é um outro momento. Tanto é assim que o programa ainda vai ter de fazer uma articulação mais orgânica entre o seu momento Susp e o seu momento Pronasci. O Susp é agregação policial, inteligência policial e ações especiais conjuntas. E o Pronasci já é a busca de um novo paradigma, que combina prevenção e repressão.

Por outro lado, o ministro Tarso foi muito lúcido ao reconhecer que tinha de ter bala na agulha, ou seja, recursos financeiros. O Pronasci é uma inovação, é um salto de qualidade em termos financeiros. Ainda é insuficiente para a agenda do país, mas, em relação ao que se tinha, é um salto de qualidade. Os governadores sempre iam ao governo federal em busca de recursos de duas agregações financeiras: o Fundo Nacional Penitenciário, Funpen, e o Fundo Nacional de Segurança Pública; chegavam para solicitar, através de um projeto, um dinheiro. O Pronasci foi mais inteligente, porque mobilizou recursos financeiros, mas os vinculou aos fins. Ou seja, você tem de operar o projeto do programa. No Fundo Nacional de Segurança Pública, você chega e diz: "Quero equipar minha Guarda Municipal, quero equipar minha Polícia Militar". No Pronasci, é: "Quero executar os programas do Pronasci".

Ficou de alguma forma claro se os estados estavam aderindo ao Pronasci pelos recursos, ou pela filosofia do programa?

Aí é preciso ver o seguinte. Primeiro, a nossa diversidade, as realidades diferentes. Vários estados já estavam buscando uma nova política de segurança pública. Minas Gerais, por exemplo, estava; São Paulo também já tinha certos enunciados; Pernambuco, quando assinou o Pronasci, já tinha o programa Pacto pela Vida, do Eduardo Campos. Quer dizer, alguns estados já tinham um acúmulo, já operavam as premissas do Pronasci, articulando repressão e prevenção. Já tinham consciência de que, se não fossem capazes de operar, simultaneamente, organicamente, a contenção da criminalidade e a sua prevenção, não teriam futuro. Todo mundo estava vivendo o sentimento do saco sem fundo. Tanto é que, se formos cotejar as estatísticas, veremos que já de alguns anos há uma tendência de aumento do investimento na área de segurança pública. Agora, o padrão de desempenho não corresponde a isso. Aqui e ali também aparecem os estouros, as incongruências, o limite do modelo, essas coisas todas.

Então, houve uma adesão por várias motivações. Deve ter havido até aqueles que disseram: "Olha, tem um dinheirinho ali..." Mas o importante é que nós também procuramos constituir uma interlocução para o momento da implantação. Houve um certo embate anterior sobre a gestão que foi pedagógico, positivo. E aí eu tive o papel de dar ênfase. Disse: "O Pronasci, para se constituir, tem de produzir um Gabinete de Gestão Integrada". Decidiu-se então que a adesão dos estados e dos municípios ao Pronasci se faria através de um instrumento chamado Convênio de Cooperação Federativa. Isso já anunciava que não se trata de qualquer convênio, que o Pronasci pressupõe a *cooperação federativa*. Nesse convênio, são estipulados os compromissos. E um desses compromissos é a constituição do Gabinete de Gestão Integrada. Que é um conceito que já esteve presente na formatação do Susp e é muito importante, principalmente para os municípios, porque pressupõe o compromisso de um fórum com a participação da União, do estado e do município.

Como funciona, na prática, o Gabinete de Gestão Integrada do Pronasci?

Aí há dois níveis. No nível dos estados, há uma questão que ainda não está bem resolvida. Por quê? Porque muitos estados já tinham o Gabinete de Gestão Integrada, mas na lógica do Susp, de uma agregação basicamente policial. Tanto assim, por exemplo, que quando o ministro Tarso assinou com o governador Jacques Wagner a adesão da Bahia ao Pronasci, na mesma cerimônia, Jacques Wagner emitiu um decreto redesenhando o Gabinete de Gestão Integrada da Bahia à luz do Pronasci. Ou seja, agregando os secretários da área social, portanto da área da prevenção. Nós temos, ainda, um problema, que é o fato de que muitos estados não fizeram isso.

Já o Gabinete de Gestão Integrada municipal, como ele não é da prefeitura, é o mais federativo, porque tem como membros constitutivos o prefeito, ou os secretários que operam, as autoridades policiais estaduais e a representação do Ministério da Justiça. Embora o prefeito coordene tudo, o gabinete se compõe dessa maneira. Então ele é um gabinete, não da prefeitura, mas de todas as autoridades que operam no território municipal.

O Pronasci propõe coisas como policiamento comunitário, armamento não letal. Como o senhor vê a implantação desses procedimentos em áreas altamente conflituosas?

É evidente que o Pronasci pressupõe que nós sejamos inteligentes em relação aos nossos problemas. Isso significa entendermos não só a dimensão do fenômeno, as suas características, mas também a sua direção. Quais são as matrizes que produzem violência? Em algumas cidades, alguns territórios, a violência é mais produzida pelo padrão de sociabilidade local do que por outras coisas. Em Recife, por exemplo, uma grande parte da violência, inclusive dos homicídios, ocorre nas relações interpessoais. É uma cultura que legitima que o conflito seja resolvido pela violência. Então o Pronasci vai ser obrigado, primeiro, a ter mais conhecimento, para que esse conhecimento produza inteligência sobre os fenômenos. Nós precisamos estudar mais a violência e a criminalidade no Brasil para podermos configurar tipologias. Evidentemente, em alguns territórios existe um tipo de violência e criminalidade que tornam o confronto armado inevitável.

A implantação de um procedimento pressupõe, portanto, um diagnóstico da área.

Sim. E o drama é que o Pronasci, como qualquer política pública, significa mudar o pneu do carro em movimento. Eu não posso parar o país, não posso dizer: "Agora, para tudo". Eu uso instituições permanentes, com rotinas, e tenho que ter estratégias territoriais. É claro que eu também tenho que mudar as instituições. Uma parte do aparato estatal tem relações perigosas, de promiscuidade, com a violência e a criminalidade. E um dos pontos do Pronasci é o combate à corrupção e à violência policial. Isso é fundamental. Vamos ter de redesenhar nossas instituições policiais. Depois, se eu quiser captar os fenômenos da violência, e não tiver consciência de que o Boletim de Ocorrência sozinho não me dá tudo, estarei sendo ingênuo. Eu tenho de ter o perfil da violência, da criminalidade no território.

Em Nova Iguaçu, por exemplo, as pesquisas mostram que domingo à tarde é uma loucura o que aumenta o número de mulheres atendidas no pronto-socorro. "O que aconteceu?" "Ah, eu escorreguei, bati a cabeça". É o seguinte: o sujeito encheu a cara, perdeu o jogo de porrinha e, pau na mulher!

Então o Pronasci vai obrigar, primeiro, que as cidades e os estados ligados a ele aumentem a sua inteligência, não só policial, mas sobre os fenômenos. Está claro que, hoje, uma parte da violência se expressa como violência juvenil. E essa violência juvenil tem no sistema escolar uma base territorial muito forte. Então, algumas cidades já estão tendo um sistema de monitoramento territorial centrado nas escolas. E aí você vai descobrir, por exemplo, que o corpo docente e a direção da escola estão totalmente desequipados para lidar com o problema. E que a sociedade não sabe como lidar com o conflito. Aí há toda uma metodologia, que se transforma em programa de mediação de conflitos. Eu acompanhei isso. Sou daqueles que acham que, antes de propor, você precisa ir ao território, olhar, e depois sintetizar. Houve dois casos em Diadema que podiam dar em morte, e o ponto de partida em um deles era um conserto de geladeira. Vejam como as coisas são singelas: eu, um cara pobre de periferia, mandei consertar minha geladeira; você me enrolou e não fez o conserto; se eu fosse classe média, o que eu faria? Advogado; como eu não tenho advogado, vou "tomar satisfação", e isso vai numa escalada. Assisti à última rodada da negociação desse conflito, mediado pela prefeitura, pela Guarda Municipal. Esse é um caso singelo, que mostra que os vetores de violência são complexos. Claro, nós estamos mais preocupados com a violência mais diabólica, que é a do crime organizado, mas há outras, ligadas à sociabilidade.

Com todas as dificuldades, que são evidentes, quando você atua através da polícia ou de instituições constituídas, você tem um mecanismo de atuação formal. Mas o Pronasci tem todo um outro conjunto de projetos, como o Mulheres da Paz, que são mais informais. Como o senhor vê a efetivação desses projetos informais?

O Pronasci, quando se constituiu, se estruturou em duas grandes vertentes. Primeiro, uma vertente que incidisse na dinâmica das forças policiais: Bolsa-Formação, Projeto Moradia etc. Segundo, uma vertente chamada de "programas locais". Um desses programas chama-se Território de Paz e tem como objetivo a integração do jovem à família, a criação de espaços urbanos seguros. O Pronasci não substitui os compromissos e as obrigações de segurança pública de rotina.

Quer dizer, eu tenho de policiar toda a cidade, mas eu também tenho de ter uma estratégia para mudar o jogo. Nós estamos no momento de implantar, nas cidades Pronasci, esses Territórios de Paz. Por exemplo, assinamos o Pronasci com o governo do Recife e o governo do estado de Pernambuco. Mas nós, o presidente Lula e o ministro Tarso, aterrissamos o Pronasci numa localidade específica: o bairro de Santo Amaro. Por que Santo Amaro? Porque é um território de violência, onde há pouco Estado, essas coisas. Vamos, agora, ver ser o Pronasci vai acontecer, porque vamos jogar lá todos os projetos do programa. No fundo, nós queremos adensar a presença do Estado naquele território, tanto com projetos federais quanto com projetos estaduais e municipais.

Por outro lado, nós estamos associando os territórios do Pronasci aos territórios do PAC. Então, por exemplo, todas as modificações no Complexo do Alemão, o elevado, todos os grandes equipamentos, vão ser também momentos muito importantes. Estamos também na perspectiva de levar para lá a polícia de proximidade, que é um caminho para a polícia comunitária. No Brasil, é comum pegar um conceito e transformar numa marca fantasia. Eu pinto uma casa, digo que é a polícia comunitária, mas não é nada, é a rotina tradicional. Nós estamos, por exemplo, pressionando para que o policial que recebeu a Bolsa-Formação vá trabalhar nesse Território de Paz, na perspectiva da polícia de proximidade, e comece a estabelecer uma nova relação entre as forças policiais e a comunidade. Agora, para isso, eu preciso saber qual é a natureza do crime organizado presente. Porque às vezes eu tenho de fazer uma operação forte. Eu não constituo lideranças comunitárias com o crime organizado instalado, porque ele vai ou eliminá-las ou cooptá-las. Terá que haver todo um *approach* também territorial. Na realidade, nós vamos ter de liberar territórios, na linguagem antiga, do crime organizado, da violência estruturante. Porque a violência também passa a ser estruturante nesses espaços. Ela cria a regra do jogo, a coerção pura, não republicana, não moderna.

Eu queria chamar a atenção para um fato. É o seguinte: é que o Pronasci, para ser sustentável, pressupõe uma coalizão entre os gestores públicos, entre as forças policiais. E há um caminho para isso. Logo nós vamos começar a ter resultados nas polícias, quadros de visão estratégica, agrupamentos militares e policiais de maior qualidade. Temos que trazer a universidade para pensar os fenômenos da violência, da criminalidade. Temos de incorporar tecnologia inteligente, porque às vezes incorporamos tecnologia burra.

Dos estados envolvidos, onde o Pronasci tem sido mais e menos bem-sucedido? Nos governos de situação, nos governos de oposição? Ou não existe essa relação?

Na verdade, eu sinto uma maturidade da Federação brasileira, porque esse é um tema que nós, quadros políticos governamentais, estamos de acordo que não é partidário, é do Estado. É claro que, no começo, houve desconfiança. E aí o ministro Tarso foi muito lúcido. Por exemplo, nós passamos muito dinheiro para os governos de oposição. O ministro Tarso — eu acompanhei — conversou bastante com o governador José Serra. O prefeito Gilberto Kassab é um grande parceiro. O governador de Minas, o secretário de Segurança de Minas também. Os dois governadores são candidatos potenciais de oposição. É importante que não se coloque a agenda do Pronasci no jogo de uma contabilidade menor. Porque o que está em causa é a democracia, a vida das pessoas. Temos de ter um pacto institucional. E produzir uma política de Estado mesmo, permanente, que independa de quem está governando. É claro que o governante dá ênfase a isso ou àquilo. Mas dentro de um processo. Hoje, um governante que chega não vai discutir o SUS. Ele pode valorizar ou não, mas é obrigado a participar, nós criamos um compromisso. Hoje, a política de saúde é do Estado. Embora possa haver insuficiência de gestão, é uma política de Estado mesmo. E nós crescemos por isso.

Em dezembro de 2008 o presidente convocou a Conferência Nacional de Segurança Pública, que vai acontecer em agosto de 2009. Nós vamos agendar um grande debate nacional. A Igreja Católica vai lançar a Campanha da Fraternidade. Nós vamos ter de transformar isso numa agenda do país. Porque eu não posso apenas pedir polícia. Eu preciso ter pactos, preciso ter coesão social. A elite, a classe média, nós pensamos que poderíamos ter paraísos particulares. E na verdade estamos atraindo uma criminalidade de alta qualidade, que já opera através de mecanismos militares, que faz inteligência de observação, que tem uma metodologia, que tem capacidade de responder, inclusive, a fogo muito forte. Ou nós temos coesão social, ou não resolvemos nada.

Pedro Abramovay
Secretário Nacional de Justiça (a partir de 7/2010)
Secretário de Assuntos Legislativos do Ministério da Justiça
(1/2007 — 5/2010)

Entrevista feita em Brasília em 23/1/2009

De assessor da liderança no Senado a secretário de Assuntos Legislativos

Para começar, gostaríamos que nos falasse um pouco da sua trajetória: onde nasceu, qual foi a sua formação.

Nasci em São Paulo em 1980, fiz direito na Faculdade do largo de São Francisco, na Universidade de São Paulo, e lá me envolvi com a política acadêmica. Fui diretor e depois presidente do Centro Acadêmico 11 de Agosto. Acho que isso foi algo particularmente importante na minha formação política. O Centro Acadêmico 11 de Agosto é o mais antigo do Brasil, tem uma estrutura muito grande, e eu brinco sempre que tenho a sensação de que tudo, depois, foi só uma mudança de escala. As contradições, a vida política mesmo, estavam dadas desde lá. Em 2002, quando estava no quinto ano, fui para a prefeitura de São Paulo, trabalhar no gabinete da prefeita Marta Suplicy.

Você então já tinha feito a opção pelo PT.

Desde sempre. Acho que até por motivos familiares sempre fui muito próximo do PT. Não me filiei ao longo da faculdade porque defendia uma posição de autonomia do movimento estudantil em relação às lógicas partidárias, mas sempre fui muito próximo. Meu pai, sobretudo, era petista. É sociólogo, professor da

Faculdade de Economia da USP. E minha mãe é psicóloga, não se envolve tanto com política, mas tem posições de esquerda.

Trabalhei na prefeitura um ano. Nesse ano, 2002, Lula se elegeu presidente, e Mercadante se elegeu senador. Eu conhecia o Mercadante desde pequeno, era amigo da família, em 2003 ele se tornou líder do governo no Senado e me chamou para ser assessor jurídico da liderança. Acho que foi quase uma irresponsabilidade dele. Eu tinha 22 anos! Para mim foi uma experiência muito rica, porque ter que lidar com senadores, produzir pareceres jurídicos que iriam orientar o governo na CCJ — Comissão de Constituição, Justiça e Cidadania — do Senado, não era pouca coisa. Foi um momento muito importante. E acho que uma coisa que eu entendi naquele momento, e que depois influenciou muito o trabalho que faço hoje, é que no parlamento existe um enorme espaço para o convencimento. Quer dizer, a discussão de mérito no parlamento é muito maior do que a gente imagina olhando de fora. Eu diria que em 10% das vezes é só jogo político; mas em 90% se discute mérito, se convence, se apresenta argumento. Discutiu-se muito no Senado, naquele momento, a reforma do Judiciário. A partir disso, acabei conhecendo a equipe do ministro Marcio Thomaz Bastos e o próprio ministro. E em 2004, ele me convidou para ser assessor especial dele no Ministério da Justiça. Fiquei trabalhando com ele de maio/junho de 2004 até final de 2006. Nesse momento, saiu o secretário de Assuntos Legislativos, e eu assumi a Secretaria. Sem muita perspectiva, porque o ministro Marcio estava saindo, mas, enfim, com a possibilidade, dependendo de quem fosse entrar, de eu ficar.

Antes de você se tornar secretário de Assuntos Legislativos, o que você fazia no Ministério da Justiça?

Eu cuidava dos projetos mais importantes no Congresso, da própria reforma do Judiciário. Não tinha uma relação cotidiana com assunto parlamentar, mas, pelo meu conhecimento no Senado e no Congresso, ajudava um pouco nisso. O ministro Marcio descentralizava muito. Era muito diferente do ministro Tarso Genro na maneira de lidar com a gestão. Ele deixava muito a gestão do dia a dia para os assessores, para o secretário-executivo. Então a gente se dividia um pouco. Eu acompanhava a Secretaria de Reforma do Judiciário, a própria Secretaria de Assuntos Legislativos, a questão penitenciária... Por exemplo: "Ah, o Sistema Penitenciário Federal está com um problema aqui". Eu ia lá, olhava, dizia: "Vamos então, até tal dia tem que entregar esse documento, até tal dia tem que fazer isso,

Formulando o Pronasci

isso tem que ser assim"... Eu e mais dois assessores funcionávamos um pouco como a voz do ministro para dentro do Ministério. O trabalho era basicamente esse, e também de escrever discurso, artigo, essas coisas, para o ministro. Assessoria pessoal do ministro. Viajar com o ministro. Enfim, era isso.

E quando o ministro Marcio Thomaz Bastos saiu?

Foi curioso. Na época, até passei num concurso para gestor público, e aí fiquei na dúvida: se eu assumisse o concurso, ia ter que fazer o curso, três meses, ia mudar o ministro, e eu perderia a oportunidade de ficar aqui. Aí resolvi arriscar. Não conhecia o ministro Tarso Genro. E aí, não entendi direito por que ele me convidou para ficar no cargo. E estou há dois anos aqui. Na Secretaria de Assuntos Legislativos nós temos três atribuições básicas. A primeira é de elaboração normativa. Ou seja, qualquer ato normativo que tem relação com o Ministério da Justiça é elaborado aqui. De uma portaria do ministro a um decreto do presidente, projeto de lei, proposta de emenda constitucional, medida provisória, nós damos o desenho institucional. Sentamos e dizemos: "Qual é a demanda? O que é que você quer mudar? Isso não pode ser assim. Vamos pensar um outro formato jurídico institucional para isso". No Pronasci, isso foi particularmente importante.

Nossa primeira atribuição, portanto, é montar a estrutura institucional jurídica e apresentar isso na forma de uma norma. A segunda parte é o processo legislativo. O que é isso? Sobre todos os projetos de lei que estão no Congresso e que têm relação com o Ministério da Justiça — e que são a grande maioria, porque o Ministério da Justiça trata de tudo, índios, estrangeiros, consumidor, direito penal, civil, segurança —, nós temos que fazer um parecer, que é o parecer que orienta a posição da bancada do governo, da liderança do governo no Congresso. E isso acho que mudou, particularmente, depois que eu vim para cá, pela relação que eu já tinha com o Congresso: nós não só fazemos o parecer, como vamos apresentar aos deputados, discutir, convencer. "Olha, se mudar isso aqui, a gente apoia o projeto". Ou: "Esse projeto, desse jeito, está inconstitucional, não adianta passar assim". Esse é um trabalho que nós fazemos muito, de viver lá dentro, discutindo com eles, no que diz respeito ao mérito dos projetos. Finalmente, na sanção ou veto dos projetos — todos os projetos aprovados lá têm que ser ou sancionados ou vetados pelo presidente —, nós sempre nos manifestamos, damos um parecer jurídico, orientando pela sanção ou pelo veto. Essas são as três funções básicas.

Para dar conta dessas funções, temos estimulado uma relação entre a academia e o processo legislativo. Temos um projeto, chamado Pensando o Direito, pelo qual lançamos editais com temas que tenham relação com o Ministério da Justiça e com o processo legislativo, para que haja pesquisa jurídica nessa área. Hoje, nós somos o maior financiador de pesquisa jurídica no Brasil. Mais que o CNPq. Conseguimos criar uma rede de professores, intelectuais, que começam a prestar mais atenção ao processo legislativo, à lei, não nascida, pronta, mas ainda em formação. A resposta a esses editais tem sido excepcional. Isso tem nos ajudado muito. Esse projeto é importante para nós, também, porque ele parte do princípio de que, se não há mais discussão, tentativa de convencimento, coisa que acho tão importante para a democracia, é por falta de ocupação desse espaço com argumentos. Então, trazer a universidade, produzir argumentos, para enriquecer o debate legislativo, tem um papel para a democracia muito importante. É fundamental transformar a discussão num debate em cima de argumentos. E nós temos conseguido, em vários casos, fazer isso. Isso é muito gratificante.

Esse projeto Pensando o Direito já tinha sido iniciado na época do ministro Marcio Thomaz Bastos?

Não. Eu fiquei três meses como secretário com o ministro Marcio, no início de 2007, e aí nós começamos a pesquisa. Mas o projeto foi lançado já com o ministro Tarso, acho que em maio. E acho que já temos feito pequenos avanços importantes.

Soubemos que você é o coordenador da equipe que está preparando um projeto de lei para substituir a Lei de Segurança Nacional. Poderia nos falar sobre como foi estruturada a equipe, o andamento dos trabalhos, o que é a Lei de Segurança Nacional que está em vigor e o que se está propondo como alternativa?

Claro. Esse é um debate de que eu gosto bastante. Existia uma Lei de Segurança Nacional antiga. Ela foi refeita no governo Figueiredo, teoricamente um pouco mais aberta, mas ainda com a lógica da ideologia da segurança nacional. Que é uma lógica do século XX, uma lógica da guerra fria, uma lógica de amigo e inimigo, enfim, uma lógica que não faz sentido num país democrático, nem em um país que esteja no século XXI. Ela foi feita para outras coisas. E é muito pouco aplicada, inclusive. É tão distante da nossa realidade que é pouco aplicada. E nós temos uma grande discussão, que é a seguinte: um Estado democrático precisa de uma lei de defesa do Estado democrático? Que tipo de crime político pode ser punido? Golpe de estado, tentativa de golpe de estado... Essa discussão carrega dentro dela a discussão sobre terrorismo, que é uma discussão específica e que também tem uma história particular dentro desse governo. Há uma disputa dentro do governo sobre a necessidade ou não de haver uma criminalização do terrorismo. Ninguém defende o terrorismo. Evidentemente que não. Todo mundo condena. Agora, a dúvida é: quais são as vantagens e as desvantagens de você ter o terrorismo criminalizado no Brasil?

Se terrorismo é um crime com motivos políticos, com a finalidade de constranger alguém ou alguma instituição a praticar alguma coisa, isso pode ser qualquer coisa. Aliás, é muito difícil definir terrorismo. A ONU não conseguiu. E aí, o que acontece? O Brasil, hoje, não tem terrorismo, tal como a gente condena. Não há registro recente, não é um problema, hoje, no Brasil. Mas se você criar uma norma contra o terrorismo, ela vai gerar a busca da sua própria aplicação. O Ministério Público, as entidades de persecução penal vão tentar encaixar essa norma em situações que hoje acontecem, mas que não são de terrorismo. Por exemplo, invasão de terra. É um crime, com motivo político, para pressionar as autoridades. Isso é terrorismo? Certamente, muita gente vai dizer que é. Então você vai começar a ter essa norma aplicada, não para proteger o Estado democrático, mas para perseguir movimentos sociais. Isso aconteceu em Portugal agora. Portugal não tem terrorista também, não tem casos de terrorismo desde o final da década de 70, e está cheio de denúncia de terrorismo lá, porque o terrorismo foi criminalizado, e aí Ministério Público, não é que invente, mas produz casos na aplicação daquela norma. Então há um debate ideológico de fundo por trás disso. E a maneira como nós vamos enfrentar a questão da segurança do Estado, dentro da democracia, no mundo de hoje, não pode ser nem como no século XX, em termos de segurança nacional, nem com a lógica que imperou nos últimos oito anos, que foi a lógica pós-11 de setembro. O mundo inteiro reviu suas legislações sobre terrorismo e endureceu, violou garantias individuais. Isso ocorreu no mundo inteiro, com os Estados Unidos liderando esse processo. Modificar a legislação, no momento em que estamos passando por essa transição — acho que há uma transição em curso —, pode nos expor ao risco de produzir a última legislação do mundo da era Bush, da era pós-11 de setembro, em vez de nos levar a produzir a primeira de uma nova maneira de lidar com esses problemas, que o mundo certamente vai acompanhar, agora.

A própria eleição de Barack Obama já indica essa nova maneira.

Exatamente. Guantánamo ia numa linha de permissão da tortura, de valorização do poder do Estado de punir, mais do que de proteção do indivíduo. Aparentemente, isso vai sofrer uma mudança. Vale a pena começarmos essa discussão, sem entender para onde ela vai no mundo inteiro, dado que aqui não tem terrorista? Se houvesse um problema de urgência, ainda se entende, mas não há. Temos a sorte de viver num país onde nós podemos observar isso com muita tranquilidade e produzir uma legislação com a calma necessária. Então esse é o debate que estamos tendo. E acho que há um outro debate, que é como proteger as liberdades, por meio de uma lei de defesa do Estado democrático. Quer dizer, como garantir o direito à livre manifestação, à liberdade de imprensa... Uma lei que queira defender a democracia, queira defender o Estado num Estado democrático, tem que tratar disso também. Ela não é só uma lei de defesa do Estado contra a população. Ela é uma defesa dos direitos da população. E esse debate não é simples também, até pela formação do grupo, que é um grupo formado, majoritariamente, por militares. Quer dizer, se você pegar os órgãos, não. Mas quem vem às reuniões são majoritariamente militares.

A formulação do Pronasci

Vamos então ao Pronasci. Como você se vinculou ao Pronasci, qual é a sua experiência em relação ao programa?

Para mim foi muito engraçado. Eu fiz parte de uma turma — eu, Luiz Paulo, Mariana — que estava com o ministro Marcio e continuou com o ministro Tarso, que chegou com toda uma nova equipe. E acho que para entender o Pronasci, para mim, passa por entender a diferença entre os dois ministros. Há uma pergunta que me fazem sempre: "Mas e aí, como é? Quem é melhor de trabalhar?" Tem muita gente que tem opinião muito diferente sobre cada um deles. Assim, tem gente que acha que o ministro Marcio era muito conservador, e que o ministro Tarso, ao contrário, politiza o Ministério. Eles têm perfis muito diferentes. Mas foi muito importante cada um deles ter sido e ser ministro, na ordem em que foi. Nós vivemos o período de governo Fernando Henrique com nove ministros em oito anos, um enfraquecimento brutal do Ministério da Justiça. O Ministério da Justiça era um

Formulando o Pronasci

não ministério, não tinha papel, era um lugar onde, às vezes, o presidente punha algum amigo, para ficar três meses. Era uma coisa sem política, ou com políticas opostas, com reflexos gigantescos sobre a Polícia Federal. Não havia política para a Polícia Federal, e aí não funcionava, aumentava a impunidade, tudo isso. Acho que o ministro Marcio teve o papel de devolver o peso para o Ministério da Justiça. Ele tem aquele ar institucional, é muito respeitado, inclusive pela esquerda — foi uma pessoa que desde 1989 esteve com o Lula, acho que talvez seja o único grande advogado de São Paulo, pelo menos da geração dele, que se ligou ao PT. Mas ao mesmo tempo era muito respeitado também pela oposição, tanto que foi advogado do ACM. Acho que isso foi muito importante para dar essa institucionalidade. E o que ele fez com a Polícia. Todo esse salto que a Polícia deu, de ter investimento em tecnologia etc. Ele deu uma cara de Estado, novamente, para a Polícia e para o próprio Ministério. Para a questão do combate à lavagem de dinheiro, várias coisas. Então foram quatro anos, em que o Ministério voltou a ser o Ministério da Justiça de verdade, com peso político, com voz na sociedade. E num período onde qualquer vacilo político podia ter sido desastroso.

Até porque foi um período de muita crise no PT.

De muita crise. Então, o ministro conseguir manter essa institucionalidade, dar um salto institucional, durante uma crise daquelas proporções, foi muito interessante ver isso de perto. Eu admiro muito o ministro Marcio, por causa disso. O ministro Tarso, acho que ele tem uma coisa também impressionante, que é a coisa do gestor inovador, do compromisso com as transformações reais da sociedade. Foi incrível ver a mudança de perfil. O que o ministro Tarso briga por orçamento, como ele sabe fazer isso, como ele politiza a questão para poder ganhar mais orçamento, joga para a sociedade, para a sociedade devolver a demanda, e ele ir para o debate com mais peso, a abertura que ele tem a novidades institucionais, enfim, como ele provoca a gente para pensar coisas novas e recebe esse tipo de ideia, é incrível acompanhar isso de perto. E acho que Pronasci é fruto disso.

Durante a gestão do ministro Marcio, nós reconstruímos a institucionalidade da segurança pública. Criou-se o Susp, fez-se uma relação pactuada com os estados para o repasse de dinheiro, não mais como uma tesouraria, mas em torno de alguns parâmetros, criou-se o Sistema Penitenciário Federal, que não existia, onde passaram a ser colocados os presos mais perigosos. Agora, o salto para se fazer uma política de segurança diferente de verdade, envolvendo outros ministérios, com uma concepção transformadora da sociedade dentro da proposta de política, isso só podia ter acontecido na gestão do ministro Tarso Genro. É a maneira dele de fazer política. E isso ficou claro logo no começo. Quando ele começou a propor o Pronasci, eu dizia: "Gente, como é que nós vamos conseguir um bilhão de reais a mais? O orçamento do Ministério é de um bilhão! Eu estou aqui já há algum tempo, sei mais ou menos como funcionam as coisas... Mas tudo bem. Vamos lá". Ele dizia: "Ah! Então temos que pensar um piso salarial para os policiais". "Um piso para os policiais? Como é que a gente vai fazer? É muito dinheiro!" "Não. Dinheiro, não é para você pensar, você tem que pensar no formato institucional. Depois a gente briga". Ou então: "Quero que vocês tragam todas as ideias interessantes sobre segurança pública". Ele tem uma coisa de provocar o debate entre os secretários, o tempo inteiro ele ouve, coloca um para discutir com o outro na frente de todo mundo e tenta chegar na melhor ideia, a partir do debate. Uma coisa muito pulsante, nas reuniões e na dinâmica do Ministério. A formação do Pronasci foi nesse ritmo, nessa toada.

Você participou desde o começo da formulação do Pronasci? Quem estava na equipe?

Desde o começo. Estavam lá o Nado [Ronaldo Teixeira] e o Zaqueu, que tinha uma assistente, Glória, que foi importante no começo. Aí o Nado foi entrando e foi ocupando espaço. Havia uma disputa clara entre ele e o Zaqueu. E por mérito do Nado, ele conseguiu se tornar o secretário-executivo. Como era uma função simbólica, não havia um cargo de verdade, ela foi sendo ocupada. Havia também os secretários, claro. Estavam lá Luiz Paulo, Biscaia, que estava na Secretaria Nacional de Justiça, ainda não tinha ido para a Senasp. Luiz Fernando estava na Senasp. Participava também, mas era mais distante. Quem mais participava, da Senasp, era o Balestreri, que era diretor lá. Do Depen, quem estava bastante era o Ivo. Reinaldo também. Tinha o Gustavo Bambini, que também ajudou bastante na época, depois saiu. E outros.

Começamos a trabalhar em março de 2007, e as coisas começaram a se definir a partir de abril, maio. Começamos a ter conversas com várias entidades da sociedade civil, para ouvi-las — ajudei a escolher as entidades, já tinha as relações delas aqui. Isso também é muito do ministro, esse jeito de ouvir a sociedade, chamar para debater. Houve várias oficinas, nas quais a gente debatia, ouvia. Antes, até, dessas conversas, tivemos um processo interno. O que é preciso fazer? Quais são as grandes questões? Tem que haver um ataque da questão policial. Temos que olhar para a questão de segurança no território. Todas as políticas de segurança que deram certo tinham um enfoque muito forte no território. Não existe uma política nacional de segurança pública que tenha, de fato, tido efeito. A única que teve algum foi o desarmamento. Mas para valer, ser transformadora, ela tem que ser uma política no território. E como é que você vai criar políticas territoriais? A questão penitenciária também sempre apareceu como uma questão importante de ser atacada.

O ministro Tarso provoca muito a extrapolação de competências, o que muitas vezes dá problema, porque um acaba entrando na área do outro, mas, sem dúvida, o processo fica mais rico. Então, eu não ficava só naquilo que eu deveria fazer, de acordo com as funções institucionais. Ele perguntava: "Qual é o formato jurídico para termos um piso salarial nacional para o policial?" "Vai ser preciso fazer uma emenda constitucional." "Não, então não dá para fazer o piso. O melhor jeito é fazer uma bolsa". Isso a gente fez.

Como foi essa discussão, como foi o desenho do Bolsa-Formação?

Pois é. A demanda inicial era: vamos construir um piso nacional para os policiais. Como a gente faz isso? Fizemos mil contas. Existe piso para os professores. Professor, é transferência obrigatória de recursos, e aí você pode pagar pessoal. Para segurança a transferência é voluntária, e não existe a possibilidade, dentro da discussão política, de transformar de voluntária em obrigatória. Então, como é que você vai conseguir ajudar os estados a pagar pessoal com dinheiro da União? É impossível. Aí a gente sentava, pensava. Fizemos um modelo de emenda constitucional primeiro. Fomos discutir com o Planejamento. Eles disseram que não, de jeito nenhum. E perguntaram: "Mas por que vocês não fazem uma bolsa? Aí a gente pode pagar a bolsa". Aí eu falei: "E se a gente juntasse a questão da bolsa com a formação?" Foi uma reunião lá no Planejamento, em que o Nado estava, inclusive. Porque a Senasp, havia muito tempo, já estava trabalhando muito fortemente nessa questão de formação. Uma das principais coisas em que a Senasp tinha investido na gestão anterior, com o Ricardo Balestreri, era na questão de formação. E aí, nessa reunião do Planejamento, pensando sobre o piso, é que veio a ideia: "Se não dá para fazer piso, por que não fazemos uma bolsa para os policiais que participarem dos cursos? Assim a gente força os policiais a participar. Vamos ter, pela primeira vez, a possibilidade de fazer uma formação em massa, nacional, de policiais, e aumentar a remuneração". Porque a hora em que você diz: "Todo mundo que ganhar menos de R$ 1.700,00 e fizer o curso vai ganhar R$ 400,00 de bolsa", você está elevando o piso. Discutimos com o Planejamento, fizemos as contas todas e conseguimos fazer esse desenho. Que ainda encontrou resistência, porque tinha gente que achava que não podia, que era pagar pessoal, que ia para reclamação trabalhista. Mas é para isso que serve a Secretaria de Assuntos Legislativos. Para construir os mecanismos jurídicos de fazer isso andar. É curioso como as pessoas às vezes têm ideia do Bolsa-Formação como um programa que começou pelo motivo de se querer fazer formação. Mas não. Ele surgiu a partir da ideia de aumentar a remuneração dos policiais.

Todo policial que quer fazer curso de formação pode fazer?

Todo mundo que quer fazer pode fazer. Não é todo mundo que vai ganhar a bolsa. Vai ganhar a bolsa quem ganha menos de tanto. No Rio de Janeiro, todo mundo ganha, porque o salário é muito baixo. No Rio Grande do Sul também. Em outros estados, o salário é mais alto. Aqui no DF é mais alto, e aí não tem por que pagar R$ 400,00 para eles fazerem curso.

Gostaríamos que você resumisse as linhas básicas do Pronasci.

Acho que o Pronasci, primeiro, traz a ideia de que o governo federal tem que virar um *player* na segurança pública. Então o governo federal entra para valer, com recursos. Isso era algo que estava presente na concepção do Susp, mas, como nós não tínhamos dinheiro, não dava para ser de verdade. Hoje nós conseguimos condicionar a liberação de recursos para os estados a partir de uma lógica diferente. Uma lógica que concilia prevenção com repressão qualificada. E aí acho interessante, para entender o Pronasci, dialogar com o oposto do Pronasci, que é a política de tolerância zero. Política de tolerância zero é uma política desenvolvida a partir das teorias americanas do final da década de 1970, começo da década de 1980, segundo as quais o delito é baseado numa escolha individual. *Rational choice*. Então, quanto mais desatrativo for o delito, menos delito vai haver; portanto você tem que reprimir. Qualquer pequena infração tem que ser reprimida, porque aí as pessoas entendem que a lei tem que ser cumprida. Não pode haver nenhuma violação da regra. Ora, eu discordo como princípio disso. Acho que as causas do delito são muito mais complexas. Para o Brasil, então, isso é um absurdo brutal, porque você entrar em zonas em que o Estado não se faz presente, a propriedade

Formulando o Pronasci

não é regularizada, a luz que está lá não é legal, o sistema de lixo não chega ou só chega de maneiras ilegais, e dizer "olha, se você não cumprir a lei estritamente você vai ser punido" não faz o menor sentido. Nesses espaços de quase anomia, se você entrar com a política de *enforcement* da lei, você não consegue nem estabelecer o diálogo.

Então acho que o Pronasci parte da ideia não de que a política social é política de segurança pública, mas de que a política de segurança pública tem que assegurar direitos. É preciso tomar muito cuidado com isso, porque há discursos que afirmam que fazer teatro na periferia é política de segurança pública, e fazer teatro no centro é política cultural. Não é isso. Mas não é possível você querer pensar no cumprimento da lei, na afirmação da segurança dos direitos em um território se não há direitos para serem assegurados naquele lugar, se você não tem as condições de vida mínimas para conseguir assegurá-los. Segurança é a segurança de todos os direitos. Então você precisa entrar com a polícia, mas com tudo mais: com educação, com arranjos produtivos que vão gerar emprego... Essa é a combinação do Pronasci, que eu acho que é muito inovadora também. Não é fazer a quadra esportiva para ocupar o jovem, para o jovem não cometer crime. É reconhecer direitos. Para que haja segurança em um território você precisa ter tudo isso. Daí a ideia de fazer os destaques orçamentários para os outros ministérios. Com o dinheiro do Pronasci, a gente paga o Ministério da Educação para ter curso de alfabetização, paga o Ministério da Cultura para ter Ponto de Cultura, paga o Ministério dos Esportes... Isso não significa que estamos fazendo uma política pelo viés da segurança. Não. Estamos dizendo: "Priorizem essa área porque, para nós podermos fazer política de segurança, esses direitos precisam estar reconhecidos".

Acho que, no âmbito territorial, essa é a grande diferença. A partir daí, você pode pensar em polícia comunitária, polícia de proximidade, você pode pensar em reformular toda a relação daquela comunidade com o Estado, para poder ter de fato segurança. A segunda grande diferença é a questão do policial. Acho que é a primeira vez que você tem essa preocupação. Política de recursos humanos para policiais é uma política que, em tese, é responsabilidade dos estados. Mas se a gente não conseguir olhar para o policial, qualquer coisa que se faça na área de segurança vai ser enxugar gelo. Acho que existe essa parte de assumir a responsabilidade de ter alguma política de recursos humanos também para os policiais. Certamente, os salários dos policiais aumentaram, nos governos estaduais, mais do que em outros setores, a partir do Pronasci. Você cria a bolsa e gera uma demanda: "Olha só, o governo federal está entrando, a gente precisa entrar também". Certamente.

Para terminar, além da questão territorial e da questão da valorização do policial, há a questão penitenciária. Que é um gargalo. Primeiro, há um diagnóstico que mostra que nós sofremos uma explosão carcerária, no Brasil, impressionante. Em 1995, nós tínhamos 148 mil presos; hoje, temos quase 450 mil. Em 10 anos, o número de presos quase triplicou. Isso é uma tendência mundial, acho que até como parte do processo de liberação econômica, de aumento do desemprego. Os Estados Unidos são o maior exemplo disso, sem dúvida. Lá, hoje, você tem 2,5 milhões de presos. Acho que isso faz parte desse modelo mesmo. E aparentemente o aumento da população carcerária não tem nenhum efeito sobre a redução do crime. Outras coisas, sim. Então acho que há um processo que a gente ainda não conseguiu enfrentar, mas há alguns projetos de lei que, se forem aprovados, acho que vão atacar isso: tem que parar de crescer a população carcerária. Não há modelo possível de ser feito com esse inchaço de 10% ao ano, praticamente, como temos tido.

Mas a sociedade, de uma maneira geral, demanda que se prenda mais, se reprima mais. Em geral, as pessoas acham que se prende pouco. Ou, quando se prende, elas dizem: "Ah, os policiais vão lá, prendem, mas a Justiça solta". Como é que resolve isso?

Acho que isso acontece muito, essa sensação de impunidade, de prender e soltar, com relação à criminalidade do colarinho branco. Até porque o pobre não tem um bom advogado para conseguir sair. Ao contrário. O que você tem muito, hoje, é gente que deveria ser solta e que fica presa. No fim, o sujeito é condenado a uma pena alternativa, e já ficou um ano preso, esperando a condenação. Isso é *muito* comum. Tentar tirar essas pessoas da prisão, tentar pensar outros modelos, acho que é algo que o Pronasci precisa enfrentar de maneira mais profunda do que tem conseguido até hoje. Mas a construção de penitenciárias diferentes, para mulheres, para jovens adultos, o próprio fortalecimento do Sistema Penitenciário Federal, tentando separar os presos mais perigosos, acho que isso faz parte desse processo de uma visão diferente para a segurança. Isso já está em curso.

O Bolsa-Formação, por exemplo, é uma estratégia que se efetiva através de uma instituição já consolidada, que é a própria polícia. Mas há um lado do Pronasci que se efetiva no informal. São os projetos Mulheres da Paz, de resgate do jovem em área de risco... Quais são os instrumentos e quais são as dificuldades do Pronasci nessa área?

Nos espaços que o Pronasci tem que priorizar, que são as áreas periféricas das grandes cidades — periféricas, nem que seja simbolicamente —, você tem que ter mecanismos além do Estado para poder criar formas não violentas de resolução de conflitos. Nessas áreas, hoje, está morrendo gente quase como se fosse numa guerra, porque há disputas de conflito que são arbitradas de maneira violenta. Nós precisamos criar outras formas de arbitrar esses conflitos. É só o Estado que pode fazer isso? Não. Ainda bem. Uma sociedade em que todo conflito tem que ser arbitrado pelo Estado é uma sociedade totalitária. Agora, o Estado tem como induzir maneiras de resolver essas disputas pacificamente. E aí, é numa zona que é cinzenta. Você ter indivíduos que vão estar recebendo do Estado, mas que não podem ser do Estado, porque senão o Estado vai estar claramente extrapolando o papel que ele tem que ter, além de ser ineficiente, é difícil. Não tem dúvida. Agora, pelo fato de ser difícil, não significa que não se tenha que tentar. Há riscos enormes, de politização, de geração de clientelas, de utilização política disso. Nós tentamos colocar na lei, por exemplo, que a seleção das Mulheres da Paz precisa ser feita por meio de edital público, precisa ter controle da sociedade civil, dos Comitês de Gestão Integrada. O único jeito de você controlar isso é através do controle social. Não tem outro jeito mesmo. Por isso o CGI foi pensado para ser um órgão que tivesse a participação municipal, estadual, federal, da OAB, das Polícias etc. e que pensasse a gestão de todo o Pronasci no local, no território, de maneira concertada.

Resistência e aceitação

Nós temos uma tradição no Brasil, até por conta dos anos de ditadura, de associar o policial à repressão. Com isso, os próprios setores de esquerda esqueceram durante muito tempo a questão da segurança. Quando se falava em resolver o problema de segurança, sempre se falava em resolver o problema social, e não em investir na formação do policial. Essa discussão apareceu também dentro do PT, dentro do Pronasci?

Eu acho que o Pronasci tem uma vantagem, de ser muito agregador de discursos. Ele não polariza dentro da discussão de segurança pública. Polariza um pouco com os movimentos mais conservadores, com algum processo de desrespeito aos direitos humanos, mas em geral tenta conciliar. Diz: "Você pode ter essa política no território, que tenta reconhecer, emancipar as comunidades, e ao mesmo tempo valorizar o policial". Ou, mais que isso: "Uma coisa só vai funcionar se for casada com a outra". Como o discurso veio casado, não veio como uma alternativa em detrimento da outra, acho que a resistência foi baixa. Nós tivemos um debate no Congresso, que foi feito em dois momentos. No primeiro, foi muito polarizado, mas no seguinte, com o Pronasci já um pouco mais avançado, conseguimos que fosse aprovado por unanimidade.

Como foi essa primeira etapa de convencimento?

Quando nós fizemos o Pronasci, preparamos uma medida provisória, que depois iria virar lei, instituindo o programa e colocando as diretrizes, os princípios, a lógica, enfim, como iam ser feitos os convênios. E essa medida trazia três programas de bolsa: o Mulheres da Paz, o Reservista Cidadão e o Protejo. Quando isso foi para o Congresso, veio uma brutal reação da oposição. Era um momento difícil, estávamos na discussão da CPMF, o governo não estava bem... Havia muitas pressões parlamentares, qualquer coisa era negociação: "Ah, então não bota isso, porque senão não vota a CPMF e tal". A principal crítica era dirigida ao Protejo: "Vocês estão fazendo uma bolsa bandido! Vocês vão dar dinheiro para criminoso!" O Protejo, como vocês sabem, é um programa que pega o jovem em situação de risco, ou seja, que está no limite da criminalidade, oferece cursos, formação, atividades etc., e paga uma bolsa para ele. É um projeto inspirado num programa parecido que aconteceu em Bogotá e que teve muito sucesso lá. Mas diziam: "Esse sujeito tem que ir para a cadeia, não tem que receber!" *O Globo* chegou a manchetar: "O governo cria bolsa delinquente". Foi uma pressão pesada. Na véspera da votação da medida provisória, a discussão estava muito tensa, muitos partidos se manifestando contra, e o líder do governo na época fez um acordo de que nós retiraríamos as bolsas e mandaríamos depois um projeto de lei. Nós não gostamos, dissemos: "Isso não é um bom acordo, é uma derrota". Mas precisava votar naquele dia, porque no dia seguinte ia ser votada a medida provisória, e a ordem do governo era que o que não fosse ser votado fosse retirado. Foram para uma reunião, decidiram retirar as bolsas, e a medida passou assim. Só com as diretrizes. Para nós, aquilo não valia nada. Foi péssimo.

Quando o projeto foi para o Senado, reincorporamos as bolsas. Fizemos uma baita negociação e conseguimos que elas fossem reincorporadas. Na hora em que o projeto voltou para a Câmara, o líder do governo disse que iria se desmoralizar, porque tinha feito um acordo e nós tínhamos recolocado as bolsas na medida examinada pelo Senado. Fomos então sentando com cada um dos líderes da base do governo, e a coisa foi virando, um por um. O ministro chegou a ir ao Congresso e participou de boa parte dessas conversas. Sentava, explicava o que era. Começou a orientação de voto, com líder por líder da base do governo orientando a favor. Ia passar. Mas no fim o líder do governo pediu para interromper a sessão, fez uma reunião, e nela se decidiu que o acordo original prevaleceria. E aí a Câmara rejeitou o que o Senado tinha aprovado. Só aprovou as diretrizes do Pronasci. No dia seguinte nós mandamos os projetos de lei. Mas aí não andava.

Medida provisória, você não pode mandar outra igual no mesmo ano. Mas, em janeiro do ano seguinte, já pode mandar. O ministro então disse: "Vamos mandar. Agora, com o Bolsa-Formação, com tudo, na mesma medida provisória". Houve uma discussão também, porque 2008 era ano eleitoral, mas afinal o presidente lançou a medida. E aí já havia um outro clima no Congresso. O Pronasci já tinha sido lançado em agosto, já estava sendo incorporado pela sociedade, já se tinha anunciado a questão das bolsas policiais, havia a pressão dos policiais para que isso passasse... Aí nós conseguimos avançar de um jeito muito tranquilo, e conseguimos costurar a unanimidade, tanto na Câmara quanto no Senado, para a aprovação das bolsas. Nesse segundo momento, nós notamos como o Pronasci já era uma marca. Hoje em dia, se falar em Pronasci, você já não tem resistências. Toda aquela coisa que houve em agosto, bolsa bandido etc., absolutamente não existe mais. Ao contrário. Acho que o Pronasci virou algo que vai transcender esse governo. Já é uma coisa da sociedade mesmo.

Qual foi a reação ao Mulheres da Paz?

O Mulheres da Paz veio de um programa de promotoras legais populares, organizado e pensado pelas mulheres, que já existia no país. Boa parte do Pronasci, tirando o Bolsa-Formação, que acho que foi uma inovação institucional mesmo, consistiu em incorporar a experiência que já existia e deu certo em outros lugares. As promotoras legais populares existiam no Sul, em São Paulo, aqui em Brasília, e resultavam da ideia de valorizar a liderança feminina na promoção de direitos na comunidade. Isso gerava a resolução pacífica de conflitos. Foi essa ideia, somada a relatos da Cufa, de que a única coisa que o tráfico respeita é a mãe, que deu origem ao Mulheres da Paz.

Agora, aqui na Secretaria, nós temos uma reflexão muito grande sobre os direitos das mulheres, dialogamos muito com a Secretaria das Mulheres, e sempre fomos muito críticos a valorizar o papel da mulher na sociedade como genitora. A mulher é muito mais que isso. Qual é o grande papel que a mulher tem na segurança pública? É ser mãe? Não. Não é possível. Batemos muito nisso aqui, e perdemos. Sempre. Perdemos para o presidente, para o ministro, para o Nado. Quando o projeto foi para o Congresso, tomamos um baita pau das feministas: Rita Camata, Erundina, o COM, Centro Popular das Mulheres, que é a organização do direito das mulheres mais atuante no Congresso. Meu papel era negociar, e eu tinha que negociar defendendo uma posição contrária à minha... Eu concordava com elas. "É um absurdo: Mães da Paz!" E eu dizia: "Como é que vocês estão contra? Vocês vão ser contra o projeto por causa do nome? Se vocês quiserem falar de mudar o nome, dá para falar". E aí apareceu a ideia de mudar de "mães" para "mulheres". Isso foi incorporado, e as mulheres passaram a apoiar o projeto no Congresso.

Hoje, em termos da burocracia do Estado, você vê algum obstáculo, alguma resistência interna ao Pronasci?

Não. Mas acho que o Pronasci precisa resolver um problema na institucionalidade dele. Porque o Nado é chefe de gabinete do ministro. Isso gera uma confusão enorme. Ele tem que virar secretário-executivo do Pronasci de verdade. O Pronasci precisa ter uma estrutura. Hoje, uma parte é cargo terceirizado, uma parte é assessor. Precisa ter uma estrutura de gestão. Existe um projeto de lei para isso. Mas é muito difícil aprovar projeto de lei que cria cargo. Temos tido dificuldade nessa aprovação. Essa é uma dificuldade que no começo era enorme, mas fomos reajustando, criando institucionalidades. As instituições se amoldam.

Hoje em dia está havendo algum "gargalo" jurídico, está fluindo bem o processo de implantação do Pronasci? Há toda uma interlocução com os estados e os municípios. Isso corre bem, isso chega à sua Secretaria?

Acho que sempre há uma dificuldade. No Congresso, eles nos fizeram botar a obrigatoriedade de passar recursos para as Oscips — Organizações da Sociedade Civil de Interesse Público —, e não para ONGs — Organizações Não Governamentais — que não sejam Oscips. Isso atrapalha, mas não teve jeito. É uma pequena trava, mas, ao mesmo tempo, dá um pouco mais de transparência. Mas acho que o andamento do Pronasci vai indo bem. Tanto que os recursos foram quase inteiramente gastos. Noventa e oito e meio por cento foram gastos. Acho que o arcabouço jurídico, hoje, está adequado. Ainda há saltos que temos que dar, sobretudo com relação à institucionalização dos mecanismos participativos na segurança, e aí a Conferência Nacional de Segurança Pública, marcada para 2009, vai ter um peso enorme nisso. Repensar o Conselho Nacional de Segurança Pública. Acho que esses são os desafios para a frente. Mas acho que o Pronasci, no estágio em que está, até onde eu sei, está juridicamente bem amarrado.

Na sua opinião, mesmo numa possível mudança de governo o Pronasci se mantém, pela forma como foi desenhado institucionalmente, juridicamente?

Acho que sim. Acho que você pode ter distorções, pode dar ênfase para um lado e não para o outro, mas acho muito difícil que a ideia de segurança com cidadania, a ideia de valorização do profissional, a ideia de que não adianta mais comprar colete e viatura como grande instrumento de política, isso o Pronasci conseguiu superar, na disputa política da sociedade.

Lélia Couto de Almeida
Assessora Especial do Ministério da Justiça

Entrevista feita em Brasília em 5/2/2009

Pesquisando mulheres

Antes de conversarmos sobre o Pronasci, gostaríamos de conhecer suas origens familiares, sua formação.

Há um dado biográfico que é importante para eu trabalhar com o ministro Tarso Genro: eu sou gaúcha... Mas não vim para Brasília em função disso, vim por outras razões. Terminou se dando de eu trabalhar na equipe dele, o que faço com muita honra, porque acho um luxo trabalhar com um intelectual e um político como ele.

Sou de Santana do Livramento, cidade que faz fronteira com o Uruguai. Na verdade, nasci em Santa Maria, mas fui muito pequena para Santana do Livramento, que considero a minha cidade. Foi lá que me criei até os 18 anos. E acho que para a minha geração esse território foi muito importante. O golpe aconteceu no Brasil em 1964, e no Uruguai, só lá por 1975; tivemos então um período de 10 anos de convivência com os uruguaios, quando tudo era proibido no Brasil. A geração que é 10 anos mais velha que eu, meus primos mais velhos, lia coisas, assistia a filmes que estavam proibidos aqui. Para mim, isso foi importante mais adiante. Na minha adolescência, quando aconteceu o golpe no Uruguai, eu já tinha bebido dessas influências. Muitas pessoas dessa geração de Santana do Livramento terminaram se tornando grandes líderes estudantis e políticos; muitos, hoje, estão na Esplanada dos Ministérios em Brasília. Foi importante estar naquele lugar naquele momento, porque acho que isso me deu uma clareza sobre questões políticas. Meu pai era um médico que ajudava a passar exilados políticos pela fronteira. Não tinha ligação partidária, acho que nem tinha muita noção, apenas simpatias. Isso foram histórias que fui recuperando com o tempo. Mas conviver com pessoas que eram mais velhas que eu, como os meus primos, que eram todos um pouco de esquerda e liam toda a literatura latino-americana que estava sendo produzida na época, que era muito de resistência, de contestação, foi um dado biográfico que terminou me ajudando a fazer escolhas futuras.

Aos 18 anos você deixou Santana do Livramento e foi para onde?

Fui fazer o vestibular em Porto Alegre. Fiz o curso de letras na PUC-RS. Como eu vinha de uma experiência bilíngue, da fronteira, fui estudar língua espanhola. Eu queria me dedicar à literatura latino-americana. Entrei para a PUC-RS em 1979, no momento da abertura, do início do PT. Foi uma vivência fantástica. Uma farra, na verdade! Tudo florescendo de novo. Dificilmente uma pessoa da minha geração em Porto Alegre, naquele momento, não seria do PT. Foi ali que eu me aproximei. O partido, em Porto Alegre, teve um protagonismo superimportante no movimento estudantil e vice-versa.

Você fazia parte do movimento estudantil?

Fazia. Fui presidente do diretório acadêmico, fiz parte do movimento de mulheres, fiz tudo que as pessoas da minha idade faziam naquela época. E era muito importante, também, a história da língua espanhola, porque através dela a gente tinha acesso a coisas boas, muitas traduzidas para o espanhol. É por isso que os brasileiros leem espanhol e os argentinos não leem português.

Quando terminei a faculdade, no mês seguinte fui para a Europa e fiquei três anos lá. Fui para a Espanha: todo mundo que estuda letras tem que ir para o país da língua que estudou. Eu queria estudar, viver, mochilar. Na verdade, sou escritora, escrevo ficção. Então eu achava que tinha que viver algumas coisas para poder escrever. E de fato, lá escrevi meu primeiro livro, que foi publicado aqui no Brasil em 1988. Chama-se *Antônia*. É um romance. Mas a Europa foi uma experiência maravilhosa. Morei na Espanha, depois fui para a Itália, depois fiquei em Londres. Em Londres, fui empregada doméstica na casa do embaixador do Canadá, que era casado com uma negra etíope. Então, eu era a negrona da negrona... Eu era a escrava, tinha que servi-la. Ela fazia um sinal com a mão, e eu tinha que me retirar. Ela era de uma casta superior, era uma grande aristocrata. Diante disso todos os teus valores se modificam. O Brasil é um país superracista, não é... Tudo aquilo que eu tinha aprendido não servia mais, porque o mundo era muito mais interessante e divertido. Fiquei na Europa basicamente lendo nas bibliotecas, pesquisando mulheres. Pesquiso gênero e literatura de autoria feminina há 25 anos.

Quando você voltou para o Brasil, e o que fez ao voltar?

Voltei para Porto Alegre em 1988 e aí fui fazer o mestrado em literatura brasileira. Foi o início, no Brasil, da sistematização dos estudos de gênero na academia. Isso também é importante dizer, porque tem a ver com tudo que vai acontecer depois. Eu me lembro que estava grávida do meu filho e subia os três andares da PUC para ir à hemeroteca, porque produção sobre conceito de gênero só existia em periódicos, não havia livros, não havia nada. Isso, depois, mudou muito rápido. Na crítica literária feminista, você trabalhava com a produção das autoras mulheres ou com a representação da personagem feminina na produção masculina, e então escrevi minha tese de mestrado sobre as personagens femininas de *O tempo e o vento*, do Érico Veríssimo. É o único trabalho de gênero que existe sobre o Érico. Que precisava ser feito, não é, porque o Érico é muito patriarcal, machista, e a crítica sobre ele meio que acompanha isso. Meu trabalho foi realmente abrir um olhar, mostrar que as mulheres fortes do Érico não são aquelas que são tidas como mulheres fortes. Descobri uma sombra no *O tempo e o vento*, que é a personagem da Maria Valéria. Foi uma leitura de gênero mesmo. E acho que feliz, num momento em que não havia muito instrumental para isso. Hoje, meu Deus, isso se ampliou muito.

Nessa época, você voltou a militar no PT?

Não. Na verdade, nunca militei diretamente, nunca fui filiada ao partido. Votava, fazia campanha, estava no movimento de mulheres... Mas meu trabalho sempre foi muito mais de produção ficcional e teórica sobre as mulheres. Depois que fiz a tese de mestrado — naquela época eram teses mesmo, agora são dissertações —, comecei a dar aula na universidade em Santa Cruz do Sul. E aí comecei uma pesquisa mais sistemática, tanto para dar aula como para produzir.

Resolvi então fazer o doutorado na Argentina, em Mendoza. Na verdade fui trabalhar com uma hispanista. Estava muito interessada em trabalhar com a obra da Carmen Martin Gaite, uma escritora espanhola de que gosto muito. Mas cheguei lá, houve desvios de rota e troquei de orientadora. Conheci Estela Saint-André, que é a maior estudiosa de escritoras latino-americanas, e aí achei a minha turma, o meu lugar no mundo. Para minha tese de doutorado li a obra de 40 autoras latino-americanas. Foi maravilhoso. Grande parte da produção dessas escritoras latino-americanas fala sobre as Mães da Praça de Maio. É uma lição maravilhosa. Tive uma espécie de privilégio de não ir da teoria para a prática, mas de ir do imaginário — porque, quando você lê a literatura, está em contato com o imaginário — para a teoria, e mais adiante, com o Pronasci, para a ponta, que são as Mulheres da Paz. Para mim, isso é um privilégio. Na minha tese eu pergunto onde é que foi parar o movimento de mulheres. Aquele ideal de solidariedade entre as mulheres da minha época, do final dos anos 70, início dos anos 80, onde é que foi parar aquilo tudo? Eu tinha a impressão de que, quanto mais o movimento se institucionalizava, com o governo criando uma secretaria e outras coisas acontecendo, mais força ele perdia na sociedade civil. Mas tive uma intuição de que no imaginário literário das autoras mulheres, que escreviam, publicavam e editavam cada vez mais, o movimento tinha uma chave.

Trabalho com o conceito de genealogias femininas, com narrativas de mulheres que falam das mães, avós, filhas, irmãs, netas. É um pouco aquela ideia da Isabel Allende quando escreve *A casa dos espíritos*, aquelas gerações de mulheres com nomes brancos. Comecei a ver que esse é um tema comum em toda a literatura dos anos 80 e 90, no mundo inteiro. E concluí que é nessa cumplicidade das mulheres, nessa interlocução entre elas, que elas processam um caminho de autoconhecimento; que só as mulheres podem dar os modelos para as mulheres; que "a gente cai na armadilha do amor", como diz Marcela Lagarde, uma antropóloga mexicana, porque a cultura patriarcal nos estende essa armadilha quando diz: "Você, mulher, só será feliz casando". Todas as italianas e as espanholas que trabalham com genealogias têm essa pergunta, que já tinha sido feita pela Virginia Woolf: "O que nossas mães nos deixaram como legado?" É isso que nós temos que buscar. Só o amor das mulheres, das nossas mães, das nossas avós, nos constitui. As alianças masculinas, que são supersólidas e estabelecidas, são institucionalizadas em associações, grêmios, o diabo a quatro. E nós temos que criar essa genealogia feminina para nos constituirmos. Assim, os homens vão ter na nossa vida o tamanho que eles têm; não vão ser tudo para nós, como o amor

Formulando o Pronasci

romântico sempre nos ensinou. Essas narrativas tratam disso. E o meu trabalho foi sobre isso.

Quando você terminou o doutorado, e quando voltou para o Brasil?

O doutorado estou terminando até hoje. Devo terminar este ano. Voltei para o Brasil em 1999, para Santa Cruz, onde eu morava antes de ir, e pude sistematizar essas ideias em alguns artigos, que já foram publicados. E aí chegou um momento em que eu tinha que sair de Santa Cruz. Era uma cidade pequena, meu filho era adolescente... Em 2006 rompi com muitas coisas: casamento, carreira, profissão, tudo, e vim para Brasília. Minha irmã mora aqui há muitos anos, e minha mãe também veio morar aqui. Foi uma escolha de ordem pessoal, familiar.

Você não sabia que ia trabalhar no governo?

Não. Mas sabia que tinha muita gente do PT do Sul aqui, em lugares onde eu podia procurar trabalho. Tinha contatos, amigos e tal. No começo fui trabalhar no MEC, com o ministro Fernando Haddad, como assessora para assuntos do Mercosul. Quando o ministro Tarso veio para o Ministério da Justiça, através do professor Nado, pedi muito para vir para cá e fazer parte da equipe dele.

A equipe do Pronasci

Qual era sua atribuição quando começou a trabalhar no Ministério da Justiça?

Estava começando o Pronasci, entrei para o grupo, e minha atribuição era ser uma espécie de relatora, de redatora do texto do programa. Eu me lembro que quando o ministro começou a apresentar para o grupo o seu pensamento, a sua ideia, o programa se chamava Território de Coesão Social. Eu me perguntava o sentido desses termos. Em primeiro lugar, porque eram novos — nem segurança pública nem violência eram a minha área. Quando comecei a ir atrás desses termos, comecei a compor um "Glossário Tarso Genro"... Fiz uma busca grande sobre o conceito de coesão, e através dos intelectuais que ele lê — sei o que ele lê, porque li quase tudo o que ele escreveu —, pude tomar pé dessa ideia. Ao mesmo tempo, havia reuniões acontecendo. Fiquei muito fascinada, percebendo como todo o pensamento do ministro ia se transformando numa metodologia. Nem era um momento para estar delirando intelectualmente, mas eu estava encantada. Vi como ele tinha feito o orçamento participativo em Porto Alegre, e estava vendo ele repetir o mesmo jeito de ser e de pensar, de se colocar. E aí ele determinou que nós fizéssemos colóquios. Fizemos uma média de 12, 14 colóquios no primeiro semestre de 2007. Nós tínhamos um limite: em julho, o ministro tinha que estar lançando o Pronasci.

Como eram esses colóquios?

Esses colóquios foram organizados pelo professor Nado, com a ajuda do Dr. Ricardo Balestreri e algumas outras pessoas. Houve colóquios com movimentos sociais, com ONGs, com organismos internacionais, com intelectuais da segurança, com movimentos da juventude... Não vou me lembrar de todos. Foram chamados os melhores intelectuais do país. A ideia era debater, mostrar o que nós tínhamos como desenho do Pronasci. Muitas pessoas davam sugestões. E para mim foi maravilhoso, porque ali eu pude saber quem eram aqueles intelectuais. Eu organizava os colóquios, chamava as pessoas, entrava em contato com elas. Tinha que pesquisar o currículo Lattes de todos eles, conhecer suas publicações, saber com quem eu estava falando.

Desse grupo de intelectuais, quem teve uma interlocução mais positiva?

Nós tivemos uma expectativa muito grande em relação aos intelectuais, mas na verdade o comparecimento foi muito precário, porque eles são professores universitários, e julho é um mês em que as pessoas vão para o exterior para congressos etc. Grande parte das pessoas que queríamos que tivessem vindo não veio. Mas nomes importantes como Marcos Rolim, Sérgio Schecaira, George Felipe de Lima Dantas, José Vicente Tavares, Julita Lemgruber, Claudio Beato, só para citar alguns, estiveram presentes, e devo dizer que as críticas ao programa foram contundentes.

Também houve um colóquio grande, com os secretários de Segurança de todos os estados. Na verdade, nós apresentávamos o plano e as pessoas tinham 10 minutos para falar. Esse material está todo guardado. Não foi gravado, mas eu ia digitando. Isso foi importante para nós, depois, quando alguns nos disseram que "nunca fomos chamados ao Ministério da Justiça para falar sobre o Pronasci". Vou lá e puxo: "Está aqui, olha, dia tal, você disse tal coisa".

Formulando o Pronasci

231

Foi boa a participação dos secretários de Segurança?

Sempre foi muito produtivo. Da parte das pessoas, não havia uma clareza sobre aquilo a que elas estavam assistindo, embora o ministro dissesse reiteradamente que estava mudando uma cultura ao articular segurança com ações sociais. As pessoas olhavam aquilo como utópico, como uma coisa que não ia dar certo. Muito descrentes. Houve muitas críticas, na época. Essas críticas saíam no jornal, e também temos isso guardado. Havia um descrédito, pelo fato de ser um projeto que não estava pronto. O projeto estava se fazendo nessa interlocução com a sociedade civil, com os intelectuais. E mudava todo dia. Eu, que vinha da experiência acadêmica com pesquisa, que tem uma outra lógica, aprendi um outro jeito de conhecer. Para mim foi riquíssimo. Eu me lembro que no dia em que botamos o programa na parede, eu disse: "Meu Deus, não é possível que isso tenha acontecido do jeito como aconteceu". E aí eu entendi que há um outro jeito de conhecer, um outro jeito de fazer, e que a política tem coisas inusitadas. Em determinado momento tivemos que mudar toda uma parte do orçamento do dia para a noite, diminuir em 30%, sabendo que ia ser muito complicado. Eu me lembro que fui dormir certa de que seria demitida no dia seguinte. Mas no dia seguinte o ministro já tinha tomado as rédeas da situação, com o seu diálogo com o presidente, com uma série de outras coisas, estava tudo certo, e nós fomos parabenizados. As pessoas, agora, ficam o tempo todo me pedindo o texto pronto do Mulheres da Paz, o projeto executivo, e eu não tenho mais a angústia de dizer que é um texto que está em andamento, permanentemente.

Mulheres da Paz

Como começou o projeto Mulheres da Paz? E mais especificamente, como começou seu envolvimento com ele?

No começo, o projeto se chamava Mães da Paz. Houve um momento em que o MV Bill teve uma entrevista com o ministro, e nessa entrevista disse a ele da sua convicção de que as mães das comunidades eram fundamentais, eram lideranças incontestes na recuperação dos jovens e no seu encaminhamento para as políticas do governo. Depois o ministro nos contou, para o grupo do Pronasci, sobre essa entrevista com o MV Bill, dizendo que as comunidades eram "materno-centradas", foi a expressão que ele usou —, e achei muito engraçado. Mas o projeto não andava muito. Comecei então a pesquisar a respeito. O professor Nado tinha dado a orientação de uma metodologia parecida com a das promotoras legais populares, e com isso o projeto em algum momento se chamou Mães Ouvidoras. Depois é que passou a se chamar Mães da Paz. Um dia, entrei na sala do professor Nado e disse: "Se houver alguém nesse Ministério que vai fazer alguma coisa com mais paixão do que eu, tu pode dar esse projeto para essa pessoa; senão, esse projeto é meu!" Ele nem sabia da minha trajetória, mas concordou. Sou muito respeitosa às hierarquias, e não iria nunca fazer nada pelo projeto se não tivesse essa licença dele.

Meio concomitantemente, no final de julho de 2007, aconteceu que numa tardinha apareceram no Ministério da Justiça 23 mulheres do Rio de Janeiro, que tinham sido trazidas por três ONGs responsáveis pela campanha do desarmamento no Senado. Elas já tinham uma interlocução com o ministro Marcio Thomaz Bastos, que as chamava de Mães do Rio. E vieram com demandas bem específicas: queriam, por exemplo, um 0800 para denúncias. Eram mães de vítimas de violência. Eram mães de Acari, de Vigário Geral, da Candelária, de Queimados, de Nova Iguaçu, mães organizadas em movimentos em função das chacinas do Rio de Janeiro. Elas se sentaram ao redor dessa mesa, e eu e mais duas pessoas do Ministério as recebemos, porque nem o ministro nem o professor Nado podiam recebê-las. Quando comecei a ouvir a narrativa daquelas mulheres, percebi que elas eram as Mães da Paz, embora nem soubessem da existência do projeto. Falei a elas do projeto e depois fizemos um relato para o professor Nado, que imediatamente instituiu um grupo de trabalho. Esse grupo de trabalho era composto, além de mim, pelas representantes das três ONGs — Valéria Velasco, de Brasília, que teve o filho morto por uma gangue; Cristina Leonardo, funcionária do Senado, mas que trabalhou a vida inteira com essas mães, e Silma Azevedo, que faz todo um trabalho através da Caixa Econômica. As três tinham trabalhado para a campanha do desarmamento e tinham uma relação antiga com aquelas mães. Eu e essas três moças começamos a trabalhar, e algumas vezes trouxemos as mães do Rio para conversar. O professor Nado queria lançar o projeto Mães da Paz em dezembro daquele ano, trazendo a Brasília 500 mães.

A demanda das mães e desse grupo de ONGs era que não se fizesse o projeto sem se fazer uma oficina com as mães. Então, o lançamento do projeto seria a oficina. E foi assim que nós fizemos. Nesse meio tempo, o projeto já estava sendo lançado na Câmara e no Senado, e houve uma grande briga por parte da movimento de mulheres contra o nome do projeto, ou seja, contra o "Mães". Fizemos então um colóquio, que foi assim: representantes do movimento feminista, aí incluída a

Secretaria das Mulheres, de um lado, e as mães de comunidades de outro. Nunca vi tanta briga e nunca "apanhei" tanto na minha vida como nesse momento. O movimento feminista odiava o nome, porque o projeto não era para mães, era para a rede social e de parentesco dos jovens do Protejo: mães, tias, avós, toda a mulherada de rede social e de parentesco dos jovens. Mães era uma homenagem. E eu sabia que era isso que estava na cabeça do ministro. Eu tinha que defender isso. O ministro, até hoje, onde ele vai, publicamente, se refere ao projeto "Mães da Paz".

Mas era só uma questão de denominação ou havia divergências mais de fundo?

As divergências eram conceituais. Parte do movimento de mulheres entende que as mulheres têm que sair do papel de cuidadoras e que quem tem que cuidar dos jovens é o Estado; as mulheres não têm que cuidar de ninguém. Eu não vejo como trabalhar com questões de apoio psicossocial para quem mora nesses lugares sem uma atitude de acolhimento. O acolhimento não precisa ser babaca, assistencialista, tem que se dar de uma outra maneira. Eu não tenho problemas com isso. Mas elas entendem que isso é um retrocesso. Naquele ano, a Camille Paglia deu uma entrevista no jornal, onde ela dizia o seguinte: "O movimento feminista não atende mais às demandas das mulheres; e as mulheres têm que voltar a pensar a questão da maternidade nas suas vidas". Camille Paglia dizer isso, tu imagina. Eu também entendo que a maneira como as mulheres do movimento da Praça de Maio e outras mulheres da América Latina vivenciaram a maternidade, com seus filhos mortos pela ditadura ou desaparecidos, cria, na América Latina, uma reflexão nova sobre a maternidade. Longe desse feminismo de cosmética, de *Saia Justa*, de *Mothern*, de *Sex and the city*. Aqui, estamos falando de mulheres de comunidades onde elas são mães de todos os jovens e todos são filhos de todas elas. Isso cria uma reflexão nova sobre maternidade. E era isso que eu trazia a público quando dizia que o fato de o projeto se chamar Mães da Paz era uma homenagem a essas mães. Elas nunca entenderam, nunca quiseram ouvir. E eu fui compreendendo, também, que o pano de fundo dessas divergências não é apenas conceitual. Na verdade, este é o primeiro projeto do governo cujo público-alvo são as mulheres das comunidades. Quem criou isso foi o ministro Tarso Genro. Foi ele que acolheu essas mulheres.

Levei algumas preocupações para o ministro, ele foi maravilhoso e me deu uma aula sobre feminismo. Entendendo a dificuldade do movimento feminista de discutir determinadas questões. As tensões existentes, de classe social, entre as mulheres do asfalto e as mulheres das comunidades. Eu via esse problema na minha mesa de discussão. As representantes do movimento de mulheres falavam da Lei Maria da Penha, e as mulheres de comunidade diziam: "Não, mas a Lei Maria da Penha não atende às nossas demandas, porque nós não apanhamos do marido. Quando os nossos filhos morrem, a gente enlouquece atrás de justiça. Muitas vezes" — como aconteceu com as mães de Acari — "a gente tem que saber onde está o corpo dos nossos filhos, porque sem corpo não tem crime, e a gente não pode fazer justiça. Quando os nossos filhos morrem, os nossos maridos vão embora" — 68% dos maridos vão embora — "e constituem outra família, porque a gente enlouquece e passa a vida atrás disso". Ou seja: "A Lei Maria da Penha não atende às nossas demandas porque nós não sofremos violência doméstica". Isso eu aprendi com elas. Não se trata de violência doméstica, se trata de violência urbana, criminal e institucional. É a briga dessas mulheres da comunidade com os traficantes e com a polícia. Ponderei muito isso com o ministro: "O senhor está inaugurando um conceito novo, de uma nova violência, que pode ter origem lá na violência doméstica, já que a violência é um monstro de muitas patas e braços, mas não é só isso. Por isso temos que pensar uma coisa nova". Que coisa é essa? Não sei. Vamos ter que ouvir essas mulheres.

Nesse momento, chamei para trabalhar conosco a Dra. Lourdes Bandeira, que é especialista em segurança e gênero, doutora aqui da UnB, e o Dr. Artur Trindade, que também é especialista em segurança pública, e pedi para eles avaliarem o meu trabalho. Montamos então um questionário, para fazer um grupo focal na oficina do fim de ano. Esse questionário tinha perguntas minhas, dos professores da UNB, da Secretaria Especial de Políticas para as Mulheres e do trabalho que fizemos no Rio de Janeiro, coordenado pela Sra. Regina Bordallo, do grupo de Mães da Cinelândia, do qual participaram mulheres de comunidades de todo o estado do Rio de Janeiro, mobilizadas por ela e pelas Sras. Euristéia Azevedo e Iracilda Toledo. Nós não trouxemos 500 mães. O tempo que tínhamos era minúsculo para preparar um evento tão grande. Junto com Lourdes Bandeira e Artur Trindade entendemos que um grupo de 200 mães daria uma resposta tão interessante quanto um de 500, uma resposta legítima, e que dela nós iríamos extrair dados para, depois, desenvolver o projeto. As mulheres vieram de avião, num fim de semana, ficaram sexta, sábado e domingo no Hotel Nacional. Foi uma das experiências mais lindas da minha vida. A Cufa, Central Única das Favelas, ajudou a fazer a mobilização. Eu "apanhando" o tempo todo: "Ai, botar essas faveladas no hotel! Que horror!" Aquelas coisas que a gente ouve, que são inimagináveis. Ocupamos

Formulando o Pronasci

20 salas na UnB, cada uma com 10 mulheres. O que estava preparado para duas horas terminou levando cinco. Esse material está todo gravado. Foi belíssimo. Imaginei que eu ia entrar um pouquinho em cada sala, mas não consegui, tal foi o movimento nos corredores. De briga, de discussões, de comoção, de tudo que vocês possam imaginar.

O texto final dessa oficina de grupo focal foi um documento de 200, quase 300 páginas. Com base nele, começamos a trabalhar os critérios: a mulher da paz tem que ter a partir de 18 anos; tem que morar na comunidade, conhecer a comunidade; não precisa, necessariamente, ser uma liderança comunitária, porque aí você coloca fora do projeto lideranças emergentes, que vão surgir. Tivemos respostas sobre religião, sobre renda familiar, tudo. E aí eu tinha o desafio de transformar aquilo num projeto. Costumo dizer que não era a minha área, mas eu sou boa de pedir ajuda. Já conhecia quem eram os intelectuais que trabalhavam tanto com violência como com segurança pública. Bárbara Soares, no Rio de Janeiro, nos ajudou muito. Eu também trouxe a Brasília algumas antropólogas e psicólogas que trabalham com uma antropóloga de Porto Alegre chamada Cláudia Fonseca, especialista em maternidade, família e comunidade. Eram Paula Camboim, Elisiane Pasini, Fernanda Bassani e Jurema Brites. Elas vieram, e tentamos montar o projeto. Isso foi no carnaval de 2008. Em março de 2008 estávamos com o projeto pronto. E aí eu tinha um grande desafio, que era transformar o projeto em documentação técnica, para ele poder ser executado. Porque é orientação do ministro que os projetos do Pronasci entrem pelas secretarias do Ministério. Do contrário, nós teríamos que ter um outro ministério, só para o Pronasci.

Eu não tinha condições de traduzir aquilo que era um conceito para uma documentação técnica. Até, se me ensinassem eu faria, mas, com o que eu tinha de conhecimento, não tinha condições de fazer. Juliana Barroso, da Senasp, e Ricardo Balestreri me acolheram. Juliana, com a sua equipe técnica, que foi maravilhosa, disse reiteradas vezes que fez isso porque o projeto estava pronto. Tínhamos que conveniar até 5 de julho de 2008, e foi aquela loucura: liga para os estados, faz o plano de trabalho, o projeto da base com termos de referência etc. Tudo isso foi um aprendizado para mim. Tivemos também de criar um sistema de informática, que é o Simpaz, para que as mulheres pudessem ser cadastradas depois do processo de seleção, e assim ganhar bolsa. Porque o projeto é bem simples: elas ganham uma bolsa de R$ 190,00, e a contrapartida é fazerem uma capacitação de, no mínimo, 150 horas. Essa capacitação, numa metodologia que a gente chama de Mulheres da Paz, tem cinco eixos temáticos, que são: as ações do Pronasci; apoio psicossocial, tanto o apoio que essa mulher dá como o que ela vai receber das equipes multidisciplinares; Lei Maria da Penha; informática; direitos humanos e mediação de conflitos. Temas bem generalistas.

Quem fornece esses cursos?

Nós tivemos um delírio inicial, eu e Juliana, de que tudo seria fornecido pelo Ministério da Justiça. Até percebermos que a gente não tinha pernas para isso. Porque o projeto sou eu e a Taís. Quando a gente deu a gestão disso para os estados e municípios, essa atribuição passou para eles. Demos diretrizes bem gerais, para que eles pudessem fazer adequações às suas especificidades locais. Então, não há uma uniformidade. O Rio de Janeiro trabalha com a Secretaria da Benedita, da Ação Social, que por sua vez contratou a Fundação Darcy Ribeiro. A Fundação Darcy Ribeiro trabalha com professores da rede estadual e universitária para fazer a capacitação das mulheres. Então o Rio de Janeiro já selecionou, já cadastrou e já capacitou. As mulheres já estão ganhando a bolsa. São 2.550 mulheres.

Mas como é feita essa capacitação? As pessoas da Fundação Darcy Ribeiro vão às comunidades? Ou o contrário?

A capacitação é feita na comunidade, numa igreja ou numa escola. O Rio de Janeiro era o nosso maior desafio, porque ele tem uma especificidade que não existe da mesma maneira em outros lugares, que é a questão do tráfico. Em outras regiões metropolitanas com altos índices de violência a conflitualidade não tem a ver, especificamente, ou apenas com tráfico de drogas, tem a ver com briga de vizinho, com os chamados crimes passionais. A experiência que o Rio tem, de trabalhos e de história dos movimentos sociais, também é maior. Essas mulheres estão há muito tempo na militância. Tudo isso deu uma agilidade para o Rio capacitar, mobilizar gente, que outros lugares não têm.

Quais têm sido os resultados do programa no Rio de Janeiro?

Em julho e em novembro de 2008 nós trouxemos representantes de todas as secretarias responsáveis pelo Mulheres da Paz, ou seja, as secretarias que tinham conveniado, para saber como as coisas estavam indo. No Rio é a Secretaria de Ação Social, em Recife é a Secretaria da Mulher. Fizemos uma simulação de cronograma

Formulando o Pronasci

de atividades para os próximos meses etc. No encontro nacional de dezembro, o Rio de Janeiro fez um relato importante de como tinha sido o processo, e isso ajudou muito as demais secretarias. Eu já tenho relatos informais sobre capacitação que são maravilhosos. Nosso próximo passo é trazer, no 8 de março de 2009, muitas dessas mulheres para fazerem o seu relato sobre a capacitação e sobre o que está acontecendo. Nos outros estados, eles estão recém-cadastrando e capacitando. O Rio conveniou antes. E agora nós temos um dado muito positivo que é a nova prefeitura do Rio. Trabalhamos até agora com a lógica de que não íamos contar com a prefeitura, então é maravilhoso. Com a prefeitura entrando no processo, podemos ter mais mulheres, podemos ter outros tipos de ações que ainda não estão contempladas no projeto. Estamos num momento em que tudo começa. O que é fascinante.

Realmente, é uma oportunidade fantástica, poder participar disso.

É. Para mim é impressionante, porque vim do imaginário para a ponta. Hoje, quando ouço essas mulheres falando, a narrativa delas tem a ver com tudo aquilo com que trabalhei e estudei, e é como se o relato delas avalizasse o conceito, a concepção daquilo que o ministro Tarso Genro pensava implementar para as mulheres de comunidades. Outra coisa muito importante é que ninguém quer ouvir o que essas mulheres têm para dizer, para contar. Porque essas mulheres lembram que o teu filho pode morrer, e ninguém quer saber dessas histórias, são muito pesadas. E elas já têm um jeito de se movimentar, de se apresentar publicamente, de fazer choradeira que ninguém aguenta. *Ninguém* aguenta a mãe de Acari dizer que os corpos dos filhos sumiram, que elas já têm relatos e sabem que alguns foram atirados aos leões de um circo que estava passando na cidade naquele momento. *Ninguém* aguenta sentar na Rocinha e ouvir uma mãe contar que o cara do Bope arrancou o olho do filho dela com canivete. As narrativas são desse porte. E o meu trabalho com elas tem sido muito nesse sentido. Eu disse: "Entendo que a *persona* de vocês seja uma *Mater dolorosa*, mas agora, chega. Se a briga era ser reconhecida pelo Estado, ter uma política de Estado, agora chega do chororô".

Mas também acho legítimo. Costumo dizer que, se nós não tivéssemos olhado para os nossos doentes de Aids terminais, definhando, horrorosos, figuras da morte personificada, se não tivéssemos acolhido essas figuras com um peso dramático tão grande, não teríamos hoje, nesse país, a melhor política de Aids do mundo. Também é necessário olhar e legitimar essas figuras e transformá-las em outras *personas*. Não vitimizar. Eu tive que entender a psicologia disso, porque é muito difícil para elas sair desse lugar. Elas criticam coisas no programa, de nada elas gostam, nada está bom. E aí eu digo: "Mas claro, vocês queriam do governo, do Estado, da sociedade, os filhos de vocês de volta. Não vão ter. Não tendo, o que é que a gente tem que fazer?" Muitas delas já estão entendendo e saindo desse lugar. Outras não. Não estou dizendo isso a partir de impressões minhas, mas de coisas que foram ditas por elas: "Se eu parar de chorar e berrar e gritar pelo meu filho, ele vai ser esquecido".

Elas querem imortalizar os filhos, de alguma forma.

É. Mas tem como fazer isso sem permanecer eternamente numa postura de vitimização passiva. E é muito bonito. Eu ouvi coisas dessas mulheres. Eu me lembro que na ABI, com um monte de mulheres, eu precisava saber do impacto de R$ 190,00 na vida delas e perguntei: "Se vocês tivessem R$ 190,00, o que fariam com esse dinheiro?" Todas elas diziam que iam fazer coisas para os filhos. E eu dizia assim: "Mas se fosse para você?" Uma delas me respondeu — era a mãe de um policial, e tem esse detalhe: as mães de policial nem sempre se dão com as mães de vítima, brigam, porque foram os policiais que mataram os filhos delas, então é um arranca rabo do cão, tem que ter o maior cuidado. Mas também tem mãe de policial morto. Essa mãe de policial, que é uma parceira nossa, de quem eu gosto muito, disse assim: "Depois que a gente perde um filho e tem outros filhos para cuidar, a gente nunca mais existe. Eu não posso pensar nesse dinheiro para mim. Só posso pensar nesse dinheiro para os meus filhos". Como é que você desconstrói isso? Como é que o movimento de mulheres acha que tira as mulheres desse lugar, simplesmente dizendo que elas não têm que ser cuidadoras? Isso não existe. Há uma dinâmica aí, que é cultural, que é da vida das pessoas. Que está na pré-história do feminismo. E que não pode ser ignorada.

Será que essa militância feminista não está mais envolvida com um imaginário de classe média?

Exatamente. Quando eu olhava o movimento de mulheres de um lado e o movimento de comunidade de outro, via um corte de classe claro. As preocupações das mulheres de classe média não têm nada a ver com as preocupações das mulheres de comunidade. Isso é uma reflexão que a América Latina trouxe. Em

Formulando o Pronasci

239

1975, quando houve o primeiro Ano Internacional da Mulher promovido pela ONU, lá estava Domitila Barros de Tiungara, uma camponesa boliviana das minas de estanho, dizendo para as intelectuais acadêmicas: "Vocês têm empregada em casa, cuidando dos filhos de vocês, para poderem vir a esse congresso". Isso é um dado de classe que é fundamental.

Na montagem do Mulheres da Paz, eu vivenciei tudo aquilo que eu já conhecia da leitura, de outros campos. Tudo aquilo estava dado, na minha frente, por aquelas mulheres. Para mim foi uma experiência fantástica, sair do imaginário para a teoria, para a prática, e chegar lá na narrativa da ponta e ver que as coisas todas fazem muito sentido. Acho que eu só tive uma empatia, e me atirei assim para trabalhar no projeto, porque eu vinha de um lugar que me permitia isso. Tem sido muito gratificante. O objeto é muito pesado, tem dias que é insuportável, porque você está trabalhando com narrativas dramáticas, que falam de morte, de perdas, mas tem sido muito gratificante. Porque eu aprendi com essas mulheres que há muito pouca coisa na vida que é sério mesmo. O resto é muita bobagem. Hoje elas são minhas amigas. E também têm uma capacidade de alegria muito bonita. Conviver com elas me transformou, realmente.

Foi o ministro Tarso Genro quem acolheu pela primeira vez essas mulheres de comunidade em um projeto de governo. Ele me disse: "Teremos muitas resistências na Esplanada e no país, porque estamos trazendo a público os novos atores da segurança pública, que são as pessoas que vivem nas regiões metropolitanas mais violentas do país". O projeto saiu inteiramente da cabeça dele, como se ele sempre tivesse sabido quem eram aquelas mulheres e o que elas queriam. Meu único mérito foi interpretar o que ele queria, e tive a felicidade de encontrar parcerias felizes, apesar dos grandes embates, é claro.

Você é uma intelectual, uma professora universitária com pós-graduação. Como é sair dessa posição onde você estuda, teoriza sobre as coisas, para uma posição onde você intervém nas políticas? Como você sente isso?

É maravilhoso. Sair dos lugares onde você costumava estar. Eu era uma acadêmica e tive que entender um outro jeito de conhecer e de fazer; ficava superatrapalhada, achava que estava tudo errado, e quando via, a coisa acontecia. Mas também é muito complicado, porque às vezes parece que o movimento de mulheres não gosta de nada. Eu já ouvi das mulheres: "Ah, mas não era isso que a gente queria no projeto"; "Ah, uma bolsa de R$ 190,00 não é nada". Também acho que uma bolsa de R$ 190,00, para as demandas que elas têm, não é nada. Mas o projeto começou com 5 mil mulheres, já tem 11 mil; começou com um orçamento de R$ 18 milhões, já tem R$ 25 milhões; a Caixa Econômica, através da Dra. Maria Fernanda Ramos Coelho, ficou muito encantada com o projeto, e já temos um orçamento para a construção de cooperativas e financiamento da casa própria para mulheres em três estados. O projeto está se ampliando. Eu também estou vendo que o Mulheres da Paz vai ter que trabalhar com as mulheres encarceradas, que também são atores do sistema de segurança. Essas mulheres não vão ter como ficar de fora. Essa tem sido uma demanda da Cufa do Rio de Janeiro para o Ministério, que não sabemos ainda como resolver.

É claro que um desafio muito grande é a questão da gestão do projeto. Acho que nós tínhamos uma fantasia, de que ia chegar uma hora em que se ia botar a gestão na parede, pronta. Não é assim. Mas acho que agora as pessoas estão tendo um entendimento da importância do projeto, estão tomando pé do que ele é. Vejo uma grande diferença de hoje para quando começamos. Havia toda uma discussão, muito importante, de como ia se dar a entrada nos territórios. Isso norteou o trabalho durante muito tempo. E aí você via as contradições nos próprios grupos de discussão, daquelas pessoas que diziam: "Tem que invadir com arma, com fuzil, e depois colocar um aparato lá dentro!" E o outro lado: "Não, se invadir, é sempre a mesma política, que não dá certo há muito tempo". Isso norteou o nosso trabalho, a nossa preocupação. Quando eu me reunia com as mães na Rocinha, ficava imaginando uma invasão naquele lugar e passava noites sem dormir. Terminou, no Rio, que a entrada no Alemão, que era uma coisa angustiante, foi maravilhosa, deu tudo supercerto. Estavam lá o presidente, o governador e o prefeito. Acho que estamos num bom momento para essas coisas acontecerem, obedecendo a um dos conceitos mais caros do programa, que é o pacto federativo e a responsabilidade de todos com os problemas da segurança pública. O grande desafio está por vir: a instalação dos Territórios de Paz, a atuação dos Gabinetes de Gestão Integrada, a articulação das Mulheres da Paz com o Protejo e o trabalho dessas mulheres na comunidade com uma polícia com atitudes diferenciadas. É um desafio sem tamanho, mas acho que projeto está abençoado, porque em todas as suas etapas ele tem sido uma construção coletiva, porque a causa dessas mulheres é nobre e porque essas mulheres são maravilhosas, bravas e guerreiras.

Vera Spolidoro
Assessora de Comunicação do Ministério da Justiça

Entrevista feita em Brasília em 5/2/2009

Na equipe de comunicação da prefeitura de Porto Alegre

Antes de falarmos sobre sua participação no Pronasci, queríamos saber qual foi sua trajetória: onde você nasceu, sua formação.

Nasci no interior do Rio Grande do Sul, numa pequena cidade de imigrantes italianos chamada Veranópolis. As famílias do meu pai e da minha mãe, os dois troncos vieram da Itália. Nos radicamos em Porto Alegre na época em que eu e meus irmãos já devíamos entrar para o segundo grau. Meus pais eram católicos, de ir à missa todo domingo, e estudei numa escola de religiosas católicas. Em 1966 me formei em jornalismo pela Universidade Federal do Rio Grande do Sul.

Você participou de algum movimento estudantil durante a graduação?

Perifericamente. Eu estava mais envolvida com o estudo mesmo. Na escola, no antigo ginásio e clássico, eu tinha uma participação mais social, participava da Juventude Estudantil Católica, JEC, que depois continuava com a Juventude Universitária Católica, JUC; desse grupo surgiu a Ação Popular, AP, que era uma ramificação, também católica, dos movimentos contra a ditadura. Até por essa formação anterior, eu me aproximei do pessoal da AP. Mas não era militante. Era, vamos dizer, periferia do movimento. Três anos depois de começar a trabalhar, me casei e fui morar no Uruguai. Meu marido é uruguaio.

Fiquei três anos lá, na época do movimento dos Tupamaros. Éramos, eu e meu marido, apoiadores do movimento Tupamaro. Abrigávamos algumas pessoas que nem sabíamos quem eram exatamente, sabíamos apenas que eram perseguidas. Dávamos uma cama, uma noite, no outro dia um almoço para outra pessoa, mas não éramos militantes. Em 1971 voltamos para o Brasil, porque a ditadura se aproximava do Uruguai. Já tínhamos uma filha pequena, e eu já estava grávida da próxima.

No Uruguai, só fui dona de casa. Até tentei trabalhar como jornalista, mas era muito difícil escrever em espanhol. Eu entendia, lia, falava muito bem, mas escrever... Voltando para o Brasil, retomei o trabalho que eu tinha anteriormente, na Federação das Indústrias do Rio Grande do Sul. Eu era assessora de imprensa lá. E aí comecei a me envolver mais fortemente com o movimento sindical; me aproximei do Sindicato dos Jornalistas, formamos uma chapa para disputar e vencemos. Eu me tornei então tesoureira do Sindicato dos Jornalistas. Afinal saí da Federação das Indústrias e fui trabalhar num jornal que estava surgindo chamado *Diário do Sul*. Era um jornal da *Gazeta Mercantil*, o primeiro jornal regional que a *Gazeta Mercantil* tentou implementar.

O que a levou a entrar para o sindicato?

Estávamos naquele período de fechamento, ditadura militar, eu via as perseguições que muitos amigos e colegas meus sofriam. Quando voltei para a Federação das Indústrias, tinha colegas que trabalhavam em jornal, e comecei a perceber o que estava acontecendo. Porque os jornais não davam nada. Achei então que uma forma boa de luta seria através do sindicato. Fiquei três anos como tesoureira e mais dois períodos como presidente. Ao todo foram nove anos.

Você foi a primeira mulher a assumir a presidência do Sindicato dos Jornalistas no Rio Grande do Sul. Como foi essa experiência?

Antes de ser a primeira mulher presidente, fui a primeira assessora de imprensa. Naquele período assessor de imprensa era um pouco pária. Mas o fato de ser assessora de imprensa não impediu que eu concorresse à presidência e ganhasse. Quebrei esses dois tabus. E me orgulho disso. Mas não enfrentei problemas pelo fato de ser mulher, não.

Formulando o Pronasci

243

Nem no jornal? De início as mulheres jornalistas eram em geral mandadas para os cadernos femininos...

Não tive essa dificuldade. Quando fui para o *Diário do Sul*, por exemplo, fui para trabalhar em projetos especiais, suplementos de vários assuntos. Era um pouco paralelo à redação. Em seguida, fui ser editora de economia, que é uma área eminentemente masculina. Talvez porque eu viesse da Fierg, tivesse familiaridade com a questão da economia. Realmente, não posso me queixar. Claro que senti, em outros momentos, discriminação. Por exemplo, no momento de chefiar uma campanha eleitoral, tive que disputar arduamente, porque eu achava que tinha condições, outro colega também achava que tinha, e nós tivemos um embate. Um dos motivos pelos quais ele achava que eu não tinha condições era porque eu era mulher, tinha filhos, não ia poder acompanhar o candidato etc.

Quando você se filiou ao PT? Como foi sua aproximação com o partido?

Eu me filiei em 1988. Meus colegas de sindicato todos eram filiados, mas eu era presidente, e me filiar a um partido, eu achava meio complicado. Mas em 1988 houve uma disputa entre os dirigentes petistas para ver quem seria o candidato à prefeitura, e eu me filiei para votar no Olívio Dutra, que eu achava que tinha que ser o candidato. Ele ganhou, e daí nós fomos para a prefeitura — nós, que eu digo, eram algumas pessoas do sindicato e outros colegas. Foi a melhor experiência da minha vida profissional, esse trabalho na prefeitura, durante os 16 anos de governos petistas. Isto é, no terceiro governo, eu não fiquei lá, mas sempre acompanhava. Nós tínhamos um núcleo que discutia as questões da prefeitura.

Na prefeitura de Porto Alegre, você começou como assessora de imprensa do Olívio Dutra?

Não diretamente dele. Eu fazia parte da equipe da comunicação. Depois, quando o Tarso Genro se elegeu, fiquei como assessora dele. Eu conhecia o Tarso, claro, porque ele era um militante partidário, mas não tinha nenhum contato mais direto. Quando ele se tornou vice-prefeito, com o Olívio prefeito, fui designada para atendê-lo na área de assessoria de Imprensa, e aí começamos a ter uma proximidade maior.

Nesses anos na prefeitura nós criamos muita coisa. Criamos uma comunicação estratégica, que não ficava presa ao fato cotidiano. Tínhamos um projeto, que era centralizar as ações de comunicação. Normalmente, cada secretaria municipal tinha a sua equipe: fotógrafo, jornalista, cinegrafista, tudo que era necessário, mas sem uma política unificada de comunicação. Então, se um secretário pretendia ser candidato a alguma coisa, ele reforçava a sua equipe. Caso contrário, a equipe ficava ali, não interessava. E nós impusemos um outro formato, de comunicação integrada, unificada e estratégica. Isso nos custou algumas dores de cabeça, porque muitos secretários, mesmo os mais próximos, preferiam ter a sua assessoria, não compreendiam a necessidade da assessoria unificada. Mas os prefeitos todos, o Olívio, depois o Tarso, depois o Raul Pont, depois o Tarso de novo, entenderam que era necessário e bancaram. E isso foi modelo para várias prefeituras. Nós criamos um programa de TV e de rádio chamado *Cidade viva*, que também foi modelo para muitas outras administrações. O governo do Distrito Federal, hoje, usa um formato semelhante. Era um programa de TV e de rádio que a gente colocava no ar uma vez por semana, com um formato novo, muito bem feito, de boa qualidade. Enfim, foi algo bastante marcante. Eu não participava diretamente dessa área, mas participei de toda a discussão estratégica.

Quais foram os projetos mais interessantes dessa época na prefeitura, os que você guarda na memória como os mais expressivos para a sua trajetória?

Quando o Tarso era vice-prefeito, ele liderou um evento de discussão sobre ecologia, que se chamou *Porto Alerta*. Trouxemos os expoentes da área dos Estados Unidos, da França, da Austrália. Nunca Porto Alegre tinha ouvido falar de permacultura, que era uma coisa que já estava bem adiantada nos Estados Unidos, um formato de produção agrícola. Foi muito marcante esse evento. Também nos envolvemos muito com o Orçamento Participativo, tanto na criação de materiais quanto no trabalho de estimular as pessoas a participar das reuniões, de cobrir os resultados, de ir às vilas na periferia de Porto Alegre, de noite, para acompanhar as assembleias. Também foi algo muito, muito marcante. Era um público para o qual tínhamos que desenvolver uma linguagem especial. Não era a linguagem que nós, enquanto jornalistas da mídia tradicional, estávamos habituados a usar. Precisávamos de uma coisa muito mais simples. Nós inventamos, por exemplo, uma pequena peça teatral, no começo de cada assembleia. Era uma lenda chinesa, de uns cegos que apalpavam um elefante, e cada um imaginava uma coisa. Eles não tinham a ideia do todo. Nós queríamos passar isso, que não adiantava ver só o buraco da tua rua, tinha que ver a cidade como um todo. Claro, não era uma peça

Formulando o Pronasci

245

séria, a gente fazia brincadeiras e tal. O Orçamento Participativo, OP, foi o que mais marcou o nosso trabalho.

Depois, quando o Tarso foi eleito prefeito, eu fui para o gabinete dele. Como trabalhávamos com essa comunicação integrada, eu não me desliguei da Assessoria de Comunicação da Prefeitura, mas fazia a ponte entre o gabinete do prefeito e a Comunicação. Foi nesse período que surgiu o Fórum Social Mundial em Porto Alegre. Como havia uma decisão dos organizadores de não aceitar governos nem partidos no evento, o Tarso inventou o Fórum das Autoridades Locais. Que eram prefeitos de cidades do Brasil e do mundo. Então nós tivemos lá o prefeito de Paris, o prefeito de Roma, o prefeito de Buenos Aires, fora os brasileiros todos. Foi um evento paralelo ao Fórum Social Mundial. Foi muito interessante. Ele criou também um Fórum de Prefeitos do Mercosul, que reunia várias cidades de toda a América Latina. Chamava-se Mercocidades. Tarso sempre esteve à frente dos acontecimentos. Isso é muito estimulante.

O fato de o Fórum Social Mundial ter se iniciado em Porto Alegre durante a gestão de Tarso Genro teve a ver com a receptividade, com a ação política dele?

Teve, porque em termos de financiamento de eventos, eles não conseguiriam fazer tudo sozinhos. Não me lembro do volume de recursos que nós pusemos à disposição, não foi nada muito significativo, mas para o Fórum foi importante. Eles tiveram que alugar a PUC, que foi o local onde o Fórum Social se realizou... Enfim, nós pagamos algumas coisas. Poderiam pensar: "Olha a prefeitura apoiando algo que não tem nada a ver". Mas num período em que geralmente Porto Alegre é vazia, janeiro e fevereiro, o Fórum significou um aumento muito forte de movimentação econômica e turística. Tanto que os empresários pediram para a prefeitura interceder junto à organização internacional do Fórum para que se fizesse o segundo lá. E assim foi feito. Os três primeiros foram realizados lá.

Você também participava das campanhas eleitorais nesse período das prefeituras petistas?

Trabalhei em algumas campanhas internas, nas prévias para a definição do candidato do partido, e nas campanhas para a prefeitura. Para o governo do estado, trabalhei como militante na campanha do Olívio, e depois na campanha do Tarso, quando ele concorreu com Antonio Britto e com Germano Rigotto. Foi uma campanha muito dura, porque nós tiramos uma linha muito agressiva, de crítica àquele que achávamos que seria o nosso principal opositor, Antonio Britto, que estava deixando o governo. Foi uma campanha tão áspera que as pessoas optaram por não votar nem no Britto nem no Tarso, e começaram a migrar para o Germano Rigotto, que saiu com 7% e acabou ganhando. No final, quando percebemos isso, um mês antes, mudamos a nossa linha de campanha e começamos a subir, mas não deu tempo. Se houvesse mais uma semana de campanha, talvez ganhássemos. Mas faltou uma semana. Perdemos por 0,47%. É interessante ver isso hoje, porque na época nós notávamos a movimentação, mas não percebíamos o que fazer. Eu achava que a nossa disputa com Antonio Britto era muito agressiva, o programa de televisão era uma pauleira, aquilo não me agradava. Mas não se conseguia chegar a um outro formato. E o Rigotto veio com uma campanha que era um coraçãozinho, todo querido... Era o que o povo queria. Não queria aquela "sangueira" toda. Foi uma campanha muito interessante, muito emblemática desse ponto de vista de comunicação. E de política também. Mas de comunicação, foi muito marcante.

Deve ser muito desafiador captar o sentimento popular e balizar uma campanha de maneira que ela fique sintonizada com essas demandas.

Praticamente todo dia a gente fazia pesquisa qualitativa com grupos de opinião. E eu aprendi o seguinte: as pesquisas qualitativas não te dão respostas, porque as pessoas sabem que estão sendo entrevistadas, que por trás daquele vidro tem gente observando, então elas agem como atores, não agem com naturalidade. Essas pesquisas qualitativas não dão bons resultados. As melhores são aquelas em que tu vai para a rua mesmo, pega 1.000, 1.200 pessoas... Essas dão realmente a febre, o que está acontecendo naquele momento.

Em 2002, no mesmo ano em que Tarso Genro concorreu sem êxito ao governo do Rio Grande do Sul, Lula foi eleito presidente da República. Tarso Genro veio então para o Cedes em Brasília. E você, o que fez?

Tarso veio para Brasília, mas eu preferi ficar um tempo em Porto Alegre. A vontade de descansar pesou um pouco, mas também pesou a minha família toda lá, os meus netos recém-nascidos. Fiquei três anos em Porto Alegre, trabalhando num jornal chamado *O Sul*, fazendo uma coluna diária de política que me divertiu

Formulando o Pronasci

muito. Foi um período muito bom. Mas aí, quando ele assumiu a Secretaria de Relações Institucionais, pesou o pedido para que eu viesse para Brasília. Eu disse: "Está bom, agora eu vou". Vim, e acompanhei o ministro na SRI e depois aqui, no Ministério da Justiça.

Como funciona a Assessoria de Imprensa no Ministério da Justiça? Existe uma assessoria maior do Ministério e você é uma assessora pessoal do ministro?

Senti que poderia haver alguma dificuldade de relacionamento ao me colocar como assessora pessoal do ministro, e então me coloco como uma das coordenadoras da comunicação. Somos Ludmila, Francisco e eu. Trabalhamos num trio, cada um com a sua especialidade: eu atendo mais ao ministro, Ludmila, como coordenadora-geral, é quem assina a papelada, cuida de toda a burocracia, e Francisco cuida mais da relação com a imprensa. Não significa que eu não faça o que o Francisco faz, ou o que a Ludmila faz. Como temos uma boa interação, acho que está dando certo.

A comunicação do Pronasci

E quanto ao Pronasci, como você o vê?

Para mim, para nós todos no Ministério, é o nosso projeto mais importante. Acho que é o projeto que pode mudar a questão da segurança. A I Conferência sobre Segurança, a Conseg, a ser realizada em agosto desse ano de 2009, vai dar embasamento jurídico ao Pronasci. Já estão ocorrendo as conferências municipais, depois virão as estaduais e depois a nacional. Assim como, com o Pronasci, pela primeira vez se juntou União, estados e municípios para discutir segurança, a Conseg está fazendo isso num nível de representatividade oficial. São profissionais da área de comunicação que estão se reunindo nos estados, assim como pessoas, também, da sociedade, que têm alguma relação. Só que com outro formato. Um formato assim como o das conferências da saúde, que terminaram no SUS. Nós queremos ter um sistema único de segurança pública a partir dessa conferência. E aí o país vai ter uma política integrada, oficial. Mesmo que o ministro Tarso saia, que o presidente Lula encerre o seu mandato e o Pronasci acabe, vai haver um sistema de segurança pública oficial, legal.

Qual foi sua participação no projeto de comunicação comunitária do Pronasci? Quem participou, como foi o desenvolvimento? Você participou desde o começo?

Sim. Nós chamamos — eu sugeri, e o ministro já conhecia o trabalho dela — a Maria Helena Weber, a Milena, para discutir a questão do Pronasci. Ela trabalhava na nossa equipe da prefeitura em porto Alegre em momentos esporádicos, não todo o tempo, porque ela é professora da Federal do Rio Grande do Sul, e se dividia um pouco. E aqui, no MEC, ela trabalhou com o ministro. Então, quando nós começamos a formatar a comunicação, eu disse: "Vamos chamar a Milena, porque ela é craque nisso. Tem livros escritos sobre a comunicação na prefeitura, estudou isso. Além de ser uma teórica da área, é uma executiva também. Isso é raro". Ela então nos deu uma consultoria, e nós começamos a formatar a comunicação. Que é basicamente o seguinte. Nós atuamos nos dois polos da comunicação, no polo da comunicação tradicional — rádio, TV, jornal, RP, publicidade etc. —, e no polo da comunicação popular, que é aquela mais enraizada na sociedade, em que você usa ferramentas não usuais. Por exemplo, você identifica os líderes da comunidade — o padeiro, o pastor, o padre, a cabeleireira —, começa a municiá-los de informações sobre o Pronasci, e aí eles disseminam. Essa é uma das ferramentas que a gente usa. Depois tem a rádio comunitária, enfim, uma série de outros recursos. Nós estamos agindo e experimentando ao mesmo tempo. É uma coisa muito nova na comunicação do Ministério da Justiça ou dos ministérios em geral.

Qual é a maior dificuldade que vocês encontram nesse projeto?

Nesse da comunicação popular, é ter certeza de que está dando certo. Nós temos dificuldade de saber se isso está dando certo, de ter mecanismos de controle dessa comunicação. A gente sabe assim, porque eu vou lá no Complexo do Alemão e vejo que as pessoas falam no Pronasci, sabem o que é o Pronasci. Mas é muito empírico. Não temos ainda um instrumento de medição do resultado. Mas teremos.

Quem participou desse plano de comunicação popular?

Milena, eu e Bianca Persici, que é a atual coordenadora do Pronasci. Ela comanda a equipe do dia a dia, da ação mesmo.

Nas nossas entrevistas, foi falado o nome do MV Bill. Em que momento ele apareceu nesse processo?

Não foi um contato nosso, da Comunicação, foi um contato do Alberto, que agora não está mais aqui, está em Porto Alegre. Parece que o contato foi através do Movimento da Juventude do PT. Eu me lembro de um evento que nós fizemos na prisão feminina de Bangu, em que ele foi lá e fez o maior sucesso. Ele quebra o gelo. Estava o ministro também. E foi muito interessante. Depois, quando a gente foi lançar o Território de Paz no Rio, ele estava lá. Em Recife também, ele foi. Ele é um pouco a cara que a gente quer que o Pronasci tenha, um pouco a linha de frente do Pronasci.

E quanto à rádio comunitária? O papel da rádio comunitária nesse processo de disseminação deve ser muito relevante.

É. Mas nós temos algumas dificuldades. Porque o relato que nos chega é de que, quando os locutores das rádios comunitárias começam a falar de Pronasci, eles sofrem algumas pressões do tráfico. Nós já tivemos casos de eles nos dizerem: "Olha, eu não vou falar mais de Pronasci". Um outro disse: "Pois eu vou, porque eu vou enfrentar". A gente percebe que tem uma intimidação.

A ideia de que as Mulheres da Paz são capazes de enfrentar o tráfico, a ideia de que o Protejo quer resgatar os jovens que estão entrando na teia do tráfico, realmente, batem de frente com os interesses do tráfico.

Claro. Por isso é que a primeira ação é levar a polícia comunitária para dentro da comunidade. Porque a polícia comunitária pode proteger esse povo. Não se tem a ideia romântica de que as mães vão aderir, os jovens vão vir espontaneamente. É um trabalho árduo e longo. Assim também a comunicação. Nós vamos ter inclusive ações para ensinar os meninos a se comunicar através da grafitagem — essa já existe —, para ensiná-los a fazer um jornal... Estamos fazendo um plano.

Assim como existem as Mulheres da Paz, o Proteja, vocês têm algum projeto específico de comunicação para entrar nessas comunidades?

Não. Porque a comunicação vai permear todos os projetos. Agora, nós estamos pensando em ampliar essa questão da mobilização, criar novos parâmetros, criar alguma forma de gestão que nos dê mais controle. Precisamos ver os resultados, ter mais concretude. Porque eu acho que é por aí o caminho. Essa comunicação, em termos de internet, pode parecer uma coisa defasada, antiquada, mas o boca a boca é impressionante. Sabendo escolher a pessoa, o líder com o qual você vai conversar...

O site do Ministério da Justiça tem uma espécie de ouvidoria, onde há um volume imenso de respostas a perguntas direcionadas ao ministro. Nessas mensagens, há críticas ou elogios da população ao Pronasci?

Há. Mas não ao Pronasci, propriamente. Há muitas mensagens de pessoas que fizeram curso, que ganharam a Bolsa-Formação, e que agradecem. Isso vem bastante. Mas referências ao Pronasci, não. Quando nós elaboramos a comunicação do Pronasci, tínhamos bem claro que ele não seria um programa conhecido imediatamente. Como os resultados do Pronasci são de mais longo prazo, nós planejamos uma comunicação de forma que o programa fosse sendo gradativamente conhecido. Nas pesquisas sobre o que mais preocupa o brasileiro, a segurança é um dos piores itens. Então eu sei que não é de uma hora para outra que essa percepção vai mudar. Acho que já mudou um pouco. Nós fizemos uma campanha publicitária no final do ano passado que teve bons resultados, mas é evidente que ainda temos muito que andar.

Ontem, por exemplo, teve um debate na TV Brasil. Eram uma jornalista e dois especialistas, dois secretários de governo, e nenhum deles citou o Pronasci. E eles conhecem o programa. Um deles era o secretário do Espírito Santo. Nós vamos implantar um Território de Paz em Vitória, mas em nenhum momento ele citou o Pronasci. É do governo federal, eles são PSDB... Entram vários componentes aí.

Talvez vocês devessem repetir a campanha do fim do ano passado.

É verdade. O noticiário sobre a coisa negativa da segurança é muito forte. Temos que enfrentar gigantes aí pela frente. Porque todos os dias tem um crime, todos os dias tem uma favela que é ocupada por policial. E isso tira espaço. O nosso projeto é o oposto disso. Nós temos um trabalho também muito regional, que não aparece na chamada grande imprensa. Mas nós trabalhamos com mídias regionais, no Acre, em Porto Alegre, com jornais locais, redes de televisão locais.

PARTE II

CONVERGÊNCIAS E PARCERIAS

José Mariano Beltrame
Secretário de Estado de Segurança do Rio de Janeiro
com a participação de

Jéssica Oliveira de Almeida
Subsecretária de Ensino e Prevenção

Entrevista feita no Rio de Janeiro em 4/5/2009

Da Polícia Federal à Secretaria de Segurança

Secretário, gostaríamos de começar nossa conversa por suas origens. Onde o senhor nasceu, onde estudou, de onde veio a opção por seguir a carreira de policial.

José Mariano Beltrame — Sou oriundo de Santa Maria, interior do Rio Grande do Sul. Meus avós, tanto paternos como maternos, são imigrantes italianos. Chegaram ao Brasil por São Paulo e foram para a Quarta Colônia Italiana, na região próxima de onde é hoje a cidade de Santa Maria. Meus pais, posteriormente, vieram para a cidade. Sou o terceiro de quatro filhos. Minha mãe é professora, formada ainda no tempo das normalistas; lecionava num colégio público — naquela época, as professoras se deslocavam até de charrete para dar aula no interior. Meu pai foi funcionário do Banco do Brasil, que tinha sido recém-interiorizado. Tivemos aquela criação pacata de cidade de interior. Tinha uma coisa muito italiana, tudo muito ligado a festa, a comida...

A primeira universidade federal brasileira interiorizada foi a Universidade Federal de Santa Maria. Então, toda a família estudou e se formou ali. Hoje Santa Maria tem 10 universidades, além da Federal. Mas, naquela época, o que acontecia? As pessoas se formavam e tinham que ir embora, porque era uma cidade muito pequena para uma universidade muito grande. Se não me engano, até uns 10 anos atrás, o orçamento mensal da universidade era maior que a arrecadação mensal do município. Com isso, Santa Maria passou a ser um polo agregador de jovens. Tanto é que, na minha época, era uma cidade que não tinha velho, porque as pessoas faziam o segundo grau, iam para lá estudar, entravam na universidade com 18, 19 anos, se formavam com 24, 25, e iam embora. Essa realidade hoje já não é bem assim. No tempo do Brizola, Santa Maria virou um polo ferroviário. Depois virou um polo militar. Hoje, uma das bases aéreas nacionais está sediada lá.

Em Santa Maria, quando eu fazia a Faculdade de Administração, fiz o concurso para agente da Polícia Federal. Fiz três faculdades, na verdade. Administração pública, administração de empresas e direito. O último curso de administração eu fiz na Universidade Federal do Rio Grande do Sul, em Porto Alegre, já dentro da Polícia Federal. Como, para a carreira na polícia, administração não adiantava, voltei para Santa Maria e lá fiz direito. Na época meu pai ficou muito doente, com câncer, minha mãe estava sozinha, eu era o filho que estava mais perto, e voltei também para ajudá-la. Terminado o curso de direito, fiz concurso para delegado. A opção pela Polícia Federal "acompanhou" amigos e colegas que eram policiais. A gente jogava bola, conversava, e o trabalho deles me chamava a atenção. Depois, o concurso para delegado foi mais para progressão. Acho natural que todo mundo queira chegar ao topo da carreira.

Durante seu período de estudante, o senhor teve alguma militância política, teve interesse por algum partido?

José Mariano Beltrame — Não. Nunca tive. Já estudei na universidade como policial federal, o que era um pouco difícil, porque a gente carregava a pecha, no meio estudantil, de ser policial. Isso me inibia muito, e eu ficava sempre de lado nessas questões políticas. Havia uma velha guarda da polícia, dos anos 60, 70, que era muito diferente da minha turma, de 80 para cá, que entrou por concurso. A Polícia Federal começou com a antiga Radiopatrulha do Rio de Janeiro, se não me engano. Só depois é que foram instituídos os concursos. Então, a nossa turma já era uma ala da polícia mais arejada, com outra visão. Mas a gente ainda carregava aquele ranço, aquela pecha, e isso, de certa forma, me afastou muito.

Como foi sua saída do Rio Grande do Sul?

José Mariano Beltrame — Minha saída do Rio Grande do Sul começou ainda no tempo de agente. A Polícia Federal — acho isso fantástico — proporciona a participação em trabalhos nacionais. Se você quiser participar de um trabalho que

Convergências e parcerias

está sendo desenvolvido no Amazonas, ou no Pantanal, você pode participar. Fui fazer um primeiro trabalho desses lá pelo início dos anos 90, e não parei mais de andar. Ia para o Norte, para o Sul, para o Nordeste, vinha para o Mato Grosso, saía, voltava... Vim ao Rio na Eco-92, trabalhei na Cimeira. Tinha lotação em Santa Maria, mas não parava, estava sempre me mexendo.

Durante todo esse tempo em que andei pelo país, sempre trabalhei em atividades de repressão ao tráfico de drogas. Trabalhei muito ali naquela zona de Ponta Porã, Dourados, Corumbá, Iguatemi, Miraí, o Pantanal todo, interior de São Paulo, Araraquara, Ribeirão Preto, São José do Rio Preto. Eram lugares onde a droga fazia uma "segunda perna", como a gente chamava. Ela vinha por cima, da Bolívia, parava naquela região de São Paulo, para abastecimento lá, e depois descia para São Paulo mesmo. Então a gente fazia essa triangulação. Até que depois eu passei para delegado, e isso acabou. É que o trabalho do delegado é mais procedimental do que investigativo. Isso, na Polícia Civil, é muito mais forte do que na Federal. Até acho que o delegado tinha que ser a primeira peça a investigar, mas quando você pega uma delegacia que tem mil inquéritos para tocar, não há como sair para investigar. Fiquei então em Santa Maria.

Em 2003, o ministro da Justiça Marcio Thomaz Bastos quis dar um incremento na segurança pública do Rio de Janeiro e criou, na Polícia Federal, o que chamou de Missão Suporte Rio. O que era isso? Era um grande centro de investigação em cima do tráfico. Dentro desse contexto de fazer investigações, que a gente faz viajando, o ministro instalou toda uma tecnologia dentro da Superintendência do Rio de Janeiro, só que, lógico, não tinha gente para tocar. Ele então trouxe gente de fora. Na época, um dos que coordenaram isso foi o delegado Luiz Fernando Corrêa, que hoje é diretor da Polícia Federal. Como eu trabalhei muito com ele lá no Sul, ele me chamou: "Mariano, fica dois meses lá no Rio, estrutura a Missão Suporte. Eu vou ficar lá contigo". Vim para cá, e em dois meses ele foi galgado à Senasp. Aí foi aquela história: "Olha, fica aí, coordena isso aí".

Sem dúvida, fizemos trabalhos belíssimos aqui no Rio de Janeiro. Muito bons. Trabalhos históricos, tanto na capital como no interior. No interior, fizemos um trabalho grande, num desvio imenso de combustível, sonegação fiscal; no Rio, terminamos uma parte daquele "propinoduto" e fizemos muito trabalho em cima da movimentação de facções criminosas. Tanto é que, quando eu assumi a Secretaria de Segurança, em 2007, muita coisa eu trouxe dessa época. Não sei se vocês se recordam que, no final de 2006, pouco antes de nós assumimos, a cidade foi tomada pela violência: deram tiro em delegacia, queimaram gente viva dentro de um ônibus na avenida Brasil... Ali, eu e a inteligência da Polícia Civil nos valemos muito dessa herança que eu tinha. A gente sabia direitinho a movimentação das pessoas. A herança de inteligência da Missão Suporte nos ajudou muito.

Como foi essa experiência da Missão Suporte? Conte um pouco sobre isso.

José Mariano Beltrame — O tempo que eu fiquei aqui, em 2003, eu morei dentro da Polícia Federal. Não aluguei casa. Morei lá, dentro do setor onde nós investigávamos. Então eu conheci muito do Rio de Janeiro, muito da Polícia Militar, muito da Polícia Civil, lá de dentro. Nós fizemos aquele trabalho grande, a Operação Tingui. Prendemos a metade do batalhão de Bangu lá. Foi todo mundo preso. Prendemos ainda alguns policiais civis que eram envolvidos com turistas italianos. Então, isso me deu um conhecimento das instituições de dentro para fora, em vez de ser de fora para dentro. Tinha muita gente ali que já tinha passado por algum tipo de investigação nossa, que a gente já conhecia. Eu morei ali por quê? Porque nós trouxemos quase 40 policiais de fora para fazer esse time, e ali se criou uma estrutura, com alojamento, com sala, com cozinha... Criou-se uma grande casa. Era uma maneira de rever os amigos com quem eu já tinha trabalhado. Convivemos naquele mausoléu ali, na Rodrigues Alves, em frente ao porto, dois anos, que passaram de uma maneira muito rápida. Foram dois anos muito bons. Acontecia uma coisa de madrugada, a gente ia, fazia, voltava. Domingo, sábado, direto. O pessoal da Polícia Federal, no início, teve uma resistência, achou que a gente ia lá cuidar da vida deles, mas à medida que fomos apresentando os flagrantes, que começaram a vir os resultados, aí, pelo contrário, nós trouxemos toda a Superintendência para o nosso lado.

Esses policiais da Missão Suporte eram todos de outros estados.

José Mariano Beltrame — Todos de outros estados. A Polícia Federal tem essa vantagem. Um policial de fora, quando vem aqui em missão, vem ganhando diária. Ele ganha o salário dele e ganha uma diária para ficar trabalhando à disposição. Então é um cara que fica ali de manhã, de tarde, de noite. Coisa que você muitas vezes não consegue na sua cidade. Como é que eu vou fazer um policial que mora aqui trabalhar desse jeito? Ele tem filho em colégio, tem médico, tem mãe, tem esposa, quer ir a um cinema. Agora, o cara que sai por 30 dias, e que está num contexto desses, fica, com muito mais facilidade. E aí os resultados aparecem

Convergências e parcerias

mesmo, sem problema. Ele fica dois, três meses, sai, e vem outro. Só que nessa história, quem não ia embora, quem não se mexia mais era eu. Acabei ficando ali e fazendo esse trabalho, de que eu gosto muito. Era investigação e operação. A gente investigava, saía e fazia o trabalho.

O senhor então ficou nessa Missão até 2005. Em outubro de 2006 Sérgio Cabral foi eleito e em janeiro de 2007 começou o governo.

José Mariano Beltrame — É. E aí, ao que eu sei, o governador queria na Secretaria de Segurança um delegado federal, uma pessoa que não fosse nem policial militar nem policial civil, não fosse do Judiciário ou do Ministério Público. E a assessoria dele me indicou. Quando isso aconteceu, eu sinceramente não levei nem a sério, porque nunca tive a pretensão de estar onde estou. Ele me chamou para uma primeira conversa, na qual estavam várias pessoas que hoje são secretários de Estado, me fez uma sabatina razoavelmente demorada sobre Polícia Civil e Polícia Militar, e eu respondi muito francamente. Até porque — pensei —, se esse convite viesse a se efetivar, eu não ia dizer que isso era assim quando era assado. Saí da conversa muito tranquilo, porque disse o que tinha que dizer, mas achando que eu não ia absolutamente ser galgado àquele cargo, porque eu sabia que havia outras pessoas. Era um cargo muito concorrido. É uma coisa de que todo mundo reclama, mas todo mundo quer. Essa é a conclusão a que eu chego. Sei que eu saí, nunca me esqueço, fui para o aeroporto e fui para Santa Maria ver minha mãe, que ainda era viva. Foi a última visita que fiz a ela. No dia seguinte, era o feriado de 15 de novembro, nós fomos almoçar na casa de uma amiga dela, tocou o telefone, e era o governador, perguntando se eu aceitava ser secretário de Segurança. Me deu aquele frio na barriga, mas, como diz o gaúcho, eu não nasci de sete meses... Eu digo: "Vamos. Aceito, sim".

É curioso como na política, hoje, tem gente de Santa Maria, não é?

José Mariano Beltrame — Pois é. Esse é um efeito santamariense da universidade. Por exemplo, Nelson Jobim foi meu professor, hoje é ministro. Tarso Genro foi meu professor. Luiz Fernando estudou e trabalhou comigo. Temos um ministro do Supremo que também é de lá. É que a universidade, no Rio Grande do Sul, ou era Porto Alegre ou era Santa Maria, então as pessoas se carreavam para um desses dois lugares. Em Santa Maria o custo de vida era mais barato, era menos complicado que ir para a capital. Na Polícia Federal mesmo, quando o Dr. Nelson Jobim era deputado constituinte, em 1988, cheguei a trabalhar na segurança dele. Depois, aqui, nos encontramos todos. O Dr. Regis Fichtner é de Alegrete, é do Sul também. A universidade teve esse efeito, trouxe muita gente, mas depois teve que expurgar muita gente, porque não tinha como absorver essa mão de obra.

O que o senhor fez quando assumiu a Secretaria de Segurança?

José Mariano Beltrame — Assumi a Secretaria e montei uma equipe. Eu tentei fazer o quê? Obviamente juntar as pessoas, as amizades, em que eu tinha confiança. Mas não adianta só trazer amizades, a gente tem que trazer gestores. Eu trouxe então dois ou três colegas da Polícia Federal. Eu já sabia que o que se tinha na secretaria era de muito boa qualidade, e então fui mantendo, conforme as minhas referências. Mas mudanças, sem dúvida, a gente teve que fazer.

Naquele momento, no início, o mais difícil para mim foi escolher um chefe de Polícia e um comandante da PM. E acho que fiz duas escolhas muito boas: o Dr. Gilberto da Cruz Ribeiro, um policial que eu reputo como completo, e o coronel Ubiratan, um homem superpreparado, que eu acho que seria, para a Polícia Militar, uma quebra de paradigma no que diz respeito a posicionamento filosófico, sociológico. Gilberto, além de bom profissional, é um ícone no que diz respeito à lisura das suas atividades e ao seu histórico na polícia. O coronel Ubiratan, pela sua maneira muito bondosa, receptiva, tinha o grupo dele aqui da PM, e era normal que viessem procurá-lo, porque era um colega que tinha tomado o comando. Só que eu acho que a dose dessa interferência desajustou.

Nós não vamos mudar uma instituição de 200 anos em seis ou oito meses. Isso é uma luta sindical, mas a luta sindical se configura ao longo de 10, 15 anos. A Polícia Federal conseguiu as suas vantagens, salariais ou de carreira, há 10 anos; tanto que eu, como policial federal, ganhei muito mal a minha vida inteira. Tenho certeza de que a Polícia Civil e a Polícia Militar vão conseguir melhorias. Mas são anos de luta. Eu também sei que as instituições estão cansadas. Mas não sei até que ponto os governos anteriores foram comprometidos com essas instituições. O governador deu um aumento. "Ah, deu 4% de aumento". Sim. Mas ele deu no primeiro ano, deu no segundo, vai dar no terceiro, vai dar no quarto. Existe um norte. E a gente fez o que podia no sentido de dar medidas acessórias aos policiais. O RioCard, o Pronasci, que entre diversas ações instituiu a bolsa de R$ 400,00 para o policial que estuda, a bolsa de R$ 500,00 que damos para quem trabalha nas Unidades Pacificadoras... Uma coisa que era ridícula: um policial morto em serviço, a família ganhava um pecúlio de R$ 20 mil. Passamos para R$ 100 mil. São coisas com as quais a gente vai tentando demonstrar para a instituição que eles não estão sozinhos.

Desde que o senhor assumiu, quais foram as principais atividades da Secretaria de Segurança?

José Mariano Beltrame — Nós temos, no estado, as operações normais de inteligência, em que você identifica grupos, vai lá e atua. Mas passados esses dois anos, em que nós conseguimos pegar policiais novos, estamos fazendo o quê? Aquilo que eu acho que, efetivamente, a polícia ostensiva, que é a Polícia Militar, tem que fazer. Que é criação de uma ambiência de paz. Foi o que se fez no Dona Marta, o que se fez na Cidade de Deus, o que se fez no Batan. Não quero dizer que isso vai acabar com a violência, porque violência existe em todo o mundo, nem que isso vai acabar com o tráfico, porque onde tiver viciado vai ter droga. Se eu tenho um viciado que mora dentro de uma comunidade ou dentro de um prédio de classe alta, vai ter droga ali. O que nós queremos é quebrar a territorialidade da violência. Aquela coisa do território do fuzil na mão, da ostensividade da arma. Quando eu crio um ambiente de paz, esse ambiente serve para todos, serve para as pessoas que moram lá e serve para os serviços também. Se você, hoje, quiser botar um restaurante no topo do Dona Marta, você pode botar. Agora, como eu disse que segurança pública não é só polícia, se os bairros não adotarem esses territórios, também vai ser difícil. Por exemplo, o Dona Marta, hoje, não é mais o Dona Marta, é Botafogo. A Cidade de Deus não é a Cidade de Deus, é Jacarepaguá. A sociedade tem que abraçar essa unidade, não pode continuar deixando para lá. Porque só a polícia não vai resolver.

Por isso também, quando se lançou a questão de territorialidade, eu insisti com meus colegas secretários, tanto estaduais quanto municipais: "Vamos lá com saúde, vamos lá com lixo, vamos lá com escola, vamos lá com ações sociais, porque só com o policial armado não vai dar. A pessoa que está ali dentro, se o filho está com fome, ela vai dar um jeito na vida dela". A expressão que eu uso é que preciso haver uma "tsunami" de ações. Isso, sim, vai dar uma certa tranquilidade para as pessoas. E tenho certeza de que quando a maioria da população tiver as suas demandas atendidas, ela mesma vai começar a questionar a presença do bandido ali. Ela vai dizer: "O meu filho tem creche, tem ônibus, eu arrumei um emprego, minha filha está fazendo um curso profissionalizante, o lixo passa aqui... Alguém querer roubar, querer fazer alguma coisa, vai ser complicado... Porque aqui ficou bom, dá para se morar". O resultado que nós temos disso, através de e-mails, telefonemas, das pessoas que eu encontro nas ruas, tem sido o melhor possível.

O Pronasci no Rio de Janeiro

Como foi o seu contato com o Pronasci e com a ideia de segurança com cidadania, juntando ações de repressão, de aparelhamento da polícia, com ações sociais?

José Mariano Beltrame — Eu acho que o programa Pronasci, na verdade, é a única maneira de se fazer segurança. Porque segurança pública não é, nunca foi e nem pode ser uma ação exclusivamente policial. O que vai nos trazer dias melhores é o exercício da cidadania, aliado à segurança pública. A segurança tem que existir, o embate da polícia com bandidos tem que existir, mas a prevenção disso é que vai ganhar essa luta. Essa luta só será ganha com políticas públicas, com ações que venham atender a demanda da população. Agora, se a polícia tiver que repreender, ela tem que repreender, tem que agir. Lógico que com uma repressão qualificada. E é o que eu acho que nós, aqui no Rio, temos que fazer. Acho que está todo mundo cheio da história do pivete com revólver na cabeça: "Me dá o celular", "Me dá a bolsa", ou seja lá o que for. Então essas medidas de repressão têm que ser tomadas. Agora, só com elas, não vai adiantar nada. Não tenha dúvida. O Pronasci, eu acho que vem exatamente disso, na medida em que ele desenvolve 92 ou 93 projetos sociais, cria perspectivas para as pessoas, para as mães, para os jovens. É, sem dúvida nenhuma, o tiro certo. Faço votos que ele seja uma política de Estado.

O senhor participou da formulação do Pronasci? Afinal, o senhor já conhecia várias das pessoas do grupo formulador.

José Mariano Beltrame — Não. Mas nós escolhemos algumas áreas onde o Pronasci seria importante, e tivemos a possibilidade de confeccionar projetos para as áreas que nós quiséssemos. E somos — as pessoas podem confirmar — campeões nacionais em projetos enviados ao Pronasci. A Secretaria de Segurança Pública do Rio de Janeiro é campeã. Temos, por exemplo, projetos que reestruturam a questão da segurança no Complexo do Alemão, que é uma área prioritária. Só que lá, como se precisa de uma estrutura muito grande, é um passo que a gente tem que dar com muita consciência. Não é como fazer uma unidade pacificada no Dona Marta. Eu diria que, hoje, o Complexo do Alemão tem uma população muito maior que a grande maioria dos municípios brasileiros. Fala-se em aproximadamente de 100 mil pessoas. Aliás, acho que um mal de que a gente sofre é que, se você pensar bem, nós não temos um censo concreto desses lugares. É tudo "aproximadamente". O último censo é do ano 2000.

Como o projeto Bolsa-Formação está sendo visto pelos policiais no Rio de Janeiro, como ele está sendo absorvido?

José Mariano Beltrame — Acho que essa pergunta a gente responde com o número de policiais inscritos no Bolsa Família no Rio de Janeiro.

Jéssica Almeida — Atualmente são 28 mil. O Rio de Janeiro é o estado com o maior número de policiais operando no sistema.

José Mariano Beltrame — Essa é uma resposta bem abrangente. E isso está incorporado no policial, porque eu tenho certeza de que ele vai terminar um curso e vai seguir aquela cadeia. São policiais civis, militares, bombeiros, agentes penitenciários.

A participação desses diferentes profissionais é equilibrada?

Jéssica Almeida — Na verdade, a rede de ensino a distância está aberta para todos. São cursos de capacitação a distância, informados pelos valores de direitos humanos. Então todos participam. Nós temos mais de 100 mil profissionais de segurança inscritos na rede. Só que, dentro desse universo, um grupo tem o benefício de uma ajuda financeira para fazer os cursos. É um grupo de profissionais de segurança que tem uma remuneração igual ou inferior a R$ 1.800,00. Do grupo que tem essa remuneração, nós temos 28 mil recebendo a Bolsa-Formação. Na rede, a participação é equilibrada, guardando uma proporção com o efetivo de cada força. A Polícia Militar tem um efetivo de 38 mil homens contra 18 mil do Corpo de Bombeiros e 9 mil da Polícia Civil. Agora, no Bolsa-Formação a gente tem uma maioria de policiais militares e bombeiros militares, com destaque para a PM, porque eles são os que têm menor salário. Os beneficiários do Bolsa são basicamente soldados e cabos das polícias militares e bombeiros militares.

José Mariano Beltrame — Um policial militar que sai da academia, hoje, sai ganhando R$ 1 mil, o que é muito pouco; se ele se inscreve no Pronasci, ele tem mais R$ 400,00; se e ele vai para uma Unidade Pacificadora, ele tem mais R$ 500,00. Quer dizer que ele sai da academia formado, hoje, às dez da manhã, ganhando R$ 1 mil, e amanhã, quando ele for tomar posse, estará ganhando R$ 1.900,00. Quase o dobro.

Jéssica Almeida — A maior dificuldade do Bolsa-Formação — e por isso a gente teve um número menor de inscritos nos primeiros ciclos — foi incluir digitalmente os militares estaduais. Na Polícia Civil, por conta do programa Delegacia Legal, os policiais civis já sabiam como operar. Mas na Polícia Militar, não. Agora o secretário está lutando pela informatização dos batalhões. Nós temos batalhões que não estão nem informatizados. O primeiro momento, então, foi de incluir digitalmente esses policiais. Nós temos um telecentro na Central do Brasil, onde temos máquinas e pessoas à disposição dos policiais, para atendê-los e ensiná-los a operar o sistema. Além disso, há mais nove centros espalhados pelos municípios Pronasci, o que dá um total de 11 centros. Temos 10 já inaugurados. Só Magé não inaugurou ainda. E os profissionais de segurança podem usar esses espaços para frequentar essa rede. O que a gente tem percebido hoje, numa outra análise, é que, uma vez tendo recebido essa informação que nós damos no nosso telecentro, eles têm procurado *LAN houses* perto das suas casas e através delas têm feito os cursos nos dias de folga. Esse é o levantamento último que nós fizemos.

Na área de inteligência, qual é a situação?

José Mariano Beltrame — Nessa área, eu diria que a Secretaria de Segurança do Rio de Janeiro tem o maior centro de inteligência da América do Sul. Foi um legado que o Pan-Americano deixou aqui. São *softwares* de Primeiro Mundo. Esse centro é, hoje, o responsável pela origem de uma série de operações que seguidamente vocês veem na mídia. Permite uma série de cruzamentos de informação, mapeamento, acompanhamento das pessoas. Enfim, o que tem de melhor na área de investigação policial. O Rio de Janeiro está munido disso, graças ao legado dos Jogos Pan-Americanos. O Rio de Janeiro também tem a primeira escola de inteligência, a primeira escola de análise — essa está dentro do Pronasci.

Todo mundo diz o que quer em cima da palavra inteligência, mas na verdade nós precisamos profissionalizar a inteligência, porque hoje ela é uma ferramenta muito utilizada. A inteligência, hoje, precisa ser voltada para a formação de prova.

Antes, o que se tinha era aquela inteligência da Segunda Guerra Mundial, que dizia "consta que não sei quem", "me disseram que não sei quê", "eu soube que não sei quê lá"... Isso é uma inteligência de conhecimento, mas não é algo que eu possa chegar e mostrar para o juiz e fazer prova. Hoje, o que se quer é uma inteligência operacional, que me leve a uma gravação telefônica, uma fotografia, um extrato bancário, uma cópia de cheque, uma nota de hospedagem de hotel, alguma coisa de que eu possa, efetivamente, fazer prova. E não aquela documentação que vai de cima para baixo, que se chama inteligência estratégica, e que não é probatória. É o famoso "consta que": "Ah, deixa eu ver no fichário o que consta do fulano. Sim... Consta alguma coisa..." E daí? Se não existe prova, o que é que eu vou fazer com aquilo?

A proposta de uma escola e de um centro de inteligência tem que ser a de fazer prova. Nós não podemos mais só prender, temos que condenar as pessoas. E só se condena com boa prova, com qualidade na prova. Porque senão a gente prende, e sai junto com o sujeito da delegacia; ou a gente prende, e dali a cinco dias ele sai. Agora, fazer prova concreta, oferecer ao Ministério Público a possibilidade de fazer uma boa denúncia e proporcionar ao Poder Judiciário elementos para que ele faça uma boa condenação, essa é a missão da inteligência das polícias.

Uma das linhas conceituais do Pronasci é o uso do armamento não letal. Como isso está sendo operado no estado do Rio de Janeiro? Como o próprio policial vê isso?

José Mariano Beltrame — O armamento não letal, no primeiro momento, é usado pelas unidades que combatem distúrbios. São os nossos batalhões de choque. Mas os soldados de radiopatrulha também estão sendo treinados com equipamento não letal. Eu até acho que em certos casos um armamento não letal causa um efeito muito melhor do que o próprio letal. O barulho, por exemplo. Uma granada, que é feita para impacto sonoro, tem um efeito muito bom, pelo propósito dela, que é eu estourar e fazer barulho. É muito interessante. E o armamento não letal hoje está se desenvolvendo muito. Nós temos hoje esse *taser*, que dá um pequeno choque, que é uma opção também muito boa.

Agora, nós não podemos substituir uma arma pela outra. Nós temos é que deixar isso como um *plus*. Uma alternativa. Nós, infelizmente, temos aqui no Rio de Janeiro um criminoso violento. Vocês podem ver que nos outros estados, no Brasil inteiro, criminoso nenhum enfrenta a polícia como aqui. Isso é um conteúdo histórico que o bandido tem, até porque nós temos áreas aqui que durante muito tempo foram praticamente inexpugnáveis, áreas onde as pessoas não sabem o que é lei, o que é Constituição, o que é código do processo. Não sabem. Porque o Estado nunca foi lá. Nem polícia, nem educação, nada. É aquilo que, comumente a gente vê: "Ah, aqui é nós". E são eles mesmo. A lei são eles. Então, quando você vai lá, o cara se vê acuado: "Pô, esse cara quer terminar com os meus negócios!" Porque para ele, vender carro roubado é um negócio. Então, ele enfrenta a polícia, porque ele sempre enfrentou, sempre achou que enfrentar era o caminho. A polícia tem é que reverter isso. Para nós, cidadãos, existem os códigos, que nós temos que respeitar. Mas essas pessoas, elas têm essa cultura. Tanto é que existiu no estado do Rio uma gratificação chamada "faroeste". Pelo número de pessoas que o policial matava, ele ganhava uma gratificação. Hoje se colhe essa violência. Eu sei que as pessoas, muitas vezes, criticam o policial, mas o policial é levado a uma situação de estresse muito grande. Será que um de nós aqui não iria agir pior do que eles lá? Por mais treinado, que ele tem que ser, por mais que seja obrigação dele agir certinho, você perseguir uma pessoa num carro, com um cara atrás dando tiro, não é fácil: "O que é que eu faço? Sigo perseguindo? Desisto? Dou tiro? Mas se no carro tem um inocente? Então eu levo tiro? Como é que é isso?"

Jéssica Almeida — A respeito da questão do armamento não letal, nós tivemos uma liberação de recursos em torno de R$ 1 milhão, para a capacitação de multiplicadores no uso de técnicas e tecnologias não letais. As turmas vão começar agora, no meio do ano, e a ideia é que o policial de radiopatrulha, como disse o secretário, aprenda a usar esse equipamento e a discernir em que momento usá-lo no lugar de um armamento letal. Os recursos que nós recebemos foi para capacitarmos quatro turmas, mas, como a única empresa que hoje fornece esse tipo de equipamento é a Condor, que é sediada no Rio de Janeiro, e ela pratica um preço diferente para o Rio de Janeiro por conta de questões tributárias, isso vai permitir que a gente capacite oito turmas. Ou seja, o dobro das turmas indicadas inicialmente pela Senasp, com base numa pesquisa de preço que eles fizeram para outros estados da Federação.

O policial militar muitas vezes faz um curso curto, com um treinamento extremamente precário. Está sendo possível mexer com isso no Rio de Janeiro?

Jéssica Almeida — Nós temos um projeto de reestruturação do modelo de ensino das polícias, que está aguardando liberação de recursos do Pronasci, que tem como objetivo rever a grade de formação dos policiais, compatibilizar essa grade com a matriz curricular nacional e, ao final, entregar como produto uma política única de ensino para as polícias. Vamos ter, assim, policiais formados para a ostensividade, para a atividade de polícia judiciária, mas todos eles convergindo para o mesmo fim, caminhando na mesma direção, informados pelos mesmos valores de direitos humanos, de cidadania, de polícia de proximidade, como estamos fazendo no Dona Marta, no Batan. É um projeto mais longo, porque vamos mexer numa cultura, e não podemos renunciar aos saberes policiais, às particularidades do Rio. Mas isso já está sendo feito também, com o secretário de Segurança, sob a coordenação da minha subsecretaria, que é a de Ensino e Prevenção.

José Mariano Beltrame — O Rio tem uma outra característica que é a geografia da região. Você vai à Tijuca, e tem 19 morros dentro de um bairro. Você vai para São Paulo, Brasília, e é completamente diferente. Às vezes você tem até mais crimes — por exemplo, Ceilândia tem uma taxa de homicídio maior que a do Rio de Janeiro —, mas tem um detalhe: Ceilândia está a 30 km do Plano Piloto. A violência, como eles chamam, está na periferia, está fora da cidade. Em São Paulo, para um marginal praticar algum ato criminoso lá, ele tem que roubar uma moto, ou um táxi, ir para lá e depois voltar para a periferia. Aqui, não. Aqui, ele desce o morro, faz o que tem que fazer e sobe. Então, as outras cidades não assistem à violência, ela não é tão evidente como aqui no Rio de Janeiro.

Essa questão geográfica, para mim, é importante. As pessoas se preocupam com o episódico. É o tiro na rua, é o sangue no asfalto, é a buzina, é a sirene, o vidro quebrado... "Roubaram minha bolsa! Pega ladrão!" Mas as pessoas se esquecem que, em determinados lugares do Rio de Janeiro, tem um morro com uma favela, onde você vê uma casa sendo construída em cima da outra; e você, para reformar o banheiro, tem que pedir licença no Crea, tem que combinar com o síndico, pedir autorização na prefeitura para botar uma caixa de entulho lá embaixo... Então, que ordem jurídica é essa? Quer dizer que para nós vale, e para as outras pessoas não? Isso, aliás, não é uma especialidade do Rio de Janeiro. Isso é no Brasil inteiro. Só que esses problemas não estão à luz do cidadão como estão aqui. Se você quiser ver muita pobreza em São Paulo, você tem que sair. Brasília, a mesma coisa. As cidades-satélites são muito tristes de se ver. Agora, você tem que andar 40 km para fazer isso.

Nesse sentido, o Rio é mais democrático. A violência atinge a todos...

José Mariano Beltrame — Ah, sim. As pessoas vêm me dizer: "O senhor tem que fazer uma ocupação lá na Tijuca!" Eu sei que eu tenho que fazer uma ocupação lá. Mas só que lá eu tenho que fazer 19 ocupações simultaneamente. O Rio tem isso. E aí eu acho que entra a conta dos governos, que foram lenientes, permitiram que isso acontecesse. A sociedade também foi muito tolerante, também permitiu que isso acontecesse. E aí também tem todo um contexto eleitoral por trás disso tudo.

E quanto à questão da moradia do policial? Qual é a situação no Rio de Janeiro?

José Mariano Beltrame — A moradia é um problema muito sério. E é um sonho do policial. O governo federal possibilitou o acesso à moradia de duas formas, a carta de crédito e o financiamento direto. Eu até, no início do governo, procurei a Caixa, mas não conseguimos fazer nenhum financiamento. Por quê? Porque com a renda de um soldado, de um sargento, não se consegue financiar nada. Quem é que vai financiar um contracheque de mil e poucos reais? Quem vai garantir que o cara vai conseguir pagar? Nós também temos muitos policiais que estão com problemas, que já têm uma parte do salário comprometida com outros empréstimos. Isso diminui ainda mais o que ele já não tem. Então, o que foi que se fez? O governo estadual, a Secretaria de Fazenda, junto com a Caixa — é aí que entra o Pronasci — banca o desconto. Houve esse entendimento entre o governo federal e o governo estadual na garantia de que esse financiamento seria suprido, independentemente do policial. O estado faz direto o desvio da consignação para a Caixa, e a Caixa abre mão de uma série de exigências que normalmente são feitas para se ter um financiamento da casa própria.

Tem havido uma grande adesão a esse programa?

Jéssica Almeida — A Caixa ainda está no piloto, rodando a carta de crédito, porque ela precisa adaptar o sistema dela à demanda Pronasci. A grande diferença do Pronasci, como o secretário disse, é a análise de risco diferenciada. Como o contracheque do policial vai como garantia do pagamento da prestação, a Caixa abre mão daquela exigência de SPC, de Serasa, de renda comprovada. Agora, o programa de arrendamento residencial, que é o de crédito direto, esse já está funcionando. A unidade é ofertada, o policial se inscreve, recebe a chave, e paga como se fosse um aluguel. Ao final, depois de 15 anos pagando aquele aluguel, sem poder sublocar, sem poder vender, como num *leasing*, ele vira proprietário daquele bem. Isso está acontecendo. Temos 203 contratos. O Rio de Janeiro também é o estado que tem o maior número de contratados no programa habitacional, assim como no Bolsa-Formação. Só não temos mais contratos porque a Caixa Econômica não inaugurou novos empreendimentos. Com a crise, as obras estão um pouco atrasadas. Nós temos alguns empreendimentos para inaugurar em Campo Grande, em Macaé, em Campos, já com demanda, com pessoas entrevistadas, com margem de contracheque reservada para fins de desconto da prestação, só aguardando o habite-se de algumas obras e a conclusão de outras.

Mas isso não são conjuntos onde vão morar vários policiais.

Jéssica Almeida — Não. São empreendimentos cujo número de vagas destinadas a policial é de 25%. Isso foi até uma ideia nossa. Conversando com o secretário, o secretário colocou as impressões dele, e nós levamos isso para algumas reuniões. Nós não queremos criar ilhas de moradia de policiais. Se a gente está trabalhando numa polícia de proximidade, uma polícia comunitária, o policial precisa ser referência no lugar onde ele mora, precisa ser visto como alguém que está ali para atender às demandas, como um grande mediador dos conflitos que ocorrem naquele condomínio. Os empreendimentos são mistos, para fortalecer essa ideia do Pronasci.

Quantos municípios do estado do Rio de Janeiro se envolveram com o Pronasci?

Jéssica Almeida — São 16 municípios, já. Mas a relação dos municípios com o Pronasci é direta, não passa pelo estado. Salvo melhor juízo, são dois os critérios para que o município possa receber recursos do Pronasci: o número de habitantes e a análise criminal, número de registros, estatística de violência do município. É o próprio prefeito do município que se relaciona com o governo federal. Há uma linha de crédito para os municípios. A gestão não é nossa, não é da Secretaria de Segurança, não.

E qual foi o critério para a escolha das comunidades a serem beneficiadas pelo Pronasci aqui na cidade do Rio?

José Mariano Beltrame — Eles vieram de Brasília e nos solicitaram indicar os locais. Nós citamos, na época, acho que quatro ou cinco locais onde queríamos que o Pronasci entrasse. Não sei agora, de cabeça, essas áreas, mas tenho certeza que uma foi o Complexo do Alemão. O Pronasci, na verdade, tem uma gama grande de ações. Ele tem coisas alusivas à Polícia Militar e tem coisas fora. Porque é aquela história, de segurança com cidadania. Ele tem projetos que vão ajudar a Polícia Militar, mas também tem projetos na associação de moradores, como o Mães da Paz ou o Protejo. O programa é integrado, não é só para a polícia.

Mas está havendo uma articulação entre o que a polícia está fazendo com essas outras ações?

José Mariano Beltrame — Está havendo. A Casa Civil tem um escritório. Eles têm os projetos Pronasci catalogados lá: o que é que veio do Pronasci para a saúde, para a Suderj, para a segurança, para cada um. É um escritório de acompanhamento de projetos. Isso é até muito interessante de ver, estão lá num telão as várias áreas, educação, cultura, esporte, lazer, segurança, e aí eles veem a fase em que o projeto está e quem é o responsável por cada um. Essa integração, que é uma integração formal, uma integração de gabinete, de escritório, é feita lá.

Jéssica Almeida — Na verdade, esse escritório de gerenciamento catalogou as comunidades, para que no ano de 2009 elas recebam ações do Pronasci, que irão complementar a ação de polícia. A ação de polícia sozinha não vai dar conta de ficar por muito tempo na comunidade, se os outros atores não vierem.

Ao escolher quem vai participar do Bolsa Família, ou do plano de moradia, os responsáveis estão lidando com a polícia, que é uma instituição formal. Já no caso de programas como o Mulheres da Paz ou o Protejo, a seleção deve ser complicada. Embora isso não seja da alçada de vocês diretamente, como são escolhidas as Mulheres da Paz, por exemplo?

José Mariano Beltrame — Não sei. Sei que quem faz a seleção no que diz respeito a programas na área social é a Secretaria de Assistência Social. É a Secretaria da secretária Benedita que tem esse cadastro e esse controle. Mas não sei que tipo de critério ela usa.

Nem no Dona Marta?

Jéssica Almeida — O Pronasci não está no Dona Marta. As ações no Dona Marta, no Batan e na Cidade de Deus são um esforço da Secretaria de Segurança, do secretário Mariano Beltrame. Não tem ainda Pronasci. O Mulheres da Paz já está atuando no Alemão.

José Mariano Beltrame — Na verdade, eu não estou no Alemão ainda, como pretendemos estar. Nós não temos nenhuma área, ainda, no Rio de Janeiro onde nós tenhamos PAC e Pronasci na sua completude. No Alemão, nós temos Pronasci e temos PAC, mas não temos a parte da segurança. Na Rocinha, a mesma coisa. Manguinhos, a mesma coisa.

Então a relação entre o Pronasci e a Secretaria de Segurança do estado hoje está mais calcada no Bolsa-Formação, no projeto habitacional...

José Mariano Beltrame — Exatamente. Bolsa-Formação, investimento em equipamentos e treinamento.

Jéssica Almeida — Inteligência, treinamento, capacitação. Agora, dentro desse eixo da valorização profissional, nós temos um tripé: formação, habitação e saúde. Nós agora estamos desenvolvendo alguns projetos para a área de saúde. Nós recebemos o assessor do ministro com o Programa Nacional de Atenção à Saúde dos Profissionais de Segurança, e estamos desenhando um projeto de medicina preventiva. Já que a medicina curativa é muito cara, e o Pronasci foi contingenciado, estamos estudando um centro de recuperação de alcoólicos e drogados, onde vamos recuperar profissionais de segurança. Vamos ter que prover esse centro com pessoal; e nós temos um problema de pessoal no estado, então, quando fazemos um centro integrado, temos profissionais de saúde da PM, do Bombeiro, da Polícia Civil, todos concorrendo para dar plantão lá. Também fazem parte desse projeto carros, para poder aumentar nossa capacidade de vacinação. Porque as polícias já têm um trabalho de vacinação como medida profilática.

Dentro do eixo valorização profissional, das ações voltadas para o público interno, o estado do Rio de Janeiro é o campeão em ações. Agora, as ações voltadas para o combate, para a redução da criminalidade, essas estão acontecendo, mas ainda não estão todas coordenadas no mesmo espaço. O que nós temos é uma articulação completa para dentro.

Como está a situação do Pronasci, diante da crise, em termos de repasse de recursos?

José Mariano Beltrame — O Pronasci está contingenciado. Esse é o meu temor. Acho que o Pronasci tem que ser uma ação de Estado, não pode nem ser ação de governo. E esses programas, para eles darem certo, são que nem quando a gente faz as ocupações: tem que ser em massa. Não dá para dizer: "Vamos largar isso, depois isso". Tem que ser junto. Como a gente faz nas áreas pequenas. Por isso é que nós, aqui, fizemos essas ocupações, mas dando o passo do tamanho da nossa perna. Porque não dá para errar, está todo mundo muito desconfiado e reticente com a segurança. Quando a gente toma uma ação, tem que ser para dar certo.

O que o senhor acha da divulgação do Pronasci?

José Mariano Beltrame — O que eu acho é que a gente tem que divulgar e falar para a população aquilo que efetivamente a gente vai fazer, sob pena de criar uma expectativa e, ali na frente, tudo fazer água, como se diz. Então eu acho até que, se o Pronasci não está com essa divulgação toda é porque, efetivamente, faltam determinados ajustes para fazê-lo andar. A Bolsa-Formação, como o efeito dela é muito interno, as polícias todas conhecem. Quer dizer, para o cliente interno está muito bem divulgado. Para a sociedade, eu acho que podia estar um pouco mais. Existe uma confusão, as pessoas misturam PAC com Pronasci. Não sabem o que o Pronasci engloba.

Edson Ortega Marques
Secretário Municipal de Segurança Urbana de São Paulo

Entrevista feita em São Paulo em 9/7/2009

Trabalhando com José Serra

Gostaríamos de começar conversando sobre sua trajetória pessoal. Onde o senhor nasceu, onde estudou, como foi sua entrada na vida profissional?

Nasci em General Salgado, cidade do interior de São Paulo próxima de São José do Rio Preto, em 1957. Com poucos anos de idade fui viver em São José do Rio Preto com minha família. Sou o décimo de uma família de 11, filho de espanhóis. Estudei direito e psicologia em Bauru, na Unesp, hoje Universidade Estadual Paulista.

Em que ano o senhor entrou na Faculdade de Direito?

Primeiro entrei no curso de psicologia, em 1978. Fui líder estudantil, fui presidente de centro acadêmico, atuei na União Estadual de Estudantes e foi então que conheci o atual governador José Serra, ex-presidente da UNE, no congresso de reconstrução da UNE. É claro que no congresso não deu para ter maior intimidade, mas eu o conheci lá. Me formei em psicologia e em seguida em direito. Trabalhei na área de psicologia, em hospitais psiquiátricos, com pessoas com problemas mentais e de drogadição. Também com pessoas em situação de rua. Essas coisas que a gente vê na área de segurança, na violência da cidade, eu já pude vivenciar como profissional da área de psicologia. Depois passei a atuar na área de habitação popular e acabei adentrando mais no direito, na área de sistema financeiro de habitação, de como viabilizar programas de urbanização e de habitação popular. Fui dirigente de companhias de habitação, da Associação Brasileira de Cohabs, fui membro de conselhos nacionais na área de habitação.

O senhor também tinha uma militância política?

Tinha. Fiz parte do grupo que criou o PT. Um ano depois, o grupo de que eu participava deixou o PT, porque nós entendíamos que era preciso ter alianças com os partidos e setores da esquerda. Não era a posição predominante, e então fomos para o PSB, Partido Socialista Brasileiro. E aí, em 1988, foi criado o PSDB. Sou fundador do PSDB. Fiz parte, em Brasília, da convenção de constituição do partido. Elegemos 1988 em Bauru um dos primeiros prefeitos do PSDB. Foi o nosso grupo que elegeu. Nessa época eu ainda estava em Bauru, e vim a ser diretor da companhia de habitação na cidade.

De Bauru o senhor foi para São Paulo?

De Bauru fui para Brasília, trabalhar no Congresso Nacional assessorando parlamentares do PSDB e em comissões de inquérito parlamentar, e fui também atuar no conselho curador do FGTS. Fui convidado pelas centrais sindicais para assessorá-las no conselho, porque havia programas de investimento na área de habitação e saneamento sem regras claras para uso dos recursos. As centrais não conheciam essa área, me convidaram, e foi aí que nós criamos uma série de resoluções para melhor controlar — existem vários livros contando isso — os recursos do FGTS. O FGTS era conhecido como a verdadeira caixa-preta. Nós abrimos a caixa-preta e criamos uma série de regras e programas para fazer com que os recursos fossem realmente para quem precisava, sobretudo os trabalhadores de baixa renda. Atuei por cinco anos no conselho curador do FGTS e no Congresso Nacional, sobretudo nas comissões de desenvolvimento urbano e de trabalho, até que em 1995, no governo Fernando Henrique, quando José Serra foi nomeado ministro do Planejamento, me convidou para ser secretário Nacional de Habitação, cargo que na época era vinculado ao Ministério do Planejamento e a Secretaria de Política Urbana, que hoje é o Ministério da Cidade. Realizamos então um trabalho enorme, com foco na urbanização de favelas, na regularização fundiária e na democratização do acesso aos recursos habitacionais para quem mais precisa. Infelizmente, no país, essa é uma área muito envolvida com a violência e muito

Convergências e parcerias

exposta à criminalidade. A partir daí passei a aprofundar meu trabalho com a área de segurança.

Desde o começo de sua vida política o senhor esteve ligado ao grupo do governador José Serra e do PSDB de São Paulo?

Sempre fui ligado ao grupo do Serra. Depois, em São Paulo, atuei no governo Mário Covas, demandado pelo governador, mas apoiado pelo então ministro Serra. Vim ser secretário de Assistência e Desenvolvimento Social. Foi nessa época que coordenei a formulação do programa de descentralização da Febem em São Paulo. A Febem funcionava em três grandes complexos, que reuniam em torno de mil a 1.300 jovens cada um, salvo outras poucas e pequenas unidades. Fui eu que coordenei a estruturação desse plano. Várias organizações de governo e da sociedade civil participaram; houve muitas audiências públicas; o próprio governador Mário Covas participou.

É que houve uma crise muito grande nessa área no governo Covas, não é?

Muito grande. Foi uma enorme rebelião. Quando assumi esse trabalho, estava literalmente pegando fogo na Febem, que funcionava próximo à Rodovia dos Imigrantes. Eu me lembro que o governador me chamou na sala dele e logo em seguida fomos para o helicóptero. Ele não me disse aonde nós íamos, só me deu para ler um artigo do *Jornal da Tarde* que espinafrava o governo e a ele por não terem tomado medidas para evitar aquilo. Com o helicóptero, descemos praticamente dentro da Febem da Imigrantes. Tinha acabado de acontecer a rebelião. No dia anterior tinham cortado a cabeça de um jovem... A Febem estava totalmente destruída, vários jovens acantonados, controlados pela tropa de choque da polícia, com cães e tudo mais. Foi com essa cena que me deparei, junto com o governador. Aí o helicóptero subiu e pousou no outro grande complexo, que era a unidade de Tatuapé, que também tinha perto de 1.200 ou 1.300 jovens. Hoje também já está desativada. Parte dessa unidade também estava rebelada. Minha passagem pela secretaria foi, sobretudo, para fazer essa descentralização e convencer os prefeitos do interior — esse foi o maior desafio — de que era preciso construir unidades menores para abrigar os jovens das suas cidades, muitas vezes da sua região, e não trazê-los para São Paulo. Isso consumiu a maior parte do meu trabalho. Hoje a Febem se chama Fundação Casa, é toda descentralizada em unidades pequenas, em todo o interior do estado, com raras ocorrências de rebeliões e baixo índice de reincidência.

De outro lado, nós introduzimos na secretaria critérios objetivos de definição de prioridades nos territórios mais vulneráveis e definimos critérios de desempenho. Naquela época isso era uma enorme novidade, uma cultura que não existia. A avaliação era pela quantidade de atendimento, não pelo resultado. Foi um trabalho importante, mas difícil, porque mexia com a cultura que vigorava até então. A unidade dizia: "Ah, eu atendi 880 jovens". Nós: "Muito bem. E qual foi o resultado do atendimento dado a esses jovens? Eles melhoraram? Eles pioraram? Eles ascenderam? Eles se integraram? Deixaram as drogas, voltaram às suas famílias?" Para mim, por exemplo, o principal indicador do sucesso do trabalho era a saída mais rápida do jovem do abrigo, ao encontro da sua família. Antes, esse não era um indicador. Esses são alguns exemplos dos trabalhos que fizemos.

Quanto tempo o senhor ficou nesse cargo?

Até depois da morte do Covas. Ele morreu em março de 2001 e alguns meses depois deixei o governo. Eu tinha dito a ele que ficaria somente um ano, mas ele ficou doente logo depois, e eu não podia sair. Quando saí, Serra já era ministro da Saúde e me convidou para trabalhar na assessoria dele no Ministério. Trabalhei todo o período em que ele esteve como ministro da Saúde. Quando ele saiu para ser candidato à presidência da República, fui da equipe de programa de governo dele. Depois, também trabalhei na equipe de programa de governo quando ele se candidatou a prefeito e a governador.

O senhor vem acompanhando a trajetória do governador Serra já há muito tempo. Mas entre a campanha presidencial de 2002 e campanha para a prefeitura de São Paulo em 2004, o que o senhor fez?

Após a campanha presidencial atuei na área privada. Tenho um escritório de consultoria na área de política urbana, planejamento e formulação de políticas, viabilização e implantação de projetos, inclusive com recursos internacionais, com assessoria ao BID, ao Banco Mundial. Agora está praticamente desativado.

Quando Serra se elegeu prefeito, me convidou para organizar a política de habitação do município. Fui então ser presidente da Cohab de São Paulo, em 2005. Dei ênfase à regularização fundiária, à urbanização de favelas, ou à transferência

Convergências e parcerias | **275**

das famílias para áreas próprias para moradia. Um ano e meio depois, em 2006, Serra deixou a prefeitura para se eleger governador. Quando se elegeu governador, ele e o prefeito Gilberto Kassab me convidaram para supervisionar a área de segurança ambiental, onde passei a atuar no início de 2007.

Segurança ambiental e Operação em Defesa das Águas

Em que consistia exatamente essa supervisão da área de segurança ambiental?

Já quando prefeito, Serra estava tentando melhorar a proteção das áreas de interesse ambiental. Tinha sido feito um convênio da prefeitura e do governo do estado, mas não tinha prosperado. Ele achava que nós tínhamos que criar uma Guarda Ambiental para, junto com a comunidade e com os outros atores, podermos controlar as invasões e recuperar as áreas invadidas. Essa foi a minha primeira missão. Em três meses viabilizei a criação, por instrumento legal, dessa Guarda Ambiental e sua instalação. Ela começou a funcionar em três meses, com 90 guardas e cerca de 15 viaturas. Hoje já está indo para 500 guardas e mais de 60 viaturas. Protege hoje 45 áreas de interesse ambiental na cidade de São Paulo, envolvendo 32 milhões de metros quadrados.

De onde provêm os recursos para isso?

São recursos do município. A Guarda Ambiental é um braço, é um programa da Guarda Civil Metropolitana. Temos uma ação de fiscalização e controle em parceria com a Polícia Militar Ambiental, com a Secretaria do Verde e do Meio Ambiente, com a Secretaria do Meio Ambiente do estado, com as subprefeituras e com a comunidade. Desde o começo sempre defendi que o sucesso do controle ambiental depende da ação do poder publico, mas é fundamental a participação da comunidade. É preciso haver programas de educação ambiental para que as pessoas percebam que elas são as beneficiárias da proteção ambiental. Não é com invasão, com depredação, que se resolve os problemas da cidade e deles próprios. De moradia as pessoas precisam, sim, mas temos que nos unir para batalhar para que haja moradias adequadas, em locais adequados. Não depredar o meio ambiente.

Para vocês terem uma ideia, em dois anos, nessa operação, nós demolimos 3.200 invasões. A maior parte recente, no início da construção. Porque a diretriz era: "Começou a construir em qualquer um desses 45 perímetros em toda a cidade — começou na Guarapiranga, depois na Cantareira, agora na Vargem do Tietê —, a demolição é imediata". Tudo com base na lei, tudo seguindo os rituais, os cuidados necessários. Ninguém é colocado na rua, sempre é oferecido pelo menos abrigo, os criminosos são colocados na cadeia. Vários criminosos, vários grileiros foram presos.

Há algum tipo de política de habitação para as pessoas que são desalojadas?

Há. Definimos um critério de ocupação consolidada. Famílias que estavam no lugar havia mais de um ano, sem qualquer notificação por parte do poder público, eram transferidas com soluções habitacionais, dependendo do caso. Desde conjuntos habitacionais até ajuda de custo para mudança, ou aluguel social por um período. Os invasores, não. Os invasores recentes muitas vezes eram enquadrados em crime ambiental, porque sabiam que aquilo era crime. Nós afixamos mais de 300 placas informando que era crime ambiental invadir aquela região, que era área protegida. Fizemos vários boletins informativos, divulgamos nas escolas, nas rádios, no ônibus, no jornal do ônibus. Havia então alguns que eram enquadrados como autores ou coautores de crime ambiental, além dos próprios grileiros, que eram presos. Mas mesmo para essas famílias — sobretudo quando a situação envolvia jovens, crianças —, eram oferecidos abrigos da prefeitura. Ninguém era deixado na rua. Na maior parte das vezes eles voltavam para os locais de onde tinham vindo. Muitas vezes as pessoas invadem na expectativa de ganhar algum dinheiro, ou são induzidas a invadir por venda. Muitas vezes havia esquemas do tráfico, do crime organizado, que loteavam áreas públicas e vendiam. Isso nós praticamente eliminamos nas regiões sob controle. Felizmente tem-se reduzido muito a quantidade de demolições. Nosso desejo não era fazer demolição. A gente fazia até com dó, não era motivo de alegria ter que demolir. Mas tinha que demolir, e demolimos, porque é preciso cumprir a lei e proteger as áreas de interesse ambiental.

Essas ações ambientais já foram feitas no âmbito da Secretaria de Segurança Urbana?

O governador Serra e o prefeito Kassab criaram o que se denominou Operação em Defesa das Águas, em defesa dos mananciais. Essa operação envolve quatro secretarias do governo do estado e quatro secretarias do município. E eu sou o coordenador executivo dessa operação. Ela envolve não só a estruturação da Guarda

Ambiental, mas também o planejamento integrado da proteção e da recuperação das áreas de interesse ambiental. Isso, por sua vez, envolve duas grandes vertentes: uma é a da fiscalização, e a outra é a do desenvolvimento sustentável, que significa transferir famílias, produzir conjuntos habitacionais, colocar saneamento — água e esgoto —, construir parques, áreas de lazer, oportunidades de trabalho e renda, combater a violência, a criminalidade, investir em educação e saúde. Um trabalho, portanto, integrado. No próximo sábado, por exemplo, o prefeito vai vistoriar mais um parque, que já está em fase final de conclusão, às margens da represa Guarapiranga. A represa era toda cercada de muros de até três metros de altura. Você passava pela avenida que margeia e não imaginava que atrás daqueles muros havia uma enorme represa. Nós já derrubamos quase todos os muros. Tinham sido construídos por particulares, muitos por invasores, ao longo dos anos.

Nem deviam ser pessoas das camadas populares. Para construir esses muros...

Alguns sim, outros eram comerciantes que instalaram negócios ali. Tivemos o caso de um imóvel de 5 mil metros quadrados que demolimos integralmente. Era uma pessoa que dizia: "Ninguém mexe comigo nem com ninguém daqui! Eu sou amigo do fulano, amigo do sicrano, amigo do desembargador, amigo do ministro". E era mesmo. Disse que ninguém tiraria e nós tiramos com base na lei, explicando. Chamei na minha sala, e expliquei para ele, assim como para os outros. Para todos nós explicamos, demos prazo. Ele disse que ia cumprir. Na hora que venceu o prazo, pediu mais por conta do comércio — era a época da Fórmula 1 — e demos. Descumpriu o prazo, pediu uma liminar na Justiça, a Justiça deu. Nós derrubamos a liminar em 24 horas e demolimos imediatamente. Fui pessoalmente à demolição, com o secretário de Meio Ambiente. Foi um símbolo para podermos dizer: "Vamos demolir o imóvel irregular do amigo de todo mundo". Demolimos todos os outros, também, com base na lei, com todos os cuidados, com civilidade, mas com firmeza, defendendo o interesse público.

Essa sua coordenadoria era vinculada a que órgão?

A coordenadoria era vinculada à Secretaria de Governo do Município. A partir desse trabalho, o prefeito pediu para eu supervisionar, revisar as demais atuações da prefeitura na área de segurança. Já em seguida atuei, por exemplo, para viabilizar a locação de viaturas para a Guarda Civil. A Guarda Civil foi a primeira do país que teve 200 viaturas contratadas por locação. Era um grave problema. Mais de 60% das viaturas da Guarda Civil, perto de 500, viviam baixadas na oficina. Várias já tinham um nível de quebra que não justificava a sua manutenção. Atuei então na burocracia, junto ao Tribunal de Contas, para explicar o processo, e viabilizei a locação dessas 200 viaturas.

Depois, também, atuei junto ao governo federal para obter recursos — já aí recursos da Senasp, do Pronasci — para investir em capacitação. E foi aí que o prefeito me convidou para ser secretário de Segurança Urbana.

Secretário de Segurança Urbana e do Gabinete de Gestão Integrada

A Secretaria de Segurança Urbana é uma novidade, na estrutura da prefeitura de São Paulo?

Não, não é uma novidade. No governo anterior, em 2001, já tinha sido criada uma Secretaria de Segurança Urbana. Logo no início o prefeito Serra fez uma reforma administrativa enxugando várias secretarias pela situação crítica das finanças do município, e essa Secretaria de Segurança Urbana não foi extinta, mas foi descontinuada. Uma coordenadoria de segurança urbana com as mesmas atribuições, mas mais enxuta, ficou vinculada à Secretaria de Governo. Com outras secretarias aconteceu isso também. Mas aí esse trabalho na área de segurança cresceu por conta dessa questão ambiental, e por conta também de ter crescido a quantidade de equipamentos municipais. Em quatro anos foram 217 novas escolas, mais de 100 ambulatórios de atendimento na área de saúde. Cresceu muito a demanda. Quase que dobrou o número de parques na cidade. E aí o prefeito entendeu que era importante reativar a secretaria. A lei foi aprovada em dezembro de 2008 e sancionada em janeiro de 2009. Aí a coordenadoria voltou a ser secretaria.

Antes disso, em 2007, o prefeito criou o Gabinete de Gestão Integrada. Ainda existia a coordenadoria da Operação em Defesa das Águas, e fui ser secretário do Gabinete de Gestão Integrada de Segurança. Começamos com esse trabalho um pouco antes da proposta do Pronasci, mas ele tinha a mesma essência, no sentido de trabalhar de forma articulada, conjunta, envolvendo o município, as diversas secretarias, o governo do estado. Como eu coordenava a Operação em Defesa das Águas, o prefeito pediu para eu coordenar também esse colegiado. Ele não estava formalizado em lei, ou em decreto, mas aí, com a proposta do governo federal, decidimos fazer as duas coisas em uma só. O Gabinete de Gestão Integrada é chamado de Gabinete de Segurança e tem por objetivo articular e integrar as ações preventivas, repressivas e de reabilitação na área de segurança, e também cuidar dos investimentos federais da Senasp, do Pronasci etc.

Enfim, foi desse modo que estruturamos o Gabinete de Gestão Integrada. É um sucesso. Nunca tivemos uma falta. Esse é um dado importante: todos os órgãos, inclusive os representantes do Ministério da Justiça-Pronasci em São Paulo, sempre participaram. Só recentemente é que houve um hiato na representação, porque venceu o contrato dos representantes, e eles estavam renovando. Mas Polícia Federal, Polícia Rodoviária Federal, Polícia Militar, Polícia Civil, todos os órgãos sempre estiveram presentes. Inclusive organizações da sociedade civil, que temos convidado, participam também das nossas reuniões. Definimos as diretrizes para a cidade, os conceitos de atuação integrada de bases territoriais...

Quais são os principais programas em que vocês se engajaram? Porque o Pronasci tem uma quantidade de programas muito grande.

Aqui foi feito o seguinte: primeiro, como disse, nós já tínhamos um trabalho de atuação conjunta nos diversos aspectos da cidade que envolvem violência, vulnerabilidade e criminalidade. As diretrizes do Gabinete de Gestão Integrada não foram decorrentes dos programas do Pronasci, foram decorrentes do diagnóstico de vulnerabilidade e criminalidade da cidade. Entre as diretrizes principais que se estabeleceu, está justamente o planejamento territorial, no sentido de que os programas desenvolvidos no município deveriam observar os indicadores de violência, de vulnerabilidade e de criminalidade nos territórios, e fazer com que a outra diretriz, a dos investimentos, também fosse articulada e focalizada a partir desses territórios. Então, por exemplo, investimentos na área de educação: a construção de centros integrados de educação, apelidados de Céus. Todos os que foram feitos em São Paulo levaram em conta as regiões mais vulneráveis, de maior índice de criminalidade, onde havia maior ausência de equipamentos sociais.

O princípio do Pronasci, da segurança com cidadania, com ações sociais, era algo que já estava em pauta?

Já estava em pauta. Fiz isso quando fui secretário do governador Covas, na região sul da cidade, o Jardim Ângela. O Jardim Ângela na cidade de São Paulo era o número um em homicídios, em toda ordem de criminalidade. E eu propus ao governador fazer uma política integrada no Jardim Ângela, porque os indicadores ali eram muito severos. Hoje o Jardim Ângela está além da décima posição no *ranking* de criminalidade. Portanto, esse era um conceito que a gente já trazia do governo do estado, e que o governador Serra, quando prefeito, já defendia. O gabinete vinha consolidar esse trabalho conjunto. Como disse, as secretarias já vinham trabalhando nessa linha, e o gabinete, o que fez, foi consolidar, sobretudo na questão da segurança. Veja que eu não digo segurança pública — a segurança pública é parte integrante, evidentemente. Muitas vezes a segurança tem a ver com uma violência que nem sempre leva à criminalidade ou a delitos.

Nesse caso, por exemplo, do Jardim Ângela, como foi feita a articulação com o governo do estado, que é o responsável pela repressão?

Foi fácil fazer, porque naquela época eu era secretário estadual de Assistência e Desenvolvimento Social do governo Covas. Era a Secretaria de Governo do gabinete do governador que coordenava tudo isso. Eram a Secretaria de Assistência, a Secretaria do Trabalho, a Secretaria de Segurança Pública, sobretudo essas, que lideravam esse trabalho, que envolvia Saúde, Educação, Esporte e, é claro, o município também. Naquela época a integração com os municípios não era tão intensa como é hoje. Costumo dizer que vejo no Gabinete de Gestão Integrada um modelo muito feliz, que induz e estimula a gestão integrada dos poderes, federal, estadual e municipal, fazendo com que se deixe cada vez mais de lado a questão partidária, que infelizmente ainda é muito presente em muitas regiões do país. Mas São Paulo é mencionado como um bom exemplo de como nos relacionamos bem. Não só porque há uma aliança com o governo. Independentemente de o presidente e o governador serem aliados ou não, a máquina não funciona se não houver a diretriz de uma política pública republicana, que olha o interesse público, e não do partido A, B e C. É claro que os programas partidários influenciam na ênfase das políticas, mas o atendimento das necessidades não pode ser feito em função da região que é dominada pelo partido A, ou pelo partido C. Ao contrário, deve ser feito em função das vulnerabilidades.

Nós estamos implantando aqui o Observatório de Segurança e de Violência com o apoio do Pronasci. Vai ser mais uma ferramenta importante para reunir as informações sobre a criminalidade que nós temos em São Paulo em sistemas georreferenciados. A Secretaria de Segurança Pública tem sistemas dos mais modernos

Convergências e parcerias

nessa matéria em tempo real. O crime que aconteceu agora, ou dois minutos atrás, já está no sistema com as informações que foram lançadas. As estatísticas são atualizadíssimas, não são coisa de dois anos atrás. Na área da segurança e da violência é fundamental você trabalhar com informações atualizadas, dado que o crime e a violência mudam com muita rapidez em função da sua repressão. Se você não tem dados atualizados, você vai mobilizar a energia do poder público na região errada. Vai instalar câmeras onde o crime não está mais. Aqui em São Paulo nós já temos isso. Mas com o Observatório de Segurança e de Violência, vai ser possível, além desses dados criminais, acrescentar os dados ligados às vulnerabilidades sociais. Nós temos o Observatório de Assistência Social, temos o Observatório de Emprego e Renda, temos o Observatório de Planejamento, que reúne os diversos tipos de vulnerabilidade. Portanto, será possível ter, de modo mais atualizado do que hoje, informações sobre as vulnerabilidades e os equipamentos que foram ou que estão sendo construídos. Quando você pega as pesquisas de equipamentos sociais do IBGE, ou da Fundação Seade, que é uma fundação estadual de pesquisa, vê que muitas vezes elas estão com dois anos de atraso. Então, todas as escolas, todas as bibliotecas, todos os centros esportivos construídos de dois anos para cá não figuram como existentes. Agora vão figurar e, portanto, nós vamos ter condições de avaliar melhor o impacto dessas políticas públicas.

O que mudou, a partir da Pronasci, em termos de se pensar a violência no município de São Paulo?

A maior parte dos municípios da região metropolitana de São Paulo participa do Pronasci, assim como do Gabinete de Gestão Integrada. A cultura do Pronasci veio reforçar a importância da ação integrada. O prefeito Kassab foi eleito agora coordenador, e eu fui escolhido secretário-executivo, do Fórum Metropolitano de Segurança Pública, que foi criado aqui em 2001. O Pronasci veio reforçar o funcionamento desse fórum, na medida em que cada vez mais os municípios, o governo do estado, os diferentes órgãos do governo do estado, os integrantes das polícias participam dele. Essa é uma cultura que é importante de ser absorvida como forma de assegurar a continuidade dessa diretriz de diagnóstico conjunto, compartilhamento de informações, planejamento e definição de ações conjuntas.

Eu fui à reunião do Fórum Brasileiro de Segurança em Vitória e fiquei bem impressionado de ouvir diferentes autoridades policiais e policiais de carreira defendendo essa política integrada, defendendo a participação dos municípios de uma forma mais estruturada nas políticas de segurança, e não só na prevenção. Dizem: "Ah, o município tem que fazer a prevenção". Não só, o município tem que participar também da repressão no que é da competência dele, não da repressão a criminoso convencional. Por exemplo, desmanche de veículos. É um esquema do crime organizado. Compete à prefeitura fechar o estabelecimento. Se a polícia for lá, prender as peças e não fechar o estabelecimento, vai continuar a existir o desmanche. Esse é um exemplo concreto de como o município tem de participar também de ações de repressão. Comércio irregular. Na maior parte das vezes o comércio irregular está envolvido com o crime organizado. Aqui em São Paulo mesmo, nas regiões de onde nós já retiramos os ambulantes irregulares, os delitos, sobretudo patrimoniais, chegaram a diminuir 85%. Você vai falar: "Ah, mas os ambulantes são bandidos?" Não, os ambulantes todos não são bandidos. Mas os bandidos se aproveitam do ambiente onde atuam os ambulantes e muitas vezes se travestem de ambulantes para assaltar, para praticar toda ordem de crime, sobretudo os delitos patrimoniais. A quem compete atuar em relação ao comércio irregular, à repressão? Ao município. Esse é mais um exemplo do papel do município na repressão.

Aqui — como no Rio e em outras cidades também —, nós temos um outro problema, o dos moradores de rua. É um problema predominantemente social, mas entre eles já existe também esquemas do crime. As próprias lideranças dos movimentos de moradores de rua já reconhecem que existem, entre eles, os que praticam assaltos, furtos, os que ficam observando comportamentos para praticar assaltos mais sofisticados, travestidos de moradores de rua. De novo é necessário haver uma ação do município na área de segurança, que tem conexão com prevenção e com repressão. E aqui nós defendemos o terceiro viés, que é a reabilitação. Reabilitação de pessoas que estiveram envolvidas com o crime, ou com a violência, e reabilitação de espaços, de territórios da cidade, que foram degradados em função de violência, em função de vulnerabilidade. Um exemplo é a região da Nova Luz, que era conhecida como a *Crackolândia*. Está sendo feito um investimento muito forte na reabilitação desse espaço.

Quem vem para o Centro de São Paulo do aeroporto de Congonhas não vê no caminho nenhuma favela. As favelas que existiam já foram removidas. Mas quem vem de Brasília, ou de outra região, e desce em Cumbica-Guarulhos, vê, para vir até aqui, duas grandes favelas na marginal. Eu recebi aqui alguns prefeitos da região metropolitana de Paris na semana passada e comentei, a pedido deles, várias medidas nas áreas de urbanização e de segurança. Disse que se eles voltarem daqui a dois anos, não verão nenhuma favela mais nas marginais da cidade de

Convergências e parcerias

São Paulo, porque nós estamos trabalhando dentro de um conceito de dar melhor qualidade de vida para essas pessoas, de afastá-las de regiões vulneráveis ou impróprias para moradia e, ao mesmo tempo, de afastar oportunistas que usam essas favelas para apoio no roubo de carga, no roubo de veículos e tudo o mais.

Mas essas remoções não geram uma tensão social muito grande? Se um prefeito do Rio quiser remover uma favela, vai ser uma loucura!

É que é diferente. As nossas favelas têm características distintas das do Rio. Aqui são favelas muito precárias, em locais impróprios, muitas vezes dentro de córregos. Na maior parte das vezes a diretriz é favorecer a urbanização da favela, se o local for adequado, total ou parcialmente. E verticalizar, para favorecer o máximo possível que a pessoa fique na região onde está. Essa é a diretriz. Na área de mananciais, por exemplo, está sendo investido mais de um bilhão em remoção e urbanização de favela. Nas marginais são 17 favelas que estão sendo retiradas. Tudo com diálogo, tudo dando encaminhamento para soluções habitacionais. Todos saíram com a aprovação do Ministério Público. A maior parte foi para conjuntos habitacionais.

São favelas onde existe o crime organizado?

A maior parte delas tem a presença do crime. Nada parecido com o Rio de Janeiro, em que não se entra. Aqui em São Paulo nós não temos nenhum território em que se diga: "Ali ninguém entra." O governo Covas enfatizou muito isso e aqui não tem. Tanto que houve um incidente na favela Paraisópolis que foi amplamente noticiado. Nós nunca tivemos nenhum problema na favela Paraisópolis, que fica no Morumbi e está sendo totalmente urbanizada, com prédios, conjuntos habitacionais, todos os equipamentos que um bairro precisa ter. Mas houve lá uma ação do crime organizado, que sempre tentou invadir aquele local, e a polícia e a comunidade sempre resistiram. A polícia detectou um líder recente ali, que fazia benefícios do tipo que fazem no Rio, e prendeu com drogas e armas. Na operação ele foi morto, e houve um grupo mais próximo a ele que se rebelou. Começaram a pôr fogo e tudo mais. A polícia ocupou o local com uma tropa grande e não saiu de lá enquanto não foi totalmente removido o posicionamento do tráfico de lá.

Nesse momento nós temos quatro grandes operações acontecendo em territórios em São Paulo. Não divulgamos essas operações, porque não interessa divulgar. Mas isso é feito usando inteligência, sem confronto. É a área de inteligência que vai detectando. Assim como aqui, na área dos ambulantes. Vocês não devem ter tido notícias de confronto com ambulantes aqui na cidade de São Paulo. Nós mudamos completamente a estratégia de ação com eles. Desativamos uma tropa de choque que tinha sido criada na Guarda Civil Metropolitana na administração anterior. Desativamos porque entendemos que a guarda não foi criada para lidar com confronto. Ao contrário, a guarda é para atuar na proteção e na prevenção. Se houver alguma situação que gere grande confronto, é sinal de que foi mal planejado ou não se usou da inteligência.

Projetos do Pronasci

O Pronasci, na parte de formação do policial, tem o projeto Bolsa-Formação. Como é que São Paulo está usufruindo, ou não, dessas políticas propostas do Pronasci?

Costumo dizer nas reuniões em Brasília e aqui em São Paulo que é pelo menos três vezes mais prioritário investir em capacitação do que comprar viatura, comprar equipamento. Das demandas que fizemos a Brasília este ano, eu acho que, de dez itens, os seis primeiros têm a ver com capacitação, com formação. Desde capacitação de mediadores de conflito, até capacitação de comando. Eu tenho convicção absoluta de que o que tornou melhor a ação da polícia em São Paulo foi a oportunidade que eles tiveram de uma melhor capacitação. A polícia tem aqui uma academia de oficiais e uma diretoria de ensino. Fizemos agora uma parceria para qualificar a Guarda Civil Metropolitana com a *expertise* e o conhecimento da polícia, tanto a Militar quanto a Civil. E aí o Pronasci tem nos ajudado de uma forma extraordinária, porque a Guarda Civil tem um centro de formação que fazia treinamentos, aqueles obrigatórios por lei. Portanto, era treinamento de tabela. E agora, por conta do apoio do Pronasci e também do apoio do prefeito a essa prioridade, nós estamos investindo R$ 5 milhões na melhoria de equipamentos do centro de formação, de salas de aula e de todo o sistema de tecnologia e mídia para o ensino, e R$ 2,5 milhões só para contratar profissionais e cursos especializados em função do diagnóstico de debilidades daqui. O Bolsa-Formação também veio ao encontro desse propósito de impregnar uma cultura do aprendizado continuado, que não era uma cultura. O nível do efetivo na Guarda Civil com curso superior ou curso de especialização era muito baixo. Nós estamos investindo e estimulando

Convergências e parcerias

que eles voltem a estudar, para valorizar e se apropriar melhor do conhecimento. Não tenha dúvida de que a indução do governo federal em qualquer política pública, e sobretudo na área da segurança, que sempre foi uma área muito ancorada nos governos estaduais, será muito benéfica.

Aqui em São Paulo esse programa do Pronasci vem reforçar esse viés, que é fundamental. Capacitar o policial, seja ele civil, militar, ou guarda civil. Semana passada eu estive em Brasília, em uma reunião lá na Senasp e no Pronasci, quando foi feita uma apresentação para vários secretários municipais de segurança, um balanço rápido de como estão as bolsas e de como serão no próximo exercício. Eu tive lá a oportunidade de elogiar a iniciativa do governo federal, que propicia um acréscimo de remuneração aos que recebem uma remuneração mais baixa e, ao mesmo tempo, os induz e, de certo modo, os condiciona à qualificação. Eu acho que é uma iniciativa muito importante. Eu disse que o mais difícil foi ter feito parar em pé esse modelo. E acrescentei: "O mais fácil é dar sugestão de aprimoramento." Eu propus lá aprimoramentos do tipo que as diferentes forças policiais fossem instadas a se inscrever nos cursos que tivessem mais correlação com as suas atividades, com o diagnóstico de vulnerabilidades de formação que eles possuem. Que fosse indicada uma determinada cesta de cursos para melhorar esse desempenho. Mais do que isso: que em uma mesma corporação se favorecessem aqueles integrantes que fossem ter uma utilização prática daquele conhecimento.

Eu sei que não é fácil isso, sobretudo em uma gestão nacional. É muito difícil, mas propus isso e nos dispusemos a oferecer parcerias para que isso fosse possível. Por exemplo, o modo de concorrer às bolsas. Ainda é quase que um sorteio: abre o sistema, tem um número de bolsas, e quem tiver sorte se inscreve primeiro. Tem como ser de outro jeito? Pode vir a ter, mas naquele momento, naquela circunstância, essa foi a maneira viabilizada. Então, não há crítica. Eu sou gestor público e sei que muitas vezes você tem que adotar a melhor alternativa naquele momento. Então, volto a dizer, é fácil propor aprimoramento agora. Mas entendo que é possível aprimorar, criando critérios. Quais são as regiões mais vulneráveis? Quais são os cursos mais adequados para aquela polícia, para essa região? Vamos imaginar que curso de mediadores de conflito passe a predominar entre as demandas dos gestores. Pronto, o Pronasci e a área de educação ampliam a quantidade de ofertas de cursos de mediação. Hoje tem gente que vai fazer cursos da área da polícia científica porque só sobrou aquele curso para ele poder concorrer à bolsa ou manter a bolsa. São sugestões que eu dei. Volto a dizer, não na linha de criticar, mas de aprimorar.

Em São Paulo, a Guarda Civil é beneficiada. Nós vamos introduzir aqui, em uma mudança de lei, a possibilidade de o município também custear cursos, sobretudo de especialização e superiores, para guardas e para inspetores, um pouco nessa linha de favorecer remuneração vinculada ao conhecimento. Agora no segundo semestre o Ministério vai voltar a financiar aqui em São Paulo, como em outros estados, cursos de especialização na área de segurança pública. E eu sugeri lá em Brasília que, ao contrário de como foi no ano passado, em que se inscreve quem quer, também para esses cursos de pós-graduação, têm que se inscrever prioritariamente aqueles em que esse conhecimento incorporado vai repercutir de uma forma mais precisa. No nosso caso, eu vou defender que se inscrevam quem tem posto de comando. Nós temos 60 inspetores que têm postos de comando, comandam 6.700 guardas, número esse que vai se ampliar com mais dois mil guardas. Então, me interessa muito mais ter os comandantes mais bem preparados, melhor formados, do que o sujeito que trabalha na área administrativa, que, ainda que importante, tem menos repercussão na efetividade da gestão.

E quanto ao programa do Pronasci de habitação para os policiais?

Nós fizemos reuniões aqui com a secretaria, com a Caixa Econômica e tal. Os programas de habitação voltados a policiais que nós temos aqui oferecem uma condição muito mais atraente, mais favorável do que as linhas que o governo federal oferecia à época. Então eu propus à época que eles ampliassem o subsídio, porque nós não conseguíamos aqui atender a uma parte dos policiais. Hoje existe um percentual das unidades habitacionais dos programas na área de habitação do estado e do município que é obrigatoriamente destinado ao policial. Isso há anos é assim. Mas há uma parte dos policiais que não conseguem ser atendidos, por conta de problemas de crédito, ou de documentação pessoal, de pendência jurídica, ou às vezes de capacidade de renda. O policial que está começando no seu trabalho ganha muito pouco, e o custo de uma moradia na capital é muito maior do que no interior. Aí propusemos ampliar o valor. Naquela época foi inviável, infelizmente, nós participarmos do que se oferecia. Mas hoje, com as novas regras do governo federal, eu creio que se tornou possível atender aos policiais ou aos guardas aqui de São Paulo em uma escala maior.

Convergências e parcerias

Que mudança de regras foi essa?

Mudou agora. Há um programa do governo federal que se chama Minha casa, minha vida, que adotou um volume de subsídio maior — é um programa geral, mas o programa voltado para ao policial também era geral. "Ah, desconto consignado". Desconto consignado não existe para habitação. Se eu quiser fazer, na minha empresa privada, um desconto consignado, eu reduzo a taxa de juros do financiamento. A diferença é que há uma participação ostensiva do poder público no sentido de facilitar o policial a ter acesso a essas linhas. Portanto, em uma lei municipal ou estadual, permitir o crédito consignado em folha é positivo. Essa redução que foi destinada a todos, mas também aos policiais, eu creio que, agora sim, pode favorecer mais os policiais e guardas aqui de São Paulo.

No Rio, estão em andamento os projetos Mulheres da Paz e Protejo, que visam a resgatar jovens que estão no limiar da criminalidade. Esse tipo de projeto tem sido implementado em São Paulo? Ou não?

A definição das prioridades de investimentos aqui é discutida no Gabinete de Gestão Integrada. É claro que não no pleno, mas em um grupo, onde estão as autoridades do estado e do município, sobretudo. E aí são definidas as ênfases que nós precisamos dar. A nossa avaliação é de que nós devíamos buscar do governo federal o apoio para determinados projetos. E esses dois projetos, pela quantidade, pelo volume, que eles poderiam oferecer, não teriam um efeito significativo. Eu cheguei a defender em uma reunião dos municípios Pronasci junto com o ministro que, ao invés de pulverizar esses recursos — um pouquinho para cada município —, dado que havia na época uma restrição orçamentária, se pudesse, ao contrário, concentrar esses recursos em alguns municípios. Nessa oportunidade estavam lá até pessoas do movimento de favela do Rio. Eu dei o exemplo do Rio e dei o exemplo do Espírito Santo também. Eles tinham lá expostos exemplos de regiões muito vulneráveis, onde esses projetos poderiam ter um bom efeito. Eu disse: "Olha, não que São Paulo não precise, mas dez Mulheres da Paz em São Paulo não vai ter efeito". Mas, se somar dez mais dez mais dez e colocar cem em dado território no Rio ou dado território no Espírito Santo, ou seja onde for, vai ter um efeito muito mais expressivo. Então, nós abrimos mão desses recursos. Nós temos projetos parecidos com esses em parcerias com organizações da sociedade civil. São projetos importantes, eu acho que têm resultado sim, mas não os priorizamos por essa razão e não por outra.

Em relação aos jovens em situação de vulnerabilidade social, de 15 a 29 anos, que são o público-alvo do Pronasci, a prefeitura de São Paulo tem alguma política específica?

Temos. Nós temos aqui a Secretaria de Educação, a Secretaria de Assistência Social, a Secretaria de Participação e Parcerias e a Secretaria de Esportes, que têm programas focados em jovens com base nos territórios. Vou dar um exemplo: a subprefeitura de Perus, na cidade de São Paulo, é onde há um dos maiores índices de homicídio e é onde mais jovens morrem, ou mais jovens matam. Há jovens que moram lá e morrem em outros lugares. A predominância de jovens lá é muito grande. As estatísticas mostram isso. Então, nós estamos dando ênfase lá ao jovem, tanto na área de educação, na área de esportes, como no tocante a alternativas de trabalho e renda, ao tratamento da drogradição. Existe uma Bolsa-Jovem, em parceria com o governo federal e por intermédio da Secretaria de Assistência. Há jovens que recebem essa bolsa e vão participar de atividades de interesse social. Não é a mesma bolsa do projeto Protejo. É uma bolsa dos programas da área do trabalho e da assistência social. Nós solicitamos esse ano, no orçamento de 2009, duas mil bolsas do programa Jovem Reservista, que é também do Pronasci, para focar sobretudo nos jovens que estão na faixa de 17, 18 anos. Estamos criando um programa que vai fazer com que esses jovens atuem em atividades preventivas na área de segurança. Treinados pela Guarda Civil e por organizações da sociedade civil, eles poderão atuar, por exemplo, em problemas no trânsito, em grandes cruzamentos da cidade, ou em educação ambiental. Na demanda feita à Brasília este ano, esse é um dos cinco ou seis itens prioritários que eu coloquei.

A possibilidade de os governos municipais e estaduais se sentarem à mesa e poderem debater, propor coisas, correções de rota, é uma coisa realmente inovadora e boa, não é?

Eu acho muito bom. Essa é uma cultura que tem que se manter, independentemente da questão partidária. Na Conferência Metropolitana de Segurança, no último sábado, nós reunimos 900 pessoas, entre profissionais e pessoas da sociedade. Foi algo fantástico. Havia lá gente de movimentos radicais e tal, mas todos dialogando com os mesmos propósitos: "O que está indo bem? O que não está indo bem? O que precisa ser implementado?" Em uma perspectiva local, estadual e nacional. E aí é fundamental ir aprimorando. Eu acho que as políticas públicas têm que ter essa abertura. Não para refazer, porque houve períodos em que entrava um governo e começava tudo do zero. Isso não é possível. Os países desenvolvidos já não fazem isso há muito tempo. Nós não precisamos viver mais 500 anos para aprender como é que se faz política pública. É preciso afastar as vaidades, é preciso que as pessoas tenham prestígio político em função dos resultados da melhoria da qualidade de vida da população. Não do nome do programa, de quem vai colocar a placa. Essa é a maneira como nós pensamos aqui.

Nessa questão da capacitação, eu queria destacar que uma das demandas que fizemos foi pela formação de dois mil mediadores de conflitos. Nós temos a convicção de que em algumas regiões o mediador de conflito pode reduzir muitas situações de violência e de criminalidade. E estamos trabalhando um modelo em que vamos treinar diferentes agentes — não só agentes da área da segurança pública, mas atores das comunidades. Nós estamos demandando esses recursos, porque acreditamos que é uma maneira de contribuir de uma forma significativa para reduzir as situações de violência. A violência doméstica, por exemplo, é um problema gravíssimo no mundo todo e no Brasil, e em São Paulo não é diferente. Os agentes do programa de Saúde da Família, por exemplo. Nós queremos em algumas regiões capacitá-los para serem mediadores de conflitos, porque eles são os profissionais que entram nas casas. São raros os profissionais que, pela natureza de sua atividade, têm essa oportunidade. Em alguns casos pode ser o carteiro, que conhece todo mundo na comunidade. Nós estamos trabalhando com essa perspectiva.

O senhor gostaria de fazer algum comentário final?

Eu queria mais uma vez dizer que a ênfase em estruturar políticas públicas continuadas é fundamental, sobretudo na área da segurança, que não tem uma tradição de ter políticas integradas, articuladas. Você imagina que ainda hoje nós não temos um banco de registro de identidade centralizado e acessível. Está-se trabalhando para isso, já há anos, e vamos ter daqui a pouco. Mas é fundamental que essas políticas públicas tenham continuidade, e aí o governo federal tem esse mérito de estar investindo na estruturação das políticas de segurança e no fortalecimento do conhecimento, da capacitação. A melhor herança que se pode deixar, o melhor legado é o investimento em educação e capacitação, com todos vieses de definir critérios objetivos, como vem sendo feito, com base em indicadores, buscando resultados, focando em territórios. Isso é muito importante para que os administradores que vierem depois dos que estão hoje, nos diferentes postos, mantenham essas diretrizes, essas orientações. Essa é a minha expectativa como cidadão e como administrador público.

Sérgio Andréa
Subsecretário-Executivo de Assistência Social e Direitos Humanos do Estado do Rio de Janeiro (11/2007 — 5/2010)

Entrevista feita no Rio de Janeiro em 9/7/2009

Trabalho de base

Gostaríamos de começar esta conversa por sua trajetória pessoal: onde e quando nasceu, sua formação, sua militância política.

Sou baiano de Salvador, nasci em 1950. Tive uma militância em Salvador no grêmio da escola no período do golpe militar, mas era muito difícil. Antecedendo um pouco 64, nós tínhamos maior liberdade, fazíamos um jornal na escola. Em 64 o dirigente do grêmio foi preso. Continuamos então um trabalho de base. Acho que isso foi, para mim pessoalmente, uma escola de formação sobre a importância do trabalho de base. Eu atuava diretamente com os colegas, não era um dirigente comunitário, nem estudantil, que aparecesse em manifestações. Tínhamos uma vivência escolar normal e, a partir da escola, organizávamos coisas de acordo com o interesse dos próprios colegas: o jornal comunitário, um festival cultural ou esportivo. Começamos também a interagir com outras escolas na reorganização do movimento estudantil, do que o golpe de 64 tinha deixado.

Sua família tinha militância política?

Diretamente, não. Meu pai tinha tido um pouco lá atrás, no período do tenentismo, quando Juracy Magalhães foi interventor na Bahia. Foi preso, mas nada que depois se prolongasse. Era mais um exemplo de natureza ética, moral. Mas a família nunca foi simpática ao movimento militar, até porque na época também fizemos a campanha de Waldir Pires, que foi candidato a governador da Bahia. Ele perdeu a eleição para o outro candidato, que rapidamente aderiu ao golpe militar de 64, enquanto ele foi perseguido. Tínhamos relações de amizade, até familiares, com ele.

Agora, nessa época do movimento estudantil, fazíamos também um trabalho no bairro, que era onde a repressão não tinha muita compreensão nem muito conhecimento. Com 15, 16 anos, fiz parte da organização de um clube de bairro. Não tinha uma expressão política no sentido tradicional do termo, de contestação da ditadura militar, mas tanto no movimento de bairro quanto no movimento na escola estava embutida uma reação ao autoritarismo. Tivemos um primeiro contato, ainda em Salvador, com a Ação Popular, mas aí já era uma atividade clandestina.

Você chegou a entrar na universidade em Salvador?

Não. Fiz só o vestibular. Saí de Salvador para Brasília, mas ficamos um ano só, porque era 68, um ano de muita repressão, em que prenderam aquele líder estudantil, Honestino, da UnB, que depois foi assassinado. O campus vivia sendo invadido pela repressão. Fiquei um ano em Brasília e voltei para Salvador. Depois, vim para Rio e São Paulo, já com atuação na AP, mas clandestina, limitada. Quando vim para São Paulo foi que entrei na universidade. Ao mesmo tempo, comecei a trabalhar como funcionário da Light; fiquei cerca de três anos na Light. Na época a repressão foi se ampliando, e na verdade a gente só podia dar alguma cobertura para pessoas que já estavam tendo que sair do país Eu e minha companheira tínhamos uma atividade legal, tínhamos moradia, trabalho certo, faculdade, e podíamos fazer esse trabalho de suporte, de apoio a quem precisava fugir da repressão.

Onde você estudava? Qual era o curso?

Fiz a Faculdade São Luís, ciências sociais, e minha companheira fez sociologia e política na USP. E nunca saímos da legalidade. Essa foi uma característica da nossa militância. Nunca fomos para a luta armada nem para a clandestinidade, embora a organização a que pertencêssemos, a AP, tivesse feito a opção da luta armada, sobretudo uma dissidência que houve, o chamado PRT, Partido Revolucionário dos Trabalhadores. Depois desse tempo em São Paulo, dando suporte a outros companheiros, nós fomos para Paris estudar e lá ficamos três anos, de 1975 a 1978. Fizemos uma pós-graduação no Iedes — Instituto de Estudos de Desenvolvimento Econômico e Social. Eu fiz planificação do emprego e da educação, e minha companheira fez uma outra área, de desenvolvimento agrícola. No exterior, retomamos algum contato com as organizações, que estavam muito desmanteladas. No retorno ao Brasil, em março de 1978, viemos para o Rio de Janeiro, e eu voltei para a Light. E aí o nosso engajamento foi na luta pela anistia. Depois, fui também participante desde o início da fundação do Partido dos Trabalhadores.

Mas ainda na época da luta pela anistia, com Jó Resende e outros companheiros, participei da formação e do fortalecimento da Famerj, Federação das Associações de Moradores do Estado do Rio de Janeiro. Fui presidente da Associação de Moradores de Botafogo, bairro onde morava. E aí fui fazer o que sempre me atraiu: a luta comunitária e a luta política, mas sempre a partir da realidade da base, nada de discurso descolado da realidade. Naquele contexto era a luta pela praça, porque as crianças tinham que brincar, mas era também a luta contra a especulação imobiliária, que na época era muito forte em Botafogo, era a luta para delimitar gabaritos, estabelecer o que é zona comercial, o que não é. Foi também a época da luta pelos terrenos remanescentes do Metrô, de maneira que eles pudessem ser de uso comunitário.

Além de presidir a Associação de Botafogo, fui tesoureiro-geral da Famerj com Jó Resende, de 1981 a 1983, e vice-presidente com Chico Alencar, de 1983 a 1985. E uma coisa que preservávamos muito dentro do nosso movimento era a busca da unificação da luta com bairros populares. A ideia não era ter a luta do bairro de classe média aqui, a luta de Acari ali, a de Campo Grande, a de Bangu lá. Cada um tinha a sua especificidade, mas existia a solidariedade de uma luta única dos moradores, pelo direito à cidade e por políticas públicas adequadas, com a participação da comunidade. Conseguimos ter na Famerj essa unificação das lutas comunitárias.

Aliado a esse viés, que eu acho que é fundamental e que nunca perdi, que é a luta a partir da base, que é ter como referência aqueles sobre os quais você exerce uma liderança, outro aspecto importante foi que eu era militante do PT, mas as decisões dentro da Famerj eram tomadas na mesa, com os outros companheiros, não eram tomadas no partido e levadas para serem implementadas pelas chamadas entidades de massa. Acho até que uma certa decadência da Famerj, que se seguiu, foi porque ela foi partidarizada. Mas nas gestões de Jó Resende e Chico Alencar a Famerj se manteve uma entidade de massa politizada, participante, que contestava e que sabia apresentar uma proposta.

Em 1985 Saturnino Braga assumiu a prefeitura do Rio de Janeiro, eleito na legenda do PDT. Você foi secretário da prefeitura, não foi?

Fui secretário de Desenvolvimento Social. Entrei em 1987, substituindo Maurício Azedo, e no contexto do rompimento do Saturnino com o PDT. Foi muito difícil, porque à época o PDT era um partido de massa no Rio de Janeiro, Brizola tinha uma força muito grande, criou dificuldades. Mas foi uma experiência também interessante. A Secretaria de Desenvolvimento Social, na época, era a secretaria dos pobres, porque dentro dela havia programa de saúde, programa de obras, programa de educação, tudo aquilo de que as secretarias formais não davam conta. A Secretaria de Educação não entrava na favela; Saúde não entrava; Obras, só para contenção de encosta. E aí continuamos um projeto, que não foi inaugurado por nós, de mutirão nas favelas, em que a comunidade era selecionada para fazer o trabalho — ou uma creche, ou um esgotamento de água de chuva, ou uma escadaria, ou um reflorestamento —, e era remunerada. Não era uma bica d'água, eram melhorias efetivas, com a participação da comunidade na definição da prioridade e na própria obra. E o interessante era que, por exemplo, uma creche feita em regime de mutirão, ninguém danificava. Agora, uma escola construída por uma empreiteira, com um mês, todos os vidros estavam quebrados. Isso é uma indicação clara do que significa a participação comunitária. A equipe fez também um esforço grande para fazer uma concentração de algumas intervenções na comunidade, o que passamos a chamar de urbanização integrada. Seria, digamos, a origem do Favela Bairro. Iniciamos, o que depois foi completado no Santa Marta, a ideia do teleférico. Foi o primeiro projeto, que o nosso colega Paulo Saad fez, mas não deu para viabilizar porque ficamos pouco tempo, um ano e meio.

Quando você saiu da Secretaria, voltou para a Light?

Voltei para a Light. Depois passei um ano e pouco no Ibase, na gestão do Betinho, do "Quem tem fome tem pressa", da Ação da Cidadania. Que veio a ser o embrião do Fome Zero do Lula, do Bolsa Família. Na época, muitos formuladores diziam: isso é um paliativo, esmola para pobre, não é política pública... Depois, a realidade foi demonstrando que quem diz isso não está exatamente com fome. E veio o Bolsa Família, que não é só o matar a fome, é valorizar, é dar autoestima, é tirar a pessoa do nível da degradação, é estimular a economia, porque são muitos milhões que são injetados na economia, que em vez de serem queimados feito

Convergências e parcerias | **295**

charutos, viram aquisição de comida, de material escolar, de roupa. No Nordeste, então, isso é uma revolução.

Enfim, depois do Ibase fui para a Bahia, em 1993. Fui trabalhar na Chesf, Companhia Hidrelétrica do São Francisco, ainda com vínculo com a Light. Era um trabalho de reassentamento da comunidade, porque estavam construindo o reservatório de Itaparica, que submergiu duas cidades. De lá fui para o Amapá, e tive oportunidade de exercer várias funções junto de um homem da maior dignidade, o governador Alberto Capiberibe, que depois foi senador e foi um caso inusitado de cassação no Senado, porque é um homem honesto. Fui chefe de gabinete dele, fui secretário de Administração e fui, inusitadamente, secretário de Segurança. E eu, que tinha uma visão de esquerda, de que segurança era só repressão, fiquei com uma visão diferente, porque encontrei muita gente boa dentro da polícia.

De lá vim para Brasília, com a eleição do companheiro presidente Lula, em 2002. Em Brasília, fiquei um ano com Luiz Eduardo Soares na Secretaria Nacional de Segurança Pública. Fui subsecretário dele.

Na Senasp

Como foi a experiência na Senasp?

Foi curta, por um ano, mas muito boa. Primeiro, porque eu acho que o Luiz Eduardo Soares é o maior formulador de segurança pública que nós temos no país, e tive o privilégio de conviver com ele. Na verdade, com ele foram dadas, em um ano, as bases para tudo o que está sendo implantado hoje. Só não tinha o nome explícito Pronasci, mas estavam lá algumas bases. Na época, o que foi que constatamos? O óbvio: a segurança pública do país é uma bagunça. Em cada estado existem várias polícias, ineficientes, autoritárias, corruptas. Além disso, há uma Polícia Rodoviária Federal e uma Polícia Federal — essa, sim, diferenciada, por questões de formação dos seus profissionais, de especificidade do trabalho e também de salário. Diante disso, o que foi interessante em termos de concepção? Foi-se aprofundando a ideia do Sistema Único de Segurança Pública, do Susp. O sistema de segurança pública tem de ser único. O ideal é uma polícia só, como existe em alguns países, como a França e o Chile, e uma polícia que seja federal. Mas na realidade que vivíamos e ainda vivemos, não chegamos a isso, então temos polícias estaduais. Mas, pelo menos, devemos ter uma unificação de comando, um secretário de Segurança Pública que coordene um sistema único de segurança e que, de preferência, não seja nem um delegado, nem um coronel da Polícia Militar, mas alguém acima dessas situações corporativas, alguém que seja na verdade gestor. Não alguém que saiba atirar, mas alguém que saiba gerenciar. Sabendo gerenciar, você pode gerenciar um hospital, uma escola, uma delegacia, um sistema único de segurança. Essa foi a concepção que foi implantada.

Além dessa concepção, houve o fortalecimento do Fundo Nacional de Segurança Pública, e surgiu a ideia dos Gabinetes de Gestão Integrada. Essa ideia, que até hoje ainda não foi efetivamente implementada, é a de que em cada estado as forças de segurança possam sentar numa mesa e discutir: quais são os problemas de segurança aqui na região? Qual é o mapa da segurança? É contrabando de arma? Entra por onde? Pelo porto, pelo aeroporto, pela estrada? É tráfico de drogas? Entra por onde? Quais são os principais fornecedores? Qual é o mapa disso? Quais são as conexões no Poder Legislativo? Não significa que você possa fazer tudo em cima do mapa que você elabora, mas você tem que elaborar o mapa para obter um diagnóstico preciso, senão o remédio que você vai dar não vai fazer efeito. Vai ser um remédio muitas vezes midiático, ou que agrade a segmentos da população, mas não vai ser efetivo. Essa é a ideia do Gabinete de Gestão Integrada. Para perseguir que estratégias? A estratégia da valorização e da formação do profissional da segurança pública, da prevenção ao crime e à violência e da repressão qualificada.

Tudo isso foi pensado em 2003. Está escrito e registrado. E isso foi seguido, porque temos tido profissionais e secretários de Segurança Pública que são pessoas do bem, como Biscaia, o próprio Luiz Fernando Corrêa, que substituiu Luiz Eduardo, depois foi ser diretor-geral da Polícia Federal. São pessoas muito sérias, éticas, corretas. Houve uma sequência, garantida pelo Corrêa, pelo Biscaia e, hoje, pelo Ricardo Balestreri, que representa uma enorme inovação e um enorme avanço na segurança. Hoje, com o Balestreri, é um homem de direitos humanos que é o secretário Nacional de Segurança Pública. Do Luiz Eduardo Soares, que é um político e um acadêmico, um formulador, se veio para o Corrêa, que era um operacional, e que foi importante, porque manteve não só a bandeira da conduta adequada da segurança pública, como a estratégia da valorização e da formação do profissional de segurança, da repressão qualificada e da prevenção, se veio para o Biscaia, que é um homem de direitos humanos e um político, e se chegou ao Balestreri, que é a figura dos direitos humanos.

A segurança pública é uma necessidade do cidadão e da democracia. Isso é um princípio. Agora, para que isso seja verdade, eu preciso ter uma repressão qualificada para quem precisa ser reprimido, e um trabalho de repressão adequada para o conjunto da população — aí é que entra uma polícia comunitária, uma polícia de proximidade. Mas a repressão qualificada também é necessária. Quer dizer, quando você prende bandidos, tem baixa entre os bandidos? Tem. Tem que ter? Tem. Entre um criminoso e um policial, quem tem que morrer primeiro é o criminoso. É verdade. Agora, o fato de você fazer uma repressão qualificada não quer dizer que você vá usar o caveirão na hora da saída das crianças da escola. Então você tem que fazer um trabalho de inteligência. Nós, que estamos na comunidade, nós identificamos todos os traficantes, circulamos entre eles; mas não é a nossa missão identificá-los. Esse não é o nosso trabalho. Nós não somos polícia. Nós somos uma parte do Programa Nacional de Segurança com Cidadania, mas uma parte de prevenção. Essa é a nossa formação, esse é o nosso papel. A repressão tem outro papel, que tem que ser cumprido.

Você mesmo disse há pouco que tinha uma visão de esquerda em que segurança era repressão. E para a esquerda, não se podia fazer repressão nas comunidades carentes. Como você vê essa mudança de mentalidade dentro do PT? Como você vê o desenvolvimento da ideia de juntar segurança e cidadania, da ideia de que a segurança é algo fundamental para a democracia e para as classes populares?

Acho que é uma evolução resultante do que foi sendo colocado como desafio na realidade social. O primeiro governo Lula, diga-se de passagem, cuidou da segurança de forma muito tangencial, não foi de forma efetiva. Houve um embrião, fizeram-se experiências, mas só se começou a cuidar de forma efetiva da segurança a partir do segundo governo. A sociedade não via o problema da segurança — tem muito de hipocrisia embutido na história — porque aquilo não a alcançava. Ou não alcançava os formadores de opinião, porque não alcançava a classe média. Mas aí a coisa foi crescendo, e foi também ficando claro que o problema da violência vai além de uma escaramuça ou de uma perseguição de grupos criminosos. Eles existem por quê? Por que fazem venda de droga? A venda de droga é extremamente rentável. Quem compra a droga, quem faz o consumo? O consumidor faz a droga entrar no condomínio, e aí ela, assim como a violência, que é uma consequência também, passa a ser problema do conjunto da sociedade. Aí, a polícia reprime a droga, e vem assalto a banco; reprime assalto a banco, e vem assalto a transeunte. Não é dizer que as violências não existiam, mas elas foram sendo explicitadas. E foi-se entendendo que a violência não é só agredir fisicamente alguém; é conter alguém, humilhar, submeter. Foi havendo uma compreensão de que violência é também carência. Se o transporte é inadequado, é uma violência; se não há saneamento, é uma violência.

Mas voltando à pergunta, eu acho que até por causa da demanda social e por causa de um recrudescimento da própria questão da violência, o PT — e o governo — começaram a concluir que essa não era uma coisa episódica e não podia ser tratada só como uma questão de segurança; e que uma questão de segurança não podia ser só uma questão de polícia; ou, sendo uma questão de polícia, não podia ser só uma questão de repressão. Era preciso entender que a violência é um fenômeno social e tem que ter respostas de políticas sociais, entre elas política de segurança, política de repressão e política de prevenção.

O Pronasci no Rio de Janeiro

Hoje você é subsecretário da Secretaria de Assistência Social e Direitos Humanos do Estado do Rio de Janeiro, que tem à frente Benedita da Silva, do PT. Como essa secretaria se articula com o Pronasci?

Primeiro, nós recebemos ano passado essa possibilidade de financiamento com muita satisfação, porque isso era fundamental. Aliás, o que Pronasci faz não é nem financiamento, é transferência de recursos, porque não tem retorno. O governo federal entra com 98% do recurso, e o estado entra com 2%, o que é absolutamente diferente de qualquer convênio. Nos convênios, o estado tem que entrar com 20% do valor e o governo federal entra com 80%. Mas nesse caso, nós recebemos 15 milhões para executar o trabalho durante um ano, e entramos com 2% disso, que representam 300 mil reais. É insignificante.

Depois, há uma metodologia que foi importante, porque foram feitos três acordos de cooperação com o Ministério da Justiça: um, para o projeto Mulheres da Paz; o segundo, para um projeto para os jovens, o Protejo; e o terceiro, para o projeto Espaços Urbanos Seguros. Eventualmente, alguns estados têm secretarias distintas que coordenam cada um desses projetos. Mas nós negociamos com o Ministério da Justiça os três projetos, e hoje eles estão presentes em 18 comunidades ao mesmo tempo. Qual foi o critério da escolha das comunidades? Índice de violência, pobreza, presença do Programa de Aceleração do Crescimento. Cada município tem o foco num território — numa comunidade ou num bairro, como

Convergências e parcerias

queiram chamar, mas eles usam mais o termo território — e com isso você já tem um diferencial, porque existe um pouco mais de concentração de políticas públicas num mesmo local. Vou dar um exemplo. Em Niterói, nós não estamos trabalhando no município inteiro, estamos no morro Preventório, e lá dentro estão o Mulheres da Paz, o Protejo e o Espaços Urbanos Seguros. Isso dá uma convergência de ações e aumenta a intensidade da presença do governo. Em São Gonçalo, nós estamos em Salgueiro; em Macaé, estamos em Botafogo e Malvinas. Por que dois territórios? Porque um faz fronteira com o outro, não dava para fazer em um sem fazer no outro, inviabilizaria o trabalho. Em Nilópolis, estamos no Paiol; em Queimados, estamos em Jardim Queimados; em Mesquita, estamos em Chatuba; em Itaguaí, estamos em Brisamar. Já no município do Rio, estamos na Providência, na Vila Kennedy, na Maré, no Alemão, em Maguinhos e na Rocinha.

E o Dona Marta?

Não estamos no Dona Marta. Há vários projetos sociais lá, da prefeitura e do estado. O estado, por exemplo, tem um projeto de segurança alimentar para as crianças. Mas não é Pronasci. Pronasci são esses 18 territórios. Inclusive, agora, nós estamos numa fase de entendimento com os colegas da Secretaria de Segurança, no sentido de que o quinto território que eles venham a escolher para entrar, aqui no Rio, seja um desses 18. Porque, infelizmente, a Secretaria de Segurança resolveu atuar em quatro territórios onde não tem Pronasci. Nós até entendemos a razão. Pelas dificuldades que eles têm, eles entraram em quatro territórios, tirando a Cidade de Deus, mais fáceis: o Santa Marta, que é pequeno, Chapéu Mangueira e Babilônia, que são pequenos — pequenos e cercados, sem possibilidade de migração nem de extensão do crime — e o Batam, que é uma comunidade da Zona Oeste. No Batam, se eu não me engano, havia uma presença importante da milícia, e a Secretaria de Segurança entrou para poder mostrar que estava desmontando não só organizações criminosas ligadas ao tráfico, mas também às milícias. Que são claramente organizações criminosas, que se dedicam a quatro negócios: o gás, a net, a van e a venda de segurança. Há outro papel que a milícia faz, que é chegar, expulsar os traficantes, e assumir o lugar. A milícia não entra na droga, até porque ela raciocina que, se se envolver com droga, chamará a atenção da polícia, e isso não interessa para a atividade dela. Você pode até pegar situações de comunidades em que, se você pesquisar, vai dizer: é bom ter milícia. Como no Rio das Pedras, em Jacarepaguá — se bem que agora está havendo uma morte atrás da outra lá.

Mas durante muito tempo, no Rio das Pedras, você podia dormir com a janela aberta, uma senhora ou uma jovem podiam chegar tarde da noite, e ninguém molestava. Até porque, se alguém fizesse isso, a milícia, no outro dia, dava conta.

O Pronasci está nesses 18 territórios. Mas aí é que eu insisto, nós estamos nessas 18 comunidades para quê? Para chegar com uma política pública importante, duradoura, respeitando, valorizando a comunidade. A paz é resultado de alguma coisa: claro que é resultado da justiça. Então, em que é que o programa inova? Na qualificação dos jovens. No Protejo, nós hoje temos 2.710 jovens nas 18 comunidades, fazendo formação — nós contratamos o Senac, pela excelência do trabalho — em quatro áreas, que os próprios jovens escolheram: administração, beleza, cultura e turismo. É uma intervenção concreta. É cultura de paz, mas 2.710 jovens vão ter a oportunidade de ter uma outra opção, porque vão estar mais qualificados para o mercado de trabalho. Além disso, também está havendo nos territórios oficinas de cultura e de esporte. Cultura tem o teatro, tem a sonoplastia, tem a filmagem... Há uma variação do que é oferecido em cada território.

Como é que a gente consegue estar em tantos territórios? Tivemos o recurso do governo federal, e a primeira coisa foi fazer a seleção de uma equipe profissional. É uma equipe que tem competência para realizar o trabalho que está sendo desenvolvido. Ela tem uma natureza política? Tem. Mas não partidária. Tem natureza política, porque nós não somos de qualquer lado. Somos de um governo que tem Benedita como secretária, Sérgio Cabral como governador, numa aliança com o governo federal. Isso tem um lado, tem uma política. Mas a seleção da equipe foi profissional. Depois, a formação da equipe, a qualificação, tem sido um fio condutor permanente. Eu também fiz parte, claro, dessa formação. Éramos 12, 13 pessoas na coordenação, e todos passamos pela mesma formação. Com que finalidade? Para nivelar a informação, o conhecimento, discutir qual deveria ser o aprofundamento da metodologia do projeto, como seria a entrada no território.

A respeito da metodologia do Pronasci: em que ele representou uma inovação?

Sempre, claro, nós buscamos a maior interação possível. No caso do Mulheres da Paz, a interação é muito boa, muito positiva; no caso do Protejo, ela é mais frágil, mas aí nós vamos aprofundando a metodologia e tocando. Um diferencial, logo, foi o seguinte. Nós entramos na comunidade dizendo: "Nós somos governo, tem um Programa Nacional de Segurança com Cidadania, mas a nossa marca é Rio, Cultura de Paz. Porque nós achamos que só através de uma cultura de paz é

Convergências e parcerias

que se estabelecem condições mais adequadas e harmoniosas de convivência, em qualquer comunidade. A gente não solta pombinhas brancas nem bolas brancas, embora não tenha nada contra quem faça isso, mas tem bons projetos".

O Mulheres da Paz, para nós, é o coração do projeto. Por quê? Primeiro, pela significação da mulher na comunidade: ela zela pela família, crescentemente é chefe de família. As Mulheres da Paz são moradoras da comunidade que foram selecionadas com o critério de estarem morando na comunidade há pelo menos dois anos.

Como as Mulheres da Paz se credenciaram?

Direto conosco. Nós não recebemos nenhuma lista, de ninguém, nem da secretária, nem do vereador, nem do presidente da associação de moradores. Foi feita a divulgação com os critérios, e as mulheres se inscreveram. Nós fizemos um formulário próprio, e havia locais de inscrição na própria comunidade. Foi feito um edital público que dava essa informação. E houve uma divulgação prévia na comunidade. E aí elas fizeram uma prova. Por quê? Nós precisávamos de mulheres que tivessem o mínimo de domínio de letras, pudessem ler e compreender o texto. Não dava para ter uma mulher que fosse analfabeta, mesmo que fosse liderança. Em princípio era um ano só que tínhamos pela frente, e elas tinham que passar por um processo de formação, como passaram. Como é que, sem saber ler, elas iam poder frequentar uma aula em que iam receber um exemplar do Estatuto da Criança e do Adolescente, a Lei Maria da Penha, o Estatuto do Idoso? Elas tinham que saber ler. Havia um preestabelecimento de número de vagas por território. Na Vila Kennedy, por exemplo, são 100 mulheres, no Alemão são 200. Então, as primeiras 100 ou 200 colocadas nas provas foram selecionadas. As outras não entraram. Podia ter sido feita uma entrevista, mas optamos por uma prova, para tirar o caráter de subjetividade. Foi esse o critério que foi adotado. Temos esse fio condutor no Mulheres da Paz; são mulheres muito valorosas, com autoestima, que sabem que não estão ali por favor, sabem que fizeram uma prova, que têm um papel importante, que têm uma bolsa que é paga pela Caixa Econômica, e que têm um compromisso: têm de participar de todas as ações de formação e têm de dar oito horas de trabalho comunitário por semana — embora elas deem mais do que isso na verdade.

Desde o começo elas têm tido uma formação permanente e continuada. Começou com Estatuto do Idoso, Lei Maria da Penha, Estatuto da Criança e do Adolescente, metodologia de entrada no território; depois, trabalho com os jovens; depois, drogadição: o que representa o uso da droga, não do ponto de vista ético nem moral, mas do ponto de vista médico, emocional. A compreensão do uso de drogas — não é nenhum fim do mundo; o jovem pode fazer uso, mas ele tem que ver o que isso significa, qual é a perda que ele tem; se ele acha que tem um ganho, tem que ver qual é a perda; e ele tem que escolher o caminho que ele deseja. Ele pode achar que pode fazer um uso eventual de droga. Essa é uma opção dele.

Quantas Mulheres da Paz vocês têm?

São 2.500 nos 18 territórios. E são 2.710 jovens nesses mesmos territórios.

Desde que foi introduzido o Pronasci nessas comunidades, o que mudou positivamente?

Desde a entrada efetiva das Mulheres da Paz — elas foram selecionadas em novembro de 2008 e entraram em dezembro — passaram-se mais ou menos sete meses. Os jovens foram selecionados em janeiro, e aí já foi através do trabalho das Mulheres da Paz. Dentro de cada uma das comunidades, elas acompanham os jovens. No caso do Senac, é duro: eles têm 20 horas semanais. Não era exigido do jovem, por exemplo, que ele estivesse frequentando a escola. Então não é fácil, para quem não está frequentando a escola, passar a ter disciplina, horário de trabalho, dever para fazer, atenção numa sala... Enfim. Há algumas mulheres que até são professoras, e que dão um reforço escolar para a garotada, no próprio território; sobretudo estimulam a presença e a permanência. A evasão é muito pequena, não dá 10% dos jovens.

Nós já sentimos o resultado desse trabalho em alguns depoimentos. O resultado está na continuidade dos jovens na escola, na formação no Senac, está até em alguns ciúmes, que começam a acontecer dentro da comunidade. Antes, podia existir uma situação de o presidente da associação de moradores ter um certo poder, porque, numa visão tradicional, o Estado o procurava para entrar na comunidade. Hoje, não é que o presidente e as lideranças não participem, mas ele não pode ser intermediador de benefícios, porque não são benefícios, é política pública. O que é diferente. Isso também é mudança. As Mulheres da Paz não são mais as secretárias da associação de moradores, elas são a própria liderança. Se o presidente não quiser fazer uma determinada ação, azar o dele, porque elas fazem. Atuaram na prevenção da dengue, por exemplo, em vários territórios.

Convergências e parcerias

Pelo que temos observado, a grande preocupação das Mulheres da Paz ou dos jovens do Protejo é que esse tipo de projeto seja temporário: o jovem vai ter uma bolsa, vai ter uma mãe da paz, aquilo vai durar um ano, e aí, acabou. Como é que vocês veem isso?

Neste momento, nós mandamos para o Ministério da Justiça um pedido de renovação do programa. Primeiro, estamos pedindo para continuar e ampliar o programa, nesses 18 territórios, por dois anos, para podermos ter uma consolidação da ideia e da prática do projeto. Queremos ter um projeto de formação permanente, mas queremos mais duas vertentes: geração de emprego e renda, e terapia comunitária, que é um foco de trabalho com o sofrimento resultante da violência, um sofrimento emocional que às vezes não é quantificável. Em relação a geração de emprego e renda, já estamos realizando o trabalho de formação, para podermos apresentar aos empresários o resultado de uma política pública, uma qualificação, para haver absorção pelo mercado formal de trabalho. Esse é um caminho. O outro é a formação de cooperativas. Em algumas comunidades, já estão começando a se formar cooperativas de mulheres para artesanato, para beleza etc. Nossa ideia é dar a elas instrumentos, não fazer por elas. Elas não serão empregadas do governo. Na continuidade, elas vão ter curso de empreendedorismo: como é que eu faço o cálculo para poder montar um negócio, qual é a parte jurídica que eu tenho que vencer, como é que eu agrego valor a um produto que eu fabrico, como é que eu melhoro a qualidade do meu artesanato — porque se eu não melhorar, vou vender só para as minhas colegas, não vou sair do mundo da comunidade para a sociedade. Isso também está sendo pensado para os jovens, no sentido do acompanhamento e do apoio, no sentido de que eles possam se inserir positivamente no mercado de trabalho.

E o que é a parte da terapia comunitária? É a possibilidade de oferecer, dentro da comunidade, serviços coletivos de apoio psicossocial, comunitário, emocional. Não são terapias individuais. Esqueço o nome do formulador disso, mas é um psiquiatra que começou esse trabalho em Fortaleza, numa comunidade chamada Pirambu. É muito especial, muito interessante o que eles fazem de terapia comunitária. É também uma vertente, porque nós sentimos, nas comunidades, que há uma marca muito grande do medo, da violência, de como a polícia anda, do tiro, de como as crianças ficam assustadas etc. E isso precisa ter um suporte de natureza emocional, enquanto política pública.

Estamos pedindo ao Ministério da Justiça não só para continuar por mais dois anos, nos 18 territórios, com o projeto Mulheres da Paz, o Protejo e o PEU, como para entrar em 24 novos municípios do estado. Está colocado o pedido lá no Ministério da Justiça. Mandamos os nossos relatórios para mostrar o que estamos fazendo, o ministro veio verificar. E aí tenho dois exemplos, que já ocorreram conosco. Um foi um grande evento que fizemos no Circo Voador, que foi absolutamente inovador. Porque muita gente dizia: não, o território do Alemão não pode encontrar com o território de Manguinhos, porque um é uma facção, o outro é outra. Azar das facções! Nós não devemos nenhuma explicação a nenhuma facção. Agora, também não vamos fazer a coisa de improviso. Houve um trabalho com os jovens, antecedendo a ida ao Circo Voador, sobre o tema *O direito à cidade*. Foi trabalhado o que significa isso. O que significa eu morar num território, ser jovem, ter outros jovens que convivem comigo, e ter jovens de um outro território, que têm os mesmos problemas, as mesmas dificuldades, as mesmas aspirações, as mesmas saídas de vida. O que significa o direito à cidade. O Circo Voador é um lugar fora dos territórios. Não houve registro de um empurrão, e havia quase três mil pessoas ali, entre Mulheres da Paz e jovens.

Foi um grande encontro. Estavam o governador, a secretária Benedita, o Ricardo Balestreri, o ministro Tarso Genro. Todos estavam presentes. E foi diferente, não foi um evento das autoridades para a comunidade, foi um evento da comunidade para as autoridades. Um grupo de mulheres fez um depoimento, um jovem fez um emocionado depoimento, livre, falou lá o que quis falar. Um grupo de jovens fez percussão, o outro fez um teatro, o outro cantou o *rap* que eles próprios criaram, as mulheres de Manguinhos criaram um samba das Mulheres da Paz. Foi a comunidade dizendo às autoridades o que estava fazendo e o que desejava. Depois é que as autoridades falaram, respondendo ao que a comunidade tinha apresentado. Cada um falou do seu jeito e expôs os seus compromissos. O governador disse "o programa continua", e o ministro disse "eu asseguro que o programa continua". Isso nos dá a segurança da continuidade.

Depois desse evento do Circo, houve um outro agora, que para nós também foi cheio de surpresas positivas. O governo federal vai realizar a Conferência Nacional de Segurança Pública, a Conseg, de 27 a 29 de agosto de 2009, em Brasília. E isso está sendo antecedido por conferências municipais e estaduais. Só que eles abriram, no regimento, uma inovação muito grande. Nós pudemos fazer e fizemos a chamada conferência livre. Você não elege o delegado para a conferência nacional, mas discute temas da segurança pública, conclui, tira resoluções, que vão ficar incorporadas ao documento base que será discutido por todos os profissionais de segurança e algumas representações comunitárias e governamentais.

Convergências e parcerias

Mas a representação comunitária, para estar presente, precisava participar de uma conferência de segurança formal, comandada pelos colegas da Secretaria de Segurança. Nós optamos pela conferência livre. Então fizemos a conferência, dias 3 e 4 de julho, na Uerj, para debater dois eixos da segurança, dos sete com que a Conseg trabalha: o eixo um, que é segurança pública e controle social, e o eixo cinco, que é prevenção à violência e cultura de paz. Como não dava para levar 2.500 mulheres à Uerj, fizemos reuniões nos 18 territórios para discutir os dois eixos. E cada território elegeu as representantes para irem à Uerj.

Essa conferência da segurança nos surpreendeu pela compreensão das mulheres desses dois temas, pelo nível de adesão, de participação, de motivação delas, pelas sugestões em relação, por exemplo, o eixo cinco, que é um eixo que é nosso, é próprio. Elas deram sugestões relativas não só à continuidade do programa, como à integração das políticas públicas. Isso parece elementar, mas as políticas não são integradas o suficiente. Isso exige um outro esforço, que é o de ir formando redes no território. Não dá para a cultura estar atuando, nem a educação, nem a saúde, sem saber um do outro. Hoje estamos começando a trabalhar em rede. Nos 18 territórios, onde houve uma diretora de escola que teve a compreensão da importância do programa, o resultado foi ainda maior. Por exemplo, em São Gonçalo, a Casa da Cidadania fica dentro do Ciep do Salgueiro, porque a diretora da escola abraçou a ideia; havia um espaço que estava abandonado, fez-se uma pequena reforma, e lá é a Casa da Cidadania. Depoimento da diretora: melhorou a disciplina na escola, melhorou a participação dos pais, o comprometimento com a escola. São resultados ainda pequenos, mas que indicam uma direção muito alvissareira, muito positiva, sobretudo com a participação das mulheres. Elas têm muito *élan*, estão muito motivadas. Uma boa parte delas, hoje, diz que com bolsa ou sem bolsa, quer continuar no programa. Até porque, à medida que vão sendo abertas oportunidades de geração de emprego e renda, elas não precisam da bolsa.

O que é importante dizer é que há necessidade de políticas públicas permanentes, e com a participação da comunidade; fora disso, não existe política pública adequada, que funcione, e o dinheiro sai pelo ralo. Não adianta ter o melhor formulador, o melhor líder de massa, o melhor presidente de República se não houver a participação comunitária, porque isso é que garante a continuidade da política. As mulheres, lá na conferência livre da segurança, disseram que direitos humanos têm que ser parte do currículo da escola. Direitos humanos têm que incluir gentileza, respeito ao outro, cidadania; não é só uma coluna de direitos, é de direitos e também de deveres. É isso que forma o cidadão. Isso saiu na proposta delas. Saiu também a declaração: "Nós não estamos em guerra. Por que é que a polícia militar tem que entrar na comunidade com símbolos de guerra?" É simples, mas é profundo. A comunidade não precisa ver caveira. A polícia que mostre a caveira ao traficante, e de preferência o prenda. Não é toda hora que eles estão armados, e eles circulam livremente pelas comunidades. Não foram pegos todos porque o aparelho de Estado ainda está comprometido com o crime. Senão, já teriam sido pegos. Ficariam poucos para contar a história. Ficariam só aqueles que estão dentro das instituições, são mais poderosos e que só o processo democrático vai eliminando.

Rodrigo Bethlem Fernandes
Secretário da Ordem Pública do Município do Rio de Janeiro
(1/2009 — 3/2010)

Entrevista feita no Rio de Janeiro em 22/3/2010

As subprefeituras de César Maia (1993-1997)

Para começarmos esta conversa, gostaríamos que nos falasse um pouco da sua trajetória pessoal: onde nasceu, formação escolar, origens familiares.

Sou nascido e criado na cidade do Rio de Janeiro. Fiz faculdade de economia. Comecei minha trajetória política em 1993, na subprefeitura da Lagoa. Em 1996 saí da subprefeitura da Lagoa e fui ser subprefeito do Méier. Fui subprefeito da Barra em 1999, vereador da cidade do Rio de Janeiro de 2001 a 2004, subsecretário de Governo em 2007. Em 2006 fui candidato a deputado federal, fui primeiro suplente, tomei posse em 2009, mas me licenciei para assumir a Secretaria de Ordem Pública do Município do Rio de Janeiro.

De onde veio esse seu interesse pela política? O senhor fazia política estudantil?

Não. Sempre fui muito antenado nas coisas que aconteciam na cidade. Em 1993, o ex-prefeito César Maia chamou um grupo de jovens, do qual fazia parte o atual prefeito, Eduardo Paes, para compor uma estrutura de governo que ele, na época, chamava de "subprefeituras". Era uma estrutura descentralizada, ágil, no sentido de dar uma resposta mais rápida ao cidadão. Achei aquele trabalho muito interessante. Eu já trabalhava desde os 16 anos de idade. Na época, com 22, estava saindo de uma empresa de que eu era sócio, e resolvi entrar para ter uma experiência no setor público. Nunca mais saí!

Como foi essa experiência de subprefeito? O senhor deve ter conhecido bem o Rio de Janeiro, à frente desses diferentes bairros.

É, porque eu fui subprefeito na Zona Sul, na Zona Norte e na Zona Oeste. Quem mora na Barra não gosta muito de ser chamado de Zona Oeste, mas a Barra faz parte da Zona Oeste da cidade. Foi uma experiência muito interessante. A política lhe dá uma referência no que tange ao contato com as pessoas. Você aprende a interagir com pessoas das mais diferentes camadas sociais, das mais diferentes correntes de pensamento. Além disso, fiquei conhecendo a cidade. Eu era um típico rapaz de Zona Sul, nasci na Zona Sul, morei na Zona Sul minha vida inteira. E a experiência de ser subprefeito do Méier, que é a entrada, o coração daquela área da Central, da Zona Norte da cidade, depois subprefeito da Barra, isso tudo foi me dando um conhecimento dos problemas da cidade muito grande.

Quais eram as atribuições do subprefeito?

O nome técnico do subprefeito, na verdade, era coordenador regional das regiões administrativas. Ele tinha uma delegação de poder do prefeito para fazer a coordenação das ações da prefeitura naquela localidade. Então ele servia, também, como uma espécie de condutor dos anseios da população para dentro do governo. É muito difícil o prefeito receber todas as lideranças comunitárias, todas as entidades civis. Mas, localmente, o subprefeito pode fazer esse papel de ir interagindo com a sociedade organizada e vendo de que forma se pode ir atendendo aos anseios da população. É um trabalho bem interessante, porque ele dá uma agilidade ao governo. O Rio de Janeiro é uma cidade que já foi um estado. Pela sua grandiosidade, sua magnitude, estar antenado em todos os problemas da cidade é muito difícil. É difícil, por exemplo, para um secretário de Obras saber onde se está precisando de uma operação tapa-buraco em Bangu, ou na Ilha do Governador. Você tendo um subprefeito, uma administração regional ali na ponta, para poder interagir com os órgãos descentralizados, com a Divisão de Conservação de Obras daquela região, para estabelecer as prioridades, para fazer uma ação conjunta, quem sai ganhando é a população.

De quem foi essa ideia das subprefeituras?

Isso foi um pouco uma cola do que acontece em Paris, por exemplo. Outras cidades do mundo, como Nova York, também têm uma experiência parecida,

Convergências e parcerias | **309**

de descentralização de poder. As subprefeituras aqui acabaram não saindo muito do papel. Na verdade, como eu disse, subprefeito é um nome fantasia, mas ele tem uma função muito importante. Em cidades de dimensões metropolitanas, como é o caso do Rio de Janeiro, ter uma ponta que responda rapidamente à população é fundamental.

Depois da experiência nessas várias subprefeituras, a atividade seguinte foi a candidatura a vereador.

É. Em 2000, ainda no PFL, me candidatei a vereador da cidade do Rio de Janeiro e me elegi com 16.421 votos. Em 2004, já no PMDB, tentei a reeleição e, apesar de ter tido quase 20 mil votos, não me reelegi. Saí candidato a deputado federal em 2006, também no PMDB, onde permaneço até hoje, e fui suplente.

Como foi a experiência de sair de uma posição mais ligada à ação do Executivo e passar para a esfera do Legislativo, para a Câmara dos Vereadores?

Foi muito importante. Porque a experiência que eu tinha do Executivo e o conhecimento que eu já tinha da cidade me permitiram ter uma visão mais pragmática do que é o trabalho do vereador. Questão orçamentária, orçamento espacializado, as próprias leis. Você faz, às vezes, um conjunto de leis que não são aplicáveis na cidade. A experiência anterior acabou sendo de grande valia. Depois, em 2007, quando eu assumi uma subsecretaria de Governo, no estado, também foi importante, porque eu tinha conhecimento da máquina municipal, mas não conhecia a máquina estadual. Nós começamos uma série de programas interessantes. Foi o caso das "Operações Bacanas", que acabaram, depois, migrando para a prefeitura. Elas foram o embrião da Secretaria de Ordem Pública do município. A própria Operação Lei Seca, que hoje continua no estado, teve início na época em que eu estava lá.

Como foi concebido esse embrião da Secretaria de Ordem Pública?

Quando foi no início de 2007, nós identificamos que a desordem na cidade estava criando um ambiente propício a que pequenos delitos acontecessem. E em Copacabana, isso estava tendo uma segunda consequência muito ruim, que era deixar uma imagem negativa da cidade. Copacabana detém, ainda, um percentual muito grande do número de quartos de hotéis da cidade. Se não me engano, 70%. Então nós resolvemos fazer uma operação ali, denominada "Copa Bacana", que visava a unir alguns órgãos estaduais em uma ação de ordenamento urbano. Apesar de não ser função do estado. Mas sempre no sentido de ter uma ação preventiva em relação à questão da segurança pública. E foi uma ação muito bem-sucedida. Logo nos primeiros meses, nós observamos uma queda muito grande dos roubos a transeuntes, que é um delito de pequena intensidade, mas é muito rotineiro, afeta o maior número de pessoas. Isso, nós entendemos, foi muito proporcionado por esse combate à desordem. Quer dizer, aquela sensação de que tudo pode ser feito no espaço público não existia mais, estava começando a ser revertida. Isso, obviamente, dificulta a ação do marginal. Porque num ambiente em que você pode fazer tudo, você pode inclusive roubar. É essa a mensagem que você passa à população.

Nós começamos a "Copa Bacana" em abril de 2007. Depois, em novembro, nós começamos a "Ipa Bacana", que pegava os bairros de Ipanema e Leblon, e fechamos esse corredor turístico em julho de 2008, fazendo a "Barra Bacana". Eu assumi em 2009 a Secretaria de Ordem Pública, e essas operações que estavam no estado migraram e fizeram parte do conjunto de ações que a secretaria vem desenvolvendo no município.

Desse grupo que está atuando hoje com o prefeito Eduardo Paes, e também com o governador Sérgio Cabral, uma parte veio da experiência desses jovens que começaram com César Maia. Como se deu o afastamento dessas pessoas em relação a César Maia?

Eu, na verdade, me desliguei do grupo do César Maia bem antes que o prefeito Eduardo Paes. César Maia, na minha opinião, teve uma primeira prefeitura muito interessante, em que conceitos urbanísticos tiveram fortes inovações: requalificação dos espaços públicos, retomada da ordem na cidade. Ali, eu acho que foi uma prefeitura muito vitoriosa nos conceitos aplicados. Mas a partir de 1998, com a derrota para o governo do estado, eu acho que ele perdeu um pouco o norte do que vinha fazendo. Ali eu identifiquei que o César Maia não ia continuar trilhando o caminho que me fez entrar para a política, o caminho de recuperação do espaço público, de reordenamento da cidade. E ali, em 1999, eu resolvi me desligar do grupo dele. Desde a época da ruptura dele com o Conde. Eu resolvi ficar com o Conde. O prefeito Eduardo Paes veio a se desligar depois, em 2004.

Convergências e parcerias

Mas a segunda prefeitura dele, de 2001 a 2005, foi bastante produtiva também, não é? A terceira, de 2005 a 2009, é que foi mais complicada.

As coisas não acontecem do dia para a noite. A terceira já foi um pouco reflexo da segunda, que já vinha meio aos trancos e barrancos. Na verdade, na segunda, César Maia começou um processo de esvaziamento das subprefeituras, que eu acho que foi muito ruim para a cidade. Ele politizou demais cargos que eram técnicos. Por exemplo, a grande sacada do César Maia em 1993 foi que ele chamou secretários técnicos — Maria Sylvia na Fazenda, Conde no Urbanismo, Márcio Queirós no Transporte —, e deixou a política de governo para uma garotada, que não tinha vício político, fazer na ponta, através das subprefeituras. Acho que isso foi um dos segredos do sucesso daquele governo. Em 2001, quando reassumiu a prefeitura, ele desnorteou tudo isso. Porque ele pegou as subprefeituras e começou a lotear entre os vereadores da base, foram se formando currais políticos, ele usou as secretarias, também, para atender a acordos políticos que tinha feito... Chegou a ponto de botar um sujeito que — não estou discutindo a competência pessoal —, mas, enfim, que não tinha nenhum tipo de relação com a saúde na Secretaria de Saúde. Colocou lá o Ronaldo César Coelho, que acabou de destrambelhar a saúde no Rio de Janeiro. E nós pagamos um preço até hoje por causa disso. E por aí foi. O terceiro governo dele foi consequência já de todo esse desmonte que ele foi fazendo na estrutura política governamental.

Por que o senhor acha que isso aconteceu?

Eu acho que o César Maia não assimilou bem a derrota dele em 1998 para o Garotinho. Aquilo ali fez com que ele mudasse totalmente seus conceitos políticos. Na época, o que eu admirava era justamente ele fazer o que achava que era certo, ter um caminho. E aí ele passou a fazer o que achava que dava voto. Quer dizer, ele mudou a postura dele. E deu no que deu. E ele tinha outros planos. Na verdade, o plano dele era ser governador, depois ir a presidente... Por aí. Quando ele voltou a ser prefeito, foi como se tivesse dado um passo para trás. Quando terminou a segunda gestão, e foi reeleito no primeiro turno, em 2004, ele começou a falar em ser candidato a presidente, não sei quê... Houve um problema danado na saúde, houve uma intervenção, coisa e tal... Aquilo ali acabou eliminando a possibilidade de ele ser candidato a governador em 2006. E aí ele ficou muito desinteressado, meio que largou mão da gestão e passou a se programar só com alguns grandes projetos, como Cidade do Samba, Cidade da Música, cidade disso, cidade daquilo. Largou um pouco a gestão do dia a dia da prefeitura. Que é o grande papel do prefeito, porque os problemas do dia a dia é que afetam o cidadão comum.

A Secretaria Especial de Ordem Pública e o Pronasci

A Secretaria Especial de Ordem Pública foi então uma novidade do prefeito Eduardo Paes?

É. Na verdade, o que nós fizemos? Nós criamos uma secretaria com uma modelagem enxuta, com uma estrutura muito pequena, que aglutina todos os órgãos que tratam mais diretamente das questões do ordenamento da cidade. É óbvio que ordem pública talvez seja a matéria mais transversal dentro do governo, porque há uma transversalidade com a questão social, quando você trata de população de rua, com a Secretaria de Obras, quando você trata de obras necessárias, com a Secretaria de Meio Ambiente e Urbanismo, quando você trata de embargos e de uma série de medidas para a correção de irregularidades, principalmente construções irregulares. Então nós juntamos a Guarda Municipal, o controle urbano, que é responsável pela desocupação dos espaços públicos, principalmente da calçada, pelos ambulantes, a parte de reboque, a fiscalização do trânsito, a questão das demolições de imóveis irregulares, a CLF, que é a Coordenadoria de Licenciamento e Fiscalização, responsável pelos alvarás e atividades econômicas na cidade, a publicidade... Tudo isso ficou aglutinado dentro de uma mesma estrutura de poder.

Isso tudo ficava espalhado?

Espalhado pelo governo. Um estava na Secretaria de Governo, o outro no gabinete do prefeito, o outro na Secretaria de Fazenda... E isso dificultava muito, às vezes, uma ação que depende de articulação, como a maioria dessas ações depende. As operações que nós fazemos são diárias e se mantêm até hoje. E isso é que faz com você possa começar a mudar a cultura das pessoas. O nosso grande desafio com o "choque de ordem", com a Secretaria de Ordem Pública, é esse. Nós passamos 30 anos, no Rio de Janeiro, com uma mentalidade de que o espaço público não é de ninguém; se não é de ninguém, eu posso fazer o que eu quiser: jogar papel no chão, parar carro na calçada, dormir na rua, vender CD pirata... Enfim, poderia dar uma enormidade de exemplos. Mudar essa cultura demanda tempo e

Convergências e parcerias

demanda exemplos. Demanda uma ação forte da prefeitura, mas ao mesmo tempo ações educativas. Vou citar um exemplo: no Rio das Pedras, nós fizemos o que chamamos de choque de legalidade. Montamos lá um contêiner da Secretaria de Ordem Pública, estimulamos os comerciantes a se regularizarem e tiramos 900 alvarás, num comércio que era completamente clandestino. Quer dizer, à medida que você formaliza a atividade econômica, você dá um passo para incorporar aquela favela à cidade. Porque uma favela só vira bairro na hora em que ela passa para a formalidade. Enquanto ela estiver na informalidade, ela continua sendo uma favela, continua sendo uma coisa à parte da cidade.

E como foi a sua aproximação com o Pronasci?

Ainda na transição, nós tivemos uma conversa muito produtiva, eu, o prefeito e o ministro Tarso Genro, e a partir daí desenhamos algo que não se conseguira fazer até aquele momento por uma absoluta falta de vontade política da gestão anterior de participar dos programas federais que o Pronasci colocava à disposição da prefeitura. Hoje, nós temos aí, praticamente, quatro mil guardas municipais recebendo uma Bolsa-Formação de R$ 400,00 por mês, e muitos fizeram vários cursos de capacitação ou requalificação profissional.

Quantos guardas municipais a prefeitura tem?

Cinco mil. Mas isso não é suficiente. Eu estimo que, para podermos atender a todos os corredores, dia e noite, como temos que fazer, nós precisamos do dobro da tropa. Nós temos inspetorias da Guarda em toda a cidade. Acabamos tendo um efetivo maior no Centro da cidade e na Zona Sul, em virtude dos espaços políticos de que a Guarda tem que tomar conta, mas Campo Grande, Santa Cruz, Bangu, Madureira, Méier, Ilha, todas essas regiões também têm inspetorias da Guarda, com efetivo para atuar.

A articulação com o Pronasci se dá em relação ao programa Bolsa-Formação para a Guarda Municipal, e o que mais?

Há um conjunto de ações que envolvem as mais diversas secretarias do município, e que geraram um convênio com prefeitura de R$ 100 milhões, para vários programas. Esses programas vão desde o monitoramento — vamos colocar 400 câmeras novas na cidade —, às "inspetorias bacanas", que são inspetorias da Guarda que vão ter pequenos centros de comando e controle, à compra de armas não letais, até programas sociais, como o Saúde da Família, as Mães da Paz... Enfim, há uma série de outros programas, que envolvem outras secretarias, visando ao ordenamento, à imposição da lei, mas também a um apoio, a um viés social, no sentido de permitir que pessoas que estejam excluídas de alguma forma da sociedade possam ter oportunidades.

Vocês estão vinculados mais especificamente a alguma comunidade, junto com as ações do Pronasci?

Não. A prefeitura está listando. Cidade de Deus: é um dos Territórios de Paz que a prefeitura está fazendo. Mas nós temos uma ação mais ampla, que envolve toda a cidade. E aí vai uma homenagem ao nosso ministro Tarso Genro, que tem uma visão municipalista muito interessante, que parte do pressuposto de que tudo começa no município, e que possibilitou à prefeitura ter um papel importante no Pronasci. A gente parte do pressuposto de que segurança pública não é um problema só de polícia nem só do estado. É um problema de ordenamento do espaço público, é um problema de urbanização, é um problema de programas sociais, é um problema educacional. É muito mais amplo o conceito do que, simplesmente, um problema de polícia. "Vamos equipar a polícia e resolver o problema". Não resolve.

O embrião do Pronasci é a criação do Gabinete de Gestão Integrada Municipal. Quer dizer, é justamente a união dos mais diversos órgãos e organismos das instâncias de poder que trabalham na cidade do Rio de Janeiro, para poderem ter ali um fórum permanente de discussão dos problemas afetos à cidade. Esse é o pressuposto para você colocar o Pronasci na cidade.

Já existe o Gabinete de Gestão Integrada Municipal do Rio de Janeiro?

Já. Foi o primeiro decreto que o prefeito assinou. Dia 1º de janeiro. Eu sou presidente do GGIM. O secretário-executivo é Ricardo Rotemberg, que é quem acompanha todos os projetos e programas. E ali é o fórum de discussão. Justamente, esses projetos foram todos eles montados pelo gabinete, foram acompanhados e apresentados ao governo federal. Hoje nós temos aí os Territórios de Paz, as Mães, o Saúde da Família...

Convergências e parcerias

Mas esses programas têm certa autonomia. As Mulheres da Paz, por exemplo, se cadastram e recebem a bolsa diretamente do Ministério da Justiça.

Mas a prefeitura tem que acompanhar isso. No que tange à Guarda Municipal, nós também temos vários programas. Eu falei de videomonitoramento, inspetoria bacana, compra de armas não letais. Nós temos um recurso, também, para investir na saúde da Guarda. Que é o caso da compra de ambulância, gabinete dentário, academias de ginástica, para que o guarda possa se preparar melhor. Um guarda mal preparado fisicamente não tem condição de exercer nada. Além de, possivelmente, ser um guarda que futuramente vai estar diabético, hipertenso, não vai estar prestando serviço, porque amanhã ele vai estar de licença médica, vai estar sem condições de atuar. Só na Ordem Pública, são R$ 36 milhões, se não me engano, que estão sendo aplicados via Pronasci.

Os guardas municipais têm acesso ao plano habitacional a que os policiais do estado têm?

Não. Eles vão ter acesso agora é à Bolsa Olímpica. Será a única Guarda Municipal no Brasil. Até porque é no Rio de Janeiro que vai acontecer a Olimpíada. Essa bolsa vai completar o salário deles em R$ 1.200,00 até 2016; posteriormente a isso, a bolsa deixa de existir, e a prefeitura tem que incorporar isso ao salário deles. Em contrapartida, eles têm que fazer vários cursos de formação. Nós vamos, inclusive, tentar *linkar* isso também ao bom comportamento do guarda: não ser suspenso, não ser pego em desvio de conduta... Quem vai controlar isso é a Corregedoria da Guarda. E isso vai estimular o guarda a ter uma postura, digamos assim, mais compatível com a sua função. Na medida em que o sujeito puder perder a bolsa em função de uma conduta inadequada, ele vai sempre se preocupar com a sua postura na rua, com a sua forma de atuar, para não transgredir a lei. E nós temos que nos preparar para absorver esse custo depois. Pagar um salário decente a um guarda municipal é uma forma de ter uma guarda que vá, efetivamente, cuidar dos espaços públicos da cidade e até fazer uma ação preventiva do pequeno delito.

A Guarda Municipal não usa armamento letal. Existe alguma tendência a passar a utilizar armamento letal?

Eu sou radicalmente contra. Tanto eu quanto o prefeito. Por uma questão prática. Não é uma questão filosófica. Não é porque eu ache que o armamento letal vai aumentar a violência. É porque eu acho que a Guarda não pode ficar competindo com a Polícia Militar. A Guarda tem um papel a ser ocupado, um papel importantíssimo para o cidadão carioca, que hoje, na minha opinião, não é ocupado; que é justamente o papel de uma Guarda de proximidade, de uma Guarda comunitária, de uma Guarda preventiva do pequeno delito, de uma Guarda que ocupe os espaços públicos. Na minha opinião, em nenhuma simulação que eu faça, se encaixa ter uma arma de fogo. Qual a razão de um guarda ter uma arma de fogo? Um adolescente rouba a bolsa de uma senhora e sai correndo. Você vai dar um tiro com uma pistola? Agora, uma arma não letal, você pode usar para uma imobilização. Um *taser*, que imobiliza através de descarga elétrica, um *spray* de pimenta, enfim, até uma arma com bala de borracha são instrumentos que você pode usar para a imobilização de algum marginal que esteja, naquele momento, com alguma postura agressiva. Uma arma de fogo, nesses casos, me parece despropositada; é você matar uma mosca com uma bazuca. Não tem proporcionalidade. Uma arma não letal possibilita que a Guarda tenha uma atuação muito mais eficaz e eficiente do que uma arma letal.

Qual é a ação da prefeitura nos Territórios de Paz? Uma ação fundamental é a da Polícia Militar, que entra, prende, limpa a área e fica. Como a prefeitura pode colaborar na consolidação dos Territórios de Paz?

A prefeitura pode colaborar não só através de programas sociais, até via Pronasci, mas através da melhora do equipamento urbano. Por exemplo, iluminação, limpeza pública, pavimentação, drenagem, ordem pública. Nós, por exemplo, tiramos mais de 40 construções irregulares dentro da Cidade de Deus, que ocupavam calçadas e beira de rio. Quer dizer, desobstruímos vias, demos acessibilidade. Fizemos isso assim que entrou uma UPP na Cidade de Deus. No que a polícia ocupou, nós entramos logo atrás, para fazer essa série de ações e desobstruir as vias, para que o cidadão pudesse usar suas calçadas como qualquer outro na cidade do Rio de Janeiro. Entramos também para não permitir construção em beira de rio, porque nós sabemos a tragédia que isso acaba gerando.

Houve alguma reação local a esse tipo de ação?

É óbvio que uma pessoa que tem um bar construído na calçada não fica feliz em vê-lo ser demolido. Mas eu acho que, diante do conjunto de tudo que acontece, as pessoas que moram no local têm uma interpretação positiva. Elas vão

Convergências e parcerias

percebendo aos poucos, através de ações mais permanentes nossas, que aquilo é bom para elas. Por exemplo, o entorno do Maracanã. As pessoas até já se esqueceram de como era. Era o verdadeiro menu da desordem. Você tinha de tudo ali: estacionamento irregular para todos os lados, flanelinha, cambista, produto pirata... Tudo que pudesse haver de desordem, de ilegalidade, havia em torno do Maracanã. Hoje, as pessoas levam seus filhos, levam sua família... Quer dizer, até uma sensação maior de segurança o entorno bem organizado gera. A praia. Nós começamos com o projeto piloto do Arpoador ao Leblon, e agora estendemos até Copacabana e Leme. Vamos, até o verão, organizar todas as praias cariocas. A organização da praia foi matéria no *New York Times*, no *Le Monde*, na Reuters, no *El Pais*. Quer dizer, isso tem um viés importante, traz maior conforto para a população que utiliza a praia, mas tem um viés econômico, também, ligado à imagem da cidade. O *New York Times* dar uma página elogiando a organização que o Rio de Janeiro está começando a ter em função dos Jogos Olímpicos e da Copa do Mundo é importantíssimo. O Rio é uma cidade que, até pouco tempo, só tinha espaço no *New York Times* na hora em que acontecia uma chacina.

Em relação, por exemplo, à questão da educação e da cultura, a prefeitura também é responsável por uma parte?

Tem um papel fundamental. Que é a formação do jovem. Há vários programas. Eu não sei todos de cabeça, porque nós usamos esses R$ 100 milhões de forma bastante diversificada. Óbvio que a maior beneficiária é a Secretaria de Ordem Pública, em função das suas atribuições, mas você tem programas na Secretaria de Saúde, Assistência Social, Desenvolvimento Econômico, Cultura...

A qualificação de xerife da cidade o incomoda?

Não. Acho que isso é um pouco a característica do brasileiro. Nós personificamos muito as coisas. Você não vota em partido, vota em pessoas... Tem sempre uma personificação. É a necessidade de ter aquela figura emblemática, que vai fazer, que vai resolver. O que eu tentei foi não criar muita expectativa no início. Foi mostrar que nós iríamos, de cara, mudar a postura da prefeitura — a população veria uma prefeitura proativa, não passiva ou reativa apenas —, mas que colocar a cidade em ordem iria demorar tempo. Nós estamos falando de 30 anos de cultura da desordem. Então, você não muda uma cidade em seis meses, um ano. As estruturas estão muito capengas, muito aquém do necessário. Nós estamos falando da Guarda Municipal, por exemplo. Você tem cinco mil guardas, que estavam completamente desmotivados, alguns muito mal preparados, a Guarda completamente desequipada... Até tomar todas essas providências, concluir um concurso para a contratação de guardas, remodelar os costumes internos, requalificar, demora tempo. Como demora para a população também se reacostumar a não usar o espaço público de qualquer forma.

Qual é a sua avaliação do Pronasci? O que o Pronasci trouxe de positivo, do ponto de vista da Secretaria de Ordem Pública do Rio de Janeiro, e o que deixa a desejar?

De maneira geral, o saldo é muito positivo. O que eu poderia dizer de negativo é o que todos os governos têm: os recursos são sempre escassos. A demanda é muito maior do que os recursos que você tem para disponibilizar. Mas é extremamente positivo o fato de, pela primeira vez, termos um governo federal com uma visão clara de que ele também tem responsabilidade sobre a segurança pública do cidadão. Esse é o primeiro ponto. Segundo ponto: o governo federal ter a visão de que é importante a união de todas as esferas governamentais, município, estado e União. E ter a visão de que o município tem um papel fundamental na questão da segurança pública, porque ali as pessoas residem. Então eu acho que, conceitualmente, o Pronasci é perfeito. Talvez faltem mais recursos, a participação maior de algum estado, de algum município. Mas isso é um processo.

Como o senhor vê a questão da continuidade do Pronasci?

Eu acho que não tem como parar. Seria um retrocesso muito grande isso andar para trás. Seria retroceder num conceito que tem demonstrado que é importante para o Brasil: o de começar a ter uma visão diferente de uma questão que talvez seja a mais séria no país, que é a questão da segurança pública.

E quanto ao Plano de Ordem Pública que a sua secretaria está concebendo?

É o seguinte. Quando nós começamos o choque de ordem, era uma coisa para durar três meses, e depois entrar o Rio Ordem. Só que o choque de ordem caiu no gosto popular. Mas fica sempre aquela sensação de que será provisório. O fato de a própria secretaria ser secretaria *especial* também não ajuda. Então nós tivemos a ideia de criar um Plano Municipal de Ordem Pública, que teria a função de dar um norte. Primeiro, nós faríamos um trabalho interno, para depois colocar esse plano à disposição da sociedade, para que sociedade possa opinar, através de consultas públicas, pesquisas. Com isso deixaríamos o legado de um plano até 2016, mostrando onde a cidade do Rio de Janeiro quer chegar em termos de ordem pública.

O senhor gostaria de fazer algum comentário final? Alguma observação sobre sua experiência na Secretaria de Ordem Pública, que é uma coisa nova na cidade?

Eu estou muito satisfeito, me sentindo com o dever cumprido. A *Veja*, por exemplo, fez uma pesquisa recente que dá 85% de apoio ao choque de ordem. Acho que o carioca entendeu, mais rápido do que eu esperava, o quanto é importante ver nossa cidade organizada. O remédio é amargo, muitas vezes, mas tem que ser aplicado, porque nós não tínhamos mais como viver numa cidade da forma como vínhamos vivendo. Um amigo meu me disse isso outro dia: a bagunça ficou ruim até para o desordeiro. Até para o bagunceiro tinha ficado ruim o nível de desorganização em que a cidade vivia.

Ricardo Rotemberg
Coordenador do Gabinete de Gestão Integrada do Município
do Rio de Janeiro

Entrevista feita no Rio de Janeiro em 29/10/2009

Interesse pelo meio ambiente

*Vamos começar por sua trajetória pessoal: onde você nasceu, qual é sua formação,
suas origens familiares.*

Sou carioca e tenho 52 anos. Sou formado em economia na UFRJ e tenho
pós-graduação na Coppe em meio ambiente. Meus pais são brasileiros, meus avós
são de origem judaica, da Polônia por parte de pai, da Romênia por parte de mãe.
Interessante que meu avô por parte de pai era stalinista fervoroso, e meu avô por
parte de mãe era simpatizante do Trotsky. Eles nem se falavam, eram brigados, por
causa disso. Minha trajetória é a da minha geração, de quem começou no movimento estudantil com muita repressão. Entrei na universidade em 1977, que talvez
tenha sido o último ano de grande repressão ao movimento estudantil, pois a partir de 1978 houve uma abertura de liberdades democráticas, inclusive dentro das
universidades. Então peguei meu último ano de segundo grau, no Colégio Prince-
sa Isabel, e meu primeiro ano universitário debaixo de repressão. Corri muito da
polícia, em manifestação contra a ditadura.

Predominavam dentro da minha faculdade simpatizantes do antigo Partido
Comunista, que tinham uma visão mais de trabalhar o currículo, de melhorar a
universidade, mas a minha visão e a do meu grupo era mais aguerrida, mais de
luta. Esse nosso grupo político acabou a partir da abertura. Alguns seguiram para
o PMDB, e eu e outros companheiros tivemos a oportunidade de conhecer o Brizola e fomos para o PDT. Quando veio a campanha de 1982, Brizola saiu candidato

com Darcy, e nós ganhamos a eleição. Foi uma campanha diferente, que mobilizou o Rio de Janeiro, ganhou a consciência das pessoas na luta contra o chaguismo. O pessoal do Partido Comunista estava dentro do PMDB, no arco da aliança do Miro Teixeira, e todos foram derrotados.

Minha experiência efetiva na área pública começou em 1985, quando eu coordenei a campanha para prefeito de Saturnino Braga e fui eleito pelo meu partido administrador regional de Copacabana. O administrador regional na época tinha *status* de subprefeito, era eleito, participava de reunião de secretariado e tudo mais. Essa experiência durou quase dois anos. Quando Saturnino saiu do PDT, eu continuei no PDT e saí da prefeitura. Apesar de ter uma relação pessoal com ele, pedi desculpas, mas continuei no PDT.

E fui candidato em 1988, pela primeira vez, a vereador pelo PDT. Eu não queria ser candidato, mas o grupo exigiu que eu fosse, e acabei não me elegendo, por 600 votos. Uma campanha muito pobre, muito sem dinheiro. Marcelo Alencar se elegeu prefeito, e aí eu passei a ser presidente do Fundo Rio, que geria todo o orçamento da Secretaria de Desenvolvimento Social. Era um fundo de captação de recursos também, por onde, na época, entravam na prefeitura os recursos da área social vindos do BID, Brasília etc. Depois eu colaborei, pela prefeitura, e em seguida pelo governo do estado, na Rio 92. Fui uma espécie de coordenador, primeiro por um, depois pelos dois. Foi quando eu entrei por esse meu viés ambiental.

Foi nessa época que você fez o curso na Coppe?

Não. Fiz o curso recentemente, dois anos atrás. Junto com a coordenação da Rio 92, no segundo governo Brizola, fui durante três anos vice-presidente da Feema, Fundação Estadual de Engenharia e Meio Ambiente, que agora mudou de nome, é o Instituto Estadual do Ambiente, Inea. Após essa fase da Feema, voltei para a prefeitura e fui diretor da Fundação Parques e Jardins. Depois, no governo do Conde, fui subprefeito da área da Lagoa, que abrangia todo o perímetro da Lagoa: Ipanema, Leblon, Jardim Botânico, Fonte da Saudade, São Conrado e Rocinha. E com a ascensão do Conde a vice-governador e secretário de Meio Ambiente da governadora Rosinha, voltei a ser vice-presidente da Feema.

Quer dizer, você rompeu com Brizola. Quando Conde rompeu, você rompeu.

Não chegou a ser um rompimento. Mas na época em que o Conde foi vice-governador, ele pediu que eu fosse candidato a vereador, e aí eu saí do PDT e

Convergências e parcerias

escolhi o Partido Verde. Depois disso, fui ser vice-presidente da Feema de novo. E depois desse período comecei a trabalhar na Secretaria de Esportes com Eduardo Paes, no governo do Sérgio Cabral. E agora, enfim, com o Eduardo prefeito, assumi a Subsecretaria de Captação de Recursos da prefeitura. Aí começamos o Pronasci.

Rio de Janeiro: experiências anteriores e Territórios da Paz

O contato com o Pronasci foi feito, então, na transição para a prefeitura de Eduardo Paes.

Foi. Quando foi da transição, o Pronasci nos pediu para elaborar alguns projetos, porque eles tentariam conseguir recursos ainda do ano passado — quer dizer, mesmo a prefeitura, formalmente, não pedindo recurso, eles iam dar. E assim fizeram, na área de Praça da Juventude. Eles separaram R$ 7,5 milhões, de cinco praças da Juventude, do orçamento 2008 do Pronasci, mesmo sem o encaminhamento formal do ex-prefeito, e conseguiram jogar para a prefeitura no dia 29 de dezembro, a dois dias de mudar o governo. Quando foi início de janeiro, nós legalizamos essa situação. Hoje, essas praças já estão em processo de licitação.

Também no início de janeiro, houve uma missão do ministro Tarso Genro com o professor Nado, e o prefeito me pediu que eu assumisse a função de gestor do GGIM, que é o Gabinete de Gestão Integrada Municipal. Sou o secretário-executivo desse Gabinete e desde então não faço mais nada, é só Pronasci mesmo... A expectativa em janeiro era que a prefeitura do Rio receberia esse ano R$ 40 milhões de projetos, e nós conseguimos aprovar R$ 100 milhões, que atingem, entre órgãos e secretarias, cerca de 15 órgãos da prefeitura. Aí eu tomei conhecimento, me aprofundei no programa do Pronasci. Cheguei a ajudar, alguns anos atrás, na concepção do Favela Bairro, inclusive junto ao BID, e acho que o Pronasci é um projeto que avançou em relação a essas experiências.

Mas já havia uma experiência no Rio de Janeiro.

Já. A prefeitura da cidade do Rio de Janeiro é a prefeitura do Brasil que tem mais experiência em termos de investimentos em áreas populares. Quando digo isso, não estou falando de construções de creches, estou falando de investimentos em termos de saneamento, de urbanização, de infraestrutura. Havia um programa antigo, chamado Mutirão Remunerado, que foi criado na prefeitura do Marcelo Alencar, ainda nomeado pelo Brizola. Esse Mutirão Remunerado se dividiu em mutirão remunerado de urbanização e mutirão remunerado de reflorestamento. Com o Conde virando secretário de Urbanismo do César Maia, ele propôs criar a Secretaria Municipal de Habitação. Aí também dividiu: a Secretaria de Desenvolvimento Social ficou com os programas sociais, e a Secretaria de Habitação com os programas de saneamento, urbanização e habitação. E aí foi criado o programa Favela Bairro, que inicialmente, no BID, era chamado de Programa de Arrendamentos em Conjuntos Habitacionais Sociais. O Favela Bairro, que foi uma concepção bastante inovadora para a época, era um programa de investimento em urbanização nas comunidades, mas a parcela de projetos sociais junto ao povo dessas comunidades era muito pequena. Na urbanização foi uma transformação mesmo, você alargava ruas, permitia que as ruas passassem a receber carros, colocava água e esgoto, construía mirantes, locais para as pessoas se reunirem, pequenas arenas para serestas musicais. Essas coisas foram construídas, urbanisticamente, mas sem maiores investimentos no ser humano local.

E então se constatou que a urbanização dessas comunidades elevou a autoestima dessa população, sem dúvida, mas também atraiu outros problemas: inchou um pouco a comunidade, e a população local não teve nenhum atendimento especial, do ponto de vista de investimento em projetos sociais junto às pessoas. A prefeitura, ao longo desses anos, teve projetos sociais dissociados de um foco para tratar uma comunidade. Ao longo, por exemplo, do governo do Conde, se construíram ou se adaptaram 300 creches, em 300 comunidades, mas não associadas a projeto de urbanização. Quer dizer, não era uma coisa integrada.

Cada projeto estava vinculado a uma dada secretaria e não havia um diálogo entre eles.

Não havia um diálogo. Nem um princípio, meio e fim a atingir. Coisa que eu acho que o Pronasci tem. O Pronasci reúne um pouco dessas experiências. Ele também é pautado, do ponto de vista policial, em uma experiência de Chicago, e, do ponto de vista social, na experiência de Medelín. Que é uma coisa impressionante mesmo, porque Medelin era verbete para tráfico. Falar em tráfico era falar

Convergências e parcerias

no Cartel de Medelin. Em Medelin, o tráfico acabou porque entrou uma ação policial muito forte e uma ação social muito forte.

O Pronasci, primeiro, tem a vantagem de ter recursos da área de segurança, o que faz com que haja investimento também em segurança. E isso ocorre dentro da perspectiva de que, onde houver investimento social do Pronasci, o governo do estado, que tem a competência policial, possa se programar e entrar com a chamada polícia comunitária, que aqui é chamada de polícia pacificadora. Isso implica a retirada do tráfico de droga do local e a entrada de novos policiais, jovens, sem os vícios dos policiais tradicionais.

É uma polícia de proximidade mesmo.

É uma polícia de proximidade, que possa atender, que possa ter uma relação com a comunidade, que não tenha esses vícios de querer se juntar ao tráfico. E paralelamente, o Pronasci começa a atuar dentro da comunidade. E aí competência já é muito mais municipal, de levar projetos sociais, e também urbanização, a essas comunidades.

Quais são as áreas do Rio em que a prefeitura vai atuar junto com o Pronasci?

São, prioritariamente, oito áreas, em que nós estamos querendo formar o que o Pronasci chama de Território da Paz. Na Zona Oeste do Rio de Janeiro, uma área é a Reta João XXIII, em Santa Cruz, que tem, se não me engano, 16 comunidades; é uma população grande, muito pobre, muito carente, que tem problemas de violência, tráfico etc. Outras duas áreas — são três na Zona Oeste — são Vila Kennedy e Senador Camará. Senador Camará não é uma comunidade, é um bairro. Vila Kennedy também é, mas Senador Camará é maior, e está totalmente favelizado. Nós vamos priorizar muito, dentro de Senador Camará, a Vila Aliança.

Outra área é Cidade de Deus, onde nós vamos fazer a primeira inauguração, agora, em dezembro, do nosso Território da Paz. É a comunidade que está recebendo o maior investimento. Na Zona Norte, as áreas são Acari, Complexo da Penha e Complexo do Alemão. No Complexo do Alemão, o estado já fez um Território da Paz. Mas como o Complexo do Alemão é muito grande, são mais de 100 mil moradores, o ministro pediu que a gente também entrasse, somasse força lá. Então nós estamos entrando no Complexo do Alemão também, com uma série de ações. E por último, na Zona Sul, estamos reforçando o Dona Marta. Aí são mais projetos sociais mesmo, esportivos, culturais etc.

Os projetos do Pronasci

Poderia falar um pouco sobre os projetos do Pronasci no Rio de Janeiro?

Os projetos que atuam prioritariamente nesses oito territórios, e que são uma concepção do Pronasci, são liderados por dois componentes bastante importantes: o componente de mulheres, que é o chamado Mulheres da Paz, e o componente de jovens, do Protejo, que nós atrelamos a um outro programa, chamado Reservista Cidadão. A concepção do Pronasci do Mulheres da Paz é a seguinte. Primeiro é acreditar que, nessas comunidades, as mulheres têm um papel fundamental, na medida em que a maioria das famílias não tem pais, apenas mulheres com filhos. Logo, as mulheres têm um papel fundamental, de certamente querer que seus filhos possam ter um bom futuro. Na Cidade de Deus, por exemplo, nós vamos selecionar agora 300 mulheres, que vão fazer parte de uma espécie de exército de Mulheres da Paz, vão ser capacitadas, vão exercer um papel de liderança na comunidade como um todo e vão fazer um trabalho importante de supervisão dos jovens.

Aí entra, talvez, a concepção principal do Pronasci: atuar junto aos jovens que estão em área de conflito, que são áreas onde há tráfico e onde eles são, normalmente, a mão de obra desse tráfico. Nós estamos entrando nessas áreas com o poder público, concorrendo com o tráfico. Estamos tirando o tráfico, entrando com a polícia pacificadora, acompanhando esses jovens. Damos a bolsa de R$ 100,00 para os jovens do Protejo e de R$ 190,00 para as mulheres do Mulheres da Paz. E aí acompanhamos, em horário integral. Fazemos com que esses jovens continuem nos seus estudos nas escolas formais, e ao mesmo tempo, no horário complementar, eles vão ter, no primeiro ano, atividades culturais, esportivas, e na área de tecnologia, de ciência de informática principalmente. Vão ser capacitados nessas áreas.

Como a prefeitura vai fazer isso?

A prefeitura vai licitar Oecips especializadas nesse tipo de trabalho. Aliás, é previsto em lei pelo Pronasci fazer isso. Oecip ou ONG. Eles abrem um pouco para ONGs também.

Convergências e parcerias

Nós entrevistamos algumas pessoas que estavam sendo capacitadas por programas do Senai, Senac. Vocês também vão buscar apoio dessas entidades?

Talvez. Nós vamos seguir a orientação da direção do Pronasci em nível federal. A ideia é fazer uma capacitação permanente dessas mulheres, fazer com que elas possam ser motivadas com essa bolsa e com o trabalho, e possam acompanhar esses jovens no primeiro ano, com essas atividades complementares de música, informática, tecnologia em geral e cultura; e que, no segundo ano, esses jovens possam entrar em cursos profissionalizantes. O Pronasci prevê por lei que esses jovens devem ter de 15 a 24 anos, então nós não podemos sair dessa faixa. Até havia uma proposta que foi para o Congresso com outra faixa etária, mas fizeram uma emenda, e acabou entre 15 e 24, o que não é o ideal para o Rio de Janeiro, porque o jovem participa do tráfico muito antes. Com 15 anos ele já é um veterano, eu diria. Mas ele então vai ter um acompanhamento, no primeiro ano, mais de complemento de estudo, e no segundo ano, um complemento de cursos profissionalizantes, coordenados pela Secretaria Municipal de Trabalho e Emprego.

O outro programa, que pega grande quantidade de jovens, é o Reservista Cidadão. É um projeto superinteressante, que pega os jovens de 19 a 24 anos que prestaram serviço militar e depois de um ano foram liberados, deram baixa. Esses jovens sabem manusear armas, por questões óbvias, são fisicamente fortes, porque passaram um ano fazendo educação física, saem do Exército e ficam soltos por aí. Nós temos recursos para pegar, nessas oito comunidades, uma média de 300 jovens em cada uma; mas, se houver 500 numa comunidade, o Pronasci vai abrir um recurso extra para complementar. A questão vai ser colocar todos em cursos profissionalizantes pesados. Dois anos de cursos profissionalizantes.

Esses jovens também podem ser recrutados pelo tráfico, não?

É. Como eles tiveram uma certa formação, de disciplina e de organização, se estiverem soltos, desempregados, podem ser uma mão de obra perigosa. Vamos dizer que, na Cidade de Deus, que tem 70 mil habitantes, haja dois mil desses jovens. Desses dois mil, mil estão saindo do Exército e já estão empregados, estão na vida. Então a gente vai atuar nos outros que não estiverem. Essa é a ideia: recrutarmos esses jovens, para eles fazerem uma série de cursos profissionalizantes, todos na área da vontade deles, da vocação deles.

É o mesmo desenho para os jovens que estão em situação vulnerável.

É o mesmo desenho, só que eles já vão para o curso profissionalizante no primeiro ano. Os jovens do Protejo só vão no segundo. Esses jovens serão priorizados no nosso banco de emprego. Existe o banco de emprego da Secretaria Municipal de Trabalho e Emprego.

Temos notado que a grande preocupação dos jovens do Protejo é o que vai acontecer quando acabar a bolsa, quando acabar esse período de engajamento no programa. Muitos acham que vão, de novo, cair numa grande falta de perspectiva.

Por isso é que eu acho que o Pronasci tem que ser um programa permanente, em que a experiência que se está começando a ter dessas ações gere alguma consequência em termos de novas ações. Talvez, esses jovens de 15, 16 anos, que hoje estão no Protejo, tenham que ficar acompanhados no Pronasci seis anos, sete anos, e não apenas dois. É provável. Ou, por exemplo, se o jovem do Protejo tiver 19, esses dois anos talvez sejam suficientes para ele poder se encaminhar para o mercado de trabalho. A ideia é fazer um acompanhamento permanente. Quer dizer, poder ampliar o número de comunidades, mas poder fazer com que esse jovem tenha um encaminhamento definitivo.

O Pronasci pressupõe uma relação de diálogo entre as três esferas, federal, estadual e municipal. Como é a relação entre vocês, governo do estado e governo municipal? Vocês entram juntos nos territórios?

Em alguns lugares, nós estamos entrando juntos. O governo do estado entrou em algumas comunidades da cidade do Rio de Janeiro porque a prefeitura se recusou; foi uma saída que o Pronasci, ou o ministro, teve junto ao governador. Pediu: "Olha, não dá para esperar sair o César Maia para podermos entrar no Complexo do Alemão com projetos sociais". Então o estado entrou. Aí nós acertamos o seguinte: em algumas dessas comunidades, o estado fica, a prefeitura não entra; em outras, que são muito grandes, o estado entrou e nós estamos entrando também, complementando. Com alguns cuidados. Por exemplo, onde tem Mulheres da Paz deles, nós não estamos entrando com Mulheres da Paz. Senão daqui a pouco tem Mulheres da Paz da prefeitura, Mulheres da Paz do estado, pode haver

Convergências e parcerias

329

alguma diferença de atuação, e gerar algum tipo de problema. Então, nós estamos tendo esse cuidado. Agora, nos outros projetos não. Nós estamos entrando firme no Complexo do Alemão, inclusive com construções físicas. O Pronasci, no caso do estado, em alguns lugares, está entrando com o PAC também. No Complexo do Alemão as obras são um negócio impressionante, se você der um pulo lá, vai achar que é uma revolução. Agora, a partir daí, dentro da cidade do Rio de Janeiro, o estado não vai mais entrar em atribuições da prefeitura. O que são atribuições da prefeitura? Mulher da Paz, Protejo, projetos culturais... Eles vão se manter nessas comunidades, mas não vão entrar em outras na cidade do Rio de Janeiro. Vão entrar em outros municípios do entorno do Rio, da metrópole.

Como funcionam as Praças da Juventude, como é a dinâmica disso?

A Praça da Juventude é um projeto criado pelo Ministério dos Esportes, que prevê se escolher, em áreas populares, áreas aproximadamente de 10 mil metros quadrados — o que é muito grande, estamos até mudando um pouquinho — para construir um campo *soçaite* com grama sintética, iluminado, um ginásio, também iluminado, para basquete e vôlei, e uma espécie de sede que seria o centro cultural, que poderia ter biblioteca, atividades culturais, atividades musicais e outras coisas. A partir dessa construção, quando o recurso é passado para as prefeituras, os municípios assumem a manutenção dessas praças.

E quem é a mão de obra que vai treinar, vai ser o técnico, vai organizar o time de futebol?

Isso é junto com a comunidade. É fomentado pelas secretarias municipais de Esporte e de Cultura, mas, certamente, junto. Por exemplo. Nós construímos a Praça da Juventude e ao mesmo tempo colocamos programas de atividades esportivas, que também são do Ministério dos Esportes, mas com o dinheiro do Pronasci. E aí esses programas entram com atividades de vôlei, futebol, basquete, junto dessas comunidades. Esses programas esportivos preveem contratar monitores da comunidade. Tirando o professor, o coordenador da atividade é da comunidade, é uma liderança. O monitor é da comunidade. Quer dizer, na verdade, você tem os professores, que são de fora, que vão ser contratados certamente pela Oecip exclusivamente para esses projetos, por tempo determinado, e o restante é da comunidade.

E quanto à área cultural, os chamados Pontos de Cultura?

É justamente nos Pontos de Cultura que nós estamos tendo mais problemas para aprovar os projetos, porque é o Ministério da Cultura que repassa o dinheiro. O Pronasci não poderia ser um programa que fosse paralelo às ações do governo federal. Não poderia haver dentro do Pronasci um miniministério da Cultura. Então, o que é que ele faz? Ele repassa o dinheiro para o Ministério da Cultura, e o Ministério da Cultura é que repassa para a prefeitura do Rio, para ela poder agir. Para isso, nós temos que aprovar os projetos junto ao Ministério da Cultura. Estamos ainda em fase de aprovação, porque os projetos do Ministério da Cultura são muito mais quadrados, são conservadores. Nós temos um projeto, por exemplo, da Rio Filmes, chamado Cinema na Praça. A ideia é botar um telão lá, com mil cadeiras, passar filmes e depois fazer um debate sobre os filmes. Com isso, poderíamos reunir mil pessoas da comunidade. Eles não têm isso. Eles têm projetos de cinema de videoclube, com aparelhos, em que você bota 50 pessoas assistindo, só. Dentro da comunidade não funciona, temos que fazer um negócio amplo, fazer debates...

O Ministério da Cultura tem muita dificuldade em atuar nessas áreas populares. Por exemplo. Nós aprovamos no Pronasci o Pontões de Cultura — temos Pontos de Cultura e Pontões. Pontão de Cultura é um recurso de R$ 500 mil reais, que pega todas as atividades culturais que já existem na comunidade e organiza, dá uma acelerada nessas atividades, mesmo que sejam atividades particulares. Por exemplo, Rocinha. Tem várias atividades lá. Aí o Ministério da Cultura não aceita que se tenha Pontão de Cultura sem ter Ponto de Cultura antes. Só que, para nós, dentro dessas comunidades, o Ponto de Cultura já existe, com outro nome. Por exemplo, esse Centro de Cidadania, que foi criado no segundo governo Brizola, que tem uma série de atividades culturais, para nós, ele já é um Ponto de Cultura. Para eles não. Para eles, Ponto de Cultura é aquele que eles criam e para o qual eles dão dinheiro. "Nós não demos dinheiro para a prefeitura do Rio para Ponto de Cultura na comunidade da Cidade de Deus, como é que vocês querem Pontão de Cultura?" Só que na Cidade de Deus existem 30 atividades culturais diferentes, que são independentes de governos; outras são de governo, do estado e da prefeitura; mas não são Pontos de Cultura porque nunca foram financiadas pelo Ministério da Cultura. Essa é uma briga. A outra é o videoclube. Eles dizem o seguinte: "Não aceitamos fazer Cinema na Praça. Vocês peguem o recurso desse Cinema da Praça que vocês querem fazer, e nós damos para vocês em equipamentos de videoclube".

Falei: "O que eu vou fazer com esse equipamento? Eu não quero equipamento. Eu quero é contratar uma Oecip que possa fazer o Cinema na Praça nessas comunidades todo final de semana!" O que a nossa Secretaria de Cultura aqui da prefeitura tem feito são reuniões nessas comunidades, para saber que atividades culturais elas querem; qual é a experiência que a comunidade já tem e o que ela quer. Uma pode querer samba, outra pode querer outro tipo de música...

Então, os projetos culturais são esses. Tem a biblioteca, que são os chamados Pontos de Leitura, um pouco baseados na experiência de Medelin, tem os Pontos de Cultura, os Pontões de Cultura, o Cinema na Praça, que é uma experiência superinteressante... Imagina, você pegar um filme que está passando no cinema ou passou um mês atrás e passar na comunidade. Vai ser uma avalanche, porque as pessoas não têm acesso ao cinema, para ver esse filme. Aí leva um ator lá, ou o diretor do filme, para fazer uma fala sobre o filme. Aí você aproveita, bota filmes explicando o que é o Pronasci, qual é a proposta... Eu e a Secretaria Municipal de Cultura estamos nessa briga com o Ministério da Cultura.

Há ainda os projetos na área de ciência e tecnologia. Tem um projeto Carioca Digital, que é uma espécie de inclusão digital, que é você criar áreas de acesso livre à internet nas comunidades, como tem no aeroporto. Não é transformar em *Lan House*, não, é ensinar, fazer com que as pessoas possam usar os instrumentos da internet. São quase cursos profissionalizantes de internet, voltados para esses jovens, mas também para a comunidade como um todo. Eles vão criar uns contêineres, botar lá os computadores, e aí, permanentemente, dar cursos, o tempo todo com um supervisor. E também tem a criação de um Território da Ciência, que é uma espécie de megacaminhão, que seria comprado, em que se faria exposições de ciência e de tecnologia para as comunidades.

Na Secretaria de Esporte tem os PELCs, que são cerca de 40 projetos esportivos em todas as comunidades. Um deles é interessante, é um projeto com o Degase — que são os centros de menores, centros de verdadeiros horrores. O projeto é entrar lá, pegar esses jovens e levar para as comunidades de origem deles, para que eles possam, junto com os outros, fazer atividades esportivas. E fazer um acompanhamento da família desse Degase. Na verdade é já começar a acompanhar o jovem que está detido, e, a partir do momento em que ele seja solto, fazer um acompanhamento dele, de dois anos. Porque, segundo as estatísticas, 60% dos jovens do Degase, quando são soltos, voltam para o crime.

Em termos de investimentos nesses territórios, a Secretaria de Obras está entrando com a construção de seis Praças da Juventude. Não em todos os territórios porque em alguns não têm lugar para colocar. A Secretaria Municipal de Habitação, que tem uma tradição, até pelo Favela Bairro, de urbanização dessas áreas, está entrando com a reforma de 20 praças e seu entorno na Cidade de Deus. A Cidade de Deus vai ganhar Praça da Juventude, mais a reforma de 20 praças, que estão muito abandonadas.

E a habitação propriamente dita, como é que fica? Porque um dos problemas mais complicados, no Rio de Janeiro e nas cidades brasileiras, é que as pessoas não têm onde morar, e então elas vão se amontoando. Por que, hoje, as favelas crescem, se adensam permanentemente? Porque vão chegando pessoas, vão construindo em cima da primeira casa uma segunda, uma terceira... O que está sendo pensado para essa questão central de habitação? Existe alguma coisa no Pronasci?

Não. O Pronasci proíbe que os recursos sejam para a construção de equipamentos. É engraçado que para a Praça da Juventude, eles conseguiram dar uma reinterpretação, porque eles consideram como se fosse um equipamento, não é uma construção. O Pronasci recomenda que essas ações, que são fundamentais, de construção de casas populares e tudo mais, sejam complementares, com programas parceiros, como é o caso do PAC.

Bom, Secretaria Municipal de Habitação, Secretaria de Obras, Cultura, Esporte, eu já falei. Na Saúde é o programa Médico de Família, PDF. É um programa de assistência local às famílias: cadastramento de cada família, acompanhamento por um médico. É um programa que tem origem em Cuba, que foi primeiro desenvolvido pelo José Roberto da Silveira em Niterói e hoje virou um programa federal. Secretaria Municipal de Trabalho, também já falei, é o programa Reservista Cidadão.

Os investimentos nas comunidades, basicamente, são esses. Tem núcleo de dependência química também. Esse ficou subordinado ao gabinete do prefeito. Isso vai ter bastante recurso. O negócio do *crack* está muito sério, e o governo federal está querendo investir muito nas metrópoles. A ideia é fazer núcleos de prevenção, capacitação e acompanhamento de jovens que são viciados. É um trabalho bastante pesado de se fazer.

Então, esses são os projetos sociais. Os projetos que eu chamo de estruturantes, muitos são na área de tecnologia e segurança. O primeiro é o videomonitoramento, que é muito calcado em Chicago, e inclui a instalação de uma central de vídeo e de 400 câmaras espalhadas pela cidade. Essas câmaras serão, prioritariamente, colocadas em eixos de turismo. O que eu chamo de eixo de turismo? Zona Sul do Rio de Janeiro, Centro, pontos turísticos. Umas 50 câmaras vão complementar na questão de trânsito da CET-Rio. A Zona Sul do Rio de Janeiro hoje, para vocês terem uma ideia, somando as da Secretaria de Segurança com as da CET-Rio, tem umas 40 câmaras. Até maio do ano que vem, nós vamos sair de 40 para 240, nos principais eixos de toda a Zona Sul. Vai ter câmara em toda a Rio Branco, estamos cercando o trenzinho do Corcovado, estamos cercando o Pão de Açúcar, o Sheraton da Barra e aquele Windsor, onde tem muito turista estrangeiro, que são assaltados direto ali. Passarela do Samba também.

Esse é um dos projetos estruturantes. O outro é a compra de armas não letais para a Guarda Municipal, que já está sendo feita. Eles têm que ser treinados, vão ter que receber o certificado para poder usar. É uma coisa meio delicada: dá choque, é a pimenta... Nós estamos, também, transformando as inspetorias da Guarda em espécies de delegacias legais.

O que são inspetorias legais?

Hoje, as guardas ficam descentralizadas, embaixo de viaduto... Nós estamos criando verdadeiros quartéis das guardas. Vão ser todas com rádio, com tecnologia, com câmaras em volta, enfim, totalmente modernizadas, digitais, gravando tudo, com uma comunicação perfeita, em locais confortáveis, onde eles possam trabalhar com dignidade. Nós estamos começando esse ano com cinco, pretendo alocar recursos para outras dez o ano que vem.

A Guarda Municipal tem acesso ao Bolsa-Formação?

Tem. Hoje, dos 5.200 guardas, já há 3.300 recebendo Bolsa-Formação de R$ 400,00 por mês. Para eles é um complemento grande, porque eles recebem uma média de R$ 900,00 líquidos por mês, e estão passando para R$ 1.300,00. E ao mesmo tempo se qualificando, permanentemente, com cursos, inclusive humanísticos, para o cara não achar que é um deus, que pode bater em todo mundo. Tem um lado de capacitação, formação de direitos humanos, cidadania. São cursos ministrados pelo próprio Ministério da Justiça.

O GGIM no Rio de Janeiro

Por tudo que você nos contou, o Rio de Janeiro nunca teve tanto recurso e tantos projetos sociais e de segurança.

É. Temos que ter a capacidade de executar. Que não é fácil. Conseguir dinheiro é difícil, mas acho que executar é mais difícil. Porque são 15 secretarias, cada um tem uma cabeça, e as pessoas podem ter outros interesses, políticos também. Quer dizer, tem que centrar. O prefeito me pediu que coordenasse isso com mão de ferro.

Como é a sua atuação no GGIM?

A primeira fase é a formatação dos projetos. Eu peguei duas, três pessoas de cada secretaria e criamos um grupo que se reúne eventualmente, que eu chamo de grupo de formulação, elaboração para captação de recursos. Esse grupo é o que propõe junto ao Sicon, que é o sistema do governo federal, entra no sistema com o projeto, e aprova, com a minha supervisão. Essa é uma fase que vai até a assinatura dos projetos. Começando os projetos, meu papel é supervisionar e integrar as atividades de todas as secretarias, e fazer uma espécie de fiscalização, ver se a coisa está andando. Saber se os jovens estão sendo capacitados, se as mulheres estão se reunindo, se o recurso está sendo bem aplicado. Quer dizer, de uma maneira fraternal, porque eu não quero passar por cima do secretário das áreas, faço uma supervisão, porque eu tenho responsabilidade de "prestar contas", inclusive pelo GGIM, junto ao ministro, ao professor Nado e tudo mais. É basicamente isso. E não é fácil, porque a Secretaria de Assistência Social coordena o Mulheres da Paz e o Protejo, mas no Protejo são ministrados cursos e atividades culturais e esportivas pela Secretaria de Esporte, de Cultura, de Trabalho, existe um núcleo de prevenção de drogas onde esses jovens também vão estar, e há as obras físicas, que vão ter que entrar, e há o acompanhamento das obras físicas... As pessoas têm que se conhecer. Esse meu grupo aqui, que elaborou, também é o grupo que vai estar muito à frente dos projetos nas comunidades, e todos já se conhecem. Eu fiz umas 20 reuniões, ao longo desse ano, com esse grupo todo junto; já viajamos juntos para Brasília; então, as pessoas se conhecem, fica mais fácil elas falarem a mesma linguagem. Esse é o desafio principal.

O estado do Rio e a cidade do Rio de Janeiro, em comparação com outras unidades da Federação, têm uma parceria mais estreita com o Pronasci? Recebem mais recursos?

Hoje, o Pronasci já está em 15 unidades da Federação. Para vocês terem uma ideia, é o seguinte: se você somar os recursos de todos os projetos, que são de R$ 103 milhões, mais os da Bolsa-Formação, que, ao longo do ano, são de cerca de R$ 20 milhões, a cidade do Rio de Janeiro está recebendo 10% de todo o orçamento do Pronasci no Brasil, este ano. Se você somar isso ao que o estado recebe, o estado do Rio de Janeiro está recebendo 20%. É um quinto. Agora, os outros recebem bem. Por exemplo, Canoas recebeu R$ 13 milhões, na Bahia, Pernambuco, Alagoas, Acre, alguns estão recebendo R$ 30 ou 40 milhões...

Mas os outros recursos são muito mais pulverizados, em diferentes estados.

É. Aí são duas considerações. Primeiro, a relação hoje existente entre o governo do estado e o governo federal, que é uma relação muito próxima; segundo, e principal, a constatação de que o Rio de Janeiro precisa mais. E o Pronasci, se der certo no Rio de Janeiro, dá certo no resto do Brasil.

Agora, com essa questão da Copa e das Olimpíadas, então...

É mais reforçado ainda.

Esses dois eventos abrem espaço de emprego para esses jovens que estão recebendo formação, para que eles possam se colocar. Porque essa é a grande questão: você pode dar a formação que quiser, mas se não existir espaço para as pessoas no mercado de trabalho, não vai ter jeito.

É. Por isso que tem que melhorar a situação do Rio. O Rio de Janeiro tem uma vocação turística fantástica. Qual é a cidade que tem a beleza do Rio de Janeiro? Por outro lado, as pessoas têm medo. A sensação de insegurança é monstruosa. Ou você melhora isso, ou... O Rio de Janeiro tem potencial para dobrar a capacidade de turismo estrangeiro e nacional. Quem é que não quer vir para o Rio de Janeiro? Mas as pessoas têm medo de vir. Eu viajo por aí, e as pessoas ficam perguntando, têm um pavor. Acham que literalmente todo mundo no Rio de Janeiro é assaltado todos os dias.

O que você acha que está bom ou não está bom nesse início da implantação do Pronasci no Rio?

Acho que o programa é revolucionário, na medida em que ele constata que tem que ser feito um trabalho integrado, que não adianta fazer só isso e não fazer aquilo; é um programa que tem a preocupação de ser permanente, de não ter uma visão partidária. Eu fui a Alagoas, o cara é do PSDB, está fazendo a campanha do Serra, e está recebendo recurso à vontade também. A preocupação que o ministro tem é que seja um programa permanente; que, com a iniciativa dele, do ministério dele, ele deixe um programa de cujos resultados nós possamos nos orgulhar daqui a 20 anos, que seja premiado, seja reconhecido, enfim, internacionalmente. Isso é a constatação positiva. A negativa é que o Ministério da Justiça, um ministério que teve sempre um recurso de fundo de segurança, é um ministério conservador; então, na hora que aparece dinheiro para projetos sociais, a máquina resiste, acha que dinheiro é para comprar metralhadora para a Polícia Federal. Esse é o lado negativo. Infelizmente, nós estamos trabalhando em horário integral desde a transição, eu forcei a barra, achando que ia começar tudo em junho, julho, estamos em novembro e vai começar agora. Nós vamos fazer um Território da Paz em dezembro. E olha que eu estou pressionando muito. Eles também protegem um pouco o ministro, no sentido de não falar com o ministro, de o ministro não se preocupar. O lado negativo é isso, é que a máquina não permite que as coisas sejam executadas numa velocidade maior, no Brasil. Essa é que é a realidade. Infelizmente, é uma constatação mesmo.

E como as comunidades, os beneficiários, têm recebido o Pronasci?

Eu posso falar do que eu vi pelo Brasil afora, porque eu fui a inaugurações de Território da Paz em diversos estados. As pessoas recebem muito bem, com extre-

Convergências e parcerias

ma felicidade, otimismo. As pessoas querem isso mesmo, querem investimento. O poder público, geralmente, é muito distante dessas populações. E acho que a proximidade do poder público dessas populações inibe a delinquência, o tráfico.

Você acha que o investimento público, esse conjunto de projetos, vai restringir efetivamente a ação do tráfico?

Vai se estiver conectado com outras ações. Se estiver lá a polícia pacificadora, que também iniba, na força, a presença do tráfico. Se você atuar no nicho onde os traficantes querem atuar, que são os jovens. Agora, se forem projetos muito soltos, eu acho que não. Mas acho que o tráfico entra, historicamente, onde eles conseguem se esconder melhor; e eles conseguem se esconder melhor onde o acesso é mais difícil. Então, se você melhora o acesso, se você melhora as condições, para o tráfico fica mais difícil. No Favela Bairro, eles resistiram em deixar construir as estradas para os carros entrarem, não queriam que os carros de polícia entrassem. Hoje em dia, onde tem o Favela Bairro, eles botam árvore na frente para não entrar, ficam criando obstáculos. Essa é uma realidade. Eles passaram a não ser contra, porque a população pressionou favoravelmente, mas eu acho que é real mesmo a relação entre presença do Estado e recuo do tráfico.

Você tem algum comentário final, que você queira acrescentar, em relação à sua trajetória ou ao Pronasci?

Não. Quero agradecer o interesse, a gentileza de me chamar, e dizer que eu acredito, ideologicamente, no Pronasci. Acho que a única maneira de melhorar a situação, o bem-estar futuro dos nossos filhos e netos e bisnetos — isso é mais para os outros do que para nós — é esse tipo de coisa, é, nas grandes metrópoles do Brasil, no Rio de Janeiro, você poder dar uma perspectiva de mobilidade social para essas populações. Essas populações ficam vendo a novela das nove, em que a classe média, nós aqui, nunca estamos trabalhando direito, estamos sempre ganhando dinheiro ilicitamente, pegando a mulher ou o marido dos outros. E tendo um consumo de lanchas, e de não sei o quê. O Rio de Janeiro tem a característica de que muitas comunidades estão no mesmo bairro da classe média. Aí as pessoas que estão dentro da comunidade não conseguem diferenciar quem é classe média e quem é rico, acham que todo mundo é rico. E aí há a falta de perspectiva de mobilidade social do jovem da comunidade. Então ele vai fazer o quê? Vai cuidar da vida dele. E é isso que ele faz. Acho que o poder público tem que conseguir mudar essa situação; e tem que ser um investimento ao longo de décadas mesmo, para daqui a 20 anos se poder colher algum resultado. E tem que começar agora, como se fosse para amanhã. Senão, nós vamos ficar criando cada vez mais fortalezas, saindo cada vez mais com vidros escuros, indo cada vez mais para o shopping.

PARTE III

O PRONASCI NA POLÍCIA MILITAR

Leonardo Zuma
Capitão da Polícia Militar, Coordenador das UPPs da Zona Sul do Rio de Janeiro

Entrevista feita no Rio de Janeiro em 4/3/2010

Ingresso na PM

Capitão, gostaríamos, para começar, que nos falasse um pouco das suas origens: onde nasceu, sua família, seus estudos.

Nasci no Rio de Janeiro em 1977, no Hospital Central da Polícia Militar, no Estácio. Na parte de pai da minha família, todos são oficiais da Polícia Militar. Meu avô é coronel, meus tios são coronéis, meu pai faleceu major em 1992, em decorrência de câncer. Na parte da minha mãe, a família vem de Minas Gerais. Inclusive, eu tenho um ascendente que foi ex-presidente do Brasil. Tio-avô do meu avô. Wenceslau Brás Gomes. Meu avô perdeu o pai também cedo e veio de Itajubá para o Rio de Janeiro. Entrou no banco para trabalhar como contínuo e acabou chegando a gerente. Se não me engano, terminou apenas o primeiro grau, mas se destacou. Hoje em dia não se consegue mais isso. Antigamente se conseguia essa ascensão.

Quando era criança, eu ainda falava para o meu pai que queria ser policial militar, mas era aquela coisa de imitar a profissão dele. Depois, na adolescência, tirei isso da cabeça totalmente. Quando terminei o segundo grau, tentei a Faculdade de Medicina e não passei. No ano seguinte eu estava tentando de novo, mas minha mãe, no último dia da inscrição para oficial da Polícia Militar, fez eu me inscrever. Acabei passando. Aí veio um monte de outros exames, físico, médico, e eu tinha que optar: ou ia fazer esses exames ou faria a segunda fase dos vestibulares. Abandonei todos os vestibulares e fiquei na Polícia. Me formei no ano 2000 e fui trabalhar em Barra do Piraí, no 10º Batalhão.

Como é a formação de oficial da Polícia Militar?

Hoje em dia, me parece que essa coisa do internato está mais amenizada, mas na minha época a gente passava praticamente três anos interno. Apenas no último ano a gente conseguiu uma liberação, na quarta-feira, para poder voltar às dez horas da noite ou às seis horas da manhã no dia seguinte. Eu não ia em casa, porque na época eu morava em Laranjeiras e não dava tempo. Era uma saída que a gente tinha para ir ao Carrefour ou a um *shopping* ali perto, só para espairecer um pouco, e voltar para a Academia. Acho que foi muito bom para a minha vida ter ficado esses três anos interno, porque aprendi a ter muita disciplina. A gente acordava às cinco e meia, seis horas da manhã, tinha que estar em forma com o chefe da turma — era um por semana, sempre mudava —, tinha que estar com tudo apurado, os alojamentos impecáveis. Havia também um chefe do apartamento, que mudava toda semana, e tudo tinha que estar sempre impecável, senão ele era punido. A gente tinha que ter cuidado com o fardamento, com asseio, com tudo. Na época eu tinha cabelo, então a gente tinha que ter um cuidado também com o corte de cabelo...

Passei algum tempo pensando sobre essa disciplina pela qual a gente passa. Como isso foi valoroso para mim. Vejo que muitas pessoas precisam muito de disciplina, na vida civil mesmo. Teve um conflito no Tibet pouco tempo atrás, aquele problema com a China, e eu vi na reportagem que os cidadãos tibetanos passam uma parte da vida deles em disciplina nos mosteiros. Coisa de dois, três anos, parecido com a Academia da Polícia Militar. Pensei: que coisa interessante, como isso deve repercutir na cultura deles.

O que permite que uma pessoa faça o curso de formação de oficial? É preciso fazer um concurso?

É, um concurso. Vestibular. O meu ano foi o último que foi feito pela Cesgranrio, no ano seguinte já começou a ser feito pela Uerj. Quando eu entrei, a idade limite era 27 anos para qualquer um do mundo civil, mas para quem já fosse militar, de qualquer força, ou da Polícia Militar ou Bombeiro, era estendido até 30 anos. Depois, durante eu acho que uns dois anos, eles liberaram a idade. Esse ano, escutei um boato de que havia voltado a ter limite.

Dentro da academia, não há só a questão da disciplina pessoal, do horário etc. Há também uma coisa de uma hierarquia muito grande. Uma severidade, às vezes até exacerbada com a disciplina, quando a gente se reporta a um superior. Incutem na gente, desde o primeiro ano, um medo pavoroso do superior. Eu não sei até que ponto isso é válido na nossa formação, ou até que ponto isso acaba tolhendo, mais tarde, a reivindicação de dignidade pelas praças. Isso está mudando hoje em dia. Mas eu vejo que algumas praças de antigamente, com quem eu cheguei a travar contato, tinham essa coisa do medo do oficial muito presente. Então eu, às vezes, me pergunto. Eu realmente não sei dizer se isso é válido ou não, essa extrema severidade e distanciamento. Acho que tem que haver um distanciamento, um respeito; mas até onde, eu não sei dizer. A gente acaba, na formação dos recrutas, de que eu já participei muitas vezes, repetindo de certa forma esse modelo. Na época, eu me perguntava se era válido repetir. Quando eles se formam, eu procuro mostrar que não é nada daquilo, mas no fundo eu acho que aquilo fica internalizado no subconsciente. Mas eu sei que, hoje em dia, tenho grandes amigos no meio das praças. E eu reputo isso, principalmente, a ter participado da formação de muitos deles. Fui instrutor e coordenador de curso de algumas turmas de formação do soldado, em Barra do Piraí e aqui na 1ª CIPM, que é a guarda palaciana do Palácio Guanabara.

Como foi sua experiência no início da carreira em Barra do Piraí?

Eu não conhecia o lugar. Um amigo meu de turma me convenceu de que a gente tinha que ir para lá, e botei como primeira opção Barra do Piraí. Como eu saí bem classificado na turma, peguei essa vaga. Acabei servindo lá seis anos. Conheci a cidade inteira. Durante um tempo, trabalhei destacado em Miguel Pereira e Paty de Alferes, comandando a 2ª Companhia. As companhias, lá, não são por especialidades, como ocorre em alguns batalhões aqui no Rio. Num batalhão, às vezes, você tem uma companhia de trânsito, outra de DPO — Destacamento de Polícia Ostensiva —, outra de RP — Rádio Patrulha. Lá não, as companhias são divididas por área. À época, quando eu cheguei, o 10º Batalhão cobria 16 municípios. Hoje cobre 11, porque criaram outro batalhão na área de Três Rios e Paraíba do Sul. A 2ª Companhia cobria Miguel Pereira e Paty de Alferes. Eu comandei lá durante um ano e pouco, e depois, o resto do tempo, trabalhei no batalhão. Nunca saí do corpo de alunos, mesmo estando destacado nas companhias. Fiquei quase três anos na 1ª Companhia, em Barra do Piraí.

Além do comando de tropa, o senhor teve experiência de policiamento ostensivo, de repressão?

Sim. Essas companhias destacadas são responsáveis, principalmente, pela articulação do policiamento na área. Eu trabalhei também, algum tempo, na administração do 10º Batalhão. Às vezes até acumulava, pela falta de oficiais: comandava a companhia, a parte operacional na rua, e tinha alguma função administrativa no batalhão. Isso chegou a acontecer em algumas épocas. Mas a maioria do tempo que eu trabalhei lá foi na parte operacional. E acho que pude realizar um bom trabalho. Fui sem experiência, mas acho que a disposição e a boa vontade superam isso tudo. Prendi muita gente lá. No interior a gente tinha um contato mais estreito com o Poder Judiciário e conseguia mandados. Por exemplo, ficávamos eu e dois policiais revezando as noites para filmar uma boca de fumo que tinha na cidade. A gente ficava num matagal no morro da frente, e a câmera que eu consegui aproximava bastante. Conseguimos filmar todas as pessoas que eram envolvidas com a boca de fumo, e aí levei ao juizado. Aquilo entrou como prova no processo. Consegui um mandado para umas dez casas na rua da boca de fumo. Eu tinha alguns informantes na rua, que diziam quem eram os traficantes. Então eu fiz todo esse levantamento. Porque a delegacia não fez.

Como foi esse processo de recrutar informantes?

Quando eu cheguei em Barra do Piraí, tinha muito tráfico na área, e ninguém fazia nada, porque o histórico que eles tinham lá na 1ª Companhia era de ter comandantes que comandavam meses e saíam. Então não havia tempo de o comandante tomar uma confiança com as pessoas da área, mostrar algum trabalho — o que gera mais confiança. Quando eu cheguei, os policiais da região já me conheciam do batalhão, porque mal ou bem quem trabalha no batalhão vê mais os policiais da 1ª Companhia, que fica lá também. Então, as praças lá confiavam mais em mim e começaram a falar: "Tem uma boca de fumo em tal lugar, pessoa tal envolvida, o endereço é tal". Eu comecei a levantar, e comecei a entrar. Arrebentava uma boca de fumo, e aí saía no jornal: "Tenente Zuma estoura boca de fumo no bairro Areal". Daqui a pouco, outra boca de fumo no bairro tal. Quatro presos. Comecei a ficar conhecido, e começou a chegar cada vez mais informação para mim. No final eu tinha uma pasta lotada, não tinha mais como articular para prender tanta gente de que eu tinha denúncia ali. Eu pegava um foco e fazia um de cada vez.

O Pronasci na Polícia Militar

O senhor teve ameaça de morte, alguma coisa assim?

Tive. À época, eu malhava todo dia num clube. A cidade era pequena, as pessoas sabiam que eu malhava lá, então teve época de eu entrar no clube e mandar a viatura ficar baseada na porta. Até porque era uma rua em que a gente estava tendo muito problema de furto de toca-fita nos carros. Eu também ia para a faculdade à noite, chegava em casa, às vezes, às 11 horas da noite, e sempre dava uma ligada para o 190, pedia para a viatura basear na porta do meu prédio.

Que faculdade o senhor fez em Barra do Piraí?

Fiz metade da Faculdade de Direito, porque aí fui transferido para o Rio. Até hoje, não consegui reabrir a faculdade. Eu julgo que direito é muito importante para a carreira. Porque a gente lida com a parte administrativa da Polícia, e grande parte dela é jurídica. A gente julga processos disciplinares, investiga crimes militares, faz IPM, Inquérito Policial Militar. Nesse momento a gente tem um contato direto com o direito, com o processo penal militar, e tem que ter um conhecimento disso tudo. Processo de deserção, por exemplo, que eu já tive que fazer. São vários procedimentos administrativos para se concretizar. E a gente tem que ter muito conhecimento de direito.

O GPAE do morro da Providência

Quando foi que o senhor regressou ao Rio?

Em fevereiro de 2007. Vim para comandar o GPAE do morro da Providência. É o chamado Grupamento de Policiamento em Áreas Especiais. Que acho que foi o embrião das UPP de hoje em dia. Não digo que foi a primeira tentativa, porque na década de 90 teve o Gape, que era o Grupamento de Aplicação Prático Escolar, realizado pelo coronel Cerqueira como uma tentativa de acabar com esse histórico da Polícia Militar aqui no Rio de Janeiro, de entradas episódicas nos morros. Essas entradas não resolviam o problema, mas acarretavam um histórico de violação aos direitos humanos, traziam insegurança mais que segurança. As operações redundavam em risco maior para a comunidade; geralmente não faziam muitos presos, e geravam também um risco para o policial militar, principalmente. O coronel Cerqueira foi responsável por começar a trazer essa filosofia da polícia comunitária. Engraçado que o Gape foi uma experiência piloto também no morro da Providência. Acabou que eles encerraram essas atividades do Gape, não sei dizer por quê. E em 2006 eles inauguraram o GPAE do morro da Providência. O GPAE teve dois comandantes em seis meses, e aí eu cheguei. Fiquei dois anos lá no GPAE, no morro da Providência. Para mim foi uma experiência muito rica. Os dois primeiros comandantes eram da minha turma de academia. O primeiro falou para mim que não aguentou, porque a corrupção estava muito grande no meio da tropa. O segundo a mesma coisa, não aguentou, me chamou e perguntou se eu queria ir para lá. Aí ele deu o meu nome para o comandante-geral à época, coronel Ubiratan, e eu fui. Cheguei às portas do carnaval.

Anteriormente o senhor não tinha tido nenhum tipo de formação no sentido de policiamento comunitário?

Não, não tinha. Na verdade, hoje, depois de ter feito cursos na área de polícia comunitária, de estar lidando com isso desde o início de 2007, eu vejo assim: o policiamento que é realizado no interior se aproxima muito de um policiamento comunitário, porque todos os policiais que patrulham a cidade do interior conhecem todo mundo, moram na cidade. Existe, por exemplo, um distrito de Barra do Piraí chamado Ipiabas. O pessoal que trabalhava no DPO de Ipiabas conhecia todos os comerciantes, todos os moradores, todas as ruas, sabia que eram as pessoas possivelmente envolvidas com todo tipo de crime, sabia do passado de todos os moradores. Isso se aproxima muito do que é o policiamento de proximidade, que é o policiamento comunitário. Pode-se até dizer que eles, sem saber, estão fazendo um policiamento comunitário.

O problema da formação do GPAE foi um problema que o coronel Ubiratan, que foi o idealizador daquilo, pode-se dizer, não deve ter previsto: por exemplo, ele inaugurava um GPAE e determinava que certas unidades da Polícia Militar apresentassem um certo quantitativo de policiais, para que aquela unidade começasse a funcionar. Só que ocorreu, e de repente ele não previu, que os comandantes das unidades não mandavam os melhores policiais que eles tinham no batalhão. Mandavam os policiais que tinham mais problemas disciplinares, possivelmente envolvidos com crimes. Essa foi a mão de obra inicial do GPAE do morro da Providência, como de outros GPAEs.

Mas por que eles faziam isso? Para que o projeto falisse?

Não. Porque, por exemplo, se eu sou comandante de um batalhão e tenho alguns poucos ótimos policiais, uma maioria que se mistura entre bons e razoáveis, e uma minoria de péssimos, que são problemas para mim no batalhão, e se eu sou determinado a apresentar 20 policiais, o que, para mim, já vai ser uma perda muito grande de efetivo para o meu policiamento, quem eu vou escolher? Eu posso escolher qualquer um? Então, eu vou mandar aqueles que me dão problema. Não era uma coisa de "vamos minar o trabalho do GPAE", mas isso acabou influenciando muito drasticamente para que alguns GPAEs não tivessem tido sucesso no seu policiamento. Eu fiz, agora, há pouco tempo, o curso de especialização na Polícia Militar de Minas Gerais, que equivale ao nosso curso de aperfeiçoamento de oficiais aqui no Rio de Janeiro, e a minha monografia foi sobre isso. Eu analisei as causas da falência de alguns GPAEs e tentei determinar algumas diretrizes básicas para que esse tipo de policiamento comunitário em favelas desse certo; e analisei o caso particular do morro da Providência. Eu transferi muitos policiais quando cheguei no morro da Providência.

Quantos GPAEs foram criados, além desse do morro da Providência?

Em 2000, foi criado o GPAE do Pavão-Pavãozinho. Em 2002 foram criados três GPAEs, o da Tijuca, que abrangia três morros, Casa Branca, Chácara do Céu e Formiga, o da Vila Cruzeiro, por causa da morte do Tim Lopes, e o do morro do Cavalão, em Niterói, por causa de uma manifestação que teve, em que queimaram um ônibus ali embaixo daquele túnel que liga Icaraí até São Francisco.

O senhor acha então que os GPAEs são a origem das UPPs?

Acho. Porque tirando o Gape da década de 90, o GPAE foi a primeira experiência que tentou acabar com essa filosofia de entrada episódica da polícia em áreas conflagradas pelo crime. Eu achei muito válido. A partir da identificação desses problemas, eu acho que foi criada a UPP.

No GPAE, a gente tinha teoricamente que se articular, porque um dos pressupostos da polícia comunitária é que o policial se articule com os órgãos civis, para que eles tragam melhorias urbanas, ambientais, e, com isso, façam o acompanhamento das escolas, tragam mais cidadania, democracia, bem-estar à população. O policial, segundo a filosofia da polícia comunitária, passa a ser um articulador comunitário. E a filosofia do GPAE previa isso. Só que, na verdade, a gente não tinha o apoio estatal para isso. Ali no GPAE da Providência, por exemplo, eu procurava a Light, procurava a Cedae, comecei a fazer contatos, conheci o diretor... O pessoal da Light dava apoio, mas...O que acontece? Os GPAEs foram criados com um efetivo pequeno e não qualificado, que era essa mão de obra expurgada dos batalhões. A gente tinha uma mão de obra não qualificada, e ainda que fosse qualificada, não era em número suficiente para dominar e retomar a hegemonia do território, que a gente sabe que não estava mais na mão do Estado.

Quando vieram as UPPs, elas resolveram isso. Como? Como é que se forma uma UPP? Com o policial recém-formado, do Centro de Formação e Aperfeiçoamento de Praças. Ele saiu da formação, vai direto para a UPP. O comandante que vai para aquela unidade leva aqueles cabos com que ele já trabalhou durante a vida profissional dele, que ele sabe que são pessoas de confiança, e leva, para ficar coordenando os grupos de soldados, que dali a um ano estarão totalmente experientes, já estarão com um traquejo, uma maleabilidade, uma experiência um pouco maior, e em número. A UPP, hoje em dia, vai com um número bem grande de policiais e consegue retomar, realmente, o território; consegue reprimir totalmente a ingerência do tráfico nas dinâmicas sociais ali dentro. Então o Estado retoma o território. Ainda assim, se encontra muita dificuldade. Porque a gente sabe que o tráfico de uma certa forma penetra, com o passar dos muitos anos, na mentalidade da comunidade, a gente sabe que tem muitas pessoas da comunidade que apoiam o tráfico, seja porque viram aquele menino crescer dentro da comunidade, seja porque é um filho, é um sobrinho, é o garoto que leva as compras para a mulher quando ela está chegando na beira da favela, é a pessoa a quem eles passaram anos recorrendo para dirimir seus conflitos sociais. É o traficante. De certa forma, aquela coisa perdura na mentalidade de algumas pessoas da comunidade. E isso não é uma coisa que vai acabar de uma hora para outra. Então, a UPP é um primeiro passo? É um primeiro passo, de retomada. Agora, isso vai demorar uma, duas, três gerações quem sabe, para que essas sociabilidades sejam reconstruídas ali dentro.

Dos GPAEs às UPPs

O senhor hoje é coordenador de UPPs, não é isso?

Das UPPs da Zona Sul. Trabalho com o coronel Carvalho, que é o comandante de todas as UPPs e todos os GPAEs. Coordenar essas UPPs está sendo bem mais fácil do que comandar o GPAE do morro da Providência... Eu me doei de corpo e alma ali. Quando eu fiz a minha monografia, acabei travando contato com a pesquisa de alguns estudiosos da área da antropologia da UnB, li muitos textos do Michel Misse, que fala sobre as redes sociais de proteção ao crime, que se interligam. E é uma verdade. Eu vi isso muito de perto dentro do morro da Providência. Por exemplo. Tinha uma boca de fumo lá, e da boca de fumo ao asfalto, era um corredor de uns 150, 200 metros. Nesse corredor tinha cinco bares, que funcionavam, praticamente, às custas dos viciados que ficavam ali o dia inteiro, na porta da Central do Brasil. Eu destruí aquela boca de fumo, tomei aquilo com a polícia e botei lá uma cabine blindada. Os bares tentaram funcionar ainda dois dias. Depois fecharam as portas, porque não vinha mais ninguém ali, não tinha mais cliente.

O tráfico inclui um mercado formal e informal. Ele forma redes sociais que incluem mercadorias políticas, que são a corrupção, a ameaça, a cobrança de segurança, um monte de coisa. E as pessoas passam a depender do tráfico de drogas para sustentar toda essa rede. E a gente vê que, quando se destrói o tráfico de drogas, a gente desmonta um baralho de cartas em volta. O dono do bar é uma pessoa de bem. Mas ficou sem cliente, teve que fechar as portas dele. E aí, como pegar essa pessoa que ficou sem aquele lucro, que era legal? É difícil você retomar a hegemonia num lugar desses, onde já está tudo construído em volta do tráfico. O tráfico, ali dentro da favela, é uma coisa normal, não é encarado como crime. Os jovens não encaram mais. Sabem que é crime, mas, ali dentro, são construídas novas legitimidades, aquilo ali passa a ser encarado como normal, legal. O colega que está no tráfico está num emprego como outro qualquer.

Eu sei disso, porque entrevistei garotos lá, que estão no tráfico. Aquilo se torna uma coisa natural dentro da comunidade. Para alguns. Porque tem parte da comunidade que não apoia. É a parte que é ameaçada, é a parte que não gosta de ver o traficante ali armado, se sente acuada. Geralmente são as pessoas mais antigas, os mais velhinhos, ou os que têm a família mais estruturada. Nas minhas entrevistas, eu identifiquei que o jovem que entra para o tráfico é geralmente o que tem a família mais desestruturada. Eu conversei com uma mãe de família que foi do tráfico, o marido dela era do tráfico. Ela falou para mim: "Eu enrolava droga na frente dos meus filhos; eu andava armada; eu tinha discussões com o meu marido de voar panela, de dar tiro para o alto; meu marido me batia; meus filhos todos foram traficantes. Um morreu na mão da polícia, o outro morreu de tuberculose, porque não aguentou cheirar cocaína". Acho que só tem um filho dela vivo, e também foi do tráfico, saiu. Dona Vanda. Ela se tornou minha amiga. Adorava o trabalho da polícia. Me abraçava quando me via. E ela, por ter sido uma pessoa do tráfico ali na região, os traficantes lá respeitam muito ela. Então ela podia se aproximar de mim, que os traficantes continuavam respeitando. Diferente de outras pessoas da comunidade, que foram ameaçadas porque se aproximaram de mim. Ela, não. Ela se aproximou, e não tinha esse problema; entrava na minha sala, eu fui na casa dela. E ela, hoje, é uma pessoa que é evangélica, não gosta do tráfico, não apoia, mas tem pena dos meninos, porque ela vê o que ali? Os filhos dela alguns anos atrás. Então é complicado, essa relação entre comunidade, tráfico e polícia é muito complicada. Fazer desabar toda uma relação que foi construída ali e que, nos últimos anos, vem tomando contornos tão violentos...

É uma relação que está muito enraizada, porque são anos e anos...

É. Isso é que eu fui percebendo lá no morro da Providência. As velhinhas que vinham falar comigo, que traziam denúncias, que não gostavam, que tinham uma família estruturada, e que viam até os filhos, às vezes, cambaleando entre a legalidade e o tráfico, eu fico pensando: daqui a alguns anos, daqui a dez anos, todas elas já morreram, todos esses idosos. E aí? E essa nova geração? Eu não vou ter ninguém que apoie a polícia ali dentro? Ou seja, a tendência é que, a cada geração, fique mais impenetrável a polícia ali, se crie, o que está se criando, uma cultura à parte, uma bolha de exclusão social ali, que daqui a pouco vai ficar difícil romper. Criam-se novas legitimidades, novas sociabilidades, novas identidades. Cria-se uma cultura em volta do tráfico, de se idealizar o traficante: "Eu quero ser um traficante quando crescer". Eu vi menino falar isso. Por quê? É um modelo de masculinidade. Até um livro que eu comprei agora fala sobre isso, sobre esses novos modelos de masculinidade que estão se construindo dentro desses lugares.

Por que sua coordenação das UPPs da Zona Sul tem sido mais fácil do que o trabalho do GPAE no morro da Providência?

Porque no GPAE, naqueles dois anos, teve época de eu trocar tiro todo dia. Para chegar na minha base de trabalho eu tinha que trocar tiro, para sair eu tinha que trocar tiro. Nas UPPs, não. O tráfico sai. Resiste alguma atividade do tráfico? Resiste. Mas sem arma e muito pontual, é até difícil de identificar e de configurar um flagrante de tráfico. O cara anda com muito pouco. Fica trabalho de formiguinha. E a lucratividade do tráfico cai absurdamente. Por conseguinte, quem estava trabalhando ali no tráfico vai procurar outro morro para ir; ou, quem não quer ser mais do tráfico consegue sair, consegue buscar novos caminhos. E o tráfico ali perde totalmente sua hegemonia. Então, é um trabalho muito mais fácil.

A gente teve um problema agora no Santa Marta. Logo no início da UPP, por exemplo, a comunidade foi direto lá, falar que um cara que era envolvido com o tráfico continuava no tráfico. Eles fizeram uma perseguição, o cara fugiu, eles entraram na casa e pegaram uma submetralhadora. Aí nunca mais se pegou arma lá. Agora, há pouco tempo, é que teve um caso, de uns policiais fazendo um patrulhamento de madrugada no morro, um rapaz estava lá, quando viu a polícia tentou correr, deu alguns tiros em cima dos policiais e sumiu no mapa. Foi tiro de arma de pequeno calibre. Não era um fuzil, era uma pistola ou um revólver. Ou seja, a característica é muito diferente. A UPP traz muito menos problemas do que traz um GPAE, em termos de troca de tiro.

O GPAE seria um espaço que ainda não foi pacificado, enquanto na UPP, quando vocês entram, já encontram o terreno limpo?

Geralmente, no GPAE, também acontecia isso. Ia o Bope antes, subia o morro, só que aí entrava o GPAE com pouco efetivo, um efetivo totalmente desqualificado, e voltava a ser tudo como era antes no quartel de Abrantes. Tem um pesquisador, Marcos Cardoso, que fez uma pesquisa etnográfica lá no Pavão-Pavãozinho, que foi o primeiro GPAE, e apontou isso. O tema da dissertação dele de mestrado foi "Eu finjo que não te vi, você finge que não me vê". Uma etnografia sobre a relação entre polícia, comunidade e tráfico. Ele falou isso, que a polícia ficava de um lado, não entrava no outro, o tráfico ficava à vontade do outro, não vinha para cá... Quando vinha — ele deve ter identificado isso, que é uma coisa que a gente identificou também no GPAE — e passava armado na frente do policial, o policial não podia fazer nada, porque estavam só ele e mais dois, e passavam 20 traficantes, tudo de fuzil. Vai fazer o quê? Vai morrer? Esse é o finjo que não te vi, você finge que não me vê. E isso trouxe algum descrédito para o trabalho do GPAE. Mas eu acredito que o GPAE sofreu uma avaliação séria por parte da Polícia Militar. Tanto que hoje em dia nós temos a UPP. Identificou-se que a qualidade da mão de obra que estava sendo mandada dos batalhões não estava sendo adequada, e então, agora, só vai recruta recém-formado. Pega-se 10, 20 policiais realmente com conduta ilibada para ficar à frente, toma-se totalmente o território, com muito efetivo, vai-se com bastante armamento, bastante viatura... Chega-se com uma estrutura. E há um apoio estatal. Porque a UPP virou um projeto de governo. Então, vem junto a Light, vem junto a Cedae, saneando, asfaltando, consertando as luzes dos postes, vem junto uma estrutura bem grande.

São quantas UPPs na Zona Sul? E como é o trabalho de coordenação?

Na Zona Sul, são quatro UPPs: Chapéu Mangueira e Babilônia, Pavão-Pavãozinho e Cantagalo, Santa Marta, e agora, Morro dos Cabritos e Ladeira dos Tabajaras. Eu dou apoio aos comandantes que estão na área. Por exemplo, a capitã Priscila estava com o DPO que existia lá no Santa Marta desde sempre — é o primeiro PPC, Posto de Policiamento Comunitário, que tem na subida do morro, bem ali embaixo mesmo — totalmente depredado, insalubre. Então eu vou lá no QG atrás de verba para consertar. A gente conseguiu, agora, quase R$ 20 mil para reformar o DPO todo. A gente vai botar telhado — o segundo andar estava em petição de miséria, as paredes estavam quebradas —, vai envidraçar toda a parte de baixo, botar bancada, rádio, telefone. Na Ladeira dos Tabajaras a unidade é recém-inaugurada, então a administração deles está funcionando ainda em contêiner. Já conseguimos o terreno, já estamos indo junto ao governo do estado para construir o prédio da sede. A gente vai articulando isso tudo, dando um suporte logístico e de pessoal. Às vezes, esses recrutas recém-formados foram mandados para lá sem perguntar se queriam ir. Muitos moram em Campo Grande, Santa Cruz, e trabalhar em Botafogo é complicado. Então a gente vai, pega um policial que está servindo na UPP do Batan, e tem interesse em servir na Zona Sul, e faz a permuta. Aí vai ajeitando as coisas, vai fazendo essa articulação.

E como é que vocês acompanham os resultados?

Estamos começando a montar um controle estatístico. Eu, inclusive, estou junto com duas pesquisadoras de Minas Gerais, estamos montando um artigo para enviar para um seminário que vai ter no Marrocos. Elas estão contando comigo para montar a parte escrita. E um dos levantamentos que a gente já está fazendo lá no CPCOM, que é o Comando de Policiamento Comunitário, é essa estatística do antes e depois. A minha monografia, por exemplo, foi um trabalho cavalar. Eu tive que ficar, acho que três semanas, virando página por página de quatro anos e meio de ocorrências no morro da Providência e no seu entorno, na 4ª DP. Virei página por página e gerei as estatísticas todas. E descobri muita coisa. Coisas que eu, como comandante lá, não sabia. Por exemplo, que pessoas eram penalizadas pelo tráfico dentro do morro da Providência. Mensalmente, tinha um quantitativo de pessoas que apareciam no hospital ali no centro da cidade, o Sousa Aguiar, com tiro em ambas as mãos, ambos os pés. Alguns falavam que tinha sido traficante do morro da Providência, outros não falavam nada. Mas, pelo tipo de ferimento, a gente sabia que tinha sido penalização do tráfico, ou porque estava devendo droga, ou por algum motivo. Então a gente viu que durante o período do GPAE essas penalizações não diminuíram. Mas a gente teve um período lá, de seis meses, em que o Exército ocupou o morro da Providência — que terminou com aquele evento fatídico dos três jovens que foram entregues por um tenente do Exército no morro do São Carlos. Durante esses seis meses, as penalizações praticamente zeraram, porque o Exército tomou beco por beco do morro. Foi a época em que a gente ficou mais tranquilo lá. Ou seja, a gente vê que, para retomar a hegemonia do Estado nesses locais, é fundamental, de início, tomar todo o território. O tráfico não pode mais ostentar arma, não pode mais vender droga. Vai vender? A gente sabe que vai continuar vendendo, que o tráfico é muito difícil de acabar. O cara acaba indo de formiguinha, ali na Central do Brasil, vai acabar vendendo alguma coisa. Mas, pelo menos, a gente tem que tentar acabar.

E o plano de avanço das UPPs? Como é que vão ser feitas as demais ocupações?

Na verdade, isso é uma coisa que está já em outro nível de governo. A gente não sabe, só tem conhecimento quando está para acontecer. Tem que ser uma área conflagrada pelo tráfico. Agora, eles não dizem onde vai ser a próxima, porque a gente não sabe quais as consequências que isso pode ter. Represália do tráfico, represália contra a polícia... Quando eles decidem, mandam a gente fazer o levantamento da área, mandam a P2 fazer uma previsão de quantos policiais se vai precisar... Por exemplo, a Cidade de Deus é muito grande. Antes, ali era um DPO que tinha, para cobrir tudo, meia dúzia de policiais, três, dois por dia. Então a gente fez uma previsão de 260 policiais para tomar a Cidade de Deus. E a gente vê que não foi suficiente. Vê o que aconteceu na noite em que tocaram fogo num ônibus, em represália à prisão de um traficante.

Pela sua experiência, em termos de estratégia, o senhor acha que seria mais interessante fechar a Zona Sul e depois fechar a Zona Norte, ou ir plantando UPPs em várias zonas?

A gente tem um grande problema no Rio de Janeiro, que é o Complexo do Alemão. Eu sei porque eu conheço um rapaz que foi do tráfico, ali no Complexo, e se tornou, posso dizer, até meu amigo. Ex-militar, ele era atirador de elite do Exército. E aí entrou para o tráfico. O Exército tem um tempo para servir. No final de cinco, seis anos, é morte súbita, no dia seguinte o soldado é civil. Ele acabou sendo recrutado. Morou lá, conhecia todos os traficantes desde criança. Aquela coisa de morar dentro da favela, você conhece todos eles. Ele falou para mim tudo que ele fez. Já matou, já roubou. Hoje, saiu, trabalha com negócio de vidro de carro; conserta, coloca, tira vidro. Ele me contou a história toda dele. Eu vim a conhecer ele tem uns três anos. Ele me fala como é o tráfico lá dentro. É muito pesado. Há quantos anos a polícia não entra lá? Não tem nem condição de entrar, hoje em dia.

O Pronasci e as UPPs

O senhor está ligado a algum programa do Pronasci?

Eu sou ligado aos cursos de ensino a distância, que é um dos programas do Pronasci. Sou tutor do EAD. Os cursos são bem *legais*. O material é muito bom.

É aquele material do qual uma parte é elaborada em Brasília e as outras pelas universidades, não é?

Isso. Tem vários oficiais que fazem os cursos. Tem o curso de aspectos jurídicos da abordagem policial, por exemplo. É dado por um coronel de Minas Gerais, que eu até conheci, foi meu instrutor no curso que eu fiz lá em Minas. Fiquei quase dez meses lá, fazendo esse Cesp, Curso de Especialização em Segurança Pública. Aí eu fui pegar o material desses aspectos jurídicos da abordagem, e ele é o cara que montou o material, que está disponível na internet para os alunos. Ou seja, são pessoas gabaritadas que montam as apostilas, e o material fica muito bom. Para o pessoal da Polícia, mesmo do Bombeiro, até para o cidadão tomar conhecimento dos seus direitos, é um material muito bom, muito *legal*.

O Pronasci na Polícia Militar

Como é que se dá a articulação do Pronasci com as UPPs? A ideia das UPPs não partiu do Pronasci.

Não. Pode até ser que o Pronasci tenha dado alguma colaboração. Eu não tenho visto. Por exemplo, no morro da Providência, tinha lá o Mulheres da Paz. Mas eles não se articulavam comigo para estarem funcionando no morro da Providência. Nunca ninguém foi lá falar comigo, ou se apresentar, ou nada. Mas eu sabia que eles promoviam esse projeto lá dentro. Agora, nas UPPs, eu não tenho, diretamente comigo, ninguém do Pronasci articulado.

Não é que o Pronasci seja o dono das UPPs; mas, para as UPPs funcionarem, tem dinheiro do Pronasci, não é?

Tem. Teve também estadual, porque a gente planejou. Mas eu sei que teve verba federal sim, do Pronasci. A interlocução com o Pronasci é basicamente voltada para essa parte logística, e de formação também. Esses cursos mesmo, de ensino a distância, são muito bons. Por exemplo, eu fiz o curso presencial de uso progressivo da força e tecnologias não letais, em Brasília. Assim que eu cheguei, o major Carlos Henrique, que é o gestor estadual do Pronasci, veio falar comigo: "Vou montar o curso presencial aqui no Rio". Aí veio uma verba de um milhão do Pronasci, para comprar o material para ser utilizado. Eu fiz a lista do material que precisaria comprar e de quantas turmas daria para formar. E está em vias de sair esse curso. É um curso importante. Se a gente pega as últimas atuações da polícia, que saíram negativamente na mídia, como uso indevido da arma de fogo, uso desproporcional da força, a gente vê que é fundamental para o policial ter noções desse "uso progressivo da força". E o Pronasci vem, realmente, investindo nos cursos, até de formação de policiais, batendo sempre nessa tecla: cidadania, uso da força, embasamento jurídico.

E armamento não letal? Vocês já estão usando dentro das UPPs?

Parece que estão comprando. A Polícia está comprando os *tasers*. Fora, a gente já usava também o gás lacrimogêneo, o gás pimenta, para controle de distúrbios civis, aquelas granadas de efeito moral. Isso a polícia já tinha. A novidade mesmo é o *taser*. É um aparelhinho de ondas T, que dispara dardos na pessoa, e a pessoa fica imobilizada durante alguns segundos. É fundamental. No mundo inteiro as polícias estão adquirindo o *taser*. É bem impressionante a capacidade de incapacitação desse equipamento. Salva vidas. Evita o policial ter que usar arma de fogo.

Das quatro UPPs sob sua coordenação, qual está funcionando melhor, em termos de apresentar resultados?

Por enquanto, estão todas tranquilas. Não está havendo confronto armado, não está havendo nada. A gente está atingindo o objetivo para o qual a UPP foi criada. O caso mais problemático talvez tenha sido o do Pavão-Pavãozinho. A gente teve um caso de represália do tráfico, que queimou um ônibus na avenida Nossa Senhora de Copacabana. Esse é o tráfico estertorando. Depois ainda teve mais algumas apreensões de arma lá, prisões de traficantes que foram lá de madrugada para buscar armamento que estava enterrado, e foram presos.

Como vocês descobrem armamento enterrado?

Vai fuçando. Você vai entrando na mata que tem lá para cima, vê o chão meio cavoucado, desconfia, cava. Eu peguei muita droga assim, também, em Barra do Piraí. Os traficantes lá não ficavam com droga dentro de casa, enterravam no quintal. A gente vai olhando onde está mais ou menos cavoucado, pega a enxada e mete no chão. Acha. É a mesma coisa. Acharam uma toca subterrânea no meio da mata, um quartinho construído em baixo da terra. Só que não tinha mais arma nenhuma. Mas aí descobriram que lá era um possível paiol da guarda. Esses caras foram buscar arma lá dentro do morro, rodaram, foram presos.

Vocês efetuaram alguma prisão de chefe de narcotráfico?

Aí é mais o pessoal da Inteligência, o pessoal da Civil. Vai monitorando, monitorando, acaba prendendo. Ou dá a informação, para a gente ir lá prender. Ou às vezes, por exemplo, lá na Cidade de Deus, anteontem foi preso um com 70 papelotes de cocaína. Era um dos braços direito lá. Por isso que teve essa represália, queimaram o ônibus, deixaram 13 pessoas gravemente feridas. Quando dá uma sorte de pegar um cara desses, isso acaba desestimulando o tráfico no local, vai tendo prisão, prisão, prisão, não tem mais espaço para andar armado, com o tempo acaba. Eles tentam. Por experiência, a gente sabe que eles não entregam os pontos de imediato. Eles vão tentar, ainda, manter as atividades, vão tentar corromper a tropa, vão tentar de todas as maneiras manter o *status quo*. Mas com a tropa que está, recém-formada, o pessoal todo sai idealista da academia. Então eles não encontram espaço para corrupção.

A previsão é que esses policiais que estão se formando agora fiquem bastante tempo em cada UPP. Na verdade, se o tempo passa, há uma tendência de se adquirir alguns vícios. Vocês têm algum plano de fazer uma rotatividade desse pessoal?

É lógico que em 12 anos de trabalho na Polícia Militar eu já vi corrupção acontecer. E não só na Polícia, vi corrupção em vários órgãos de governo. Então a gente sabe que isso se embrenha na malha da gente, de uma forma que às vezes é difícil você prender, identificar, provar. Mas a gente sabe que quando se forma um time, se aquele time ali está fechado, é difícil se corromper. Eu quero até escrever um trabalho sobre isso. A gente vê as várias formas como a pessoa acaba se corrompendo, e eu queria até fazer uma análise de cada uma dessas formas. Muitas pessoas são levadas pela impossibilidade de combater, são levadas pelo meio, são obrigadas, outras acabam se seduzindo pela facilidade, porque um ou outro acaba levando. Então a gente pensa que de repente, na UPP, isso não vá acontecer, porque o time está ali formado, e se um furar, os outros todos se fecham. O grupo acaba se blindando. Tem uma equipe na UPP. Todo mundo ali é idealista, os policiais antigos que são levados são policiais bons, então todo mundo trabalha num clima extremamente amistoso. Os comandantes também são extremamente escolhidos.

Se o policial fica muito tempo numa região, não surge também um excesso de intimidade? Isso não atrapalha?

Às vezes atrapalha. O policial tem que ser muito bem orientado pelo comandante dele. Porque o excesso de intimidade não pode se tornar prevaricação, ou subserviência, ou condescendência criminosa. Às vezes o cara acaba se tornando seu amigo, é uma pessoa que você vê todo dia... É muito complicado você, às vezes, estar próximo e ter que disciplinar. Porque o policial, ao mesmo tempo que ele é um garantidor de direitos, ele tem a função de disciplinar. É uma função difícil. Às vezes você pode disciplinar com carinho, e às vezes você tem que disciplinar com mais severidade. A gente tem um exemplo. A capitã Priscila me falou que fez um curso de multiplicador de polícia comunitária internacional em São Paulo — tem o curso de promotor de polícia comunitária e tem o curso de multiplicador, que é um pouco mais longo, geralmente vão oficiais que voltam para suas corporações com a missão de pegar aquele curso e ir multiplicando conhecimentos. Mas então ela conversou nesse curso com um policial japonês: "Vem cá. O que é que vocês fazem, no Japão, quando alguém desobedece a ordem de vocês? Porque isso, aqui no Rio de Janeiro, é muito comum. A gente dá uma ordem, e a pessoa, simplesmente, se recusa a cumprir. A gente tem que levar preso. E, às vezes, a pessoa não aceita a voz de prisão, resiste. E aí você tem que usar a força. E isso vai numa infinidade de matizes." O policial perguntou a ela: "Mas como assim? Se a pessoa não me obedece?" Ela: "É. Quando você fala para a comunidade: não pode entrar nessa rua, ou não vai por aqui, ou qualquer coisa. Dá alguma ordem legal, dentro do poder de polícia. Como é que você faz quando a pessoa não obedece?" Ele: "Não, mas não estou entendendo. Lá, todo mundo obedece." Não tem essa de não obedecer. Se bobear, no Japão, não tem nenhuma norma penal que puna a pessoa que desobedece a uma ordem de uma autoridade, porque lá todo mundo acata uma ordem legal da autoridade policial. Ou seja, é uma realidade totalmente diferente da nossa. E é *legal*, nesses cursos, a gente tomar conhecimento dessas outras realidades. Aqui no Brasil, a gente convive com isso. No Rio de Janeiro, então, demais.

Vander Pereira Pinto
Cabo da Polícia Militar

Entrevista feita no Rio de Janeiro em 4/3/2010

Primeira experiência de policiamento comunitário

Vamos começar perguntando onde você nasceu, onde estudou, como foi sua infância, como você escolheu ser policial.

Eu nasci no Rio de Janeiro, no bairro de Madureira, no dia 25 de julho de 1972. Minha infância foi religiosa, meus pais são evangélicos. Fiz o primeiro e o segundo graus, e trabalhei em diversas atividades antes de ingressar na Polícia. Em 1997, estudei para entrar para a Polícia Militar e passei no concurso de 1998. Foi uma opção de trabalho mesmo, um pouco complicada, um pouco difícil, mas eu sempre pensei na carreira militar. Já que não tive a oportunidade de ser militar das forças armadas, ingressei na Polícia Militar. Vou fazer 12 anos na Polícia. Entrei como soldado e após oito anos fui a cabo. Sou cabo da Polícia Militar.

Seus pais trabalhavam com quê? Você tem irmãos?

Meu pai é comerciante, minha mãe é do lar. Tenho dois irmãos. Um é bombeiro, o outro trabalha na parte de telemarketing. Sou casado e tenho um filho de 7 anos.

Quando você optou pela carreira de policial militar, você queria ir para a rua, fazer policiamento ostensivo, esse tipo de coisa?

Isso. Porque eu já tinha a experiência de um amigo do meu pai. Ele vibrava com a Polícia Militar, e aquilo me cativou um pouco. Optei por ser policial militar e graças a Deus passei de primeira. O início sempre é um pouco difícil, devido a algumas dificuldades que você tem, por não ser militar, de se adaptar ao militarismo. Mas graças a Deus, depois, foi tudo normal.

Ser policial não deve ser fácil mesmo, é uma profissão que tem um nível de risco muito alto, de estresse também. E ainda por cima, uma parte da sociedade tem uma imagem negativa da polícia, como se todos os policiais fossem corruptos, enfim, fossem maus policiais. Como você lidou com essas duas coisas?

Acho que até hoje a gente luta. É uma briga incessante. Porque as pessoas, familiares, amigos, não me veem como Vander, me veem como policial. E a crítica sempre é em cima. A própria família mesmo te julga, como se você fosse um policial corrupto. Eu tenho 12 anos na Polícia, nunca tive uma punição, nunca tive um atraso. A corrupção, infelizmente, existe, e você tem que entrar para fazer a diferença.

Como foi o seu curso de formação para entrar na Polícia?

O curso de formação foram nove meses. Foi no CFAP, no período de julho de 1998 a março de 1999. Foi um período difícil, porém gratificante, porque no CFAP você aprende muita coisa. Após a formação, fui designado para o 19º Batalhão de Polícia Militar, em Copacabana, e permaneci ali por 10 anos, até ser transferido para a UPP do Batan, em Realengo. Já em Copacabana eu fazia policiamento comunitário. No CFAP eu não tive formação de policiamento comunitário, mas chegando no 19º fui fazer o curso. Trabalhei em dois sub-bairros de Copacabana, no Leme e no Bairro Peixoto.

Quer dizer que você não teve formação na área de policiamento comunitário, mas sua primeira atividade foi essa. Na verdade, foi um aprendizado.

Foi. Durante o período de formação, você tem o estágio. O meu foi no Gepe, Grupamento Especial de Policiamento em Estádios, e foi uma experiência muito boa. Depois disso fui designado para o policiamento comunitário, que é um tipo de policiamento em que você tem que interagir com a comunidade. A gente participava de reuniões de associação de moradores, resolvia problema de iluminação,

O Pronasci na Polícia Militar **361**

problema de poda de árvore, era tipo o xerife da localidade. E essa interação com a comunidade, realmente, era muito boa. Fiquei no policiamento comunitário durante seis anos.

O que você aprendeu nesse policiamento comunitário, você está aplicando no Batan?

Estou aplicando, sim. Alguns aspectos são diferentes, por uma questão de localidade. O policiamento no asfalto é um pouco diferenciado do de uma área de risco. Algumas coisas são mais complicadas com relação a tráfico. Mas a experiência de interação com a comunidade que eu tive no Leme, eu estou levando para a comunidade do Batan.

Como é que você foi parar no Batan?

Eu fui convidado. Trabalhei com o capitão Eliezer, que foi o primeiro comandante da UPP do Batan, e ele me convidou. Ele já sabia da minha experiência, já tinha trabalhado comigo, me fez o convite, e fui trabalhar com ele.

A UPP do Batan

E como é essa experiência de trabalhar no Batan? Quais são as características do Batan e como é a UPP lá?

No início foi um pouco complicado, porque os problemas de tráfico lá eram muito grandes. Depois disso, veio a milícia. E, nessa milícia, houve o caso dos jornalistas do jornal *O Dia* que foram torturados. Então a Secretaria Estadual de Segurança implementou no local o policiamento comunitário, as Unidades de Polícia Pacificadora. E daí em diante a interação da comunidade com a Polícia foi de suma importância. A gente sabe quem é o morador, sabe quem mora na rua, sabe quem são as pessoas, interage com os comerciantes, então, isso foi muito bom. E eu também trouxe a experiência do policiamento comunitário de Copacabana para a UPP. O Batan é um bairro que fica situado em Realengo e não tem um aspecto de favela. É um bairro muito organizado, mas que teve os seus problemas com o tráfico. Infelizmente.

Como é Batan? É plano? Tem todos os recursos, esgoto, água, luz?

É plano. Tem esses recursos, mas com algumas limitações. Acho que na parte social ainda falta um pouco. Mas, com o decorrer, isso, com certeza, vai vir.

Você sabe como nasceu a iniciativa das UPPs?

A primeira UPP foi na comunidade do Santa Marta, em Botafogo. Depois isso foi designado para as outras comunidades. Eu estou na Polícia há quase 12 anos, e nunca vi um interesse da Secretaria Estadual de Segurança em fazer esse policiamento comunitário. Hoje, a secretaria realmente está fazendo um bom trabalho. O secretário de Segurança José Beltrame, junto com o nosso governador, montou essas Unidades de Polícia Pacificadora nas localidades onde havia alguns conflitos, tráfico e milícias.

Se a primeira UPP foi instalada no Dona Marta em 2008, isso ocorreu basicamente na mesma época em que começou a funcionar o Pronasci. Como você vê o Pronasci?

O Pronasci é uma iniciativa do governo federal. E muito boa. A gente que está na Polícia nunca viu, em outros governos, uma iniciativa dessas. Eu tive a experiência de dar o meu depoimento em Brasília; fui convidado, junto com outro companheiro da Polícia Militar, e fomos dar o nosso depoimento a uma Comissão de Gestores do Pronasci. O Pronasci é de suma importância na minha vida, porque é uma iniciativa que facilita. Graças a ele eu fiz a reforma da minha casa. Passei seis meses juntando o dinheiro do Pronasci, e os outros seis meses foram de trabalho na obra. Outros companheiros financiaram carros, fizeram algumas coisas para os filhos, para a família. Está sendo muito boa a iniciativa do Pronasci, do governo federal.

Você está se referindo ao programa Bolsa-Formação? Mas esse dinheiro, que vocês recebem como uma bolsa, também impõe um compromisso: os cursos. Como você vê a questão dos cursos?

A vantagem aí é mais pelo lado profissional. Eu já fiz uns cinco cursos. Como eu fazia parte do serviço reservado da Polícia, da P2, então eu já fiz cursos destinados à minha parte profissional. Fiz busca e apreensão e também outros cursos. Gostaria até de fazer mais alguns, de policiamento comunitário. Para a questão profissional, isso está sendo de suma importância. Muito bom mesmo. Daí a gente consegue extrair várias coisas, vários conhecimentos para uma melhora profissional.

Quais são os cursos mais procurados?

No início, quando eu estava em Copacabana, era busca e apreensão. Agora, no Batan, está sendo o curso sobre violência contra a mulher. Na próxima oportunidade eu vou fazer esse curso, porque é uma ocorrência que o policiamento está combatendo muito lá no Batan. Eu já me deparei com umas cinco ocorrências de violência doméstica. E é um assunto, infelizmente, chato. Então, esse curso será importante para mim. É o que eu vou fazer na próxima oportunidade.

Conte um pouco da sua experiência no Batan. Piores momentos, melhores momentos...

A UPP do Batan foi implantada em fevereiro de 2009, fui à inauguração e permaneço até hoje. Fiz um ano no Batan. Os melhores momentos... No início, tudo é um pouco difícil. A sociedade não está acostumada com o policiamento comunitário. Ela conhece aquele policiamento em que as pessoas não têm uma intimidade com o policial, veem o policial com uma distância muito grande. Então a UPP, o policiamento comunitário, veio para aproximar a Polícia da sociedade. O primeiro momento foi um pouco complicado, mas hoje a interação está muito boa. A gente, realmente, tem uma aproximação muito grande com a comunidade. Graças a Deus, piores momentos, eu não tive. Espero não ter.

Antes de ser implantada uma UPP, há um primeiro momento de ocupação, que é um tratamento mais de choque. O que você ouviu falar desse primeiro momento?

É. Realmente, da parte em que a polícia tem que dar aquele choque de ordem, eu não participei. Mas isso tem que ter. Eu acredito que esse policiamento comunitário seja a ponta de um programa que realmente vai dar certo. Porque eu vim de várias experiências disso, e acredito que esse seja um módulo de policiamento que tem tudo para dar certo.

O policial que faz o policiamento comunitário usa armamento não letal ou armamento letal?

No momento, a polícia está usando armamento não letal. É de suma importância esse tipo de armamento, porque num conflito de bar, num tumulto, você o usaria, se necessário.

Como você vê a continuidade das UPPs, havendo mudança de governo?

Isso é uma dúvida. Eu gosto de trabalhar nesse tipo de policiamento. Foi um dos melhores serviços que eu já tive na Polícia. A população vê a Polícia mais com maus olhos, e com essa aproximação do policiamento comunitário começou a ver com outros olhos. Era isso que a gente fazia no policiamento comunitário do Leme, de Copacabana. As pessoas te convidavam para reuniões de condomínios, para tentar solucionar problemas. Essa interação é muito importante. E isso eu consegui levar para o policiamento do Batan.

No caso de haver uma transição de governo, eu gostaria, independentemente do governo, que o programa das UPPs continuasse. A grande dúvida, o grande medo, que eu vejo, é da população do Batan. E eu acredito que seja assim nas outras UPPs também. A comunidade já pegou confiança na Polícia. O medo da população é de, hoje, a Polícia estar na localidade com o policiamento comunitário e amanhã não estar mais. Ela tem muito medo disso: "Ah, hoje vocês estão aqui, mas amanhã podem não estar". Eu vejo uma ansiedade, um medo muito grande disso, principalmente nas comunidades que foram contempladas com as UPPs.

Você acha, então, que vocês já estão num momento em que a comunidade não abre mão desse policiamento.

Não abre mão. Eles falam para a gente: "E aí, vai acabar ou não vai?" — "Não. Eu acredito que vai continuar. Isso é um programa do secretário de Segurança, é uma coisa que ele formalizou junto, claro, com o nosso governador, e eu acredito, sim, que vá continuar". Esse medo da população, de acabarem as UPPs, isso aí existe, com certeza.

Até porque essas comunidades ficam muito expostas. Todas essas que de alguma forma estabeleceram alguma relação com a polícia, se os traficantes voltarem, vão sofrer retaliações.

Retaliações, com certeza. Porque as pessoas pegam uma amizade, uma intimidade com o policial, aí você tira o policial da comunidade, volta a milícia, voltam os traficantes, e alguns traficantes sabem que o morador teve aquele convívio com o policial. Então, com certeza, ele sofre represálias, sim.

Você teria alguma sugestão a fazer em relação à configuração da UPP do Batan?

Existem lá vários projetos, que começaram com o capitão Eliezer, e aos quais o capitão Ribeiro está dando continuidade. Tem natação, tem hidroginástica para terceira idade, agora tem luta, tem *taekwondo*, tem um professor, que é sargento da corporação, que dá aula na comunidade, tem capoeira, tem futebol. Então, essa interação com a comunidade, realmente, é muito importante. Mas eu vejo que o Estado tem que entrar mais na comunidade; acho que tem algumas partes do Batan onde ainda falta saneamento, falta um posto de saúde dentro da comunidade, e algumas coisas mais. Essas ações sociais, eu acho que ainda faltam.

O Pronasci tem o programa Protejo, que visa resgatar aqueles jovens que estão no limiar da criminalidade, e o projeto Mulheres da Paz, que reúne aquelas mães que exercem um papel de liderança na comunidade. Como é que você vê a ação desses programas no Batan? É uma coisa visível? Ou você não tem notícia?

Infelizmente, eu não tenho notícia. Eu já fui garoto também, e graças a Deus nunca me envolvi com nada, até por causa da educação religiosa que eu tive. Não quer dizer que alguém não tenha uma educação religiosa vai para o lado errado. Não é isso. Mas isso facilitou muito a minha formação. A gente dá conselho àquela garotada jovem lá, mostra que o caminho não é esse. Infelizmente, em algumas comunidades, a gente vê agora na mídia traficantes, aquela esquina do medo, e quando os traficantes saem empunhando armas, fuzis, depois vem aquela garotada de 10, 12, 14 anos empunhando fuzil de madeira. Aquilo para mim, que sou pai, foi uma imagem muito ruim de ser vista. Então a gente aconselha como pode aquela garotada que tem essa faixa etária, dizendo que o caminho é estudar. É por aí. A gente conversa muito com a rapaziada nova, com as criançadas. E a gente tem uma receptividade muito boa dessa turma.

O policiamento comunitário deve existir de preferência no asfalto ou na comunidade?

Eu acho que o policiamento tem que existir tanto no asfalto como nas comunidades; mas, de preferência, nas comunidades. Porque a gente já vê muitas carências do lado social. Tem a facilidade do tráfico, a pobreza, algumas dificuldades; então, se eu tivesse que escolher alguma coisa, policiamento comunitário nas comunidades.

O trabalho é mais gratificante?

Sim, é difícil, porém gratificante. Você mudar, você quebrar esse paradigma de que a Polícia é sempre arbitrária. No começo, as pessoas, realmente, viram a cara. Eu acho que muita coisa tem que mudar no policiamento da comunidade da Cidade de Deus, por exemplo. Eu acho que lá é um pouco mais difícil ter essa integração, mas, com um pouquinho de paciência, a integração vai existir.

Mas você acha que o preconceito em relação à imagem do policial é pior na comunidade do que no asfalto?

É. Para mim, é. Porque tráfico tem em qualquer lugar, mas na comunidade isso acontece com mais frequência. Tem operações policiais, e as pessoas têm mais preconceito, têm uma resistência a aceitar a Polícia na comunidade. Eu fiz policiamento no asfalto, existia uma resistência, mas essa resistência é maior nas comunidades.

É um grupo específico, de idade ou de sexo, que faz mais resistência? Mais criança, mulher, homem, adolescente?

Mais a parte jovem, de 15 a 40 anos. A parte de idosos, a parte da terceira idade, não. As pessoas aceitam mais. Eu acho que aí elas não têm medo de abraçar mais a causa, de falar o que pensam. E pessoas da faixa mais jovem têm medo de represálias, de abraçar o policial, de abraçar a causa. Elas têm um pouco mais de receio. Hoje, no Batan, menos da metade da comunidade ainda resiste. Já foi pior. O efetivo lá, hoje, são 107 homens.

Você quer fazer algum comentário final, deixar alguma mensagem?

A mensagem que eu deixo é que o governo federal, junto com o governo do estado, continue investindo no Pronasci para uma melhor qualificação profissional, pois se investir no material humano com cursos de capacitação, e se a Polícia Militar for bem remunerada, sem dúvida alguma a sociedade terá uma Policia melhor. Espero também que haja continuidade no policiamento comunitário nas comunidades, pois será gratificante continuar trabalhando nas UPPs, principalmente lá no Batan. Eu me sinto à vontade, me sinto bem.

Fábio Barbosa Vieira
Cabo da Polícia Militar

Entrevista feita no Rio de Janeiro em 19/9/2009

Na Polícia Militar

Onde você nasceu, como foram seus estudos e como foi a decisão de ingressar na Polícia Militar?

Nasci em Niterói, mas há dois anos moro no Rio de Janeiro, até em virtude do meu trabalho, que se concentra todo aqui desse lado. Tenho o terceiro grau incompleto. Fiz faculdade de administração de empresas até o terceiro período, mas interrompi porque não era aquilo que eu estava esperando. Hoje sonho me formar em direito. Ano que vem, 2010, ingresso na faculdade, retorno aos estudos.

A vontade de ser policial já vem desde família, porque meu pai é policial militar desde 1964 ou 65, e acompanhei um pouco a trajetória dele. Mas a decisão de ser policial veio repentinamente, aos 24 anos, porque eu sempre trabalhei na área de vendas. Meu último cargo de vendas foi no Aeroporto Internacional, na época em que o dólar estava oscilando muito. Eu já estava cansado daquela pressão, quando resolvi dar seguimento a esse sonho, que eu acho que até era uma coisa que estava guardada dentro de mim, e eu não conseguia expor. Fiquei apaixonado pela profissão, de começo, depois que fui à formatura de um primo meu. Fiz o concurso da Polícia Militar, da primeira vez passei, mas não entrei, até por decisão dos meus pais mesmo, da minha mãe, muita preocupação. Ser policial no Rio de Janeiro hoje em dia não é para qualquer um. Todos nós sabemos disso. Da segunda vez, fiz até um pouco escondido da família, passei, e quando minha mãe voltou de viagem, eu já estava com farda e tudo dentro de casa. Sou muito feliz no que faço hoje, independentemente da violência, que é ímpar aqui no Rio de Janeiro, e das dificuldades que nós encontramos. E pretendo aprimorar os meus estudos, até mesmo para não largar a Polícia, melhorar um pouco mais dentro da Polícia. Não tenho vontade de deixar de ser policial, porque eu sou apaixonado por aquilo que faço.

Há quanto tempo você está na Polícia?

Há nove anos. Ingressei em abril de 2000 e fiz o meu curso de formação no 7º Batalhão da Polícia Militar, em São Gonçalo. Foram seis meses de curso. Logo depois de formado, fiquei três meses no batalhão. Um dia, fui surpreendido ao saber que o meu nome tinha sido publicado no boletim interno com a minha transferência do DGP, que é o Departamento Geral do Pessoal, para ficar à disposição da Secretaria de Segurança. Fui trabalhar na Corregedoria Geral Unificada, CGU. Na época, quem era corregedora era a Dra. Selma Alves, procuradora de Justiça. Desempenhei um bom trabalho no primeiro mês e fiz parte da equipe de segurança dela logo após. Tivemos o prazer de trabalhar juntos, escoltando a procuradora, durante um ano e pouco. Quando houve a transição de governo, e entrou o governo do PT, fui para o 12º Batalhão, Niterói, e trabalhei no Serviço Reservado da Polícia Militar durante um ano. Logo após, por convite de um oficial de cartório da Polícia Civil, que hoje é comissário, voltei a trabalhar na Secretaria de Segurança. Ele me apresentou a Dra. Jéssica, que hoje é subsecretária de Ensino, e para a qual eu trabalho há mais ou menos seis anos. Minha trajetória na Polícia Militar sempre foi escoltando autoridades.

Você nunca trabalhou na rua?

Tive o prazer de trabalhar na rua durante três meses, no 7º Batalhão.

Prazer!?

Eu tinha uma frase quando era vendedor, que a gente usava, que era o vendedor "já que": "já que" ele não tem outra coisa para fazer, vai ser vendedor... Na Polícia Militar é um pouco parecido. Você não deve escolher a Polícia Militar como estabilidade de vida, porque na minha concepção, você, além de estar representan-

O Pronasci na Polícia Militar

do uma instituição, tem que gostar muito do que faz, porque você serve a terceiro. Isso eu falo sem demagogia alguma. Para você ter a honra e a vontade de pôr uma farda e vir para a rua, hoje em dia, além de disposição, você tem que gostar muito do que faz. Porque você sai de casa hoje naquela incerteza, sem saber se volta. Mas eu qualifico isso como em qualquer profissão, tanto motorista de ônibus como policial militar. Só que você tem que encarar com seriedade o que você está fazendo na rua. E esses três meses em que eu estive no 7º Batalhão, eu tive o prazer de trabalhar numa motopatrulha, fazendo o setor bancário. Então a gente lidava com o público diretamente. Trabalhei no serviço de patamo, que é um serviço um pouco operacional, que foi até para cobrir uma ausência de um colega que ficou doente, e depois fiquei na guarda do quartel, que, por mais que seja um serviço burocrático, você está ali, atendendo pessoas que vão à unidade.

Mais uma vez, hoje, com nove anos de Polícia, minha posição pode ser até um pouco confortável em estar na Secretaria de Segurança, mas quem vive o nosso dia a dia na secretaria sabe que também não é tão fácil. Porque ali nós estamos quase sempre muito sozinhos, com viaturas que às vezes despertam interesse em terceiros na rua, e que, caso aconteça alguma tentativa de roubo ou de furto, você está ali sozinho, tem que aprender a se virar sozinho. Então, os três meses em que eu estive no 7º Batalhão, confesso até hoje que tenho vontade de voltar a trabalhar operacionalmente; mas não é a hora; tenho que me qualificar melhor, para desempenhar uma função melhor, que eu quero, dentro da Polícia hoje. Eu gosto muito do que faço. É aquilo que eu falei, você tem que fazer com muita vontade a função que você está exercendo no momento. Porque até para uma simples escolta, se você não tiver o prazer e a vontade de estar ao lado da pessoa, prestando atenção nos mínimos detalhes, se você estiver fazendo aquilo por fazer, no final do dia, uma simples falha bota a perder tudo o que você construiu.

Quantos anos você tem? É casado, tem filhos?

Tenho 33 anos. Sou casado, não oficialmente, mas sou casado. Sem filhos.

Como era esse curso de formação, que você fez no 7º Batalhão? Seis meses é pouco tempo, não?

O curso de formação da Polícia Militar, oficialmente, pelo pouco que eu entendo, é no Cefap, Centro de Formação e Aperfeiçoamento de Praças. Na época, acredito que o Cefap estava com efetivo muito grande, e foram nomeados alguns batalhões-escolas. Como Niterói fazia parte do interior, e o curso de formação do Cefap era em Sulacap, perto de Realengo, atrás da Vila Militar, um pouquinho longe, foi aberto esse leque de opções: São Gonçalo e, se eu não me engano, Itaboraí. Eu optei por São Gonçalo, até porque meu domicílio era em Niterói. Mas, como policial militar, eu confesso que a estrutura do batalhão tem que se adaptar ao curso, e isso às vezes pode pecar na formação do policial militar. Os instrutores foram de excelente qualidade no curso de formação, mas a estrutura num todo, você tem que mudar a rotina de um batalhão operacional para ser metade um batalhão-escola. Diferente do Cefap, que é feito para isso.

Que matérias você estudava nesse curso?

Todas as matérias que tem hoje em dia, até porque não houve nenhuma reformulação. Você trabalha com noções de direito, com código de trânsito, postura, tem aula de psicologia, educação física, bastante, até devido ao condicionamento. É dividido em módulos. Você tem o estágio na rua, e tem o primeiro módulo, que é o que é aplicado para que você exerça na rua aquele estágio. No final, você tem a avaliação. No meu tempo, nove anos atrás, foi feito assim.

Você também aprendia a resolver problemas de conflito?

Não. No meu tempo, no meu curso de formação, a gente não teve problemas de conflito. Seria o quê? Um gerenciador de crise, se você tiver de negociar algo? Hoje, dentro da Polícia, existe um curso específico, inclusive o Pronasci te dá esse tipo de curso. Se não me engano, são 60 horas. Mas no curso de formação você aprende muito, dentro da sua parte psicológica, a não ficar desestruturado, dependendo da ocorrência que você tiver na rua.

Você já enfrentou alguma situação que o deixou muito estressado?

De conflito? Já. No tempo em que eu trabalhei no 12º Batalhão, no Serviço Reservado, a gente enfrentava conflito quase toda semana. Por nós não trabalharmos com farda, dependendo do lugar, se a gente tinha apoio de uma guarnição ou não, o confronto era um pouquinho mais direcionado para nós do que para os homens que estavam fardados. Então, é inevitável, quando você vai ao auxílio de um colega que está dentro de alguma comunidade ou dentro de alguma ocorrência, aqueles homens que não estão fardados, que no caso são os homens de confiança da unidade — como todos são —, são os encarregados. E quando nós íamos nesse tipo de ocorrência, já íamos esperando não o pior, não é, mas que o conflito fosse um pouquinho pesado.

Você chegou a estar em comunidades e ter confronto com traficante, alguma coisa desse tipo?

Direto. Em Niterói, na verdade, por mais que seja aqui do lado do município do Rio, a violência é um pouco diferenciada. Não é que lá não tenha; mas o que a gente enfrentava muito em Niterói não chegava aos pés do que acontece desse lado aqui. Não era aquele confronto que de vez em quando você vê, três, quatro horas de confronto, não. Era aquele corre-corre básico, em que a gente chegava, prendia um, prendia outro, recolhia o material, levava para a DP. Normal.

Eles não enfrentavam a polícia, como os traficantes do Rio enfrentam.

É, porque aqui eles são muito mais bem armados do que lá do outro lado. Lá em Niterói o tráfico não é tão forte quanto aqui no Rio. Existe, mas não é tão forte. A quantidade de armas que você vê hoje e que tem nessas comunidades, como a Rocinha, o Jacaré, o Complexo do Alemão, Niterói não tem um terço. Até porque em Niterói não tem aquela comunidade que seja o foco, como nós temos aqui, desse lado, que é o Complexo.

Quais são as grandes comunidades de Niterói?

Lá tem o Complexo da Lagoinha, em cima da Alameda, que é onde tem o Caramujo, que, inclusive, era onde aquele traficante, o Tota, que ficou dentro do Complexo durante um bom tempo, era um dos cabeças. Logo depois vem a Vila Ipiranga, na Alameda. Boavista, que é do lado esquerdo. Mais à frente, no centro de Niterói, tem o Estado e o morro do Cavalão, que hoje é um exemplo dessas UPPs — não sei se a gente pode chamar de UPPs, Unidades Pacificadoras de Policiamento. Mas sei que um dos primeiros GPAE de Niterói foi criado lá. E lá deu certo. É o mesmo projeto que foi feito aqui no Dona Marta, que hoje é Santa Marta. Foi feito no morro do Cavalão.

GPAE é Grupamento de Policiamento em Áreas Específicas. Também é um policiamento comunitário.

É. E hoje, lá, o tráfico foi literalmente banido. A polícia, hoje, interage com a comunidade muito bem, no morro do Cavalão. E ali já foi palco de grandes ocorrências; de o Bope ter que ir apoiar a Polícia Militar do 12º Batalhão e tudo. Aconteceu aquilo que a gente estava conversando no começo, o amor pelo que você está fazendo. E a equipe que trabalhou para reprimir o tráfico dentro do Cavalão, junto com isso, entendeu que poderia existir essa interação entre comunidade e polícia. Então, esse projeto, o GPAE em Niterói, deu supercerto dentro do morro do Cavalão. Óbvio que a gente não pode comparar o morro do Cavalão ao Complexo do Alemão, não tem nem como. Mas é uma outra comunidade, hoje em dia. O GPAE continua lá.

O Pronasci

Como foi a divulgação do Pronasci dentro da Secretaria de Segurança? Como você aderiu?

Eu fiquei sabendo do Pronasci dentro da própria secretaria. O primeiro curso que eu fiz, pela Bolsa-Formação do Pronasci, foi de identificação veicular. Já estou indo para o meu sexto curso. É uma forma de você habilitar o profissional de segurança que eu acho muito interessante, porque você aproxima ele desse mundo que nós temos hoje, que é a internet. Você tira o policial daquele "castigo", em que ele acha que tem que largar do serviço dele para se qualificar, perder a escala que ele tem para fazer um curso em tal lugar. Ali ele pode muito bem, ou dentro de casa ou numa *lan house* ou até mesmo dentro da unidade, dar seguimento à sua qualificação profissional. Nos cursos que o Pronasci oferece, o atrativo, obviamente, para todos os policiais militares, é essa bolsa que é paga; mas, vendo de outro lado, eu posso dizer que isso é um excelente trabalho para o futuro; porque, dependendo do curso que você faça, ajuda muito no seu trabalho de rua.

Que condições o policial tem que ter para entrar no programa Bolsa-Formação?

Nenhum policial militar é impedido de fazer o curso. Para receber o Bolsa-Formação, nós temos aquele limite de R$ 1.700,00 de salário. Porém o curso está aberto a todos. E também, dependendo de uma quantidade de cursos, você se habilita a ser tutor. Você acaba sendo um multiplicador. São cinco ou seis cursos que você tem que fazer. E você tem que ser indicado pelo gestor para fazer o curso de tutoria, para que, ali, você multiplique. Mas, para você receber o Bolsa-Formação, hoje, dentro da Polícia Militar ou do Corpo de Bombeiros, a condição é o salário de até R$ 1.700,00, e não estar respondendo a nenhum tipo de processo administrativo. Na minha época era até menos, era até R$ 1.400,00. Eu ganhava um pouco abaixo, e fui beneficiado pelo Bolsa-Formação. Hoje aumentou um pouco, e continuo sendo beneficiado. Conforme eu tinha dito, estou indo para o meu sexto curso. Acabei de renovar. E, agora em outubro, começo a receber o meu novo ciclo.

As pessoas têm dificuldade para fazer esses cursos? Os policiais se adaptam?

Dificuldade sempre existe, dependendo da forma que você for encarar aquele curso e da sua tranquilidade, da sua paz de espírito. Quando você começa a fazer o seu curso, às vezes você não consegue muito bem compreender, mas dentro desses cursos da rede Pronasci, além da parte teórica e da parte escrita, eles têm vídeos, que tornam o aprendizado um pouco mais fácil. Mas você não foge de fazer a sua prova, nem muito menos de participar dos fóruns, que têm caráter obrigatório. Você tem que participar dos seus fóruns e tem que fazer a sua prova teórica.

Se tudo isso é feito pela internet, quem não sabe digitar bem como é que faz?

Aí fica um pouco complicado. Mas hoje, hoje, se a Polícia Militar tem 40 mil em efetivo, eu posso garantir que nós temos mais da metade da corporação fazendo esses cursos. E sempre um pede ajuda ao outro. Vira e mexe, o meu telefone toca. Quando chega perto das inscrições do curso – tem vários colegas que já sabem que eu trabalho na Secretaria de Segurança, que eu tenho acesso no meu laptop –, eles ligam, a gente marca ali embaixo, eu levo meu laptop lá, um pega, faz o seu cadastro, outro faz, um vai ajudando o outro.

Na própria divulgação do Bolsa-Formação funcionou o boca a boca entre colegas, ou alguém da Secretaria de Segurança reuniu vocês e avisou?

Ninguém avisou. Isso veio nos jornais. Na época eu li no jornal *O Dia*. Depois virou boca a boca, um começou a ligar para o outro. Hoje, quase todo mundo já sabe. Mas ainda existem alguns amigos que não sabem que existem esses cursos do Pronasci. É aquilo que eu falei, o grande atrativo, no começo, é a bolsa de R$ 400,00 do Bolsa-Formação. Alguns dizem: "Ah, eu já atingi acima de R$ 1.700,00 e então não quero fazer". Mas não é bem assim, porque, se você eliminar alguns aditivos do seu salário, você acaba entrando na faixa de recebimento do Bolsa. Então você vê que as pessoas sabem, mas não totalmente, o que é o projeto.

Quais são os cursos mais procurados?

Aspectos jurídicos de abordagem policial, muito procurado; local de crime, local e preservação; isolamento; identificação veicular, também é muito procurado. Que é o que acontece no dia a dia. Isso eu falo dentro da Polícia Militar. E existem alguns cursos também que hoje, eu acho que a Guarda Municipal também está fazendo, a própria Polícia Civil também está fazendo. Agora, dentro da Polícia Militar, o que meus companheiros de trabalho falam é local de crime, identificação veicular e esse aspecto jurídico na abordagem. Porque isso te qualifica. É aquilo que eu estava dizendo. O grande atrativo hoje para o policial militar se qualificar é esse curso ser a distância. Eu tive uma experiência agora. Para me matricular num curso de escolta de autoridade, eu ia perder 15 dias de trabalho. Acontece que a falta de material humano hoje, dentro da instituição, dependendo do local onde você trabalhe, é um pouco grande. Então, não é questão de não liberar. É questão que você se sente desconfortável. Eu, por exemplo, me senti desconfortável em fazer. Não que não tenha alguém à altura para fazer o trabalho. Tem. Mas teria que ser, dois, três meses antes, eu conversar com a pessoa, para apresentar à autoridade, para saber se a autoridade se adapta ou não ao tipo de trabalho que ele vai desempenhar. Então é muito melhor, hoje, você fazer um curso a distância do que ter que perder 15 dias. Sem contar a sua atividade remunerada, que você às vezes pode ter, fora da Polícia Militar.

Como é essa escolha de fazer atividade remunerada fora da Polícia Militar?

É para você ter uma melhoria, não é. Às vezes pode ser segurança, às vezes você abre um comércio... Ou comércio ou segurança. Com isso para você ter uma qualidade de vida um pouco melhor, complementar o seu salário. Às vezes, serve para você custear um estudo, dar uma coisa melhor para sua família e tudo mais. É quase que impossível você encontrar um policial militar, hoje, que não tenha o segundo emprego.

O Pronasci na Polícia Militar

Já existe hoje uma quantidade significativa de policiais preparados atuando no policiamento comunitário, dentro da proposta do Pronasci?

Tem, porque, mediante esses cursos da rede, que a gente chama de EAD, ensino a distância, conforme eu falei, principalmente o curso de aspecto jurídico na abordagem policial, você qualifica o policial. Porque uma abordagem, hoje, muda qualquer final de uma ocorrência. E isso, dependendo da comunidade que você aborde, se você não for qualificado, vai piorar tudo no final de uma ocorrência. As pessoas que eu conheço, que trabalham em comunidades hoje — eu não sei nem se a gente continua chamando de GPAEs ou de UPPs —, estão extremamente qualificadas, até porque são policiais novos; e alguns, mesmo antes de eu conhecer dentro da corporação, eu conheci antes, fizeram prova para a PM, se qualificaram dentro desse centro de formação, que foi o Cefap, estão se aperfeiçoando dentro da rede EAD e aplicando isso em comunidade. Inclusive, eu conheço alguns que trabalham na comunidade da Cidade de Deus e aplicam isso dentro da comunidade. Só que, dentro do meu ponto de vista — não estou no *front*, não estou lá, não posso afirmar—, acho que ainda falta uma interação entre a comunidade e o policiamento da comunidade. Existe um preconceito ainda. Que está sendo quebrado.

Da comunidade em relação ao policial? Ou do policial em relação à comunidade?

Do policial, acredito que não, porque o policial está recheado de boas informações. Não que a comunidade não esteja. Mas ele está indo ali para aplicar tudo aquilo que ele recebeu no curso de formação. Não é aquele policial que tem alguns vícios de rua, que tem alguns vícios de ocorrência, que foi deslocado para uma comunidade, aquele policial que já está cansado, que precisa se reciclar um pouco. A gente pega aqueles policiais que estão saindo do centro de formação, que estão começando, estão cheios de sonhos. E ali você conflita um pouco, porque é uma comunidade que foi um pouco castigada devido ao tráfico, às vezes até por um trabalho errado de um outro policiamento. Os projetos sociais, às vezes, podem vir aproximar mais essa comunidade do próprio policiamento que está lá dentro. Prova disso, nós temos um projeto hoje, que é o Batalhão Cidadão, que você pega os batalhões que estão às vezes com índice um pouco elevado de algumas ocorrências e tenta fazer interagir a comunidade com o batalhão. Você pega a Fundação Leão XIII junto com a Secretaria de Segurança e monta uma ação de cidadania dentro daquela unidade; e o comandante da unidade fica responsável em divulgar aquilo naquele setor, naquela área dele dali todinha.

Mas isso não é no âmbito do Pronasci.

Não. Mas ajuda bastante. A Fundação junto com a Secretaria de Segurança, vamos supor, pega o 2º Batalhão, aqui em Botafogo, e divulga isso, para que a comunidade venha participar de algumas atividades dentro da unidade naquele sábado. É interessante que isso seja divulgado em todas as comunidades, para que as pessoas saibam que naquele dia, dentro daquela unidade, vai ter um evento que vai fazer a comunidade interagir junto com o policiamento. Pode ter música, cultura, atendimento, pode distribuir senha para segunda via de documentos.

Você disse que o pessoal mais novo, que acabou de ser formado, é que está indo para o policiamento comunitário. Aí você tem os dois lados, porque o policial está cheio de gás, cheio de sonhos, mas também não tem vivência.

É. Mas eles são comandados por pessoas altamente experientes. Eles não pegam 50 soldados recém-formados e põem na mão de um sargento que tem dez anos de Polícia. Eles botam na mão de pessoas experientes, qualificadas, para que toda ocorrência sempre tenha o mesmo final. E o interessante disso tudo é que a Corregedoria, os órgãos correcionais, hoje, estão muito mais ativos do que dez anos atrás. A Corregedoria, hoje, está muito mais ativa em cima desses tipos de ocorrência, até porque a intenção do governo hoje, no meu ponto de vista, é fazer com que a polícia interaja mais com a comunidade do que vice-versa. E você pegando esses 50, 60 policiais que estão saindo dessa escola e botando para trabalhar, por mais que eles tenham muito mais gás do que um policial que está aqui fora há 20, 15 anos trabalhando, quem está comandando dá um freio neles. São policiais sem vícios de ocorrência, com uma outra visão da Polícia Militar.

O curso que eles fazem hoje é melhor do que o que você fez na sua época?

Eu não posso dizer que é melhor nem pior, mas eu digo que é diferente, porque no meu tempo não havia essa visão de polícia comunitária; no meu tempo, era a época do Getam, então a maioria das turmas eram formadas para participar do Getam, que era um grupamento especial. Esse projeto que eles têm agora, de

O Pronasci na Polícia Militar

fazer essas UPPs dentro dessas comunidades, acredito eu que, no futuro, a gente pode colher algo bem melhor do que a gente está colhendo hoje em dia. Isso não é para daqui a dois, três anos, é um trabalho para anos. E é indispensável que isso seja uma via de mão dupla, que a comunidade interaja também com os policiais militares; e isso, com projetos sociais, aproxima muito mais.

Você já está ouvindo falar de resultados positivos nas comunidades em que o Pronasci está atuando, ou o forte do Pronasci, hoje, dentro da Polícia, está sendo a questão da formação?

O forte do Pronasci, hoje, dentro do Polícia é a formação, sem dúvida. Na sua primeira habilitação dentro do Pronasci, você só pode fazer um curso. Depois você está liberado. Eu já fiz dois cursos ao mesmo tempo e com vontade de fazer o terceiro. O que me reprimiu um pouco foi a falta de tempo. Porque eu trabalho num regime de escala de dia sim, dia não, que é o 12 por 36, e só estava tendo o fim de semana para fazer isso. Então, vamos supor, sábado, eu me limitava a fazer um curso, domingo fazia o outro, e durante a semana, quando eu tinha uma folguinha, fazia o outro. Mas a empolgação é muito grande. A empolgação dentro da Polícia, tanto Civil quanto Militar, é muito grande. Eu conheço pessoas dentro da Secretaria de Segurança que têm 12, 13 cursos.

Do que os policiais falam mais positivamente e mais negativamente a respeito do Pronasci?

Negativamente, é difícil, de verdade, dizer. Eu posso dizer que a gente tem duas linhas da parte positiva. Eu tenho a parte positiva, de um lado, que é o Bolsa, que isso a grande maioria, todo mundo elogia; e eu tenho o outro lado, que seria a qualificação. E eu opto pelas duas. O Bolsa ajuda bastante dentro do meu orçamento, porém a minha qualificação, eu sei que no futuro eu vou precisar. Hoje em dia, dentro desse mundo digital, você vê qualquer portinha de *lan house*, pode entrar e fazer o seu curso. Vamos supor que o policial more numa comunidade carente. Ele entra no site do Pronasci, que é o site do Ministério da Justiça, vai fazer o cursinho dele e não vai estar se comprometendo com ninguém que estiver ali do seu lado. Até esse ponto, acredito eu que foi pensado dentro de uma discrição para você fazer o seu curso, independendo do local em que você esteja.

Pelo lado negativo, eu, particularmente, nunca escutei nada. Eu posso falar que dentro do lado positivo nós temos, sim, essa divisão: para ter o benefício, as pessoas estão sendo obrigadas a se qualificar. Isso daí é muito bom também. Às vezes os policiais até extrapolam um pouco na quantidade de cursos em que se matriculam, porém sempre terminam, sempre. É difícil você ver o abandono dos cursos no Pronasci.

Você conhece alguém que tenha aderido ao Plano Habitacional?

Conheço, tenho um grande amigo que mora numa comunidade carente na Zona Oeste, Senador Camará, e está muito interessado; ele tem 62 anos, é policial militar reformado, e está interessado em sair de lá porque ele faz segurança, algumas vezes está no trabalho, a esposa liga, e ele não pode voltar, dorme no trabalho; outras vezes, ele não consegue sair de lá para trabalhar. Ele já fez a inscrição para o Plano Habitacional e só está esperando ser inaugurado um condomínio, que não foi liberado ainda, está em fase de término. Eu não conheço ninguém que já tenha se beneficiado, mas já fui a entregas das chaves. O projeto residencial que teve em Campo Grande, eu fui na entrega das chaves, vários policiais militares foram. O setor onde eu trabalho na Secretaria de Segurança é responsável por esse projeto. Todo dia nós temos policiais militares lá, interessados em fazer as inscrições.

Deve ser muito complicado para um policial morar numa comunidade em que ele tem de conviver com traficantes, que, se descobrirem que ele é policial, podem torná-lo alvo de ataque, não?

É verdade. Nós temos histórias e mais histórias dessas, de você ter que se esconder um pouco. Não vou nem falar esconder a sua profissão, mas se esconder você mesmo. Conheço colegas que às vezes, quando vão para casa, levam a farda dentro de uma roupa paisana dentro da bolsa. A calça da farda vai dentro de uma calça jeans e a parte de cima da farda vai dentro de um casaco; aquilo tudo é dobrado e posto dentro de uma bolsa, para você levar para casa para lavar. Conheço história de colegas que moram em comunidades carentes que botam a farda para secar atrás da geladeira, não podem botar no varal. E por mais que você queira sair, às vezes, dependendo do seu passado, da sua família, se você tem uma família um pouco grande, por mais que você ganhe na Polícia Militar e lá fora no seu outro emprego, o que você ganha não permite que você pague um lugarzinho melhor para morar. Eu, graças a Deus, fui beneficiado por uma casa que eu tenho em Niterói, mas também já passei por esse momento. Quando eu fiz prova para a Polícia Militar, eu morava em frente a uma comunidade carente na qual mora minha avó hoje em dia; eu vejo minha avó uma vez por ano no máximo; tipo assim, Natal, quando está muito calmo, eu vou lá dar um beijo na minha avó, porque eu não posso ir lá. Não vou por opção, até para não expor os parentes que ainda moram lá.

Então, os policiais militares se cadastram nesse Plano Habitacional, e quando o condomínio é terminado, é lançado, acredito eu que deve ter um sorteio para que esses policiais sejam beneficiados. Mas isso teria que ter uma amplitude maior, teria que ter mais leques de opções de alguns lugares para morar, porque a quantidade de policiais militares que moram em comunidades carentes e em comunidades de risco é muito grande. Muito grande mesmo.

Em relação ao armamento não letal, que também é uma coisa que o Pronasci prega bastante, o que você ouve falar?

Na Polícia Militar, a gente vê muito é o gás de pimenta. Estive numa feira de armamentos, em 2007, em que foi apresentada uma pistola, que hoje a Guarda Municipal, se eu não me engano, está fazendo um trabalho com ela. É a Daisy, que libera uma descarga e deixa a pessoa imóvel, o que eu acho indispensável, dependendo do tipo de policiamento que você for fazer. O Pronasci trouxe isso para a gente, coisas que a gente não tinha antigamente. Antigamente, fazer polícia era às vezes andar com uma arma de fogo. E dependendo do distúrbio que você tiver, é indispensável um armamento não letal. Num policiamento de estádio, de manifestação, é indispensável o armamento não letal.

Li outro dia no jornal que parte da formação que o Bolsa-Formação está proporcionando visa a aumentar a autoestima do policial, porque a imagem negativa que alguns grupos de pessoas têm a seu respeito afeta o seu trabalho. Hoje em dia, o que está sendo feito para mudar essa imagem? Sabemos também que alguns policiais contribuíram para essa imagem distorcida.

Sem dúvida. Eu costumo falar com alguns colegas que a Polícia Militar pode se qualificar como uma folha branca. Se você fizer um pontinho na folha e perguntar para qualquer pessoa o que é que ela enxerga, todo mundo sempre vai falar que enxerga *o* pontinho. Como a maior dimensão do universo ali é a parte branca, o que faz a diferença é o ponto. Então, hoje, nós somos uma corporação de mais de 40 mil homens, e se a gente pegar 10%, que já é um universo grande, em cima de 40 mil, a gente vai falar de 4 mil policiais somente. E, infelizmente, esses 4 mil homens fazem a diferença, quando a gente tem um universo de mais de 90% do lado de fora trabalhando bem. Só que a Polícia Militar, hoje, vende muita notícia. Ela vende jornal, vende tudo.

Eu costumo dizer que isso aqui não é um serviço militar obrigatório, entra quem quer; a provinha está lá, para todo mundo fazer, e todo mundo sempre tem um sonho. A maior parte do preconceito, eu tenho total certeza, parte de nós mesmos, policiais militares. Se todo policial militar pudesse fazer uma reciclagem diária daquele sonho, daquela vontade dele de ser policial militar, de acordar cedo para fazer a provinha, de ir lá fazer o exame psicotécnico, de sair formado e tudo mais, se ele perseguisse sempre essa vontade dele, estaria muito diferente hoje em dia. O Pronasci tem ajudado bastante com esses cursos de qualificação, com esse incentivo que ele tem feito para a gente; mas eu ainda costumo dizer que o trabalho tem que ser feito muito em cima do preconceito que o policial militar tem com ele mesmo.

Como é esse preconceito que o policial tem com ele mesmo? Fale um pouco mais.

A autoestima de vez em quando é um pouco afetada porque ele escuta fulano dizer isso, aquilo... Tem uma coisa que me deixa altamente descompensado, que é quando eu escuto alguém falando mal da minha instituição. Às vezes, você está dentro de um ônibus, de um restaurante, e alguém fala mal da Polícia Militar. Antigamente eu perguntava se ele tinha algum policial militar na família, não queria nem saber com quem ele estava sentado — mas não era ignorante, nem grosso com a pessoa. É muito fácil você falar do policial militar. Mas quando todo mundo precisa de algo, todo mundo sempre costuma chamar a polícia. E a polícia que sempre é chamada é a Polícia Militar. E isso o policial militar esquece, de que nós somos indispensáveis, independentemente das dificuldades por que nós passamos no batalhão — às vezes, você tem uma viatura um pouco precária, tem um armamento que não está à altura daquilo em que você está trabalhando, não tem uma unidade que lhe dê um conforto. Mas também estão sendo feitos investimentos, a maioria das unidades está passando por supervisões e melhorias. Eu tenho acompanhado isso. Eu rodo o Rio de Janeiro inteiro com autoridades e vejo. Por mais que o colega fale que não, acontece isso sim.

O maior preconceito parte de nós mesmos. Às vezes, o policial militar se conforta naquele preconceito para ficar reclamando. É muito mais fácil cruzar os braços e reclamar do que fazer alguma coisa para melhorar. Teve um curso há seis ou sete meses atrás, que resgatou muito a autoestima da maioria dos policiais militares. Você via todo mundo chegando sisudo, de braço cruzado... Era uma coisa que a gente fazia muito na área de venda. Você pegava um palestrante para dar uma palestra motivacional, e saía com a cabecinha cheia de ideias. Estava tudo bloqueado. Bastava só ter aquele incentivo para quebrar. Eu vi, nesse primeiro curso, policiais militares saindo cheios de ideias, pedindo para os seus comandantes para continuar no curso. Não é que você tenha que comprar livro de autoajuda. Mas é muito melhor você se apegar ao universo branco do papel do que ao universo pequeno do ponto. Eu tenho muito disso. Eu não vou dizer que não aceito, mas eu não gosto de ouvir falar mal da instituição. Hoje, eu já reciclo isso melhor; antigamente ficava muito mais irritado quando ouvia alguém falando da Polícia no todo, tanto Federal quanto Civil quanto Militar. Não vou dizer que hoje eu não fico irritado, mas sempre procuro saber o porquê. Porque como tem maus policiais, tem maus advogados, maus motoristas. Mas a polícia traz notícia.

Há alguma coisa que você gostaria de acrescentar em relação ao Pronasci?

Não. Eu tenho certeza que a Polícia Militar melhoraria, como vem melhorando, dando seguimento a esses cursos, tanto do Pronasci quanto esse de motivação pessoal. Acho que é muito interessante. Você tem que escutar o policial militar, porque o policial militar não é uma máquina, não é um robô, é um ser humano como qualquer outro, e às vezes é repleto de problemas. E nós, policiais militares, quando pedimos um pouco de ajuda à nossa instituição, às vezes, conforme foi mostrado naquele filme *Tropa de Elite*, somos até afastados. Eu conheço policiais militares que estão passando por momentos complicados e não pedem ajuda, com medo de ser afastados do cargo que exercem. E aquilo vai virando uma bola de neve. Quem trabalha com autoestima sabe que isso é extremamente perigoso. Dando seguimento a esse tipo de motivação pessoal ao policial militar, acredito eu que, no futuro, vai ser colhido excelente fruto.

Wallace de Lima Tavares
Soldado da Polícia Militar

Entrevista feita no Rio de Janeiro em 4/3/2010

A nova geração de policiais e o policiamento comunitário

Soldado Wallace, gostaríamos que nos falasse um pouco das suas origens: onde você nasceu, onde estudou, o porquê da sua opção pela carreira de policial.

Sou natural do Rio de Janeiro. Nasci no bairro de Olaria no dia 11 de março de 1982. Fui criado no bairro de Bento Ribeiro, na Zona Norte do Rio, e tive uma infância normal: família presente, estudos, os pais sempre cobrando que fosse um cidadão de bem, dando exemplos para que isso acontecesse. Não fui muito diferente da maioria das crianças da Zona Norte. Estudei o primeiro grau em escola municipal e fiz o segundo grau no Colégio Estadual Professor José Accioly, em Marechal Hermes. Tive um início meio conturbado de nível superior. Comecei educação física na Universidade Castello Branco, no bairro do Realengo, mas até hoje não consegui terminar minha faculdade, até por dificuldade financeira. Estou tentando estabilizar um pouco mais a vida para poder retomar os estudos.

Qual é a profissão dos seus pais? Você tem irmãos?

Minha mãe trabalha com empréstimo, com desconto em folha. É microempresária. Meu pai há mais de 20 anos é corretor de seguros. Tenho um irmão mais novo, de 23 anos, que trabalha com a parte de projetos, é terceirizado da Petrobras.

E a opção pela Polícia Militar?

Aí foi aquele fascínio de toda criança. A criança sonha e aspira a ter uma profissão, ter um futuro. E desde pequeno eu sempre almejei ser policial militar. Até por ver a dificuldade que a sociedade enfrentava. A gente sempre tem aquele ideal de buscar algo melhor não só para a gente, mas para nossa família, para os amigos. E eu achava que o que eu poderia fazer para tentar mudar um pouco isso seria ingressar na Polícia Militar, que é o braço armado do governo do estado. É através da Polícia que se impõem as leis e se tenta melhorar um pouco a nossa sociedade. Graças a Deus consegui alcançar meu objetivo, depois de muita luta, de muito esforço. Prestei o concurso público em dezembro de 2005, mas não consegui entrar por causa de uma tatuagem que eu tinha na barriga. Eles alegavam que a tatuagem poderia vir a fazer apologia do crime organizado, diversas coisas. Só que a minha tatuagem em si não tinha nenhum cunho ofensivo. Era a imagem do Sagrado Coração de Jesus. Aí tive que fazer umas cirurgias. Consegui tirar a tatuagem. E fui obrigado a ingressar na Justiça. Consegui ganhar, e após três anos consegui ingressar na Polícia Militar, no dia 10 de abril de 2008, quando começou o meu curso de formação. Nosso curso terminou no dia 15 de janeiro de 2009, e no dia 19 de janeiro nós já estávamos presentes na UPP Santa Marta, fazendo esse trabalho de polícia comunitária, um trabalho diferenciado com a comunidade.

Você tinha essa vontade de ser policial. Mas a imagem do policial na sociedade nem sempre foi muito positiva. Hoje é que essa imagem está sendo modificada. A imagem do policial corrupto, violento, chegava até você? Você não acreditava nisso?

Essa imagem chega a todos. Mas a partir do momento em que você começa a conhecer alguns policiais que trabalham diferente, você começa a perceber que não é a grande maioria que faz isso; é uma pequena parcela. Digamos que hoje nós temos um universo de 15% a 20% de policiais que trabalham errado. Uma coisa que acontece em qualquer profissão. Existem maus médicos, maus professores, da mesma forma que existem maus policiais, e a gente não tem como esconder. Mas fica mais aparente porque a Polícia Militar se faz mais presente. Nós temos, hoje, em torno de 38 mil policiais trabalhando. Se a gente pega 10% que trabalham errado, são 3.800 policiais: "Ah, tem 3.800 policiais corruptos!" Se torna um número expressivo. Mas não quer dizer que é a grande maioria. Se, num meio injusto como esse em que nós vivemos, em que as pessoas estão sempre julgando, só veem os

O Pronasci na Polícia Militar

momentos em que o policial trabalha errado, você ainda consegue ver que tem pessoas que fazem aquilo ali com afinco, com amor, aquilo acaba cativando você a buscar aquele ideal de vida também. Você quer mostrar para as pessoas que você é mais um que se esforça para fazer tudo diferente.

E por que a opção pela Polícia Militar, e não pela Polícia Civil?

Pelo patrulhamento ostensivo que a Polícia Militar faz. A Polícia Militar é obrigada a se fazer presente no dia a dia. Então, querendo ou não, é ela que traz um pouco mais de sensação de segurança para a nossa sociedade. No momento em que acontece qualquer tipo de ocorrência, qualquer tipo de fato ilícito na rua, é sempre a Polícia Militar que tem que se fazer presente. Foi justamente por isso que eu resolvi optar pela Polícia Militar, para ter como tentar combater o crime em si, que esteja ocorrendo, ou prevenir para aquilo que possa vir a acontecer.

Como foi a sua formação de policial militar? Você acha que ela foi suficiente?

A minha turma já foi um pouco privilegiada, já teve um pouco mais de incentivo, já pegou algumas melhoras dentro da Divisão de Ensino e Instrução. Então, eu posso me sentir privilegiado, até por essa parte da polícia comunitária, que foi uma filosofia nova implantada na Polícia Militar do estado do Rio de Janeiro. Sempre tem algumas coisas que podem vir a melhorar. A última turma que formou agora, em dezembro, e a próxima turma, que forma em abril, já tiveram algumas coisas que eles viram que deram certo com a gente, e que eles continuaram embasando e buscaram aprimorar. Mas o nosso curso de formação foi bom. Tivemos curso com o Bope, de sobrevivência urbana... Foram nove meses de curso. Oito meses de instrução teórica e prática, e um mês de estágio supervisionado. Foi quando nós fundamos a UPP Santa Marta. Já fomos atuar direto na comunidade, como estágio. E daí em diante demos continuidade lá.

Essa coisa da polícia comunitária, todo aquele que faz o curso de formação, hoje, participa disso, ou é uma escolha que o policial faz?

Todos têm a cadeira de polícia comunitária durante o curso de formação. É uma disciplina. Mas além de ter essa disciplina durante o curso normal, nós tivemos que fazer um curso de aprimoramento em polícia comunitária, para participar desse trabalho que seria feito na comunidade, que já seria a implantação da Unidade de Polícia Pacificadora, a UPP. Então, como seria? Os policiais estariam trabalhando diretamente com a comunidade, sem aquele rodízio constante, e as pessoas estariam vendo sempre os mesmos policiais. Os policiais teriam conscientização do problema da comunidade para não só tentar ajudar resolver questões de conflito armado ou de brigas familiares, mas também para apoiar numa situação de um beco sem luz, saber com quem falar, para tentar resolver o problema de uma casa em que os pais que são alcoólatras... Nós passamos por um aprimoramento, para que pudéssemos saber intermediar os conflitos que acontecessem dentro da comunidade. Então, hoje, nós temos um pouco dessa psicologia, de saber enfrentar o problema de uma forma geral.

Então, todos os policiais que fazem o curso de formação têm a cadeira de polícia comunitária. Mas depois, quem escolhe o policial que vai entrar na UPP?

Isso é uma escolha feita pela Secretaria de Segurança Pública junto com os órgãos de formação da Polícia Militar, junto com a Divisão Geral de Ensino. Pelo menos no nosso curso, foi feito da seguinte forma: eles precisavam de 120 homens para poder ocupar a Unidade de Polícia Pacificadora do Santa Marta. Tinha uma companhia pedagógica no Batalhão de Policiamento Rodoviário, em Niterói, e tinha outra companhia pedagógica no 10º Batalhão, em Barra do Piraí, que foi onde eu cursei. Somando esse efetivo, dava aproximadamente 100 policiais. Isso ainda seria complementado com os graduados, que seriam cabos e sargentos que trariam um pouco daquela experiência deles de confronto armado dentro de outras comunidades; a experiência do que deu certo na comunidade onde eles trabalharam, do que deu errado, para, junto com o nosso gás, tentar melhorar e fazer uma polícia nova. Então essas duas companhias pedagógicas tiveram esse curso de aprimoramento. E fomos designados direto para a UPP Dona Marta. Posteriormente, se não me falha a memória, veio a UPP do Batan. Também foi feita da mesma forma. Eles pegaram o pessoal que já estava formado, trabalhando em outros batalhões, recolheram o pessoal que estava se formando, fizeram um curso de aperfeiçoamento de polícia comunitária, e designaram para a UPP do Batan. Da mesma forma foi feito com a Cidade de Deus e, posteriormente, com Babilônia e Chapéu Mangueira, Pavão-Pavãozinho e Cantagalo, e Tabajaras e morro dos Cabritos. Sempre tendo esse curso de aprimoramento.

O Pronasci na Polícia Militar | **389**

Quer dizer, basicamente, os policiais que estão atuando nessas comunidades são jovens, de uma nova geração, com uma nova formação.

São. De uma nova geração. Recém-formados. Digamos que 95% dos policiais que atuam são recém-formados. Os soldados, a bem dizer todos, são os que estão formando agora. Todos esses policiais são pessoas com mentalidades diferentes, boa parte com nível superior completo, formados em educação física, em direito, em administração, economia.

Esses policiais têm participado de cursos para os quais o Pronasci oferece bolsas?

Hoje, a bem dizer todos os policiais do Rio fazem curso do Bolsa-Formação. São os cursos que habilitam a gente a receber essa bolsa que o Pronasci destina para a segurança pública. Hoje, eu dou graças a Deus por existir esse projeto. É um projeto que está ajudando muitos policiais. São R$ 400,00 mensais durante um ano, podendo ser renovado. Com certeza, ajuda muito as famílias. Inclusive para mim, que estou começando a constituir minha família agora. Sou casado, minha esposa está grávida, neném para nascer... Estou realmente construindo uma família. Após eu começar a receber essa bolsa, consegui comprar meu carro, estou fazendo obra na minha casa, aguardando o neném nascer. Foi uma ajuda excelente do governo federal.

Essa bolsa é oferecida enquanto a pessoa faz o curso, ou depois do curso? Como é isso?

O curso geralmente dura dois meses. São cursos de 40 e 60 horas. Hoje, se eu não me engano, são 30 ou 32 cursos. Se não me falha a memória. Então você faz o curso durante um mês e meio, dois meses. Faz o requerimento, e o gestor do curso dá o parecer positivo ou não. O parecer sendo favorável, geralmente de dois a três meses após o término do curso você começa a receber. Você fica durante um ano recebendo esse auxílio. Quando está prestes a terminar, você faz outro curso, já se habilita para ficar mais um ano recebendo essa bolsa. O pessoal está fazendo uma média de dois a três cursos por ano. Precisaria fazer apenas um curso para poder receber o Bolsa-Formação, mas sempre tem aqueles que querem aprender um pouco mais, querem se aprimorar em alguma coisa. Todos os cursos são a distância. Se não me engano foi em julho de 2009 que começaram algumas pessoas a ser sorteadas para fazer a prova presencial. Então, 3% do efetivo total do estado, entre policial militar, policial civil, bombeiro e guarda municipal, são sorteados para poder fazer a prova presencial.

E qual é a vantagem da prova presencial?

A vantagem é apenas para o governo federal. Para eles saberem se é a pessoa que fez o próprio curso, se ela não repassou alguma parte da verba para outra pessoa fazer o curso por ela... É uma espécie de controle. Para a gente a diferença não existe, porque, da mesma forma, a gente vai fazer a prova, e sendo aprovado, vai continuar recebendo a nossa bolsa, normal. Ultimamente, os cursos mais procurados têm sido os de crime ambiental, identificação veicular, uso progressivo da força e técnicas e tecnologias não letais.

A UPP do Santa Marta

No Santa Marta, qual é o efetivo por turno?

São dois turnos de serviço por dia. Nós temos uma média de 30 policiais espalhados por turno dentro da comunidade, fazendo o patrulhamento normal, para poder garantir a ordem. Hoje, é um número suficiente. Poderia ser até melhor, para a questão de escala, para descanso do policial. A gente trabalha 12 horas durante o dia, folga 24. No dia seguinte, a gente retorna à noite, trabalha mais 12, para ficar dois dias em casa. Aí fica 48 horas. A escala é de 12 por 24, 12 por 48.

Mas está havendo uma discussão para mudar isso, não é?

Está. Agora, com esse projeto do Bolsa Olimpíada, foi realizado um decreto para que pudesse adequar essa bolsa a todos os policiais, bombeiros, Guarda Municipal do Rio, para aumentar a nossa bolsa formação. E, dentro desse decreto, um dos princípios que deveriam ser alterados para garantir essa verba para os servidores da segurança pública do Rio era a adequação da escala. E a escala seria 12 por 36. Ou seja, a gente trabalharia um dia sim e um dia não.

Você então está no Santa Marta desde a instalação da UPP, não é isso?

Sim. Cheguei lá na fundação da companhia, dia 19 de dezembro de 2008. A UPP é tipo uma companhia independente, funciona um pouco à parte do Batalhão. Por isso que a gente chama de companhia. A gente tem administração própria, tem comandante próprio.

Fale um pouco para a gente dessa experiência, desde o início até hoje: os piores momentos, os melhores momentos, como funciona, como é a hierarquia?

A nossa hierarquia funciona a partir da nossa comandante, que é a capitã Priscila. Abaixo dela nós temos o subcomandante, que é o primeiro-tenente Andrada. Temos a nossa administração, que é composta por dois sargentos e um subtenente e um soldado. Temos a nossa supervisão de graduado; quando a comandante não se faz presente, quem responde pela companhia é a supervisão, é esse sargento. E temos os postos, cada posto com um comandante. São seis postos, cinco postos fixos e um posto que a gente chama de patrulha, que é como se fosse um GAT, Grupamento de Apoio Tático, que trabalha rodando todo o morro para apoiar, caso algum outro posto tenha dificuldade em determinado tipo de ocorrência.

Como eu disse, nós chegamos lá para a fundação da companhia e passamos alguns momentos difíceis, porque a comunidade tinha acabado de ser ocupada. A ocupação foi feita pela Tropa de Choque, Companhia de Cães, Batalhão Florestal, o Bope e parte do efetivo do 2º Batalhão, que é o Batalhão de Botafogo. Foi um momento de confronto, muitas baixas por parte dos marginais, tiroteio intenso, os policiais vasculhando a comunidade para saber se ainda existia arma, droga escondida... Foi o momento em que foi usado o pessoal do Batalhão Florestal, que entrou pela mata buscando acampamentos, junto com a Companhia de Cães, buscando drogas que eles tivessem enterrado nesses acampamentos. Mais o Bope e o Choque fazendo a entrada pela comunidade em si. Após essa ocupação, o pessoal da Companhia de Cães, do Batalhão Florestal e o Bope desocupou a comunidade, ficando apenas o pessoal da Tropa de Choque, que era o pessoal do Ronac, Rondas Ostensivas Nazaré Cerqueira. Eles permaneceram lá, dando apoio para a fundação da companhia. Até porque nós éramos soldados que ainda não estávamos nem formados, estávamos no nosso último mês do processo de formação, não conhecíamos a comunidade, não sabíamos quem eram os possíveis marginais que ainda se encontrariam lá. Eles ficaram, para poder dar esse apoio logístico a gente. Foi um mês complicado. A comunidade não aceitava a Polícia Militar lá dentro. Eles achavam que mais um vez seria aquela ocupação, que a polícia chegava, ficava um mês e ia embora. O tráfico voltaria, expulsaria famílias, tiraria a vida de algumas pessoas...

Creio que esse foi o momento mais complicado, mais conturbado. Até hoje existem pessoas que não aceitam a presença da Polícia Militar lá dentro. Existem pessoas que passam pela gente nos becos e dizem que preferia na época que tinha o tráfico dentro do morro. É minoria. Digamos, em torno de 18% a 20% da comunidade em geral. Pessoas olhavam, viravam a cara, cuspiam no chão quando nós passávamos, e falavam que polícia tinha tudo que morrer, era tudo safado. Mas a ficha deles ainda não tinha caído, que junto com a polícia viriam as melhorias para dentro da comunidade. Ficamos durante um mês, mais ou menos, trabalhando para fazer o reconhecimento do terreno, conhecer a comunidade inteira, os pontos críticos, os becos onde ficava a chamada contenção dos marginais, que era onde eles ficavam com armamento mais pesado, onde eles tinham as visões privilegiadas para ver por onde a polícia entrava e saía. Demoramos um mês, mais ou menos, para poder fazer esse reconhecimento. E após isso foi mais o contato direto com a comunidade, para poder saber quem era quem. Quem era o cidadão de bem, quem era envolvido com o tráfico mas não tinha passagem...

Vocês faziam algum tipo de levantamento? Ou só se apresentavam?

A gente fazia o levantamento. Geralmente, a gente pegava as pessoas que não portavam documento nenhum de identificação e que resistiam à abordagem, levava para a delegacia e puxava a famosa ficha pregressa, que era a ficha de antecedentes criminais. Algumas pessoas tinham passagem, mas nada de ver com a Justiça. Outras, nem passagem não tinham; a gente sabia que tinham um certo envolvimento, até por já ter visto fotos delas com os traficantes antigos que dominavam o morro; mas como não tinham nada a dever à Justiça, a gente não podia chegar e ser truculento e falar que aquela pessoa tinha que ficar presa, por a gente saber que ela tinha certo envolvimento.

Existe um cadastro dessa comunidade do Santa Marta?

Nós temos algumas fotos, que o pessoal do serviço reservado do Batalhão fez na época em que o morro era ocupado pelo tráfico, das pessoas que realmente eram envolvidas, dos supostos donos da comunidade. E alguns moradores estavam sempre junto a eles, em festas, no momento em que eles estavam na venda das drogas deles... Esse era um arquivo para a Inteligência. Já o censo esteve na comunidade, no final do ano passado, fazendo levantamento total do número de famílias e do número de pessoas que moravam na comunidade. Aí foi o IBGE. Nós não temos como fazer esse tipo de levantamento. Além de não ser atribuição nossa, fica um pouco complicado, pelo nosso efetivo. A gente não tem como sair batendo na porta, de casa em casa, para saber quantas pessoas moram, quem são elas.

E como foi, então, essa aproximação com a comunidade?

Com o tempo, quando as pessoas começaram a ver que a polícia não chegou ali apenas para se fazer presente durante um determinado tempo e ir embora, elas começaram a se aproximar mais e a conversar com a gente. Foi o momento em que o curso de polícia comunitária em si começou a funcionar. Eles começaram a ver os policiais todos os dias, sempre os mesmos, e nós começamos a ganhar um pouco da confiança deles. Foi aquele momento de aproximação, de passar, dar um bom-dia e parar para conversar com o morador, até na porta da casa dele, para saber por que um beco está escuro, como fazer para trazer a iluminação para ali. Um contato com a Light, para fazer uma simples troca de lâmpada num poste dentro da comunidade. Isso foi fazendo com que os moradores começassem a se aproximar.

Quer dizer, vocês também têm uma ação de detectar os problemas que estão acontecendo.

Isso. Não só o problema do confronto armado ou da briga de família ou do socorro a um doente, mas também essa situação. Querendo ou não, a falta de iluminação numa rua passa a ser problema de segurança pública, porque uma rua escura é mais propenso de um marginal chegar ali e praticar um roubo, um assalto ou uma agressão a alguém. Então, cabe a nós também, policiais militares, se preocupar em enxergar de uma forma diferente, que uma simples falta de luz num poste na rua é, sim, problema de segurança pública. Foi a partir daí que nós começamos a fazer diferença dentro da comunidade.

Que obras foram feitas no Dona Marta?

Hoje, a comunidade tem internet sem fio grátis, tem escola técnica, tem uma creche pública funcionando, tem o plano inclinado... A inauguração dele foi pouca coisa anterior à inauguração da companhia. E não funcionava como deveria funcionar, com a presença do tráfico. Dentro do prédio da nossa companhia, hoje funciona uma escola de música, tem uma ONG que dá aula de música, nós temos um policial nosso que é faixa preta e dá aula de caratê para as crianças da comunidade. A Light já fez o recabeamento todo da estrutura de luz do morro, já foram instalados relógios. A Cedae vem trabalhando para tentar eliminar o problema de esgoto a céu aberto. Entre outras melhorias. A Rio Luz já está trabalhando, fazendo um esquema de iluminação melhor dentro da comunidade. A comunidade hoje está 300% mais iluminada do que era quando nós chegamos. E cada vez mais vêm chegando os benefícios, junto com a segurança.

A ideia é que essa UPP fique para sempre?

A ideia é que ela fique para sempre. Junto com as outras que já foram fundadas e as outras muitas que ainda venham a ser fundadas nas outras comunidades.

Mas o policial não sente uma vontade, uma necessidade de mudar de local depois de determinado tempo?

Muitas vezes surge essa necessidade pessoal. Mas quando a pessoa começa a ver que ali já passou a ser sua segunda casa, ela começa a perder um pouco dessa vontade de sair. Hoje eu tenho o Dona Marta como minha segunda casa. Eu chego, conheço boa parte dos moradores, sou bem tratado pela maioria, passo cumprimentando a todos, tenho resposta positiva, e isso me faz até sentir mais seguro dentro do local onde eu trabalho. Hoje, o Santa Marta é um dos locais mais seguros do Rio de Janeiro. Virou um condomínio de luxo na Zona Sul, com segurança presente 24 horas no dia... Tem um ano e dois meses que eu trabalho lá dentro, sem uma troca de tiro. Graças a Deus.

E essa reclamação de que a polícia botou ordem, mas não deixa ter festa, agora não pode mais ter baile funk?

O que acontece é o seguinte. Todos os eventos, para acontecerem dentro da comunidade, tem que ser expedido um ofício pedindo autorização ao comandante da companhia. Isso é prática padrão em qualquer lugar. Eu, se eu quiser alugar um clube em qualquer lugar para fazer um baile com uma Furacão 2000 da vida, vou

O Pronasci na Polícia Militar | **395**

ter que ir aos órgãos competentes, à Polícia Militar, à Polícia Civil e ao Corpo de Bombeiros, para pedir o *nada a opor*, para poder fazer aquele evento ali.

E como a comunidade reage a isso, se até um ano e pouco atrás ali era terra de ninguém?

A comunidade muitas vezes recrimina. Ela não aceita que para fazer um baile, ou para fazer um forró, ou um show de pagode, eles tenham que pedir autorização. Eles ainda não se conscientizaram de que hoje existem pessoas que cobram que a lei seja seguida a rigor, da mesma forma como ela é seguida aqui embaixo, no asfalto, como eles dizem. Então, muitas vezes eles criticam, vão para a televisão, para poder falar mal do policiamento. Sabem se dizer entendedores dos seus direitos, mas muitas das vezes eles não conhecem os seus deveres. Então, até pela ignorância, de não conhecer a fundo o que tem que ser feito, da forma que tem que ser feito, acabam causando essa crítica. Tudo que você vai fazer sem o seu conhecimento, você acaba renegando um pouco. Mas, hoje, muitas vezes, eles já sabem, e até quando querem fazer festa em casa vão lá na nossa comandante, na capitã Priscila, pedir autorização para fazer. Dentro de casa não se faz necessário. Mas hoje eles já estão começando a adquirir essa cultura de que "vou fazer uma festa, meu som vai passar das dez horas, vai incomodar meu vizinho, então eu vou lá na capitã pedir uma autorização para eu me amparar, para eu poder fazer o barulho até a hora que eu quiser fazer".

Ainda ocorrem pequenos delitos no Santa Marta, como em qualquer pequena cidade? De que tipo?

Os delitos hoje são mais marido que chega em casa alcoolizado e bate na esposa... Violência doméstica. Agressão na rua: a pessoa discute, e acaba um agredido o outro. Mas 90% das nossas ocorrências, hoje, são de auxílio a enfermo. Nós estamos dentro da companhia ou do PPC, e as pessoas chegam pedindo ajuda, para socorrer um pai ou um irmão que está passando mal, está enfartando, ou uma criança que caiu de cima da laje. E a gente, na maior vontade, pega, socorre essas pessoas, coloca dentro da nossa viatura, transforma a viatura da polícia numa ambulância, e socorre, indo para a UPA ou para o hospital mais próximo. Hoje, dentro do Santa Marta, a polícia, muitas vezes, acaba fazendo até o papel do bombeiro. É um combate a incêndio, como nós já fizemos, por causa de um balão que caiu na mata, é auxílio a um enfermo. Hoje a gente faz o trabalho das duas corporações, lá dentro da comunidade.

Em relação ao envolvimento do policial da UPP com a comunidade, vocês têm algum tipo de orientação de até onde vocês podem ir?

Não. Nós temos que ser atenciosos com todas as famílias. Temos que procurar saber o problema de cada família, para agir na raiz do problema. Em relação a entrar numa casa, conversar com a família, não existe contraindicação. A nossa comandante não nos proíbe de entrar nas casas, ou para resolver um problema ou para saber como é que aquela família ali está passando; mas, sempre, sem esquecer da imparcialidade. Porque pode ser que um dia aquela família com que a gente tem um pouco mais de contato, em que as pessoas nos recebam melhor, venha a se envolver em determinado tipo de ocorrência, e aí a gente não pode puxar a brasa para a sardinha daquela pessoa com quem nós temos mais contato. Temos sempre que ser imparciais, independentemente do tipo de conflito e da proximidade que temos com a família.

Na sua história na comunidade, houve um pior momento, um melhor momento?

Um dos melhores momentos que nós tivemos lá foi, ano passado, no dia das crianças, o reconhecimento da comunidade e da imprensa pelo trabalho que estávamos fazendo. Nós fizemos uma festa para aproximadamente 600 ou 700 crianças, dividida em dois dias. Tivemos primeiro distribuição de lanche com as crianças, apresentação de caratê, com a presença de dois lutadores de caratê que participaram do Pan-Americano. E no segundo, foi um torneio de futebol, com mais distribuição de lanche, distribuição de brindes, sorteio de uma bicicleta. E isso tudo organizado pela nossa companhia. Parte das verbas para isso vem da polícia. E parte, nós, que estamos sempre envolvidos, fazendo esse tipo de evento, nós buscamos a associação do comércio local, procuramos moradores, que nos apoiam. A gente não pega a verba em si. Sempre, quando a gente tem que fazer algum tipo de evento, para evitar alguma consequência maior e falar que a polícia está arrecadando, a gente pede a doação dos materiais em si. Como a parte do lanche. Nós distribuímos cachorro-quente e refrigerante. Então o pessoal do comércio doou a salsicha, doou o pão, doou o refrigerante. Nós só tivemos o trabalho de preparar o lanche todo lá, para poder distribuir para as crianças. Os brinquedos.

Nós temos o soldado Faria, que é o professor de caratê, e ele correu o comércio, junto com a nossa comandante e o subtenente Ronaldo, em busca de brinquedos, para que pudessem ser distribuídos e sorteados entre as crianças. Eu sou árbitro de futebol de salão. No dia da festa em que foi o futebol, eu estava presente, apitei os jogos. Estava naquela euforia, na brincadeira com as crianças.

Já o ponto mais crítico, foram dois pontos. O primeiro foi em abril do ano passado, quando nós tínhamos cinco meses de trabalho e fizemos a prisão de um cidadão, dentro da comunidade, portando 70 papelotes de cocaína. Nós tivemos que usar um pouco da inteligência para poder efetuar o cerco e conseguir prender esse cidadão no momento em que ele fazia a venda da droga, sem precisar efetuar disparo de arma de fogo, sem precisar agredir, sem precisar fazer nada. O outro ponto crítico foi uma chopada na quadra da escola de samba da comunidade, um evento autorizado pela nossa comandante. Após o evento, o elemento estava consumindo material entorpecente, e um colega, o soldado Nunes, foi fazer a repreensão nesse cidadão que estava fumando maconha, e a comunidade achou que ele não deveria agir daquela forma, prender o cidadão e levar o cidadão para a delegacia para fazer o registro da ocorrência. Tinha aproximadamente umas 15 pessoas, e eles foram para cima desse colega, agrediram o colega, rasgaram a farda dele. Tinha ele e mais um na guarnição, mas não deu tempo desse colega chegar próximo a ele, para tentar tirar ele do tumulto. Depois disso nós chegamos, para poder dar apoio. Eu estava presente no momento do reforço do policiamento. Foi onde nós acabamos utilizando os meios necessários para poder conter a agressão dos moradores da comunidade. E levamos 10 pessoas presas nesse dia. Dessas 10 pessoas, seis já tinham passagem. Entre as seis, um estava na condicional por roubo, e o outro já tinha passagem por tráfico de droga, lesão corporal, e era suspeito do assassinato de um policial civil no bairro do Engenho Novo, em 2002. Então acabamos, com isso, tendo a sorte de levar para delegacia, devolver à polícia judiciária dois elementos que não estavam fazendo bem para nossa comunidade.

Quando a polícia ocupa uma comunidade, os traficantes vão para outros locais. Como é pensado? Você está resolvendo um problema local e, na verdade, gerando um outro problema.

Houve uma baixa grande de traficantes na comunidade. Um monte de traficantes morreu na troca de tiro. O principal chefe do tráfico, que era conhecido pelo vulgo de Mexicano, saiu de lá e foi para o Tabajaras. O morro Santa Marta era como se fosse uma filial do Tabajaras. Hoje, nós, que trabalhamos no Santa Marta, não sabemos o paradeiro certo desse meliante que era o chefe do tráfico lá; mas sabemos que boa parte das pessoas que traficavam lá, que não foram presas nem mortas, se espalharam em algumas comunidades do Rio.

O Santa Marta é uma comunidade comparativamente pequena, não?

É, pequena. Não é uma comunidade expressiva, digamos assim. Ela é estreita, baixa e isolada. Então o risco que se tem de, hoje, os traficantes tentarem voltar é pequeno. Apesar de ser muito remota a chance de os traficantes tentarem retomar qualquer uma das outras comunidades, porque eles querem o que está mais fácil para eles. Eles, hoje, sabem que, se tentarem retomar alguma dessas comunidades, vão ter policiais preparados, prontos para o combate, se for necessário.

E como é feita a escolha das comunidades que recebem UPPs?

Aí já foge da minha alçada. Eu já não sei responder. Creio eu que seja dividido por regiões. A maioria das comunidades foi instalada na Zona Sul. Eu tenho o ponto de vista seguinte. Não adianta nada eu ocupar uma comunidade da Zona Sul, ocupar uma na Zona Oeste, ocupar uma na Zona Norte. Seria mais fácil eu ocupar todas as comunidades da Zona Sul. Se eu ocupei todas as da Zona Sul, eu sei que aqui na Zona Sul eu não vou ter mais confronto, não vou ter mais problema. Então, agora, eu vou partir para a parte da Leopoldina: Olaria, Penha, Ramos, Bonsucesso. Ocupei as comunidades ali. Ok. Já são duas regiões em que eu já não tenho problema de confronto. Então, agora, eu posso aumentar o meu efetivo e partir para a Zona Norte e tomar todas as comunidades lá. Creio eu que hoje seja o ponto de vista do nosso secretário de Segurança. Mas não posso afirmar.

E a Rocinha, que é enorme?

A Rocinha já vai ser uma comunidade um pouco mais complicada. É uma comunidade grande, tem a mata próxima, onde eles podem se esconder. Não que seja impossível, mas é um pouco difícil.

O Pronasci na Polícia Militar | **399**

O narcotráfico é mais concentrado em alguma zona em especial, ou é mais ou menos distribuído pela cidade?

Ele é bem distribuído pela cidade. Até um ano e meio atrás, vamos colocar assim, o poder bélico dos traficantes em todas as comunidades da Zona Sul era bem forte, eles eram muito bem armados. Se você for para a parte da Leopoldina, chegar no Complexo do Alemão, os traficantes são muito bem armados; se você for para a Zona Norte, pegar Manguinhos, Jacaré, morro dos Macacos, Borel, Andaraí, Formiga, você vai ver que os traficantes também são muito bem armados. Então você vê que não é uma coisa concentrada, específica de uma região. O tráfico é muito bem distribuído dentro de toda a nossa cidade. Não só da cidade, mas do nosso país de uma forma geral.

Você gostaria de acrescentar mais alguma coisa relacionada ao seu trabalho, ou ao Pronasci? Alguma crítica?

No momento, não. No momento, eu acho que o nosso Programa Nacional de Segurança Pública com Cidadania, o Pronasci, vem agindo de uma forma correta com o nosso estado e com os profissionais da área de segurança pública. Foi um projeto que visou atender, principalmente, o estado do Rio de Janeiro, por ser um estado de deflagração maior da violência, com uma presença muito forte do tráfico de entorpecentes e da violência em si. Por saber do potencial que o Rio de Janeiro tinha para ser uma cidade olímpica, eles resolveram investir, para tentar acabar ou diminuir essa violência. É um investimento que está sendo muito forte, não só no material humano, mas também com armamentos, viaturas, com a melhoria, em si, da tropa. Hoje eu tenho muito a agradecer ao governo federal, ao projeto, pelo apoio que eles têm dado ao nosso estado de uma forma geral. Não vejo só como policial militar. Vejo como cidadão que eu sou, antes de qualquer coisa, vejo pelo lado da minha família: ela vai poder começar a ver um pouco dessa melhora; o meu filho, quando nascer, vai ver essa paz começando a crescer no nosso estado.

PARTE IV

O PRONASCI NAS COMUNIDADES

MV Bill
Músico e escritor

Entrevista feita no Rio de Janeiro em 17/10/2009

Menino na Cidade de Deus

Para começar, onde e quando você nasceu, como era sua família, como surgiu seu interesse pela música, pela arte?

Sou nascido e criado na Cidade de Deus. Nasci em 3 de janeiro de 1974. Tive uma infância que eu costumo chamar de infância padronizada, para quem é preto e favelado, um padrão que permite o estudo somente até uma parte, e depois você tem que conciliar estudo e trabalho. Isso acaba sendo uma prática normal para quem nasce nessas condições. Dentro dessa infância padrão, aos 14 anos eu conheci uma cultura chamada *hip hop* — que não era somente uma cultura musical, mas tinha também um caráter político-social, de influenciar a vida de quem estava envolvido diretamente com ela — e percebi que, através da música, eu poderia ser uma exceção dentro de uma regra que não me favorecia. A minha casa foi o último lugar em que eu tive compreensão, adesão, porque a minha mãe tinha muito medo que eu fizesse música e me iludisse, porque ela não conhecia nenhuma pessoa que tivesse feito música e tivesse conseguido êxito com isso. Mas eu persisti, pois via dentro da música *rap* uma forma não somente de sentir prazer, mas também de falar através das letras as coisas que me causavam indignação.

Você tem irmãos? Quantos?

Tenho duas irmãs do mesmo pai e da mesma mãe, Camila e Cristiane. A Cristiane é mãe dos meus três sobrinhos, que eu trato como se fossem filhos. E minha irmã Camila hoje divide os vocais comigo, viajando por todo o Brasil. Mas eu tenho cerca de oito ou nove irmãos por parte de pai, cada um com uma mulher diferente. Meus pais são separados. Eu tinha 16 anos quando eles se separaram. Foi um período muito complicado, porque eu já não era mais criança, e ao mesmo tempo ainda não era adulto. Foi complicado ver a estrutura familiar se desmontar.

Seus pais trabalhavam com quê?

Meu pai era bombeiro hidráulico, é ainda, minha mãe foi sempre dona de casa. Durante um período ficou como empregada doméstica. Aí, nos meus primeiros ganhos com o *rap*, eu consegui tirá-la dessa humilhante missão.

Sua família tinha religião? Você teve alguma formação religiosa?

Minha família, uma boa parte dela é candomblecista. Nasci num lar totalmente candomblezado. Ia muito a sessões com a minha mãe, via também meu pai receber... Meu pai e minha mãe, os dois recebiam guias. Quando eu ia às sessões, não entendia muito, mas o que mais me chamava a atenção nos rituais eram os atabaques, os toques, a musicalidade, as vozes das mulheres — geralmente eram mais as mulheres que cantavam. Mais adiante, eu vim a descobrir que eu sou médium, Ogan, que toca os tambores, mas nunca desenvolvi, nunca me envolvi de forma aprofundada. Mas sei que tenho essa raiz.

Embora eu não pratique, fiz uma homenagem às religiões afro no meu último DVD. O DVD mesmo não teve nenhum envolvimento com as religiões, mas eu quis fazer uma homenagem, e então decorei o cenário com religiões afro-descendentes, com um pouco de budismo, um pouco de cigano também. Aliás, o meu primeiro DVD chama-se *Despacho urbano*. Participei há pouco tempo de uma campanha contra a intolerância religiosa, uma coisa que tem muito no nosso país, e que está diretamente atrelada ao racismo, porque as religiões afro são as mais atacadas, mais demonizadas.

Você estudava, na Cidade de Deus? Como você lidava com a escola?

Estudava. A escola, hoje, até se modificou um pouco, mas na minha infância era vista como uma coisa longínqua. Os benefícios que a educação poderia trazer sempre foram vistos de uma forma muito distante. Por sermos também jovens

O Pronasci nas comunidades

na época, nós éramos adeptos do imediatismo, o que interessava era o que nós podíamos ter de imediato. Mas eu estudava, porque minha mãe me dizia que era bom, que aquilo ia me trazer um futuro diferente. Na escola tive momentos também prazerosos, pela brincadeira, pela diversão, pelo aprendizado, que às vezes era bom, mas muitas vezes não era. A minha descoberta, pelo poder de criar histórias, aconteceu na escola. Eu tinha uma professora primária de português, chamada dona Nair, que dava umas aulas de redação livre, para falar sobre qualquer assunto, e através dos meus contos ela começou a aguçar a minha imaginação, a me forçar a fazer mais histórias, que ela achava que era uma coisa muito criativa.

Quer dizer que desde pequeno você gostava de escrever?

Essa professora me ajudou a descobrir isso em mim. Mas eu também tinha uma coisa de muita contestação da escola, de algumas aulas que eram dadas dentro da sala de aula, que eu achava que não serviriam para nós nem no futuro nem no momento atual, fora dos muros da escola. Eu lembro que em algumas ocasiões, já na parte do ginásio, eu começava a questionar alguns professores, pedindo que eles dessem aulas de como lidar com uma abordagem policial na rua, de como se portar numa entrevista de emprego, que eu acho que eram coisas que iam ajudar muito mais a gente imediatamente do que aprender, por exemplo, raiz quadrada — até hoje não sei qual é a utilidade, de que forma a gente utiliza isso no nosso dia a dia. Enfim, essas coisas eram motivo de bilhete para chamar minha mãe na escola. Eu tive esses dois lados.

Mas você levava essas questões individualmente ou formava um grupo?

Individualmente, porque eu não tinha muitos colegas que pensassem parecido. Eu não tentava passar isso em forma de mensagem, como um líder, era mais uma inquietação pessoal, por eu ter dificuldade de aprender raiz quadrada. Ao mesmo tempo eu sabia desenrolar sobre comportamento quando a polícia chega. Acho que é uma coisa que deveria ser ensinada na escola.

Apesar da sua trajetória de sucesso, você continua morando na Cidade de Deus até hoje, não é?

Sim. Eu nasci lá por causa do destino. Mas, hoje, morar lá é uma opção. Graças a Deus consegui condições de morar em outro lugar. Mas como eu tenho identificação, e sei que o que me projetou foi a minha verdade, a minha conexão com aquele lugar, então, morar lá é questão de trazer de volta aquilo que a própria Cidade de Deus me deu, que foi projeção. Também não acho que é incoerente ganhar dinheiro e sair de lá. Sair de lá é a busca por uma melhora de qualidade de vida. Não moro lá por obrigação, ninguém me obriga, não. Moro porque eu quero, tenho projetos lá dentro, e tento dividir o pouquinho que ganhei com outras pessoas, dentro de um processo de salvação. Hoje eu sou casado, mas não tenho filhos. Mas quando eu decidir ter, não quero criar meus filhos dentro da Cidade de Deus. Acho que eles podem ter uma criação um pouco diferente da minha.

Rap, hip hop, funk

De onde surgiu o seu nome artístico?

MV Bill é apelido de infância. Primeiro, meu apelido era Rato Bill, quando eu era bem jovem. Eu era muito magro, os amigos diziam que eu tinha cara de rato, então meu apelido era Rato Bill. Geralmente, quando as pessoas se transformam em músicos de *rap*, criam um nome, às vezes americanizado, como John, Jason, Fred, e criam a sigla MC, que é mestre de cerimônia. Como eu pregava o *hip hop* como uma grande verdade e dizia que tinha uma mensagem, algumas pessoas me conheciam como "o cara da mensagem", outros como "o garoto da verdade". Juntei as duas palavras, mensageiro e verdade, e botei antes do meu nome. Isso foi bem no início da carreira, no fim dos anos 80, 1988, 21 anos atrás.

Quando você adotou a sigla MV, além do hip hop, *algum livro ou alguns livros que você leu o inspiraram?*

Dentro da música, teve o filme *Colors, As cores da violência,* que foi o filme que me apresentou ao *hip hop,* mas eu tive influências políticas de outras coisas fora da música também. Primeiro do Malcolm X, que era um grande líder negro norte-americano, que era muito cantado, muito celebrado por alguns *rappers* mais politizados norte-americanos. Isso me fez buscar a biografia dele, que saiu aqui no Brasil. Li também o livro do Abdias do Nascimento, chamado *O negro revoltado,* e um livro do Darcy Ribeiro que falava sobre Zumbi dos Palmares; era um livro fininho, porém acho que foi o livro mais importante da minha iniciação dentro da literatura, porque era um livro revelador, que mostrava que a gente tinha, sim, heróis condizentes com a nossa raça, mas que não eram vistos dessa maneira, nem eram cultuados dentro dos livros de história a que a gente tinha acesso nas escolas. Foram livros que me ajudaram a fazer parte da exceção dentro daquela regra de que eu falei no início, que não me ajudou.

Como começou sua trajetória artística? Como foram os primeiros momentos, até você se tornar uma pessoa conhecida?

Foi um começo muito ruim, porque ninguém me conhecia e ninguém conhecia o *hip hop*. Era uma coisa muito nova no Brasil, e as pessoas confundiam com o *funk*, achavam que era tudo uma coisa só. Então foi muito difícil poder me destacar, mostrar que o *hip hop* era uma coisa diferente, que tinha um algo mais, que tinha uma questão mais séria.

Como você distinguiria esse compromisso do hip hop *em oposição ao* funk? *Aliás, que diferenças você estabelece entre essas duas formas artísticas e musicais?*

Na verdade, o que se faz aqui no Brasil, e se chama de *funk*, não é *funk*, é o *Miami Bay sound*, que é uma variação do *hip hop*. É um tipo de *rap* que se fazia no estado da Flórida, mais especificamente em Miami, e que estourou somente nessa região, alguns países do Caribe, e especificamente no Rio de Janeiro, por ser uma cidade praiana. Muitos artistas dessa época, década de 80, sabiam que suas músicas faziam muito sucesso no Brasil. Quando virou a década e começaram a chegar os anos 90, nos Estados Unidos se parou de produzir esse tipo de *rap*, mas aqui no Brasil se continuou fazendo. E aí apelidaram de *funk carioca*. O *funk* verdadeiro, dos anos 70, era feito por James Brown, por Funkadelic, por Marvin Gaye; aqui no Brasil, Tim Maia, Cassiano, Jorge Ben também fizeram um pouco de *funk*. Mas aí, nos anos 90, para não criar uma coisa nova para falar nas rádios, os donos de festa, os promotores de evento, ainda que fosse outra música que estivesse tocando, continuaram chamando o *Miami Bay* de *funk*.

O *hip hop* e o *funk* pertenceram a um movimento muito próximo, só que o que se faz hoje no *funk* é completamente diferente do que se faz no *hip hop*. O *hip hop* continuou com uma linha ainda muito politizada, muito mais próxima da realidade, da coisa real. Fala também de entretenimento e de festas, mas com outro tipo de formação musical, outras referências; são músicas trabalhadas, com instrumentos. E o *funk* ficou uma coisa instrumental que eu, particularmente, acho que é muito empolgante, muito interessante, porque começou a agregar elementos brasileiros como o atabaque, que é chamado de tamborzão, mas começou também a buscar um caminho totalmente perigoso, contrário do que o *hip hop* prega, com letras machistas, muitas delas deixando as mulheres em situações de risco, beirando a pedofilia, na medida em que exalta o sexo com meninas de 13, 14 anos de idade; ou então vai para uma outra via, que também é perigosa, que é o *funk proibidão*, que exalta as armas, o tráfico de drogas. E o *hip hop* está num caminho completamente diferente. Acho que essas são diferenças básicas. Mas, olhado de longe, é tudo muito parecido, porque são frutos da mesma árvore.

Retomando a sua trajetória: como você superou os desafios, as dificuldades do começo?

Primeiro, eu tinha um foco muito definido, sabia muito bem onde eu queria chegar, para quem eu queria falar, o que é que eu queria fazer. Uma coisa importante no meu início foi me despir da armadura de artista. Alguns até ficavam meio *bolados* comigo, porque eu não me intitulava artista, dizia que me sentia muito mais um ativista, para não sofrer, caso não fizesse sucesso, se as minhas músicas não fossem radiofônicas. Isso me fez encarar a música de uma forma diferente, me fez trilhar um caminho alternativo: mesmo sabendo que eu era conhecido como músico, também me apeguei bastante à questão social, não fiquei somente nas coisas que eu dizia na letra, passei a praticar. E comecei a buscar o equilíbrio entre a parte social e a parte musical. Foi até muito difícil, para alguns jornalistas na hora de me entrevistar, que não conseguiam distinguir qual Bill eles estavam entrevistando. Hoje eu consigo conviver tranquilamente com os dois lados; mas foram anos difíceis.

Como foi o seu primeiro show, onde foi, qual foi a sensação?

O primeiro show que fiz foi do lado do meu prédio na Cidade de Deus, na quadra do Bloco Carnavalesco Coroado de Jacarepaguá. Era uma festa junina, festa caipira, e eu pedi para tocar. O locutor, insistentemente, dizia que eu ia cantar e pedia para as pessoas não irem embora na hora em que eu estivesse cantando, caso fosse muito ruim... Eu não tinha nada programado. Cheguei na hora e fiquei implorando, até ele liberar. Na época eu tinha o meu grupinho, era eu com mais quatro, o nome era Geração Futuro. A gente entrou no palco, tocou a primeira música. Era uma coisa diferente, roupa igual, a gente soltava bombinha... Um espetáculo quase pirotécnico... Para a época devia ser uma coisa bacana, hoje seria uma coisa muito feia. Mas foi muito legal. Na primeira música, eu lembro que o dono da festa, que era o Deda, entrou no palco, pediu para parar o show e disse que quem quisesse ver mais teria que ficar na festa até o final. Quando ele fez isso, eu falei: "Pronto, acho que a gente fez sucesso". O nosso cachê nesse dia foram vários cachorros-quentes...

Qual foi a primeira música que você tocou?

Nessa ocasião a gente tinha três músicas que eram os nossos *hits*. Tinha uma música chamada *Geração Futuro*, que apresentava os membros do grupo, ia falando o nome de todo mundo; era eu que cantava. Tinha uma outra que era mais dançante, uma música em que a gente falava de um outro membro da banda, que chamava *MV JT*; o nome dele era Guto, e a gente já tinha já a sigla MV. E cantamos uma música chamada *Chacina*; na época a gente sabia de muitos assassinatos em massa, que aconteciam na Baixada Fluminense, e fez uma música sobre isso; era a música de que minha mãe tinha mais medo, achava que a gente corria perigo ao cantar isso. Imagina, no início dos anos 90, falar de chacina, de corrupção policial, de grupo de extermínio... Era complicado.

Você pôde se dedicar fundamentalmente à música, ou tinha que fazer outras coisas para sobreviver?

Tinha que fazer muitas, muitas outras coisas. Conciliando com música, eu trabalhei em banca de jornal, trabalhei como marreco... Marreco era uma função que não existe mais hoje, você era conveniado com o supermercado, mas sem receber nenhum salário, e levava as compras das madames pelo bairro, nos carrinhos. Eu trabalhava na antiga Casas da Banha, na Voluntários da Pátria. Trabalhei também de flanelinha, tomando conta de carro. Estava sempre buscando uma forma de defender um dinheiro e ter a música somente como *hobby*. No fim dos anos 90 foi que eu comecei a fazer alguns shows remunerados. E aí eu pude largar o emprego — não pude, não é, arrisquei largar o emprego que eu tinha, que foi meu primeiro e único de carteira assinada, na Ultralar e Lazer, que hoje nem existe mais. Era eletrodoméstico, e eu trabalhava no estoque. Quando eu vi que tinha somente uma chance de arriscar na música ou ficar de carteira assinada para o resto da vida, fiz a opção pela música. Mesmo sem ter uma certeza, eu falei: "Eu vou agora, porque depois eu posso me frustrar muito por não ter tentado. Se eu tenho que tentar, é agora; aproveitar que estou bastante novo, com gás para viajar o Brasil, pegar ônibus..." Peguei muito ônibus, dois dias de viagem para ir para o Nordeste, participar de um festival em que às vezes eu nem sabia se ia ter chance de tocar. Muita Via Dutra, Rio—São Paulo, para ir aos eventos, pedir para tocar, pedir para mostrar minha música ou estar próximo da cena.

O mesmo grupo inicial continuou com você?

Não. Em 93, o grupo acabou. A gente chegou a ficar bastante conhecido no Rio de Janeiro, porque participou de uma coletânea. Foi a primeira compilação de *hip hop* do Rio de Janeiro, chamada *Tiro Inicial*. Tinha vários outros grupos, inclusive o Gabriel, o Pensador também participava dessa coletânea. Acho que essa foi a marca do grupo Geração Futura dentro da história do *hip hop*. Depois eu busquei a minha história própria, e aí comecei a criar um outro grupo, com outro pessoal, para me acompanhar nas minhas apresentações, até chegar à formação que tem hoje.

Quantas pessoas tocam com você?

Eu tenho dois formatos de apresentação. No primeiro eu tenho umas oito pessoas, e a gente toca num formato um pouco diferente do convencional do *hip hop*. Geralmente é com DJ e os dois MCs com o microfone na mão. No nosso, a gente tem também o DJ, mas eu procuro mesclar com esse DJ alguns músicos. Tem um baterista que toca junto, tem um naipe com três metais, tem um violinista, Antônio Rodrigues, que é o primeiro violinista de *hip hop* do Brasil, toca comigo desde 2001, além da minha irmã Camila, que divide os vocais. Isso nos ajuda a ter uma outra sonoridade, na medida em que a gente acopla instrumentos à batida eletrônica do *hip hop*. Não deixa de ser *rap*, mas passa a ter um a mais.

A ideia do violino foi de quem?

Foi minha. Em 2002, no disco *Declaração de Guerra*, eu sampleei — samplear é a técnica de você pegar uma música do passado, recortar, editar e reutilizar em cima de outra batida — uma música de um cara chamado Sakamoto, que orques-

O Pronasci nas comunidades

trou a trilha sonora do filme *O Último Imperador*. Nós pegamos partes da trillha sonora, retocamos, com uma miniorquestra no estúdio, pedimos autorização para ele, e ele autorizou; uma porcentagem da música, os direitos são dele. Para apresentação ao vivo, a gente achou que, com o violino tocando ao vivo, ia ser mais impactante. Aí, na busca de um cara que tivesse o perfil da minha banda para tocar essa parada, encontrei o Antônio Rodrigues, que é um cara de Niterói, que não só ficou com vontade de fazer essa apresentação, mas já me acompanha há oito anos por várias partes do Brasil.

Ele tem formação clássica.

Formação clássica. Já tocou em várias orquestras; já tocou na orquestra do Teatro Municipal do Rio de Janeiro. Foi muito discriminado, foi execrado quando chegou dizendo que tocava com uma banda de *hip hop*. Em todo o meio dele, da música erudita, foi malvisto, por tocar uma música considerada de baixa qualidade ou de confecção fácil. Eu sinto que ele é um cara que quis mesmo subverter essa ordem, e vejo que ele é um cara muito feliz quando está tocando com a gente no palco. Eu sinto que há uma realização mútua, tanto dele quanto da nossa parte. Se encaixou perfeitamente no que a gente precisava.

A Cufa

Quando você começou a ter projetos sociais dentro da Cidade de Deus?

Os projetos começaram acho que dentro de uma necessidade, porque eu sempre cantava nas minhas letras os problemas da Cidade de Deus, e quando comecei a partir para as soluções, vi que, por mais que a gente fosse um povo educado, instruído, informado, até conscientizado, não tinha dinheiro suficiente para mudar a nossa situação. Então vi que alguma coisa precisava ser feita, a partir de nós, mas com apoio de outras pessoas. Comecei a empregar o meu próprio dinheiro para realizar os projetos dentro da Cidade de Deus, a partir da criação da Cufa, Central Única das Favelas, e depois parti para o diálogo com a sociedade, mostrando os resultados a partir da Cufa: sem projeto social, a gente tem esse número de jovens envolvidos com o crime, esse número de meninas grávidas, esse número de jovens desempregados; com os projetos, a gente traz esses números aqui: menos jovens no crime, menos jovens na rua, mais jovem procurando emprego, mais jovens engajados, reproduzindo, jovens que receberam algum tipo de ajuda e depois viraram monitores. Com isso, a gente começou a ganhar um pouco de ajuda da sociedade, de algumas parcerias que se montaram com órgãos públicos. Mas tudo muito longe, ainda, do que seria ideal.

Hoje, só na Cidade de Deus, a gente tem aulas de grafite, tem basquete de rua, tem skate, tem aulas de dança, tem aulas de teatro, tem audiovisual, para ensinar os jovens a mexer com câmeras e televisão e contar a sua própria história a partir disso... Tem telecentro, com salas com computadores ligados à internet, com aula de informática, tem sala de leitura para as crianças, uma minibiblioteca. Isso tudo fica concentrado dentro de um prédio antigo que já existia dentro da Cidade de Deus e estava precisando de reformas. Quando a Cufa pediu uma ajuda para o Ronaldo, o Fenômeno, ele ajudou com a grana de um jogo que ele promoveu junto com o Zidane. Uma parte foi para o país de origem do Zidane, que é a Argélia, e outra parte veio para o Brasil. E o Ronaldo fez questão não só de fazer a doação, mas de ir pessoalmente, antes e depois das obras. Aí teve um monitoramento, engenheiro etc., para que o dinheiro fosse gasto da melhor maneira.

Você idealizou a Cufa? Como foi o surgimento da Cufa?

Na verdade, ela surgiu de reuniões entre mim, Celso Athayde e Negra Gisa, que também é rapeira. A gente fazia reuniões em Madureira, para discutir justamente a questão do *hip hop*, de que forma o *hip hop* poderia atuar politicamente, não de forma partidária, mas dentro da política social. E a gente percebeu que o *hip hop* era muito legal, mas que a gente precisava, de verdade, de um movimento social. A Cufa surge nesse momento, para que gente possa estar militando, transitando, mas sem necessariamente estar preso a um ritmo musical ou a adeptos de uma cultura. Hoje, um dos nossos maiores orgulhos é ter uma organização não governamental criada e fundada nas bases do *hip hop*, mas que agrega pessoas de todas as esferas, de todos os lugares, que não, necessariamente, curtem o *rap*.

Quando foi isso mais ou menos?

Foi no fim dos anos 90. Depois de passar a década inteira de 90 cantando a realidade da favela, chegou no final da década e eu me perguntei: e aí, cara? A gente já falou à pampa, e o que é que a gente vai fazer para mudar essa situação?

O Pronasci nas comunidades

413

Aí foi que eu vi que a gente tinha que meter a mão na massa, tinha que começar a praticar o que estava cantando. Pensei: precisamos ser os primeiros a fazer as mudanças que a gente propõe em música.

E aí vocês botaram a mão na massa.

Na verdade ainda é um trabalho que não está concretizado e talvez não se concretize nunca, porque sempre a gente descobre que há muito mais a fazer. Colocar a mão na massa, primeiro, foi difícil. Olhando para trás, não consigo enxergar os meus pares, dentro do *hip hop*, fazendo coisas parecidas. Mas foi gratificante ver outras pessoas agarrando aquelas oportunidades como se fosse a coisa mais importante da vida. Saber que o bem que a gente pode estar levando para uma pessoa, saber que uma ação dessas pode, de fato, mudar a trajetória de uma pessoa, acho que foi o meu maior combustível para continuar engrenado nisso, mesmo sabendo que é uma coisa desgastante fisicamente, psicologicamente, financeiramente. Até hoje, tudo que eu e o Celso Athayde ganhamos, uma parte a gente ainda destina para algum projeto que está sem apoio. Mas o benefício de ver as coisas acontecerem é muito maior do que qualquer desgaste. Se a gente consegue propor mudanças com pouca grana, mas com muita vontade, fico pensando no que a gente poderia fazer se tivesse mais dinheiro, mais acesso, se mais pessoas estivessem fazendo a mesma coisa que nós.

Hoje, quantas pessoas são beneficiadas pelos programas que você e Celso Athayde apoiam?

Na Cidade de Deus, acho que a gente atende a cerca de 2 mil jovens. Mas, no Brasil inteiro, é incalculável. Só no Rio de Janeiro, a gente tem base na Cidade de Deus, Madureira, em Manguinhos e no Complexo do Alemão. Tem representação nos 27 estados. Há lugares que têm uma base central, mas existem também pequenas bases em outras cidades. E o propósito da Cufa é dar para outros jovens, de outras cidades, de outros lugares, a mesma visibilidade que a gente conseguiu aqui. Tipo, por exemplo, a base de Cuiabá. Por mais que eu vá lá para abrir a frente, buscar apoios, patrocínios, e pedir para que as pessoas apoiem aquela iniciativa, eu volto para o Rio de Janeiro; a pessoa que precisa ser ouvida lá é um cara chamado Linha Dura, por exemplo. É um jovem que é cria de lá, conhece os problemas, conhece a realidade, sabe onde estão as soluções, sabe que alguns projetos que são implantados no Rio não se aplicam lá, por a realidade ser diferente, por existirem algumas coisas específicas. A gente procura fazer isso em outros lugares. Sempre são as pessoas locais que são os gestores, que conduzem o trabalho, que administram quando entra grana, que sabem de que maneira as coisas são aplicadas. É uma grande rede de trabalho, mas que possibilita a pessoa da própria localidade, do próprio local ter visibilidade e ter voz.

Mas você e Celso Athayde ainda acompanham esse processo todo?

Sim. Eu, hoje, me tornei presidente de honra da Cufa. É assim que eles me denominam. A Cufa virou um sinônimo, também, de diversidade, porque 80% dos coordenadores são mulheres, o presidente da instituição é um menino homossexual de Salvador, a vice-presidente é uma menina da Paraíba, o articulador de abertura de novas bases é o Preto Zezé, do Ceará. A gente meio que deu uma expandida, deu uma abertura, para que a discussão criasse corpo e ganhasse força em todos os âmbitos, não ficasse presa ao eixo Rio—São Paulo, que acaba concentrando a maioria das coisas no Brasil. Essa discussão, a gente achou que ela tinha que ser diversificada e bem espalhada.

O Pronasci

Entrando agora no tema do Pronasci, parece que foi muito importante a informação que você trouxe, de que, nas comunidades, a mãe é uma referência, de que com ela o tráfico não mexe.

A mãe, realmente, é uma figura muito valorizada, muito respeitada. No próprio *Falcão, meninos do tráfico*, o documentário que eu e o Celso Athayde produzimos, tem uma fala de um jovem que diz que a mãe dele pode chegar, pode dar um tapa na cara dele que ele não faria nada. "Mãe é mãe. Tem que respeitar". Eu vi muitas mães fazendo duplo papel, de pai e de mãe, que eu apelidava carinhosamente de "pãe". Mas eu também não acho que isso seja uma regra, não. Vi muita mãe, também, sendo desrespeitada, sendo maltratada. Vi muitas mães submetidas à inversão dos fatores; geralmente, são os filhos que têm que enterrar seus pais quando ficam mais velhos; mas já vi muitas mães enterrando seus filhos ainda na adolescência. Mas, com certeza, acho que a mãe é uma figura central, pelo senti-

O Pronasci nas comunidades **415**

mento, pelo poder que ela tem, da palavra, com o filho, pela força mesmo. Não quero colocar toda a responsabilidade de melhoria, de salvação ou de transformação da favela na mão das mães, mas acho que a força que elas têm pode servir como exemplo e ajuda nessa trajetória de fazer com que menos jovens ingressem no crime.

De que forma você acha que essa noção da importância da mãe influenciou o Pronasci para criar o programa Mulheres da Paz, que inicialmente era Mães da Paz? Houve alguma conversa com alguém do Ministério da Justiça, algum ponto de contato?

Eu não sei se a gente influenciou diretamente, mas com o ministro Tarso, a gente tem uma relação muito próxima, uma relação de amizade inclusive, que nos permite sugerir coisas. Tivemos conversas grandes e aprofundadas sobre a questão. Mandamos os nossos livros. A gente tem um livro chamado *Mulheres e o tráfico*, que mostra justamente essa questão da importância da mãe, da força que ela tem — e eu também digo o quanto ela é vítima dentro desse processo. Pode ser que algumas dessas conversas, ou as nossas parcerias em alguns projetos tenham acabado influenciando. Eu fico feliz por poder me identificar com um projeto que vem do governo federal. A gente já acreditava ser importante trabalhar essa questão de gênero e discutir ela dentro da nossa própria relação, e fico feliz de ver ela sendo abraçada dentro de um projeto.

Como começou seu contato com o Pronasci? Eles o procuraram para você apoiar, porque você já tinha essa preocupação social?

Eu acho que surgiu a partir dessa amizade mesmo com o Tarso, que vinha desde antes de ele ser ministro. Quando ele se tornou ministro, acho que a nossa relação se estreitou ainda mais, pelo que a gente já estava fazendo, pelas questões com que a gente já lidava. O estreitamento da relação, acho que acabou possibilitando conversar sobre outros assuntos. Conversar sobre outros assuntos é conhecer a criação do Pronasci, com que eu me identifico de cara, por ser um programa que trata da violência justamente como eu penso, como eu prego e como o meu documentário mostrou. À medida que a gente vai vendo a fala daqueles jovens no nosso documentário *Falcão, meninos do tráfico*, a gente percebe que existe um problema que não será resolvido na consequência, ou seja, com uma polícia mais armada, mais violenta, com aparato policial maior, e sim nas causas. As falas daqueles jovens, a todo momento, pelo menos para mim, me remetem às causas, à motivação. E quando eu vejo um projeto que parte do governo federal, do Ministério da Justiça, que geralmente, pelo menos no histórico que eu conheço, sempre cuidou de prisão, de punição, vir cuidar de prevenção, isso me chama muito a atenção. Ver o Pronasci tratar a violência pelas causas, acho que é uma das coisas que mais me chamaram a atenção e me fizeram ser um parceiro do projeto.

Algumas pessoas ligadas ao Pronasci nos falaram da sua importância na comunicação do programa para as comunidades. Você pode nos falar um pouco disso?

Não só o governo federal, mas todas as esferas governamentais, estadual, municipal, político em geral, sempre tiveram muita dificuldade na comunicação com a juventude, com o povo mais pobre, o povo mais humilde. E eu sei do meu poder de comunicação, sei do meu poder de agregar pessoas, de agregar jovens, sei que existem muitas pessoas que acreditam na minha palavra. Quando eu vi um projeto bacana como esse, resolvi que deveria doar a minha imagem, sem ganhar um centavo por isso, e começar a fomentar a ideia do Pronasci, ser um divulgador da ideia e também, ao mesmo tempo, ser o fiscalizador. Ao mesmo tempo que eu promovo o projeto, também fiscalizo para ver se as obras estão acontecendo, para ver se o prometido vai *rolar*.

Como é que se dá essa fiscalização?

Não tenho como ir aos lugares, mas me informo através das perguntas, perguntando ao próprio pessoal do Ministério como é que as coisas estão acontecendo. Eu fui visitar acho que uns três ou quatro lugares. Teve um em Pernambuco, um em Brasília, um no Espírito Santo e outro acho que no Ceará. Eu chego e quero saber o que é que está acontecendo nesses lugares: se as ajudas vão chegar, se já tem alguma coisa *rolando*, se já tem alguma coisa acontecendo. É a minha forma de contribuir e ao mesmo tempo de ficar a par do que está acontecendo; e se não está, por que é que ainda não está. Porque eu acho que as promessas e os benefícios, se acontecerem, serão muitos; é um benefício que não é somente para quem vive naquele local, mas para quem mora ao redor, nas adjacências, de alguma forma para o governo, também, que não vai ter que prender mais jovem, não vai ter que investir em punição e vai ter mais grana para investir em educação.

O Pronasci nas comunidades

Você já ouviu falar de algum resultado positivo do Pronasci dentro das comunidades a que você tem acesso?

Sim. Eu acho que ainda está em processo de implantação. Mas eu tive já acesso a alguns jovens que estão participando de algumas oficinas, que estão transitando por um lugar que já se transformou em território de paz e conseguem ver a melhoria, não somente em policiamento, mas em serviços, rua asfaltada, iluminação chegando, dignidade para as pessoas, documentação, empregabilidade, um pouco mais de renda, recreação, preocupação social, posto de saúde sendo montado. Essas coisas, acho que ajudam a devolver a dignidade da comunidade; aliadas a outras ações, acho que, com certeza, vão coibir a violência. Agora, em lugares onde não chegam essas melhorias, os resultados são completamente diferentes.

Como é a situação na Cidade de Deus?

Hoje a Cidade de Deus vive uma situação diferenciada, ela está dentro de um processo de ocupação policial, ao qual a gente nunca foi submetido. A nossa história com a polícia na Cidade de Deus era a de uma entrada, uma incursão, que durava, no máximo, 24 horas. Nunca houve uma convivência, é uma relação que ainda está sendo montada. A princípio, tem muita aprovação dos moradores; mas há também muita reclamação quanto a proibições; algumas pessoas ainda são impedidas de fazer um churrasco na beira da sua porta, ouvir som alto ou ouvir determinado estilo de música... Ainda tem muitos moradores que reclamam de uma abordagem ainda agressiva, por conta do Bope, desrespeitosa, ainda há casos de invasões de casas, e a gente sabe que isso é contra a lei, é proibido. Existem alguns excessos ainda, que acontecem por conta da ocupação.

Mas o tráfico está afastado.

Aparentemente, sim.

Há já algum tempo, você, com sua capacidade de liderança, vem procurando desenvolver projetos, tirar as pessoas do tráfico, da marginalidade. Antes mesmo do Pronasci, como era a sua situação diante do tráfico na Cidade de Deus? Você nunca foi molestado, nunca as pessoas o hostilizaram, pelo fato de você ser uma figura pública que tinha uma proposta diferente?

Primeiro, não é correto dizer que meu trabalho tira as pessoas do tráfico. Não tenho um trabalho de tirar jovens do tráfico. Meu trabalho é dar oportunidade para os jovens; infelizmente, muitos desses jovens que precisam de oportunidade também estão dentro do tráfico de drogas. Quando a gente promove um projeto social, a gente abre as portas, não escolhe para quem vai liberar aquelas vagas. Calha de muitos jovens que não estão a fim de buscar ascensão pelo crime acabarem encontrando oportunidade dentro das nossas portas. Porém, acho que, por mais que a gente acabe tirando jovens da criminalidade, a gente está longe de incomodar o crime, porque, ao mesmo tempo que eu tenho três ou quatro jovens querendo entrar nos nossos projetos em algumas comunidades, tem 30, 40, querendo entrar no tráfico. Então, a gente está longe de incomodar. Nos nossos projetos, como a gente deixa as portas abertas, há muitos jovens que são filhos, sobrinhos, irmãos de alguém envolvido com o tráfico; eles veem, dentro do nosso projeto, que têm oportunidade de ser totalmente diferentes do parente deles; e muitos desses jovens acabam buscando esse diferencial.

O que leva o jovem a escolher a sua porta ou a porta do tráfico?

Eu não sei se teria um fator determinante. Eu não saberia colocar exatamente o quê. Mas eu vejo que muitos jovens não conseguem se dedicar a um projeto que venha dar resultado a longo prazo, alguma coisa de investimento em si próprio para ter resultado na frente. Isso acontece, também, por conta de alguma falta de educação sexual; muitos jovens acabam sendo pais e mães muito cedo, e com a paternidade e a maternidade acaba vindo também a responsabilidade, a necessidade de ganhar grana para poder sustentar sua cria. Isso, aliado ao desdém social, ao distanciamento, à falta de instrução, à baixa escolaridade, faz com que ele fique preso numa prisão sem muro. Não uso isso como justificativa; mas acaba sendo um elemento fortíssimo para jogar o jovem dentro da vida do crime. Acaba sendo a possibilidade para quem nasce no time das impossibilidades. Mas não é correto dizer que quem não tem oportunidade na favela vai virar bandido, porque a maioria não tem oportunidade e busca outros caminhos. O grande fator disso tudo é que não há espaço para os mais jovens em boca de fumo, então existe uma fila de espera imensa, que acaba sendo uma coisa absurda.

O Pronasci nas comunidades

Você acha que a família influencia nesse processo de escolha?

Acho que a família tem total influência, é a parte mais importante, porém é a primeira instituição a se destruir; e à medida que ela se destrói, ela desconstrói e tudo vai por água abaixo. Não que não tenha também família constituída com filhos envolvidos com o crime. Mas a maioria esmagadora dos jovens que estão no crime são criados por mãe solteira, adquiriram responsabilidade de adulto muito cedo, não têm muita instrução. Usando a minha vida como exemplo, acho que o que me fez buscar um caminho diferente foi ter uma estrutura familiar, que se manteve sólida até os meus 16 anos. Eu também tive uma desestrutura quando houve a separação. Mas ter aquela estrutura até os 16, para mim, foi fundamental. Então, família, acho que é importantíssimo.

Há relatos de que os jovens que estão participando dos projetos do Pronasci, à medida que vão fazendo cursos, ou de turismo, ou de gestão, ou de informática, vão ficando um pouco desinteressados daquilo. Há ainda o fato de que ali eles recebem uma bolsa que, comparada com o que eles podem ganhar no tráfico ou em outra atividade, é uma coisa quase simbólica. Você crê que é possível, com os projetos que o Pronasci oferece, conquistar um número expressivo de jovens? Ou seja, fazer o jovem sair do imediatismo e pensar num projeto um pouco mais longo?

Acho que sim! Acho que tem muitos jovens que estão interessados, sim. Mas aí tem que olhar o fator de cada um. Muitos desses jovens que abandonam podem estar dentro desse processo, de virar pai muito cedo; outros têm uma necessidade financeira maior, têm até a questão de alimentação mesmo. Há também uma questão de falta de instrução, falta de conhecimento, de noção, que é muito grande. Mas eu conheço também uma parte muito grande de jovens que, se tivessem a oportunidade de fazer *qualquer coisa* no Pronasci, ainda com uma ajuda de custo, veriam isso como um paraíso, uma ajuda caindo do céu.

Até que série você estudou?

Parei de estudar muito cedo. Sou um péssimo exemplo em termos de escolaridade. Parei na quinta série, depois de três anos fora da escola voltei, estudei mais um pouquinho e terminei o primeiro grau. Quando ia começar no primeiro ano do segundo grau, não voltei mais. Fui buscar o meu conhecimento dentro dos livros. Parei de frequentar a escola, mas continuei estudando de forma autodidata, em casa, lendo muitos livros. A princípio era uma forma de buscar novas palavras para compor minha música; depois eu vi que aqueles livros me ajudavam muito, trazendo conhecimento.

Você realmente tem uma cultura e uma capacidade de verbalização que muita gente não tem. Você foi muito bem-sucedido nas suas leituras.

Muito obrigado. Hoje, depois de ouvir algumas pessoas falarem a mesma coisa que você está falando, eu percebi que a leitura pode ser um elemento fundamental. E aí passei a pregar a leitura também para outras pessoas. Não só os meus livros, mas também outros livros, torcendo para que, quando um jovem aparece com o meu livro na mão, seja o primeiro de uma grande caminhada na leitura, uma grande incursão.

Como você teve essa ideia de escrever também?

Como foi o livro que me deu grande parte do conhecimento que eu tenho, achei que, se a gente também desse as nossas versões em livro, poderia levar as pessoas a um aprofundamento do que a gente estava falando. Por exemplo, a gente assistiu a muito filme baseado em algum livro, e a leitura do livro era muito mais interessante, muito mais aprofundada que o filme. Por isso nós achamos que o nosso filme, *Falcão*, que saiu antes do livro, depois que viesse o livro, as pessoas iam poder compreender melhor. E aí, depois de lançar os nossos livros, a gente também virou fomentador da leitura, pedindo para todas as pessoas lerem.

Quais são seus planos, seja como artista, seja como escritor, seja como uma pessoa engajada em projetos sociais?

É impossível definir ou tentar visualizar o que eu vou estar fazendo daqui a, sei lá, cinco, seis anos. Mas pretendo continuar utilizando a linguagem musical para continuar militando nas coisas que eu acho que são importantes.

Ana Manço
Mulher da Paz na Vila Cruzeiro, Complexo do Alemão, Rio de Janeiro

Entrevista feita no Rio de Janeiro em 18/6/2009

Trabalho em prol da comunidade

Nós queríamos, para começar, que você nos contasse um pouco a sua história de vida: onde nasceu, onde foi criada, como foi a sua juventude.

Antes de falar, eu queria destacar o motivo de ser conhecida como Ana Manço, com cedilha. Esse nome ficou muito forte em minha vida, vinculado ao fato de meu pai, Benonis Rodrigues Manço, e meu tio, Alcides Rodrigues Manço, serem fundadores da comunidade de Vila Cruzeiro, onde nasci. Eles fundaram a associação de moradores, conhecida na época como União de Moradores da Vila Proletária da Penha, com a logo em forma de duas mãos entrelaçadas, mais tarde chamada oficialmente de Associação de Moradores do Parque Proletário da Penha. A família Manço, nos primórdios da implantação da comunidade, trouxe a primeira instalação de rede hidráulica, com antigos canos de ferro, com pontos d'água, torneiras, onde a população abastecia seus vasilhames. Trouxe também o comércio, o lazer, com a música de seresta, bailes, os antigos piqueniques e excursões. Realizava essas ações abrangendo a cidadania e os direitos humanos, sem saber que estava colaborando para o bem comum. Foi daí que vieram as minhas raízes no social.

Aos 12 anos, ainda na adolescência, comecei a dar aula, para uns, por um preço simbólico, e para outros, gratuitamente. Minha primeira aluna foi minha avó materna, conhecida na comunidade por ser excelente parteira e rezadeira, bagagem que ela trouxe do interior do estado de Minas Gerais, do quilombo no qual viveu por algum tempo. Foi a primeira pessoa que eu alfabetizei, D. Inês Parteira, como era conhecida, Inês Cândida da Silva, falecida aos 99 anos de idade. Depois disso, aos 25 anos de idade iniciei um trabalho com vínculo empregatício na Creche Casulo do Parque Proletário da Penha, a princípio como monitora e posteriormente como coordenadora, deixando um legado de parcerias governamentais e privadas.

Voltando à criação da Vila Cruzeiro: você pode nos falar mais sobre essa origem?

Muitos eram oriundos do bairro do Caju, das comunidades do Beco do Saci, Sacopã, Zona Sul. Tinham vindo para essas comunidades de Minas, do Norte, do Nordeste, do Espírito Santo. Nossa energia elétrica vinha de uma cabine arcaica que distribuía a energia para subpontos, e quase sempre aconteciam curtos-circuitos, incêndios. O Corpo de Bombeiros era chamado, e nós carregávamos água em latas na cabeça de pontos longínquos, de acesso dificílimo, pois os terrenos em sua quase totalidade eram acidentados. A princípio aquela área era destinada a ser um cemitério, porém a ideia foi descartada, e os primeiros habitantes chegaram. Em novembro de 1984, os lotes foram vendidos para os moradores pela Cehab-RJ, e a escritura definitiva foi entregue em 1986. Aí já estava urbanizado, pavimentado, com casas de alvenaria, obra essa que surgiu durante o primeiro governo que olhou para a nossa comunidade, que foi o do governador Carlos Lacerda. Daí por diante a população triplicou, com casas construídas com dois ou três andares. A coleta de lixo é bem satisfatória, o comércio é bom, há linhas de ônibus, kombis e motos em abundância. As nossas escolas públicas e privadas são próximas, dando a possibilidade de escolha. A nossa grande demanda, carência e vulnerabilidade se encontra na área da saúde, pois não temos Programa de Saúde da Família, temos que nos dirigir ao Centro Médico José Paranhos Fontenelle, que fica localizado na AP 31, no bairro de Olaria. Muitas vezes os moradores não possuem o recurso para as passagens, principalmente as mães adolescentes, jovens e idosos. Nossa saúde está capenga, caminhando a passo de tartaruga.

Seu pai trabalhava em quê?

Meu pai foi estivador no Cais do Porto do Rio de Janeiro, vinculado ao sindicato dos ensacadores de café. Ele carregava de dois a três sacos na cabeça e nos braços, e ainda conseguia ter fôlego para frequentar os clubes, as gafieiras. Recebeu

O Pronasci nas comunidades

várias medalhas, por competir e ganhar nas danças de salão. Fazia essa atividade em parceria com meu tio Alcides, o popular Talimã. Meu pai era PDT doente. Esse veio político também é muito forte em mim. Tive uma pré-candidatura a vereadora, que tive de refrear devido à doença e falecimento de minha querida e amada mãe no ano de 2003, o que tirou minha estabilidade.

E quanto aos seus estudos?

Minha formação no antigo curso primário foi em colégio católico, na Escola Bom Jesus da Penha, dando continuidade no ensino médio em outro colégio da mesma origem religiosa. No ano de 1998, após me converter ao Evangelho, fui primeiramente para o Seminário Unido em Campo Grande (Santa Margarida) e após um período ingressei na Faculdade Teológica Lemuel, onde me formei em bacharel e fiz mestrado em teologia. Hoje congrego na Assembleia de Deus.

Você se casou, teve filhos?

Sim, me casei, me divorciei e criei meus filhos com a colaboração de meus pais e sogra, no mesmo lugar em que nasci. Ali vi meus filhos crescerem e tornarem-se adultos, me dando dois netos que são mararavilhosos em minha vida. Tenho um casal de filhos, ela com 24 anos e ele com 26. Valorizo muito a minha família, é a instituição melhor e maior que temos, pois foi idealizada e criada por Deus. É muito importante valorizar as nossas raízes, de onde viemos e para onde vamos, e passar essas informações para os nossos descendentes, diretos e indiretos.

Meus filhos começaram a trabalhar cedo, Thaís com 17 anos e Thiago com 19. Eu ia encontrar com a minha filha no Centro da cidade em seu primeiro emprego, pois o seu período era das 16 h às 22 h, e ela ainda sem experiência. Teve algumas tentativas de assalto, e num desses dias eu estava presente e enfrentamos juntas os dois meliantes. Corremos, apanhei um pedregulho e fiquei com ele nas mãos na rua da Carioca, próximo à praça Tiradentes. Porém lembrei-me de uma passagem bíblica onde Davi enfrentou o gigante Golias e o derrotou, orei, passei a mão na pedra e aguardamos próximo ao vendedor de churros, que nos falou que escapamos por pouco, pois é quase diário assalto naquele trecho. Meu filho estava trabalhando no PAC até terminar alguns cursos que ele está realizando para melhoria profissional. Sempre incentivei os dois para trabalharem no que aparecer, e depois as condições melhores virão.

Existe algum movimento, alguma rede social dentro da Vila Cruzeiro que preserve esse trabalho de pensar na família, na origem das pessoas?

Além das igrejas evangélicas e católicas, temos alguns companheiros e companheiras que têm essa preocupação. Então vão se criando redes de formiguinhas, de voluntárias preocupadas com as nossas crianças, adolescentes e jovens, que vão aplicando o que aprendem de direitos humanos.

Como funcionam essas redes? É uma coisa do governo?

Funcionam através da troca de experiências, parcerias. Por exemplo, a Rede de Comunidades Saudáveis é inspirada no direito à saúde e no movimento internacional de comunidades e cidades saudáveis, visando o bem-estar comum. Não é governamental. Além dessa rede, participo também de outras, tais como: Rede de Educadores Jurídicos Populares, Fórum ONG TB, Fórum ONG Aids, Rede de Advocacy, Ação e Cidadania, Comitê Metropolitano, Rede de Monitoramento e Avaliação. Os direitos humanos entram através de ações voltadas para educação, saúde, lazer a prática de esportes. A rede principal em que nós atuamos é a de Comunidades Saudáveis. Nós nos reunimos a cada dois meses, sempre na primeira quarta-feira do mês. É um lugar de calor humano, no qual acontecem trocas de informações e conhecimento que nos proporcionam estabilidade para enfrentarmos as demandas existentes nas comunidades.

Há alguma remuneração para fazer esse trabalho?

Não, é voluntário, a não ser que aconteça a aprovação de algum projeto social, que nos permita executar algumas ações previamente projetadas financeiramente.

E como a comunidade reage a esse trabalho? Bem?

Sim, quando o trabalho contempla as suas reais necessidades e seus objetivos. Quando vai de encontro ao que eles querem como prioridade, mesmo não sendo, eles criticam, nos chamam de "loucos" ou oportunistas, dizem que não estamos visando o bem comum, e sim o nosso próprio. Porém no meu caso específico não me preocupo com opiniões contrárias, e sim com o que Deus pensa de mim. Isso importa, pois sem Ele eu não sou nada.

O Pronasci e as Mulheres da Paz

Como foi que você soube do Pronasci e do programa Mulheres da Paz?

Através do edital no *Diário Oficial*, junto com informações vindas através da Rede de Comunidades Saudáveis, uma companheira ligando para a outra.

Quer dizer, vocês têm uma rede de pessoas que se conhecem, que trabalham juntas em outras experiências, e essa rede informou sobre o Pronasci?

Sim. Eu também tinha participado do projeto dos Guias Cívicos do Pan e lá conheci muita gente que depois foi para o Pronasci. O projeto dos Guias Cívicos foi maravilhoso, pois descer da comunidade com cerca de 150 jovens e adolescentes, em três turmas, era muito lindo. Era o resgate da autoestima, os pais ficavam orgulhosos de seus filhos uniformizados, conhecendo pontos turísticos, culturais, que antes não conheciam. Eu gostaria muito que houvesse continuidade, para dar chance a outros jovens. Há jovens que a partir do curso de Guias Cívicos ingressaram na Faculdade de Turismo e já estão formados, sendo exemplo para outros na comunidade.

As intervenções no caso dos Guias Cívicos tiveram início no ano de 2005, com a visita das lideranças comunitárias ao ministro da Justiça Márcio Thomaz Bastos em Brasília, para aprovar e sacramentar essa parceria visando o Pan de 2007. Nesse momento tivemos o prazer de conhecer, de interagir com o então secretário de Segurança Pública, o Dr. Luiz Fernando Corrêa, que teve papel importantíssimo na interlocução para a implementação do projeto rumo ao Pan-Americano por sua intervenção pontual, efetiva, junto às lideranças presentes ao ato, e posteriormente, quebrando o tabu do afastamento entre a Justiça e as pessoas vindas de comunidades.

Quem implementou esse projeto dos Guias Cívicos foi o Ministério da Justiça?

Sim. Com muita propriedade e seriedade, usando o bom senso e a criatividade que permitiram a interação entre Justiça e comunidade de forma eficaz, fortalecendo laços em prol dos adolescentes e garantindo o bom andamento no decorrer do Pan 2007, sem força e violência, apenas com ação e cidadania.

Voltando ao Mulheres da Paz. Quantas mulheres da Vila Cruzeiro participaram?

No projeto eram 10 mulheres.

O que você acha que motivou mais as mulheres a entrar no Mulheres da Paz?

O desejo de melhores condições de vida, de obter conhecimento e trabalhar em dualidade com o projeto do PAC em intervenções comunitárias, unindo o útil ao agradável, obras e ações sociais. E também o forte desejo de ajudar os jovens da comunidade.

Os jovens do Protejo são jovens que estão ligados ao tráfico? Ou são jovens que estão mais ou menos sem muita orientação?

São os que estavam sem orientação, tinham famílias destruídas, pai ou mãe dependentes do álcool ou dependentes químicos, órfãos — são esses que o Protejo vai estar trabalhando, no sentido de "situação de risco". O Protejo vai dar a esses jovens uma orientação acompanhada de uma porta de trabalho, onde ele possa obter recursos para se manter.

Os meninos que fazem cursos no Protejo vão à escola?

Sim, todos estudam, e as Mulheres da Paz dão suporte para que eles se sintam amparados.

Como funcionam os cursos oferecidos aos jovens do Protejo?

A turma é organizada junto com a coordenação, com a colaboração das Mulheres da Paz, com o perfil solicitado. É um trabalho de comum acordo, onde os pais ou responsáveis têm papel importantíssimo. Os cursos são realizados em escolas da rede pública.

Tem meninas também no Protejo?

Sim, é para ambos os sexos.

O *Pronasci nas comunidades*

427

O número de Mulheres da Paz se manteve, ou no começo havia mais mulheres do que hoje?

Quem entrou para aprender, e fazer diferença na comunidade e fora dela, ficou, mas quem veio pensando só na bolsa logo se desmotivou pelos frequentes atrasos nas parcelas pagas.

Quem avalia o trabalho que vocês estão desenvolvendo semana a semana?

Supervisores e coordenação.

O Protejo começou junto com as Mulheres da Paz?

Não. Primeiro nós nos estruturamos, depois lançaram o Protejo.

E o tráfico, como é que ele vê as Mulheres da Paz e essa ação junto aos jovens?

Eles nos veem normalmente, como qualquer um dos moradores, porém são sabedores que trabalhamos no social pela comunidade. Junto aos jovens eles não falam nada, pois, nascidos e criados na comunidade, sabem que todos são livres para optar pelo caminho que quiserem construir. Essa é a experiência que eu tenho.

Por quais dos cursos profissionalizantes do Protejo os jovens se interessam mais?

Informática e cabeleireiro.

O que as Mulheres da Paz gostariam que fosse feito em relação ao próprio projeto em que estão envolvidas e em relação ao Protejo?

Que fossem projetos contínuos, que houvesse parcerias para fortalecer os projetos através de estágios para jovens do Protejo, com uma remuneração incentivadora. E que houvesse oportunidade para as Mulheres da Paz demonstrarem o que sabem fazer e o que aprenderam. Hoje, dentro do Mulheres da Paz, se formaram grupos que estão fazendo projetos como, por exemplo, o de recolher óleo para fazer sabão. Além disso, há a produção de bonecas de pano, crochê, bordados, há o grupo de trabalho da saúde, do qual eu faço parte, há a criação da Associação de Mulheres do Complexo do Alemão, com incentivo das Mulheres da Paz, da supervisora Vilma e da coordenadora Claudia.

Entre as Mulheres da Paz há representantes de todas as religiões, de todos os credos, de todas as posições políticas?

Sim, há.

Fátima Benedita Gomes da Silva
Mulher da Paz em Nova Brasília, Complexo do Alemão,
Rio de Janeiro

Entrevista feita no Rio de Janeiro em 10/7/2009

A menina que não queria casar

Queremos começar sabendo um pouco da sua vida: onde é que você nasceu, sua família...

Eu nasci em Barra do Piraí. Hoje eu estou com 55 anos. Passei uma parte da minha infância ali em Barra do Piraí, e uma das coisas que eu lembro muito bem é dos momentos em que a minha mãe dizia assim: "Mulher não precisa estudar". Nós somos seis irmãs. "Mulher tem que aprender a lavar, passar, cozinhar, e cedo se casar e cuidar dos filhos". Quando eu ouvia a minha mãe falar dessa forma, eu dizia para mim: "Ah não, eu não vou querer isso pra mim, não, de maneira nenhuma. Eu quero crescer, eu quero estudar, eu quero ser enfermeira". Não sabia nem o que era isso, mas já dizia que eu queria ser enfermeira. E a minha mãe não abria esse espaço de maneira nenhuma. "Olha, tem que lavar"... Aí colocava eu lá na beira do poço, com bacia, roupa e uma varinha, para aprender a lavar, e eu dizendo "não, eu não quero isso, eu não quero aprender"... Eu até hoje tento explicação para isso, por que eu tão pequena tinha tanto questionamento. Até hoje eu fico me perguntando de onde é que saía aquilo. Eu tinha uma coisa dentro de mim, que eu queria estudar.

Seu pai era casado com a sua mãe nesse período?

Sim. Não o meu pai, porque eu perdi o meu pai aos nove meses de idade. E logo após esse acontecimento, a minha mãe se casou. Então fui criada por esse pai.

Eu tenho duas irmãs desse segundo casamento, eu sou a quarta filha. As minhas irmãs foram crescendo, logo também se casando, tendo filhos, e eu não. Eu não queria isso. Eu estava querendo um pouco mais, queria buscar outras coisas para minha vida. Mas aí eu lembro que eu entrei numa escola lá em Barra do Piraí e passei muito pouco tempo, não fiz formação nenhuma. Saí dessa escola e logo comecei a trabalhar nas casas de família. E eu lembro que, aos nove anos de idade, eu trabalhava numa residência, já aqui em Quintino. Eu vim com essa família para cá. Minha mãe sempre morou em Barra do Piraí. Depois ela se mudou para Volta Redonda, onde eu tenho o maior número de pessoas da minha família. Mas nessa época eu já estava aqui.

O que você fazia, quando começou a trabalhar com nove anos?

Eu era babá. Eu trabalhava nas casas tomando conta das crianças. E foram passando os anos... Foi um período muito difícil, porque, trabalhando como doméstica, as patroas não abriam espaço para você estudar, não queriam. Essa trajetória toda durou até os 18 anos, quando eu fui trabalhar em Copacabana, também como doméstica. Eu fui trabalhar perto da praça do Lido, e ali eu tive oportunidade de fazer a minha matrícula numa escola. Fui estudar à noite. E a minha patroa não podia saber que eu estava estudando. Eu dava a janta e depois ia. Era tudo muito escondido. Chegava atrasada na escola, mas ia. A escola era na praça do Arcoverde. E assim fui começando. Eu não lembro nem mais como é que era, se era primário, o que era. Aprender ler, eu aprendi com a curiosidade, lendo as revistas, não na escola. Tanto que, quando eu fui para escola, eu já estava sabendo. E, ali, foi longa a caminhada.

Voltando ainda à sua chegada ao Rio. Você veio com essa primeira família, e depois?

Depois eu fui para a comunidade do Complexo do Alemão, quando a minha irmã, já morando lá, já casada, teve o primeiro filho. Eu fui tomar conta dele. Aí eu fiquei um tempo lá, morando com ela. Depois eu comecei a trabalhar. E fui ficando assim, mais distante da família, porque minha mãe morava em Barra do Piraí, e eu resolvi, definitivamente, ficar morando por aqui.

E quando você estava em Copacabana, começou a estudar.

É. Aí eu concluí essa fase. Aí minha patroa ficou achando difícil eu estudar e trabalhar... Eu trabalhei oito anos nessa casa. Eu comecei então a morar em pensionato e trabalhar como diarista. Eu encontrei um pensionato em São Cristóvão — "Aluga-se vagas para as moças" — e fui para lá. E trabalhava muito, como diarista, em Botafogo, Copacabana... E estudando.

E continuava não querendo casar e ter filho?

Não pensava ainda em casar e em ter filho, só pensava em trabalhar e estudar. Cada dia trabalhando num lugar, morando em São Cristóvão e estudando em Maria da Graça. Eu fui fazer... Como é que se chamava na ocasião? Ginásio. Fui fazer o ginásio no Colégio Imaculada Conceição, em Maria da Graça. Fazia à noite. E, juntamente com esse curso, também tinha lá, por incrível que pareça, o curso de enfermagem. Então, eu aproveitei para fazer o meu ginásio e fiz um curso de auxiliar de enfermagem. E daí foi mudando.

Você começou a trabalhar como auxiliar de enfermagem?

Comecei. Fiz o meu estágio na Maternidade Nossa Senhora da Penha e depois fui trabalhando em enfermagem particular. Trabalhei muitos anos na área de geriatria. Era uma coisa que eu gostava de fazer. À medida que fomos conhecendo esse ramo, fomos conhecendo as equipes. Um dos melhores lugares em que eu já trabalhei foi dentro do HCE, ali em Benfica. Eu me mudei, saí de São Cristóvão, fui morar em Éden, lá perto de São João de Meriti, tinha uma profissão... E, aí sim, aos 29 anos, eu parei para pensar um pouquinho, não em casamento, mas na possibilidade de ter um filho. Esse não pensar em casamento era porque eu visava muito a vida da minha mãe e do meu pai. Então eu dizia assim: se casamento é dessa maneira, eu não quero para mim.

Eles brigavam muito?

Ai, brigavam muito. Era uma situação muito difícil. A minha mãe alcoólatra, meu pai também alcoólatra... Eu não queria aquilo para mim de maneira nenhuma. Dizia: para conviver da mesma maneira que meu pai e minha mãe, eu não quero; então eu prefiro ficar sozinha. Inclusive, eu passei uma parte da minha vida em que eu também fui me enveredando por isso. Mas mesmo eu tendo herdado, digamos assim, um pouco desse negócio, eu sempre tive na minha cabeça o meu compromisso, sabia que eu tinha que trabalhar, que eu tinha que me sustentar. Eu passei, depois, um período da minha vida muito difícil mesmo. Já morando no Complexo do Alemão.

A vida pode mudar

Por que você se mudou para lá? Para ficar perto da sua irmã?

É. Eu fui e fiquei. Eu fui achando cômodo ficar por lá. Eu morava com a minha irmã. E ali eu comecei ter o contato com essa droga que ninguém admite que seja, que é a bebida. Foi muito difícil esse período. Eu era, assim, uma pessoa que não sabia ter limites, regras, nada; era totalmente descontrolada.

E você conseguia trabalhar nesse período?

Engraçado. Eu não entendo isso. Eu conseguia trabalhar. Tinha meus compromissos. Mas, fora do meu trabalho, eu era essa pessoa. Era uma coisa assim, muito difícil. Eu acredito que a minha mãe, que hoje já não está mais entre nós, ela passou um bom tempo muito triste.

Você tinha alguma religião nessa época?

Não. Até mesmo porque a minha mãe era espírita, era envolvida com esse negócio. Mas tinha um moço perto da nossa casa que levava a gente para a igreja evangélica, então essa é a única religião que eu conheci e que eu conheço até hoje. Mas aí, você passa aquele período, e depois você acaba desconhecendo tudo isso. Mas foi nessa fase que eu comecei a enveredar. Sem controle de pai, sem controle de mãe, sem controle de ninguém, era dessa maneira que eu queria viver, e fazer da minha vida o que eu bem queria.

E você tinha namorado, tinha relacionamento com alguma pessoa?

Essa parte é difícil, mas eu acho que hoje eu posso falar a respeito disso, até mesmo porque, hoje, nós convivemos toda hora com essa situação e nós podemos chegar perto de pessoas para falar que há possibilidade de uma mudança de vida. Eu tinha, sim, vários relacionamentos. Até mesmo por essa razão de rejeitar o

O Pronasci nas comunidades

casamento. Então era uma coisa tremenda. Se fosse possível ter um namorado segunda, outro terça, quarta, quinta, sexta... Sabe? Era uma maneira de pisar, entendeu? Coitados, os que passaram, sofreram nas minhas mãos.

Você arrasava com os homens... E você queria mostrar o quê? Independência?

Independência, exatamente. Tipo assim: eu não preciso disso. Eu não preciso de um homem para me sustentar. Era por aí. Não tinha esse negócio de apaixonar. Era tudo muito rápido. Eu podia estar gostando hoje, mas amanhã já não estava mais. Eu passei um bom tempo da minha vida assim. E, enfim, quando eu cheguei aos 29 anos, eu conheci um homem, tivemos um tempo de convivência, mas... Hoje, nós somos amigos. E, hoje, eu falo assim: ele sofreu muito nas minhas mãos. Eu fui morar na casa dele, mas eu não parava em casa. Estava sempre trabalhando, e quando era dia de folga, eu me dizia: "Fátima, pra onde você vai hoje? Eu tenho que ir pra algum lugar". Aí arrumava a bolsa, não dava satisfação também não. Caso ele chegasse, "mas pra onde você está indo?", eu dizia: "Eu não sei. Ali na esquina eu resolvo". "Mas Fátima..." "Ah, não sei. Não sei nem que dia que eu volto, hein!" Dali mesmo, às vezes eu passava dois, três dias fora de casa, e ele não sabia nem por onde eu estava andando. Era desse jeito. E, com ele, eu tive um filho. Eu tive meu filho aos 32 anos.

Aí você teve que sossegar um pouco...

Ah, sim... Tive que sossegar. As amigas botaram a mão na cabeça: "Eu não acredito. Fátima grávida! Meu Deus! O que vai ser dessa criança?" Uma amiga lá de Niterói disse assim: "Fátima, não se preocupe, minha filha. Quando você tiver seu filho, pode deixar que eu tomo conta dele". Era desse jeito. Mas a maternidade me ensinou. Quando meu filho nasceu, eu fui me aquietando. Até com alguns meses, eu colocava ele dentro do carrinho e ia para as rodas dos pagodes. Eu não tinha problema. Fica aqui, meu filho, porque eu estou aqui, entendeu. Depois, eu fui vendo que não era nada daquilo e fui observando também o andamento do pai. Então eu olhei para mim e disse: alguma coisa está mudando. E foi mudando. Só que, quando eu olhei para ele, eu disse: não está mudando. E não vai ter condições de continuar. Mas não vai mesmo. Aí eu larguei. Meu filho estava com dois anos de idade. Eu digo: não tive filho para isso. Eu comecei a reviver a história. Eu disse: não, eu já vi isso, já vi o meu pai, e agora o meu filho vai passar por isso? De maneira nenhuma. Eu me separei. Para onde que eu voltei? Complexo do Alemão. Porque aí eu já tinha a segunda irmã morando lá.

Nesse período em que você morou com esse rapaz, pai do seu filho, você morava onde?

Morava em Éden, em São João de Meriti. E ali eu já precisava de uma pessoa para tomar conta do meu filho, porque eu continuava nessa rotina de trabalho. E ali foi mudando. E então eu retornei ao Alemão para comprar uma casa, para morar somente eu e meu filho. E foi o que aconteceu. Eu comprei um terreno em Nova Brasília e fui construindo uma casa. Meu filho já estava com três anos de idade.

Quando meu filho completou quatro anos, nesse dia, eu conheci esse moço com o qual eu sou casada hoje. Ele era viúvo com um filho, já tinha uma filha mais velha também. O menino tinha seis anos de idade e o meu quatro. Eu sei que foi uma coisa assim, muito louca mesmo. Eu estava dentro de um baile, e quando esse moço me conheceu ali, eu achei ele maluco! Ele morava, na ocasião, em Pavuna. E, por causa de um problema que aconteceu na vida dele, ele estava lá no Complexo do Alemão, na casa da irmã. Ele, o compadre e um sobrinho resolveram dar uma voltinha, encontraram esse baile e entraram. E ele convidou a minha irmã para dançar. Eu, junto com ela, e ele perguntou para ela assim: "Você é casada ou solteira?" Ela disse: "Eu sou casada. A minha irmã que é solteira". Ele disse: "Você não me leve a mal, mas eu não vou dançar com você, vou dançar com a sua irmã". Fomos dançar, e depois, ficamos conversando. E ele disse para mim: "Olha. Eu sou viúvo há tanto tempo, e estou à procura de uma esposa". Essa foi a conversa. Foi muito engraçado! Eu dei uma risada e falei para mim: meu Deus, esse homem é louco, ele não sabe nem com quem que ele está falando! Aí eu falei para ele assim: "Você tem certeza que você está procurando esposa? Dentro de baile? Não me leve a mal, não, mas eu acho que você está procurando é empregada". Ele: "Bom. Eu já estava esperando por essa resposta". E ali começamos. Mas nada de pensar em casamento, de maneira nenhuma. Mas ele insistiu! Eu pintava e bordava com ele. O dia que eu estava de folga, ele subia, e eu começava, lá no alto da Alvorada, a andar com ele e parar em tudo quanto era porta de botequim, só para ver se ele desistia. Eu fazia questão de mostrar a ele quem era a pessoa.

Nessa época, você ainda bebia.

Ah, bebia. Parava em tudo quanto é porta. E ele só me observando. Saía do botequim às seis da manhã. "Agora, eu preciso ir trabalhar", eu dizia. Mas ele con-

O Pronasci nas comunidades **435**

tinuou, ele insistiu. Dizia assim: "Mas você gosta muito desse negócio de baile, porta de botequim". Digo: "Ah, eu amo isso aqui. Isso aqui é minha vida". Ele: "Mas me diga uma coisa, Fátima, depois de casada você vai querer continuar?" Eu disse: "Como é que é o negócio? Se por um acaso — porque eu não estou pensando nisso, se você está pensando, eu não estou — mas, se por um acaso acontecer, você se prepara, porque se você não quiser me acompanhar, com certeza eu vou estar sozinha". Ele insistindo, eu aprontando.

Até que ele venceu a parada...

Venceu a parada! Me casei. Depois de dois anos. E hoje eu tenho a minha filha mais nova, que é a Samara, que está com 16 anos. Então as coisas foram mudando. A responsabilidade chegando, tendo uma outra visão. Não sei de onde que saiu, mas eu sei que as coisas foram mudando. Eu moro até hoje nessa casa, ali na Nova Brasília, com a minha família. Aí não parou também de chegar filho, porque eu tenho outros filhos, que vieram de outros estados para minha casa. Isso é uma coisa que foi acontecendo. Fui abrigando esse pessoal todo e, com isso, eu fui me envolvendo em trabalho com crianças. Quando eu fiquei grávida da Samara, eu deixei de trabalhar na enfermagem. Eu disse: vou tirar umas férias e depois eu retorno. Mas não aconteceu.

Cuidando de crianças

Como foi essa história de virem "outros filhos" para a sua casa?

Esse povo foi chegando na minha casa, e eu não entendia por que tinha que ficar. Por exemplo, veio o meu sobrinho de Volta Redonda, muito problemático. Ele veio para uma casa de recuperação, mas acabou que ele não foi para o centro de recuperação e passou nove meses na minha casa. Quando ele estava para ir embora, aí veio o sobrinho do meu esposo lá do Espírito Santo e ficou um tempo na nossa casa. Quando estava perto desse menino ir embora, chegou a Jacira, de Recife. E outras crianças. Passei por uma experiência de duas crianças que ficaram na minha casa, Tainá e Luiz Fernando. Lembro que a mãe chegou na minha casa e disse assim: "A senhora que é a dona Fátima?" Eu digo: "Sim". "Me disseram que a senhora pode tomar conta dos meus filhos". Ela com as duas crianças pequenininhas. "Eu coloquei as crianças na casa de uma moça e ela me devolveu elas hoje. Ela diz que não aguenta essas crianças. E me disseram que a senhora tem reza forte". Eu digo: "Espera aí. Não é nada disso, não. Vamos entrar, vamos conversar, e eu quero saber desse negócio". Tinha outras crianças, também, como Wesley, Silas, que ficavam todos na minha casa durante o dia. Enfim, ela sentou e me contou a história. "Eu trabalho em Macaé, e eu preciso de uma pessoa para tomar conta dos meus filhos aqui. A minha irmã vai tomar conta deles à noite e a senhora só vai tomar conta durante o dia. E eu só chego no final de semana". Eu digo: "Meu Deus... Tudo bem".

E você cobraria por isso?

Sim. Tratamos preço, tudo direitinho. Olha. Aquela mãe sumiu. Largou as duas crianças. Engraçado que vários parentes moravam pertinho, e ninguém pegava as crianças. Ela apareceu depois de um tempo e depois sumiu novamente. Foram uns seis meses, essa menina sumida. Eu me sentia na obrigação de cuidar, porque as crianças não eram minhas, a mãe colocou lá na minha casa, e eu fiquei na obrigação de devolver somente à mãe. Aí, depois de um certo tempo, o pai apareceu. E foi ele que ficou me ajudando. A mãe não mandava dinheiro, e ele levava os lanchinhos das crianças. Eu coloquei o Luiz Fernando e a Tainá na escola, e levava e buscava todos os dias. Até a mãe aparecer. Aí, quando ela veio, ela falou para mim assim: "Dona Fátima. Eu preciso falar algo. A senhora sabe em que é que eu trabalho?" Eu disse que não, ela falou para mim em que ela trabalhava e me contou o motivo que não podia levar as crianças com ela. Tudo bem. Ela voltou para esse lugar. Só que, quando ela voltou, não teve mais condições de trabalho e, por essa razão, também não teve condições de me pagar. Mas eu fiquei com as crianças ali, tudo direitinho.

Ela era prostituta?

Isso. E, nesse lugar em que essa menina trabalhava, que não podia levar as crianças, ela conheceu uma pessoa ali, e a vida dela foi mudando. Aquele homem fez uma proposta a ela, e ela saiu daquele lugar. Hoje ela está casada, tem a casinha dela, tudo direitinho. Depois de tudo arrumadinho ali, ela veio buscar as crianças. Hoje ela é evangélica também.

A essa altura você já tinha entrado para alguma religião?

Já estava no início. Estava começando as minhas caminhadas. Tive também uma pessoa que me ajudou muito nessa ocasião, pessoa essa que eu admiro, tenho

O Pronasci nas comunidades

um grande respeito, porque foi a pessoa que segurou a minha mão e disse vamos caminhar comigo, mas nunca criticou a maneira que eu andava, nunca; chegava na minha casa e me via naquela situação, e nunca falou nada.

E o seu marido não se incomodava de você ficar tomando conta dessas crianças?

Não. Era uma espécie de uma creche. Tinha essas crianças, e tinha outras também. Então hoje, ali dentro da minha comunidade, eu tenho muitas crianças que eu cuidei.

Você ainda tem a creche?

Não. Eu parei com essa creche ano retrasado. Eu comecei a fazer outros trabalhos e eu fui deixando a creche. Mas eu não deixo de dar assistência a essas minhas crianças nas suas casas. Eu visito, estou sempre lá, brigando, cobrando, eu vou na escola...

Você nunca mais voltou a trabalhar como auxiliar de enfermagem.

Não. Nunca mais. Não tive vontade de voltar a trabalhar porque eu me envolvi. Eu levava essas crianças todas para dentro da minha casa. Chegavam de manhã, ficavam até a noite. A maioria dessas crianças era de mães que precisavam trabalhar; e eu achava que podia ficar com elas porque não estava trabalhando mais, então era um forma de ajudar. Aquelas que podiam pagar me pagavam, mas também, era tudo muito pouquinho. Mas eu precisava. Tinha que dar o almoço, o lanche, então eu cobrava por isso. Esse negócio foi crescendo, e quando eu cheguei nesse projeto das Mulheres da Paz, foi assim uma resposta. Porque eu ficava me perguntando: como é que é isso? Eu via a dificuldade das minhas crianças e dizia: eu vou falar com quem? Eu preciso fazer alguma coisa. E eu fui buscando isso.

Mulher da Paz

Como você ficou sabendo do Mulheres da Paz?

Foi muito engraçado. Porque não foi um trabalho divulgado. Eu fiquei sabendo porque eu convidei uma amiga minha que é assistente social para visitar uma ONG lá em Bonsucesso, passamos ali pela Nova Brasília, eu tenho uma mania de tudo quanto é pedacinho de papel eu estou lendo, li e vi: Mulheres da Paz. Endereço tal. Aí eu disse: "Gilda. Que negócio é esse aqui? Mulheres da Paz? Vamos voltar. Vamos lá. Vamos ver que negócio é esse".

Você já participava de alguma ONG?

Nada disso. Eu comecei a me envolver porque tinha um centro social lá, e as minhas amigas foram me levando. São duas, Gilda, que é assistente social da Vila Olímpica, e Adriana, que hoje é pedagoga. "Ah, ela gosta de trabalhar com crianças". Então, qualquer atividade que esse centro social fizesse, chamava a Fátima. Adriana foi para lá fazer um trabalho com as crianças, eles faziam passeios e mandavam um ônibus para lá. Aí ela disse assim: "Meu Deus! Eu só tenho cinco crianças. Eu preciso lotar esse ônibus". Aí a Gilda: "Fala com a Fátima". Menina, era uma loucura... Qualquer coisa, elas me chamavam. Foi onde foi mudando o rumo. Eu fui conhecendo, entrando na Vila Olímpica, acompanhando a minha amiga. Aí eu fui tendo uma nova visão a respeito disso. Essa minha amiga fazia ação social, eu já comecei a ajudar... Começou assim. E daqui a pouco quem estava fazendo trabalhos?

Você.

Eu já estava organizando, fazendo meus trabalhos com as minhas crianças.

E como foi o contato com o Mulheres da Paz?

Chegamos lá no Lar de Rebeca, uma creche em Nova Brasília onde é hoje o escritório do Pronasci, estavam fazendo a inscrição, e eu disse: "Eu quero fazer". A minha amiga também. Último dia. Eu disse: "Meu Deus! Mas como é que uma coisa dessa não é divulgada?" Mas tudo bem. E ali, nós fomos participando das reuniões, do processo, reunimos várias vezes, e o grupo todo acabou que entrou.

Você conhece o Alemão há muito tempo. Antes, como era a situação da violência?

Era bem *light*, digamos assim. Tinha sempre essa questão, mas era tipo assim: cada um no seu quadrado. Inclusive havia um respeito muito grande. Ninguém se

O Pronasci nas comunidades

envolvia. Isso, digamos assim, há uns 20 anos. Não se via ninguém se drogando na sua porta, não se via ninguém portando armas. Hoje você vê assim... desfilando. Inclusive, nessa casa onde eu moro, eu passei uma situação muito difícil, que eles resolveram armar uma cabana, digamos assim, na porta da minha casa. Eu com as minhas crianças todas pequenininhas. Mas o relacionamento foi bom. Eles respeitavam e muito. Eu, a princípio, como não estava acostumada com aquele tipo de coisa, fiquei com medo; para mim, eles eram assim uns monstros. Mas depois ficou tudo *legal*. Eu saía às vezes cedo, e eles diziam assim para mim: "Ó. Pode deixar, eu estou tomando conta da sua pequenininha". Minha filha era pequenininha. E cuidava mesmo. Eu saía, ela fugia, eles diziam: "Vai para dentro, e tal".

A Vila Olímpica, que você mencionou, oferece muitas atividades aos jovens?

Oferece. Ela funciona num lugar chamado Grota, lá dentro do Complexo do Alemão. Para jovens, crianças, tem jogos, tem muitas atividades. Tem natação, tem judô, caratê, capoeira, tem balé, tem dança de salão, tem aula de canto. Todas as crianças que quiserem participar podem participar. É um espaço excelente. Agora, tem crianças que não conhecem a Vila Olímpica. Inclusive eu tenho 147 crianças para fazer atividades na Vila Olímpica, e a maioria não conhece, nem sequer passou por perto. Hoje nós estamos aí nessa luta, de estar enviando essas crianças para estar fazendo alguma atividade. Têm dois fatores, assim, importante frisar, que as mães recuaram da Vila Olímpica. Um é a violência. Quando você vai conversar com a mãe, ela aborda logo isso. E a questão da criança estar se deslocando de um lugar para o outro, às vezes sem ter quem leve. Isso também. Mas tem outro fator também, que tem mãe que não está nem aí.

A circulação dentro do Alemão é complicada? De Nova Brasília para Grota, por exemplo, é longe?

É um pouquinho longe. Para os adultos não, mas uma criança, um adolescente, tem que ter uma condução. Nós temos umas kombis que fazem esse trajeto, deixam perto da Vila Olímpica, mas não é todos os dias, porque são duas vezes por semana, que uma mãe tem dinheiro para pagar um real de kombi. Mas tem idas e tem vindas. Então hoje nós estamos acompanhando essas crianças. A questão da educação também é uma coisa que tem nos preocupado bastante, o índice de reprovação é uma coisa terrível.

Tem escola dentro do Complexo do Alemão?

Não dentro. Mas nas bordas tem muitas escolas. Escolas boas, inclusive. Mas as nossas crianças estão com índice de reprovação alto. Primeiro, é uma questão familiar. As nossas crianças estão muito assim soltas. São crianças que não têm responsabilidade com a única coisa que elas têm que fazer, que é estudar. Essa responsabilidade não é cobrada. É isso que eu tenho visto. Quando eu saio, no portão da minha casa, eu já vejo criança em cima da laje com pipa. Que horas que essa criança vai para a escola? Meio-dia, meio-dia e meia. Mas ela já passou a manhã inteira na rua, soltando pipa, bola de gude... Quando chega o horário, aí é que você vai ouvir a voz da mãe: "Ô fulano!"

Tem muita mãe que fica em casa, na comunidade?

Tem muita. Ih... Você não tem ideia. Eu digo para você que é a minoria que trabalha. A maioria fica sem fazer nada! Aí grita de lá: "Fulano! Está na hora". "Ah. Espera aí, mãe, que eu já estou indo". E entra em casa, pega a mochila e vai. Como é que essa criança chega na escola? Agora, a escola também não atende, porque haveria uma parcela da escola estar vendo isso, essa dificuldade. É mãe que não vai na escola, também não cobra da escola. Eu estou assistindo uma família que o menino, 14 anos, desde o ano passado, foi eliminado da escola, e a mãe não sabia. A escola também não informou. Sabe por quê? "Mas a mãe não comparece". Tem as reuniões, as mães não comparecem. A escola se acha também na obrigação de não estar chamando. Eu tenho crianças problemáticas, mães... Olha. A luta é muito grande. É aquele negócio, tem que estar lá, batendo na porta: "Está tudo bem? Fulano foi para a escola hoje?"

As Mulheres da Paz têm esse papel.

Exatamente. Eu, pelo menos, como eu já exercia isso, então eu continuo. É sair, ficar preocupada — por que é que fulano não foi à escola? O que foi que aconteceu? Só ali perto da minha casa, naquele pedacinho, eu tenho umas cinco famílias. Eu estou falando das crianças menores. Eles não estão no Protejo. As Mulheres da Paz não se ocupam só do Protejo, ainda tem essa outra parte também.

No caso do Protejo, você está assistindo quantos jovens?

Cada uma dessas mulheres, elas são responsável por três jovens. Então, nós temos que estar dando assistência a eles; faltou, você tem que ir lá, saber por que fal-

O Pronasci nas comunidades **441**

tou; até mesmo com relação à escola, você tem que estar fiscalizando essa frequência. E esses jovens, inclusive, que nós estamos dando essa assistência, são meninos bem problemáticos. Tem um menino preso. Eu fui visitar essa mãe. E a minha coordenadora, também, estava se mobilizando para fazer alguma coisa, para ver uma possibilidade de soltar ele. E essa mãe disse para gente o seguinte: "Olha. Por mim, ele fica lá" A mãe. "Não solta ele, não. Porque, ele lá, minha cabeça está tranquila". Ela disse isso. Menino novinho. Inclusive, ela tem outro filho, também, que está dando muito trabalho. Eu fui mais na casa dela por causa desse menino, cheguei lá, e fiquei assim perplexa de ver, os armários com cadeados, porque o menino está roubando tudo dentro de casa, por causa da droga. Ela tem esse preso e mais dois no Protejo. São cinco meninos que ela tem. E o outro é o sobrinho. Um arrumou trabalho no PAC. Menino muito problemático também. O outro está mais *lightezinho*. Mas eu, por algumas vezes, visitando aquela área, fiquei sabendo que um desses meninos já foi amarrado, para ser levado em algum lugar para matarem ele. Eu não sei como foi esse negócio, mas nós temos um pastor, que faz obra lá dentro da nossa comunidade, e tem, assim, autoridade de chegar, os meninos têm um certo respeito por ele, e então eles libertaram esse menino. Mas é complicado. E um deixou o projeto porque, esse, não conseguiu receber a bolsa. Eu não sei o porquê disso, mas teve muito problema para receber. Não sei se mudou o edital. Sei que depois de tantas buscas, eles disseram que o projeto seria na idade de 15 anos aos 24 anos, e aqueles que já estavam acima dos 24 anos, eles tinham que resolver alguma coisa; mas o edital estava dizendo isso, que é até os 24 anos, então eles queriam receber. Eles estavam dentro da faixa. E existe um outro fator, que eu gostaria de fazer essa colocação. Porque o Wesley, por exemplo, é uma exceção. Ele é solteiro, então ele pôde investir esses R$ 100,00 na compra de um computador. Mas a maior parte é casado. E, pasmem, com dois, três filhos. Esses meninos que eu falei, um tem três filhos. Um menino com 19 anos. A maioria nessa faixa já são papais.

Você acha que esses projetos do Pronasci têm chance de resolver o problema desses meninos?

Olha. Esses meninos, há possibilidade, sim. Há. Eu não sei se é a minha visão, mas quando eu vejo esses meninos... É como eu disse, para mim, eles eram o bicho-papão. Mas não é isso, não. São meninos que você chega, você pode conversar. Eu estou vendo a questão familiar e estou vendo a questão da educação. Então, se você começar trabalhar com esse jovem, realmente, há possibilidade dessa mudança. Tem um provérbio, que nem tudo está perdido.

Mas deve ser problemático mesmo. Tem a competição com o tráfico, que paga mais que uma bolsa de R$ 100,00, tem o problema da família, como você falou... Vocês têm que, realmente, lutar para convencer os meninos...

É, lutar. Tem uma mãe que está com problema com uma criança. Ele tem 13 anos, esse menino. E não quer ir para a escola de maneira nenhuma. Eu estou assim observando. Até para você fazer a abordagem, você tem que saber como é que vai chegar, porque, você já imaginou, que conversa esse menino, aos 13 anos, vai ter com uma senhora? Então, eu só fico observando. Ele passa para lá, passa para cá. Outro dia, eu tive a oportunidade de dar uma conversinha com ele, porque eram duas horas da manhã, estava ele no meio da rua, sentado na escada, conversando com um amiguinho. Essas crianças andam livremente de madrugada. Eu cheguei no meu portão para ele saber que eu estava vendo, e falei com ele. Disse: "Olha. Vou chamar o responsável. Eu vou ter que chamar". O outro disse assim: "Mas dona Fátima, por que é que tu vai chamar o responsável? Eu estou na porta da minha casa, e foram eles que deixaram". E agora? Eu digo: "Mas eu vou chamar assim mesmo. Não se preocupe, vou chamar". Está muito problemático esse menino. Ele se arruma todo bonitinho para ir para a escola mas ele não chega na escola. Quando dá o horário para ele retornar, pode contar que ele está passando lá na minha rua, tranquilinho, como se estivesse vindo da escola; mas nem lá foi. Eu já conversei com a avó. Eu ainda tenho que conversar mais. Eu só fiz essa cobrança a ela, desse horário desse menino estar na rua, e ela disse: "Eu não sei o que é que eu faço mais com esse menino". Eu digo: "Tu já levou esse menino ao médico?" Aí ela: "Não". Eu digo: "Faz isso. Leva. Porque às vezes precisa, médico, psicólogo; está aí para isso. Vamos encaminhar esse garoto". Porque ele já tem uma história. Depois eu fiquei sabendo por que é que essa avó cria essa criança. Ela disse: "Está comigo há meses". Mas por quê? A mãe tem problemas. Mentais. Está me entendendo? São detalhes que precisa ver. E esses detalhes, a escola não atenta para isso.

Essa sua interferência, de você falar com as famílias, com os meninos, tentar tirar esses meninos, como isso é recebido pelas famílias?

Bem. Inclusive não sou só eu que vou até elas, mas elas vão também até mim. "Vai lá, Fátima! Eu não estou aguentando aquele garoto. Dá uma passadinha por lá, hein". Eu digo: "Pode deixar".

Como o tráfico vê o papel de vocês?

Sobre isso não sabemos. Eu não sei se eles têm alguma coisa a falar a respeito disso. Se falaram alguma coisa, não é do meu conhecimento.

Vocês nunca sofreram nenhum tipo de pressão, de constrangimento?

Não. Nada, nada.

Você acha que essa iniciativa do Pronasci difere das anteriores?

Olha só. O momento que nós estamos passando é uma novidade para nós. O Complexo do Alemão sempre foi visto como problemático. É uma área de violência, que ninguém entra, que ninguém... Nunca se entrou. Então, isso tudo é muito novo. E eu, particularmente dizendo, eu estou assim radiante, radiante mesmo, só em ver a oportunidade que nossos jovens estão tendo. E eu sei que não vão ser todos, mas pelo menos uma boa parte pode ser salva, sim. Então essa iniciativa foi ótima. E essa obra do PAC, dando oportunidade aos nossos jovens também; até jovem como meu esposo, de 62 anos, trabalhando... E mais outras coisas, não é. Nós já estamos perto de um fechamento desse projeto, já se fala de uma renovação, nós estamos torcendo para que tenha continuidade. E, tendo essa continuidade, outras mulheres possam vir. Falando da questão da divulgação. Poucas ficaram sabendo disso. E outras, quando veem hoje o trabalho, dizem: "Ah, eu quero também. Fala para mim". As coisas estão fluindo dessa forma.

Catarina Gonçalves de Oliveira
Mulher da Paz na Rocinha, Rio de Janeiro

Entrevista feita no Rio de Janeiro em 12/8/2009

Menina na Rocinha

Vamos começar lhe perguntando sobre a sua história de vida: onde e quando você nasceu, onde foi criada?

Eu nasci no dia 24 de maio de 1960, aqui mesmo, no Rio de Janeiro. Nasci na Rocinha e morei lá até os 12 anos de idade; com 12 anos me mudei pra Nova Iguaçu onde morei até os 15. Aí minha mãe faleceu, e como eu não tinha mais meu pai, só padrasto, voltei a morar na Rocinha com familiares. Só que não deu muito certo, então fui trabalhar em casa de família. Passei assim uns dois ou três anos da minha vida dentro da casa de uma senhora, que a minha mãe tinha trabalhado pra ela. Passei, praticamente, a morar lá: eu trabalhava e ficava lá.

E você teve oportunidade de estudar? Onde você estudou?

Estudei numa escola que tinha na Rocinha, de uma igreja, do pastor Belarmino. Quando eu estava na quinta série, eles estavam acabando de construir a Escola Paula Brito, para onde eu seria transferida, mas não foi possível, porque eu me mudei para Nova Iguaçu. Eu já tinha passado para sexta série, mas aí fiquei um ano sem estudar, em 1972. Quando a minha mãe conseguiu vaga, só tinha para quarta série, e por isso tive meus estudos atrasados. Ao voltar para Rocinha, eu estava na sexta série de novo. Aliás, eu fiz doutorado em sexta série, porque quando foi em abril minha mãe faleceu, e em outubro eu já estava com a cabeça meio atordoada, morando com o padrasto, criando meus irmãos, que eram quatro, mais novos do que eu...

Qual é a sua lembrança da Rocinha até os 12 anos de idade? Devia ser uma vida bem tranquila, não?

Eu acredito que sim. Apesar de que hoje as coisas estão bem mais avançadas, nós tínhamos prioridades que agora não tem. Eu lembro bem, por exemplo, quando a minha mãe passava mal para ter neném, a ambulância do Hospital Miguel Couto vinha buscar ela em casa. Existia um grupo lá que trabalhava para a Saúde, mas eu não sei informar de onde era. Eles visitavam as casas levando informações sobre saúde para as famílias, faziam exames de fezes, e quando dava algum problema, eles traziam o resultado e davam remédio, se precisasse. Tinha várias coisas que, por um lado, para mim, eram boas.

Essa escola do pastor Belarmino, onde você estudou, era legal?

Era. Nessa escola só tinha duas salas. Eram duas turmas por turno. Nunca mais eu fui lá, mas me lembro que eram só duas salinhas. Mas era supertranquilo, superorganizado. Naquela época a gente hasteava a bandeira, cantava o Hino Nacional, bem uniformizadinho, tudo na fila, bonitinho...

Nesse primeiro período em que você esteve na Rocinha, até os 12 anos, do que você lembra sobre a relação da polícia com a comunidade? Como é que era?

Tinha o posto policial. Assim, por exemplo, se tinha uma briga, ameaça, se alguém estava com uma faca — porque naquela época a gente quase não via uma arma, não é como hoje, que o pessoal fica passeando com arma —, se chamava, e eles vinham para ajudar. Por uma briga de vizinhos mesmo, qualquer coisa, a gente ia lá no posto, falava, e eles vinham.

Não havia tráfico?

Se tinha, não era como hoje. Eu acredito até que tinha, mas não como agora. Aí tinha aqueles buzumzum, tipo assim... Naquela época a gente morava num barraquinho de telha, e o pessoal tinha mania de dizer que os ladrões destelhavam as casas para entrar, para roubar ou para violentar, sei lá para quê. Nossa! Eu dormia

O Pronasci nas comunidades **447**

em pânico, porque sempre fui muito medrosa. Até hoje sou muito medrosa. Só que, graças a Deus, na minha casa, ninguém nunca entrou, eu nunca vi nada de mais.

Sua família era religiosa? Você teve alguma educação religiosa?

Não. Naquela época só as crianças faziam a primeira comunhão com aquela roupa branca, aquela coisa assim padronizada. Eu era louca para fazer. Nós não éramos católicos, íamos à igreja só de vez em quando. Se me perguntassem, eu ia dizer que era católica, mas hoje eu sei que, para dizer que é católico, a gente tem que frequentar. Eu não sei se era pela roupinha branca, mas eu tinha muita vontade de fazer o catecismo, a primeira comunhão. Não cheguei a fazer, porque o meu padrasto era contra tudo e todos.

Em que ele trabalhava? E sua mãe?

Ele trabalhava em obra, construção. Minha mãe lavava roupa para fora. Inclusive para essa senhora, que eu fiquei na casa dela quando a minha mãe faleceu. Ia lá, fazia um rol e levava a roupa para casa; depois entregava aquela roupa lavada, passada... Era aquele ferro horrível, a carvão... Enfim. Era assim que a gente vivia. Minha mãe trabalhando, lavando, passando roupa, ainda tinha que levantar de madrugada para apanhar água no poço, porque nós não tínhamos água encanada... De vez em quando as mulheres saíam no tapa, por causa do poço. Era uma coisa assim... Bem difícil. Mas é o que eu acho, era difícil por um lado, mas era bom por outro. A minha casa era farta. Por exemplo, eu tinha quatro irmãos pequenos, então toda semana meu padrasto já chegava com a sacola cheia de latas de leite Ninho, de Maisena, de creme de arroz. Ele matava porco toda semana, com o dono da birosca onde nós comprávamos para pagar no fim de semana, e então ele trazia muita carne de porco. Ele ia para feira, comprava aqueles frangos, matava, então era tudo muito farto. Nós não tínhamos luxo, mas tínhamos comida.

Juventude, estudos, casamento

Quando você voltou para a Rocinha, depois que sua mãe morreu, o que tinha mudado?

Como eu disse, eu fiquei dos 12 aos 15 anos em Nova Iguaçu. Minha mãe morreu no dia 13 de abril e eu fiz 15 anos no dia 24 de maio. Quando foi no mês de outubro, eu vim para casa da minha tia. Na época quando a minha mãe era viva, eu nunca vi o meu padrasto como meu pai. O comportamento dele comigo não era igual ao que ele tinha com a filha dele, que é a minha irmã abaixo. Assim, comer, a gente comia de tudo, mas eu não tinha carinho, eu não podia brincar quando ele estava em casa e nem tinha a liberdade que eu tinha quando estava só com a minha mãe. Então, quando eu voltei para Rocinha, me senti totalmente perdida, pois os familiares que eu tinha não eram A MINHA MÃE. A mudança foi radical, pois de menina tive que virar uma mulher.

Esse período em que você ficou na casa dessa ex-patroa da sua mãe, em Ipanema, como foi? Você morava lá direto?

É. Eu tinha folga. Naquela época a gente folgava de 15 em 15 dias. Hoje em dia, as coisas também mudaram por esse lado. Eu folgava sábado depois do almoço, mas na segunda-feira, às sete da manhã, eu tinha que estar lá de volta. Então, às vezes eu saía, passeava e voltava para dormir lá mesmo, e às vezes eu ia para casa da minha tia, porque tinha os meus primos, estava todo mundo em casa, eu precisava, eu queria ficar perto de pessoas. Mas eu fiquei um ano da minha vida nessa lenga-lenga, entre a casa da minha tia e a casa da minha patroa. Eu chorava todas as noites, porque eu tinha saudade dos meus irmãos, sentia falta da minha mãe. Então a coisa foi muito difícil, muito difícil mesmo.

Seus irmãos continuavam em Nova Iguaçu?

Meus irmãos continuavam lá, morando com o pai deles. Pôxa, eu tinha 15 anos, e todos eram menores, tinha um que devia ter uns seis anos, então eu pensava muito nos meus irmãos; porque, mesmo quando a minha mãe era viva, quem cuidava deles era eu; aí a minha mãe já trabalhava de diarista. Ela descia para trabalhar, e eu é que levava na escola, que dava banho, que dava comida. Depois que ela morreu e eu saí de casa, senti muita falta deles, muita, mas muita mesmo; eu chorava muito.

Você não teve mais contato com seus irmãos?

Fiquei sem contato com meus irmãos por três anos, mas depois voltei a ter contato com eles, até hoje.

O Pronasci nas comunidades 449

E as suas condições de trabalho? Sua patroa era uma pessoa legal?

Era. Ela me tratava muito bem. Foi muito boa para mim. Às vezes ela até exigia um pouco mais de mim, mas ela falava assim: "Eu estou fazendo isso por você, para quando você casar, saber ser dona de casa". Ela também me incentivava muito a estudar.

Você se casou logo?

Sim. Quando eu engravidei da minha filha, casei. Eu já estava planejando mesmo casar, só que a pressa falou mais alto, e aí, quando eu casei, a minha filha mais velha já pôde vir junto. Ele era da Rocinha também. A gente se conhecia desde criança. Ele era lavador de lavanderia. Aí foi isso. Casamos no civil, acho que em 79.

E depois de casada, como é que você organizou sua vida?

Casei em fevereiro, e a minha filha nasceu dia 24 de agosto. A gente morava num barraquinho, mas já era maior do que o que eu morava quando criança, tinha quarto, sala, cozinha e banheiro; a gente tinha água do poço ainda, mas já existia água encanada, era só providenciar para encanar para nossa casa. Quando a minha filha estava com dez meses, eu engravidei da outra. E depois que eu tinha as duas pequenas, eu já não queria trabalhar... Passei também um período muito difícil, porque o que ele ganhava não era suficiente para todo mundo. Naquela época, para comprar as coisas parceladas, era muito mais complicado do que agora; eu lembro que a gente comprava um fogão, pagava em 24 vezes, uma mesinha, era 24 vezes, então, de 24 em 24, o tempo ia passando, os filhos iam crescendo, e a gente não tinha nada. O dinheiro que a gente ganhava mal dava para comer. A sorte é que a gente não pagava aluguel; o barraquinho era nosso. Para ajudar na renda comecei a dar aulas em casa. O cômodo maior da minha casa era a cozinha, e eu tinha vinte e tantos alunos naquela cozinha, para dar aula. Cobrava por aluno.

Como é que você arrumava lugar para todo mundo sentar lá?

Os alunos sentavam no chão. Eu comecei com um horário só, mas quando eu vi que estava sendo demais, fiz dois horários. Em princípio eu queria dar aula só para quem estivesse até na quarta série. Eu tinha medo de dar aula ao pessoal do ginásio, achando que eles sabiam muito. Depois eu fui descobrir que tinha gente acabando o ginásio que sabia menos do que eu. Com isso, eu fui pegando. Era aula de reforço. O pessoal elogiava muito. Naquela época não tinha aulas de reforço como agora, eram poucas pessoas que trabalhavam assim. E eu gostava de trabalhar. Tanto que o meu sonho era ser professora.

Você voltou a estudar?

Voltei. Deixei as minhas filhas crescerem um pouco, cuidei delas, e botei na minha cabeça que eu queria terminar a oitava série. Tudo em que eu pensava em trabalhar, tinha que ter pelo menos a oitava série. Porém eu tive dificuldade de frequentar uma escola devido às minhas duas filhas. Conversando com uma vizinha sobre esse meu desejo, ela me informou sobre o projeto Suplência, onde a gente estudava em casa e só comparecia ao local para tirar dúvidas e realizar as provas. Graças a esse projeto, em um ano e três meses eu consegui concluir o primeiro grau. Em 2005, através de outro projeto, o Rocinha do Saber, consegui concluir o segundo grau. Mas antes disso, surgiram uns comunicados, lá na Rocinha, sobre o trabalho de agente comunitário de saúde.

Agente comunitária de saúde

Como funciona esse trabalho agente comunitário de saúde?

Nosso trabalho é fazer visitas domiciliares a pacientes em tratamento para tuberculose. Chama-se DOTS [sigla em inglês para Tratamento Diretamente Supervisionado]. Temos que observar eles ingerindo a medicação levada por nós em cada visita. Além da medicação, encaminhamos e marcamos exames de diagnóstico e de controle para os pacientes e seus contatos.

O agente de saúde ganha alguma coisa? Tem vínculo com o Ministério da Saúde?

Somos contratados com carteira assinada por uma ONG que tem parceria com a prefeitura. No momento, nós estamos trabalhando com o Cedaps [Centro de Promoção da Saúde]. Quando eu entrei era o Ciedes [Centro Integrado de Estudos de Desenvolvimento Sustentável]. Eu entrei na segunda turma, não fui cha-

O Pronasci nas comunidades   **451**

mada assim logo de cara, fui chamada depois, mas quando entrou a primeira turma era a Bio Rio [Fundação Bio Rio]. Eu acho que o Ministério, a prefeitura, está tudo ligado, porque nos eventos de Saúde o pessoal do SUS sempre comparece.

E o que é que você faz, exatamente, como agente de saúde?

É assim. A pessoa está com os sintomas da tuberculose — tosse, febre, emagrecimento... —, vai ao hospital, e eles pedem um raio X. Uma vez avaliado, caso o raio X esteja sugestivo para tuberculose, o paciente é encaminhado ao setor de pneumologia do CMS Píndaro de Carvalho. A pneumologista avalia e, pelo raio X, ela já confirma o diagnóstico, pede um Baar, que é o exame de escarro, e a pessoa entra em tratamento. Após a consulta, o paciente é encaminhado ao Pacs Rocinha (Programa de Agente Comunitário de Saúde). E no Pacs alguns dados do paciente são coletados para que o agente comunitário de saúde da área onde ele mora possa acompanhar o seu tratamento. Porque nós é que vamos nos responsabilizar por ele até ter alta.

Por exemplo, em princípio, quando a pessoa entra em tratamento, se ela se adapta bem com a medicação, que a gente chama de Esquema 1, ela fica durante dois meses tomando remédio diariamente. Aí nós vamos, de segunda a sexta, damos o remédio, anotamos na carteirinha o nosso nome, a data e a numeração: ele tomou a dose 1, 2, 3... até chegar a 40. A partir da dose 41 o paciente passa para segunda fase de tratamento. Quando ele vai na consulta, uma vez por mês, leva a carteirinha, que é o elo entre nós e a pneumologista.

Mulher da Paz

E com relação ao Pronasci, como foi o seu envolvimento?

Pelo fato de trabalhar na comunidade, eu conheço muito da vida das pessoas lá dentro, vida financeira, questão de alimentação, jovens... Eu já tive muita vontade de ajudar alguns jovens. Eu tratei de um rapazinho — acho que foi mais baseado nisso que eu quis entrar no Pronasci. Ele deve ter uns 19 anos, mas é assim tão desorientado... Só é grandão. Não estuda... Mora num quarto pequenininho. Acho que ele não tem pai. Tem mãe, um monte de irmãs, e só ele de menino. Eu conheci esse garoto logo no começo que eu fui trabalhar no Pacs. A sua condição de vida chamou muito a minha atenção. Várias vezes eu perguntava se ele não queria estudar. "Você quer? Eu te ajudo a procurar". Eu sempre tive esse negócio de *querer*. Se a pessoa quiser, eu vou com ela. Eu já arrumei escola para criança que não estudava, já fui ajudar a arrumar certidão, já fui arrumar vaga para idoso lá no Rinaldo Delamare, já fiz uma proposta de projeto, na Rocinha, para idoso... Então, por eu estar muito envolvida com as coisas na comunidade, quando surgiu o projeto Mulheres da Paz — sei lá, eu me sinto como se já fosse um pouco uma Mulher da Paz há muito tempo.

Como é que você ficou sabendo do Mulheres da Paz?

O Pacs fica na antiga Fundação Leão XIII da Rocinha. E chegou um comunicado lá, para esse projeto do Mulheres da Paz. Nós, as agentes de saúde, ficamos interessadas. Porque, na verdade, eles queriam mulheres que morassem na comunidade, mas que não estivessem trabalhando. Aí eu falei assim: "Pôxa, mas a gente já trabalha dentro da comunidade, conhecemos bem as pessoas e as necessidades, então eu acho que seríamos muito úteis como Mulheres da Paz, além de ganharmos um pouquinho mais". A gente já se sentia Mulher da Paz, já fazia um pouco do trabalho que eles estavam propondo...

Como é que funciona esse programa na Rocinha?

Nós tivemos um treinamento durante alguns dias, não sei se foram duas semanas, por aí, ali no Ciep Ayrton Senna, e eles falaram um pouco de tudo, sobre direitos da criança, do adolescente, do idoso, sobre a Lei Maria da Penha... Falamos um pouco de tudo, que era para gente poder ficar integrada nos direitos que as pessoas das comunidades têm, mas que elas não sabem nem que existem. Nossa primeira tarefa foi convidar jovens para participar do Protejo.

Convidar quem vocês já conheciam na comunidade?

Quem a gente conhecia e soubesse da importância de participar. A intenção deles, na verdade, é tirar os jovens que estão vivendo situações de risco, alguém que a gente perceba que já está se integrando... sei lá, com o tráfico, ou que não tem nada para fazer nos tempos vagos. A intenção é essa, de pegar esses jovens e integrar no Protejo, para eles fazerem um curso e conviverem com pessoas diferentes, com coisas diferentes. Inclusive eles ofereceram passeios turísticos, programas de esporte, para ver se o jovem saía daquela realidade da favela e se integrava numa nova realidade. Algumas coisas estão funcionando bem, mas outras não, por questão de espaço, por questão de professores, por questão de falta de interesse dos próprios jovens.

O que está funcionando bem?

Eu acredito que os cursos do Protejo estejam funcionando bem. Apesar de muitos jovens terem desistido. Os que eu indiquei estão frequentando e afirmam que estão gostando.

Qual é o perfil dos jovens que você indicou?

Um, a mãe dele trabalha no mercado dentro da Rocinha, ele estuda de manhã e tinha a tarde toda livre. Para mim, eu acho assim, não precisa o jovem estar ali no meio das drogas, dividindo coisinhas que outros roubam por aí, que não é o caso de todos. Mas se o jovem fica a tarde inteira sem ter o que fazer... É aquela história: mente vazia, oficina do Diabo. Então eu falei assim: eu não vou procurar me integrar dentro, digamos, das bocas de fumo, ou com aqueles garotos que estão por ali, que não são traficantes, não são nada, só estão por ali, à toa, sem ter o que fazer. Eu não preciso ir lá dentro. Então eu procuro jovem que não tem o que fazer, mas que também não está se envolvendo ali. Para mim, ele também está numa condição de risco. Se ele não tem nada para fazer à tarde, vai fazer o quê? Começa a conversar pelo MSN com todo mundo, que é o que eles ficam fazendo... Internet. Por exemplo, a mãe de um garoto que eu indiquei tem dois filhos, mas como ela trabalha e o pai trabalha, eles compraram um computador, exatamente para ocupar os filhos. É uma forma de ocupar. Só que... Eu também tenho filho adolescente, e sei que isso não basta.

Suas filhas estão com que idade?

A minha filha mais nova está com 18 anos. Terminando o segundo grau. A mais velha tem 29 anos e se formou em advogada este ano. A do meio, que tem 28 anos, e é professora da rede pública, está fazendo faculdade de história.

Mas vamos voltar aos jovens de que estávamos falando.

Vamos voltar. Esse primeiro, por eu saber que ele ficava a tarde toda sozinho, sem ter o que fazer, eu falei com a mãe dele lá no mercado. Na verdade, eu não conhecia o garoto, mas sabia que ela tinha um filho de 15 anos que ficava a tarde toda sozinho; e ela mora numa área meio aglomeradinha. Então perguntei: "Será que ele não gostaria de participar do Protejo?" Aí ela: "O que é que é isso, Catarina?" Eu falei assim: "Olha. Ele vai fazer um curso que é oferecido pelo Senac, vai ficar ocupado, vai ter um diploma, e ainda vai ganhar uma ajuda de R$ 100,00 por mês". Ela ficou encantada com a ideia e falou com ele; diz que o menino pulou de alegria. Uma mocinha que eu indiquei se encontrava deprimida por não conseguir emprego. A outra estava pensando em suicídio por estar grávida pela segunda vez. Achei que as duas precisavam muito se enturmar e ocupar o tempo.

Nos cursos do Protejo há jovens com uma situação mais grave, mais crítica, do que esses que você indicou?

Tem. Tem muitos garotos indicados por amigas minhas — a gente de vez em quando se reúne para conversar sobre isso – que já estavam se infiltrando mesmo no tráfico. Teve mães de adolescentes desse tipo que pediram pelo amor de Deus para arrumar um jeito de encaixar o filho. Só que é assim: a gente consegue colocar, mas também tem que ter a parte da família, de fazer com que ele siga, tem que ter a vontade dele também.

E há muitos que entram e não ficam?

Tem os que entram e não ficam porque desanimam, tem os que entram só pelo dinheiro, que em vez de falar assim: "Pô, eu vou fazer um curso, vou ter um diploma do Senac, vou melhorar meu histórico de vida", entram só pelos R$ 100,00. Aí, como os pagamentos andaram atrasando, teve pessoas que ficaram dois, três meses sem receber — também, quando recebia junto, quase soltava fogos de alegria —, nem todos permaneceram frequentando o curso como deveriam. Eu sei que tem dois horários, mas as turmas não estão tão cheias como no começo. Alguns se deslocaram, sei lá, arrumaram emprego... Porque como são jovens de 17, 18 anos, às vezes aparece um trabalhinho, e eles vão trabalhar. Muitos perderam o interesse, sei lá por causa de quê.

O Pronasci nas comunidades

Como funciona a estrutura do Pronasci na Rocinha?

Nossas reuniões são feitas na Casa da Paz. Os treinamentos foram no Ciep Ayrton Senna, e as aulas são realizadas no Centro Comunitário da rua 2. Tudo com espaços e coordenadores suficientes.

Você já pode sentir os benefícios das ações do Pronasci? Já pode ver algum aspecto positivo no que foi feito até agora?

Sim. Semana passada já teve um evento, que inclusive foi o prefeito, foi a Benedita, que foi para a entrega do certificado do curso de Técnicas de Obras. Dizem que foi muito bonito, mas eu não fui, porque foi numa quinta-feira, que para mim é um dia muito apertado; e, além de tudo, choveu *para caramba*. O início do curso foi no dia 26 de janeiro, no Senac da Barra. Dentro do Pronasci. Essa foi uma parte boa e positiva.

Eu vejo que muitos alunos do Protejo não estão seguindo ali certinho. Mas tem muitos que estão indo com muita euforia, então eu acho isso muito *legal*. Porque aqueles que estão seguindo bem vão acabar passando para os outros. Essa primeira etapa vai terminar e vai ter novas inscrições, novos cursos oferecidos. Agora eles estão fazendo turismo e administração. Eu até vou procurar saber se os alunos que estão seguindo ali vão poder participar de outros cursos. E eles já vão chamando jovens que se interessem. Porque eu penso assim: digamos que tenha 100 alunos. Se pelo menos 20 se formarem já é lucro. Eu penso dessa maneira. Mesmo quando eu estou trabalhando como agente de saúde, eu procuro conversar e incentivar os jovens do Protejo que eu encontro pelos caminhos.

Você acha que é bom mesmo as agentes de saúde acumularem a função de Mulher da Paz? Ou isso atrapalha?

Eu acho *legal*, sabe por quê? Porque nós conhecemos bem a comunidade. Eu vejo dessa maneira e acredito que as agentes de saúde veem assim também. Porque muitas Mulheres da Paz, que estão dentro do projeto, são pessoas que nunca trabalharam dentro da comunidade com nada. Quando muito, fizeram um trabalho voluntário numa igreja, creche ou coisa assim. Eu, por exemplo, antes de trabalhar como agente de saúde, não conhecia a comunidade no todo, porque eu tinha medo de andar em determinados trechos. Hoje eu não tenho medo de nada. Nada me assusta mais. Quanto mais esquisito for o nome, mais eu quero ir lá, para ver como é que é. Entendeu? Eu vejo assim. Eu acho que as agentes de saúde têm uma experiência e um manejo de convivência com o pessoal que muitas mulheres que estão só no projeto das Mulheres da Paz não têm. Eu posso chegar numa galera ali, de jovens que estão fumando maconha, e converso com eles numa boa. Eu não tenho o menor problema de chegar perto de ninguém. Eles não são meus inimigos, são apenas moradores. Eu não vejo eles como meninos que trabalham no tráfico, vejo como pessoas. Tem muitos ali, sinceramente, que eu acho que trabalham porque têm necessidade de trabalhar e não tiveram disposição para estudar, ou não tiveram família.

Quando esses jovens entram no Protejo, eles se mantêm no tráfico?

Acho que depende muito da situação de cada um. Acredito que alguns conseguem sair de vez, outros não.

Você continua tendo uma relação distante com a Igreja ou você se vinculou a alguma?

Não. Sinceramente, eu não consegui me vincular a Igreja nenhuma. Eu estou meio que desacreditada das igrejas. Gosto das igrejas evangélicas, dos ensinamentos, mas é tanta coisa que a gente ouve, que eu vou ficando cada vez mais desacreditada. Então, eu estou assim: existe a religião e existe a fé. Tem pessoa que é religiosa, mas não tem fé. Eu sou uma pessoa que tem fé, mas não tem religião. Eu estou optando pela fé. Deus, eu sei que ele existe, com certeza, acredito nele fielmente, e sei que sou abençoada, porque para morar na comunidade, para ter toda a vida que eu já tive, e hoje em dia ter a vida que eu tenho, só sendo abençoada. Eu passo pelos meus apertos, eu tenho os meus problemas, mas me considero uma pessoa abençoada.

Você conseguiu construir uma casa legal para morar?

Sim, consegui, com dificuldade, construir uma casa de dois andares, que depois vendi, e comprei um apartamento mais próximo da rua. Após 29 anos de casada me separei e comprei um apartamento só para mim, no mesmo prédio em que eu morava quando casada.

Você se considera uma pessoa vitoriosa.

Sim, eu me considero, porque consegui vencer todas as barreiras que encontrei na vida. Criei minhas filhas, que Graças a Deus estudam, trabalham e são pessoas íntegras. Tenho minha casa, meu trabalho, e um Pai maravilhoso que me protege seeeeempre!

Wesley de Oliveira Santos
Jovem do Protejo em Nova Brasília, Complexo do Alemão, Rio de Janeiro

Entrevista feita no Rio de Janeiro em 10/7/2009

Menino no Complexo do Alemão

Vamos começar conversando um pouco sobre a sua vida. Onde você nasceu, quantos anos você tem, onde você mora?

Eu tenho 16 anos. Moro numa comunidade do Complexo do Alemão. Na minha casa moram quatro pessoas, meu pai, minha mãe, meus dois irmãos. Sou o irmão do meio. Estou no segundo ano do ensino médio e pretendo fazer faculdade. Vou contar um pouco da minha história. Meus pais não são propriamente do Rio de Janeiro. Minha avó, meu pai, meu familiar da parte do meu pai, veio da Bahia; minha mãe, minha avó já moravam aqui mesmo. A gente morou numa comunidade carente do Complexo do Alemão, onde tivemos muitas dificuldades. Minha avó saiu da Bahia para o Rio de Janeiro por causa de condições financeiras. Ela não tinha dinheiro. Oito filhos. Aí foi uma coisa complicada para ela. Ela saiu, veio para cá e construiu a família dela aqui. Meu pai, na época, acho que tinha quatro anos.

Eles foram logo morar no Alemão?

Foram. O Complexo do Alemão, hoje em dia, não é como era antes. Era totalmente diferente. E hoje em dia a família está completamente construída, minha avó tem uma condição financeira boa, meu vô também está vivo. Eu tenho uma bisavó que está viva ainda. Minha avó tem 63 anos, e minha bisavó teve os filhos dela nova.

Em que comunidade no Alemão você mora? As pessoas da família moram próximas? Seus pais continuam casados?

A comunidade é Nova Brasília. E todos moram perto, na mesma comunidade.

Como foi a sua infância?

Foi boa. A condição financeira foi favorável, não foi muito ruim. Sempre tivemos algo que comer, mesmo que fosse o arroz e o feijão, mas tinha. Meu pai sempre trabalhou com o próprio suor dele. Hoje em dia, ele trabalha no supermercado. Antes ele vendia no comércio de tintas. Tinha vezes que ele perdia o emprego. Acontecia algo dentro da loja e ele era despedido. Aí, nesse meio período que ele era despedido, a gente tinha que comer arroz e feijão puro, com mais nada. Passava mais dificuldade. Mas sempre teve amigos, familiares que nos ajudaram. E meu pai sempre corria atrás de emprego.

Sua mãe trabalhava? Com quê?

Minha mãe trabalhava, só que informalmente. Ela trabalhava como empregada doméstica. Lá em Nova Brasília. Ela sempre procurava emprego assim. E meu pai, quando ficava desempregado, sempre, de manhãzinha, ele levantava para procurar emprego; procurava em várias localidades, até que achava. Ficava uns três, quatro anos, por aí, depois era despedido de novo. Aí sempre voltava a procurar outro emprego. E minha avó e meu vô também, sempre trabalharam. Minha avó trabalhou também como empregada doméstica, meu vô, hoje em dia, está desempregado, mas trabalhava com negócio de confecção. Era informal o trabalho dele. Mas minha avó vai se aposentar agora. Minha mãe nunca trabalhou de carteira assinada. Meu pai já.

E você? Você começou estudar em Nova Brasília mesmo?

É. Sempre estudei em escola pública. No começo, quando eu entrei na primeira série, tive mais dificuldade na escrita. Meu pai e minha mãe, muito ocupados, não tinham muita atenção para dar — sempre tentavam dar, mas era meio complicado, por causa do trabalho —, e eu tive uma dificuldade no alfabeto. Aí conheci uma professora muito boa, gostei muito dela, e ela teve paciência para me ensinar. E agora, na escola, sou um bom aluno. Quero me formar na faculdade de informática.

Você é um menino tranquilo ou você apronta também um pouco?

Eu sou um menino tranquilo. Acho que minha mãe nunca teve grandes queixas de mim. Sempre estudei, já trabalhei, para ganhar o meu próprio dinheiro. Trabalhos informais. Uma confecção de roupa, que era a loja de um amigo meu, e também, com meu tio, cobrador de kombi. Estudava de manhã e, de tarde, trabalhava na confecção; depois, quando eu saía da confecção, meu tio me chamou, e eu trabalhava de tarde até de noite, nas férias.

Você disse que o Alemão, na época que sua avó veio para cá, era muito diferente. Ela contava alguma coisa em relação a como era? Até em relação à questão da violência, se havia, se não havia?

Minha avó contava muitas histórias engraçadas. Teve um dia que o tio Hélio estava trabalhando, carregando compras para o pessoal que ia ao supermercado. Hoje em dia ele é advogado, tem um bom futuro, mas começou a trabalhar com uns dez anos. Minha família toda começou a trabalhar cedo. Mas aí meu tio estava trabalhando, começaram a dar tiro, ele saiu correndo e deixou tudo para lá. Mas naquela época não tinha muito tiro. Era difícil. Antigamente não tinha aquela questão de droga, de polícia, de ladrão. Hoje em dia, no Complexo do Alemão, já é mais complicado, porque em cada esquina você vê jovem se drogando, se prostituindo... É complicado.

Na sua infância, você tinha muitos amigos no Alemão?

Tinha poucos. Na escola eu não tinha muitos amigos, mais porque eu sou um pouco tímido. Aí eu não fazia muitos amigos. Se tivesse, era só um ou dois.

Agora, você está trabalhando?

Não. Estou fazendo o curso do Pronasci.

O Pronasci

Por que você foi fazer o curso do Pronasci? Você estava com dificuldade?

Não. Dificuldade, não. Quem encontrou o curso foi uma amiga minha. Ela foi, falou que estava abrindo um curso para pessoas que estavam precisando. Só que aí, chegou lá, na hora, era outro tipo, porque o curso era para pessoas que estavam se drogando, se prostituindo. Estavam no caminho errado. Só que aí, chegou na hora, foi uma coisa diferente. Muitas pessoas que não estavam passando por essas crises se inscreveram. Aí ela me chamou para me inscrever também.

Quer dizer que, no Alemão, há várias pessoas inscritas no Protejo que não estão propriamente em situação de risco.

É. Mas os professores contam que na parte da manhã — eu faço o curso lá de tarde — as pessoas são mais envolvidas. Muitas vezes é por causa das... condições e situações. Condições financeiras. Também tem o caso familiar, que deve ter jovens lá que os pais maltratam, deve ter pais que bebem, fumam. Aí, por essas condições, acabam agredindo os próprios filhos. Aí há uma revolta.

E esses meninos são mais interessados no Protejo do que as pessoas que têm uma vida mais organizada. Você, por exemplo, tem uma família bem estruturada, está seguindo um caminho na escola, nunca repetiu o ano, tem uma situação de vida legal. Você tem amigos que se envolveram em situações de risco?

Tenho. E eles ainda não se inscreveram, não. Eu acho que... mais pela mentalidade deles. Para mim, assim, as pessoas que estão envolvidas têm a mente mais fechada. Não querem se expor ao mundo, querem ficar no mundo pequeninho delas.

Você não fala para os seus amigos que o Protejo é legal, você não chega a incentivar eles de alguma forma?

A gente sempre fala, mas a maioria não gosta de ir para o curso. É obrigação, sala de aula... A maioria das pessoas que são envolvidas não quer ficar nesse meio, não é, mas... é mais pelas condições financeiras, vício, entre outras coisas, questão familiar, maus-tratos na infância.

Qual foi o curso que você escolheu? Você está gostando?

Escolhi administração. Já estou lá há três meses. Eu gostei porque... é um aprendizado maior, abre mais a nossa mente. Tinha coisas que eu não sabia sobre a cidadania, muitas coisas diversas que eu não sabia e aprendi. Deu uma mentalidade maior, abriu mais a minha cabeça. Reivindicar nossos direitos como cidadãos, reivindicar segurança. O curso falou de vários tópicos. Falou sobre cidadania, falou sobre comércio, a área da administração. Acho que são umas cinco horas por dia. Tem dois professores, um de escritório de administração, outro de almoxarifado. Aí tem esporte e lazer, que é sábado, e outro curso, dia de teatro, que tem lá segunda-feira.

Qual é a quantidade de alunos nessas atividades?

No começo, tinha muito mais. Hoje em dia tem uma quantidade razoável. Mas tem gente que desiste. Aí eu não sei. Agora, por exemplo, o pessoal não vai querer ir por causa das férias da escola. Acabam perdendo vaga. Tem um limite de faltas. São três turmas de manhã e duas de tarde, e tem uma bolsa. Eu recebi certinho, mas tem alguns colegas que não. Por causa que dão o nome errado lá para o projeto, aí tem que ter um processo para mudar o nome. A questão do cartão do Protejo, igual ao Bolsa Família. No começo, a gente ia lá na Caixa Econômica receber. Aí, depois, fizeram o cartão, e os alunos pegaram. E tem alguns que não receberam a bolsa por causa do nome... Alguma coisa está errada. Falta de documento. E alguns desistiram justamente por isso, não receberam a bolsa e deixaram o curso.

Como é que os professores controlam isso? Você tem o cartão para receber a bolsa, mas você também tem que estar na sala de aula. Como é feito esse controle?

Tem a chamada do professor, que vai para o Senac, e tem a do Protejo, que vai lá para o Protejo mesmo. Tem as Mulheres da Paz que trabalham nisso. Tem uma chamada, e os alunos que estão presente assinam.

Do que você está gostando mais nesses cursos, nessas atividades do Protejo?

O que eu gostei mais foi cidadania. Achei muito interessante, porque muitas coisas a gente não sabia. Reivindicação dos nossos direitos, que muitos desconhecem até mesmo na comunidade, não sabem e não procuram saber. Agora que entrou esse Protejo, estão informando os jovens. Muitos adultos não sabem os direitos deles.

Como você vê a questão da segurança na comunidade Nova Brasília? Você se sente seguro? Como você vê o policial? Como é que você vê a questão da violência e da segurança?

Segurança, lá na comunidade, não tem nenhuma. Lá tem mais confusão e violência na questão... quando a polícia entra para fazer alguma operação, para prender algum criminoso ou drogas, alguma coisa em relação a isso. Isso acontece raramente. Mas quando acontece é difícil, fica três, quatro dias. Aí a gente não pode ir para a escola, para tudo, por causa dessa violência. Quando polícia fica tudo tranquilo.

Mas não tem o problema do tráfico interferindo na vida das pessoas? Ou isso não afeta a vida de vocês?

Não. Sim. Tem o conflito entre os próprios bandidos. Só que é muito raro, é muito difícil.

Você não acha que as pessoas ficarem se drogando é um tipo de violência? Você vê isso de uma forma normal na sua comunidade? As pessoas acham isso normal, jovens se drogarem?

Para alguns é, mas para outros não. Principalmente para as mães. As mães já não acham isso normal. Ver a desgraça do filho, isso acho que não é um futuro que os pais esperam para os próprios filhos. Mas a questão é que sempre as mães se preocupam; os pais propriamente, eles se drogam também. Não é a maioria, é uma minoria. Droga, para mim, é mais homem. A questão da prostituição é mais com a mulher, lá no Complexo do Alemão.

Tem muita prostituição em Nova Brasília?

É. Tem baile. Aí acontece muita coisa.

Baile funk. *Você vai no baile* funk?

Não. Não vou porque não quero. A questão dos meus pais deixarem, eles podem até deixar, mas eu sou evangélico, sou da igreja, e nunca tive vontade de ir.

Fala um pouco da religião. Você entrou na igreja com quantos anos?

Minha mãe me apresentou quando eu era novinho. Praticamente, são 16 anos de Evangelho. No começo eu só ia por causa dos pais; a gente não sabe, não tem consciência do que faz, do que é a igreja. Mas hoje em dia eu vou porque eu gosto, porque eu aprendi que sem Deus a gente nada é, a gente não consegue ir a nenhum lugar. Igreja Evangélica Projeto Rema. Era Assembleia, mas ela saiu da Assembleia. Estamos fazendo quatro anos. Eu já passei por várias igrejas — Filadélfia, Vale da Bênção, Poço de Jacó — não lembro do nome de todas porque era pequeno. Minha mãe sempre foi evangélica. Fui apresentado pequeno, mas o batismo é depois que a pessoa tem uma consciência. Não é igual à Igreja Católica.

Seu pai também frequenta a igreja?

Frequenta. Ele é da igreja. Éramos todos. Agora, os meus dois irmãos não são mais. A igreja que a gente frequentava não tinha muito jovens, não tinha muita atitude para gente tomar, aí eu acabei trocando, fui para o Projeto Rema. Aí meus pais seguiram eu e meu irmão. Aí acabei gostando da igreja. Vi lá que tinha jovens, todo mundo queria aprender mais de Deus, tinha eventos, tinha dança, *street dance*, canto...

Dá tempo de estudar na escola e estudar para as atividades do Protejo?

Dá. Às vezes fica meio puxado, mas dá. A escola, eu estou fazendo na Tijuca. Herbert de Souza, escola estadual. Eu acho boa. O ensino lá é bom, os professores são bons, a diretora, os amigos. O problema é que tem jovens lá que ainda se drogam. Antigamente, quando eu não era da escola, as pessoas iam de boné, escondiam drogas ali. Só que hoje em dia a diretora proibiu entrar de boné na escola. *Para tu vê* como é. Lá é perto de outra comunidade, outra favela, o Turano. Eu nunca tive esses problemas de entrar em outras favelas porque eu não sou envolvido, nunca fui. Eu me afasto das pessoas que são envolvidas ou, então, estão no caminho da droga, e não procuro estar.

Seus irmãos estão na mesma escola que você?

Não. Um estuda na Clovis, outro está no ensino fundamental ainda. Tem 15 anos e repetiu duas vezes. Uma foi por causa dos professores, a escola estava sem professor, trocava toda hora, aí ele não pegava o conteúdo. O outro vai fazer 18 anos, tem 17.

Esse de 17 não se interessou em entrar para o Protejo?

Não. Já conversei com ele, mas ele não quer. Ele já fez outro curso de administração, o Campe. O Campe ia lá na Mangueira e encaminhava os jovens para estágios. Só que como ele não foi encaminhado, ele falou: para que fazer mais curso agora se eu não fui encaminhado? Já fiz administração. Para que fazer de novo?

Quais são os cursos oferecidos em Nova Brasília?

Administração ou beleza.

Vou dizer dois nomes para ver se você conhece e sabe dizer o que é. Um, Pronasci. Dois, Rio, Cultura e Paz.

Pronasci: Programa Nacional de Segurança e Cidadania. Rio, Cultura de Paz? Eu sei que é do Pronasci.

Lá na sua comunidade está se desenvolvendo algum projeto do PAC, de obras, de melhoria do bairro, alguma coisa assim?

Tem. O PAC começou lá, contratou pessoas, com experiência, sem experiência, as obras estão em andamento... Estão botando o saneamento básico, lá onde o meu avô morava começaram a destruir as casas para fazer o teleférico, estão asfaltando algumas ruas... Eu moro mais em cima. Minha avó morava no morro da Baiana. No começo, ela e meus pais moravam na Grota. Lá é uma comunidade e várias localidades. Tem umas que são, praticamente, perto do lixo. E tem outras que já são melhores, que têm o saneamento básico melhor, uma moradia melhor, luz, água. Eu moro numa localidade pior. Antigamente, como minha avó, minha mãe me contavam, lá era bom porque tinha rio, era... tipo uma floresta. Era bom

O Pronasci nas comunidades

antigamente. Mas hoje em dia, com a poluição, com as casas, as construções... Tem saneamento, só que é ruim, por causa dos esgotos, inundação quando chove — vem aquela cachoeira.

As obras do PAC vão mudar a situação dessa região onde você mora? Ou não?

Depende do lugar. Tem alguns em que eles já começaram. Em todos os lugares que eles foram começando, eles anotavam o nome das pessoas, as casas, davam dinheiro para a pessoa sair; ou então, davam outra opção, delas saírem, morarem em outro lugar e depois voltarem. Mas ali, até agora, nenhum homem do Programa de Aceleração do Crescimento não foi lá, não.

Se você pudesse lembrar de um momento de extrema violência que aconteceu em Nova Brasília, o que você poderia nos contar?

Uma chacina que teve lá. Até saiu nos jornais. Foi quando a polícia fez uma operação. Aí teve muitas mortes. Até saiu no jornal como o bairro mais perigoso do mundo, que eu acho que não é. E aí a gente não podia sair para nenhum lugar, teve que ficar em casa. A polícia rodeou o morro todo. Não podia sair porque havia troca de tiros. E a gente só em casa. Não podia estudar, as escolas pararam, meu pai não podia sair para trabalhar. Durou uns quatro dias mais ou menos. Foi complicado. A gente teve que ir para casa da minha avó no outro morro, morro da Baiana, que fica no Complexo do Alemão ainda. Lá era mais tranquilo. Só que agora ela se mudou. Ela está na Nova Brasília, em uns apartamentos que tem ali perto da antiga Coca-Cola. Que o PAC já começou a entrar lá, e destruiu a casa dela, deu dinheiro para comprar outra.

Ela gostou de ter mudado de lá?

É, gostou, por causa que lá era meio ruim, era subida, ela já é de idade, meu vô também, e também tinha minha bisavó, era ruim para eles. Mas eles não gostaram muito, mais por questão emocional, porque meu vô foi que construiu aquela casa. Era três andares. Em cima era do meu tio, tinha outra perto, que era a casa da minha tia. Meu vô foi que mais não gostou, por causa que ele é que construiu com o suor dele, tudo com o dinheiro dele. Minha tia está morando lá no morro da Baiana ainda, só que em outro lugar, mais abaixo, porque destruíram a casa dela junto com a do meu vô. Meu vô está morando nos apartamentos. E eu e os meus pais estamos morando lá na Nova Brasília. Antes nós moramos na Grota, no Coqueiro e depois na Nova Brasília. Ficou melhor, porque antes, onde eu vivia, era só um cômodo. Era sala, cozinha, tudo no mesmo cômodo; e morava de favor, não era casa própria. Aí era ruim porque a gente não podia brincar, embaixo era o vizinho. Tinha um lugar que a gente podia cair, se machucar. E era ruim mais pela questão que o cara, que era o dono da casa, sempre cobrava do meu pai. E a gente morava de favor. Agora, não, ele comprou essa casa, é maior.

Como é que você quer estar quando tiver uns 21, 25 anos? Em termos de profissão, de vida mesmo, qual é o seu sonho?

Eu quero me formar na faculdade de informática, tecnologia, que eu gosto muito, pretendo estar morando sozinho... Questão de independência, privacidade. Eu gosto de informática. Através do Protejo, Pronasci, eu consegui investir no meu computador. Aí eu posso me formar na tecnologia.

Você tem computador em casa?

Tenho. Comprei. Através do curso. Eu e minha mãe estamos pagando; e botei internet, posso me informar mais, estudar.

Seus colegas de turma estão conseguindo comprar computador também?

Nem todos estão comprando. Tem alguns que ajudam os pais. Eu tenho um amigo lá, que a família dele é muito carente, aí ele dá metade para os pais dele. Tem briga lá na casa dele. Ele é uma pessoa meio que... revoltada. Aquela pessoa brincalhona, que nunca para, só brinca. Esse tipo de pessoa. Mais pela família dele. Que ele estava me contando que os pais dele brigam, o pai dele bebe. Aí ele nem gosta que eu vou na casa dele. Ele fala: "Pô. Tu vai lá quando meu pai não está". Aí essa questão, ele divide dinheiro. O pai dele está desempregado. A mãe dele faz o Mulheres da Paz. Só que é muito pouco o dinheiro. Não tem como sustentar cinco pessoas. Outros gastam dinheiro à toa. E tem outros que investem. Eu tenho uma amiga lá que está investindo em outro curso de gestão administradora; tem outros que pagam academia, gastam em bobeira.

O Pronasci nas comunidades **469**

Você pretende continuar na igreja?

Pretendo. Já fiz até curso de teologia. Gostei muito. Fiz o básico, o médio, depois vou fazer o bacharel. Eu gosto muito de ir para a igreja. Porque lá eu me encontrei. A igreja transforma as pessoas. Você aprende mais a amar seu irmão, aprende que, se cada um se amasse, não haveria guerra, não haveria violência. Você aprende coisas para a sua vida, que você, se praticar, se torna uma pessoa melhor. E também tem atividades, passeios. Lá na comunidade não tem muitos eventos. Entrou o Pronasci, de jeito meio diferente de outros cursos que tinha lá. Antes do Pronasci tinha outros cursos, mas começava e acabava, não tinha mais. Eu fiz um de fotografia, que não terminei por causa que acabaram. Quem fazia isso eram as igrejas, evangélicas, católicas. Todas as igrejas que tinham um pouco de dinheiro investiam nos jovens. Só que, mais por causa da verba, não continuavam o curso.

Você acha que na sua escola, onde você está fazendo o segundo grau, é legal a maneira como os professores ensinam?

Tem alguns que é meio complicado de aprender, porque nem todos os professores têm um método de ensinar igual. São diferentes. Que, para a gente, é meio difícil de absorver o conhecimento que ele nos passa. Eu gosto de história, por exemplo, de aprender os fatos que aconteceram antigamente. Eu acho que... uma coisa que todos temos que saber são as origens das coisas, como tudo aconteceu, o nosso passado. Eu gosto dos períodos mais antigos. Egito, a evolução do mundo, como aconteceram os fatos. Gosto muito da Revolução Francesa, da Industrial, que a gente acabou de rever. Revolta protestante da Igreja. Coisas interessantes.

Cristiano Nogueira
Jovem do Protejo na Rocinha, Rio de Janeiro

Entrevista feita no Rio de Janeiro em 12/8/2009

Menino na Rocinha

Você poderia nos falar um pouco da sua vida? Onde e quando você nasceu, quem eram seus pais?

Tá. Minha vida não é tão longa, tenho 16 anos. Nasci dia 24 de junho de 1993. Nasci no Miguel Couto, cresci na Rocinha. Meus pais sempre moraram lá. Meu pai ficou trabalhando em Petrópolis e vinha para casa final de semana, mas a gente sempre morou na Rocinha.

Seu pai trabalha com quê? E sua mãe?

Meu pai era motorista particular. Agora ele trabalha num posto de saúde, lá na Rocinha, na parte de informática. Minha mãe é agente de saúde e Mulher da Paz.

Sua mãe nunca trabalhou fora da comunidade?

Já. Ela trabalhava de empregada doméstica. Acho que ela também já deu aula para criança de primeira a quarta série, quando eu era bem pequeno. Eu ficava na creche, desde pequeno ia para creche, na Rocinha mesmo. Quando eu não estava na creche, minhas tias tomavam conta de mim, as irmãs da minha mãe.

Você estuda?

Eu estudo no Ciep Ayrton Senna, que é perto da Rocinha. Estou no primeiro ano do segundo grau. Nunca repeti de ano, mas sou um aluno mais ou menos. Eu me esforço, mas... a nota não é lá essas coisas.

Qual é a matéria de que você gosta mais?

Nenhuma! Agora então, que eu entrei no primeiro ano, que está tudo difícil, aí é que eu não gosto de nenhuma. Além de ter muita matéria, tem religião, que é uma coisa chata *para caramba*. Antes não tinha religião, começou agora. Ela fala da coisa da bíblia, explica o que é religião, o que é não sei quê, mas... não interessa.

Sua família tem religião?

Acho que tem. São cristãos. Minha mãe é evangélica. Antes minha mãe frequentava a igreja. Era obreira da Igreja Universal, meu pai também, quase foi pastor, mas aí acabou tudo. Eles pararam de ir. Mas eu nunca frequentei, não. Só de vez em quando.

E você tem irmãos?

Não. Filho único.

Da sua infância na Rocinha, do que você lembra que foi muito bom e que não foi tão bom?

Acho que a maioria do tempo que eu vivi lá foi bom.

Você nunca enfrentou situações complicadas lá, por conta da violência?

Da violência, só uma vez, quando teve guerra e eu estava na rua. Mas, mesmo assim, não aconteceu nada demais. Só fui para casa debaixo de um monte de tiro, mas nada perto de mim, o tiro estava longe. Nunca precisei passar nenhum apuro. Sempre tem confronto assim com a polícia, mas na maioria das vezes eu estou em casa, não tem problema.

Você mora em que área da Rocinha? É uma área tranquila?

Eu moro na ZT da Catarina, na rua 2, nem em cima nem em baixo, no meio. Eu acho lá razoável, não é nem tão tranquilo nem tão agitado. Tem lugar que é mais tranquilo. Lá é razoável. Mais ou menos. Não costuma, tipo assim, ter confronto com a polícia. A polícia passa lá, mas não costuma acontecer nada.

E você pensa em trabalhar com que, quando se formar?

Não sei. Eu tinha sonho de ser militar, ser da Marinha, alguma coisa assim. Eu entrei no Protejo para ver se, sei lá, arrumava um emprego, alguma coisa assim. Estou fazendo o curso de turismo, e estou gostando.

O Protejo

Como é que você ficou sabendo do Protejo?

Minha mãe me falou. Ela é Mulher da Paz, falou que ia começar um curso, perguntou se eu queria participar. Eu falei: mais ou menos. Aí ela me inscreveu, e eu fui.

Mas você não parece, pelo que você está contando aqui, ser um jovem que está em risco, que tem proximidade com o tráfico de drogas, esse tipo de coisa.

Com o tráfico? Não.

Você tem muitos amigos que estão envolvidos nisso?

Agora não. Acho que, antes, já tive mais, mas agora não. Só no curso, às vezes, eu conheci algumas pessoas que eram do tráfico. Mais no curso do que na minha vida fora do curso. Mas na minha turma, agora, muita gente abandonou, quase não tem mais ninguém que eu diga assim de risco. O pessoal que tinha abandonou. Acho que foi falta de interesse. A maioria das pessoas não dava atenção. Prestava um pouquinho de atenção, mas conversava, não ligava muito, não queria fazer as atividades. Aí eles foram saindo. Agora acho que na minha turma só tem umas cinco pessoas, ninguém da área de risco.

E as bolsas, elas estão sendo pagas direitinho?

Tem gente que ainda não recebeu nenhuma parcela. Na minha turma mesmo tem um garoto que está lá desde o começo e nunca recebeu. Mesmo assim ele continua, porque ele é interessado no curso realmente. As outras pessoas, mesmo recebendo, não eram interessadas no curso, só queriam o dinheiro, e saíram.

Independentemente do dinheiro, o curso já é uma coisa legal, você poder ter um diploma...

É. A gente está lá pelo diploma. Os R$ 100,00 não são grande coisa... Na minha casa, pelo menos, minha mãe trabalha, meu pai trabalha, minha avó é aposentada, mora com a gente.

Você tem computador?

Tenho. Uso quase o dia inteiro. Para estudar uso menos. De vez em quando até uso, mas menos do que para jogar. Uso para MSN, Orkut e jogar.

Mesmo assim, você está conseguindo passar de ano direitinho? Nunca perdeu o ano?

Não. Acho que eu perdi, mas há muito tempo atrás. Coisa de primeira série, CA. Acho que não podia ir por causa da idade, não sei que, aí teve que ficar um ano atrasado.

Se você tivesse que falar sobre a violência na Rocinha, o que você diria?

Não acho que ela me afeta muito, não. Acho que não interfere muito na minha vida. Me incomoda um pouco, às vezes, quando... tipo assim, você conhece alguém que morreu. Aí incomoda um pouco. Mas fora isso, é tranquilo. Não costuma acontecer nada demais. Lá, eu acho um lugar... assim, comparado com outras comunidades, muito tranquilo.

Tem policiamento comunitário na Rocinha?

Tinha. Tinha dois DPOs. Mas agora saíram. Foram retirados. Acho que não tem nem um mês que fecharam.

O Pronasci nas comunidades

475

As pessoas que você conhece que têm contato com o tráfico, como elas são? Há uma certa separação dos que não têm contato?

Para escolher amigo? Eu não separo amigos assim, não. Eu posso conviver menos com aquele que eu sei que está vivendo ali, mas não deixo de me relacionar, de sair com ele, não. Trato ele da mesma forma. Só não convivo com a mesma intensidade, não fico a mesma quantidade de tempo do lado dele. Fico menos.

Tem baile funk na Rocinha? Você vai, gosta?

Tem. Eu frequento e gosto. Vou com os meus amigos e me divirto.

Tem droga no baile?

Tem gente que usa, mas não é a maioria, é tipo uma minoria de pessoas, que você vê que está usando droga. A maioria vai para se divertir.

Como é a sua vida de divertimento? Você estuda de manhã, depois...

É. Estudo de manhã, e à tarde eu faço o curso. Meu maior divertimento é ficar no computador, ficar conversando com os meus amigos, sair na rua. Meus amigos são todos da Rocinha. Minha escola fica, tipo assim, em São Conrado, mas é só atravessar a Lagoa—Barra, e já é a escola. A maioria dos alunos mora na Rocinha.

E a sua escola é legal? Os professores são interessados?

Eu acho que os professores são um pouquinho interessados, mas gostar mesmo de estar lá, não estou gostando muito, não, porque... Não sei como é que eu vou dizer. É que nem está acontecendo no curso. A maioria das pessoas está desinteressada, ninguém quer fazer nada. Eu, por exemplo, prefiro estar no curso. Na escola é mais tirar nota, ficar quieto, prestar atenção no professor. No curso é mais descontraído, a gente brinca, tem amigo lá.

Então, você acha que, no caso da escola, o problema não está nas matérias, está na forma como o professor passa aquilo, em ter que ficar quietinho...

É. É isso que é o problema. Tipo assim, a escola... sei lá, não mudou, é a mesma coisa... É muito monótono, chato. Tem que acordar cedo, aí vai para escola, aí volta da escola, acorda cedo de novo, vai para escola...

Dos seus amigos, quantos estão no Protejo?

Deixa eu ver. Acho que nenhum. Não chamou muita atenção deles fazer um curso, perder o tempo... Eles preferem ficar sem fazer nada do que ir para o curso. Preferem ter liberdade. Já estuda de manhã. Vai ter que ir para o curso, ainda, de tarde, vai encher a paciência dele.

Você disse que foi para o Protejo porque a sua mãe o inscreveu. Por você, você não iria?

Ah, não sei. Ela falou que tinha um curso para fazer, eu pensei: pô, eu fico no computador a tarde inteira, vou sair do computador para ir para o curso? Fiquei meio em dúvida. Aí ela inscreveu. Aí eu fui. E acho que está bom. Senão eu já tinha parado.

Na Rocinha, como é a relação da polícia com a comunidade? Como é que você vê isso?

Acho que depende do dia. Se o cara estiver bem-humorado, se ele estiver mal-humorado. Outro dia eles passaram perto da minha casa, tudo tranquilo, o cara abriu o portão, minha mãe estava falando no telefone do lado de fora, ele deu bom-dia para minha mãe, passou, fechou o portão, tranquilo. Mas se já estiver mais estressado, aí... Não sei. Também, nunca passou perto de mim essa situação, da polícia estar agredindo. Já soube, da outra vez, quando estava tendo guerra, que o Bope estava lá, que eles batiam nas pessoas no beco; queriam pegar o traficante e saíam batendo em todo mundo até achar.

O Protejo é um projeto do Pronasci, o Mulheres da Paz também. O que você está achando do Pronasci? Você acha que ele pode trazer uma melhoria, uma esperança para os jovens, para eles poderem ter um futuro melhor?

Se eles se interessarem, pode trazer. Se não se interessarem, como eu acho que está acontecendo com a maioria agora, não vai mudar. Tem que se interessar para poder mudar. Por exemplo, no início, a minha turma, de turismo, tinha acho que uns 15. Agora, só tem cinco. Administração, a sala ficava cheia. Agora também já diminuiu bastante. Tem mais gente do que na minha turma, mas também diminuiu bastante. Eu estou falando do turno da tarde, mas tem a parte da manhã. O turno da manhã, eu não conheço a frequência, não sei se tem bastante gente, se tem pouca gente. Eu sei que, de tarde, está com pouca gente.

O Pronasci nas comunidades

Além das aulas sobre turismo, o que mais vocês fazem? Como funciona o curso?

Tinha, de terça a sexta, aula de administração de turismo; segunda-feira e sábado, acho que era para ser cultura e esporte. Aí eu comecei a frequentar a aula de cultura, era capoeira, na segunda-feira, e no sábado eu não estava tendo nada. Mas aí eu faltei um pouco, algumas segunda-feiras, e o professor faltou outras, aí eu parei de ir. Na segunda-feira, acho que não está acontecendo mais. E, no sábado, ia começar a ter o esporte, mas eu não sei se está acontecendo.

Hoje, o que é que o incomoda mais na Rocinha? E o que você poderia dizer que é muito bom na Rocinha?

Acho que me incomoda mais a falta de limpeza. Não tem uma infraestrutura boa para o pessoal não jogar o lixo na vala, não jogar o lixo no beco, no chão. Falta também um pouco de consciência das pessoas, de ver o lugar certo e jogar no lugar certo. Agora, de bom, sei lá. Tem bastante evento. Baile. Tem o baile no Emoções, que é como se fosse um clube. O dono do espaço é que organiza o baile. Tem forró, que também é organizado pelo dono do bar... Lá no Emoções, tem *funk*, forró, pagode, tem tudo. Todo final de semana. O baile do Emoções tem sempre domingo; quando tem show, fica em outros dias. E forró, pagode, acho que tem toda quarta-feira, ou quinta, não sei. Aí já é em outro lugar. Tinha sempre, também, baile na Arena do S. Mas agora o PAC vai entrar lá, acho que vai construir um hospital, não sei, e o baile que era lá foi para rua 1, que é na parte alta, numa quadra onde tem aula de futebol durante a semana. Aí, final de semana tem baile.

E como é esse negócio do barulho para as pessoas? Porque um baile desses, a céu aberto...

É. Perto da minha casa tem uma matinê no domingo, que eu não frequento. Aí, para ir para a escola na segunda-feira... pô, quase que eu não durmo! Vai até três horas da manhã! Matinê era para ser até as 11 horas... Podia ser na sexta e no sábado, que não ia atrapalhar tanto quanto no domingo. Para poder ir trabalhar na segunda-feira.

Uma última pergunta. Se você tivesse de escolher um trabalho voluntário, ou seja, trabalhar sem ganhar nada, para o benefício da comunidade onde você mora, o que você escolheria fazer?

Acho que um informativo, alguma coisa assim. Informação de saúde. Eu já trabalhei num *rap* da saúde, em que a gente fazia isso. Não tinha nada a ver com música. Só era o nome. A gente passava informação. Tem o Acadêmicos da Rocinha, a gente ia lá no samba, distribuía camisinha no samba; quando tinha campanha da vacina, a gente ajudava a dar gotinha nas crianças, organizar fila, não sei o quê. O que eu faria era informativo, ajudar a passar informação.

André Lopes Domingues
Jovem do Protejo no Salgueiro, São Gonçalo

Entrevista feita no Rio de Janeiro em 19/6/2009

Menino no Salgueiro, em São Gonçalo

Vamos começar falando de você, da sua trajetória de vida. Onde você nasceu, quantos anos você tem, quando começou a estudar, onde estudou. Fique à vontade para dizer o que quiser.

Eu nasci em Santa Maria Madalena. Só não sei bem onde fica, porque eu vim de lá muito pequeno para cá e nunca mais voltei. Não sei onde é, como faz para chegar lá. Muita gente fala que é perto de Campos. Eu não sei. Hoje em dia, eu só conheço por foto mesmo. Minha família é de lá. Minha mãe, meu pai, todo mundo. E tenho 24 anos. No Rio, morei um tempo na Penha, morei também em São Cristóvão e, por último, fui parar no Salgueiro, em São Gonçalo. Comecei a estudar no Colégio Sete de Setembro, que fica no próprio Salgueiro, e concluí meu ensino médio no Colégio Nilo Peçanha, que fica no centro de São Gonçalo. Até então, eu nunca havia trabalhado nem nada. E aí precisei trabalhar. Meu pai e minha mãe se separaram... Somos quatro lá em casa. Éramos cinco. Um faleceu. Precisei trabalhar assim que meu pai foi embora, deixou meus irmãos pequenos e minha irmã, que é a mais velha. Só que, nessa coisa toda aí, eu dei alguns deslizes. E aí saí de casa, vim parar aqui no Rio, na Rocinha. Nessa época eu tinha uns 18 anos, por aí.

Você era bom aluno na escola?

Mais ou menos. Assim, na hora de fazer um trabalho, fazer a prova, eu tirava de letra, mas, em termos de ser bom aluno, não. Eu aprontava bastante. Quer dizer, dei bastante trabalho. Não era nada disciplinado. Mas em termos de notas, minha mãe sempre cobrou demais, então a gente sempre se achou na obrigação de fazer o que tinha que ser feito; senão, também, o couro comia... Mas quando eu atingi meus 18 anos, não sei, mudei um pouco, e quando vi fui parar na Rocinha. Saí de casa do nada, sumi. Lá na Rocinha conheci muita gente boa, muita gente ruim também. Morei por um bom tempo lá. Acho que quase uns seis meses. Fiquei por lá e arrumei um trabalho. Lá tinha um curso profissionalizante. O nome é Microlins. Eu trabalhava entregando panfleto. Comecei a trabalhar lá em cima. Logo depois, eu consegui passar para dentro da empresa, trabalhando na recepção. Aí fiquei bastante tempo longe da minha família. Meu pai, eu já não via mesmo, porque desde que ele foi embora até hoje a gente não tem notícia, não sabe se está vivo, se está morto. Então, lá, eu comecei a conhecer um pouco mais o mundo, ver a outra parte; que até então eu era indisciplinado, porém tinha uma certa ordem, um certo juízo, digamos assim.

Você estava ligado à sua família.

É. Estava bem ligado à minha família. E lá na Rocinha, foi o meu primeiro contato com droga, cigarro, bebida. Eu já bebia, mas não tanto como quando eu fui morar lá. Comecei a beber todo dia, fumar e tal. E, pela primeira vez, eu conheci de perto, que eu não conhecia, conhecia só de televisão, a cocaína. Aí foi quando começou tudo a escurecer para meu lado. Aí, depois, minha mãe descobriu que eu estava lá. Até então ela não sabia, estava me procurando. Aí ela descobriu que eu estava lá e queria que eu fosse embora. Isso, já um bom tempo depois, dois meses depois. Só que lá eu já comecei a ficar muito envolvido, então não queria mais sair. Não tinha facilidade para sair.

Mas você podia sair se quisesse, ou não?

Depois de um tempo, não, porque eu comecei a saber de coisas que não deveria saber, comecei a ver coisas que não era para eu ver, me envolver com situações que... Eu entrei, digamos que um pouco inocente, porque o primeiro contato que eu tive lá, digamos, com o tráfico mesmo, foi de uma forma ridícula. Eu fui a um baile lá em cima e comecei a ter relações com uma mulher que eu não sabia que ela era um dos braços direitos lá. Quando eu fui ver, já estava bastante envolvido e não podia mais sair de lá. Foi no período que minha mãe me achou. Depois

O Pronasci nas comunidades

eu fui me acostumando também, porque, quando você adquire o vício da droga, você precisa ter dinheiro para bancar ela. Não é uma coisa fácil. No início, você até ganha. Que foi o que aconteceu comigo. No início vem de graça; mas, depois, você tem que pagar o preço, então eu peguei e... me acostumei, já não queria mais sair. Também, já não estava mais fácil. Aí continuei lá. Fiquei mais ou menos uns seis meses lá. Mas aí conversei e consegui sair. Não porque eu queria, mas porque a minha mãe botou pé firme e falou que se eu não desse um jeito para sair, ela iria lá; fosse com polícia, com o que fosse, ela iria lá, e ia me tirar de lá.

Sua mãe é uma mulher corajosa. Quantos anos ela tem? Ela vive de quê?

Muito corajosa. É uma mulher brigona. Se eu falar que eu não sei quantos anos ela tem, vocês acreditam? Deve ter uns 45, 46 anos. Hoje ela vive de bolo, salgado que ela faz para fora. Ela não tem um emprego fixo. Ela trabalha assim. Sempre trabalhou assim. Depois que o meu pai foi embora, ela foi pai e mãe. Eu e ela, juntos.

Você também trabalhava.

É. Eu trabalhava também. A gente vendia verdura, fazia umas coisas lá. Do jeito que desse. Cada semana tentava uma coisa. Também não era uma coisa certa. Era uma coisa que de repente, hoje, você ganhava um dinheirinho *legal*, e, na semana que vem, você não ia ganhar nada. Tinha que contar com esse tipo de situação.

E a relação com os seus irmãos, como era? Boa?

A relação com meus irmãos era boa. Até digo que diante de todo o momento que a gente viveu, acho que foi o momento mais feliz, porque a gente não tinha nada, mas tinha felicidade. Costumo dizer muito isso hoje para meus amigos, quando a gente conversa. A gente não tinha tudo que de repente minha mãe tem agora, como ela vive com uma pessoa, não tinha o que ela tem, mas tinha felicidade, porque tinha aquele contato.

Sua irmã mais velha tem quantos anos? E seus outros irmãos?

Minha irmã tem 27, eu tenho 24, tem um com 20, e tem uma com... 10. E teve um que faleceu. Todos moram com ela. Eu não. Atualmente, eu moro aqui e lá.

Sei lá. Eu não moro com ela, justamente porque, quando a gente sai de casa e volta para casa da mãe, não é a mesma coisa. E, hoje, ela vive com uma pessoa que... Eu não vou também tirar a razão, aprontei muito, fiz poucas e boas, então... fica difícil a relação lá, ficou meio complicado. Mas a relação com meus irmãos... A gente briga. Como eu e meu irmão, a gente faz parte do mesmo projeto, essa semana mesmo ele chorou, eu queria dar uns cacetes nele lá, mas no final a gente se entende, no final dá tudo certo. Quando eu voltei para o Salgueiro, eu voltei pior. Eu voltei de um forma assim que... incrível, aprontando poucas e boas, tanto na questão de briga em rua, problema na rua, como na questão de ficar doidão demais e fazer várias besteiras e ter gente querendo me matar e tudo mais.

A que você atribui essa mudança no seu jeito, quando você voltou para o Salgueiro?

Eu não vou dizer que a mudança foi na Rocinha, porque lá também eu vi muita coisa boa. Vou dizer que já saí do Salgueiro bem virado. Quando eu voltei, eu voltei acostumado a tudo que eu vivi na Rocinha, então já estava... Quem fosse, naquele momento, me colocar regras ia se dar mal. Ia dar problema. Foi assim que eu voltei. Voltei, mas eu não queria... Não é que eu não queria; mas eu não estava mais habituado àquele jeito que eu tinha, que, realmente, foi um estalo para todo mundo quando eu voltei: cabelo pintado, *piercing* pela cara... Totalmente diferente daquele rapaz que estudava, mal ou bem, chegava ir à igreja. Foi todo um impacto.

Sua mãe tem que religião?

Minha mãe, hoje, é católica. Antes ela não era religiosa. Mas eu fui educado com religião. Católico. Eu cheguei até a ser coroinha da igreja. O impacto todo foi isso. Antes eu era, digamos assim, muito bagunceiro, mas, ao mesmo tempo, era muito responsável. Ajudava. Se tivesse que arrumar a casa, arrumava. Minha mãe fazia a gente arrumar. Essa que é a verdade. Ela educou a gente assim; e tomar conta dos irmãos também. E tinha a minha relação na igreja, *legal*; cheguei a ser exemplo na igreja. De o pessoal falar: "Pô, André, a gente está aqui por sua causa, porque, pô, você é muito *legal* com a gente". Grupo jovem, não é, aquela coisa toda. Eu era bem assíduo mesmo. Participava de tudo lá. E foi uma mudança brusca, que até hoje ninguém entende. Mesmo a gente mudando, é uma luta constante. Não adianta, que eu... não mudei ainda por completo, tem muita coisa ainda que... vira

O Pronasci nas comunidades

e mexe, tem recaídas. Alguns problemas... que às vezes fica difícil, as pessoas não entendem; mas o projeto em si, o trabalho dele é esse.

Desde que você chegou de volta ao Salgueiro, com uma certa diferença em relação à imagem que as pessoas tinham de você, como tem sido a sua vida?

É. Até hoje, eu não sei explicar qual foi o pior, se foi no Salgueiro ou se foi na Rocinha. Porque, quando eu voltei para o Salgueiro, eu voltei aprontando muito, tanto em termos de beber, como de ficar na casa de uma mulher hoje, na casa de outra amanhã... Era assim. Vivendo assim. Minha mãe ali. Até o momento que ela também resolveu falar assim: "Ah, não vou mais me meter. Deixa ele. Não tem jeito". Ela só se meteu mesmo quando chegou uma notícia para ela que eu estava para morrer mesmo. Aí ela foi lá pedir por mim. Teve pessoas da igreja também, que foram lá, pediram por mim. Porque eu estava pronto para ser detonado. Na verdade, até hoje, algumas pessoas que vivem lá ainda têm essa expectativa, porque, bem ou mal, o que a gente fez de ruim, hoje ainda, muita gente não esquece. E eu me envolvi com muita coisa errada. Até roubo mesmo. Não vou negar. Porque, quando você se mete com essas coisas, você está sujeito a tudo. Tudo o que eu não fiz em cinco, seis anos, eu fiz praticamente em um ano, digamos assim.

Você chegou a ter envolvimento com a polícia, essas coisas?

Cheguei. Cheguei a tomar uma coça também. Tomei porque teve um dia que eu estava numa rua lá, aí eles chegaram, a gente estava usando, aí perguntou, eu neguei... Lá é assim. A polícia lá... Como é que eu vou dizer? Tem alguns, não sei se depende de patente, não sei explicar, mas tem alguns que estão à frente da viatura, que eles conversam contigo. Chega, pergunta: "Se está aí, me dá. Eu não vou fazer nada. Vou deixar tu ir embora". Às vezes, o máximo que ele faz é tomar o dinheiro e liberar. Mas tem uns que... Se notar que você está mentindo, aí bate mesmo. Aí nesse dia, eu estava com um amigo, eles chegaram lá... Geralmente, eles puxam um para um lado, um para o outro e começam a conversar, para ver se vai cair em contradição, para ver se eu vou falar o que ele vai falar. E eu falei uma coisa, ele falou outra. Eu assumi, ele negou. Aí... o maior rolo, ele começou bater. Aí, tem uma senhora lá, que eu gosto muito dela, gosto mesmo, é uma pessoa maravilhosa, saiu de casa, foi lá ver a situação, me tirou de lá. Nesse dia, eu ia sendo preso, porque esse rapaz que eu estava... Até então eu só estava usando, mas ele estava com uma *pochete* e estava com bastante. Não estou falando que eu sou inocente, mas nesse dia eu não tinha conhecimento que ele estava com uma grande quantidade. Então a gente podia ser preso. Normal, não é. Mas ela conversou, deu o maior rolo lá... Afinal ele pegou o que estava com o meu amigo, o que estava comigo também, e acabou, no final, liberando, prometendo que se pegasse a gente na mesma situação, matava. Falou: "Ó. Eu vou deixar passar, mas, se eu pegar de novo, eu não vou querer conversa, vou matar."

A polícia.

É. Lógico que a gente não parou. Mas aí, naquele setor ali, a gente ia para a casa de alguém, já não fazia na rua. Em bar é que eu mais gostava. Bar, chega um, paga uma cerveja, chega outro, paga outra... Quando a gente usa, a gente fuma muito, então às vezes o cigarro acabava, tinha que ficar catando, aí vinha alguém, a gente pedia a um, pedia a outro... Ia no banheiro. Fazia aquele esquema. Revezava – "vai você" — fazia um sinal, um ia, outro ia... No bar, era o local mais tranquilo. Aí a gente passou a mudar um pouco de caminho. E eu me distanciei do foco mesmo, ali, de estar até ajudando a vender, porque eu sabia, se eu fosse pego de novo, realmente, não ia haver perdão. Porque quem estava lá nesse momento era uma pessoa que realmente era considerado carrasco mesmo.

Como o pessoal local via esse tipo de comportamento seu?

Para eles foi um impacto, não é, a primeira vez. "Pô! O André! Ele usa. Caramba! Aquele que era da igreja. Que loucura! Tá nessa também."

Como é que você se sentia com esse tipo de reação? Isso te dava alguma forma de prazer ou você ficava incomodado?

Não. Eu ficava triste, na verdade. Escondia de algumas pessoas que passavam por mim na rua porque, no momento, eu sabia que eu não era assim, então, para mim, era muito chato ouvir aquilo, porque era sinal que eles me consideravam quando eu morava lá. Aquela coisa de morador ser considerado, sabe? Ali eu descobri que eu tinha uma consideração, porque, quando eles próprios chegavam para mim para falar "pô, você também tá nessa cara?!", eu falava "é, né...".

E você não tinha noção dessa consideração antes.

Não. Para mim, eles me viam como uma pessoa normal. Mas não, para eles, eu era um extraterrestre, de outro mundo. "Pô, esse cara era de um jeito, agora está assim?" Entendeu? Eu não tinha ainda essa noção... E na época que eu entrei nessa, eu também não tinha, porque, na hora que eu resolvi sair do caminho, eu saí por raiva, eu botei aquela decisão na minha cabeça e eu já não tinha mais limite. Ninguém conseguia me parar.

Raiva de quê, André?

Ah! Fiquei com raiva de tudo. Porque meu pai saiu da noite para o dia, não falou nada... Até hoje. Minha mãe, era aquele negócio, tudo bem, era uma mulher guerreira e tal, mas cobrava muito e nunca estava bom. E a questão, também, dos namorados que ela arrumava... Não é que eu não gostasse, mas... Um que ela arrumou, para mim, ele destruiu a família, porque, como eu estou falando, a gente não tinha muita coisa, mas era feliz com o pouco que tinha. A gente até ria, porque minha mãe, muitas vezes... Não sei se ela sabe que eu sei, mas eu sei que em algumas situações ela fingiu não estar com fome, porque ela sabia que o meu irmão comia muito. Eu não, sempre comi pouco; mas meu irmão sempre foi muito guloso, sempre foi de comer muito. Então, ela sabia que ele ia querer mais, não era suficiente, e ela fingia que não queria. E eu sabia que ela estava com fome também. Então são coisas que a gente lembrava rindo. E que essa pessoa que foi para vida dela, acho que acabou tudo isso dentro de casa; porque ele chegou, ele ajudou, ele comprou muita coisa lá para casa...

Ele tinha uma boa situação financeira.

É. Ele era solteiro, nunca teve filho, morava com a mãe, tinha um bom emprego, digamos assim, então ele tinha condições. Ele chegou lá — não sei se de repente é um pouco de ignorância minha, mas sempre achei errado —, e comprava os meus irmãos. Na minha opinião era isso que acontecia, porque era chocolate, era biscoito, que eles há muito tempo não viam, era danone, era isso, era aquilo. Ele ia comprando as pessoas, e todo mundo maravilhado: "Nossa! Fulano é gente boa". Depois ele foi chegando, mudou para lá, foi levando as coisinhas dele e começou a impor regras que para mim não rolava, começou a fazer algumas imposições que eu nunca concordei. Tipo: a gente estava vendo uma televisão, ou eu ou meu irmão, ele queria ver alguma coisa, metia a mão e via. Ah, porque ele sustenta a casa, ele tem esse direito? Até hoje eu não consigo entender isso. "Ele sustenta a casa, não sei o quê..." Bobagem, porque eu também ajudava. Não dava a quantidade que ele dava, mas ajudava. E começou a impor também negócio de "ah, nove horas, dez horas, no máximo, dentro de casa!". Aí eu não aceitava. Porque, às vezes, eu ficava no portão com os colegas, conversando; não era nada demais, mas às vezes a gente queria ficar ali.

Até essa época você não estava envolvido com nada mais complicado.

Não. Já estava começando. Ah, sei lá. Eu acho que tudo começa a acontecer quando você não se sente mais bem no local que você vive. Ali eu já não me sentia bem, então preferia estar na rua. Aí comecei a gostar, porque eu sentia que não tinha paz lá! Sentia que entrava dentro de casa, era uma falação, discussão, aporrinhação. Minha mãe com certeza não gostava de eu ficar na rua, e começou a dar razão a ele também. Ela está com ele até hoje. Tem uma vida bem difícil, mas está com ele. No meu ponto de vista, ele não é a pior pessoa do mundo, mas é uma pessoa muito tirana, sabe. É muito autoritário. Eu não sei se, também, pela infância dele ou pela família que ele viveu... A gente era acostumado assim. "Esse telefone é meu, mas meu irmão pega, minha mãe pega, todo mundo pega". Aí, comprou uma televisão. Para ligar, tinha que pedir para ele. São coisas que, para mim, não rolava. Está aqui dentro, é de todo mundo. "Eu comprei isso aqui para *eu* comer". Não. Está aqui, é de todo mundo. Ou então leva, bota na rua, guarda em qualquer lugar que você quiser, menos aqui, porque, se está aqui, é de todo mundo. Eram contradições, que a gente começou a ter. E eles discutem muito. Até hoje. Eu não moro lá, eu fico muito mais no projeto do que em qualquer outro lugar, e as notícias acabam chegando lá. Quando eu vejo meu irmão um pouco triste, a gente acaba perguntando, mas ele não fala.

No caso do horário, que eu contei: "Dez horas, no máximo". Se desse dez e dez, era um escarcéu danado, ele trancava portão, ficava fazendo umas maldadezinhas, que eu não gosto. Aí eu não podia entrar. Às vezes, entrava, porque eu pulava o muro. Mas houve uma vez que eu tomei uma *dura* porque estava pulando o muro. E para explicar para os policiais que eu morava ali? Aí comecei a chutar o portão. Porque, quer ver me matar de raiva é tomar *dura*. Um homem passando a mão num outro homem. Hoje em dia a gente encara isso como normal; mas naquela época, eu ainda não gostava. Não achava *legal*, ter que ficar ali no muro, o

O Pronasci nas comunidades **487**

cara vir puxar a tua perna, apertar ali, apertar aqui. Eu falava "pô, tá maluco!". Me dava um mau humor danado. Isso era a questão de horário. Mas dentro de casa mesmo, tudo tinha que estar perguntando, televisão, para ligar, tinha que esperar quando ele estava na rua, tinha que pedir para ligar, senão dava um problema danado. É uma coisa simples mas que faz uma diferença para uma família, que não tinha muita coisa, mas levava uma vida normal.

Outro exemplo. A gente entrava no quarto da minha mãe, deitava na cama e tal, ficava lá, conversando com ela; depois, ele botou uma tranca lá, ninguém podia entrar, nem se minha mãe estivesse lá, porque *não era legal*. Tudo bem. A gente não ia estar lá no momento que eles estivessem. Mas acho que a minha mãe lá, a gente conversando, sentado na cama, não há problema nenhum.

E os seus irmãos, como reagiram?

Ah, eles ficaram revoltados. Mas eu sempre fui o mais rebelde. Eles choravam, reclamavam comigo, e eu ia para cima, eu brigava. Já saí na porrada. Pouco tempo atrás, eu e ele saímos na porrada de novo. Porque ele agrediu o meu irmão e eu não gostei. Tem um mês isso. Aí fui lá, xinguei ele e tal, fomos para cima um do outro, saímos na porrada na rua. Aí deu a maior confusão de novo. Porque aí, é o que eu falo, o seu passado conta. Ele, bem ou mal, tem uma conduta exemplar, nunca mexeu com ninguém. E eu não, eu já tinha tomado umas reclamações. Até o próprio pessoal do local falou assim: "Se você começar de novo, infelizmente, a gente vai ter que fazer alguma coisa". Aí eu deixei para lá. Hoje em dia eu prefiro não ir lá, não saber de muita coisa também. Quando meu irmão vem me falar eu digo: "Calma aí. Eu vou ali, já volto". Meu irmão é um garoto muito calado. Ele tem boca e não fala. Fala só se você perguntar. Se não perguntar, não fala.

Jovem do Protejo

Como você se aproximou do Protejo?

Foi engraçado. Nesse dia, eu estava bebendo, que tinha um churrasco lá no Salgueiro mesmo, onde eu ficava muito. Eu estava bêbado, mas bêbado igual uma porca, aí a Cristina, que é a minha Mãe da Paz, como a gente trata, chegou e... Ela era muito de ficar me chamando a atenção. Passava na rua, ficava me chamando a atenção. E ela entrou para o projeto Mulheres da Paz. Aí ela chegou lá, falou não sei o quê, me explicou mais ou menos, falou da bolsa, falou do curso, falou que ia me levar lá, eu querendo ou não. Eu era uma pessoa que eu xingava, mas eu tinha um respeito por ela, porque ela é o tipo de pessoa que, sempre que ela via uma situação comigo, ficava ali querendo me defender, querendo me apoiar. Mesmo eu, muitas das vezes, na maioria delas, estando errado.

Nessa época, você estava fazendo o quê?

Nada. Estava fazendo nada. Ficava na rua. Tinha um cara lá, que ele trabalha com essas camisas de time, falsificadas mesmo, e me dava, para eu vender; às vezes eu vendia, e arrumava um dinheiro para mim. Dormia na casa de uma mulher hoje, na casa de outra amanhã... Sempre assim. Não é que fossem namoradas. É que eu fiquei muito sem-vergonha. Para mim não importava se era gorda, magra, feia ou bonita. Se me dava uma moral, eu ia para a casa dela. E ficava lá dois, três dias. Às vezes eu já arrumava outra mulher aqui, aí eu queria que ela me enxotasse. Que às vezes ela se apegava. Bem ou mal, quando eu estava bem, eu sempre conversava muito à noite, aquela coisa toda, aí a pessoa, no final, acabava até gostando de mim. Aí eu já queria largar ela. Aí eu falava que não sei que, que eu uso, que eu faço, que eu aconteço. Mas a pessoa já sabia também. "Não, André, mas eu não ligo, não. Se tu ficar aqui direitinho, dá para ir *legal* e tal". Mas eu sempre dava um jeito, saía; daí já arrumava outra. Já fui morar na casa de veado. Ia, ficava mesmo. Eu vivia assim. Serviço, sempre que aparecia alguma coisinha para fazer, eu ia lá fazia, ganhava um dinheirinho; só que não rendia, porque eu já pensava em cerveja, em cigarro... Gastava ali mesmo. Tanto que até hoje, se abrir o meu armário, as roupas que eu tinha antigamente são as mesmas que eu tenho hoje. Você não consegue construir outra coisa. Às vezes, bate até uma certa tristeza, porque eu fico pensando se eu tive algumas oportunidades e...

Mas aí a Cristina conversou com você.

É, conversou. Foi difícil para eu ir lá no Ciep. Eu não queria mesmo. Primeiro que, para mim, governo não presta, não presta e não presta. Era aquela coisa assim. "Ah, é do governo? Político? Isso é palhaçada. Não vai à frente." Já era uma das barreiras. Depois, estudar. Por mais que eu tirasse boas notas, tivesse concluído meu ensino médio, eu não gostava de estudar. Estudava no chicote mesmo. Não

O Pronasci nas comunidades

tinha jeito. Foi muito difícil para ir. Mas aí, teve um dia que ela passou lá cedinho — na casa de outra menina que eu já estava morando e ela sabia —, me acordou, e eu acabei tendo que ir. Até mesmo por respeito a ela. Cheguei lá fazendo a maior zona, a maior bagunça, na inscrição. Já fiquei conhecido rápido também. Primeiro dia.

Como foi isso?

Tem o Ratão, que é fotógrafo lá do Pronasci, e ele é meio estranho, tem uma barbichazinha igual um bode mesmo. *Piercing* por todo lado. Aí eu já comecei a implicar com o cara. "Ah, aquele cara parece um bode", não sei o quê. E a pessoa lá, que era a coordenadora: "Pô, menino, dá um tempo aí". Cheguei de um jeito assim. Aí tinha também um local assim que tem uma caixinha de areia, e lá tinha uma camisinha usada. Aí foi o pior, que a mulher falou que eu não ia fazer a inscrição. Foi até engraçado. Eu peguei aquela camisinha, comecei a rodar na caneta, falando que ia *tacar* na mulher que estava fazendo a inscrição na mesa ao lado; e esse cara tirando foto, tirando foto de tudo quanto era jeito. Aí ela saiu de lá, falou: "Não, você não vai se inscrever, não. Você não respeita ninguém". Falei: "Problema. Eu também não queria!" E a Cristina danada comigo. "Ah, você não tem jeito, não. Não adianta. A gente tenta arrumar as coisas para você, você não quer participar" e tal. Falei: "Falei para você que eu não queria vir, que eu não sirvo para essas coisas"... Aí, tem uma pessoa que é maravilhosa, maravilhosa, que é coordenadora lá, a Lélia. Ela é *maravilhosa*, essa mulher. Cara, se eu ficasse milionário hoje, metade ia para a mão dela. Por quê? Porque ela chegou lá do nada, e falou: "Deixa ele comigo aqui". Aí começou a conversar comigo: "Cara. Sabia que Deus me mostra que você tem uma luz, que você pode brilhar muito mais do que você pensa?" Começou a falar várias coisas, "que você nasceu para brilhar", que não sei o quê... Eu falei: "Essa mulher é maluca. Essa mulher é doida". Mas eu escutei, porque ela veio falando tão *legal*, não sei quê... E aí, foi lá, pegou um *rancho* lá e disse: "Vamos ali comigo. Vamos comer". Até hoje ela é assim. Antes de eu vir para cá, ela disse: "Você vai para lá, então eu vou te dar almoço; vamos ali, que eu vou pagar o almoço para você". Meu filho para lá, meu filho para cá... Aí, nesse dia da inscrição, eu acabei me convencendo e fui lá fazer a inscrição. Mas aí, cadê documento? Tinha? Não. Eu tenho documento, mas tinha perdido. Aí ela entrou em contato com a minha mãe e tal, fizemos um corre-corre, me deu mais um prazo. Não foi fácil. Aí, residência. Não tinha residência fixa. Botei a da Cristina. Aí consegui fazer minha inscrição.

Isso foi em janeiro de 2009.

Foi em janeiro. Aí depois, também teve um conflito lá, que eu me envolvi, com o coordenador-geral do projeto. Que ele foi dar uma palestra, eu também ficava perturbando *para* caramba.

Mas por que você fica perturbando? O que é que dá na sua cabeça, de questionar assim?

Hoje em dia, não fico mais não. Sei lá. Dá um nervosismo. Não tinha paciência para ficar escutando ninguém, não. Como é que eu vou explicar? Assim. O cara começava a falar muita coisa bonita demais, que o projeto era mudança de vida, preparação para o mercado de trabalho... Eu falava: "Eh, é uma palhaçada! Isso aí que ele está falando é muito bonito ele falando. Quero ver fazer". Eu ficava assim. Eu não tinha paciência para escutar... Se falasse a palavra Deus, pronto, me dava um ódio. Até hoje. Quando a pessoa vem com história, negócio de oração, eu vou ser sincero, eu não gosto muito não. Mas aí a gente dá uma segurada. Então, quando começava a falar muito dessas coisas, tudo relacionado a mudança de vida, a projeto, questão em relação a emprego, eu dizia que eu não acreditava. Eu falava para eles: "Esse cara vai vir, vai pregar um monte de coisa aí, os bobos vão acreditar, e no final das contas, meu irmão, não vai *rolar* nada disso". Eu acredito que há algumas pessoas que querem ajudar, sim; mas eu acho que, geralmente, quando há muito empenho em ajudar, de outras pessoas, na minha cabeça, é porque tem alguma coisa que interessa. Infelizmente. É diferente, a Cristina, a Lélia. O que é que eu poderia oferecer para elas? Porcaria nenhuma. Não ia oferecer nada para elas. Até pelo contrário. Eu tirava a paz delas. Que elas tinham que ficar ali me ponderando, conversando a todo momento; às vezes eu sumia do curso, elas iam saber onde eu estava...

Como foi afinal o processo de seleção?

Posso ser sincero? Até hoje eu não entendi qual foi o critério que foi adotado. Teve lá algumas perguntas, tinha uma folha, um formulário, e a gente preenchia. Não me lembro de entrevista.

Aí começou o curso. Qual é o seu curso?

O curso que eu faço é de administração. Na verdade, na época, foi colocado para gente escolher, e eu tinha escolhido fazer o curso de beleza. Por que é que eu

O Pronasci nas comunidades

escolhi beleza? Porque eu pegava uma máquina e cortava o cabelo dos moleques lá na rua. Então eu falei: cortar cabelo, beleza, de repente... Mas aí, na seleção, não veio. Só veio turismo e administração. Nós tínhamos que escolher dois. Aí eu escolhi administração e beleza. Porque turismo, eu não sabia o que era, então não ia escolher. Como não veio beleza, fiquei em administração.

Eles não explicavam essas opções, antes de vocês preencherem o formulário?

Não. Só explicavam que não podia rasurar e tal. Foi dividido em grupos, no Ciep, para fazer a inscrição. Então entrava um grupo de 30, depois mais 30, depois mais 30. No grupo que eu estava, não teve essa explicação. Porque, para cada grupo, foram pessoas diferentes que explicaram. A que explicou para o meu grupo não falou muita coisa não. Só falou isso, para preencher, documento, falou uma data lá, que ia começar, e também não começou. Aí começou ter aquela desconfiança: será que vai acontecer? Será que não vai acontecer? Eu pensei que nem ia haver esse curso. Porque adiou tanto, demorou... Foi quase 20 dias depois.

Aí eu escolhi administração, como eu falei. Inicialmente, não gostei. É lá no Ciep. São vários professores. A gente terminou, ontem, uma oficina. É dividido por oficinas. No início, não era a parte prática, administrativa, era mais... Como é que eu vou falar? A gente fazia dinâmica, trabalho em grupo. Era muito assim. Tinha lá apostila *aprendendo a aprender, mercado de trabalho, saúde e* não sei o quê... Meio ambiente, eu acho. Era isso. Aí depois passou para a parte de organização, números mesmo. Aí passou a ser uma coisa mais complicada. Aí, na primeira oficina, quem dava era a professora Luciana, que se não me engano. Atualmente, ela está trabalhando no Pronasci. Ela era professora só junto ao Senac. Depois foi o professor Júlio César, que acabou ontem. Meu horário é das 13 h às 17 h. Todo dia, de segunda a quinta, e sexta-feira é cultura e lazer.

É legal essa cultura e lazer?

Particularmente, eu não gosto. Mas é *legal.* A gente está tendo boneco, marionete. Aprende a fazer, aprende a movimentar, aquela coisa toda. É bem *legal,* o pessoal gosta. Mas eu não sou muito chegado, não. Uma turma tem isso, a outra turma tem fotografia, alguma coisa. O horário, que eu falei, é de 13 h às 17 h, mas tem também o turno da manhã, de oito ao meio-dia. Eu fico lá o dia inteiro.

Por que o dia inteiro?

É que foi montada uma eleição, tipo um grêmio estudantil, e adivinhem quem foi eleito para presidente? Eu.

Você tem mesmo muita capacidade de se comunicar. Você tem que aproveitar isso.

Eu sei. Eu estou tentando, não é, dar a volta por cima. Claro que, agora, eu acho também que esse projeto foi bom, porque eu aprendi muita coisa boa. Muita coisa ruim também. Eu me preocupo, porque lá tem muita gente que passa fome, que tem a mesma situação que eu, que não tem moradia certa... Eu fico muito chateado porque vejo que o projeto tem que valorizar um pouco isso, tem que começar a articular alguma coisa que... Sei lá. Eu marquei, essa semana, um mutirão de coleta de alimentos. Essa *parada* aí, tem que pedir ofício, não sei quê. Só que eu não pedi coisa nenhuma. Eu reuni as Mulheres da Paz, os jovens do Protejo, e disse vamos fazer. Todo mundo gostou. E a gente vai para rua. Eu falei: "Pô, se nós somos soldados, como eles falam aí — para trabalhar projeto de vida, não sei que, não sei que lá — e se os soldados não estão preparados, como é que vão trabalhar? Se tem gente ali passando fome?" Tem Mulher da Paz que chega ali para mim chorando, que não tem nada em casa. E aí eu fico pensando: "Pô, a gente tem que ter alguma coisa para dar para essa mulher". Eu não admito isso. A gente fez um esquema lá, arrecadou e deu para ela. Não foi muita coisa, mas já livrou ela, pelo menos, por uma semana. E, isso, você acaba batendo muito de frente, porque são coisas que não fazem parte — pelo menos não que eu tenha entendimento — do projeto, e às vezes a pessoa acha que você está querendo mandar, que você está querendo, sei lá, roubar a cena. Só que eu vou continuar fazendo, porque eu gosto, porque eu sou ajudado também; tem muitas Mulheres da Paz que me ajudam *para* caramba, em todo sentido, é almoço, é isso, é aquilo. Então eu me acho na obrigação de retribuir; não por retribuir, mas porque tem que ser feito. O projeto cobra da pessoa, aí a pessoa chega em casa, não tem o que comer, como é que ela vai se doar no projeto? Como que ela vai passar algo bom para mim, ela vai apoiar o jovem, se ela não tem nada para comer em casa?

Eu acho que não pode ser assim: as Mulheres da Paz têm que ser obrigadas a apoiar o jovem no Protejo. Não. Acho que todo mundo tem que apoiar todo mundo. Mas começou lá muita cobrança em cima delas, e aí eu comecei a ir contra também — depois de um tempo, não é, porque, no início, eu só fazia *m...* Ainda mais depois que eu fiquei na chapa lá, que teve a eleição e tal, aí eu falei: não, o

O Pronasci nas comunidades **493**

pessoal cobra, parece que as Mulheres da Paz são obrigadas, mas elas também têm dificuldades. Têm marido em casa, têm filhos. E eles não dão valor, pô. Tem que estar varrendo sala, entregando lanchinho na mão e tudo mais; e tem um ou outro — como eu, no início — que às vezes faz uma gracinha, e ela é obrigada a aturar aquilo? Não. Está errado.

Voltando a falar de experiência ruim, é porque, quando a gente inventa muito, às vezes a gente não tem apoio, a gente acaba quebrando a cara. E nós organizamos lá uma festa, um evento, foi a noite do *Flashback* que a gente montou lá, ficou *legal*; mas só que algumas coisas que tinham prometido não cumpriram com a gente, então eu fiquei muito chateado, porque eu tive que assumir, porque eu era presidente, assim, do grupo, e eu que negociei som, espaço... Aí, pô, tu acaba ficando de cara grande, não é. Aí fiquei meio triste assim, uma semana, sem querer ir para o curso, pensando como é que ia pagar aquilo e tal. Falei: "*Caraca!* Tu só se mete em enrascada!" Aí volta tudo, não é, do passado. "*Caraca!* O projeto era para uma coisa, eu já estou arrumando problema para minha cabeça". Entendeu?

Tem uma mensagem que eu gosto muito, eu ganhei de uma pessoa, que escreveu para mim. Ela diz assim: "É melhor arriscar coisas grandiosas, alcançar triunfos e glórias do que formar fila com os pobres de espírito, que não gozam muito nem sofrem muito, pois vivem numa penumbra cinzenta e não conhecem o que é vitória e nem derrota". Essa pessoa que me deu isso, ela falou comigo assim: "André, tu faz m... *para caramba;* mas, pelo menos você faz alguma coisa". De certa forma, às vezes eu arrisco algumas situações que não é para arriscar, mas... Como essa experiência do *Flashback,* que para mim, foi uma falha, porque a gente arquitetou e tal, fez lá tudo direitinho, programou, mas esqueceu do essencial; porque a gente botou muito convite para vender contando em pagar o espaço; só que muita gente ficou com o convite e não pagou. E a gente não tinha nada que comprovasse. Então, de certa forma, foi uma falha, porque a gente teria que ter feito um registro. Não tirei isso da minha cabeça. Claro que alguém me orientou. Uma pessoa lá chegou para mim: "Vocês eram para ter feito um recibo, alguma coisa. O pessoal não vai pagar. Passou o baile, vai pagar? Não vai".

É. Mas isso também é um aprendizado. Você teve uma iniciativa bacana, de querer organizar uma festa, só que você não conhecia bem como é que se fazia isso.

Com certeza. Agora, eu estou indo para outra. Festa junina.

Como é esse diálogo com a Mulher da Paz que te acompanha, a Cristina? Como é a rotina dentro do Protejo?

Depois que eu comecei a caminhar no projeto, ela teve uma certa ausência, porque ela ficou muito doente; agora é que ela está voltando dessa doença dela. Mas todo momento, mesmo doente, ela ligava, para saber como é que eu estava. Ainda mais um tempo atrás, que eu sumi, fiquei cinco dias sumido. Desliguei o telefone também, não é. Aí ela preocupada. Está sempre perguntando, sempre procurando saber. Hoje, antes de eu vir para cá, ela foi lá no projeto. Ela estava cheia de criança para levar no hospital, mas, mesmo assim, esteve lá, falou: "Meu filho, presta atenção... Vai lá, se comporta..." Aquela coisa toda, aquela preocupação que ela tem. "Você já aporrinhou tanto. Dá um orgulho para sua Mãe da Paz, dá". Falei: "Tá bom. Vou tentar..."

Vocês chamam as Mulheres da Paz de Mãe da Paz?

Mãe. Mãe. A maioria chama assim. Porque pegou. Nas reuniões, eles falavam "a sua mãe da Paz"... Aí foi pegando. Tinha um ou outro que aí falava "minha mulher da Paz"... "Não é tua mulher, não, rapaz!" Aí partia para mãe da Paz.

Você falou há pouco em "quando você começou a caminhar no projeto". De janeiro até hoje, junho, quando é que foi isso?

Infelizmente, foi quase agora. Final de abril, início de maio, aí foi quando eu comecei a me comportar melhor. A participar das aulas direito, não ficar saindo para ir para o banheiro fumar, fazer outras coisas; ficar fugindo, falar que vou ali e sumir da aula. O que mudou o meu comportamento lá não foi nem a aula, foi a Lélia mesmo, que é uma pessoa que está sempre ali, que é bem profissional, mas, de certa forma, ela tem uma atitude comigo assim muito próxima. Chega lá de manhã, "cadê André? Ele já veio aí?" Se eu estou muito quieto, ela já quer saber o que é que está acontecendo; se eu estou fazendo muita besteira, ela já dá aquela chamada, mas com jeito. Então, eu mudei mais por ela, pela pessoa que eu falo que é a minha mãe da Paz. Eu ganhei o apelido, lá no Salgueiro, de Furacão. O pessoal falava, na minha família, que por onde passa deixa um rastro de destruição. Sempre, para onde eu ia, eu sempre fazia uma besteira, uma coisa que, às vezes, comprometia as pessoas. E eu quero tirar esse título. Por elas, e por mim também. Eu quero tirar esse apelido. Tentar arrumar outro. Chega de destruir. Construir alguma coisa.

O Pronasci nas comunidades

Furacão não precisa ser só a pessoa que deixa um rastro de destruição; pode ser a pessoa que tem muita energia, muita força.

É o que eu espero, porque... Chega. Está na hora já também. Vinte e quatro anos na cara. Está na hora. Não é fácil. Não vou enganar. Às vezes eu dou minhas recaídas. É o que eu falo também. Droga é um inferno na vida de qualquer um. Eu não concordo com muitos estudos que as pessoas fazem de droga. Acho que droga, na minha maneira de ver, ela age na tua fraqueza. Cada estudioso conta de um jeito; mas eu acho que só sabe quem usa, quem passou. E, para mim, é muito difícil. Tenho que me controlar muito, porque às vezes, quando eu tenho uma aporrinhação muito grande, se eu não puder dar uma porrada em alguém, é a primeira coisa, é a saída. É muito difícil, não é fácil. Então tem que estar todo dia ali...

E os seus colegas do Protejo, o que você poderia falar deles? Como é a integração da turma? Eles são muito diferentes uns dos outros? Tem mais homem, mais mulher?

O Protejo, no início era cada um por si e Deus por todos. Hoje, lá, a gente fala que é uma família. Porque eu e outro rapaz lá, o Pablo — eu sou presidente, ele é vice-presidente do grêmio —, a gente conseguiu, não só na nossa turma, tornar todo mundo muito unido. Que não havia. Era cada um por si. Até mesmo hoje, quando eu estava vindo para cá, foi engraçado, que eles foram lá perguntar: "Ah, vai voltar a tempo da gente jogar bola?" Porque no final, agora, sempre fica eu, o pessoal, as Mulheres da Paz, a gente joga uma bola, joga um queimado, um vôlei. A gente conseguiu fazer isso: ponderar o pessoal, que era muito desbocado, só falava palavrão. O nome da nossa chapa, a gente batizou de "Humildade, ordem e progresso". Na nossa campanha, a gente explicava, nas salas, que com humildade, com ordem, a gente ia conseguir as coisas. Porque não tinha ordem lá. Era muita zona. Muito palavrão, um desacatava o outro, desacatava as Mulheres da Paz... Por exemplo. A bolsa não saiu, não saiu o dinheiro. "Porque eu vou largar essa..." Sabe? "Vou largar, vou mandar todo mundo sabe para onde, não sei o quê..." A gente conseguiu colocar na cabeça deles que, dessa forma, a gente não ia conseguir nada; só ia conseguir que o responsável, sei lá quem que é, ministro, presidente, chegasse aqui e falasse: "Ah, está dando muita aporrinhação. Acaba com essa p...". A gente conseguiu fazer eles entenderem isso. E, hoje em dia, para eles reclamarem, eles chegam lá na coordenação, é uma diferença enorme. O pessoal chega, conversa... Tem muita coisa boa, também. Hoje em dia, a gente pensa até em continuar como ponto de referência, mesmo se o projeto acabar.

Você perguntou de homem e mulher. Tinha separação de menino e menina. Era incrível! Era um número de homem aqui, fumando cigarro, outro grupo de mulher lá... Era assim. Aí a gente conseguiu, aos poucos, mudar isso. Por exemplo. Eu e esse Pablo, que é homossexual. Eu agarrava ele, ficava brincando com ele e tal. Aí, no início, todo mundo zoava, porque isso é uma coisa feia, um homem andar com um veado. É uma coisa horrível. E eu e um outro garoto lá, a gente quebrou isso. Porque a gente ficava com ele, sentava, zoava... Por exemplo, minha mãe, no início, queria me matar. Ela achava que eu estava tendo relação com esse cara. Até ela entender que hoje ele é o meu melhor amigo. O pessoal todo, o grupo foi entendendo, foi aprendendo a conviver com aquilo. E no final, também, até ele se tornou muito popular lá, porque já não tinha mais aquela separação de homem e mulher. Hoje em dia, todo mundo joga bola com todo mundo, é um grupo de menina e menino, todo mundo no mesmo time, conversando também. E outras coisas. A gente marca um na casa do outro, para fazer as coisas nossas mesmo. Até sábado passado também, a gente marcou, fez um esquema lá, cada um deu uma coisa, a gente fez um churrasquinho. É uma coisa diferente, porque a maioria, todo mundo é do curso. Pessoas que se viam naquele bairro mas não se falavam. Eu hoje conheço muita gente que eu já conhecia, mas não tinha contato.

Desse grupo, tem alguém que era do tráfico e resolveu dar um tempo, para entrar no projeto?

Tem. Tem um garoto lá. Às vezes eu fico meio com o pé atrás com ele, mas... Ele jura que não está mais. Foram pouquíssimos ali que saíram da droga. Ali, eu acho, só eu, ele e tem mais um do turno da manhã. Só nós três mesmo. Assim, sair diretamente. Porque até então, mesmo eu estando no projeto, eu não estava vendendo, mas eu... Chegava um carro para desmanchar... "Ah. Vamos ganhar um dinheiro". Problema, não é. Eu tenho que me manter de alguma forma. E hoje em dia, às vezes eu recebo proposta, mas deixo para lá. Às vezes, a mão coça... Quando a gente está duro e a gente tem vício... Por exemplo, eu fumo *para* caramba, aí, pô, não tenho dinheiro para comprar um cigarro, aí alguém... "Pô, você quer? Eu tenho um celular aí para vender". É difícil dizer não, não é. Mas aí eu lembro de Lélia, da Cristina... Lélia fica ali todo dia, na minha cabeça, meu filho para cá, meu filho para lá... Eu fico: "Pô... Já pensou, sair num escândalo aí? Vai ser a maior decepção para elas e tal. Larga esse povo *para* lá". E acabo deixando.

E acabando o projeto, o que você pretende fazer?

É isso que é o brabo. Estou sendo sincero. Eu estou perdido *para* caramba, porque eu estou envolvido com o projeto, a gente sempre tem promessas, vai ali, vai aqui, tentar arrumar estágio e tal, mas, por enquanto, está só nas promessas. E um pouco também, eu estou largando na mão de Deus. Corro atrás, continuo fazendo o que eu estou fazendo, que é as camisas, com um cara lá, a gente pega, vende, tira um dinheirinho, mas assim, a minha ideia é que, se Deus quiser, até o final do curso eu arrumo uma coisa fixa. Que seja pelo menos estágio, para ganhar pouco que seja, mas que seja algo fixo ali, todo dia. O que me move hoje, todo dia, é o projeto. Porque antes do projeto, eu ficava assim, na casa de um, casa de outro. E no projeto, não; bem ou mal, eu já tenho aquela cobrança. Meu horário é à tarde, mas o dia que eu não apareço de manhã, dá o maior problema, o pessoal fica ligando. Está onde? O que aconteceu? Não é só minha mãe da Paz, não é só a Lélia, são outras pessoas também, que aprenderam a conviver, acostumaram comigo ali. Aí elas vão ficar ligando. "Cadê você, rapaz? Não vai vir almoçar não?" É uma coisa gostosa, que não tem dinheiro que pague. Com certeza todo mundo me dá o maior apoio. Se eu caísse agora, seria falta de vergonha na cara mesmo. Safadeza. Porque agora eu tenho apoio. De certa forma eu tenho com quem contar. Tem até pessoas que já falaram, se você quiser vir morar aqui, você pode vir, passar um tempo. E são pessoas que não são da minha família.

Que diferenças as ações do Pronasci estão fazendo no Salgueiro?

Com a nossa presença ali, a Casa da Cidadania virou uma referência de tudo. Às vezes chega até a ser chato. O pessoal está sem remédio, ninguém vai ao posto, vai para Casa da Cidadania. O pessoal acaba confundindo. Não é que acaba confundindo. O pessoal quer uma saída. Está num problema, acaba indo lá. Está faltando as coisas em casa, vai para lá. Se não conseguiu vaga para o filho estudar, vai lá. Tudo vai lá.

Tem mais alguma ação do Pronasci no Salgueiro, além do Protejo e do Mulheres da Paz?

Ah, eu ouvi dizer, mas eu não acompanho não. Tem negócio lá de teatro, *street dance*, não sei que, não sei que lá. Eu vejo eles ensaiando lá, eles falam que é Pronasci, Protejo também; só que a gente faz curso, eles fazem outras coisas. Tenho até colegas que fazem parte, mas não sei ao certo a finalidade, não. A gente vê eles ensaiando. É até *legal*. E tem outros que a gente não toma conhecimento, que a gente ouve dizer. Como o negócio de voluntários para dar aula para quem não é alfabetizado. Aí a pessoa lá que tem conhecimento vai, monta um grupo na sua própria casa, faz um esquema lá e dá aula.

Dessas coisas todas que você está vendo — você teve acesso a várias informações — em que você gostaria de trabalhar?

Se eu fosse trabalhar agora, eu queria voltar para algo em que eu pudesse trabalhar com um grupo de pessoas. Eu não sei como. Eu não sei qual é a profissão que seria adequada para isso. Mas, algo que mexesse com motivação. Trabalho braçal mesmo. Não quero liderar nada. Quero trabalho braçal e... e assim, que eu possa ajudar a motivar. Eu não estou me glorificando, não. Isso aí é uma coisa que eu estou tirando pelas experiências que eu tenho vivido. Eu andei um tempo até meio estressadão lá, e eles falaram: "Ah, isso é culpa tua. Porque as pessoas chegam aqui chorando, não sei que, tu senta para conversar, aí tu resgata dela aquela força de querer viver de novo". Eu acho que eu tenho que aproveitar isso, já que só agora eu pude entender isso. Queria trabalhar em algo assim, relacionado a projeto mesmo.

Talvez, mais tarde, pudesse fazer um curso de serviço social, psicologia, que são áreas que lidam com isso de atender as pessoas.

É. E a parte administrativa, eu também não negaria fazer. Eu estou falando assim, se eu fosse escolher, seria isso.

Você gostaria de acrescentar alguma coisa sobre o Pronasci, o Protejo, o Mulheres da Paz?

Dizer que eu acho que o Pronasci, o projeto é bom, mas ele tem uma lacuna grande aí a ser preenchida. Primeiro, eu acho que ele não pode fazer só um trabalho de ressocialização. Wagner Montes fala muito nisso, eu estava tentando saber o que é que era, porque no dicionário não tinha. Não adianta ninguém me dizer que tem, que não tem; porque eu procurei. Só se meu dicionário é muito velho. Então, eu fui a partir do que o Wagner Montes falou. O trabalho de ressocialização

O Pronasci nas comunidades

funciona, mas eu acho, também, que o projeto é muito fraco em si, porque ele não foca a parte preventiva. Que, depois que cai na m..., para tirar, é brabo! Teria que ter uma atuação antes. O projeto foca muito jovens em área de risco. Eu não concordo. Tem jovem que não está em área de risco, que de repente vai sofrer de depressão em casa, porque não tem p... nenhuma para fazer. O cara vai estar em casa, p...*para caramba*, chateado, aí vai fazer m... do mesmo jeito. Tu conhece ele, sabe que ele está em casa, não está estudando, não está trabalhando, não está fazendo nada, o que é que vai acontecer? Ele, logicamente, vai procurar fazer alguma coisa. A primeira oportunidade que ele tiver, ele vai fazer... sei lá. Então o projeto, ele também deveria atuar como uma forma preventiva. De certa forma fazendo esses trabalhos de pesquisa mesmo. As Mulheres da Paz, que é um grupo grande, conhece pessoas que estão à toa, não estão fazendo nada para agradar a Deus... Porque muitas vezes vai no cara que está na área de risco e que também não quer sair da área de risco. Como eu, no início, não queria sair. Até sair. Mas foi aos trancos e barrancos. Então o cara que está lá e quer sair, por que ele não pode, também, participar?

E uma outra coisa. É que as pessoas que estão encabeçando o projeto têm de deixar um pouquinho de estrelismo, largar o estrelismo de lado, atuar na realidade da comunidade. Acho que, às vezes, elas focam muito a aparência. Igual àquele casal que anda de mão dada e sai no tapa dentro de casa. Eu acho muito errado isso. Eu acho que tem que ir na raiz do problema; botar o dedo na ferida e ver o que realmente a comunidade precisa. A comunidade não precisa tirar foto, a comunidade não precisa aparecer muito. A comunidade precisa que aconteça lá dentro. Então, antes de levar tudo pronto para lá, vai lá, procura saber. Às vezes é o simples que fica mais bonito, fica mais perfeito. Às vezes, faz um teatro lindo, e não é aquilo ali que é o ideal, não é aquilo ali que a gente quer. A gente quer que aconteça. É isso. Meu recado é esse. Se preocupar um pouco mais com vidas, que vida é coisa séria. Tem muita gente acreditando que esse projeto vai fazer mudança na vida dela. Eu sou um. Então, não brincar com isso aí, porque isso não é brincadeira, não. É isso.

Posfácio

Processo político e implantação de programas complexos no sistema federalista: o caso do Pronasci

*Marco Aurélio Ruediger**

O Programa Nacional de Segurança Pública com Cidadania foi lançado em agosto de 2007 pelo Ministro Tarso Genro, quando à frente do Ministério da Justiça, com um orçamento estimado de mais de US$ 3 bilhões. Seu objetivo é desenvolver uma combinação de ações preventivas e de repressão qualificada, incluindo ações específicas de ampliação dos níveis de cidadania, valorização dos profissionais de segurança pública e intervenção em territórios que apresentam elevados índices de criminalidade e baixa coesão social. Essa iniciativa representa um direcionamento inovador e de extrema importância, uma vez que a segurança pública constitucionalmente é uma prerrogativa dos governos estaduais, razão pela qual o governo federal evitou, até recentemente, uma intervenção mais direta. Evidentemente, ao participar de forma mais ativa nesse processo, o governo federal dá resposta a clamores cada vez mais frequentes da sociedade, ainda que, necessariamente, amplie sua influência no âmbito estadual e municipal, mas cuidadosamente optando por formatar essa participação dentro de uma abordagem federativa e não meramente federal.

Pode-se dizer que essa política sinaliza resultados auspiciosos, ainda que por demais recentes para uma avaliação efetivamente robusta, e reforça adicionalmente a capacidade da esfera federal de interferir na construção de agendas subnacionais, exercendo uma espécie de *softpower*, em um experimento interessante de ação e controle a partir da articulação de políticas descentralizadas de crescimento

---

* Professor adjunto e pesquisador da Ebape/FGV.

e justiça. Paralelamente ao programa, e em suporte a ele, o Ministério da Justiça construiu um sistema de gestão, complementado por mecanismos *web*, visando não apenas a monitorar e avaliar o Pronasci em relação à utilização dos fundos disponibilizados, mas também medir a percepção de seu impacto e efetividade entre os setores sociais por ele afetados.

Buscou-se, dessa forma, incentivar e fiscalizar a execução descentralizada do programa, bem como manter efetiva influência sobre as entidades subnacionais responsáveis pela implementação das ações necessárias. Acima de tudo, a construção de múltiplas estratégias de avaliação permitiu a observação da evolução temporal do Pronasci e seus impactos de forma comparativa e longitudinal, fornecendo elementos empíricos para ajustes na condução de políticas e para a publicização de resultados. Possibilitou-se assim a prestação de contas à sociedade civil e, em última extensão, a pressão externa da opinião pública e da mídia de massas, fortalecendo e impulsionando a indução à ação nas unidades conveniadas ao Pronasci.

O objetivo deste posfácio é, portanto, sintetizar as condições políticas que criaram esta janela de oportunidade, e o processo que levou à decisão de implementar uma agenda inovadora que combina a aplicação e a avaliação de um programa mais eficaz de segurança pública com incentivos para a diminuição de déficits sociais. Além disso, chamamos a atenção para como, e em que condições, um processo político pode ser gerido estrategicamente para descomprimir as crescentes demandas sobre o governo federal e criar uma oportunidade de aumentar a influência na efetiva incorporação das políticas de seu programa nas agendas locais. Finalmente, ainda que de forma muito sumarizada, mencionamos o monitoramento implementado pela FGV no curso de 18 meses de trabalho, que resultou em um incremento, no período, da capacidade gerencial do corpo do Ministério da Justiça para a execução do Pronasci.

Metodologia

Nosso trabalho tem por base metodológica uma abordagem fundamentada na análise do processo político a partir de episódios centrais, que determinam a mudança ou a construção de uma política em um curto período histórico específico, e que geram (potencialmente) a oportunidade de construção de novas agendas. A análise desse processo envolve a especificação do contexto e dos atores-chave,

O Pronasci nas comunidades | **503**

o tema que os une e as alternativas possíveis, além da modelagem do processo de tomada de decisão de forma mais estruturada.

A voz de alguns dos atores reproduzida neste posfácio tem o objetivo de clarificar o processo de decisão. Este recurso opera, entretanto, em perspectiva diferenciada da história oral tal como apresentada no corpo do presente volume, pois centra-se unicamente em atores políticos estratégicos vinculados a perspectivas institucionais, dialogando conceitualmente mais com a sociologia política e a ciência política.[1] Entendemos que esta seria uma contribuição interessante no final do volume, pois traria, ainda que em sua conclusão, uma perspectiva macro de contextualização da discussão anteriormente feita.

Assim, em linhas gerais, os segmentos abaixo observam a chave de análise centrada em eventos, característica da perspectiva da construção de agenda baseada na inter-relação entre variáveis de contexto e de múltiplos atores. Tem-se aqui como referências centrais, observando a tradição da administração pública e da política, autores como Baumgarten e Jones (1993), e Barzelay (1992). Essa chave é conjugada também com a tradição da sociologia histórica e analítica de Tilley (2005), além de McAdam, Tarrow e Tilly (2001).

Sobre a estrutura geral do sistema de acompanhamento e avaliação, pelo ângulo da política, dialogamos com Skogan (2004), Tilley (2005), e Skolnick e Bailey (2002). Finalmente, como estamos especialmente interessados em discutir esse processo de forma detalhada, principalmente por meio do estudo dos efeitos das políticas públicas e das resultantes por elas produzidas, alceamos a perspectiva tocquevilleana expressa por Evans, Rueschemeyer e Skocpol (1999), em termos dos efeitos desejados e também não previstos das políticas públicas.

Síntese do processo analisado

Após vencer, ou pelo menos atenuar vários problemas de desenvolvimento e justiça que se têm mostrado presentes nas últimas décadas, a sociedade brasileira vem contemplando um processo aparentemente sustentado dos níveis de crescimento econômico e de baixa inflação. Mesmo durante a recente crise financeira

---

[1] Uma versão preliminar deste texto foi apresentada no Congresso da Law and Society Association, realizado em Chicago, em abril de 2010. A versão aqui disponibilizada é ainda um *working paper* que deverá ser publicado brevemente em sua versão final.

global, a economia brasileira mostrou fortes sinais de recuperação e de operacionalização eficaz de instrumentos macroeconômicos por parte do aparato de Estado. Tal contexto resultou em níveis sem precedentes de expectativa em relação ao desempenho do governo no tocante à manutenção dos níveis do desenvolvimento estabelecido, e em uma crescente demanda para reduzir os déficits de cidadania e manter políticas bem-sucedidas de inclusão social.

Tais políticas resultaram na elevação dos níveis de consumo de 30 milhões de brasileiros considerados pobres, alterando a equação política e econômica brasileira e movendo grande parte da população para a classe média baixa (Neri, 2008), o que abre espaço para a operacionalização de estratégias que contemplem a temporária janela de oportunidade demográfica, pela qual a população economicamente ativa supera a de jovens. Juntos, esses avanços foram convertidos em votos que reelegeram o presidente Lula, mas geraram o aumento de demandas sociais nas três esferas de governo, tanto em termos de políticas que correspondam a expectativas de riqueza social e econômica, como em termos de direitos. Incluída nestes, e de forma mais direta em relação a oportunidades de apresentar uma nova imagem do país, encontra-se a problemática da segurança pública.

A segurança pública tem-se mostrado especialmente desafiadora nas grandes metrópoles do país, repercutindo gravemente sobre a credibilidade da eficácia de instituições dos estados brasileiros, com um claro impacto sobre a atratividade local e sobre a questão da corrupção, dificultando em consequência o estabelecimento da estratégia federal de promoção do país como um ator de presença crescente no cenário político internacional, e corroendo as bases de credibilidade do Estado.

Essa preocupação foi considerada central pelo presidente da República em 2007, sinalizando uma mudança substantiva de estratégia do plano federal nesse campo. Destacamos, como um momento como pivotal para o reconhecimento da questão, a afirmação contida no discurso proferido na segunda posse do presidente Luiz Inácio Lula da Silva:

> Durante a campanha afirmei que meu segundo governo será um governo de desenvolvimento, com distribuição de renda e educação de qualidade. [...] Outras áreas vitais para a população – e algo que são constantemente exigidos – são a saúde e a segurança pública. [...] Acho que na questão da segurança pública – um verdadeiro flagelo nacional – estão aumentando as condições para uma coopera-

O Pronasci nas comunidades

ção eficaz entre a União e os estados da Federação, sem a qual será muito difícil resolver este crucial problema.

> (Presidente Luiz Inácio Lula da Silva, discurso de posse,
> 1º de janeiro de 2007)

Por detrás desta declaração, bem como do contexto observado anteriormente, uma série de questões políticas permeia a descrição de uma oportunidade para a geração de agenda. No caso estudado, pode ser visto que existe uma confluência clara entre o processo político e o desenvolvimento de oportunidades no contexto histórico recente do país. Esse momento, em confluência com mudanças no cenário político ministerial, permitiu a incorporação de um novo ator nessa arena, o ministro Tarso Genro, que percebeu não apenas a oportunidade, mas também a necessidade de implementar uma agenda vigorosa e inovadora para a segurança pública no país. Isto pode ser percebido em uma das entrevistas apresentadas neste volume, feita com um dos atores estratégicos no processo. De acordo com ele:

> E então, quando Tarso foi para o Ministério da Justiça, foi quando esse problema já existia. Havia a questão do Rio de Janeiro, que foi ficando pior, havia a crise de Alagoas, havia os alarmantes índices de violência em Pernambuco. Isto significa que a questão da segurança pública ganhou uma nova centralidade no segundo mandato do presidente Lula, devido à notoriedade que tal questão estava adquirindo.
>
> (Vicente Trevas, subchefe de Assuntos Federativos do Gabinete do Presidente da República, entrevistado pela FGV, em 2009)

A oportunidade vislumbrada por Tarso Genro quando de sua nomeação como ministro da Justiça foi politicamente aproveitada com um objetivo importante, o de tornar a discussão pública em agenda proativa do governo federal, qualificando a questão da segurança de modo a atingir quatro perspectivas simultaneamente: a) a redução dos níveis de violência por meio de ações de segurança efetivas, mas ligadas ao conceito de desenvolvimento social; b) a questão do pacto federativo e da corresponsabilidade dos estados e municípios; c) a necessidade de readequar as estruturas do Estado, e d) o embate político em torno de tal questão. De acordo com o próprio ministro:

A insegurança vem se tornando uma categoria central na política, na crise da modernidade. Em outras palavras, o que é chamado de pós-modernidade – uma grande fragmentação, a destruição das utopias, a sublimação histérica do presente, a ausência de perspectivas, totalizando em última instância que é a desagregação social, a insegurança que se transforma em uma questão central da política. Eu passo a argumentar, então, que quem não responder a tais perguntas não responderá nada politicamente.

(Tarso Genro, ministro da Justiça do Brasil, entrevistado pela FGV em 2009)

Desde o momento em que essa perspectiva foi delineada, foram feitos vários movimentos estratégicos. Isso foi realizado de modo a projetar e hegemonizar uma nova abordagem conceitual, tanto em termos da estrutura de poder político quanto da burocracia. Posteriormente, esse processo foi ampliado com as elites políticas locais e com a população em geral, especialmente a população-alvo do programa, bem como a mídia. Além disso, foi desenvolvido um complexo processo de negociação dentro da burocracia, particularmente com o Ministério do Planejamento, para fornecer US$ 3,35 bilhões para o programa a despeito de potenciais contingenciamentos.

Essa construção levou o governo federal não apenas a superar uma situação de pressão, mas a invertê-la, a fim de pressionar em torno de uma nova agenda as unidades federativas. Essa engenharia política e sua constituição operaram várias mudanças que variam de metodologias complementares à operacionalização das oportunidades por meio de um complexo processo político. Evidentemente, resultantes interessantes derivaram dessa iniciativa. O quadro explicita no tempo o processo a que estamos nos referindo, em termos de suas variáveis políticas e executivas tanto exógenas quanto endógenas.

Em termos sintéticos, parte-se da iniciativa presidencial (E1) assumida no discurso de posse do segundo mandato. Esse passo é associado a mudanças ministeriais comuns em um novo governo, para a acomodação de forças políticas ou adequações da alta burocracia ao norte estratégico pretendido pelo presidente. Somam-se a esse processo pressões oriundas da sociedade civil e do estamento político relativas à questão da segurança. Em termos da concepção e construção do Pronasci, o processo descrito anteriormente resultou na nomeação de Tarso Genro como ministro da Justiça. Ao assumir, Tarso reviu as linhas gerais do Ministério e decidiu pela construção de um projeto de segurança que incorporasse elementos estruturantes de políticas de segurança anteriores operadas pelo Ministério, mas reconfiguradas e potencializadas em um novo paradigma de intervenção na área (EC1, EC2).

Processo de construção de uma política a partir da interposição de variáveis exógenas e endógenas à administração pública

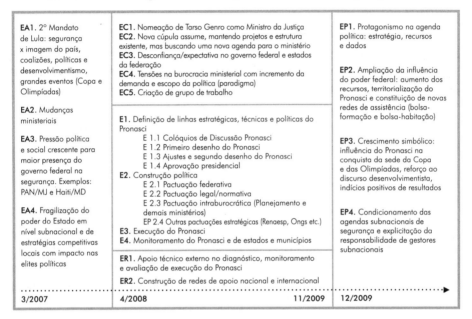

Para objetivar esse paradigma, dois movimentos complementares tornaram-se necessários. Primeiro, no plano externo, a superação de obstáculos oriundos da própria estrutura federativa. O conceito seria herdado de sua experiência no CDES – Conselho de Desenvolvimento Econômico e Social, buscando concertações federativas em torno de uma nova política e pactuações interministeriais em termos de recursos e parcerias institucionais. Segundo, no plano interno, a formulação propriamente dita, que passou por uma necessária fase inicial de consultas públicas, na forma de colóquios, alternando-se com extensas reuniões internas. Esses movimentos estão explicitados em E1 e E2 acima. Conceitualmente estruturado, o programa passa por aprovação em despacho com o presidente da República. Em seguida vem a implementação de fato (E3).

Muito embora na administração pública haja a aprovação da instância superior, efetivamente ainda é necessário negociar dentro da estrutura tecnocrática uma série de aspectos estruturadores de uma política, com especial ênfase nos recursos. Por vezes, isso se torna um processo pendular, com negociações repetitivas com múltiplos atores, tanto horizontal quanto verticalmente. Nesses termos, diversos entraves problematizavam a efetivação do Pronasci em seus primórdios. Entre eles destacamos o fato de o Pronasci, ao ser constituído, não estar efetivamente previsto na preparação do orçamento realizada no ano anterior.

Além disso, o volume e o caráter descentralizados, somados à necessidade de controlar o uso de recursos extraordinários (no caso uma condicionalidade para sua aprovação) confluíram para a necessidade de estabelecimento de instrumentos de monitoramento e avaliação de políticas. Isso se efetivou através de projeto voltado para esse fim em parceria entre o Ministério da Justiça e a FGV.

O conceito central de um projeto de controle deve, sobretudo, observar o *ethos* norteador da intervenção. O caráter peculiar de execução objetiva do orçamento, com a perspectiva de diálogo com a sociedade civil e a mensuração de resultados, orientou de fato o desenho do projeto de controle realizado pela FGV e o ferramental analítico necessário ao monitoramento e avaliação. A conjugação de elementos de controle, portanto, requereu operacionalizar métodos quantitativos e qualitativos, desde o controle da execução orçamentária até a utilização extensiva de grupos de foco e *surveys* atingindo milhares de entrevistas. Dessa forma foi possível também apoiar a gestão interna do Ministério, quanto a auscultar a população-alvo das ações (ver E4 e ER1).

O sistema de controle gerencial e analítico referenciado anteriormente buscou adicionar valor por meio de instrumentos e funcionalidades à gestão do programa, respeitando seu paradigma. Nesse sentido, controlaram-se e processaram-se propostas e submissões ao programa advindas de estados e municípios. Após sua seleção e transformação em projetos, a execução foi acompanhada, pelo repasse e execução (empenho, liquidação e pagamento), tanto no ente federal quanto na subunidade. Isso se deu por pontos de controle acoplados ao sistema Simap.[2] Tecnicalidades à parte, o resultado final baseava-se no controle da

---

[2] O Simap é um sistema *web* de controle, adaptado em termos do desenho de funcionalidades a partir do Simec. Este último antecedeu o Simap e foi desenvolvido pelo MEC em código livre. A modelagem que introduziu pontos de controle no nível federal e subnacional foi conceitualmente introduzida pela FGV. O Simap foi essencial à gestão do Pronasci e utilizava informações oriundas de bases diferenciadas e das pontas executoras. Observamos, como nota específica, que o Simec mostrou-se extremamente eficaz como plataforma básica, e foi continuamente desenvolvido pelo MEC na gestão de Fernando Haddad, sob direta responsabilidade e inspiração do seu secretário-executivo Henrique Paim, com resultados excepcionais para a gestão pública.

O Pronasci nas comunidades

utilização de recursos *vis-à-vis* informações oriundas do poder público em estados e municípios, obtidos por *inputs* no sistema, ou ainda via Siafi no caso de entes federais, produzindo assim insumos para a análise da execução.

Complementarmente, pesquisas qualitativas com o apoio de grupos de foco, e quantitativas com o apoio de *surveys* geraram os dados de percepção de eficácia. No conjunto, isso permitiu ajustes no programa, trazendo insumos empíricos para adequações em termos de coordenação dos esforços federativos pactuados.

Como efeito não previsto em seu desenho original, o sistema de monitoramento possibilitou utilizar os dados para a constituição de uma "mora" como denominara o ministro Tarso, relativa à não utilização efetiva dos recursos disponibilizados pelo Ministério. Essa mora seria cobrada inicialmente por alertas do Ministério, e depois, publicamente, numa relação dialógica com a sociedade civil, informada pelos canais midiáticos de massa.

Esse ponto tornou-se de especial importância como indutor de ação na esfera governamental subnacional, ainda mais durante o mandato do contratante do convênio. Isso indica uma inflexão na perspectiva de o controle ser feito não somente *ex-post*, mas, adicionalmente, também durante o processo de desenvolvimento da política pelo próprio órgão executor. Nesse caso, diferentemente dos órgãos de controle tradicionais, o monitoramento pelo Executivo teria como objetivo induzir ajustes em tempo de execução a fim de aumentar a eficácia da iniciativa. Ou seja, trata-se de mecanismos complementares ao sistema de controle *ex-post* tradicionalmente realizados.

Isso fez com que, em alguns casos, fossem observadas dificuldades de execução efetiva, ou seja, a não utilização plena, por entes subnacionais, de recursos empenhados no âmbito federal. As razões para isso seriam múltiplas, desde dificuldades gerenciais variadas em estados e municípios, até configurações deficientes de projetos que problematizaram sua aprovação no Ministério da Justiça, ou ainda dificuldades normais de construção de novas abordagens na conflituosa área de segurança pública. Por outro lado, isso ressalta um dos problemas mais sérios em nosso país, vinculado não exclusivamente aos recursos, mas aos gargalos de gestão tanto no nível federal quanto, sobretudo, dos estados e municípios. De qualquer forma, contrariamente à percepção crítica reducionista sobre o papel do Estado no Brasil, a resposta não seria menos Estado, mas uma maior capacidade de Estado, que tornasse factível responder a propostas inovadoras em âmbito federativo.

Os indicadores e controles foram concebidos não para calibrar metas gerenciais apenas, mas, ao contrário, promover uma perspectiva analítica, quali-quanti, de forma a não haver falseamentos, e objetivando a utilização de filtros críticos pelo campo da administração governamental conjugado com a percepção da sociedade civil. Nesse caso, ressaltamos, não se trata do reducionismo conceitual "choque de gestão", mas sim da perspectiva de avaliação sistêmica que denominamos "mudança de paradigmas de gestão".

Em síntese, ao incluir a elaboração de um sistema de controle e de avaliação que fornecia um *feedback* sobre o programa e sua execução nas unidades federativas que a ele aderiram, o Pronasci aliou a promoção de um novo paradigma de policiamento ao desenvolvimento de oportunidades de inclusão social operado sob um modelo auspicioso de gestão pública. O sistema de monitoramento e controle foi, portanto, desenhado com base na transparência e relevância da esfera pública. Protagonizou-se a sociedade civil, e, adicionalmente, ainda que de forma não prevista inicialmente, pela transparência de dados juntamente com os mecanismos midiáticos, possibilitou-se a indução adicional à execução dos recursos públicos. A correspondência a isso pelo sistema de monitoramento e controle seguiu a abordagem conceitual do programa, respeitando sua lógica federativa e operando a partir de seus condicionantes, utilizando formas complementares de monitoramento.

Em termos gerais, o Pronasci apresenta-se como um programa auspicioso, ainda que em desenvolvimento. Em grandes números, houve uma significativa concessão de bolsas a servidores vinculados à segurança pública, condicionada à maior capacitação em policiamento de proximidade (comunitário). No ano de 2008, por exemplo, 335.249 profissionais de segurança pública receberam o benefício, e no ano de 2009 o número de servidores inscritos somou 1.704.065.

Outro exemplo é o total de recursos empenhados, chegando-se a valores de ordem de R$ 1.026.113.700,59, em 2008, e R$ 1.237.831.333,81, em 2009 (Siafi/Simap). Por fim, em termos de percepção aferida nos Territórios da Paz, observa-se que, no período avaliado, ela foi bastante positiva na maior parte dos territórios. O gráfico, extraído de um dos *surveys*, exemplifica essa perspectiva.

Conforme pode ser visualizado no gráfico a seguir, as localidades abrangidas pelo programa Territórios da Paz, em sua maioria, apresentaram um aumento significativo da taxa de conhecimento acerca das ações do Pronasci em sua região. Cabe destacar que tal aumento está estritamente relacionado à intervenção objetiva do Estado nessas regiões, tendo em vista a implementação das ações do programa.

Evolução da taxa de conhecimento sobre alguma ação do Pronasci em sua comunidade/região

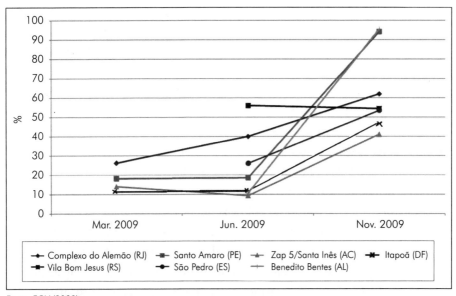

Fonte: FGV (2009).
Obs.: o Território da Paz de Vila Bom Jesus (RS) apresenta um leve decréscimo na evolução da taxa de conhecimento de sua população. Vale destacar que tal variação está inserida na margem de erro.

Conclusão

Processo político e gestão pública são continuamente imbricados. Mas também, e crescentemente, dialogam com a sociedade civil e as possibilidades de desenvolvimento, sejam estas individuais ou coletivas, no campo público ou interposto com o privado. O Pronasci foi originado pela capacidade de alguns atores de ponta que perceberam movimentos tectônicos profundos da política e da sociedade civil e, por um olhar complexo, buscaram uma engenharia sofisticada de conjugação de políticas para o enfrentamento da questão crítica da segurança pública.

No decorrer de nossa breve análise, postergamos propositalmente descrever os desenvolvimentos decorrentes da implementação do Pronasci, esquematicamente apresentados no quadro. Retomando aquele esquema, temos em EP1 uma resultante evidente pela qual o governo federal busca responder com uma agenda para a segurança pública, pois instituiu um programa audacioso, mas que exige continuidade. Em EP2 explicita-se uma decorrência de amplas consequências, pois abre-se, pelo monitoramento como aqui exposto, uma possibilidade de exercício de *softpower* em relação à execução de ações junto a entes subnacionais. Em EP3 temos uma resultante mais sutil, vinculada a questões simbólicas, que foram operadas em suporte à credibilidade do Estado brasileiro diante dos desafios da segurança, o que teve efeitos claros para eventos como as Olimpíadas e repercute positivamente na mídia mundial. Finalmente, em EP4 sugere-se um processo de hegemonização, ou seja, a indução conceitual de estratégias de segurança pública em termos subnacionais. Isso não eliminou o protagonismo dos estados da federação no estabelecimento de políticas inéditas e bem-sucedidas, que foram mérito dessas administrações, as quais, porém, certamente dialogaram com fundamentos do Pronasci, como no caso das UPPs do Rio de Janeiro.

Em suma, a construção de políticas públicas de âmbito federativo como o Pronasci requer estratégias multifacetadas em seus marcos conceituais, que considerem não somente as distintas necessidades estratégicas de atores políticos e do Estado brasileiro, mas que contemplem também a diminuição de déficits históricos de cidadania. Complementarmente, não basta a alocação de recursos – esse não nos parece ser o problema maior no atual estágio de desenvolvimento econômico do país –, mas tornam-se necessários a gestão eficaz e o monitoramento com a participação da sociedade na alocação desses recursos.

De forma a dar concretude ao propósito da política, instrumentos qualitativos e quantitativos devem ser associados ao repertório de técnicas de gestão e análise de impacto de políticas pelo Executivo. Isso não conflita com a atuação dos órgãos de controle, mas, além de complementar o trabalho destes, leva à diminuição da margem de erro no uso de recursos em áreas críticas e opera no sentido de efetivar a vontade política traduzida em ação objetiva pelo Executivo.

O caso do Pronasci é emblemático dessa nova abordagem, pois opera um paradigma inovador, necessário diante da complexidade dos desafios contemporâneos, e, sobretudo, aponta para a possibilidade concreta de promoção de políticas eficazes por segmentos modernizantes do aparato de Estado brasileiro. Entretanto, deve-se ressaltar, tal construção não ocorre de forma espontânea, mas é alicerçada na vontade de lideranças políticas e na capacidade destas de traduzir a percepção de anseios sociais em ações objetivas, conceitualmente fundamentadas, bem como na construção de pactuações horizontais e verticais não triviais.

Referências bibliográficas

BARZELAY, M. *Breaking through bureaucracy:* a new vision for managing in government. Berkeley: University of California Press, 1992.

BAUMGARTNER, F. R. ; JONES, B. D. *Agendas and instability in American politics.* Chicago: University of Chicago Press, 1993.

KINGDON, J. W. *Agendas, alternatives, and public polices.* Boston: Little, Brown, 1984.

McADAM, D.; TARROW, S.; TILLY, C. *Dynamics of contention.* Cambridge: Cambridge University Press, 2001.

NERI, C. N. *A nova classe média.* Rio de Janeiro: FGV/Ibre/CPS, 2008.

SKOCPOL, T. Bringing the State back in. In: EVANS, R. S. (org.). *Bringing the sate back in.* Cambridge, 1999.

SKOGAN, W. G. Representing the community in community policing. In: *Community policing:* can it work? Thomson Wadsworth, 2004.

SKOLNICK, J. H.; BAYLEY, D. H. *Policiamento comunitário:* questões e práticas através do mundo. São Paulo: Edusp, 2002.

TILLEY, N. *Handbook of crime prevention and community safety.* Portland, Oregon: Willan Publishing, 2005.

Este livro foi produzido nas
oficinas da Imos Gráfica e Editora na
cidade do Rio de Janeiro